세기의 두 지식인, 사르트르와
아롱

세기의 두 지식인, 사르트르와 아롱

초판 1쇄 인쇄 2022년 12월 23일

초판 1쇄 발행 2023년 1월 2일

—

지은이 장 프랑수아 시리넬리

옮긴이 변광배

펴낸이 이방원

책임편집 정조연   **책임디자인** 양혜진

마케팅 최성수 · 김 준   **경영지원** 조성규 · 이석원

—

펴낸곳 세창출판사

　　　신고번호 제1990-000013호 주소 03736 서울시 서대문구 경기대로 58 경기빌딩 602호

　　　전화 02-723-8660 팩스 02-720-4579 이메일 edit@sechangpub.co.kr 홈페이지 http://www.sechangpub.co.kr

　　　블로그 blog.naver.com/scpc1992 페이스북 fb.me/Sechangofficial 인스타그램 @sechang_official

—

ISBN 979-11-6684-140-8 93990

ⓒ 변광배, 2022

JEAN-PAUL
SARTRE

장 프랑수아 시리넬리
변광배 옮김

세기의 두 지식인, 사르트르와
아롱

RAYMOND
ARON

세창출판사

DEUX INTELLECTUELS DANS LE SIECLE,
SARTRE ET ARON

INSTITUT FRANÇAIS

Cet ouvrage a bénéficié du soutien des
Programmes d'aide à la publication de l'Institut français.
이 책은 프랑스 해외문화진흥원의
출판번역지원프로그램의 도움을 받아 출간되었습니다.

마리와 장에게

한국어판을 위한 저자 서문[1]

지금으로부터 거의 한 세기 전인 1924년, 19세가 된 두 명의 학생이 프랑스의 가장 권위 있는 고등교육기관인 고등사범학교Ecole normale supérieure의 입학시험에 합격한다. 두 사람의 모습은 전통적으로 촬영되는 사진 속에 영원히 남게 된다. 두 사람은 20세기 프랑스에서 가장 비중 있는 지식인이 되는 장폴 사르트르와 레몽 아롱이다. 게다가 그들은 그해에 끈끈한 우정을 맺게 된다.

하지만 두 사람의 우정은 20세기 너머까지 지속되지 못한다. 왜냐하면 그들은 1945년 이후에 대립되는 이데올로기적 성향과 방향이 다른 정치적 참여로 인해 이념적 적대자가 될 뿐만 아니라, 또한 해방 이후 프랑스 인텔리겐치아의 지형도가 좌, 우 두 진영으로 양분되었을 때 발생한 대논쟁에서 각 진영을 대표하는 핵심 인물이 되기 때문이다. 그런

---

[1] 이 책의 저자인 장 프랑수아 시리넬리 교수가 2022년 10월 3일, 한국어판 출간을 축하하면서 한국 독자들을 위해 보내 준 '서문'을 우리말로 옮긴 것이다.

만큼 그들 각자가 지난 세기를 횡단한 역사를 쓰는 작업과 그들의 대논쟁을 살펴보는 작업은 그 자체로 아주 중요하고 또 문화적으로도 매우 풍요로운 업적을 남긴 두 인물을 수평적으로 대조해 보는 작업임과 동시에 화려했던 지난 세기 중반의 프랑스 지성사를 되돌아보는 작업이기도 하다.

그리고 이 역사는 특히 두 사람이 직접 관련된 이미지의 굉장한 반전을 보여 준다는 점에서 더더욱 흥미진진하고 또 복잡하기도 하다. 프랑스 좌파 지식인들의 대부 역할을 하면서 승승장구했던 사르트르는 세상을 떠난 1980년 이후로 여러 차례에 걸쳐 시대에 맞지 않는 진단과 예측을 했다는 평가를 받았다. 반면, 아롱은 2차 세계대전 이후 30년 동안 프랑스 인텔리겐치아의 지형도에서 지나치게 우파로 기울었다고 여겨져 오랫동안 고립된 처지에 있었다. 하지만 나중에 역사가 증명해 주듯이 그는 오히려 좌파처럼 생각하고 또 좌파로 경사되어 있었다고 할 수 있다.

지난 세기말에 일어난 이런 두 사람의 이미지 교차는 필자와 같은 역사가가 탐구해 보아야 할 흥미로운 지적 논쟁으로 이어졌다. 특히 아롱과 더불어 옳은 말을 하는 것이 더 나은가, 아니면 사르트르와 더불어 틀린 말을 하는 것이 더 나은가라는 질문이 부적절해 보이는 한에서 그런 논쟁은 더 흥미롭다. 물론 그들이 살았던 당시에 그들 사이의 논쟁은 완전히 다른 차원에서 이루어졌다. 실제로 그 시기에 프랑스 인텔리겐치아는 세계적인 이데올로기의 심각한 위기와 거기에서 기인하는 현실 참여의 심각한 위기를 겪고 있었던 것이다. 하지만 이런 위기 속에서도 사람들은 아주 오랫동안 변두리에 머물렀던 자유주의 사상의 다행스러운 회귀를 목격할 수 있었다. 어쨌든 사르트르와 아롱이 어떤 방식으로든 살아 있는 동안에 각자 좌파와 우파 성향의 이데올로기를 육화시킨 것은 부인할 수 없는 사실이다. 그렇기 때문에 두 사람이 죽었음에도 불구하고 20세기 프랑스 지성사의 중요한 잔구殘丘로 남게 된 것은 어쩌면 당연하다고 할 수 있으며, 이 책은 이런 잔구에 대한 생생한 기록과 증언이라고 할 수 있다.

2022년 10월 3일, 파리에서
장 프랑수아 시리넬리Jean-François SIRINELLI

차례

한국어판을 위한 저자 서문   7

서론   천국과 지옥 사이   15

제1부   분화구 속의 역사

프롤로그 태초에 카뉴들이 있었다   39

     당연히 그렇게 되어야 할 바칼로레아 합격자들   42

     사르트르: 도시의 소음에서 멀리 떨어져 있다   51

제1장   "고등사범", 또는 순진함의 시기   63

     두 명의 비전형적인 고등사범학교 학생   66

     뛰어난 철학도들   73

     1차 세계대전을 모면한 세대   83

     "나는 열렬한 평화주의자였습니다"(R. 아롱)   91

     사르트르, 또는 초연의 시기   120

     미래의 지식인들   137

제1부의 결론   뒷걸음질하면서 '역사'에 탑승하기   141

제2부   **폭풍우 속의 세대**

제2장	'역사'의 깨어남	151
	사회주의화되는 젊은 지식인	154
	독일: "역사는 반복된다"	160
	베를린에서의 "휴가"	180
	프랑스 안에서의 파시즘 위험?	192
	한 사람은 투표하고, 다른 사람은 투표하지 않다	202
	아롱: '역사'의 지평에서의 "재앙"	211
	전쟁, 삶의 중간에서	224
제3장	세계대전 동안의 두 지식인	233
	사르트르: "심각한 변화"	238
	아롱: 전차 아니면 펜?	244
	평온한 점령 기간?	255
	『코뫼디아』, 또는 『레 레트르 프랑세즈』?	271
	과오?	280
	세대 내에서의 릴레이	291
	시련	307

제3부　　　　　　　　　　　　**30년 전쟁**

제4장　대지진　　　　　　　　　　　　　315
　　　　　"아롱"의 구상, 자유주의 지식인　　　319
　　　　　사르트르의 권력 장악　　　　　　328
　　　　　위상의 변화　　　　　　　　　　340
　　　　　철학의 축전　　　　　　　　　　349
　　　　　사르트르의 영광　　　　　　　　353
　　　　　"이별"을 향하여　　　　　　　　362
　　　　　경계선상의 우정　　　　　　　　367
　　　　　귀환 불가능한 지점을 향하여　　376
　　　　　"각자 자기 진영에서 출발했다"　　385

제5장　냉전의 한복판에서　　　　　　　393
　　　　　결렬　　　　　　　　　　　　　399
　　　　　풀턴 연설의 효과　　　　　　　404
　　　　　냉전 중의 파리에서　　　　　　410
　　　　　"더러운 손을 가진 자는 사르트르이다"　418
　　　　　중립주의에서 동반자로　　　　　428
　　　　　1952년 여름　　　　　　　　　442
　　　　　냉전 기간 중에　　　　　　　　455

제6장	알제리에서 베트남까지	473
	"공산주의자들과의 일치"	476
	1956년의 충격	480
	"알제리 비극"에 대한 하나의 "대답"	493
	사르트르의 전쟁	505
	제3세계, 새로운 혁명적 엘도라도	517
	1968년의 정면 충돌	522
	베트남이라는 기호 아래에서	534

에필로그

제7장	인상, 저무는 태양	553
	'역사'가 방향을 바꾸다	557
	꺼져 버린 화산	561
	"선거, 어리석은 함정!"	564
	원로 자유주의자의 가을	571
결론	20세기에 지식인들은 없었는가?	581
옮긴이의 말		597
찾아보기		603

천국과 지옥 사이

으레 그러하듯 우리의 이야기는 71년 전에 찍힌 누렇게 바랜 한 장의 사진으로부터 시작된다. 1924년도 고등사범학교Ecole normale supérieure 입학생들이 후세를 위해 포즈를 취했다. 맨 앞줄에 철학을 전공으로 선택한 두 명의 젊은이가 나란히 있다. 장폴 사르트르와 레몽 아롱이 그 주인공이다. 사르트르는 손에 파이프와 챙이 넓은 모자를 들고 보헤미안 같은 학생의 복장을 하고 있다. 그 반면에 아롱은 장식용 손수건과 각반을 하고 있다.[1] 갓 입학한 학교라는 제도에 대해 두 사람이 보여 주는 벌써 아주 다른 두 가지 스타일이다. 하지만 이것은 또한 클리셰에 빠지게 할 공산이 큰 첫 번째 위험이기도 하다. 왜냐하면 이 두 고등사범학교 학생의 모습은 분명히 그런 단순한 대조만으로는 끝나지 않을 것이기 때문이다.

---

[1] 다음 링크를 참조하라. http://expositions.bnf.fr/sartre/grand/pl_01.htm

우리는 이런 클리셰보다는 오히려 그 당시에 사르트르와 아롱 사이에 있었던 하나의 서약으로 거슬러 올라가고자 한다. 윌름가[2]에서 두 사람은 가볍게 하나의 협약을 맺었다. 두 사람 중 더 오래 사는 사람이 고등사범학교 졸업생들의 『연감*Annuaire*』에 추도사를 쓰기로 한 것이다. 그 뒤로 몇십 년이 흘러 1980년 4월에 사르트르가 먼저 세상을 떠났을 때, 아롱은 다정하면서도 심심한 애도를 표하는 글에서 이렇게 쓰고 있다. "참여는 이미 유효하지 않다."[3] 아롱의 펜 끝에서 나온 이 문장은 과거에 대한 과민반응이나 상처를 곱씹는 것이라기보다는 오히려 '역사'[4]로 인해 두 사람 사이에 깊은 골이 파여 있다는 것을 보여 준다. 그리고 사르트르와 아롱이 속해 있던 세대와 동시대의 '역사'와의 관계가 평탄하지 않았다는 사실도 지적해야 할 것이다. 게다가 같은 세대에 속한 이들에 의해 집필된, 추억을 회상하는 다음 두 권의 저서를 통해 그들 두 사람의 '역사'와의 평탄치 않았던 관계에 대한 수많은 가정을 엿볼 수 있다. 폴 니장[5]의 『아덴 아라비*Aden Arabie*』와 로베르 브라지야크[6]의 『우리의 전쟁 이전*Notre avant-guerre*』이 그것이다. 이 두 권의 저서에 따

---

2   윌름가(Rue d'Ulm): 고등사범학교가 있는 파리의 거리 이름이다.

3   Raymond Aron, "Mon petit camarade", *L'Express*, 19 avril 1980, p.138.

4   이어지는 장(章)들에서 대문자로 쓴 '역사(Histoire)'라고 칭하게 될 역사이다. 실제로 이런 '역사'와의 관계가 이 책의 주요 논지 전개 방향이다. 곧 보겠지만 이와 같은 선택은 자의적인 것이 아니며, 20세기에 두 명의 "절친(petits camarades)"이 나아간 길을 설명하는 데 필수 불가결한 것으로 보인다.

5   폴 니장(Paul Nizan, 1905-1940): 프랑스의 소설가, 철학자이자 저널리스트로, 사르트르의 가장 친한 친구였다.

6   로베르 브라지야크(Robert Brasillach, 1909-1945): 프랑스의 작가이자 저널리스트로, 독일에 협력한 죄목으로 해방 후에 처형되었다.

르면 1920년대 카뉴Khâgneux[7]들의 세계가 폐쇄적이기는커녕 대립적이면서도 비극적이 되는 긴 여정에서 나타나는 시련들로 점철된 세계라는 것이 여실히 드러난다. 공산주의자였던 니장은 2차 세계대전 초에 독일군의 총탄에 죽는다. 그 반면에 점차 라인강 저편의 이데올로기[8]에 빠져든 모라스주의자[9] 브라지야크는 2차 세계대전이 끝나갈 무렵에 프랑스인들의 총탄에 죽는다.

물론 이 세대에 속한 고등사범학교 학생들을 잠재적 공산주의자나, 또는 잠재적 모라스주의자로 분류하는 것은 잘못된 시각이다. 앞으로 보겠지만 정치의 무게중심은 다른 곳에 있었다. 하지만 20세기 초에 태어나 몇 년 차이로 1차 세계대전을 겪지 않은 행운을 누린 이 세대에 속한 이들의 역사가 비극적이라는 인상은 정확하다.[10] 이 세대의 역사는 행운과는 정반대였다. 1930년대의 위험의 증가, 전쟁의 시련과 점령을 통해 험난한 파도가 처음으로 몰려왔다. 사르트르와 아롱과 함께 공부했던 상당수의 카뉴들과 고등사범학교 친구들의 운명은 이 파도에 부딪혀 산산조각이 나기에 이른다. 또한 이 세대는 일종의 같은 세대 내에서의 교대를 경험하게 된다. 1945년 해방까지 이어지고 또 그 이후에

---

7   고등사범학교 2년 차 준비생들을 가리킨다. 프랑스의 엘리트 교육의 상징인 고등사범학교에 입학하기 위해서는 고등학교를 졸업하면서 치르는 바칼로레아(Baccalauréat)에서 아주 우수한 성적을 얻은 학생들이 다시 고등학교에 머물면서 2년을 더 공부해 고등사범학교 입학시험을 치른다. 이들 준비생 중 2년 차 학생들이 카뉴이다.

8   나치즘을 가리킨다.

9   프랑스 극우파 정치인이자 민족주의자 샤를 모라스(Charles Maurras, 1868-1952)의 사상을 추종하는 자를 가리킨다.

10   Cf. Jean-François Sirinelli, *Génération intellectuelle. Khâgneux et normaliens dans l'entre-deux-guerres*, Fayard, 1998, réed., PUF, coll. "Quadrige", 1994. 특별한 언급이 없는 한 여기에서 참고한 모든 저서는 파리에서 출간되었다.

지식인 세계의 무대 앞에 등장하게 되는 40대에 도달한 이들의 분파가 그것이다. 사르트르는 아주 빠르게 이 분파의 상징이 된다. 하지만 이 점에 있어서도 '역사'는 빠르게 흘러간다. 동서의 대립, 탈식민지 전쟁 등을 통해 새로운 분열이 나타난다. 그리고 사르트르와 아롱의 우정은 바로 두 번째로 몰려온 파도에 의해 산산조각 나게 된다. 게다가 두 사람은 서로 대립하는 지식인들의 새로운 두 진영의 중심 인물이 된다.

이렇듯 사르트르와 아롱이라는 두 명의 영웅을 배출한 1905년에 태어난 지식인 세대는 여러 차례 계속되는 균열을 경험하게 된다. 이런 일련의 균열의 망 속에서 우정이 지속될 수 있는 가능성은 그다지 많지 않았다. 1956년에 50대가 된 아롱은 이렇게 말하고 있다. "우리 세대에서는 그 어떤 우정도 다양한 정치적 의견을 이겨 내지 못했다. 또한 친구들이 서로 헤어지지 않기 위해 함께 정치적 견해를 바꿔야 한다는 것은 충분히 설명 가능하면서도 슬픈 일이었다."[11]

여기에서 이처럼 세대 개념을 통한 우회로를 택한 것은 사르트르와 아롱을 비교하는 작업을 정당화시키기 위해 필요한 과정이다. 왜냐하면 또 다른 수많은 분쟁이 지난 세기, 특히 냉전 시대 지식인들의 역사를 수놓고 있기 때문이다. 다만, 사르트르와 아롱은 정확히 같은 나이였고, 친구였다. 게다가 두 사람은 같은 지식인의 토양에서 태어났다. 그런 만큼 20세기를 지나온 그들 각자의 지적 여정의 역사를 비교하는 것은, 단지 깨져 버린 우정의 관계뿐만 아니라, ─게다가 이런 현상은 다른 환경에서와 마찬가지로 지식인 사회에서도 흔히 발생한다─ 동시

11   Raymond Aron, "Aventures et mésaventures de la dialectique", *Preuves*, janvier 1956, p.15.

에 지식인들의 사회를 요동치게 만들었던 거대한 파도의 모습을 파악하는 것이기도 하다. 또한 이 오랜 두 친구 사이의 '30년 전쟁'이 시작되었을 때, 그들의 아우라의 강도는 같은 세기가 아니었다. 그리고 곧 살펴보겠지만 이런 아우라의 차이에는 20세기 프랑스에서 차례로 이어지는 이데올로기들에 의한 지배의 여러 국면이 반영되어 있기도 하다.

물론 사르트르와 아롱 두 사람을 단지 파도의 높이와 아우라의 강도를 보여 주는 지표로만 만들지 않도록 주의해야 할 필요가 있다. 그들 각자의 역사는 그 자체로 존재한다. 그들 각자의 고유한 인격에 의해서도 그렇고, 또한 그들 각자가 지식인들의 진영을 대표하는 인물이기 때문에 그렇기도 하다. 그런 만큼 두 사람을 비교한다는 중요한 주제를 앞에 두고 다음과 같은 통상의 네 가지 주목할 점을 지적하는 것은 유익할 것으로 보인다. 첫 번째 주목할 점은, 두 사람의 역사는 시기적으로 보면 아주 가깝긴 하지만 벌써 다른 시대에 속하는 역사라는 점이다. 이를테면 "비디오스페르"(레지 드브레)[12] 도래 이전의 역사가 문제가 된다. 이 시기에 지식인들은 대규모의 국가적 대립에서 쟁점을 끌어내는 데 기여했다. 그 쟁점을 이해하기 위해서는 회고적인 상상력을 발휘하는 노력이 요구된다. 그도 그럴 것이 그사이에 지식인들의 영향력과 도덕적 신뢰도의 일부가 전 지구적인 이데올로기의 몰락[13]과 더불어 실

---

[12]   20세기 프랑스의 철학자인 레지 드브레(Régis Debray, 1940-)는 이미지의 발전을 통해 본 역사를 문자 발명 이후인 '로고스페르(logosphère)', 인쇄술이 나오기 시작한 이후인 '그라포스페르(graphosphère)', 그리고 시청각 기기가 발달하기 시작한 '비디오스페르(vidéosphère)'의 3단계로 나눈다. 여기에서 이미지의 존재 방식은 단계별로 존재에서 사물로, 그리고 지각으로 변하게 된다.

[13]   마르크스주의의 몰락을 가리킨다.

추되었기 때문이다.

하지만 그것만이 사르트르와 아롱의 역사의 장식을 뒤흔드는 것은 아니다. 두 사람의 역할이 정말로 바뀌고 있다. 사르트르가 점차 '역사'의 무대 뒤로 물러난 반면, 아롱은 최근 몇 년 사이에 '역사'의 무대 앞으로 쏜살같이 뛰쳐나오고 있다. 역할에서도 변화가 일어나고 있다. 사르트르의 반대파들에 따르면 오랫동안 대가大家의 역할에 익숙했던 그는, 항상 맞지 않는 예언을 하는 엉터리 예언자였던 것으로 드러나고 있다. 이와 같은 뒤늦은 역할의 교대는 진짜 이미지 전쟁으로 이어지고 있다. 성상 파괴자들의 정체성과 세대도 곧 변화하게 될 것이다. 바로 거기에 이 책의 두 번째 어려움과 필요성 중 하나가 자리한다. 좀더 잘 생각해 보면 사르트르의 운명은 기이하다. 30여 년 동안 강력한 아우라를 내뿜은 후에, ―해방에서부터 1970년대 중반까지는 "사르트르의 시대"이다― 우리는 아주 빠르게 이루어진, 이른바 그에 대한 따돌림 현상을 목격하고 있다. 하지만 지식인들의 사회에서는 이런 유형의 익숙한 제의적 살인을 넘어 15년 전부터 "사르트르의 문제"가 제기되고 있다. 이데올로기의 지평을 환하게 밝혀 주던 태양의 지위에서 ―일시적이든 결정적이든― 꺼져 버린 항성의 지위에로의 이동은 지식인들의 세계에서 일어난 변화와 표점 이동의 가장 확실한 징표이다. 다시 말해 지식인들의 사회에서 일어난 진정한 코페르니쿠스적 혁명의 확실한 징후이다. 물론 다른 징후도 있다. 아롱이 그의 생의 말년과 사후에 맛본 영광이 그것이다. 아롱도 기이한 운명을 겪고 있다. 방금 다음과 같은 사실을 강조한 바 있다. 즉, 두 사람 각자의 계속 교대되는 이미지에는 프랑스라는 국가를 통째로 뒤흔들었던 수많은 대규모 토론과 점차 집단적 질문에 답을 주었던 수많은 지배적인 이데올로기가 반영되어 있다는 사실이 그것이다.

하지만 이와 같은 거울놀이에 대한 분석에만 그치는 것은 아주 협소한 내용이 될 수 있다. 사르트르와 아롱은 각자 그들 자신으로 살아갔고, 또 그들에게는 개인적인 지적 여정과 숙고하고 떠맡은 정치적 참여가 있다. 그런 만큼 20세기를 통해 이와 같은 정치적 여정을 분석하는 것도 유용할 것이다. 다시 말해 역사에 대한 각자의 성찰과 참여를 통해 '역사'와 맺었던 관계에 대해 성찰하는 것은 유용할 것이다. 더군다나 아롱에게는 그 자신이 직접 공식적으로 표명한 감정이 있다. 그의 삶에서 '역사'와의 접촉이 중요했다는 감정이 그것이다. 우리는 종종 언급되는 『회고록Mémoires』의 마지막 부분에 들어 있는 다음 구절을 알고 있다. "누군가가 내일 내 저작들을 읽는다고 가정해 보자. 그렇다면 그는 역사의 영향을 받은 한 사람의 의식을 가득 채웠던 분석, 갈망, 의심 등을 발견하게 될 것이다."[14] 또한 아롱의 경우에 '역사'에 의한 이와 같은 반사는 그 자신의 철학적 저작에서 이루어졌다. 최근의 한 학위 논문에서 다음과 같은 사실이 검토된 바 있다. "레몽 아롱은 '역사' 인식에 대한 그 자신의 비판철학을 1930년부터 직접 경험한 사건들에 따라 규정하고 있고", 또 "바로 그 사건들이 도덕과 정치의 관계에 대한 그 자신의 인식을 결정했다"[15]는 사실이 그것이다. 1965년 1월 15일, 도덕과

14   Raymond Aron, *Mémoires. Cinquante ans de réflexion politique*, Julliard, 1983, p.736.

15   Ariane Chebel d'Appollonia, *Morale et politique chez Raymond Aron*, thèse de doctorat en science politique, sous la direction d'Alfred Grosser, Institut d'études politiques de Paris, 1993, 2 vols., p.16. 또한 다음을 보라. Stephen Launay, *La Pensée politique de Raymond Aron*, PUF, 1995(특히 제1장과 제2장).

정치 분야 아카데미 프랑세즈의 화려한 입회식[16]이 거행되었을 때, 아롱은 1930년대 초 "라인강 변에서"의 사색에 대해 이렇게 회상한 바 있다. "그 당시에 나는 헤겔, 마르크스, 막스 베버를 정열적으로 읽는 한편, 현재 형성 중에 있는 '역사'에 대해 생각한다는 계획을 구상했었습니다."[17]

반면, 사르트르가 '역사'와 맺은 관계는 훨씬 더 복잡하다. 왜냐하면 이 관계가 논쟁적인 상황에 기입되어 있기 때문이다. 시인 자크 오디베르티[18]는 사르트르를 "지성의 전全방위에서 활동한 밤의 감시자"[19]라고 멋지게 표현한 바 있다. 이 표현은 사르트르의 동조자들뿐만 아니라 적대자들에 의해서도 자의적으로 해석될 수 있다. 그의 지지자들은 감시자의 계속되는 경계와 수많은 투쟁 속으로 뛰어든 그의 빈틈없는 태도를 내세울 것이다. 그의 적대자들은 감시자가 깨어 있으면서도 꿈을 꾸고 있을 때 나타나는 위험을 강조할 것이다. 현실에 주의를 기울이지 않거나, 또는 그 현실로부터 동떨어진 척 행동할 때 말이다. 더 안 좋은 것은 이 감시자가 몽유병 환자일 경우이다. 아롱이 '역사'에 대해 성찰했다면, 사르트르는 '역사'에 대해 꿈을 꾸었을 수도 있다. 이 점에 대해 최근에 사르트르에게 가해진 비난은 더욱더 가혹하다. 그도 그럴 것

---

16   아카데미 프랑세즈는 40명의 종신회원으로 구성되며, 입회식에서는 금사로 수놓은 초록색 상의에 검을 찬 전통적인 복장을 한다. 신입 회원은 기존 회원 중 한 명이 세상을 떠나게 되면 나머지 회원들에 의해 선출된다.

17   Archives personnelles de Raymond Aron(Nicolas Baverez, *Raymond Aron*, Flammarion, 1993, p.338에서 재인용).

18   자크 오디베르티(Jacques Audiberti, 1899-1965): 프랑스의 시인이자 극작가이다.

19   Annie Cohen-Solal, *Sartre*, Gallimard, 1985, p.381.

이 그가 몇십 년 동안 이른바 프랑스 인텔리겐치아를 대표하는 인물이었기 때문이다. 이런 이유로 예컨대 레오니드 플리우슈치[20]는 프랑스 지식인들의 소련에 대한 "자기 최면"을 비난하면서 다음과 같은 해석을 덧붙이고 있다. "내가 보기에 사르트르는 정신 도착, 현실 거부, 정치적 꿈속으로의 도피, 현실에 반하는 말들의 모음, 겉만 화려한 연설 등을 상징한다. 이것은 연극이다. 왜냐하면 현실이 가려져 있기 때문이다." 레오니드 플리우슈치는 또한 이렇게 덧붙인다. "나와 많은 반대자들의 눈에 카뮈는 비극적이지만 용감한 생각을 가진 사람이다. 카뮈는 진실이고, 사르트르는 거짓이다."[21]

사르트르의 경우에 그의 사후 15년 후에도 그에 대한 강한 애정이 남아 있다. 그에 대한 분석은 성인전과 논쟁 사이에서 왔다 갔다 한다. 어쨌든 '역사'와의 관계라는 면에서 보면, 이와 같은 암묵적인 논의는 그의 젊은 시절에는 해당되지 않는다. 억압에 맞선 명석하고 주의 깊은 감시인이건 아니면 무책임한 몽유병 환자이건 간에, 문제는 정확히 사르트르가 참여 지식인이 된 시기에 대해서만 제기될 수 있을 뿐이다. 그런데 이와 같은 참여의 시기 이전에 그에게 시민으로서 현실에 무관심한 채 오래 잠들어 있었던 시기가 있었다는 것은 부인할 수 없는 사실이다. 게다가 그처럼 오랜 정치적 부재는 그 자체로 역사의 대상이기

---

20 레오니드 플리우슈치(Léonid Pliouchtch, 1939-2015): 우크라이나 출생의 수학자이자 소련의 반정부 인사로, 프랑스로 망명했다.

21 1993년 7월 8일에 행해진 증언이다. 이 증언은 상드린 위보(Sandrine Hubaut)의 다음 DEA 논문에서 재인용한 것이다. *L'Impact de la dissidence soviétique sur la vie politique et intellectuelle française*, Institut d'études politiques de Paris, sous la direction de Serge Berstein et Jean-François Sirinelli, 1994, pp.180-181.

도 하다. 젊은 사르트르, 또는 '역사'에 의한 비非유혹non-tentation이 그것
이다.

이 책에서는 사르트르, 아롱, 카뮈를 위시해 수많은 다른 위대한 지
식인의 이름이 언급될 것이다. 그중 몇몇은 공개적인 찬사와 분향 세례
를 맛본 참다운 의미에서의 제도가 되어 버렸다. 그런데 역사가의 작업
은 훨씬 더 평범하게 과거의 파편들을 파헤치고, 그것들에 의미를 부여
하고자 노력하는 것이다. 그렇다고 해서 손에 모자를 들고 경의를 표
하면서도, 또 역으로 꼬치꼬치 캐묻는 검사檢事의 복장을 하고서도 아
니다. 마르크 블로크[22]는 프랑스대혁명 전문가들에게 이렇게 말하면서
묻고 있다. "로베스피에르주의자이건 반反로베스피에르주의자이건, 우
리는 당신들에게 동정심으로 은총을 외친다. 다만 우리에게 말해 달라.
대체 로베스피에르는 어떤 사람이었는가?" 이와 마찬가지로 우리도 역
시 ―여기에서는 동일한 정치 참여에 대해― 같은 질문을 침착하게 던
질 수 있는가? 사르트르와 아롱에 대해 어떤 사람들을 실망시키지 않
고, 또 어떤 사람들을 황홀하게 만들지 않고서 말이다. 지식인들을 다
루는 역사가는 팡테옹을 세우거나 아니면 공동묘지를 파고자 한다[23]는
의심을 받지 않은 채 양심적으로 그 자신의 직업을 수행하는 것을 갈망
할 수 있다. 어쨌든 바로 거기에 이 책의 세 번째 의도가 자리한다. 그
도 그럴 것이 지식인들의 역사는 본질적으로 이데올로기적 농도가 강

---

[22]   마르크 블로크(Marc Bloch, 1886-1944): 프랑스의 역사학자로, 아날(Annales)학파의 창시
       자 중 한 명이다. 2차 세계대전 때 레지스탕스 운동을 벌이다 독일군에 붙잡혀 고문
       당하고 처형되었다.

[23]   영광을 부여하거나 매장시킨다는 의미이다.

하기 때문이다. 게다가 그들의 역사에서는 프랑스적인 위대한 정열[24]의 이야기가 알게 모르게 읽히기도 한다. 따라서 역사가가 그의 작업을 수행하면서 경계를 늦춘다면 그는 도덕주의자에게 자리를 내줄 위험이 없지 않다.

차분하게 이야기를 하는 것 ―그렇다고 무미건조한 이야기를 의미하는 것은 아니다― 은 결코 쉬운 일이 아니다. 특히 사르트르와 아롱에 대한 탐사가 문제가 되는 경우에는 더욱 그렇다. 게다가 두 사람의 그늘이 여전히 길게 드리워져 있는 시기에, 또 각자가 사후에 종종 최근 프랑스의 지식인들의 역사에서 두 개의 대립되는 성향을 구현하고 있는 시기인 만큼 더욱더 그렇다. 실제로 연대기적으로 보아 연구 대상이 가까이 있다는 점은 역사가에게 동정심을 유발시킨다. 역사가에게는 이 단어의 어원적 의미에서 동정심[25]이 요구된다. 게다가 이 동정심은 역사가라는 직업의 본질 그 자체를 구성하기도 한다. 어쨌든 공통 감각이 남아 있다. 하지만 탐사를 하는 동안 동일 인물들과 너무 오래 교류하고 또 그들을 몇 년 동안 껴안고 있다 보면, 역사가는 동정심에 사로잡히기 쉽다. 또는 덜 자주 발생하기는 하지만 더 심한 경우에는 그들에 대한 반감에 사로잡히기도 한다. 그도 그럴 것이 역사가에게는 하나의 고질병이 문제가 되기 때문이다. 역사가라는 직업은 이런 위험을 부인하는 것보다는 오히려 그것을 떠맡고, 또 그것을 중화시키려

---

24   Jean-François Sirinelli, *Intellectuels et passions françaises. Manifestes et pétitions au XXe siècle*, Fayard, 1990.

25   동정심을 의미하는 'symphatie'는 원래 그리스어 'συμπάθεια(sumpatheia)'에서 유래한 것으로, "타자의 고통에의 참여"라는 의미를 가지고 있다.

고 노력한다는 특징을 갖는다. 역사가는 무자비한 푸키에탱빌[26]도 아니고, 하물며 '역사'의 처형대를 만드는 한 명의 구성원도 아니다. 역사가의 임무는 어떤 면에서 예심판사의 그것과 비슷할 수 있다. 여러 다른 범주에서 국가 공동체의 기억을 위임받은 이로서 역사가는 동시대인들에게 그가 맡은 서류의 여러 파편을 전달한다. 그리고 동시대인들이 원할 경우, 이렇게 그가 검토한 서류를 토대로 판단을 내리는 것이 바로 그들의 몫이다.

하지만 판단은 상당 부분 한 시대의 이데올로기적 분위기와 역사적 상황에 의존한다. 아롱이 많은 프랑스 지식인 사이에서 오랫동안 겪었던 추방은 현재 사르트르에게 종종 가해지는 가차 없는 비난과 마찬가지로 지나친 것이었다. 그렇다고 해서 이런 사실을 지적하는 것이 일종의 진통 효과가 있는 통합적인 태도로 기우는 것은 아니다. 사르트르와 아롱이 그랬던 것처럼 큰 반향을 일으키는 지식인은 대단히 강한 영향력을 행사하며, 그런 만큼 어쨌든 그 영향에 대해 책임이 있다. 지식인이 공적으로 입장을 표명하는 것이 그와 동시대를 사는 시민들의 의견, 나아가 그들의 행동에 영향을 준다는 의미에서 그렇다. 역사가의 입장에서는 지식인에게 해결책을 요구하는 것은 그다지 중요하지 않다. 그것은 지식인의 능력을 벗어나며, 또 그의 소명도 아니다. 그렇다면 역사가는 무엇의 이름으로 참여 지식인에게 '역사' 연구 앞에서 일종의 치외법권의 지위를 부여하는가? 참여 지식인은 '역사'의 주인공이다. 또

---

26   앙투안 푸키에탱빌(Antoine Fouquier-Tinville, 1746-1795): 프랑스대혁명 시대의 법조인이자 지식인이다. 피의자의 권리를 전혀 고려하지 않으면서 가차 없이 기소하는 검사의 대명사로 알려져 있다.

한 참여 지식인은 존재하지 않는 '역사'의 재판소가 아니라, 그의 글과 그의 행동의 결과에 대한 분석이 가능해질 때, 그것에 대한 합당한 분석을 받아야만 한다.

벌써 이해했겠지만 어떤 문제를 해결하기 위해 이 책을 집필하는 것은 아니다. 그러니까 지식인이 그의 동시대인들에게 제공해 줄 수 있다고 여겨지는 그런 해결책을 찾기 위함이 아니다. 그와는 달리 여기에서 중요한 것은 한 세기를 횡단한 여행에 대해 이야기하는 것이다. 왜냐하면 사르트르와 아롱은 용어의 두 가지 의미에서 '세기의 지식인들'[27]이었기 때문이다. 두 명 모두 사색하고 저작을 집필하기 위해 세상 밖으로 물러나기보다는 오히려 그 자신들의 시대의 '역사'에 뛰어드는 것을 선택했다. 비록 각자의 결정이 다른 시기에 내려졌다고 해도 그렇다. 그러니까 두 사람 모두 '20세기'라고 하는 거대한 풍랑 속에 자리를 잡았던 것이다. 그들의 입장 표명과 토론을 통해서 그랬다. 그리고 이런 세기의 횡단에 대한 분석은 지식인들의 역사를 위해서도 이중으로 소중하다. 한편으로 이 역사는 특히 그들의 연대連帶에 흥미를 갖는다. 어떻게 지식인들의 머릿속에 연대의 정신이 자리 잡게 되었는가? 이 질문에 대한 답은 지나치게 일반적인 연구나 에세이에 속하는 연구보다는 많은 경우에 대한 심도 있는 연구를 통해 이루어지게 될 것이다. 이런 시각에서 보면 사르트르와 아롱의 경우는 결코 소홀히 할 수 없는 경우라는 것을 인정하게 될 것이다.

27   Michel Winock, "Les intellectuels dans le siècle", *Vingtième siècle. Revue d'histoire*, nº 2, avril 1984, pp.3-14; Jean-François Sirinelli, "Pas de clercs dans le siècle?", *Ibid.*, nº 13, janvier-mars 1987, pp.127-134.

이와 같은 접근의 결과를 받아들여야 할 필요가 있다. 물론 분석에서 참여 지식인과 사상가, 작가를 분리하는 것은 중요하지 않다. 그렇다고 해서 지식인들의 역사에 특권을 부여하는 것도 중요하지 않다는 사실을 인정할 필요가 있다. 이 책에서 사르트르와 아롱 각자의 사유 체계는 그들의 개별적인 참여를 밝히는 데 도움이 되는 경우에만 분석되었을 뿐이다. 여기에서 그들의 사유 체계는 그 자체로 연구되지 않았다. 아롱, 특히 사르트르의 행동에 철학적 토대가 있다고 해도, 여기에서는 작동하고 있는 사유만을 분석하고자 한다. 관념의 역사는 빈곤해지지 않으려면 역사적 상황과 분리되어서는 안 되기 때문이다. 또한 사르트르와 아롱 각자의 저작들과 사유에 대한 지성사적 접근 역시 이미 아주 수준 높은 연구가 풍부하게 이루어졌다. 그런 만큼 이어지는 모든 장章에서 이 점에 대해서는 새로운 것을 덧붙이지 않을 것이라는 점을 미리 지적하자.

이제 네 번째 서론적으로 주목할 점을 지적할 차례이다. 실제로 사르트르와 아롱이 모두 훌륭하고 가치 있는 수많은 연구의 대상이 되었다는 사실을 상기하면서[28] 혹여 있을지도 모를 오해를 미연에 예방하는 것이 좋을 듯하다. 사르트르에게서는 그의 철학과 문학 분야에서의 저작들이 —프랑스에서는 물론이거니와 외국에서도 아주 빛나는— 대학이나 CNRS[29]에서도[30] 연구 활동의 완전한 한 분야를 이루고 있다. 그

---

28 게다가 이런 이유로 이 책의 말미에서 참고문헌을 찾아볼 수 없을 것이다. 너무 간단한 참고문헌은 빈곤한 반면, 너무 자세한 참고문헌은 위압감을 줄 뿐이다. 호기심이 많거나 전문가들을 위해 이용되고 다뤄진 원전과 저작들은 각주에서 언급될 것이다. 편의를 위해, 또한 시각적인 효과를 위해 모든 주는 각 장이나 이 책의 끝부분이 아니라 각 페이지의 하단에 배치한다.

리고 그의 텍스트와 원고를 발견하고 또 주해하는 작업은 이 분야에서 하나의 모델이 되고 있다. 아롱의 저작 역시 —조금 좁은 영역에서이기는 하지만— 완전히 해부되고 있다.[31] 하지만 이 책의 관심은 그런 것과는 전혀 다르다. 저자와 그의 저작을 분리시킬 수 없다는 사실을 완전히 의식하면서, 또 실제로 그 둘 사이를 무리하게 분리하지 않으면서, 나는 여기에서 역사가로서 20세기를 횡단한 두 사람의 '정치적 여정'을 분석하고자 한다. 실제로 사르트르와 아롱의 평행하는 구체적 삶을 요구하는 또 다른 여러 분야가 있기 때문이다.[32]

이와 같은 여정을 분석하는 것은 지식인들의 역사를 위해서도 소중하다. 왜냐하면 사르트르와 아롱의 경우에 이 역사를 통해 공통의 토양에서 뻗어 나온 두 개의 길을 비교, 관찰하는 것을 가능케 해 주기 때문이다. 이렇게 구상된 '여정'이라는 개념은 풍요로운 도구가 된다. 이 도구는 참여의 큰 자취를 지도 위에 표시할 수 있게끔 해 줌으로써 정

---

29   CNRS는 1939년에 세워진 프랑스 국립연구센터(Centre national de la recherche scientifique)의 약자이다.

30   사르트르에 대한 훌륭한 저작들이 계속해서 출간되고 있다. 예컨대 13년의 간격을 두고 완전히 상반된 결론을 내리고 있는 저서도 있다. Cf. Michel-Antoine Burnier, *Le Testament de Sartre*, Orban, 1982; Jean-Jacques Brochier, *Pour Sartre*, Lattès, 1995.

31   그리고 아롱의 평전도 나오고 있다. 앞에서 언급한 니콜라 바브레즈의 저서 이외에도 다음과 같은 평전을 보라. Robert Colquhoun, *Raymond Aron 1955-1983: the sociologist in society*, London, Sage Publications, 1986, 2 vols.

32   Cf. 이 점에 대해서는 훨씬 더 철학적인 성향이 강한 아주 훌륭한 다음 책을 보라. Etienne Barlier, *Les Petits camarades. Essai sur Jean-Paul Sartre et Raymond Aron*, Julliard-L'Age d'homme, 1987. 방금 위에서 지적한 이유로 여기에서는 사르트르의 『변증법적 이성비판(Critique de la raison dialectique)』도, 특히 1973년에 간행된 아롱의 『폭력의 역사와 변증법(Histoire et dialectique de la violence)』도 분석하지 않는다. 아롱의 이 책은 사르트르의 『변증법적 이성비판』과의 연속되는 "대화"에 해당한다. 아롱 자신이 그의 저서에서 이 "대화"라는 단어를 사용하고 있다.

치 분야에서 일종의 측지학測地學을 가능케 해 주기 때문이다. 그도 그
럴 것이 지식인들의 역사에는 자성磁性을 가진 두 개의 극이 존재하기
때문이다. 호시탐탐 기회를 엿보고 있는 무거운 성향의 사회학과, 이른
바 '미시사micro-historia' —몇 년 전에 다른 영역, 즉 사회사라는 다른 영
역에서 이탈리아식 사료 편찬에서 말하는 의미에서의 미시사— 에 해
당하는 훨씬 더 경험적인 과정이 그것이다. 우리가 보기에 이런 접근은
그 존재 이유가 더 뚜렷해지고 있는 것 같다. 사르트르는 이렇게 쓰고
있다. "하나의 역사적 삶은 우연, 만남… 등으로 가득하다. 미래는 불확
실하다. 우리는 우리 자신의 고유한 위험이다. 세계는 우리의 위험이
다."[33] 결국 세계와… 부름에 혼자 답하는 '역사'가 있다. 그리고 지금 당
장으로서는 극심한 변화를 만들어 내고 있는 역사가 있다. 특히 1980년
대 초반부터 사르트르에게서 지옥으로의 하강이 시작될 무렵에 카뮈의
재災로부터의 부활을 목격하고 있다. 그동안에 아롱은 그의 사후에 사
상가들의 낙원을 직접적으로 얻고 있다. 두 명의 "절친"인 사르트르와
아롱은 지식인 사회에서 보면 여전히 '천국'과 '지옥'을 오가고 있다. 다
만 이번에는 그 역할이 바뀐 상태이다.

---

[33]   Jean-Paul Sartre, *Saint Genet, comédien et martyr*, Gallimard, 1952, p.347.

제1부

분화구 속의 역사

기억의 반추 속에서, 끔찍했던 1차 세계대전과 2차 세계대전이 벌써 눈앞에 어른거리던 1930년대 사이에 끼인 1920년대는, 돌이켜보면 일종의 오아시스처럼 보인다.[1] 게다가 그런 추억은 부당하게 얻어진 것이 아니다. 물론 1920년대 초반은 사람들의 슬픔과 계속된 고통으로 인해 아주 차갑고 거의 황혼에 가까울 만큼 씁쓸하고 힘들었다. 하지만 곧장 하늘은 밝아졌고, 그 시기에 집단의 기억 속에 남아 있던 밝은 색조를 제공해 준다. 실제로 1920년대의 대부분이 새로운 빛과 희망의 불꽃이 타오르는 시간이었다. 우선, 전쟁의 보상 문제로 어지러웠던 국제 관계의 진정된 분위기가 그런 일시적인 호전의 가장 좋은 징표였다. 1925년부터 로카르노조약[2]은 프랑스와 독일의 접근에 관심을 집중시켰고, 또

---

1   그 시기는 '벨 에포크(Belle époque)'라 불린다.

2   로카르노조약(Traité de Locarno)은 1925년 10월 16일에 영국, 프랑스, 이탈리아, 독일, 벨기에, 체코슬로바키아, 폴란드의 대표가 스위스의 로카르노에서 체결한 국지적 안

두 나라의 접근을 상징하게 되었다. 그 이듬해 독일은 국제연맹에 가입했다. 프랑스 외무장관이었던 아리스티드 브리앙[3]은 연설을 통해 독일의 가입을 환영했다. 전쟁이 끝난 지 8년 후에 그의 목소리가 그 조약이 체결되었던 스위스 연방궁에서 울려 퍼졌다. 그는 이렇게 선언했다. "총과 기관총과 대포는 뒤로! 화해와 중재와 평화에 자리를!"

1925년에 사르트르와 아롱은 20세였다. 그 시기에 유럽인들의 갈망을 가장 잘 요약해 주는 표현은 "최후의 전쟁la der des der"이었다. 앵글로색슨족의 표현대로 1차 세계대전은 "우리가 싸운 마지막 전쟁The last war we fight"이라는 것이다. 달리 말해 집단적 안전보장과 인간 사회의 고유한 갈등을 조정하고 진정시키는 것이었다. 게다가 1928년에 워싱턴에서 체결된 켈로그-브리앙조약[4]은 전쟁을 '불법행위'로 규정했다. 물론 그 이후의 '역사'를 잘 알고 있는 역사가는 그로부터 11년 후에 인류역사상 가장 큰 규모의 학살이 자행되었다는 것을 강조할 만한 자료를

전보장 조약이다. 5개의 조약과 2개의 협정으로 구성되어 있다. 그중에서도 영국, 프랑스, 독일, 이탈리아, 벨기에, 5개국 사이의 집단 안전보장 조약은 가장 중요한 것으로, 독일과 벨기에 및 독일과 프랑스의 국경 안전보장 및 라인란트의 영구 비무장화를 규정하고 있다. 하지만 이 조약은 1936년 3월에 히틀러에 의해 일방적으로 파기되었으며, 독일군의 라인란트 침입과 재무장이 실시되었다.

3   아리스티드 브리앙(Aristide Briand, 1862~1932): 프랑스의 정치인으로, 베르사유조약의 실시, 배상 문제 협정, 부전 조약 체결 등의 업적으로 1926년 노벨 평화상을 수상했다.

4   켈로그-브리앙조약(Kellogg-Briand Pact)은 1928년 8월 27일 미국의 국무장관 프랭크 켈로그(Frank Billings Kellogg)와 프랑스 외무부 장관 아리스티드 브리앙의 발기에 의해 파리에서 15개국이 체결한 전쟁 규탄 조약으로서, 서문과 전문 3장으로 이루어져 있다. 이 조약은 조약 위반의 경우에 대처할 수 있는 구체적 방안을 제시하고 있지 못하다. 그로 인해 이 조약의 가입국인 독일과 일본이 2차 세계대전을 일으켰을 때 이 두 나라의 야만적 행위에 대해 다만 서류상 규탄만을 했을 뿐이다.

손에 쥐고 있기는 하다. 하지만 사람들은 항상 뒷걸음질하면서 '역사' 속으로 들어가곤 한다. 과거로 눈을 돌리면서 말이다. 그리고 1928년은 1939년부터 시작되는 새로운 상처가 아니라 점차 아물기 시작한 1914-1928년의 기준으로 평가되어야 한다. 1920년대의 '역사'는 가공할 만한 살상 능력을 가진 마그마의 새로운 분출의 위험을 모른 채 분화구 속에 놓여 있었다.

이것이 바로 사르트르와 아롱이 정치에 눈을 뜨기 시작했던 '시기'의 상황이었다. 하지만 '장소'도 결정적이다. 실제로 지식인계층을 구성하고 구조화시키는 인맥과 정동적 요소들의 교직交織은 종종 출신, 나이, 학연의 연대성에까지 깊이 뿌리내리고 있다. 특히 세 번째 변수가 중요하다. 따라서 학생 시절, 즉 비교적 쉽게 영향을 받는 나이로까지 거슬러 올라가면서 출신 학교에 대한 고고학을 수행해 보는 것이 필요하다. 지성적, 정치적 각성의 원천을 향해 거슬러 올라가는 작업은 종종 정신의 지도地圖 위에 미래의 대大사상가들이 서 있는 교차로와 미래의 선각자들이 작업을 하는 장소를 파악할 수 있게 해 준다. 여기에서 문제의 주인공들인 카뉴들은 미래를 내다볼 수 있는 소중한 전망대가 된다. 이 전망대는 각성이 이루어지는 순간에 역할을 담당할 수 있는 미시적 분위기를 파악할 수 있게 해 준다. 앞에서 언급했던 누렇게 바랜 사진 뒤에 우리의 이야기가 시작되는 아주 중요한 장소가 있다.

태초에 카뉴들이 있었다

프랑스 지성사에서 특별한 위치를 차지하고 있는 하나의 제도가 있
다. 카뉴가 그것이다. 윌름가에 위치한 고등사범학교 입학시험 준비반
인 카뉴는 20세기 내내 여러 세대에 걸쳐 이어지는 젊은 지식인들의 형
성에서 아주 특별한 위치를 차지하고 있다.[1]

|

　아롱과 사르트르가 활동하던 시기의 카뉴들에 대해서는 다음을 참고하라. Jean-
François Sirinelli, *Génération intellectuelle. Khâgneux et normaliens dans l'entre-deux-
guerres, op. cit.*

당연히 그렇게 되어야 할
바칼로레아 합격자들

　매년 30여 명의 행복한 동량들만이 고등사범학교 입학시험의 관문을 통과한다. 하지만 300여 명에 달하는 수험생들이 휴머니즘에 대한 숭배가 축성되는 카뉴에서 몸을 도사리고 있다. 이 제단의 외양은 볼품이 없다. 그저 12개의 고등학교에 있는 어두침침한 몇몇 교실이 그것이다. 그렇다면 잠자는 숲속의 카뉴인가? 이 표현보다 더 잘못된 것은 없을 것이다. 왜냐하면 카뉴는 제3공화국 치하에서 마련된 평준화된 중고등교육 과정에서 프랑스 교육제도의 정수精髓에 해당하기 때문이다. 여전히 가장 고귀하다고 여겨지는 여러 분야에서 파리와 지방의 가장 우수한 문과반 학생들이 자웅을 겨룬다. 게다가 윌름가로 가기 위한 시험은 어렵기로 정평이 나 있다. 이 시험에서 매년 전국 고교 작문 경시대회의 입상자 중 30여 명이 선발된다. 이렇게 말할 수 있다면 시험 감독관의 꿈은 당연히 그렇게 되어야 할 바칼로레아 합격자들을 선발하는 것이다.

사르트르와 아롱이 시험을 준비하던 시기에 파리에는 4개의 카뉴가 있었다. 최정상에는 루이르그랑고등학교가 있었다. 기숙사 덕분에 프랑스 전국에서 온 뛰어난 바칼로레아 합격자들이 모여들어 매년 고등사범학교 문과반 합격생의 40%를 차지하고 있었다. 생트준비에브언덕[2]의 조금 더 높은 곳에는 철학자 알랭[3]이 이끌던 카뉴가 있었다. 알랭은 1933년까지 앙리4세고등학교에서 철학을 가르쳤다. 라틴 구역[4]에 있는 이 두 카뉴 가까이에는 소$^{Sceaux[5]}$에 위치한 전원에 있는 듯한 모습을 하고 있는 라카날고등학교에 소규모의 카뉴가 있었다. 매년 몇 명의 합격생을 배출했던 이 학교는 센강 우안에 있는 유일한 콩도르세고등학교의 카뉴와 거의 같은 위상을 보이고 있었다.

콩도르세고등학교의 카뉴를 제외하고 그 당시에 파리와 지방의 카뉴에 다니던 학생들은 대부분 중산계층에 속했다. 실제로 이 계층은 세 가지 특징을 가지고 있었다. 공무원들의 자녀들이 압도적으로 많다는 점이다. 전체의 절반 정도였다. 그중에서 교육자들의 자녀들이 높은 비율을 차지했다. 전체의 1/3 이상이었다. 특히 초등학교 교사 자녀들의 비율은 무시할 수 없을 정도였다. 전체의 1/5, 또는 1/6이었다. 이런 관

2   생트준비에브언덕(Montagne-Sainte-Geneviève): 팡테옹이 자리 잡고 있는 곳으로, 고대 로마 시대부터 파리의 중심지이다.

3   알랭(Alain, 1868-1951): 본명은 에밀오귀스트 샤르티에(Emile-Auguste Chartier)이며, 프랑스의 철학자, 에세이스트로, 사르트르와 아롱 시대의 지식인들에게 큰 영향을 주었다.

4   라틴 구역(Quartier latin): 파리 5구와 6구의 일부에 해당하는 지역으로, 센강 좌안에 위치해 있고, 프랑스의 주요 행정기관, 교육기관, 성당 등이 집중되어 있으며, 과거에 라틴어를 주로 사용해서 이런 이름으로 불리고 있다.

5   프랑스의 오드센(Hauts-de-Seine)도에 있는 도시로, 파리 남쪽에 있는 전원도시이다.

점에서 아롱과 사르트르는 그들의 친구들과 비교해 보면 상당히 이질적이었다. 아롱은『회고록』에서 "한 명의 요리사와 한 명의 가정부" 등으로 그의 집안의 생활상을 묘사한 바 있다. 그의 집안 살림은 아버지의 유산과 북부 지역 섬유사업가의 딸이었던 어머니 쉬잔 레비^{Suzanne} 의 결혼 지참금을 바탕으로 꾸려지고 있었다.[6] 집안 살림과 세 아이의 교육으로 인해 점차 줄어들고 또 부분적으로 동산의 형태로 되어 있던 아롱 집안의 소득은 1929년 대공황 때 현저히 줄어들었다. 사르트르로 말하자면 그의 어머니는 폴리테크니크[7] 출신과 재혼한다. 뒤에서 다시 보겠지만, 사르트르의 고등사범학교 입학 서류를 보면 그의 집안 사정은 그의 동기생들보다는 훨씬 여유가 있었다. 이런 관점에서 사르트르와 아롱은 분명 서로 가까웠다고 할 수 있다. 그 반대로 가정환경은 약간 달랐다. 아롱은『회고록』에서 베르사유의 저택에서 보낸 행복한 젊은 시절을 술회하고 있다. 알자스 유대인 집안 출신[8]이었던 아버지는 지적 직업을 선택했다. 당시 지역의 섬유 공장 사장의 아들이었던 그는 법제사 분야의 교수자격시험^{agrégation}[9]에 합격하지는 못했지만 기술교육사범학교^{Ecole normale d'enseignement technique}[10]에서 법을 가르쳤다. "특별

---

6   Raymond Aron, *Mémoires, op. cit.*, p.14.

7   에콜 폴리테크니크(Ecole Polytechnique)로, 프랑스를 대표하는 그랑제콜(Grandes Ecoles) 중 하나이며, 이공계의 고등사범학교에 해당한다.

8   콩도르세고등학교에서 작성한 고등사범학교 입학시험 접수 서류에는 '종교'란이 있다. 거기에 '유대교'라고 표기되어 있다(Arch. nat. 61 AJ 251).

9   고등사범학교 입학시험과 마찬가지로 어렵기로 소문난 프랑스 교수자격시험이다. 고등사범학교가 유명한 것은 이 시험의 합격자를 많이 배출하기 때문이기도 하다. 반면, 중등학교 교사자격시험은 '카페스(CAPES: Certificat d'aptitude au professorat de l'enseignement du second degré)'라고 한다.

히 따뜻하고 활기가 넘쳤던 집"[11]으로 묘사된 아롱의 집에는 세 아들이 거주하고 있었다. 1902년 4월 태어난 아드리앵, 20개월 뒤에 태어난 동생 로베르, 1905년 3월에 태어난 막내 레몽이 그들이었다. 이런 집안의 분위기는 어떤 면에서 보면 『말Les Mots』에서 사르트르가 묘사하고 있는 집안의 분위기와는 사뭇 대조적이다.

그럼에도 두 젊은이의 집안 분위기는 사회계층적인 용어로 말하자면 다른 친구들보다는 훨씬 더 상위에 있었다는 공통점을 가진다. 그도 그럴 것이 전형적인 카뉴의 모습은 집안의 희망을 독차지하고 있던 장학생으로 윌름가로 가는 시험을 준비하기 위해 파리로 "상경한" 시골뜨기의 모습이었고, 또 그런 이유로 기숙생의 모습이었기 때문이다. 9월의 마지막 일요일에 파리의 풍경을 처음으로 보는 카뉴들도 상당수였다. 물론 입학시험을 준비하는 내내 지방 출신 수험생들은 각자의 기질에 따라 수도 파리와 접촉하면서 다양한 관계를 맺게 된다. 어떤 이들은 길거리를 성큼성큼 걸으면서 문화적 풍요로움을 맛보고, 또 어떤 이들은 기숙사와 도서실에 파묻혀 이방인으로 남게 된다. 지금으로서는 기차에서 내린 순간에 그들 대부분은 파리를 한 번도 보지 못하고 지방 악센트를 가진 지방 고등학교의 꽃잎 하나에 불과할 뿐이다.

기숙생들의 삶은 그 점에서 또한 매일 학교의 일과가 끝나면 파리에 있는 집으로 돌아가는 사르트르의 삶과 마찬가지로, 매일 저녁 베르사유로 돌아가는 아롱의 삶과도 뚜렷이 대조되었다. 이런 점에서 기숙

10   Idem.

11   Marcel Ruff, "Souvenirs très anciens", in "Raymond Aron (1905-1983). Histoire et politique", Commentaire, nᵒˢ 28-29, février 1985, p.12.

사 생활을 하지 않았고, 또 사회적으로 완전히 전형화되어 있던 아롱은, 매년 프랑스 전국에서 오는 고교 작문 경시대회 수상자들을 흡수하면서 고등사범학교 입학생을 대량으로 제조해 내는 루이르그랑에 다니던 사르트르에 비해 뒤지는 것이 없어 보였다. 실제로 두 사람의 학업 성적은 다른 친구들에 비해 전혀 뒤지지 않았다. 엄선된 학생들 틈에서 사르트르와 아롱이 얻은 성과는 눈부셨다. 예컨대 아롱의 성적은 무결점이었으며 거의 모범적이었다. 베르사유 소재 오슈고등학교에서 매년 반에서 1등이었고, 고교 철학 논술 경시대회에서는 2등이었으며, 2차 바칼로레아에서는 '매우 우수très bien'[12]에 해당하는 점수를 받기도 했다.[13] 또한 아롱에게서 1921-1922년은 아이에Aillet 교수의 지도로 철학반에서 현저한 지적 발전을 이룩했던 아주 중요한 시기였다.

사르트르 역시 아주 우수한 학생이었다. 앙리4세고등학교 1학년 AB반에서 우수상, 특히 프랑스어와 라틴어 작문에서 1등상을 휩쓸었다. 그는 또한 철학 B반에서 철학 논술 1등상을 받았는데, 그의 친구 니장이 2등이었다.[14] 사르트르와 니장은 생자크가[15]에 있는 루이르그랑으로 옮겨 갔는데, 그곳의 지적 온실에서 별다른 문제 없이 잘 적응했다. 1924년 봄에 이 학교 교장 선생님은 카뉴였던 사르트르의 고등사범학

---

12   프랑스에서 시험은 20점 만점에 '보통(passable)'(10-11점), '양호(assez bien)'(12-14점), '우수(bien)'(15-17점), '매우 우수'(18-20점)로 채점된다. 10점 이상을 얻으면 합격이다.

13   고등사범학교에 보관된 아롱의 서류에서 바칼로레아에서 받은 '매우 우수'라는 점수를 확인할 수 있다(Arch. nat. 61 AJ 251). 파리 소재 고등학교를 대상으로 했던 철학 논술 경시대회에서의 2등상에 대해서는 다음을 참고하라. *Revue universitaire*, 1922, 2, p.232.

14   *Palmarès du lycée Henri-IV*, 1920-1921, 1921-1922(Arch. Henri-IV).

15   생자크가(Rue de Saint Jacques): 파리 5구의 센강 좌안에 위치한 거리로, 프랑스의 주요 교육기관이 있는 거리로 유명하다.

교 입학 전형 서류에 다음과 같은 평가를 적어 넣고 있다. "아주 뛰어난 정신의 소유자임. 눈에 띄는 자질을 가짐. 성공할 수 있음. 아주 훌륭한 도덕심의 소유자임."[16] 실제로 그다음 해 7월에 사르트르는 첫 응시에서 7등으로 고등사범학교에 입학하게 된다.

사르트르와 니장 —니장은 22등으로 고등사범학교에 입학했다— 은 그들이 졸업했던 고등학교[17]에서 카뉴로 제일 먼저 선발될 수도 있었을 것이다. 사르트르 연구자들과 니장 전문가들은 두 사람의 루이르그랑으로의 전학에 대해 집요하게 파고들고 있다. 후일 출간된 현대 철학자들에 대한 니장의 텍스트로 인해 오랫동안 그 학교에서 근무하고 있었던 알랭에 대한 적대감이 그 이유로 끈질기게 대두되곤 했다. 하지만 이런 설명은 개연성이 거의 없다. 왜냐하면 사르트르는 알랭에 대해서도, 2년 후에 고등사범학교에 입학한 알랭의 제자들에 대해서도 적대감을 가지고 있지 않았기 때문이다. 오히려 그 반대였다. 실제로 사르트르는 『우스꽝스러운 전쟁[18] 수첩 Carnets de la drôle de guerre』[19]에서 알랭에 대한 거리감보다는 호감을 증언하고 있다.[20] 또 다른 설명도 있다. 두 젊은 철학도가 앙리4세고등학교를 떠난 것은 이 학교 교장 선생님이었던 도Deaux와 얽힌 사건 때문이었다는 것이다. 실제로 자신들의 홀

---

16   Arch. nat. 61 AJ 251.

17   앙리4세고등학교를 가리킨다.

18   "우스꽝스러운 전쟁"은 2차 세계대전 초기에 전쟁의 발발에도 불구하고 총격전 등이
      없었던 기이한 상태를 지칭하기 위한 표현이다.

19   Jean-Paul Sartre, Carnets de la drôle de guerre, nouvelle édition, Gallimard, 1995, p.84.

20   니장은 1926년에 그 자신을 "알랭의 제자"로 규정하고 있다(니장이 앙리에트 알펜 —니장
      의 부인이 된다— 에게 1926년 4월에 쓴 편지. 이 편지는 다음 책에서 재인용되었다. Pascal Ory, Nizan.
      Destin d'un révolte, Ramsay, 1980, p.31).

룡한 성적 때문에 술을 너무 많이 마시고 도 교장 선생님의 발에 구토를 했다는 것이다. 하지만 이런 설명은 조금 난처하다. 그도 그럴 것이 그 사건 자체가 의심스럽기 때문이다.[21] 더군다나 사르트르는 그와 같은 버릇없는 행동을 기억조차 못하고 있다. "나는 앙리4세고등학교에서 2차 바칼로레아를 치렀어요. 그곳에는 철학 교수인 알랭이 이끌고 있는 아주 훌륭한 카뉴가 있었어요. 나를 왜 그곳에서 빼냈는지 그 이유를 알 수가 없어요. 나를 루이르그랑에 넣었지요. 이 학교에는 진지하지만 지루했던 카뉴가 있었어요. 나는 거기에서 열심히 공부해 고등사범에 입학했어요."[22] 조금 더 평범하게 다음과 같이 말하는 것이 더 그럴듯해 보인다. 즉, 두 명의 뛰어난 고등학생이나, 또는 그들의 가족들이 —바로 위의 텍스트는 그렇게 해석될 수 있다— 1922년 가을에 루이르그랑을 선택한 것은 합격 가능성의 문제였다고 말이다. 그해 여름에 실시된 입학시험에 합격한 30명 중에서 13명이 루이르그랑 카뉴 출신이었던 반면, 단 2명만이 앙리4세 카뉴 출신이었다. 한 해 전에 그 차이는 더 컸다. 14명이 루이르그랑 출신이었고,[23] 팡테옹 광장에서 온 합

---

21   이 사건은 파스칼 오리(*Idem.*)가 전한 것이다. 그는 니장의 부인 앙리에트 니장의 증언에 입각해 이 얘기를 하고 있다(필자가 1981년 11월에 인터뷰를 했다). 그런데 앙리에트가 니장과 같이 살게 된 것은 4년 후의 일이다. 게다가 그녀는 다른 연구자에게 교장 선생님과의 "말다툼"에 대해 언급하면서 다른 설명을 하고 있기도 하다(Jacqueline Leiner, *Le Destin littéraire de Paul Nizan et ses étapes sucessives*, Klincksieck, 1970, p.25).

22   사르트르와 보부아르가 1974년 8-9월에 했던 대담으로, 1981년에 출간되었다(S. de Beauvoir, *La Cérémonie des adieux suivi de Entretiens avec Jean-Paul Sartre*, Gallimard, 1981, p.375).

23   원문은 '뤼도비시앵(ludoviciens)'이다. 루이르그랑고등학교 학생들은 자신들을 '마뇨뤼도비시앵(magnoludoviciens)'이라고 부른다. 'magno-'는 '위대한', '훌륭한'의 뜻을 가진 'magnifique'를 가리키며, 'ludovicien'은 '루이(Louis)' 대왕을 가리킨다.

격생은 2명뿐이었다.[24] 게다가 1922년 신학기에 사르트르와 니장만이 앙리4세를 떠난 것은 아니었다. 실제로 그 시기에 그 학교의 카뉴 정원은 34% 감소한 반면, 루이르그랑 카뉴의 정원은 상당한 비율로 증가했다.[25] 1923년도 입학시험에서 두 학교의 격차는 더 벌어지게 된다. 루이르그랑 13명 대 앙리4세 0명.

아롱의 학업 성적으로 보면 그는 이미 루이르그랑의 우등생 무리와 만나게 될 운명이었다. 실제로 그는 고등사범학교에 입학하기 2년 전에 이미 사르트르와 루이르그랑 동창생이 될 수도 있었을 것이다. 하지만 베르사유 소재 고등학교 학생이었던 아롱에게는 생라자르역[26]이 베르사유에서 그리 멀지 않다는 점, 그리고 생자크가와 팡테옹 광장[27]에 있는 고등사범학교 입학생을 대량으로 찍어 내는 교육기관보다는 좀 더 인간적으로 입학시험을 준비하고 싶다는 욕망을 위시해 그를 콩도르세고등학교에 진학하게 한 다른 많은 이유가 있었을 것이다. 아롱은 그곳에서 미래의 고등사범학교 학생이 되는 학생들 —부르슈,[28] 외르공,[29] 라콩브,[30] 라가슈[31](그사이에 루이르그랑으로 옮겼다), 슈보브Philippe

24   루이르그랑고등학교는 생자크가에 있고, 앙리4세고등학교는 팡테옹 광장에 있다.

25   Archives des lycées Henri-IV et Louis-le-Grand.

26   생라자르역(Gare Saint-Lazare): 파리의 철도, 지하철을 잇는 교통망 중 6대 역의 하나로, 주로 프랑스 서부로 출발하는 지선의 종착역이다.

27   팡테옹 광장(Place du Panthéon): 팡테옹 앞의 광장을 가리킨다. 팡테옹은 파리의 라틴 구역에 있는 건축물로, 입구의 삼각형 부조 아래에는 "조국이 위대한 사람들에게 사의를 표하다"라는 문구가 새겨져 있다. 팡테옹은 원래 생트준비에브에게 봉헌된 교회였으나, 수많은 변화를 거쳐 현재는 위인들의 묘지 역할을 하고 있다.

28   장 부르슈(Jean Boorsch, 1906-2008): 프랑스 출신의 학자로, 하버드대학 교수를 역임했다.

29   자크 외르공(Jacques Heurgon, 1903-1995): 프랑스의 라틴문학 전문가이다.

30   올리비에 라콩브(Olivier Lacombe, 1904-2001): 프랑스의 철학자로, 인도철학 전문가이다.

Schwob— 과 더불어 콩도르세 카뉴를 완전히 지배했다.[32]

아롱은 1922년 10월에 콩도르세 카뉴에 등록했다.[33] 그가 카뉴 2년 차에 얻은 점수는 놀랄 만한 것이었다. 20점 만점에 평균 18.2점! 그리고 3학기 철학 점수는 18점, 프랑스어 점수는 17, 18, 19점, 그리스어와 역사 점수는 각각 16, 17, 18점이었다. 다른 과목들도 마찬가지였다. 아롱을 가르쳤던 스승들이 그의 고등사범학교 입학 전형 서류에 쓴 평가 역시 찬사 일색이었다. 철학자 앙드레 크레송[34]은 이렇게 쓰고 있다. "우수한 학생임. 활발한 지성. 광범위한 지식의 소유자." 사학자 레옹 카엥[35]은 이렇게 단언했다. "뛰어난 학생임. 만개하고 있는 지식. 성숙함. 인격의 소유자임." 그리고 교장 선생님은 이렇게 결론을 내리고 있다. "지적 가치의 소유자. 분명하고 단호한 정신. 가장 우수한 학생들의 경험과 성숙함을 지녔음."[36] 단 하나의 작은 유보가 있다. 프랑스어 담당인 이폴리트 파리고[37]의 평가가 그것이다. 그는 1923-1924년도 제2학기 아롱의 성적에 대한 칭찬에다 다음과 같은 아쉬움을 덧붙이고 있다. "문학적 소양이 아주 풍부하지는 않음."[38]

31   다니엘 라가슈(Daniel Lagache, 1903-1972): 프랑스의 정신의학자이자 정신분석가이다.

32   다음 증언을 볼 것. Jean Maugüé, *Les Dents agacées*, Buchet-Chastel, 1982, pp.40-41.

33   Archives du lycée Condorcet.

34   앙드레 크레송(André Cresson, 1869-1950): 프랑스의 철학자이자 교육자로, 주로 철학 입문서를 집필했다.

35   레옹 카엥(Léon Cahen, 1874-1944): 프랑스의 역사학자이자 교육자이다.

36   Arch. nat. 61 AJ 251.

37   이폴리트 파리고(Hippolyte Parigot, 1861-1948): 프랑스의 문학 비평가이자 교육자이다.

38   Archives du lycée Condorcet.

사르트르:
도시의 소음에서 멀리 떨어져 있다

아주 사소한 징표를 토대로 지나치게 과장하지 않도록 주의하자. 하지만 현실은 사르트르와 아롱이라는 두 카뉴의 학업 성적에서까지 제한적인 범위를 넘어서는 의미를 부여하게 한다. 사르트르는 그 시기부터 벌써 문학 쪽으로 많이 기울어진 모습을 보였다. 몇백 부 정도로 4호까지만 간행되었던 『라 르뷔 상 티트르*La Revue sans titre*』지에 사르트르는 단편 한 편을 게재했다. 「병자의 천사*L'Ange du morbide*」가 그것이다. 또한 그는 가명으로 이 잡지에 「시골 선생, 멋쟁이 예수*Jésus la chouette, professeur de province*」라는 제목의 소설 제2장을 실었다.[39] 첫 번째 작품은 뮐루즈 중고등학교 6학년[40] 선생인 '병자' 루이 가이야르의 모험 이야기이다.

---

[39] 사르트르가 젊은 시절에 썼던 모든 텍스트에 대해서는 미셸 콩타와 미셸 리발카가 끈기 있게 수행한 연구를 바탕으로 이루어진 텍스트 정립, 주해 작업의 아주 훌륭한 결과인 다음 책을 참고하기 바란다. Jean-Paul Sartre, *Ecrits de jeunesse*, Gallimard, 1990.

[40] 우리의 중학교 1학년에 해당한다.

「시골 선생, 멋쟁이 예수」에서는 또 다른 지방 학교 선생인 로브레 씨가 무대에 등장하며, 그의 어리석고 좋지 않은 취미가 계속 강조되고 있다. 이 작품은 아마도 바칼로레아 합격 후인 1922년 여름에 집필된 것으로 보인다. 그리고 사르트르는 이포카뉴Hypokhâgne[41] 시절에 이 작품을 '정서正書'한 것 같다.[42] 「병자의 천사」도 같은 시기에 집필되었다. 조금 더 나중에 집필되었지만 먼저 빛을 보았다. 『라 르뷔 상 티트르』에 실린 이 두 작품에 1924년에 집필된 또 하나의 작품이 더해져야 한다. 「씨앗과 잠수구La Semence et la Scaphandre」가 그것이다. 이 작품에는 상당 부분 자전적 소설의 흔적이 들어 있고, 또 이중으로 의미 있는 내용이 들어 있다. 이 작품에는 한편으로 '열정보다 더 격렬한 우정', 즉 타이외르와 뤼셀이라는 이름으로 불린 사르트르와 니장 사이의 우정이 상기되고 있다. 이 작품에는 다른 한편으로 『라 르뷔 상 티트르』와 관련된 일화가 살짝 암시되고 있기도 하다.

이 잡지에 실렸던 다른 글들과 비교해 보면 사르트르가 쓴 작품들의 길이가 가장 길다. 그 작품들에서 벌써 장차 집필될 여러 작품에서 다루어질 주제들을 볼 수 있으며, 벌써 작가인 동시에 철학자가 되고자 하는 사르트르의 강한 의지를 엿볼 수 있다. 여기에서는 하나의 예로 「병자의 천사」의 중심 인물인 루이 가이야르만을 보도록 하자. 그는 "그 자신의 젊은 시절의 모든 에너지를 한 명의 여자 환자에게 집중시키고 있는 자이다. 속물근성에 의해, 그리고 그의 정신이 비뚤어지고

---

41   고등사범학교 시험 1년 차 준비반이다.

42   *Ibid.*, p.53.

가엾은 하나의 사물, 망가지고 거꾸로 도는 시계의 톱니바퀴에 불과하기 때문이다." 오랭[43]의 한 마을에서 휴양을 하고 있던 중에 그는 이웃한 요양소에서 치료를 받고 있는 한 젊은 여자를 유혹하려는 계획을 세운다. 하지만 유감스럽게도 결핵 환자 중 한 명인 루이 가이야르가 돈 후안과 같이 유혹을 하려는 순간, 그 처녀는 굉장한 기침 발작을 하게 되고, 사랑에 빠진 이 남자는 도망가 버리고 만다. 에필로그는 이렇다. "그는 그로부터 얼마 후에 의사에게 진찰을 받고 결핵이 완치되었다는 말을 듣는다. 그는 모든 옛 친구와 관계를 끊고, 쾌활하고 멍청하며 건강한 금발의 알자스 출신 여자와 결혼한다. 그는 더 이상 글을 쓰지 않았지만, 55세 때 그가 '부르주아지'에 속한다는 사실을 보여 주는 부인할 수 없는 증명서인 레지옹도뇌르 훈장을 받는다…." 사르트르의 젊은 시절에 집필된 작품에 대해 회고적으로 시대착오적인 중요성 말고도 우리는 다음과 같은 사실을 지적해야 할 것이다. 즉, 이 작품은 후일 사르트르의 극작품, 단편, 장편 등에서 다시 나타나게 되는 많은 주제를 보여 준다는 사실이 그것이다. 사르트르가 말하는 '속물俗物; salaud' 이상으로 루이 가이야르는 루이르그랑의 옛 카뉴의 작품에서 광범위하게 나타나는 언짢거나 구토를 일으키는 지식인들에 대한 스케치이다. 이런 시각에서 보면 루이 가이야르는 『구토La Nausée』의 로캉탱이나 『자유의 길Les Chemins de la liberté』의 마티외의 형에 해당한다.

하지만 이와 같은 젊은 시절의 작품들은 사르트르의 미래의 주인공들에 대한 스케치를 넘어 그의 작품의 초벌 작업과 그의 글쓰기와의 무

---

43   오랭(Haut-Rhin): 프랑스의 동북부에 해당하는 알자스 지방에 위치한 도로, 도청 소재지는 콜마르(Colmar)이다.

르익지 않은 관계를 보여 준다. 한창 자신만의 고유한 사상을 구상하고 있던 젊은 철학자는 그 시기부터 벌써 견습 단편 작가, 견습 장편 작가의 모습을 보여 주고 있으며, 따라서 벌써 그의 저작의 이분법이 형성되고 있었던 것이다. 이 점에 대해서는 다음 장에서 살펴볼 것이다. 어쨌든 사르트르는 그로부터 불과 몇 년 후에 고등사범학교 학생이 되어 '스피노자'와 '스탕달'이 동시에 되고자 하는 의도를 만천하에 선언하게 된다. 사르트르는 문학과 철학을 하는 야누스가 될 것이며, 이 두 얼굴은 이미 그 시기부터 작동하고 있었다.

또 다른 특징들도 역시 루이르그랑 시절에 점차 나타나고 있었다. 분명 이런 특징들도 그 시기에는 아주 모호했고 또 대부분 초벌 그림 상태에 있었다. 그럼에도 단번에 다음과 같은 관찰이 가능하다. 그 시기에 사르트르의 학업 이외의 활동이 주로 문학 창작에 대한 각성이라는 징표 아래에서 이루어지긴 했지만, 그는 그 반대로 사회에서 행해지는 일에 대한 토론에는 완전히 무관심했다는 관찰이 그것이다. 물론 알제리전쟁이나 1968년 5월혁명 이후의 열광의 시대를 살았던 카뉴들에 대한 일종의 회고적인 반추를 통해 1920년대 고등사범학교 준비반을 온통 정치적 참여에로 나아가는 중간에 있는 소란과 소음이 가득한 일종의 대상隊商들의 숙소로 상상하는 것은 잘못이다. 그 당시의 카뉴들의 절반 정도에게는 그들이 머무는 곳이 일종의 오아시스였고, 또 그들은 정치적 긴장이 완전히 풀린 채 그곳에 도착했다.[44] 사르트르의 경우가 그랬다. 또한 『레 탕 모데른*Les Temps modernes*』지의 공동 창간인 중 한 명인

[44]   Jean-François Sirinelli, *Génération intellectuelle, op. cit.*

모리스 메를로퐁티의 경우도 마찬가지였다. 메를로퐁티는 카뉘에서도, 윌름가에서도 요란하게 지내지 않았다. 그는 또한 아롱과 달리 정치적 참여의 길도, 사르트르와 달리 문학 창작의 길도 가지 않았다.

그 당시에 루이르그랑에는 '좌파 블록Bloc des Gauches'이라는 이름의 단체가 있었다. 조르주 르프랑[45]과 그의 친구 몇 명이 이 단체를 주도했다. 그 당시 이 단체에는 고등사범학교를 열망하는 꽤 많은 학생들이 모여들었다. 그런 이유로 카뉘에는 꽤 많은 수의 사회주의자나 급진적인 멤버들이 있었다. 물론 사르트르는 반半기숙생이었으며, 그로 인해 그는 기숙생들로 구성되었던 이 단체에 참여할 입장이 아니었다. 하지만 이 단체에는 기숙생이자 주요 멤버 중 한 명이었던 그의 친구 니장이 있었다. 니장이 사르트르와 이 단체에 속한 친구들 사이에서 연결고리 역할을 하는 것도 가능했을 것이다. 그도 그럴 것이 르프랑의 기억을 빌리자면 니장은 가끔 기숙생들의 모임에 사르트르와 같이 오곤 했기 때문이다. "이포카뉘의 3학기 말쯤에 우리는 같은 테이블에 앉았던 8명(즉, 식당의 테이블)으로 소규모 모임을 결성하기로 했다. 각자에게 지불되는 '식비의 여분'을 매번 조금씩 모아 마련한 거금을 제비뽑기로 결정된 한 명에게 몰아주어 사용하기 위함이었다. 그러니까 우리는 생제르맹데프레[46] 가까이에 있는 한 작은 호텔에서 이른바 '외식'을 염두

---

45   조르주 르프랑(Georges Lefranc, 1904-1985): 프랑스의 역사가로, 특히 사회주의와 조합주의 전문가이다.

46   생제르맹데프레(Saint-Germain-des-Prés): 파리의 6구에 위치한 지역으로, 사르트르는 이곳에 있는 두 개의 카페, 즉 카페 드 플로르(Café de Flore)와 카페 드 되 마고(Café des Deux Magots)에서 글을 쓰곤 했다.

에 두었던 것이다. 미셸 푸르니올[47]은 시험 때문에 시간이 없어 참석하지 못한다고 알려 왔다. 하지만 니장이 우리에게 말했다. '괜찮다면 내가 사르트르를 데려올게.' 누구도 반대하지 않았다. 포도주, 과자, 노래. 모임이 끝날 무렵 니장이 이런 제안을 했다. '자, 이제부터 우리가 멋있는 장면을 보여 줄게.' 그는 테이블 위로 올라갔고, 사르트르는 테이블 밑에 자리 잡았다. 니장은 테이블 위에서 마치 잘 돌아가지 않는 축음기에서 나오는 것처럼 사르트르가 코맹맹이 소리로 부르는 노래에 맞춰 여러 몸동작을 해 보였다. 이런 것들이 19세 시절의 오락거리였다!"

하지만 니장의 중개로 사르트르와 이포카뉴의 기숙생들 사이에 맺어진 이런 관계는 장차 '의무적 참여'를 내세우는 기수의 '좌파 블록'에 대한 관심으로까지는 이어지지 않았다. 르프랑은 이렇게 덧붙이고 있다. "사르트르는 기숙생이 아니라 반기숙생이었다. 그는 클리냥쿠르 광장[48]에 있는 그의 어머니의 집에서 통학했다. 나는 루이르그랑 시절에는 그를 거의 알지 못했다. 좌파 카르텔[49]이 떠오르고, 1924년 5월 11일 선거에서 승리를 거두었던 시기에도 나는 그와 함께 정치에 관련된 그 어떤 대화도 나눠 본 적이 없다는 것을 단언할 수 있다. 그의 친구 니장과는 달리 그 당시 사르트르에게 정치 세계는 존재하지 않는 것

---

47 미셸 푸르니올(Michel Fourniol, 1903-1992): 프랑스의 역사학자이자 교육자이다.

48 클리냥쿠르 광장(square de Clignancourt): 파리 북쪽 18구에 위치한 클리냥쿠르역 주위의 광장이다.

49 좌파 카르텔(Cartel des Gauches): 1924년 국회의원 선거를 위해 50여 개 지역에서 조직된 급진주의 세력과 사회주의 세력의 연합이었다.

처럼 보였다."[50] 이런 증언은 또 있다. 사르트르의 다른 카뉴 동기생들 역시 그 당시의 정치적 토론에 대한 그의 무관심을 증언해 주고 있다.

『라 르뷔 상 티트르』에 대한 사르트르의 협력이 과연 정치에 대한 이와 같은 거의 완벽할 정도의 무관심이라는 인상을 조금 약화시킬 수 있을까? 사실, 한시적으로 존재했던 이 잡지 —1923년 1월부터 3월까지 약 2개월 정도 지속되어 4호까지만 발행되었고, 그다음 해의 재간행 시도도 1호를 넘지 못한 잡지— 는 정치적 성향을 띤 잡지가 아니었다. 이 잡지에는 "젊은 작가들과 예술가들의 옹호 기관지"라는 부제가 붙어 있었다. 그리고 창간사에는 이런 선언이 담겨 있었다. "벼락출세한 지식인들이 우리를 짓누르고 있다. 공권력 담당자들은 우리를 모른다. 우리에게는 모든 문이 닫혀 있다. 우리는 인맥도 돈도 가지고 있지 못하다." 제2호의 표지에서는 다음과 같은 구절을 읽을 수 있다. "문학 공화국이 동지들의 공화국이어서는 안 된다. 『라 르뷔 상 티트르』는 모든 이에게 개방되어 있다." 이렇듯 이 잡지가 약간 좌파로 경사되었다는 기미만을 찾아볼 수 있을 뿐이다. 예컨대 제4호에서 편집주간이었던 샤를 프라발Charles Fraval은 다음과 같은 말로 시작되는 「새로운 시대」라는 제목이 붙은 발간사를 쓰고 있다. "현재 젊은이들이 좌파로 기울고 있다고 단언하는 것은 다행스러운 일이다." 또한 이 발간사에서 다음과 같은 점들이 언급되고 있다. "사회의 부당한 질서"에 맞서서 "새로

---

50   Georges Lefranc, *Cahier de l'OURS*, n° 116, janvier 1981, pp. 29-30. 조르주 르프랑은 주에서 다음과 같이 덧붙이고 있다. "이 시대의 풍습 연구에의 기여. 누구도 여학생들의 초청을 제안하지 않았다." 실제로 사르트르는 그 시기에 클리냥쿠르 광장 2번지(2, square de Clignancourt)에 살았다(dossier ENS, Arch. nat. 61 AJ 251).

운 사회질서를 세울 필요성", "새로운 세대의 정신을 사로잡고 있는 새로운 욕망", 그리고 민족주의 진영이 승리를 거두었던 "1919년의 우울했던 선거" 등이 그것이다. 프라발은 또한 이렇게 덧붙이고 있다. "유럽은 완전히 불씨가 꺼지지 않은 세대 ―이 세대는 바레스[51] 씨에 의해 구현되었다― 위에서 젊은 세대가 희망을 가지고 일어서고 있는 것을 목격하고 있다."[52] 하지만 이 발간사에서 특히 앞 세대에 반대하면서 자신의 모습을 드러내고 있는 떠오르는 새로운 세대의 징후를 볼 필요가 있다. 가령, 그 당시에 루이르그랑 철학반 학생이었던 한 젊은 독자가 그것을 알아차리게 된다. 이 독자는 이 잡지 제2호에 게재된 편지를 보냈다. "실제로 문학에 대한 귀 잡지의 의견을 공유하지는 않지만 ―저는 당신들에 비해 진보적이지 못합니다― 저는 당신들이 잡은 주도권에 열렬한 박수를 보내고 싶습니다. 새로운 세대, 당신들의 표현에 따르면, 고통받는 모든 사람, 그리고 소설에서 볼 수 있을 법한 인물들을 옹호하는 것, 바로 그것이 당신들의 광범위한 목표입니다. 당신들이 모든 젊은이의 지지를 받고 있는 이상, 당신들은 그 목표를 반드시 달성해야 할 것입니다." 이 편지의 주인공은 바로 피에르 망데스 프랑스[53]였다. 그는 그 당시에 아직 공화사회주의 대학행동리그Ligue d'Action Universitaire

---

51   모리스 바레스(Maurice Barrès, 1862-1923): 프랑스의 정치인이자 작가로, 프랑스 민족주의의 대표적인 인물이다.

52   사르트르의 카뉴 동창생 중 한 명의 다음과 같은 증언은 소중하다. Jean Gaulmier, "Quand Sartre avait dix-huit ans", *Le Figaro littéraire*, n° 637, 5 juillet 1958, p.5(그리고 1980년 5월과 1981년 12월에 필자와 주고받은 편지).

53   피에르 망데스 프랑스(Pierre Mendès France, 1907-1982): 프랑스의 정치인으로, 총리와 외무부 장관을 역임했다.

République et Socialiste(LAURS)의 지도자가 아니었다. 망데스 프랑스가 10번째 입회 카드를 받게 된 이 리그는 그다음 해에 발족하게 된다. 어쨌든 여기에서는 "모든 젊은이"라는 표현이 의미심장하다.

　좌파에 속하는 많은 젊은이처럼 망데스 프랑스도 1924년 봄에 '좌파 카르텔'의 승리에 열광하게 된다. 그리고 루이르그랑의 카뉴에서도 '좌파 블록'의 구성원들은 급진당Parti radical과 SFIO[54]의 연합을 반긴다. 이 두 조직은 곧 있게 될 정부의 운영에서는 아니라고 해도 적어도 선거에서의 승리를 위해 연합했다. 이런 정치 정세와 관련해서도 사르트르에 대한 모든 증언은 일치한다. 학생 신분이었던 사르트르는 그 당시에 일부 카뉴들이 열광했던 정치 토론에 가까이에서도 멀리에서도 끼지 않았다. 그의 이런 태도는 그때 그 자신이 완전히 '좌파에' 속한다고 느꼈던 아롱의 그것과는 완전히 반대된다. 아롱은 그로부터 60년 후에 그 당시 1924년 선거 운동 기간에 『프로그레 시비크Progrès civique』지를 열독했던[55] 젊은 카뉴로서의 감정을 다음과 같이 표현하고 있다. 선거 운동이 끝나고 '좌파 카르텔'의 승리로 인해 아롱은 '기쁨에' 사로잡혔다고 말이다.[56] 게다가 이런 좌파적인 성향은 이미 카뉴 시절 전에도 있었다. 아롱은 『회고록』에서 1921-1922년, 즉 그가 철학반에 있을 때 "좌파로의 개종"이 이루어졌다고 말하고 있다.

---

[54]　국제노동자연맹 프랑스지부(Section française de l'Internationale ouvrière)의 약자로, 프랑스 사회당(Parti socialiste)의 전신이다.

[55]　1981년 1월 23일에 했던 필자와의 대담.

[56]　Raymond Aron, *Mémoires*, *op. cit.*, pp.22-23[아롱은 2년 전에 한 텔레비전 프로그램에서 사회자 안 생클레르에게 다음과 같이 말한 바 있다. "매일 20세인 것은 아니다 (On n'a pas tous les jours vingt ans).", Antenne 2, 5 août 1981].

바로 거기에 사르트르와 아롱 사이에 또 하나의 차이점이 자리한다. 사실, 그 당시에 카뉴라는 같은 세속적인 수련기를 거친 두 사람은 샴 형제도 심지어 쌍둥이도 아니었다. 그와는 반대로 돌이켜보면 2년 동안의 카뉴 생활은 그들 사이에 처음부터 많은 차이점이 있었다는 것을 보여 준다. 아롱은 콩도르세에서 아주 열심히 공부했고, 반에서 어렵지 않게 1등을 했으며, 고등사범학교 입학시험을 철저하게 준비하면서 철학 지식을 심화시키고자 했다. 그와는 달리 사르트르는 루이르그랑에서 윌름가에 '통합될' 수 있는 몇 안 되는 무리 속에 곧바로 편입되면서 벌써 문학 창작의 길을 병합해서 걷고 있었다. 오늘날 그 당시의 글쓰기 흔적에 대해 시대착오적인 중요성을 부여하지 않는다면, 거기에서 적어도 미래의 작품의 주제에 대한 예고와 상징을 간파할 수 있을 것이다. 앞에서 언급했던 「병자의 천사」의 음산한 분위기와 이 작품과 「시골 선생, 멋쟁이 예수」에 등장하는 두 명의 교육자 '주인공'의 모습은 벌써 사르트르에 의해 창조될 여러 인물의 초상화 전당을 예고하고 있다. 게다가 소설, 단편, 연극이 어떤 철학자들에게는 그들 자신의 저작을 대중화시키는 수단이 되는 지적 환경과 나라에서 카뉴 사르트르가 보여 준 이와 같은 두 가지 면은 벌써 그의 미래 저작의 이분법을 상징하고 있다. 그의 저작에서 문학적인 면은 철학적인 면을 알게 해 주는 데 크게 기여하게 된다. 그 반대로 아롱의 철학적 저서는 1930년대에, 더 평범하게 말하자면 적어도 초창기에는 박사학위 논문의 범주에 국한되고 있다.

사르트르와 아롱은 동시에, 그리고 대립되지는 않으면서 공동으로 사회학적으로 보아 비전형적인 카뉴들, 지성적으로는 표준에 맞는 카뉴들이었다. 그로 인해 그들 각자는 후일 아주 전형적인 카뉴들이 된다. 이런 종류의 용인된 교육, 수사학과 철학이 결합된 글쓰기 실천, 무엇보다도 설득력 있고 논리적인 것을 바라는 과정, 이와 같은 특징들이 프랑스 인문학에 대한 카뉴의 고유한 영향을 요약해 준다. 절도 있는 사유와 어울리는 풍요로우면서도 잘 조절된 산문, 어떤 주제에 대해서도 적용되는 논리의 투명성, 문단의 구성, 명확한 문단 나누기 등이 그것이다. 사르트르와 아롱은 모두 프랑스 인문학의 중요한 영역을 차지하고 있는 두 명의 거주민이다. 거의 완전히 카뉴에 의해 지배되고 있고, 백과전서파들의 정신을 상기시키는 정신 속에서 살고 있는 거주민 말이다.[57]

---

[57] 필자는 이런 분석을 다음 글의 끝부분에서 한 적이 있다. "La Khâgne", *Lieux de mémoire*, t. II, sous la direction de Pierre Nora, Gallimard, 1986, 3 vols.

제1장

"고등사범", 또는 순진함의 시기

4년 동안의 행복.[1]

　1924년 여름 초엽에 사르트르와 아롱은 고등사범학교 입학 첫 시험에 합격했다. 그해의 합격자 28명 중 루이르그랑 출신은 14명이었고, 그중 전체 10등 안에 든 학생이 8명이었다. 이미 언급한 대로 사르트르는 7등이었다. 콩도르세는 2명의 합격자를 배출했으며, 그중 1등이 아롱이었다. 아롱은 전체 14등이었다. 윌름가의 전설적인 보고서에 따르면 아롱은 옛 페르가몬[2]에 관련된 역사 과목 구두시험에서 많은 점수를 잃었다고 한다. 19세에 불과했던 두 젊은이는 이제 에콜 폴리테크니크와 더불어 프랑스공화국의 가장 위엄 있는 교육기관의 학생이 된 것이다.

[1]　Jean-Paul Sartre, "Avant-propos", à *Aden Arabie*, Maspero, 1960, p. 26.
[2]　터키에 있는 고대 그리스·로마 도시로, 옛 페르가몬왕국의 수도였다.

두 명의 비전형적인
고등사범학교 학생

세 명의 고등사범학교 학생의 초상이 문학 작품 속에 형상화되어 있
다. 1904년에서 1912년 사이에는 『레 카이에 드 라 캥젠*Les Chaiers de la
Quinzaine*』지에 게재되었던 로맹 롤랑[3]의 17권으로 된 『장 크리스토프*Jean
Chrosthope*』가 출간되었다. 이 작품에서 장 크리스토프의 절친이자 고등
사범학교 학생인 올리비에는 위대한 정신의 소유자이자 희생을 무릅쓸
정도로 헌신적인 정신을 가진 모범적 인물이다. 그의 명예로운 죽음이
그것을 증명해 준다. 5월 1일, 노동절 시위 때 그는 한 아이를 구하기
위해 군중 사이로 뛰어들었다가 기병의 칼에 죽임을 당한다. 사르트르
와 아롱이 고등사범학교 시험을 준비하고 있던 1923년 가을에는 로제
마르탱 뒤 가르[4]의 『티보가의 사람들*Les Thibault*』의 제3권 『아름다운 계절

---

[3]   로맹 롤랑(Romain Rolland, 1866-1944): 프랑스의 작가로, 1915년에 노벨 문학상을 수상
했다.

[4]   로제 마르탱 뒤 가르(Roger Martin du Gard, 1881-1958): 프랑스의 소설가이자 극작가이며,

La Belle saison』이 출간되었다. 이 작품은 또 한 명의 전형적인 고등사범학교 학생의 모습을 널리 퍼뜨리는 데 기여하게 된다. 자크 티보데는 이 학교에 입학했고, 그의 청소년기의 반항 정신은 어느 정도 진정된 것처럼 보였다. 하지만 겉으로만 그랬다. 그는 11월 신학기[5]가 시작되자 율름가로 가지 않고 도주를 선택했다. 튀니지, 이탈리아, 독일 등에서 방랑 생활을 한 후, 그는 사회주의 국제단체에서 투쟁했다. 그의 반항의 불꽃은 완전히 꺼지지 않았으며, 그로 인해 이 고해자의 존재는 많은 청소년의 마음속에 잊히지 않은 채로 남아 있게 된다.

마지막으로 쥘 로맹[6]은 1932년부터 『선한 의지의 사람들*Les Hommes de bonne volonté*』을 출간하기 시작했다. 물론 사르트르와 아롱은 그때 고등사범학교를 졸업한 상태였다. 이 작품의 제2권부터 초등학교 교사의 아들이자 농부의 손자로, 1908년 가을에 고등사범학교 학생이 된 장 제르파니옹이 등장한다.[7] 그는 졸업하면서 문학 교수자격시험에 합격하고, 1차 세계대전이 끝난 후에 정치 경력을 쌓게 된다. '좌파 카르텔'이 선거에서 승리했을 때, 그는 37세의 나이로 오트루아르[8]의 국회의원으로 당선되었고, 9년 후에 프랑스 외무부 장관으로 임명되었다. 폴 부르제[9]

1937년에 노벨 문학상을 수상했다.

5 프랑스에서는 신학기가 보통 9월에 시작되나, 박사 과정 등에서는 11월부터 수업이 시작되기도 한다.

6 쥘 로맹(Jules Romains, 1885-1972): 프랑스의 작가이자 철학자로, 아카데미 프랑세즈 회원으로 선출되었다.

7 Cf. Jean-François Sirinelli, "L'image du normalien dans *Les Hommes de bonne volonté*: mythe ou réalité?", *Cahiers Jules Romains*, 8, Flammarion, 1990, pp.93-104.

8 오트루아르(Haute-Loire): 프랑스 중부의 마시프상트랄(Massif Central) 지역에 위치한 도의 이름이다.

가 『단계L'Etape』에서 했던 고등사범학교에 대한 불리한 증언 이후에, 그리고 특히 1897년과 1902년 사이에 바레스가 『민족적 에너지의 소설Le Roman de l'énergie nationale』에서 윌름가에 대해 했던 불리한 증언 이후에, 위의 세 작품에서는 고등사범학교 학생들에 대한 여러 다른 측면에서의 '긍정적인' 모습이 그려지고 있다. 올리비에 장냉은 유성流星의 운명을 지닌 위대한 영혼의 소유자로, 자크 티보데는 혁명가가 된 반항인으로, 장 제르파니옹은 교수들의 왕국의 일원이 된 자신만만한 장학생의 모습으로 각각 제시되고 있다.

물론 사르트르도 아롱도 실제로 이와 같은 문학 작품 속의 전형적인 고등사범학교 학생들과 많은 공통점을 가지고 있지 않다. 분명 여러 장의 사진에서 볼 수 있는 것처럼 사르트르도 고등사범학교 지붕 위를 걸어가는 의식儀式을 거행하긴 했다. 하지만 그런 행동은 평범한 것이었다. 또한 그런 의식은 그 시기에는 벌써 전통으로 자리 잡고 있었다. 쥘 로맹의 소설에 의해 그런 의식이 널리 알려진 것은 사실이다. 하지만 그것은 19세기 말부터 이미 시작되었다. 예컨대 1895년 4월 2일 자 『륄뤼스트라시옹L'Illustration』지에 이 학교 지붕 위를 걷는 다섯 명의 고등사범학생의 사진이 게재된 적이 있다. 그중 한 명이 에두아르 에리오[10]이다. 이렇게 말할 수 있다면 이런 종류의 사진은 『선한 의지의 사람들』과 더불어 하나의 문학적 클리셰가 된 것이다.

하지만 우리에게 중요한 것은 다른 곳에 있다. 윌름가의 풍속에 사르

---

9   폴 부르제(Paul Bourget, 1852-1935): 프랑스의 작가로, 아카데미 프랑세즈 회원으로 선출되었다.

10   에두아르 에리오(Edouard Herriot, 1872-1957): 프랑스의 정치인으로, 급진당 소속이었다.

트르와 아롱이라는 두 젊은 고등사범학교 학생이 잘 섞여 들었는가의 여부를 넘어, —이것은 그다지 중요한 문제가 아니다— 과연 그들이 전형적인 고등사범학교 학생들의 모습에 부합하는가라는 더 중요한 문제가 제기된다. 그도 그럴 것이 실제로 이 학교 학생들의 전형적인 모습이 존재하기 때문이다. 장 제르파니옹은 사회학적으로 보아 그런 모습을 하고 있는 대표적 인물이다. 그 자신이 1906년 고등사범학교에 입학했던 쥘 로맹은 장 제르파니옹의 초상을 그리면서 그와 동시대의 고등사범학교 학생들로부터 많은 영감을 받았다. 그 당시에 윌름가에서 머물고 있던 학생 중 14.2%, 즉 정확히 7명 중 1명이 초등학교 교사들의 자녀들이었다. 그러니까 초등학교 교사들의 집안이 중고등학교 교사(교수)[11]들의 집안(13.4%)과 더불어 전체의 약 30%를 차지하면서 고등사범학교 학생들을 배출하는 주요 토양이었던 것이다.

20년 후인 1920년대에도 이 점에서 상황은 거의 비슷하다. 초등학교 교사들의 자녀들이 13%, 중고등학교 교사·교수들의 자녀들이 14%, '다른 대학 졸업자들'의 자녀들이 6%(주로 초등교육 장학관, 초등학교 교장), 그러니까 33%, 즉 약 1/3 정도에 해당하는 학생들이 공교육을 담당하고 있는 이들의 집안에서 배출되었다. 그런데 그 당시 초등교육에서 고등교육에 이르기까지 공교육에 종사했던 사람들의 수는 13만-14만 명 정도로, 프랑스 전체 활동 인구의 1% 미만에 해당했다. 이것은 교육자 집안 출신들이 윌름가를 완전히 장악했다는 것을 의미한다. 이처럼 고

---

11 고등학교까지를 교사로, 대학교부터를 교수로 지칭하는 우리와 달리 프랑스에서는 초중등학교까지는 교사(instituteur)로, 고등학교 이상은 교수(professeur)로 부른다. 44쪽 주 9 참조.

등사범학교라는 교육기관이 주로 교육자들의 자녀들로 구성된 것은 하나의 신화이다. 어쨌든 이 학교에서 공교육 담당자들의 자녀들의 수가 가장 많았고, 또 그들이 동질적인 집단이었다는 사실은 부인할 수 없는 엄연한 현실이었다.

더 넓은 차원에서 보면 같은 분석[12]을 통해 다음과 같은 사실이 드러난다. 즉, 윌름가를 대표하는 것은 바로 공무원들의 자녀들이라는 사실, 특히 하급 및 고급 공무원들의 자녀들이라는 사실이 그것이다. 교육공무원들의 자녀들을 포함시킬 경우, 그 비율은 49.5%에 달한다. 그러니까 고등사범학교 학생 2명 중 1명이 공무원 집안 출신이었다. 그런데 프랑스 통계국이 1926년 3월에 실시한 인구조사를 보면, '군인'을 포함해 '공공 부분'에 종사하는 사람들의 수는 105만 9000명이었다. 이 수치는 전체 활동 인구의 4.9%에 해당한다. 여기에 중산계층에 속하는 봉급생활자 ―예컨대 국가의 일과는 다른 회사에 근무하는 직원들― 집안 출신의 학생들을 더하면 고등사범학교, 즉 한창 상승 중에 있는 사회계층에서 뛰어난 젊은 학생들을 걸러 내는 진정한 의미에서의 체에 해당하는 교육기관을 장악하고 있는 것은 중산계층이라는 사실을 알 수 있다.

앞에서 보았지만 사르트르와 아롱과 이처럼 자신만만한 장학생들 사이를 갈라놓는 사회학적 거리는 벌써 카뉴에서부터 상당 부분 드러났다. 30여 명 정도를 선발하는 고등사범학교 입학시험이라는 아주 어

---

12   논의의 편의상 ―다른 자료들에서도 더 편한 구분인데― 사르트르와 아롱의 기수에
      비해 조금 늦은 기수(1927-1933)를 분석했다. 하지만 1924년을 전후한 기수에 대한 분
      석도 거의 같은 수치를 보여 준다.

려운 시험을 준비하는 카뉴들의 소규모 집단에서 이 두 젊은이와 나머지 다른 친구들 사이의 대조는 더욱더 컸다. 그 시기에 고등사범학교 학생들의 정확한 신분은 파리아카데미의 장학생 신분이었다. 그런데 사르트르와 아롱이 작성한 입학 전형 서류에는 그들이 장학금을 신청하지 않은 것으로 기록되어 있다.[13] 게다가 1924년 동기생 중에서 4명만이 장학금을 신청하지 않았다. 아롱, 유명한 그리스학자이자 상원의원 쥐라 빅토르 베라르의 아들이며 아르망 콜랭Armand Colin 출판사 설립자의 후손인 아르망 베라르,[14] 건축가의 아들인 샤를 르쾨르,[15] 그리고 사르트르가 그들이었다.

장학금을 신청한 1924년 동기생 24명 중 니장의 아버지의 연소득이 3만 2000프랑으로 제일 많았다. 거기에 5000프랑의 금리 수입을 더해야 했다.[16] 그 당시에 니장의 아버지는 '알자스-로렌 지역의 철도 기사'였다. 방금 지적한 4명의 학생의 집안은 니장의 그것에 비해 신분상으로 보아 상위에 있었다. 약 50년 후에 아롱은 간접적으로 그 자신이 "프티부르주아의 아들"인 니장과 알게 되었다고 말하면서 약간의 거리를 두고 있기도 하다.[17]

그렇지만 니장의 집은 1924년 동기생들 대부분의 집에 비해 경제적

---

13   Arch. nat. 61 AJ 251.

14   아르망 베라르(Armand Bérard, 1904-1989): 프랑스의 정치인, 외교관이자 작가이다.

15   샤를 르쾨르(Charles Le Cœur, 1903-1944): 프랑스의 민속지학자로, 아프리카 전문가이다.

16   *Ibid.* 장학금을 신청하지 않은 4명은 각자의 집안의 연소득을 적지 않았다.

17   Annie Cohen-Solal, *Paul Nizan, communiste impossible*, Grasset, 1980, p.14에 인용된 증언.

으로 여유가 있었다. 그 당시의 자료를 보면 초등학교 교사의 연봉은 9000프랑, 파리 항소법원 변호사의 연봉은 1만 8000프랑, 리옹대학교 교수의 연봉은 2만 5000프랑 정도였다. 마지막 두 경우가 1924년 동기생들의 사회적 지표에서 윗부분을 차지할 정도였다. 아래쪽으로 보면 조르주 캉길렘[18]의 집안이 있었다. 그의 부모는 남서부 지역에서 수십 헥타르에 달하는 땅을 소유하고 있었다. 하지만 검소하게 집안 살림을 했음에도 불구하고 경제적으로 어려움을 겪고 있었다. 재단사였던 그의 아버지는 하루에 12시간씩 바느질을 해야 했다. 이 집안의 연간 소득은 겨우 9000프랑 정도였다.

18   조르주 캉길렘(Georges Canguilhem, 1904-1995): 프랑스의 철학자이자 레지스탕스 대원으로, 특히 인식론과 과학철학에서 두드러진 업적을 남겼다.

뛰어난 철학도들

　이와 같은 사회적 차이는 과연 1924년 동기생 중 철학을 선택한 몇 안 되는 집단 내에서도 계속 유지되었는가? 그렇다고 말할 수 있는 요소는 전혀 없다. 그 반대로 이런 선택은 사르트르와 아롱 사이의 두 번째 특징을 낳는다. 1924년 동기생 중 많은 학생이 문학 교수자격시험을 선택한 데 비해, 5명만이 철학 쪽으로 가게 된다. 사르트르와 아롱 외에 라가슈, 니장, 캉길렘이 그들이다. 윌름가에는 보통 세 학번에 속하는 학생들이 같이 머물기는 하지만 철학을 선택하는 이들은 그다지 많지 않다. 1924년 무렵에는 12명 정도에 불과했다. 사회적 접근성 이외에도 사르트르와 아롱을 이어 주는 데 기여한 것은 어쩌면 학문 분야 선택에서의 이런 친연성과 그 뒤로 이어지는 빈번한 만남이었다고 할 수 있다.

　예컨대 1924년 동기생 중에서 철학 분야를 선택한 5명 중 3명이 1927년 12월 24일 파리 5구의 구청에 모였다. 사르트르, 아롱, 니장이 그들이다. 그날 니장과 앙리에트의 결혼식에서 사르트르와 아롱이 증인 역할을 맡았다. 그렇다고 이런 관계가 그들 사이의 진정한 우정으로 이어졌을까? 이 질문에 긍정적으로 답을 하는 것은 잘못을 범하는 것이 될 것이다. 이 두 젊은 철학 견습생 사이의 관계는 우정보다는 오히려 상호 존중과 고도의 지적 능력을 갖춘 지식인들 사이의 선택적 친화력에 바탕을 두고 있다고 할 수 있다. 아롱은 1964년 10월 29일 자 『르 피가로 리테레르Le Figaro littéraire』에서 이렇게 쓰고 있다. "우리 중 몇 명은 고등사범학교에서 사르트르의 천재성을 예감했다."[19] 그런데 아롱이 이렇게 쓴 것은 "당신들은 옛날에 아주 밀접하게 연결되어 있었죠?"라는 한 대담자의 질문에 대답하기 몇 년 전의 일이다. 그때 대담자는 다음과 같은 사실을 고려했다. 즉, 사르트르가 아롱의 "특권적인 대화 상대자"였다는 사실, 보부아르를 만나기 전에 사르트르가 "아롱을 대화 상대자로 여긴 것"을 흡족해했다는 사실이 그것이다. 그런 만큼 이 대담자는 윌름가에서 보낸 시절에 대해 "두 명의 고등사범학교 학생이 세상의 중요한 문제를 포함해 모든 것에 대해 토론할 때 친밀한 관계를 맺을 수 있었다는 의미에서"[20] 그들 사이의 밀접한 관계에 대해 언급할 수 있었던 것이다. 물론 위의 내용이 포함된 대담은 1968년 5월혁명 이후에, 사르트르의 공격으로 인해 옛 '절친'이 상처를 받은 이후에 이루어진 것이다. 실제로 그로부터 몇 년 후에 출간된 아롱의 『회고록』에서도 여전히 이 상처는 생생하게 느껴진다. 하지만 1976년의 이 대담을

---

19   Cf. Raymond Aron, *D'une sainte famille à l'autre*, Gallimard, 1969, p.65.
20   *Le Nouveal Observateur*, n° 592, 15 mars 1976, p.86.

아롱의 서운한 마음 탓으로 돌려서는 안 될 것이다. 그와는 반대로 이 대담에서는 과거에 한 번도 스친 적이 없었던 두 사람 사이의 윌름가에 입성한 후에 맺어진 관계의 성격을 고려하고 있는 것으로 보인다. 1926년부터 고등사범학교에서 그들을 알게 된 앙리 르카름Henri Lecarme이 지적하고 있는 것처럼, 사르트르가 먼저 사용한 '절친'이라는 표현은 그에 의해 마치 "교양 있고 친절한 어머니가 아들에게 '가서 친구들이랑 놀아라'라고 말하는 어조로" 사용되었던 것이다.[21]

같은 시기에 사르트르는 장 콕토[22]의 『르 포토마크Le Potomak』의 방식으로 고등사범학교 친구 중 몇 명으로부터 영감을 받아 일종의 신화지를 작성한 바 있다. 니장은 대大공작grand Duc, 마외는 라마승Lama, 르카름은 외젠Eugène,[23] 아롱은 모르티메르Mortimer였다. 모르티메르는 일종의 "대大부르주아, 신사, 방랑벽이 있고 약간은 인습적인 여행자"[24]를 의미한다. 물론 이와 같은 신화적인 인물들은 현실과는 완전히 동떨어져 있다. 그럼에도 이 인물들은 실제 인물들의 경향을 보여 주는 지표로 남아 있으며, 사르트르가 보기에 아롱은 결코 그의 쌍둥이 형제가 아니었다는 사실을 확인시켜 준다. 서로의 재주에 대한 상호 인정과 엘

---

21 1983-1984년에 앙리 르카름이 쓴 글. 사르트르의 윌름가 생활에 관련된 추억을 상기하는 이 글은 사르트르의 『젊은 시절의 글(Ecrits de jeunesse)』의 출간을 준비하던 미셸 콩타의 의도에 따라 쓰인 것이다. 이 귀한 글을 전해 주고 또 인용하는 것을 허락해 준 자크 르카름에게 감사를 드린다.

22 장 콕토(Jean Cocteau, 1889-1963): 프랑스의 시인이자 극작가로, 1955년에 아카데미 프랑세즈 회원으로 선출되었다.

23 콕토의 『르 포토마크』에 나오는 '외젠가(les Eugènes)'를 가리킨다. 원래 'eugène'은 '잘 태어난', '우월하게 태어난'의 의미를 가지고 있다.

24 *Idem.*

리트 중에서도 엘리트라는 감정 이외에도 그들을 서로 가르고 있는 요소들은 아주 많았다. 제우스와 레다에게서 태어난 쌍둥이 형제가 아니어서 사르트르와 아롱은 카스토르Castor와 폴룩스Pollux[25]는 아니었다. 하지만 그들은 고등사범학교라고 하는 일종의 올림푸스 신전의 구성원으로 서로를 지각하게 된다.

실제로도 사르트르와 아롱 두 사람은 큰 어려움 없이 대학에서 성공의 길을 밟아 나간다. 과거의 학교 성적과 마찬가지로 아롱은 한 치의 실수도 없이 윌름가에서의 교육 과정을 뛰어난 성적으로 이수한다. 첫 두 해 동안 그는 학사 수료증을 위한 학점을 취득했다. 그는 심리학에서 '우수' 평점(1925년 3월)을 받았고, 철학개론과 논리학(1925년 7월), 철학사(1925년 7월), 도덕과 사회학에서 '양호' 평점으로 네 번째 과목을 이수했다.[26] 같은 시기에 사르트르도 학사 수료증을 위한 과목을 이수했다. 1925년 3월에 심리학('우수'), 같은 해 7월에 철학사('양호'), 1926년 3월에 철학개론과 논리학('우수'), 6월에 도덕과 사회학('양호')이 그것이다.

이와 같은 교과 과정 ―게다가 고등사범학교 학생들에게는 고전적인 교과 과정― 을 보면, 두 명의 철학 견습생 사이에는 벌써 각자가 선택한 과목에서 약간의 차이가 드러난다. 더 고전적이었던 아롱은 고등사범학교 3년째를 칸트를 읽는 데 할애했고, 그의 DES[27] 취득을 위해 칸트를 주제로 선택했다. 그의 논문 주제는 "칸트 철학에서 비시간성

---

25   쌍둥이 별자리 이름으로, 그리스로마 신화에서 쌍둥이 형제를 상징한다. 여기의 '카스토르'는 보부아르의 별명인 '카스토르'와는 관련이 없다.

26   Arch. nat., 61 AJ 251.

27   고등교육수료증(Diplôme d'Etudes Supérieures)의 약자이다.

의 개념"이었다. 아롱은 이 논문으로 레옹 브룅스비크[28]로부터 20점 만점에 17점을 받았다. 아롱은 이 논문을 통해 벌써 1930년대에 집필하게 될 박사학위 논문으로 이어지는 긴 호흡의 작업 능력을 보여 주고 있다. 그와는 달리 사르트르는 훨씬 더 절충적인 입장이었다. 그는 아롱과 같은 해에 "심리적 삶에서의 이미지. 그 역할과 성질"이라는 주제로 DES 논문을 썼고, 앙리 들라크루아[29]로부터 20점 만점에 17점을 받았다. 사르트르는 또한 니장과 함께 야스퍼스의 『정신병리학개론』 프랑스어 번역에 참여했으며, 벌써 자유 문제에 대한 철학적 성찰을 시작한 것으로 보인다. 『레 누벨 리테레르*Les Nouvelles littéraires*』지가 실시한 "오늘날의 학생들에 대한 앙케트"를 위해 그가 했던 답 속에는 벌써 『존재와 무』의 몇몇 주제가 포함되어 있다. 예컨대 그는 1929년 2월 2일 자호에서 이렇게 선언하고 있다. "기이하게도 실존과 존재의 종합을 시도하는 이런 결정론 역시 건전한 생각이다."[30] 카뉴 시절과 마찬가지로 그 시기에도 표현 차원에서 그를 소설로 이끄는 정감적인 표현이 새로이 나타나게 된다. 사르트르 연구자들인 미셸 콩타[31]와 미셸 리발카[32]는 1928년경에 집필된 「엠페도클레스*Empédocle*」[33]의 원고를 찾아내고 주석

---

28   레옹 브룅스비크(Léon Brunschvicg, 1869-1944): 프랑스의 관념론 철학자로, 『형이상학과 도덕 잡지(*Revue de métaphysique et de morale*)』의 창간인 중 한 명이다.

29   앙리 들라크루아(Henri Delacroix, 1873-1937): 프랑스의 철학자이자 심리학자이다.

30   Art. cité, p.10.

31   미셸 콩타(Michel Contat, 1938-): 스위스 출생의 작가, 문학 비평가로, 프랑스 국적을 취득했으며, 사르트르 연구 전문가이다.

32   미셸 리발카(Michel Rybalka, 1933-): 프랑스의 문학 비평가로, 사르트르 연구 전문가이다.

33   엠페도클레스(기원전 490경-기원전 430)는 그리스의 철학자, 시인, 생리학자로, 4원소론

을 붙였다. 이 글은 『어떤 패배Une défaite』라는 제목의 소설의 초고에 해당한다. 보부아르는 이 작품을 그녀의 『얌전한 처녀의 회상Mémoires d'une jeune fille rangée』에서 언급하고 있다. 실제로 사르트르의 그 작품은 갈리마르 출판사에서 출판을 거절당한 바 있다.

사실들에 너무 의존하지 않고, 또 젊은 시절에 쓴 텍스트들 ―준비 중에 있었던 작품들의 파편들― 과 절충주의에 너무 큰 중요성을 부여하지 않는다고 해도, 우리는 거기에서 벌써 사르트르의 미래 저작의 이 분법이 나타나고 있다고 지적해야 할 것이다. 이미 강조했지만 사르트르에게서는 문학적 측면이 그의 철학적 측면을 풍요롭게 해 주고, 또 대중화시키는 역할을 했다고 해야 할 것이다. 1974년에 보부아르는 그에게 이렇게 회상하고 있다. "내가 당신을 처음 만났을 때, 당신은 나에게 스피노자인 동시에 스탕달이 되고 싶다고 말했어요."[34] 카뮈가 철학적 저작들보다는 소설과 극작품으로 프랑스 문학사에 깊은 흔적을 남기고 있는 반면, 그의 알제리의 철학 스승 그르니에[35]의 철학적 글들이 몇몇 제한된 사람들의 모임을 제외하고는 거의 알려지지 않았던 지난 세기에, 사르트르는 벌써 그만의 고유한 방식으로 카뮈와 그르니에의 모습을 동시에 구현하고 있었다. 돌이켜 보면 사르트르에게서 벌써

을 주장한 것으로 알려졌다. 사르트르는 젊은 시절에 그로부터 영감을 받아 글을 쓴 것으로 알려졌다.

34 Simone de Beauvoir, *La Cérémonie des adieux* suivi de *Entretiens avec Jean-Paul Sartre*, *op. cit.*, p.166.

35 장 그르니에(Jean Grenier, 1898-1971): 프랑스의 철학자이자 작가로, 특히 카뮈에게 큰 영향을 준 것으로 알려졌다.

문학적 야누스의 모습을 간파해 낼 수 있다.[36] 다른 한편으로 바로 거기에 사르트르라는 인물을 알 수 있는 중요한 열쇠 중 하나가 있다. 후일 참여의 시대가 도래했을 때에 우리가 항상 염두에 두어야 할 열쇠이다. 그것은 그의 참여의 강도와 삶에서의 변화에도 불구하고 그의 삶의 통일성은 '스피노자'인 동시에 '스탕달'이 되고자 하는 그의 갈망 속에 들어 있다는 사실이 그것이다. 그는 죽기 16년 전에 이렇게 쓴 바 있다. "나는 나의 생을 책 속에서 시작했던 것처럼 필경 책 속에서 생을 마치게 될 것이다."[37]

또한 이런 사실을 보면 그것이 학창 시절부터 사르트르와 아롱 사이의 대조를 낳는 하나의 열쇠일 수도 있다. 두 젊은이는 벌써 인쇄물과 각자 다르게 맺는 관계를 통해 이 세계와도 다르게 관계를 맺고 있다. 사르트르에게서 서재는 마법적인 장소이다. 그곳은 단어의 모든 의미에서 홀림이다. 왜냐하면 서재는 "거울 속에 비친 세계"[38]이지만, 이 거울은 창작을 왜곡시키는 프리즘이 될 수 있기 때문이다. 그와는 반대로 아롱도 역시 그 자신의 문화적 각성에 대해 말하면서 홀림에 대해 언급하긴 한다. 하지만 그때 중요한 것은 1921-1922년 철학반에서 그가 겪었던 "사색에 의해 매혹된 세계"[39]이다. 이렇듯 출발점에서부터 두 사람이 현실과 맺는 관계는 각각 달랐다. 아롱에게서는 지적 매혹이 세계

---

36   필자는 이미 이런 분석을 한 바 있다. Jean-François Sirinelle, *Génération intellectuelle*, *op. cit.*, p.271.

37   Jean-Paul Sartre, *Les Mots*, Gallimard, 1964, p.29.

38   *Ibid.*, p.37.

39   Raymond Aron, *Mémoires*, *op. cit.*, p.190.

에 대한 변이, 창작을 통한 숭고화가 아니라 그것에 대한 엄밀한 사색이었다. 그런 만큼 아롱에게 중요한 것은 현실을 초월하는 것이 아니라 그것에 밀착하는 것이었다. 한 연구자가 정확히 지적하고 있는 것처럼, 아롱은 결코 상상적인 것 속에서 세계의 완성을 발견하고자 하지 않았던 것이다.[40]

지금으로서는 고등사범학교 시절에 사르트르는 그의 절충주의와 현실과의 거리 두기에도 불구하고 윌름가의 철학 분야에서 최고의 유망주 중 한 명으로 여겨졌다는 사실이 중요하다. 이런 평가는 1924년 동기생들만의 것이 아니라 학교 당국의 그것이기도 했다. 놀랍게도 그가 1928년 철학 교수자격 필기시험에서 떨어졌을 때, 이 학교 부총장은 그 시험에 대한 자교 학생들의 결과를 보고하는 한 편지에서 이 "사건"을 애석해하면서 다음과 같이 덧붙이고 있다. "우리는 사르트르에게 많은 기대를 걸고 있다." 그리고 필기시험 지도교수는 이렇게 쓰고 있다. "사르트르는 철학 분야에서 가장 뛰어난 학생 중 한 명이다."[41] 그런 만큼 사르트르의 낙방의 충격은 더 컸다. 그도 그럴 것이 그 이전 해의 철학 교수자격시험에서 으레 그렇듯이 고등사범학교 출신들이 대거 합격자 명단의 상위 자리를 차지했기 때문이었다. 폴 비뇨[42]와 조르주 캉길렘이 수석과 차석을 차지했고, 장 카바예스[43]가 4등을 차지했다. 장 라

---

40   Ariane Chebel d'Appollonia, *Morale et politique chez Raymond Aron, op. cit.*, p.21.

41   Archives de l'Académie de Paris, Archi. nat. 61 AJ 2895와 1928년 8월 7일 자 지도교수의 편지(Arch. nat. 61 AJ 192).

42   폴 비뇨(Paul Vignaux, 1904-1987): 프랑스의 철학자로, 특히 중세 철학 전문가이다.

43   장 카바예스(Jean Cavaillès, 1903-1944): 프랑스의 철학자로, 특히 2차 세계대전 때 레지스탕스 운동을 주도했으며, 그로 인해 독일군에 붙잡혀 1944년에 처형되었다.

크루아[44]만이 상위 자리에 이름을 올리지 못했을 뿐이다. 1928년도에는 사르트르의 실패에도 불구하고 고등사범학교 출신들이 다시 1등과 3등을 차지했다. 아롱과 라가슈가 그들이다. 소르본 출신이었던 에마뉘엘 무니에[45]가 차석을 차지했다.[46]

우리는 그다음 이야기를 알고 있다. 1929년에 사르트르는 수석으로 합격했다. 1928년의 시험에서 낙방한 후에 사르트르는 라가슈를 만나서 이렇게 애매하게 선언했다. "부모에게 교수자격시험에서 떨어졌다는 유희를 하고 나면, 그다음에 할 수 있는 것은 딱 하나밖에 없네. 다음 해에 수석으로 붙는 일이지."[47] 사르트르는 결국 1929년에 이 약속을 지킨 셈이다. 그해에 4명의 고등사범학교 출신자들이 상위 5명에 포함되었다. 1등으로 합격한 사르트르를 필두로 말이다. 2등으로는 보부아르라는 이름을 가진 여학생이 윌름가 학생들로 구성된 상위 그룹에 끼여 있었다.[48] 입학사정관 앙드레 랄랑드[49]가 주관한 보고서에 따르면, 보부아르는 필기시험에서 4등이었으나 구두시험에서 "그녀를 '공동으로ex aequo' 바짝 뒤쫓던 두 명의 지원자를 큰 점수로 앞질렀다."(총점 78점 대 85.5점)[50] 필기시험의 주제는 "우연성과 자유 개념"이었다. 사

---

44   장 라크루아(Jean Lacroix, 1900-1986): 프랑스의 철학자이다.

45   에마뉘엘 무니에(Emmanuel Mounier, 1905-1950): 프랑스의 기독교 철학자로, 『에스프리 (Esprit)』지를 창간했다.

46   *Revue universitaire*, 1928, 2, p.460. 이해에 78명이 응시했다. 22명이 합격권이었으나 실제로는 8명이 합격했다(*Ibid.*, p.291).

47   다니엘 라가슈의 증언. *Arts*, 11-17 janvier 1961, p.14.

48   *Revue universitaire*, 1929, 2, p.362. 부아뱅과 이폴리트가 공동 3등이었고, 니장이 5등이었다.

49   앙드레 랄랑드(André Lalande, 1867-1963): 프랑스의 철학자이다.

정관이었던 파로디[51]와 발[52]은 시험 보고서에서 이렇게 강조하고 있다. 20점 만점에 16점을 얻은 "여학생 한 명과 남학생 한 명이 공동 1등이었다." 최종 발표를 보면 사르트르와 보부아르가 그 장본인이라는 것을 알 수 있다.

역으로 사르트르가 한 해 전에 낙방한 필기시험의 주제, 그리고 아롱이 다른 학생들을 압도했던 —총점 110점에서 아롱은 2등이었던 무니에에 10여 점 앞섰다— 주제는, 아롱의 『회고록』에 의하면, "이성과 사회"였다.[53] 이처럼 시험 주제라는 사소한 징표에서 출발해서 큰 차이점을 예견하는 것은 그리 중요하지 않을 수도 있다. 하지만 '역사'는 교수 자격시험의 필기시험에서까지 아주 교활한 모습을 보여 준다. 두 사람이 학업 과정에서 보여 준 모습에 걸맞게 시험 준비를 위해 최선을 다하던 시기에, 아롱은 '이성과 사회'라는 주제에 대해 사색할 때 최고로 빛났던 반면, 사르트르는 필기시험 성적에서 일시적으론 심연으로의 추락을 맛보았다. 하지만 그다음 해에 사르트르는 '자유'라는 주제로 다시 정상으로 올라설 수 있게 된 것이다.

50   *Idem.*

51   도미니크 파로디(Dominique Parodi, 1870-1955): 이탈리아 출신의 프랑스 철학자이자 교육자이다.

52   장 발(Jean Wahl, 1888-1974): 프랑스의 철학자로, 1936년부터 1967년까지 2차 세계대전 기간을 제외하고 소르본대학 철학 교수를 역임했다.

53   *Revue universitaire*, 1928, 2, pp.291-299.

1차 세계대전을
모면한 세대

    15년 전인 1914년 여름, 고등사범학교의 선배 세대는 역사적으로 1928년에 비해 전혀 다른 상황에서 교수자격시험을 치렀다. 예컨대 장차 소르본대학 교수가 되는 사학자 모리스 보몽[54]은 훨씬 뒤에 구두시험에 대해 이렇게 회상하고 있다. "나는 역사 교수자격시험의 공개 강의를 전쟁에 동원되는 날인 토요일에 했어요. … 오후 2시에 1시간 동안 심사위원들 앞에서 '알비[55]의 이단파'에 대한 공개 강의를 했습니다. 그것이 1914년 교수자격시험의 마지막 시험이었어요. 3시에 동원을 알리는 벽보가 붙었어요. 그다음 날 일요일 저녁에 나는 부대로 가

---

54   모리스 보몽(Maurice Baumont, 1892-1981): 프랑스의 사학자로, 독일사 전문가이다.

55   알비(Albi): 프랑스 남부 지방의 도시로, 이 도시와 툴루즈를 중심으로 12-13세기에 이른바 카타리파, 또는 알비파라고 불리는 기독교 교파가 생겨났다. 이들의 교리는 이원론과 영지주의를 바탕으로 한 것이었다. 12세기에 교황청은 알비파를 이단으로 파문했고, 1209년 알비파 탄압을 위해 알비 십자군을 일으켰으며, 로마 가톨릭교회의 탄압으로 1350년에 사라졌다.

기 위해 출발했습니다. 나는 소위 계급장을 단 두 명의 다른 동료를 보았어요. 문학과 이공계 학생들이었어요. 로렌[56]에서 우리는 1914년 8월 17일에 첫 총격전을 했어요. 1914년 12월 두 동료가 전사했고, 나는 부상을 당하고 포로가 되었지요."[57]

1914년 8월에는 보몽을 포함해 211명의 학생들이 고등사범학교에 재학 중이었다. 1918년 11월 11일에 1차 세계대전 종전의 나팔이 울렸을 때, 211명 중 107명이 51개월 동안 지속된 전쟁 중에 사망했다. 보몽과 같은 나이였고, 또 다른 고등사범학교 학생이었던 조르주 뒤메질[58]의 증언을 들어 보자. 그는 그의 생의 말년에 이렇게 선언하고 있다. "나는 거의 70년 후인 지금까지 이런 확신을 가지고 있습니다. 내가 지금 여기 있는 것은 운이 좋아서입니다."[59] 뒤메질은 1914년 전쟁에서 살아남은 세대 중 한 명이다. 1914년 여름, 윌름가에서 학기 중에 촬영된 사진에서 절반 이상의 얼굴이 전쟁으로 인해 사라졌다.

물론 1924년 고등사범학교 문과반 동기생들의 사진에서는 그런 일이 없다. 하지만 곧바로 다음과 같은 질문이 제기된다. 1928년 여름에 전쟁의 기운이 감돌았다면, 과연 그들도 1914년의 전쟁에서 죽었던 선배들과 같은 비율로 죽게 되었을까? 만일 그해에 전쟁이 발발했다면 사르트르, 아롱, 니장, 이 삼인조는 어떻게 되었을까? 하지만 그들이 교수

---

56   로렌(Lorraine): 프랑스 북동부에 위치한 지역의 이름이다.

57   Maurice Baumont, "Psychose de guerre en 1914? Un témoignage", in *1914. Les Psychoses de Guerre?*, CRDP de Rouen, Publications de l'université de Rouen, 1985, pp.203-204(1979년 9월에 개최된 콜로퀴엄 논문집).

58   조르주 뒤메질(Georges Dumézil, 1898-1986): 프랑스의 인류학자이자 종교사학자이다.

59   Georges Dumézil, "Ma guerre de 1914", *L'Histoire*, nº 94, p.98.

자격시험을 치렀던 1928년 여름은 전쟁이 '법의 보호'를 받지 못하게 한 켈로그-브리앙조약이 체결된 계절이었다. 그 덕택으로 그해 여름에 사르트르와 아롱은 평화로운 분위기에서 교수자격시험을 치를 수 있었다. 앞에서 언급한 것처럼 그해에 발생한 청천벽력 같은 하나의 사건은 바로 사르트르가 교수자격시험의 필기시험에서 낙방한 것이었다. 하지만 1차 세계대전을 면제받은 이 세대는 어쨌든 '유예' 상태에 있는 세대였다. 그도 그럴 것이 켈로그-브리앙조약이 11년 후에 세상이 화염에 휩싸이는 것을 막지는 못했기 때문이다. 그리고 1928년 여름의 이 젊은 고등사범학교 학생들 삼인조는 35세 되던 해인 1940년 봄에 보몽과 그의 '두 동료'처럼 1914년 여름과 같은 고통스러운 봄을 경험하게 된다. 니장은 전쟁 중이던 그해 5월에 사망했고, 사르트르는 6월에 포로가 되었으며, 아롱은 같은 시기에 런던으로 건너가게 되었다. 결국 '역사'는 이처럼 거의 그들의 생애의 중간에서 반복된다. 그리고 이런 '역사'와의 진정한 대결은 그들이 30세가 훨씬 넘어서 이루어지게 된다.

하지만 그들 삼인조의 20세는 전도가 밝은 미래 아래 놓여 있었다. 여기서 1924년 동기생 중 잘 알려진 한 명의 말을 들어 보자. 그의 이름은 장 바유[60]이다. 윌름가에서 수업을 받은 지 아주 오랜 뒤에, 그는 한 강연에서 그 시절을 회상하면서 다른 고등사범학교 학생들 사이에서 자주 언급되었던 이야기를 강조하고 있다. "고등사범에서 내가 속했던 동기생들과 그다음 기수의 학생들은 행복한 편이었습니다. 우리는 승리의 아들들이었죠. 우리는 호숫가에서 여러 국가의 지도자들이 모여

---

[60]　　장 바유(Jean Baillou, 1905-1990): 프랑스의 외교관이자 교육자이다.

세계의 어려운 문제를 해결하고 있다는 것을 알고 있었습니다. 그 당시 고등사범학교 학생들은 대부분 지로두주의자[61]였습니다."[62] 실제로 많은 천사가 사르트르와 아롱 세대의 요람을 보호하고 있는 것처럼 보였다. 몇 년 차이로 그들의 세대는 1914-1918년의 대학살을 모면하게 되었고, 이 세대의 정치적 각성은 로카르노조약(1925)의 비호 아래에서, 즉 유럽이 살인마와 끝장을 본 것처럼 여겨졌던 시기와 같은 때에 이루어졌다. 그리고 전쟁으로 다수가 사망했던 고등사범학교 선배 세대와의 비교는 1914년과 1928년 교수자격시험뿐만 아니라 1924년의 사르트르와 아롱의 입학시험과 10년 전에 치러졌던 입학시험을 비교해 본다면 많은 것을 얘기해 줄 것이다. 1924년에 사르트르와 아롱은 독일과 프랑스의 관계 개선으로 이어지는 유럽에서 자신들의 성공을 만끽할 수 있었다. 그 반면에 1914년의 입학시험은 전쟁의 그늘 아래에서 치러졌다. 교수자격시험과는 달리 고등사범학교 입학시험의 구두시험은 전쟁 선포 전에 실시되긴 했었다. 1914년 동기생들은 1914년 7월 말에 합격했고, 그로부터 며칠 후에 동원되었다. 분명, 군사훈련을 미리 받지 않은 까닭에 이 기수는 몇 달 후에야 비로소 전투에 투입되었고, 그런 만큼 1914년 여름과 가을의 사상자가 유독 많았던 전투에 참가하지는 않았다. 그럼에도 이 기수의 3명 중 1명이, 다시 말해 거의 그와 같

---

61   고등사범학교 출신이었던 프랑스 극작가 장 지로두의 이름을 딴 주의로, 프랑스와 독일 사이에 문화 교류 등을 통해 양국 사이의 협력을 강조하는 입장을 가리킨다.

62   Conférence faite par Jean Baillou au Congrès de l'Association internationale des études françaises, 날짜 불명, in *Hommage à Jean Baillou (1905-1990)*, 비판매 자료집, 1993, 199p., p.22.

은 비율(29.72%)로 전쟁 중에 사망했다.[63] 그런 이유로 그들 중 많은 학생이 딱 한 번 윌름가에 발을 들여놓았을 뿐이다. 구두시험을 치르기 위해서였던 것이다.

전쟁에서 살아남은 고등사범학교 학생들은 실제로 훨씬 더 나중에 학교로 돌아왔다. 예컨대 1894년에 태어났고, 1914년 동기생 중 한 명이었으며, 입학 후에 얼마 되지 않아 동원되었고, 1915년 1월에 전선에 배치되었으며, 1917년에 중위, 1918년 4월에 대위로 진급했던 마르셀 데아[64]는, 1914년 여름 이후 55개월 만에 비로소 윌름가에서 신학기를 맞이하게 된다. 그러니까 5번의 표창을 받고, 레지옹도뇌르 5등 무공훈장 수훈자였던 그가 퇴역 후에 강의를 듣기 시작한 것은 1919년 3월부터였던 것이다. 또한 그는 철학 교수자격시험에 합격하고, 그로부터 3년 후에 『르뷔 프랑세즈*Revue française*』(1922년 3월 22일)지에서 "새로운 세대는 어디로 가는가?"라는 주제로 앙케트를 실시했을 때 이렇게 선언하고 있다. "나는 전쟁을 직접 겪었던 세대와 겪지 않은 오늘날의 세대를 구별한다. 이 두 세대 사이에는 돌이킬 수 없는 단절이 있을까 봐 우려된다."

사실, 20세기 첫 10년 동안에 태어난 세대 ―'1905년 세대'라고 부르자. 사르트르와 아롱은 정확히 거기에 속한다― 의 구성원들은 인구통계학적으로 전쟁을 모면한 이들이다. 종종 몇 년 차이로 이 세대보다 조금 나이가 많았고, 20세기와 함께 태어났던 이들은 1차 세계대전의

---

63   Rapport de Gustave Lanson, 27 janvier 1992, Arch. nat. AJ 16 2895.
64   마르셀 데아(Marcel Déat, 1894-1955): 이탈리아 출신의 프랑스 좌파 정치인이다.

화염 속에 빠졌다. 1901년에 태어난 작가 장 프레보[65]는 이렇게 쓰고 있다. "단절을 느꼈던 순간이 있다. 전쟁이 끝나는 순간이었다. 그 시기에 프랑스인들은 세 부류로 나뉘었다고 느꼈다. 전쟁에 동원되기에는 너무 나이가 많거나 허약한 사람들, 전쟁에 가담한 이들, 그리고 우리들, 즉 동원 벽보를 통해 죽음에 대한 준비를 통고받았던 순간에 자신들의 운명을 자각하게 된 사람들의 부류로 말이다. … 1918년도 징집병 중 가장 어린 사람(전쟁을 치른 마지막 징집병)과 젊은 세대가 시작되는 1919년도 징집병 중 가장 나이가 많은 사람 사이에는 불과 하루, 또는 몇 시간의 차이가 있었다."[66] 주지하다시피 프레보는 또 다른 전쟁의 영웅이다. 그는 1944년 여름에 베르코르[67]에서 전사했다. 그의 운명은 비극적으로 1905년 세대에 속한 많은 사람의 운명을 그대로 보여 준다. 그들은 몇 년 차이로 1차 세계대전을 모면했지만, 40세가 가까워져 재차 '역사'에 의해 덜미를 붙잡힌 나이의 계층에 속한다.

그런데 1905년 세대와 1차 세계대전과의 관계는 직접 접촉을 하지 않은 만큼 복잡하다. 실제로 이 세대는 어머니의 불안과 아버지, 또는 형의 부재를 통해 전쟁이 드리운 그늘을 느끼기에 충분한 나이였다. 베르트랑 드 주브넬[68]은 자기 생의 말년에 『세기의 여행가*Un voyageur dans le siècle*』에서 이렇게 쓰고 있다. "내가 속했던 세대는 가장 확실한 방식

65   장 프레보(Jean Prévost, 1901-1944): 프랑스의 작가이자 저널리스트이다.

66   *Notre temps*, 7e année, 3e série, nos 201-202, 2-9 juillet 1933.

67   베르코르(Vercors): 프랑스 동남부 지역에 위치한 산악 지대로, 리옹에서 남동쪽으로 약 100km 떨어져 있다.

68   베르트랑 드 주브넬(Bertrand de Jouvenel, 1903-1987): 프랑스의 작가, 저널리스트로, 자유주의 정치학자이다.

으로 구획 지어졌다. 전쟁을 치르기에는 너무 어렸지만, 전쟁으로 인해 여러 사건을 겪고, 전쟁의 공포를 이해하고, 또 가족 중에 인명 손실을 입기에 충분한 나이에 속했다." 그리고 그는 이렇게 덧붙이고 있다. "1903년에 태어난 나는 '나의 세대'를 알프레드 파브르뤼스[69](1899년 출생)에서 피에르 망데스 프랑스(1907년 출생)까지 걸친 것으로 보았다."[70]

그리고 이런 감정이 단지 회고적으로 표현된 것만은 아니다. 1928년 11월 24일 자 『레 누벨 리테레르』지에서 1905년에 태어난 철학 교수자격시험 합격자이자 사르트르처럼 대학 기숙사Cité universitaire에서 지냈던 모리스 사뱅[71]은 이렇게 기술하고 있다. 그 자신이 속한 세대는 "영원히 살아 있는" 몇몇 이미지의 포로가 되어 살아가게 될 것이라고 말이다. "시골의 작은 기차역에서 전선으로 떠나는 형의 모습과 일주일 전부터 우체부가 지나가지 않아 눈물을 흘리고 계시는 어머니의 모습이 기억 속에 고스란히 남아 있다."[72]

'1905년 세대'는 역사가에 의해 '사후적으로' 재구성되지 않았다는 점을 고려해야 한다. 물론 20세기의 첫 10년 동안에 태어났고, 참호 속에서 20세를 맞았고, 전쟁을 직접 겪은 세대와, 스페인내전이나 뮌헨협정[73] 때 20세에 달했던 1915년에 태어났고, 앞선 10년 동안 희망과 환상

---

[69]   알프레드 파브르뤼스(Alfred Fabre-Luce, 1899-1983): 프랑스의 작가이자 저널리스트이다.

[70]   Bertrand de Jouvenel, *Un voyageur dans le siècle*, Laffont, 1979, p.76.

[71]   모리스 사뱅(Maurice Savin, 1905-1978): 프랑스의 화가, 철학자이자 작가이다.

[72]   *Les Nouvelles littéraires*, 24 novembre 1928, n° 319, p.8. 실제로 1928년의 철학 교수자
       격시험에서 떨어진 사르트르는 1928-1929년을 대학 기숙사에서 지냈다(Arch. nat. 61
       AJ 251).

[73]   뮌헨협정(Accords de Munich): 수데테란트 영토 분쟁에 관련된 협정으로, 1938년 9월
       30일 독일 뮌헨에서 영국, 프랑스, 독일, 이탈리아가 체결했다. 1938년 3월에 오스트

에 젖지 않은 채 성년에 도달해 평화주의의 매력에 그다지 민감하지 않았던 세대 사이에는 분명 나이만큼의 차이가 존재한다. 그와는 반대로 방금 상기한 것과 같은 이유로 1905년 세대는 특히 평화주의에 민감했다. 특히 아롱은 그런 감수성 속에 완전히 젖어 있었다.

리아를 합병한 히틀러는 이어 체코슬로바키아에서 독일인 거주자 다수 지역인 수데테란트 할양을 요구했다. 이에 양국 사이 군사적 긴장이 커지자, 또 다른 세계대전의 발발을 피하고자 했던 영국과 프랑스는 뮌헨회담을 열어 히틀러의 요구대로 독일이 수데테란트를 합병하도록 승인했다.

"나는 열렬한 평화주의자였습니다"

(R. 아롱)

1925년 이른 봄에 '악시옹 프랑세즈'[74]는 라틴 구역에서 격렬한 소요를 일으켰다. 조르주 셀[75]의 파리 법과대학 교수 임용에 반대하기 위해서였다. 그의 임명은 그 당시 정권을 잡고 있었던 '좌파 카르텔'과 밀접하게 관련된 일로 여겨졌다. 하지만 그 당시 불과 몇 달 전에 조직되고, LAURS에 속하고, 망데스 프랑스 주위에 몰려들었던 소규모의 핵심 집단만이 대부분 우파로 기울어졌던 이 단과대학 내에서 목소리를 낼 뿐이었다. LAURS의 주요 인물이자 이공계 학생이었던 폴 오스타야Paul Ostaya는 3년 후에 이 사건을 이렇게 회상한 바 있다. "왕당파가 법대를 장악했다. 프랑스혁명 당원들이 썼던 멋있는 모자를 쓴 사무총장 뒤에 모여든 우리는 몇 시간 동안 그 구역에서 시위를 했다. 우리는 길모퉁

---

74   악시옹 프랑세즈(Action française): 1899년 드레퓌스 사건 때 창립된 프랑스의 극우 단체이다. 주요 창립자들로는 앙리 보주아, 샤를 모라스, 레옹 도데 등이 있다.

75   조르주 셀(Georges Scelle, 1878-1961): 프랑스의 법학자로, 국제법 전문가이다.

이에서 격분한 왕당파들의 공격을 받기도 했다."[76] 그로부터 며칠 후에 왕당파가 대부분을 차지하고 있던 학생총연합이 전면적인 수업 거부를 호소했다. 이런 집단행동에서 법대생들이 선두에 서기는 했지만, 1925년 4월 20일 자 『뢰브르L'Œuvre』지는 이렇게 선언하고 있다. "고등사범학교에서 몇 시간 만에 102명의 학생이 남녀 학생들에게 보통 때처럼 수업을 들으면서 자신들의 자유를 보여 줄 것을 권고하고 있었다." 1914년 전에 라틴 구역에 화젯거리를 제공해 준 여러 사건과 마찬가지로 —학생들에 대한 드레퓌스 사건의 영향을 시작으로— 고등사범학교는 법대와 대립했다. 그리고 윌름가와 팡테옹 광장은 적어도 상징적으로 대립하고 있는 두 진영의 모습을 보이고 있었다.

수업 거부가 진행되는 동안에 고등사범학교에서는 삼삼오오 수업에 들어가는 학생들의 수가 늘어났으며, 그들은 또한 조르주 셸을 지지하는 행진을 하기도 했다. 4월 4일 자 『뢰브르』지는 윌름가가 이 며칠 동안에 '악시옹 프랑세즈'에 맞서는 일종의 중심지였다고 기술하고 있다. "또 다른 많은 젊은 반동주의자들 그룹이 학생들을 빼내 가기 위해 고등사범학교로 향했다. 게다가 그들은 미리 자신들의 행동에 자신감을 가지고자 했다. 그와는 달리 파업을 반대했던 150여 명의 그룹은 수업에 동조하기 위해 윌름가에서 왔다." 5시에 생미셸대로에서 반파시스트 학생들의 일렬 시위대 —그들 중 상당수가 고등사범학교 학생들이었다— 가 형성되어 전진했다. 얼마 안 되어 이 시위대는 천여 명으로 불어났으며, 교육부 장관 프랑수아 알베르[77]의 집무실과 노동부 장관

76   *L'Université républicaine*, nouvelle série, n° 7, 15 avril 1928, p.2.

비서실장 조르주 셀의 집무실로 향했다.[78] 시위대는 그다음에 생제르맹대로로 나와 생제르맹데프레에서 해산했다.

그 당시 윌름가에서 사회주의 및 사회주의 성향의 고등사범학교 학생들은 그들의 리더였던 조르주 르프랑의 주도 아래 진격의 역할을 맡았다.[79] 곧 살펴보겠지만 이 세력과 가까웠던 아롱은 56년 후에 그 역시 조르주 셀을 위해 "시위를 했다"고 회상하고 있다.[80] 그와 마찬가지로 사르트르 역시 연대의 표시로 시위에는 아니지만 적어도 수업 거부 철폐 시도에는 참가했던 것으로 보인다. 사르트르는 1968년에 「레몽 아롱의 바스티유」라는 제목의 글에서 이렇게 이야기하고 있다. "나는 1년에 딱 한 번 소르본에 갔을 뿐이다. 법대 학생들이 한 교수의 사상을 싫어하면서 그의 수업을 거부하기로 결정했을 때였다. 그날 소르본에는 그곳에 전혀 발을 딛지 않았던 고등사범학교 학생들이 많이 깔려 있었다."[81]

이 일화는 아주 흥미롭다. 그도 그럴 것이 두 '절친'이 세상사에 대한 토론에서 함께 행동한 첫 번째 경우이기 때문이다. 그렇다고 해서 이 일화에 깊은 의미를 부여하는 것은 적어도 다음 두 가지 점에서 앞으로의 논의의 전망을 흐리게 할 우려가 없지 않다. 한편으로 1920년대 중

---

77   프랑수아 알베르(François Albert, 1877-1933): 프랑스의 정치인으로, 상원의원, 교육부 장관을 역임했다.

78   그 당시에 조르주 셀은 좌파 연합의 노동부 장관 쥐스탱 고다르의 비서실장이었다. 프랑수아 알베르는 교육부 장관이었다.

79   1980년 7월에 이루어진 조르주 르프랑과의 서신 교환.

80   1981년 1월 23일에 했던 필자와의 대담.

81   *Le Nouvel Observateur*, 19 juin 1968(Jean-Paul Sartre, *Situations VIII*, Gallimard, 1972, pp.175-192에 재수록. 인용은 p.185).

반에 있었던 라틴 구역의 도로 위에서의 이와 같은 뚜렷한 동행의 발자국과 1979년 그들의 황혼의 시기에 엘리제궁 층계에서의 만남은[82] 곧게 이어지는 직선으로 연결되지 않는다. 이처럼 그들 각자의 20세기의 횡단에서 끊어져 버린 선을 연구하는 것이 이 책의 집필 목적 중 하나라는 사실을 지나가면서 지적하자. 다른 한편으로 이와 같은 시민으로서의 첫 번째 행동의 일치는 표면적인 것일 뿐이다. 그 시기에 사르트르와 아롱은 벌써 아주 다른 세계를 맴돌고 있었다. 비록 두 사람 모두 그 당시 그들의 성년 시절의 참여와 비교해 보면 각자에게 맞지 않는 행동을 하고 있었음에도 그렇다. 아롱은 평화주의자였고 사회주의적 성향이 있었다. 반면, 사르트르는 비정치적이었을 뿐만 아니라 그의 시대의 세속적인 문제에 대해서는 완전히 주요 질문의 가장자리에 머물렀을 뿐이다.

고등사범학교 시절로부터 반세기가 훌쩍 지난 후에, 아롱은 『참여적 방관자*Le Spectateur engagé*』의 대담자들에게 이렇게 말하고 있다. 그 자신은 학창 시절에 "막연한 사회주의자", "열렬한 평화주의자"였다고 말이다.[83] 그 당시에는 사회주의자들과 사회주의 성향의 사람들이 윌름가의 주요 정치 성향을 대표하고 있었다. 젊은 고등사범학교 학생들은 SFIO의 파리 제5지부에서 투쟁하고 있었으며, 학교 안에서도 중요하고 활발하게 활동 중인 모임을 조직하고 있었다. 특히 그 당시의 부정할 수

---

82   1979년에 사르트르와 아롱은 앙드레 글뤽스만의 주선으로 베트남의 '보트 피플(Boat People)'을 구하기 위해 지스카르데스탱 대통령에게 청원을 하기 위해 함께 엘리제궁을 방문했다.

83   Raymond Aron, *Le Spectateur engagé*, Julliard, 1981, pp.25, 26.

없는 고등사범학교의 사회주의 거물이었던 조르주 르프랑과 장 르 바이,[84] 피에르 부아뱅,[85] 모리스 데익손[86] 등에 의해 구성된 핵심 지도부는 월름가에서는 물론, 세브르,[87] 퐁트네[88] 등에서도, 그리고 파리에 있는 카뉴들에서도, 고등사범학교 내의 사회주의 연구모임Groupe d'Etudes socialistes(GES) 등을 통해 지지자들을 끌어모았다. 이 모임은 1924년 가을에 루이르그랑의 몇몇 젊은이들에 의해 조직되었고, 그들 중 몇몇은 사르트르와 아롱과 같은 동기로 고등사범학교에 입학하기도 했다. 그들 동기의 '이포카시크hypocacique', 즉 '차석 합격자'였던 조르주 르프랑이 이 모임의 주도적 인물이었다. 이 모임의 다른 창립자들 역시 고등사범학교에 입학했지만, 이 모임은 카뉴 학생들에게도 개방되었다. 실제로 목요일 오후에 모임이 있을 때 창립자들보다 조금 나이가 어린 카뉴들이 토론에 참가했다. 특히 1925-1926년에 콩도르세의 여러 카뉴 중 한 명이었던 알베르 로트망[89]이 그 좋은 예이다. 그는 1926년 시험에

---

84   장 르 바이(Jean Le Bail, 1904-1965): 프랑스의 정치인으로, 리모주 지역의 국회의원을 지냈다.

85   피에르 부아뱅(Pierre Boivin, 1906-1937): 프랑스의 작가이자 교육자로, 교육부 장관 비서실장을 역임했다.

86   모리스 데익손(Maurice Deixonne, 1904-1987): 프랑스의 정치인이다.

87   세브르(Sèvres): 여자고등사범학교(ENSJF: Ecole normale supérieure de jeunes filles)의 약칭으로, 1881년부터 1985년까지 존속했으며, 1985년 이후에 월름가의 고등사범학교에 병합되었다.

88   퐁트네(Fontenay): 퐁트네-생클루고등사범학교(Ecole normale supérieure de Fontenay-Saint-Cloud)를 가리키며, 2000년부터 문학과 인문과학 고등사범학교(ENS-LSH: Ecole normale supérieure lettres et sciences humaines)로 불렸으며, 2010년부터 리옹에 있는 고등사범학교의 일부가 되었다.

89   알베르 로트망(Albert Lautman, 1908-1944): 프랑스의 수학철학자로, 2차 세계대전 때 레지스탕스 운동을 하다가 체포되어 처형되었다.

합격했다. 그리고 그의 친구였던 클로드 레비스트로스도 참가했다. 그는 1926년 4월에 "벨기에 노동당의 조직"을 상기하고 있다.[90]

레비스트로스는 콩도르세의 카뉴에서 1년을 보냈을 뿐이다.[91] 철학 교수였던 앙드레 크레송의 권유에 따라 레비스트로스는 법대에 등록함과 동시에 철학 학사 과정을 밟고 있었다.[92] 비록 그의 사회주의로의 경사가 카뉴 시절보다 더 강해지긴 했지만, 그 시기에 GES와 조르주 르프랑과의 접촉으로 그의 확신이 더 강해졌던 것이다. 레비스트로스는 고등사범학교 학생은 아니었지만, 1927년 대학 신학기가 시작되었을 때 이 그룹에서 르프랑의 후계자가 된다. 르프랑이 교수자격시험에 전념해야 했기 때문이었다. 그리고 그다음 해 4월에 레비스트로스는 FNES[93]의 사무총장이 된다.[94] 왜냐하면 투르[95]에서 개최된 전당대회[96]로부터 몇 년 후에 GES가 FNES의 주도 세력이 되었기 때문이다. 게다가 이런 움직임은 1930년대 초에는 후임 세대들을 맞이하게 된다. 이

---

90   1926년 4월과 9월 날짜로 된 고등사범학교 사회주의 연구모임의 유인물(Archives Georges Lefranc. 이 회보 중 한 부가 국립도서관에 비치되어 있다. 8ᵉ R. 83425).

91   Arch. lycée Condorcet.

92   Claude Lévi-Strauss, *Tristes Tropiques*, Plon, 1955, p.45.

93   전국사회주의학생연맹(Fédération nationale des étudiants soicialistes)의 약자이다.

94   클로드 레비스트로스의 첫 번째 출간물들, 즉 "Après le congrès"(3ᵉ année, nº 8, mai 1928) 외에 『사회주의 학생(*L'Etudiant socialiste*)』지에 기고한 글들이 집필된 무렵에 있었던 그의 FNES 지도부로의 이동에 대해서는 다음 사실을 지적할 필요가 있다. 즉, 그와 앙리 바르뷔스 사이에서 그가 반박했던 "프롤레타리아 문학" 개념(nᵒˢ 10-11, juillet-août 1928)과 "사회주의와 식민지"에 대한 그의 생각(5ᵉ année, nº 1, octobre 1928)을 두고 논쟁이 있었다는 사실이 그것이다.

95   투르(Tours): 프랑스 서부에 있는 도시로, 앵드르에루아르(Indre-et-Loire)도의 도청 소재지이다.

96   1920년 12월에 투르에서 개최된 전당대회로, SFIO의 제18차 전당대회를 말한다.

운동의 여러 구성원이 SFIO의 진취적 혁명 경향을 만들어 내고 또 주도하는 데 기여했기 때문이다.[97]

그렇다면 아롱은 1924-1928년 사이에 윌름가에 있을 때 이런저런 형태의 사회주의 운동에 가담했는가? 1952년 9월에 그는 『라 누벨 르뷔 프랑세즈La Nouvelle Revue Française』(NRF)지의 「알랭에게 헌정함」이라는 제목의 한 호에서 이렇게 쓰고 있다. "그 당시에 비非가톨릭 고등사범학교 학생들처럼 나는 좌파로 기울었다. 나는 사회주의자를 자처했다." 그리고 1983년 『회고록』에서 그는 이미 인용한 『참여적 방관자』에서 2년 전에 사용한 표현과 아주 유사한 표현을 사용하고 있다. "잘못 정의된 사회주의"에 대해 말하면서, 그리고 "1925년, 또는 1926년에" "불행한 계급의 개선이라는 대의명분"[98]에 기여하기 위해 SFIO의 파리 제5지부에 가입했다고 말하면서 말이다. 따라서 여기에서 제기되는 문제는 이중적이다. 그 시기에 아롱의 사회주의로의 경사가 일어났는가? 만일 그렇다면, 그런 경사가 그의 SFIO에의 정식 가입으로 이어졌는가?

첫 번째 질문에 대해서는 하나의 텍스트가 많은 것을 얘기해 준다. 또한 아롱의 첫 번째 출간물이 문제가 되는 만큼 이 텍스트는 더욱더 소중하다.[99] 이 텍스트는 1926년 12월에 『제네바 잡지Revue de Genève』에

97　Cf. Jean-François Sirinelli, *Génération intellectuelle, op. cit.*, pp.393-396.

98　Raymond Aron, *Le Spectateur engagé, op. cit.*, pp.81, 48.

99　이 주제에 대해 필자가 했던 하나의 분석을 여기서 정정할 필요가 있다. 그 당시에 필자는 『리브르 프로포(*Libres propos*)』("A propos de *La Trahison des clercs*", nouvelle série, 2ᵉ année, nº 4, 20 avril 1928, pp.176-178)에서 아롱의 1928년의 한 짧은 텍스트를 찾아내고, 그것이 그의 첫 번째 출간물이라는 가정을 제시했던 적이 있다(*Le Monde*, 17 janvier 1982, pp.XII-XIII). 이 가정은 아롱 자신에 의해 승인된 것처럼 보인다. 예루살렘의 바이츠만연구소에서 명예박사를 받으면서 그는 "지식인들과 정치"에 대한 연설을 하고, 장시간 문

게재된 것이다. 이 잡지는 그 시기에 유럽의 젊은 대학생들을 대상으로 앙케트를 실시했다.[100] 예술과 문화에 대한 질문이 독일, 영국, 이탈리아, 프랑스 국적의 학생들에게 주어졌다. 어떤 경로를 통해 이루어진 것인지는 정확하게 알 수 없다. 그들의 대답이 1926년 9월과 12월에 출간되었다. 12월호 잡지에 세 명의 고등사범학교 학생의 텍스트가 게재되었다. 아롱, 캉길렘, 라가슈의 텍스트였다.[101] 이 텍스트의 게재 날짜를 더 정확하게 알 수 있다. 아롱은 그 텍스트에 이렇게 서명했다. "고등사범학교 재학, 철학 학사." 그런데 앞에서 본 것처럼 그가 그의 학사 과정의 마지막 과목이었던 도덕과 사회학을 이수한 것은 1926년 3월이었다. 텍스트 인쇄에 필요한 시간을 고려하면 그 텍스트는 결국 1926년 4월과 여름 사이에 작성된 것이다. 앙케트에 참여한 또 다른 두 명의 고등사범학교 학생 중 한 명인 캉길렘은 이렇게 서명했다. "랑그도크[102] 출신. 고등사범학교 재학. 철학 교수자격시험 준비 중. 나머지 시간은 시골에서 일하며 보내고 있음."(원문 그대로) 그리고 그는 DES 논문 심사

제의 텍스트, 즉 "한 젊은 사학자가 나에게 그 내용이 내 세대의 고등사범학교 학생들과 관련되어 있다는 사실을 상기시켜 주었던 ⋯ 첫 번째 텍스트"에 대해 언급했다 (*Commentaire*, n° 22, été 1983, pp.259-262. 인용은 p.260; *Mémoires, op. cit.*, p.47. 이 책에서의 표현은 덜 단정적이다). 그 이후로 아롱의 저작을 조사했던 연구자들은 종종 『리브르 프로포』에 실렸던 텍스트를 아롱의 첫 출간물로 여겨 왔다. 하지만 여기에서 필자가 상기하는 텍스트는 이 첫 번째로 여겨진 텍스트보다 약 1년 반 정도 더 과거로 거슬러 올라갈 수 있다는 사실을 보여 준다.

100 이 앙케트에 대해 알려 준 것은 알랭 마니에이다. 이 자리를 빌려 그에게 이 소중한 정보를 준 것에 감사의 말을 전한다.

101 *Libres propos*, pp.789-804. 아롱의 텍스트는 pp.789-794에 실려 있다.

102 랑그도크(Languedoc): 프랑스 남부에 위치한 지역으로, 몽펠리에, 님 등이 이 지역의 주요 도시들이다.

를 1926년에 받았다. 그리고 그해에 철학 교수자격시험을 치렀다. 아마 이 텍스트는 1926년 여름에 집필된 것으로 보인다.

아롱은 이 텍스트에서 "그 자신의 공감이 가는 당, 곧 사회당"을 회상하고 있다. 이렇듯 그의 성향이 분명히 드러나고 있다. 그리고 또 다른 문장 역시 분명하다. "절대 악"인 전쟁에 맞서 ―이 점에 대해서는 다시 보게 될 것이다― 주요 "투쟁 수단"은 "노동자계급의 국제적 협조"이다. 아롱은 이렇게 덧붙이고 있다. "사실을 말하자면 내가 전적으로 신뢰하는 것은 이와 같은 힘든 동반자의 길이다." 하지만 적어도 그 시기에 그는 입회 카드에 의해 정식화되는 직접적인 가입을 배제하고 있는 것으로 보인다. 문장의 문맥을 보면 비판적인 동시에 투사의 어조와는 반대되는 만큼 더욱더 그렇다. 사회당은 "너무 자주 거창한 명제에 대한 소득 없는 숭배에 머물고 있다. 마치 역사의 한 순간에 존재했던 복잡하고 변화무쌍한 현실에 대한 훌륭한 비전, 하지만 부분적인 비전인 다음과 같은 개념들 ―계급투쟁, 프롤레타리아 독재, 자본주의 등― 이 영원한 진리에 합당한 것처럼 말이다. 그리고 특히 사회주의적 교리문답서가 없다."

물론 앞에서 보았듯이, 50년 이상이 지난 후에 아롱은 그 자신의 기억을 통해 그가 "1925-1926년에" SFIO 파리 제5지부의 회원이었다는 것을 보여 준다. 하지만 1926년 여름에 그가 이 조직에 가입한 것과는 거리가 멀었다는 사실을 지적해야 할 것이다. 이것은 그의 동기생인 르프랑의 말, 곧 회고적으로 아롱의 사회당 가입에 이의를 제기하는 말이 옳다는 것을 보여 주는 것 같다. 아롱은 『회고록』에서 이렇게 쓰고 있다. "조르주 르프랑은 내가 SFIO에는 등록하지 않고 단지 사회주의 학생들의 모임에 등록했다는 사실을 보증해 주었다." 실제로 르프랑은 1926년에 아롱에게 사회주의 학생 카드를 팔았던 것을 기억한다. 르프랑에 따르면 아롱의 잘못된 기억은 SFIO 파리 제5지부와 같이 술집 고블랭Brasserie des Gobelins에서 학생들의 모임을 가졌던 사실에서 기인하는 것이다.[103] 이미 살펴본 대로 요점은 아롱의 FNES나 SFIO 가입 여부를 확인하는 것보다는 오히려 이해당사자 자신과 윌름가의 그의 동료들에 의해 확인된 사실 속에 있다. 그러니까 그 당시에 아롱의 정치적 학습은 분명 "모호한", 또는 "잘못 규정된" 사회주의의 기호 아래에서 이루어졌지만, SFIO에의 가입이나 사회주의자 학생들을 통한 사회주의 운동에의 합류로 나타나게 되었다고 할 수 있다.

게다가 이런 성향을 보여 주는 또 다른 징표들이 있다. 예컨대 1926년 12월의 같은 텍스트에서 아롱은 프랑시스 들레지[104]를 언급하고 있다. "들레지가 보여 주고 있는 것처럼, 정치, 경제, 또는 사회 문제들은 국가 차원에서 제기되지 않는다. 국가 내부에서 모순적이고, 새로운 커다란 어려움을 야기하는 이런 문제들에 대해 파편적인 해결책을 찾는 것은 헛된 일이다." 그런데 1926년 2월 4일에 들레지는 고등사범학교의 사회주의 연구모임에서 "현대 세계의 모순"에 대해 강연을 하기 위해 왔었다. 그날 아롱이 그 모임에 참석했으리라는 가정이 가능하다.

103   조르주 르프랑과 1980년 11월, 1981년 2월에 필자가 했던 대담과 1981년 8월에 했던 서신 교환. 이런 이야기는 고등사범학교 학생이었던 피에르 샹봉에 의해 확인되었다. 샹봉은 1927-1928년 사이에 사회주의 학생들의 파리 지부의 재정 담당이었다. 그는 이 조직의 회원 명단에서 고등사범학교에 재학 중이던 그의 친구의 이름을 보았던 것을 기억하고 있다(1980년 10월에 필자와 했던 대담).

104   프랑시스 들레지(Francis Delaisi, 1873-1947): 프랑스의 작가, 저널리스트이자 경제학자이다.

이미 살펴본 대로 이 모임은 같은 시기에 레비스트로스가 지닌 것과 같은 사회주의적 감수성이 더 정교해지는 양상을 보여 주고 있었다. 게다가 레비스트로스는 1926년 2월의 강연에서 질문을 했다. "프랑시스 들레지가 바라는 경제 영역과 정치 영역의 완전한 분리가 잘못은 아닌지, 그리고 그처럼 강력한 사실에 도전하길 원하는 과학적 방법론이 있는지"[105]를 물으면서 말이다.

두 젊은 철학도이자 그 당시에 사회주의 성향을 가진 '열렬한 평화주의자'였던 아롱과 레비스트로스가 들레지의 강연에서 강한 영향을 받았다는 사실은 흥미롭고도 의미심장하다. 한 해 전에 들레지는 경제학자의 자격으로 젊은 카뉴들과 고등사범학교 학생들 앞에서 "석유 문제"에 대한 강연을 하기 위해 왔던 적이 있었다. 그들 앞에서 연설하는 이는 열렬한 브리앙주의자이자 확고한 유럽 지지자였다(게다가 들레지의 평화주의 노선은 후일 그를 "대독 협력주의"로 이끌게 된다). 이미 살펴본 대로 젊은 아롱은 들레지의 주장에 대한 암시를 통해 사회주의적 감수성과 사회주의 운동에로의 통합을 간접적으로 보여 주고 있다. 아롱은 『회고록』에서 간접적으로 사회주의 연구모임과의 관계를 단언하고 있다. "고등사범학교에 강연을 하러 왔던" "정치인들"과 "작가들"을 상기하면서 아롱은 레옹 블룸[106]을 언급하고 있다. 그런데 이 강연이 언제 있었는지를 시간적으로 정확하게 알 수 있다. 블룸이 고등사범학교 학생들 앞에

---

[105]   *Bulletin de liaison du Groupe d'études socialistes des ENS*, avril 1926.

[106]   레옹 블룸(Léon Blum, 1872-1950): 프랑스의 정치가로, 1924년에 사회당 당수를 역임했고, 1936년에 인민전선의 내각을 조직하고 수상으로 취임했다. 2차 세계대전 중 체포되어 독일에 있다가 전쟁이 끝나자 귀국해서 다시 수상 겸 외무부 장관 자리에 올랐다.

서 강연을 하러 왔던 것은 1925년 12월 6일 일요일이었다. 그의 강연은 고등사범학교 GES의 주최하에, 또 이 모임의 구성원들 앞에서 이루어졌다.[107]

세세한 날짜 매김과 국지화라는 문제를 넘어서 부인할 수 없는 하나의 사실이 있다. 미래의 "참여적 방관자" 아롱의 지적 여정이 좌파의 정치 풍경에서 출발했다는 사실과 SFIO 가입 카드의 여부와는 상관없이 그의 정치 학습이 사회주의라는 기호 아래에서 이루어졌다는 사실이 그것이다. 미래에 『국가 간 평화와 전쟁*Paix et guerre entre les nations*』의 저자가 되는 아롱은 우선 확신을 가진 평화주의자였고, 그의 정치적 각성은 알랭의 『전쟁의 신, 또는 심판받은 전쟁*Mars ou la guerre jugée*』의 그늘 아래에서 이루어졌다. 아롱이 가졌던 초기의 평화주의는 의심의 여지가 없다. 이미 지적한 대로 아롱은 『참여적 방관자』에서 그 자신의 고등사범학교 시절을 상기하면서 이렇게 선언하고 있다. "나는 열렬한 평화주의자였습니다." 물론 2년 후에 『회고록』에서 그는 이런 영향을 거론하면서 앙리4세고등학교 철학 선생[108]에 의해 설득당하지 않았다고 말하고 있다.[109] 하지만 거기에는 일부이기는 하지만 나중에 재구성된 부분이 있다. 왜냐하면 만약 시기적인 면과 그 폭이라는 면에서 알랭의 영향을 정확히 평가하는 것이 어렵다고 하더라도, 초기에는 아롱에 대한 그의 영향이 결정적이었기 때문이다. 알랭의 영향은 원형적인 아롱을 만드

---

107 Raymond Aron, *Mémoires*, *op. cit.*, pp.46-47. 이 강연에 대해서는 다음을 참고하라. Jean-Farçois Sirinelli, *Générations intellectuelles*, *op. cit.*, p.371.

108 알랭을 가리킨다.

109 Raymond Aron, *Mémoires*, *op. cit.*, pp.41-45, 50, 58, 67, 149.

는 데 기여했다. 비록 나중에 해로운 것으로 판단된 이런 영향을 떨쳐 버리기 위해 1930년대 초에 그 자신의 내부로 되돌아가는 작업을 해야 했음에도 그렇다.

알랭에 대한 이런 이별을 보여 주는 수많은 분석이 행해졌다. 1933년 2월에 알랭의 제자들이 주관하던 『리브르 프로포』에 아롱은 다음과 같은 예측과 더불어 「종합적인 평화주의에 대한 성찰」이라는 제목의 글을 게재하기도 했다. 알랭의 "진리"는 "하늘과 대지 사이에서 떠돌고 있다." 그리고 8년 후에 2차 세계대전이 한창일 때에 이와 같은 예측은 가차 없는 선고가 된다. 그 당시에 런던에 머물고 있던 아롱은 『라 프랑스 리브르_La France libre_』에 이렇게 쓴다. 알랭은 "국가에 무용한 적대감 속에서, 조국을 위협하는 위험에 대한 거의 자의적인 무지 속에서 프랑스의 젊은 세대들을 교육시켰다." "쉬운 길을 가고 또 역사적 운동에 반하는 생각을 철저하게 하면서" 그는 "일종의 자의적인 맹목 상태"를 낳았기 때문이다.[110] 분명 2차 세계대전 후에 아롱의 어조는 침착해진다. 아롱은 독일의 프랑스 점령 이래로 알랭의 많은 제자를 괴롭히게 될 다음과 같은 근본적인 문제를 제기하게 된다. "지도적 이념의 중요성, 깊이와 실천적 암시에 대한 단순한 특징 사이의 대조는 어찌된 영문인가?" 1933년과 1939년 사이에 "1914년의 전쟁을 피하기" 위한 노력은 또 어찌된 영문인가? 각각 「알랭의 정치 사유에 대한 고찰」과 「알랭과 정치」[111]라는 제목이 붙은 두 편의 글에서 제기된 이런 질문은 다음과 같

---

110   Raymond Aron, "Prestige et illusion du citoyen contre les pouvoirs", *La France libre*, septembre 1941(Raymond Aron, *L'Homme contre les tyrans*, Gallimard, 1946, pp. 98~112에 재수록).

111   Raymond Aron, "Remarques sur la pensée politique d'Alain", *Revue de métapysique et*

제1장 | "고등사범", 또는 순진함의 시기   **103**

은 사실을 고려할 때 더욱 그 중요성이 두드러진다. 즉, 아롱이 고등사범학교 시절과 심지어 그 이후에도 알랭이라고 불리는 에밀 샤르티에의 "정치사상"과 가까웠다는 사실이 그것이다.

물론 1929년 초에 출간된 세 번째 글[112]에서 아롱은 이 점에 대해 아주 분명한 입장을 보이고 있다. 「알랭의 영향」이라는 제목이 붙은 길지 않은 글의 내용과 어조에는 거짓이 없다. "고등사범학교에는 자신들의 스승의 충고를 스포츠 부분과 민중대학Universités populaires은 물론이거니와 학업에까지도 적용시키면서 행복해하던 건장하고 건전한 일군의 젊은이들이 ―몸과 영혼으로― 격렬하게 활동하고 있었다. 행정당국에서도, 그리고 어떤 이들은 겁이 나서, 또 어떤 이들은 우정과 존경을 담아 그들을 '알랭의 제자들'이라고 불렀다. … 나로 말하자면, 나는 그의 제자 중 몇 명과 우정을 맺음과 동시에 그의 저작에도 많은 빚을 지고 있었다. 또는 그의 저작들의 힘에 덧붙여진 그의 제자들의 찬탄을 통해 예측될 수 있었던 것은 그의 삶과 인격이었다. 이처럼 모든 사람이 알랭을 알기도 전에 그를 존경했고 또 좋아했다."[113]

물론 이 글은 젊은 시절의 텍스트, 아직 청년다운 열광이 주조를 이

---

de morale, 57, 1952, p.199; "Alain et la politique", *La Nouvelle Revue Française*, numéro d' "Hommage à Alain", septembre 1952, p.164.

[112] 이미 아롱의 초기의 두 개의 글을 언급한 바 있다. 이 세 번째 텍스트는 첫 번째 글보다도 더 잘 알려지지 않았다(아롱 친우회(Société des amis de Raymond Aron)에 의해 쥘리아르(Julliard) 출판사에서 출간된 아롱의 『참고문헌(*Bibliographie*)』에도 이 세 번째 텍스트에 대한 언급이 없다). 필자는 1988년에 *Génération intellectuelle*에서 이 텍스트의 존재를 언급한 바 있다.

[113] Raymond Aron, "L'influence d'Alain", *La Psychologie et la vie. Revue psychologie appliquée*, 3ᵉ année, n° 1, janvier 1929, pp.10-11.

루는 글이다. 이미 지적한 대로 미래의 아롱의 저작에서 볼 수 있는 스타일과는 잘 어울리지 않는 일종의 열광으로 가득한 글이다.[114] 그리고 이런 이유로 이 글은 그가 알랭주의적 성향에 아주 강하게 이끌렸다는 징표이다. 그렇다면 아롱은 고등사범학교 시절에 알랭을 정기적으로 만났는가? 콩도르세의 옛 카뉴였던 아롱은 팡테옹 광장에 있는 앙리4세고등학교 철학 교수 알랭의 가르침을 직접 받지는 않았다. 하지만 일단 윌름가에 입성하게 되자 아롱은 그와 관계를 맺게 된 것으로 보인다. 벌써 2차 세계대전이 한창일 때, 알랭에게 적대적이기는 하지만, 『라 프랑스 리브르』에 실린 글에서 아롱은 윌름가 시절의 알랭과의 만남을 회상하고 있다.[115] 훨씬 뒤인 1981년에 『참여적 방관자』에서 아롱은 이렇게 말하고 있다. "나는 종종 알랭을 보러 앙리4세고등학교에 가곤 했습니다. 나는 그가 살고 있는 렌가까지 그와 함께 가곤 했어요."[116] 하지만 2년 후에 아롱은 『회고록』에서 "종종"을 "몇 번"으로 수정하고 있다.[117] 물론 그들의 만남의 횟수는 별로 중요하지 않다. 왜냐하면 다음과 같은 점에 대해서는 증언들이 일치하는데, 스승과 "제자들" 사이의 관계는 대부분의 경우 알랭주의자들의 중개에 의해 간접적으로 이루어졌기 때문이다.

---

114 물론 알랭의 제자들의 열광보다는 약한 열광이다. 예컨대 후일 카뉴의 위대한 교수가 된 모리스 사뱅의 열광이 있다. 그는 같은 시기에 "정확한 알랭"이라는 표현을 사용하고 있으며, 알랭을 이렇게 묘사하고 있다. "알랭은 무성한 정원 속의 정원사처럼 우뚝 서 있다. 그는 일상의 기쁨이라는 과일을 향해 손을 들면서 행복을 강론한다…"(*Les Nouvelles littéraires*, 24 novembre 1928, n° 319, p.8).

115 Raymond Aron, "Prestige et illusion du citoyen contre les pouvoirs", *op. cit.*

116 Raymond Aron, *Le Spectateur engagé*, *op. cit.*, p.25.

117 Raymond Aron, *Mémoires*, *op. cit.*, p.41.

그렇다면 아롱의 경우, 이런 알랭주의라는 흐름과의 관계 정립을 중개했던 "제자들" 중 가장 특별한 인물은 누구였을까? "아마도" 아롱의 동기생 중 한 명인 조르주 캉길렘이었을 것이다. 아롱은 『회고록』에서 이렇게 쓰고 있다. "분명 알랭의 여러 제자가 중개자 역할을 했다." 4쪽 뒤에서는 "아마도 조르주 캉길렘이 알랭과 나 사이의 중개자였을 것이다"라고 덧붙이고 있다.[118] 이미 살펴본 대로 "알랭의 제자들"에 대한 따듯한 초상화를 그린 후에 아롱이 1929년 1월의 글에서 다음과 같이 말하고 있는 것은 사실이다. "나로 말하자면, 나는 그의 제자 중 몇 명과 우정을 맺음과 동시에 그의 저작에도 많은 빚을 지고 있었다." 젊은 철학도였던 아롱이 알랭의 영향, 적어도 간접적인 영향을 받았다는 사실은 부인할 수 없다. 1928년과 1930년 사이에 앙리4세고등학교에서 알랭의 제자였고, 후일 작가가 된 쥘리앵 그라크[119]는 1909년부터 이 학교에서 철학을 담당했던 스승을 회상하기 위해 "찬탄할 만한 선각자"라는 용어를 사용하고 있다.[120] 실제로 "선각자"라는 단어는 다음과 같은 사람들을 규정할 때 적합한 것 같다. 즉, 대중에게 많이 알려져 있지 않고, 살아 있는 동안에 큰 영향을 주는 명성을 얻지 못한 채, 프랑스 지적 환경의 여러 면에서 후세를 위한 자극제가 되는 사람들이 그들이다. 몇몇 교수들이 그 범주에 속한다. 실제로 그들은 단순한 교과목의 전수를 넘어서서 훨씬 더 광범위하게 지적 영향을 미치고, 또 종종 정치적 파급 효과를 동반하며 젊은이들에게 지식인이 되라고 호소하는 이들

---

118   *Ibid.*, pp.41, 45.

119   쥘리앵 그라크(Julien Gracq, 1910-2007): 프랑스의 작가이다.

120   Julien Gracq, *En lisant, en écrivant*, José Corti, 1980, p.187.

이다.[121]

알랭은 분명 그런 부류의 "선각자"의 범주에 포함된다. 그의 영향력은 철학 영역과 심지어는 문화 영역을 넘어섰고, 곧 보겠지만 그의 제자들에게는 부인할 수 없는 한 명의 정치인의 모습을 보여 주기 때문이다.[122] 물론 어떤 "선각자들"은 자신들의 모습을 자주 드러내지 않는 것이 사실이다. 가령, 고등사범학교 도서관 사서 뤼시앵 에르,[123] 갈리마르 출판사의 베르나르 그뢰튀셍[124] 등이 그 좋은 예이다. 알랭도 마찬가지였다. 그 당시에 『리브르 프로포』에 실린 몇 편의 글을 포함해 그다지 인쇄 부수가 많지 않은 저작임에도 불구하고,[125] 또 그의 강의를 들었던 이들의 수가 그리 많지 않았음에도 불구하고, 그는 살아 있는 동

---

[121] 필자는 "선각자들"에 대해 다음 글에서 이런 정의를 제안한 바 있다. Jean-François Sirinelli, "Biographie et histoire des intellectuels: le cas des 'éveilleurs' et l'exemple d'André Belssort", *Sources. Travaux historiques*, 3-4, 1985, pp.61-73; "Aux lisières de l'enseignement supérieur: les professeurs de khâgne vers 1925", *in* Christhope Charle & Régine Ferré, *Le Personnel de l'enseignement supérieur en France aux XIXᵉ et XXᵉ siècles*, Editions du CNRS, 1985, pp.111-129.

[122] 이어지는 분석은 *Génération intellectuelle*의 제13장에서 더 길고 자세하게 이루어졌다. 더 간단하게 다음 글에서 알랭주의의 상황을 상기시키는 기회를 가진 바 있다. "Alain et les siens. Sociabilité du milieu intellectuel et responsabilité du clerc", *Revue française de science politique*, avril 1988, pp.272-283.

[123] 뤼시앵 에르(Lucien Herr, 1864-1926): 프랑스의 지식인으로, 사회주의의 선구자였으며, 특히 1888년부터 1926년까지 고등사범학교 도서관 사서로 일하면서 학생들에게 큰 영향을 미쳤다.

[124] 베르나르 그뢰튀셍(Bernard Groethuysen, 1880-1946): 독일 출신의 프랑스 철학자이자 작가이다.

[125] 예컨대 1921년에 3300부 인쇄된 『전쟁의 신, 또는 심판받은 전쟁』은 1926년 말에 겨우 1769부가 판매되었을 뿐이다. 그리고 1936년에서야 비로소 2쇄로 2200부가 출간되었다(자료는 갈리마르 출판사에서 제공). 『리브르 프로포』는 가장 잘 팔리던 시기에도 500-1200부가 보급되었다. Cf. Jean-François Sirinelli, *Génération intellectuelle, op. cit.*, p.432.

안 무시할 수 없는 청중을 동원했던 "선각자들"의 범주에 속한다. 그도 그럴 것이 그는 지속적이고도 심대한 영향을 받은 제자들의 지지를 받고 있기 때문이었다. 모든 차이를 고려한다면, 알랭의 역할은 미디어를 통한 명성을 얻기 전의 루이 알튀세르나 자크 라캉의 그것과 비교할 만하다. 세 명 모두 비슷하게도 처음에는 각자의 영향은 제한된, 하지만 상대적으로 균질적인 집단 내에서 이루어졌다. 그리고 특히 알튀세르의 경우에는 그의 사상이 새로 입학하여 젊은 지식인들이 되는 고등사범학교 학생들에 의해 릴레이식으로 전승되었다. 알랭의 지식인 무대에서의 지위에 대해서는 더 상세히 말할 수 있다. 지식인 무대의 앞에 선 인물도 무대 뒤에 있는 인물도 아니었던 알랭은 '광장의 사람'으로 규정될 수 있을 것이다. 세속의 토론에 참여하고, 또 거기에 직·간접적으로 흔적을 남기는 사람, 그늘의 인간도 무대의 앞에 선 사람도 아니지만, 주의 깊고 열렬히 새로운 동조자들의 집단에 영감을 불어넣는 사람.

게다가 알랭의 제자들로 이루어진 집단은 그들 중 몇몇에 의해 "인간 l'Homme"이라고 명명된 사람, 곧 알랭에 대한 찬탄에 의해 더욱더 공고해졌다. 하지만 그들 제자 중 상당수가 교실 밖에서는 "인간"과 거의 개인적인 대화를 갖지 못했다는 사실을 지적해야만 할 것이다. 다만 이 "인간"에 대한 찬탄으로 인해 그들은 『리브르 프로포』의 독자들이 되었고, 또 미셸[126]과 잔 알렉상드르[127]가 지도하는 "제자들"의 세계에 입문

---

126   미셸 알렉상드르(Michel Alexandre, 1888-1952): 프랑스의 철학자이다.

127   잔 알렉상드르(Jeanne Alexandre, 1890-1980): 프랑스의 철학자이자 평화주의 투사로, 미셸 알렉상드르의 부인이다.

하게 되었다. 이 세계는 공동으로 활동하고 공동으로 토론하는 참다운 의미에서의 작은 우주였다. 젊은 알랭주의자들은 그 시기에 일종의 대중대학, 사회교육그룹을 세웠다. 게다가 그들은 인권리그Ligue des droits de l'homme[128]에 관여했고, 평화의 의지Volonté de paix에서 투쟁했다. 특히, 곧 보게 되겠지만, 그들은 항상 평화주의와 반군국주의 색채를 띤 "사건들"이 발생할 때마다 동원되었다. 따라서 그들에 대해서는 『리브르 프로포』 주위에 모인 특수한 사회망에 대해 언급을 해야 할 것이다. 이런 사회망은 알랭에 대한 찬탄에 의해 강화되고, 또 거기에는 평화주의라는 공동의 감수성이 배어들었으며, 특히 공동으로 이루어지는 투쟁에서 그 모습을 나타내곤 했다.

그리고 그 시기에 아롱은 이런 알랭주의에 가담하고, 이런 감수성에 젖었으며, 적어도 간접적으로 이런 투쟁에 참여했던 것으로 보인다. 이와 같은 친연성은 일치하는 여러 징표를 통해 확인된다. 예컨대 1927년 3월에 사회주의자 조제프 폴봉쿠르[129]가 제안한 군사법이 가결되었다. 이 법의 제4조는 특히 다음 사항을 예견하고 있다. "지적 차원에서 국가 방어를 위한 국가 자원이라는 방향"이 그것이다. 평화주의자 고등사범학교 학생들은 즉각 투쟁에 뛰어들었다. 54명이 청원서에 서명했다. 그들은 이 법이 "유사 이래 처음으로 전쟁 시의 모든 지적 독립과 모든 여론의 자유"를 폐기하고 있다고 여겼다.[130] 서명자들의 명단에는 사르

---

128   1898년에 창립되었다.

129   조제프 폴봉쿠르(Joseph Paul-Boncour, 1873-1972): 프랑스의 정치인이자 변호사로, 당대의 가장 위대한 연설가 중 한 명이었다.

130   *Europe*, 15 avril 1927; *Libres propos*, 20 avril 1927. 5월과 6월에 첫 번째 서명자들의 명단에 새로운 카뉴들, 특히 클로드 레비스트로스의 이름이 더해진다.

트르와 아롱의 이름도 있었다.

상징적 차원에서 보면 이 청원서가 사르트르와 아롱이 공동으로 서명한 첫 번째 텍스트라는 사실을 알 수 있다. 두 사람이 공동으로 서명한 마지막 텍스트는 1980년 1월에 모스크바 올림픽 보이콧을 위한 호소이다. 소련이 아프가니스탄을 점령한 몇 주 후였고, 사르트르가 세상을 떠나기 3개월 전이었다. 앞으로 보겠지만 그사이에 두 사람이 공동으로 서명할 기회는 점차 줄어든다. 하지만 아롱의 서명은 사르트르와의 공동 서명이라는 일화적인 의미 이상이다. 왜냐하면 아롱의 서명은 그의 평화주의적 감수성이 그 당시 그의 사회주의에 대한 호감보다 더 우세하다는 것을 보여 주기 때문이다. 실제로 사회주의를 지지하는 의원들은 이 법안에 투표했다. 센[131]도의 해군 준장 출신 사회주의 의원이었던 루이 조레스[132]는 그의 형이 알비의 고등학교 학생들에게 했던 말을 기억하고 있다. "외부의 적에 맞서 충분한 용맹을 발휘하고 또 내부의 동지들을 위해 충분한 애정을 갖기 위해 당신들의 영혼을 배가시켜야 합니다. 프랑스 영토는 참호와 동시에 정원이어야 합니다." 1927년 7월 총회 때 인권리그는 압도적인 다수결 —찬성 1356 대 반대 240— 로 다음과 같이 주장하는 빅토르 바쉬[133]를 지지했다. "이 법에는 모든 민주주의적 보증이 고려되었다." 다만 이 리그의 극단적 소수 평화주의자들은 적대적인 태도를 취했다. 『리브르 프로포』에서는 3월 20일부

---

131   센(Seine): 프랑스의 도의 하나였지만 1968년에 없어졌다.

132   루이 조레스(Louis Jaurès, 1860-1937): 프랑스의 해군장교로, 장 조레스의 동생이다.

133   빅토르 바쉬(Victor Basch, 1863-1944): 헝가리 출신의 프랑스 철학자이자 인권리그의 공동 창립인이며, 이 단체의 회장을 역임했다.

터 이 법을 공격했다. "프랑스가 겪은 가장 군국주의적인 법"이라고 말이다. 그리고 4월 15일에 『유럽Europe』지에서 알랭은 이 법을 "정신 나간 법"이라고 규정했다. 그로부터 한 달 후에 같은 잡지에서 로맹 롤랑은 이 법에서 "그 어떤 군주 독재나 파시스트 독재도 유럽에서 감히 이루지 못했던 것, 즉 한 민족 전체의 요람에서 무덤까지의 굴종"을 간파해 냈다. 그리고 이렇게 맹세했다. "나는 미리 이 법에 결코 복종하지 않을 것을 맹세한다." 이 법에 의해 예견된 조치에 대한 청원자들의 주요 논의는 가차 없었다. "우리는 이 법이 양심의 자유에 지금까지 없었던 가장 심각한 타격을 줄 것이고, 게다가 이 법이 시민들의 자유로운 동의를 가정하는 국민 군대라는 생각과 일치하지 않는다고 생각한다."

사르트르와 아롱은 몇 달 후인 1928년 2월 20일에 『리브르 프로포』의 새로운 텍스트에 서명했다. 이 텍스트는 76명의 고등사범학교 학생들이 "드마르시알[134] 씨의 저작 내용으로 인한 레지옹도뇌르 훈장 수여 폐지에 항의할" 목적으로 작성되었다. 이 청원서는 아무런 효과도 거두지 못하게 된다. 왜냐하면 1차 세계대전 발발의 원인이 프랑스 쪽에 있다는 의혹을 제기했다는 비난을 받은 조르주 드마르시알이 레지옹도뇌르 훈장 수여에서 5년 동안 배제되었기 때문이다.[135] 하지만 이 청원서를 계기로 모든 평화주의 운동이 결정지어졌고, 그 내부에서 알랭의 제

---

[134] 조르주 드마르시알(Georges Demartial, 1861-1945): 프랑스의 정치인으로, 식민지 장관을 역임했다.

[135] 몇 개월 후에 사르트르와 아롱은 또한 교육부 장관에게 보내는 청원서에 서명했다. 이 청원서에서는 "1차 세계대전에 의해 제기된 문제들에 대해 대학이 주도한 진정한 의미에서의 학문적 결산이 요구되었다"(*Libres propos*, 20 juillet 1928).

자들이 결정적인 위치를 차지하게 된다.[136] 『리브르 프로포』는 특히 드 마르시알을 다정하게 "이단자"라고 부르면서 드레퓌스 사건을 다시 언급했고, 청원에 참여함으로써 "전쟁의 기원뿐만 아니라 '가짜 애국자들'도 용납하지 않으며, 그런 점에 대해 결국 진리가 승리할 것이라고 주장하는" "새로운 젊은 세대"를 언급하기도 했다. 아롱이 알랭주의를 통해 형성된 이런 "새로운 젊은 세대"에 속해 있었다는 제3의 징표가 필요하다면 PMS[137] 사건의 여파 속에서 그것을 볼 수 있다. 1928년 7월에 교수자격시험에 합격한 아롱은 그해 가을에는 이미 학교에 소속되지 않았다. 11월 26일 자 『르 포퓔레르Le Populaire』지는 PMS의 의무적 성격에 항의하는 윌름가의 학생 83명의 청원서를 게재했다. 알랭의 제자 중 한 명에 의해 작성된 이 텍스트는 매스컴에서 큰 논란을 일으켰으며, 종종 고등사범학교 학생들에게 적대적인 기사들을 양산했다. 아롱은 이 텍스트에 서명을 하지 않았지만, 그와는 달리 그는 고등사범학교 동창회 회장인 에밀 피카르[138]에 반대하는 운동에는 졸업생의 자격으로 참여했다. PMS 사건 몇 주 후에, 피카르는 총동창회 모임에서 이렇게 선언했다. "유감스럽게도 내용과 형식 면에서 적절하지 못한 편지를 읽었습니다. 이 편지는 장교의 역할에 대해 기이한 무지를 드러내고 있습니다. 반면, 우리의 많은 졸업생이 조국을 방어하기 위해 군복을 입고 목숨을 바쳤는데도 말입니다." 7월 20일 자 『리브르 프로포』는 고등사범학교 졸업생 12명의 서명이 담긴 청원서를 게재했다. 그들은 이 청

---

136   Cf. Jean-François Sirinelli, *Génération intellectuelle, op. cit.*, pp.447-452.

137   장교 훈련 준비 과정(Préparation militaire supérieure)의 약자이다.

138   에밀 피카르(Emile Picard, 1856-1941): 프랑스의 수학자이자 과학사 전문가이다.

원서에서 피카르의 선언에 항의했다. 서명자 중에는 로맹 롤랑과 알랭이 있었다. 또한 1920년대 초중반에 교수자격시험에 합격한 젊은 학자들도 거기에 포함되어 있었다. 그들은 고등사범학교에서 알랭주의의 첨병 역할을 했으며, 그 시기에도 계속해서 『리브르 프로포』에서 역할을 담당하고 있었다. 예컨대 장 로비에,[139] 조르주 캉길렘 등이 그들이다. 강력한 알랭주의자 일색인 12명 가운데 아롱의 이름도 포함되어 있었다.

결국 거기에는 이해당사자인 아롱 자신이 후일 회상하는 것보다 훨씬 더 큰 알랭주의자들과의 친연성을 증명해 주는 가정의 다발이 놓여 있다. 그것을 보여 주는 보완적인 징표가 필요하다면, 그것은 아마도 PMS 자격증 취득에 있어서 젊은 고등사범학교 학생이었던 아롱의 탈락일 것이다. 그의 실패는 분명했다.[140] 그런데 이 자격증 취득의 실패 원인은 아롱의 신체적 결함 때문이 아니었다. 그 시기에 아롱은 실제로 훌륭한 테니스 선수였다. 『참여적 방관자』와 『회고록』에서 회상하고 있는 것처럼 그의 실패는 분명했다. 1927년에 있었던 그의 낙방은 그해에 시작되었고, 1928년에 83명의 고등사범학교 학생들의 청원으로 절정에 달하는 항의의 분위기 속에 다시 자리매김되어야 할 것이다. 1926년에는 4명의 고등사범학교 학생들만이 이 시험에서 낙방했으나, 1927년에는 아롱을 포함해 7명이 낙방했다. 게다가 4명은 시험 자체를 치르지 않았다.[141] 더 정확한 자료가 없어 아롱의 실패가 사전에 계획된 것인

---

139   장 로비에(Jean Laubier, 1901-1987): 프랑스의 철학자이자 교육자로, 많은 철학 입문서를 집필했다.

140   Arch. nat. 61 AJ 251.

지를 단언하기는 어렵다. 하지만 우리가 보기에는 그럴 개연성이 높다. 게다가 아롱 자신이 『회고록』에서 이 문제에 대한 알랭의 영향을 인정하고 있기 때문에 더 그렇다. "내가 만약 그 주제에 대해 의견을 공유하지 않았더라면, 나는 PMS 최종시험에 합격했을 수도 있었을 것이다." 여기에서 언급된 "주제"는 알랭이 주장하는 "장교의 계급 표시줄"의 거부였다. 8쪽 뒤에서 아롱은 이렇게 정확을 기하고 있다. "완전히 설득되지 않은 채 알랭의 영향을 받아 나는 시험에 합격도 실패도 결정하지 못했다. 참모본부 지도 독법 실패, 분대에서의 서툰 지휘 등이 그 나머지 결과를 설명해 준다."[142]

요컨대 아롱의 평화주의는 평범한 것이었다. 그의 평화주의는 그 당시 프랑스의 평화주의의 거대한 흐름 —경제에서 말하는 '흐름trend'— 속에 기입되어 있었다. 1차 세계대전 이후 프랑스 내에서 이런 평화주의적 감정의 지배는 뚜렷했다. 예컨대 앙투안 프로스트[143]는 그 자신의 연구를 통해 이런 감정의 문화적 동화의 폭과 조숙함이 옛 병사의 환경 속에서, 다시 말해 사실상 경제활동을 하고 선거권이 있는 성인, 남자의 대부분 속에서 나타나고 있음을 보여 주고 있다.[144] 다른 연구들도 역시 여러 분야의 여론에서 평화주의의 폭을 확인해 주고 있다. 정감적이고 대규모로 확산된 이와 같은 평화주의에 전쟁 자체와 "권력"에 대

---

141   Arch. nat. 61 AJ 198.

142   Raymond Aron, *Mémoires, op. cit.*, pp.42, 50.

143   앙투안 프로스트(Antoine Prost, 1933-): 프랑스의 역사학자이자 대학교수이다.

144   Antoine Prost, *Les Anciens Combattants et la société française*, Presses de la Fondation des sciences politiques, 1977, 3 vols.

한 이중의 불편한 심기에서 분비되는 지식인들의 평화주의가 더해졌다. 한편으로는 지식인 중에서, 특히 젊은 지식인 중에서 마치 유럽 여러 민족의 학살에 공모하는 것처럼 전쟁에의 노력에 참여하는 자들도 나타났다. 이런 참여로 그들에게서는 평화주의가 겨우 느껴질 정도였다. 게다가 그로부터 전쟁이 다가왔을 때 전쟁에 대해 생각하는 능력의 상실이 나타나게 된다. 다른 한편으로는 그때부터 많은 젊은 지식인을 괴롭히는 이런 불편한 심기는 종종 "권력"에 대한 본능적인 불신을 전파시켰다. 그로부터 그들 중 몇 명에게서 전쟁에 대한 알랭의 개인적인 과격한 공격의 메아리가 울려 퍼진다. 또한 그로부터 독재의 시대가 도래했을 때 전체주의에 대해 성찰하는 어려움이 기인한다.

이미 살펴본 대로 아롱은 이런 고통스러운 두 개의 상황을 안고 있는 원천에서 길어 올린 평화주의를 경험하게 된 것이다. 이런 상황들에 대한 성실성이 모순될 때였다. 이렇게 해서 그 이후를 예측함이 없이 자성의 어려움을 더 잘 계량할 수 있다. 또한 정확히 1930년대에 그가 때 이르게 상대적으로 고립된 사실도 더 잘 계량할 수 있다. 왜냐하면 아롱의 평화주의는 평범성을 넘어서서 곧바로 지성적으로 구조화되게 되고, 그 결과 독창성은 아니라고 해도 어쨌든 알랭의 영향과의 관계에서 자율성을 얻게 되기 때문이다. 아롱에게서는 이런 영향으로부터 감정적 거부 ―그의 초기 텍스트들의 어조를 설명해 준다― 와 동시에 곧바로 외교적 상황에 대한 반성적 분석이 도출된다. 아롱은 그의 독일에서의 체류 초기에 프랑스와 독일의 관계 개선을 최우선 목표로 세웠고, 이를 용이하게 만들기 위해 모든 것을 동원했다. 바로 거기에 아롱과 알랭의 대부분의 "제자들" 사이의 태도상의 커다란 차이가 자리한다.

젊은 고등사범학교 학생의 입장에서, 그리고 독일에서의 체류 기간 동안에 행해진 자성自省 전에, 알랭의 영향은 『리브르 프로포』를 통한 기적을 엿보는 예언자의 영향이 아니었다. 그와는 반대로 알랭의 영향은 오히려 아롱이 심사숙고한 선택의 열매였다. 왜냐하면 그 시기부터 아롱에게서 젊은 시절의 열광은 선택된 관점의 함축에 의해 추론되는 분석에 자리를 내어 주기 때문이다. 예컨대 아롱이 출판한 두 번째 텍스트에서 이런 양가성을 볼 수 있다. 1928년 4월 20일 자 『리브르 프로포』에는 『지식인들의 배반La Trahison des clercs』을 얼마 전에 출간한 쥘리앵 방다[145]에 대한 짧은 해설이 들어 있다. 아롱의 어조는 단호했지만, 그의 논지는 이미 탄탄하게 뒷받침되고 있다.

이런 어조는 아마도 프랑스의 평화주의자들을 공격한 방다 앞에서 젊은 저자가 내보인 분노에 의해 설명될 것이다. 『지식인들의 배반』은 "과학적 의도를 가진 평화주의"와 "악의적인 다른 평화주의"를 공격했다. 이런 감정은 "10년 이래로 단 하나의 감정에 의해" 영감을 받았을 뿐이고, 또한 "그 어떤 것도 지식인의 자세가 어느 정도의 허약함을 가지고서 오늘날의 '정신의 왕자들'에게 내려오고 있는지를 더 잘 보여 주지 못한다."[146]

이 점에 대해 이 젊은 교수자격시험 합격자 아롱은 이렇게 응수한다. "이 저서가 우리에게 지시하고 있는 기준을 적용하자. '세인들에 의

---

145   쥘리앵 방다(Julien Benda, 1867-1956): 프랑스의 철학자, 비평가이자 작가로, 특히 1927년 출간된 『지식인들의 배반』으로 유명하며, 1930년대 반파시스트 운동의 대표적 인물 중 한 명이었다.

146   Julien Benda, *La Trahison des clercs*, Grasset, 1927, pp.225, 226, 230.

해 칭찬을 받는 지식인은 그의 기능에서 배반자라고 미리 말할 수 있다.' 레지옹도뇌르 훈장이 종지부를 찍었다." 이것이 아롱이 쓴 글의 마지막 문장이다. 공격은 신랄했다. 그로부터 55년 후에 아롱은 『회고록』에서 이렇게 쓰고 있다. "나는 내 글의 마지막 부분에서 내가 쏜 비난의 화살을 부끄러움 없이는 다시 읽을 수 없다. 최근 그의 동기생 중 한 명이 레지옹도뇌르 훈장을 수여받았다는 사실에 대한 암시이다. 부끄러움은 약간 지나치다. 그보다는 오히려 나는 고소를 금치 못한다."[147] 알랭은 2개월 전에 『리브르 프로포』에서 이렇게 쓰고 있다. "레지옹도뇌르 훈장을 받은 자는 그 자신이 행한 것을 알지 못한다. 그가 보상을 받는다고 생각할 때, 그는 실제로 그 자신의 정신을 군국주의 상태 속에 평생 구속시키는 것이다."[148] 스승의 예도 있는 만큼, 그 당시의 상황은 레지옹도뇌르 훈장에 대한 이런 관심을 설명해 줄 수 있을 것이다. 그 시기에 방다는 레지옹도뇌르 훈장을 받았다. 그런데 그 시기에, 앞에서 본 것처럼, 알랭의 제자들의 지지를 받았던 드마르시알은 1차 세계대전의 발발 원인에 대한 이단적으로 판단된 해석을 이유로 훈장을 받지 못했다.

비록 또 다른 구절도 아롱의 후일의 글들의 스타일과 어울리지 않지만("우리는 한 인간을 기대했다. 우리는 단 한 명의 문인文人만을 가졌을 뿐이다"), 이 텍스트의 이해관계 또한 다른 곳, 즉 전개된 추론에 있다. 실제로 우리는 잡지들에서 볼 수 있는 반군국주의에 대한 "소요"에서 멀리 떨어져

---

147   Raymond Aron, *Mémoires*, *op. cit.*, p.47.

148   *Libres propos*, 20 février 1928, pp.92-96.

있다. 곧 보겠지만 사르트르가 장교 훈련 교육에서 그의 균형 잡히지 않은 걸음걸이로 하급 장교들을 화나게 하면서 즐거워할 때, 아롱은 벌써 지식인들과 정치 참여 사이의 관계에 대한 질문을 던지고 있는 것으로 보인다. 『지식인들의 배반』에 대한 해설이 그것을 보여 준다. 방다는 이 책에서 특히 다음과 같은 내용을 주장했다. 즉, 지식인은 내재적 가치들 —드레퓌스 사건 때의 정의와 진리— 을 옹호해야 한다. 하지만 지식인이 일상의 토론 쟁점들을 논의하게 되면 그 자신의 기능을 배반하게 된다고 말이다. 방다에 의하면 "지식인의 생각은 본질적으로 관조적이어야 한다. … 그로부터 [결국] 우리의 세계를 생각한다고 주장하고, 이 세계에 인지 가능한 관계를 도입한다. 달리 말해 하늘을 땅으로 내려오게끔 한다고 주장하는 지식인에 대한 경멸이 기인한다. 모든 것이 행동에 관여하고 있는 이상, 배반 없이 진리에 연결된 정신, 관용에 연결된 정신을 생각해 보는 것은 불가능한가?"[149] 따라서 그 시기부터 진리와 관용 사이의 관계에 대한 문제가 아롱에 의해 제기되었고, 그의 시민적 성찰의 중심에 자리를 잡게 된다. 아롱 자신은 이미 의식하고 있지만, 배경막으로 지식인에게 부여된 다음과 같은 목표를 가지고서 벌써 이성의 요구와 가슴의 열광, 분석, 행동, 스펙터클과 참여 사이의 긴장을 느낄 수 있다. "우리의 세계를 생각하고, 거기에 인지 가능한 관계를 삽입하기"라는 목표가 그것이다. 하지만 아롱은 그 시기에 과연 27년 후의 『지식인의 아편L'Opium des intellectuels』에서 마르크스주의에 의해 흐려지고 남용된 때와 같은 용어로 문제를 해결했는가? 실제로 그렇다

---

149   Raymond Aron, "A propos de *La Trahison des clercs*", *Libres propos*, nouvelle série, 2ᵉ
        année, nᵒ 4, 20 avril 1928, pp.176-178.

고 예단하는 것은 지나친 것으로 보인다. 그리고 그가 텍스트에서 말한 것 이상을 말하게끔 하는 것도 지나쳐 보인다. 왜냐하면 후일 집필되는 저작들의 기준으로 다시 읽게 되면, 이 텍스트의 스타일은 어울리지 않기 때문이다. 다시 말해 종종 불명확한 생각, 하지만 아주 드물게 공격적인 생각과 잘 어울리지 않기 때문이다. 1928년에는 이런 생각은 단언이 아니라 고발의 산문에 속한다. 결국 그 시기에 아롱은 삼중으로 본연의 "아롱"과의 관계에서 잘 어울리지 않는다. 젊은 사회주의자는 미래의 자유주의 사상가의 초벌 그림이 아니다. 평화주의자는 『연쇄 전쟁Guerres en chaînes』의 분석가의 원형이 아니다. 또한 토론에서 약간 짧은 칼을 쥐고 약간 딱딱한 자세를 한 검객은 광범위한 증명을 하는 광고업자의 밑그림이 아니다.

사르트르,
또는 초연의 시기

그 당시에 사르트르 역시 어울리지 않는 모습을 하고 있었다. 실제로 미래에 참여의 기수가 되는 그는 탈참여의 위치에 있지는 않았지만, —이것은 그의 입장에서 사회와의 단절, 또는 칩거라고 하는 반성적 태도를 상정한다— 세속적 토론의 영역과 관련해서 완전히 초연한 입장에 있었다. 사회적 문제에 대한 토론은 그에게 완전히 낯선 것이었고, 그가 그런 토론을 간혹 스칠 때라도 그것은 부주의의 결과였으며, 있는 그대로의 현실의 토론에는 전혀 관여하지 않았다. 실제로 그 당시에 그는 세속의 토의에 그 어떤 경로를 통해서도 관여하지 않았고, 형성 중에 있는 '역사'에 아무런 관심도 기울이지 않았다.

그런 만큼 고등사범학교 학생 사르트르의 삶의 흔적을 추적하는 것은 결코 쉬운 일이 아니다. 그도 그럴 것이 역사가는 수많은 클리셰를 돌파해야 하고, 불투명한 부분을 꿰뚫어 보아야 하기 때문이다. 사르트르에 대한 클리셰는 보부아르의 『얌전한 처녀의 회상』에서 볼 수 있는 그 유명한 묘사에서 기인한다. 특히 사르트르와 그의 친구들에 의해 형성된 "패거리clan", "일당bande" ―의도적으로 소수로 구성되었으면서도 꽤 요란했던― 에 대한 묘사가 그것이다.[150] 이 주제에 대한 변형된 많은 이야기들은 점차 진정한 에피날 판화[151]를 형성했다. 고급 관리들의 딸들에게 과외를 하는 것으로 추정되는 고등사범학교 학생들에게 물 폭탄 세례를 퍼붓는 뛰어난 또 다른 고등사범학교 학생인 사르트르가 주인공인 이미지가 그것이다. 하지만 이런 부분들은 윌름가에 대한 정보 부족의 반영에 불과하다. 『말』에서 사르트르는 스스로 "시작"[152]이라고 불렀던 청년기 초입까지의 젊은 시절을 회상하고 있다. 보부아르의 『얌전한 처녀의 회상』에 대해 말하자면, 이 저서는 24세부터 시작해서 1929년 봄이 끝날 무렵까지의 사르트르에 대한 이야기를 하고 있다. 그렇지만 그 당시의 사르트르의 단편적인 여러 모습을 교차시켜 그의 전체의 모습을 그려 내는 것은 가능하긴 하다. 그의 특징은 카뉴 시절에도 비슷했다. 몽유병 상태에 이를 정도로 거의 전적인 비非정치주의, 그와 동시에 철학과 문학 두 분야에서 조숙한 글쓰기에 대한 유혹이 있었다.

이와 같은 문화적인 첫걸음에 대해서는 사르트르 연구가인 미셸 콩타와 미셸 리발카의 작업에 의해 잘 정리되어 있다. 곧 그들의 작업을 보게 될 것이다. 그와는 반대로 1920년대에 이 젊은 고등사범학교 학생이 그 당시에 상당히 밀도 있게 전개되었던 정치적 삶에 대해 던진 시

150   Simone de Beauvoir, *Mémoires d'une jeune fille rangée*, Gallimard, 1958, p.310.

151   에피날 판화(imagerie d'Epinal): 19세기에 에피날에서 만들어진 교훈적인 내용의 판화로, 비유적으로 지나치게 도식적이고 낙관적인 현실 묘사나 진부한 이야기 등을 의미한다.

152   Jean-Paul Sartre, *Les Mots*, *op. cit.*, p.207.

각은 훨씬 더 불투명한 상태로 남아 있다. 사르트르는 후일 이렇게 선언한다. "월름가의 많은 친구를 유혹했던 사회주의, 그것은 나와 관계가 없었어요."[153] 사회주의는 물론이거니와 모든 형태의 정치 참여가 그랬다. 이 점은 잘 알려져 있다. 1958년에 출간된 『얌전한 처녀의 회상』에서, 특히 1960년에 출간된 『나이의 힘La Force de l'âge』에서 보부아르는 1920년대 말과 마찬가지로 이어지는 10여 년 동안 정치에 무관심했던 사르트르의 초상화를 잘 그려 내고 있다. 하지만 이미 지적한 대로 보부아르는 1928-1929학년도에 비로소 이 젊은 고등사범학교 학생을 알게 되었기 때문에, 그녀의 증언은 사르트르의 월름가 시절에는 해당되지 않는다. 그와는 반대로 사르트르 자신이 여러 차례 이 문제를 회상한 바 있다. 하지만 회고적으로 전망을 흐리게 한 적은 없다. "우스꽝스러운 전쟁" 기간에 바랭[154]의 한 부대에서 작성했던 수첩에서 그는 양차 대전 사이의 그 자신의 "정치적 무관심"에 대해 말하고 있다. 분명, 이런 고백은 특별한 설명 없이 한 줄에 걸쳐 적혀 있을 뿐이다.[155] 그 문장의 간결함은 아주 명백하다. 1960년, 즉 20년 후에 사르트르는 그 당시 니장의 참여와는 대조적으로 그 자신의 정치에 대한 관심의 부족에 대해 얘기하고 있다. 니장의 소설 『아덴 아라비』에 대한 그 유명

---

153 사르트르와 보부아르가 1974년 8-9월에 했던 대담으로, 1981년에 출간됨(Simone de Beauvoir, *La Cérémonie des adieux* suivi de *Entretiens avec Jean-Paul Sartre, op. cit.*, p.476).

154 바랭(Bas-Rhin): 프랑스 동부에 위치한 도로, 도청 소재지는 스트라스부르이다.

155 Jean-Paul Sartre, *Carnets de la drôle de guerre. Novembre 1939–mars 1940*, Gallimard, 1983, Carnet XI, février 1940, p.216. 하지만 1995년 초의 첫 수첩의 출간, 즉 1939년 9월부터 10월까지의 수첩의 출간은, 제3장에서 다시 보겠지만, 사르트르의 풍부한 설명을 담고 있다. 그런데 이 수첩의 내용은 이 책의 다음 분석, 즉 이 수첩의 출간 전에, 다시 말해 그것을 참고하기 전에 이루어진 분석을 충분히 확인해 주고 있다.

한 서문에서 사르트르는 1920년대를 상기하면서 이렇게 쓰고 있다. "나는 니장이 정치를 하는 것을 싫어했다. 왜냐하면 나는 정치를 할 필요가 없었기 때문이었다."[156] 사르트르는 1981년에 유고집으로 출간된 보부아르와의 대담에서 그 자신의 비정치주의를 재차 확인하고 있다.

이와 같은 비정치주의는 '사후적으로' 재구성된 것이 아니다. 그것은 그 당시의 여러 자료를 통해 확인된다. 한편으로는 이해당사자인 사르트르 자신에게서 나온 자료들에 의해서이다. 시몬 졸리베[157]에게 보낸 편지들이 그것이다. 그 당시에 사르트르가 알고 지냈던 젊은 툴루즈 출신 여성과 주고받았던 약 30여 쪽에 달하는 편지에는 그 어떤 정치적 암시도 나타나지 않는다. 그 반면에 고등사범학교 생활에 대해서는 정확하고 풍부한 언급이 있다.[158] 다른 한편으로 카뉴 시절과 마찬가지로 사르트르의 윌름가의 옛 친구들의 증언들 역시 같은 결론으로 수렴된다.[159] 하지만 그의 친구들의 정치적 참여에 비해 분명히 뒤진 위치에도 불구하고, 그가 고등사범학교 재학 중에 여러 차례의 반군사주의적 사건에 참여한 것은 여전히 사실이다. 앞에서 보았지만 아롱과 마찬가지로 사르트르 역시 사회주의 의원 폴봉쿠르에 의해 발의된 군사법에 반대하기 위해 1927년에 청원서에 서명한 54명의 고등사범학교 학생 중

---

156   Paul Nizan, *Aden Arabie*, Maspero, 1960, p.24.

157   시몬 졸리베(Simone Jollivet, 1903-1968): 프랑스의 연극배우이자 극작가로, 한때 사르트르의 연인이었다.

158   Cf. Jean-Paul Sartre, *Lettres au Castor et à quelques autres*, t. I, *1926-1939*, Gallimard, 1983, pp.9-39.

159   Cf. Jean-Francois Sirinelli, *Génération intellectuelle*, *op. cit.*에서 회상되고 있는 일치하는 여러 증언들.

한 명이었다. 특히 같은 해에 사르트르는 '풍자극 사건'의 주요 주동 인물 중 한 명이었다. 이 사건에서 그가 보여 준 태도를 알아보기 위해서는 그 전에 윌름가에서의 사르트르라는 인물의 또 다른 구성 요소인 고등사범학교 학생들의 은어로 '짓궂은 장난le canular'에 대한 취미, 즉 '짓궂은 농담, 또는 속임수la blague ou la mystification'를 상기할 필요가 있다. 아마도 1927년에 집필되고, 미셸 콩타와 미셸 리발카가 원고를 발굴해 낸 소설 『엠페도클레스』에서 중심 인물인 프레데릭은 "젊은이들에게 문학을 가르치는 학교 중 가장 규모가 큰 학교"의 학생이다. 그런데 그는 장난을 주로 하는 '짓궂은féroce' 주동자로 등장한다.[160]

『엠페도클레스』에 대한 이런 설명은 최소한 그런 점에서는 사르트르의 자전적 요소에 해당한다. 윌름가 시절에 사르트르는 보부아르가 상기하고 있는 '패거리'는 아니라고 해도 어쨌든 "일종의 자유주의자들의 집단"에 속했다.[161] 그 구성원들은 사르트르, 니장, 후일 UNESCO 사무총장이 되는 르네 마외,[162] 그리고 피에르 귀유Pierre Guille였다. 이 점에 대해서도 보부아르의 증언을 곧이곧대로 받아들일 수 없다. 왜냐하면 그녀는 실제로 사르트르와 그의 친구들을 1929년 봄에 알게 되었을 뿐이기 때문이다. 물론 마외는 예외이다. 두 사람은 벌써 국립도서관에서 자주 만났다. 하지만 젊은 철학도였던 사르트르 자신이 그 이후에 대해 보증하고 있다. "그래요. 고등사범에서 우리는 나쁜 짓을 골라 하

---

160   Jean-Paul Sartre, *Ecrits de jeunesse*, *op. cit.*, pp.207, 215.

161   에티엔 보른이 1976년 2월에 필자에게 해 준 증언.

162   르네 마외(René Maheu, 1905-1975): 프랑스의 철학자이자 공무원으로, 사르트르와 보부아르의 친구였다.

는 학생들이 되었어요."[163](1972) "양복을 입고 저녁에 귀교하는 학생들에게 물폭탄을 터뜨렸지요. 내가 보기에 그것은 당연했어요."[164](1974) 논리적인 결과, 이 젊은 철학도 자신의 고백에 따르면 "고등사범학교에서 종종 싸우기"도 했다.[165] 그리고 반세기 후에 1927년 동기생 중 한 명은 여전히 "그의 형언할 수 없는 혐오감"[166]을 윌름가의 친구였던 사르트르에 대해 내보이고 있다.[167]

젊은 사르트르는 또한 그의 악취미를 내걸고 일상생활에서도 문제를 야기하면서 사람들에게 충격을 주고자 했다. 예컨대 앙리에트 니장은 후일 다음과 같은 일화를 들려주고 있다. "그 당시에 사르트르는 리옹인가 생테티엔인가, 아무튼 지방에 살고 있는 한 처녀와 사랑에 빠졌어요. 적어도 그렇게들 말했어요. 그는 그녀를 가끔 보러 갔지요. 거의 모든 고등사범학교 학생이 그랬듯이 사르트르 역시 그의 기숙사 방에 기가 막힌 물건을 두었지요. 장밋빛 무명천으로 된 가벼운 황갈색을 띤 여자 속옷으로 전등갓을 씌웠던 거예요. 아마도 그 여자의 선물이었겠지요."[168] 하지만 이 젊은 철학도를 여러 차례 앞장서게 한 것은 바로 그

---

163   Cf. *Sartre: un film,* réalisé par A. Astruc et M. Contat, texte intégral, Gallimard, 1977, p.33(영화는 1972년에 상연됨).

164   Simone de Beauvoir, *La Cérémonie des adieux* suivi de *Entretiens avec Jean-Paul Sartre, op. cit.*, p.194.

165   *Idem.*

166   1976년 2월에 했던 필지와의 서신 교환.

167   아롱은 이와 같은 사르트르의 활동에 가담하지 않았다(예컨대 이미 앞에서 언급했고, 또 *Ecrits de jeunesse, op. cit.*, p.411, note 1에서 인용된 고등사범학교 학생 앙리 르카름의 증언을 참고하라).

168   *Arts*, n° 804; 11-17 janvier 1961, "Rien ne laissait prévoir que Sartre deviendrait 'Sartre'", p.14

제1장 │ "고등사범", 또는 순진함의 시기   **125**

의 "짓궂은 장난"이었다. 아마도 그중 가장 성공한 것은 11월 27일에 유명한 보수지인 『에콜 드 파리*Ecole de Paris*』에 실린 편지였을 것이다.[169] 이 편지는 PMS에 맞서 한창 반대 시위를 하던 중에 실린 것이다.

편집 주간님께,

주간님께서는 오늘 고등사범학교 학생 83명이 서명하고 교육부 장관님께 전달된 청원서를 받으셨을 것입니다. 고등사범학교에는 시의적절하지 못한 시위에 완전히 동조하지 않은 다수의 학생들이 있다는 것을 주간님께서 잘 알고 계시고, 또 알 수 있었으면 좋겠습니다. 우리는 많은 '친구들'이 지금의 인류적이고 평화적인 사상에 연대하고 싶은 욕구를 강하게 느낀다는 것을 알고 있습니다. 이런 경향이 학교 내에서 '인터내셔널'의 노래를 부르는 것처럼 별다른 중요성 없는 흐름에 그친다면, 우리는 아무것도 드릴 말씀이 없습니다. 하지만 공개적으로, 그리고 이른바 고등사범학교의 이름으로 그들이 조국의 제도와 심지어는 법을 공격한다고 주장할 때, 우리는 이 학교에 그들만이 있는 것이 아니라는 사실을 대중에게 널리 알리는 것이 불가피하다고 판단했습니다. 그들은 너무 오랫동안 그들 자신이 이 학교의 여론을 대외적으로 대표하기 위한 권위를 가지고 있다고 믿어왔던 것입니다.

아래 서명한 학생들이 다수라고 주장하지 않으면서 고등사범학교에

---

169   짓궂은 장난에 대한 증언으로는 조르주 캉길렘(*Idem.*).

는 조국의 법에 복종할 준비가 되어 있는 학생들이 여전히 있다는 것을 알려 드리고자 합니다. 그리고 최소한의 질서의 필요성을 이해하면서 우리 나라의 가장 위대한 교육제도 중 하나에서 가장 기본적인 규율이 상실되도록 방치되는 것을 보고 놀란 학생들이 있다는 사실, 또 제복 착용이나 군사 준비와 같은 아주 당연한 전통이 방기되거나 사라질 위험에 처해 있다는 사실을 유감으로 여기는 학생들이 있다는 사실을 알려 드립니다.

서명자 명단

부르슈, 부아뱅, 니장, 위테르, 갈루아, 부르주아, 로랑, 마르탱, 루보, P. 드 강디야크, 메를로퐁티(원문 그대로), 로베르, 루보, 우르카드, 라팔뤼스, 바디, 리발리에, 라퐁, 이폴리트(원문 그대로), 브뤼아, 뒤프라.[170]

고등사범학교 학생들은 청원에 서명한 이들의 이름 선택에 즐거워했다. 서명자들에는 특히 공산주의 계열의 학생들뿐만 아니라 '악시옹 프랑세즈'에 가까운 학생들의 이름도 나란히 들어 있었다.

다음과 같은 두 가지 사실을 고려하게 되면 이 텍스트를 읽는 재미가

---

[170] 메를로퐁티와 이폴리트의 이름은 각각 Merleau-Ponty와 Hippolyte이나, 서명자 명단에서는 Merlaux-Ponty와 Hippolite로 되어 있다. 그 이유는 명확하지 않으나 두 사람이 자신의 이름을 서명자 명단에 포함시키는 것을 꺼렸거나 아니면 편지를 쓰면서 의도적으로 잘못 표기한 것으로 보인다.

더 커진다. 한편으로는 사르트르가 서명자들 명단 사이에 특히 고등사범학교의 젊은 철학도들의 이름을 살짝 끼워 넣었다는 사실이다. 가령, 모리스 파트로니에 드 강디야크,[171] 모리스 메를로퐁티, 그리고… 폴 니장 등이 그들이다. 다른 한편으로는 『레코 드 파리L'Echo de Paris』지가 그당시 고등사범학교 내의 평화주의를 비난하는 선봉에 서 있었다는 사실이다. 이 신문은 11월 27일 자에서 이렇게 내다보고 있다. "우리의 고등교육을 담당할 미래 교육자들을 양성하는 윌름가의 교육기관이 사회주의자들, 게다가 심지어 공산주의자들의 거짓 아래에서 안전하지 않다는 사실, 우리는 이 사실을 알고 있다. 하지만 이런 거짓이 이 학교를 거의 휩쓸고 있지 않다고 상상한다. … 이런 타락이 초등교육에서 고등교육에까지 퍼져 나가고 있다." 그리고 사르트르가 작성한 위의 텍스트는 그를 다음과 같이 소개하고 있는 『레코 드 파리』지의 편집자들을 편하게 해 주었다. "(고등사범학교에서의 군사 수업에 반대하는) 가소롭고도 가증스러운 청원에 대한 대응으로 20명의 고등사범학교 학생들이 다음과 같은 청원서를 우리에게 보내왔다." 그다음 날부터 이 편집자들은 "속았다"는 것을 인정해야 했고, 딱하게도 1면에 「가짜. 정정합니다」라는 제목의 기사를 게재해야 했다.

어쨌든 이 일화는 분명 비정치적이었던 사르트르가 그 당시의 반군사주의에 깊이 젖어 있었다는 점을 보여 준다. 짓궂은 장난에 대한 취향과 함께 사르트르는 1927년의 풍자극 "스캔들"에 깊이 관여하게 된

---

171   모리스 파트로니에 드 강디야크(Maurice Patronnier de Gandillac, 1906-2006): 알제리 출신의 프랑스 철학자이자 교육자로, 오랫동안 소르본대학의 철학 교수로 재직하면서 후대의 철학자들에게 큰 영향을 미쳤다.

다. 실제로 매년 봄에 월름가의 학생들은 반은 "장난"이고 반은 풍자극인 연극을 무대에 올렸다. 연극은 졸업생들 앞에서 학교 교수들과 행정 직원들을 부드럽게 비꼴 수 있는 기회였다. 사르트르는 계속 이 공연에서 중요한 역할을 맡았다. "사르트르는 풍자극의 준비에 적극적으로 협력했어요. 나는 고물상에서 특색 있는 옷을 찾으면서 마레Marais 지구[172]를 한참 동안 헤매고 다녔던 것을 기억합니다. 사르트르와 니장은 풍자극의 텍스트를 썼지요. 단어나 표현의 문자나 음절을 바꾸어 새로운 것을 만드는 언어유희, 단순한 말장난, 재미있는 노래 가사 등으로 가득 찬 텍스트였어요. 사르트르는 이와 같은 유희를 기가 막히게 잘해 냈어요. 그는 또한 음악 파트에도 협력했지요. 가벼운 음악에 재주가 있었던 그는 잘 알려진 노래를 이용하거나 편곡하기도 했습니다."[173]

1925년에 『랑송의 재앙Le Désastre de Langson』이 공연되었다. 이 작품에서 그 당시 고등사범학교 총장이었던 귀스타브 랑송[174]은 전제 군주 티메오 다나오스와 그의 부인 페렌테스 왕비에 의해 억압당하고 있던 브라질을 정복하고자 했다. 페렌테스 왕비 역은 라가슈가 맡았다. 에메 페르피우[175]가 티메오 다나오스 역을, 사르트르가 랑송 역을 맡았다.[176] 고등사범학교 교우회 『회보Bulletin』에서는 좌파 카르텔 소속이자 고등사

---

172   파리의 3구, 4구에 걸쳐 있는 유서 깊은 지역으로, 노트르담 대성당, 피카소 미술관, 보주 광장, 빅토르 위고의 저택 등이 자리하고 있다.

173   라가슈의 증언, *Arts, op. cit.*

174   귀스타브 랑송(Gustave Lanson, 1857-1934): 프랑스의 문학사가이자 문학 비평가로, 고등사범학교 총장을 역임했다.

175   에메 페르피우(Aimé Perpillou, 1902-1976): 프랑스의 지리학자이다.

176   이런 장난에서 결정적인 역할을 한 캉길렘의 개인 아카이브.

범학교 출신 장관들이 이 공연을 보고 "아주" 즐거워했다고 적고 있다.

그다음 해에는 『꽃 핀 오랜 통나무 그늘 아래에서A l'ombre des vieilles billes en fleurs』를 공연했다. 다시 한번 사르트르가 랑송 역을 맡았다. 1926년 3월 21일 자 『뢰브르』지는 큰 만족을 표시하면서 이렇게 쓰고 있다. "랑송 역을 기가 막히게 잘해 낸 학생 사르트르의 이름을 지적하자. 그리고 고등사범학교 군사 교관인 페로트Peirotes의 역할을 맡은 캉길렘 학생의 이름 역시 지적하자." 그리고 그다음 날, 같은 신문은 2면에서 「랑송 씨가 인터뷰에 응하다」라는 제목의 기사에서 무대 사진을 싣고 있다.

하지만 1927년에 사고가 발생했다. 6월에 발행된 고등사범학교 교우회 『회보』에서 사건이 설명되고 있다. "3월 말, 학생들은 연례 행사인 풍자극을 공연했고, 졸업생들은 이 풍자극이 약간 저속하고 외설적이라고 생각했다. 고등사범학교 정신이 타락한 것인가?"

실제로 스캔들은 이 풍자극에 사용된 두 곡의 노래 가사가 군대에 반대하는 내용이었기 때문에 일어났다. 첫 번째 노래는 "전쟁 중의 지식인들의 이용에 대하여"라는 제목이었다. 이 노래는 법안 발의자 폴봉쿠르의 제안에 따라 몇 주 전인 3월 7일에 가결된 새로운 군사법을 명백하게 공격하고 있다. 이미 살펴보았듯이 이 법은 특히 제4조에서 "지적 질서에서 조국의 자원을 국가 방위의 이익이라는 방향으로 나아감"을 예견하고 있다. 암시는 분명했다.

I

프랑스를 지키라는 종이 울리면,
노인들과 아이들이 차례로 떠나면,
우리를 위해 불평 없이 전진하리.
안 그러면 당신들은 폴봉쿠르에게
엉덩이를 차일 터!

후렴

II

두개골을 재면서 레비브륄[177]은 증명할 거다.
포메라니인들[178]이 보수주의자임을,
늑대 새끼들은 나귀의 턱을 가졌음을,
또 이 새끼들이 모스크바에서
퇴보한 뉴런을 가졌음을.

후렴

---

177 뤼시앵 레비브륄(Lucien Lévy-Bruhl, 1857-1939): 프랑스의 인류학자이다. .

178 포메라니인(Poméraniens): 유럽 중북부, 발트해 남쪽 연안에 자리 잡은 지방으로, 현재는 거의 대부분 폴란드에 속하며, 서쪽 끝 일부 지역은 독일에 속하는 포메라니(Poméranie)에 사는 사람들을 지칭한다.

III

베디에[179]는 우리의 조국 프랑스만이

정신을 개발시켰음을 증명하기 위해

텐[180]과 랑송의 초상화를 그릴 거다.

그들의 빛나는 상판대기에서 드러나게 할 거다.

순수한 프랑스의 천재의 모습을!

후렴

　하지만 특히 두 번째 노래가 충격적이었다. "캉뷔스타 대위의 불평"이라는 제목의 이 노래는 명백히 윌름가의 군사 교관 캉뷔스타 대위와 비자르 중위를 비난하고 있다.[181] 군사 교관으로 분장한 한 고등사범학교 학생은 국가國歌 "라 마르세예즈La Marseillaise"에 반군국주의 가사를 붙였다.

나는 경력을 시작했어

군인 직업이 좋았을 때!

전쟁을 고대했지.

179　　조제프 베디에(Joseph Bédier, 1864-1938): 프랑스 중세문학 전문가이자 로망스어학자이다.

180　　이폴리트 텐(Hippolyte Taine, 1828-1893): 프랑스의 문학 비평가이자 사학자이다.

181　　Cf. 고등사범학교 아카이브에 없는 이 텍스트의 출처에 대해서는 다음을 보라. Jean-François Sirinnelli, *Génération intellectuelle*, *op. cit.*, note 26, p.326.

그리고 적지 않은 훈장을 받았어! (한 번 더)

당신이 영광에 취했을 때,

누가 감히 관을 세겠는가?

훌륭한 장교는 그것을 무시한다.

그에게 중요한 것은 살아남는 것.[182]

이 두 노래는 공연 당시에 반발과 스캔들을 일으켰다. 매스컴이 이 사건을 크게 보도했다. 1927년 4월 9일 자 『빅투아르*Victoire*』지는 「고등사범학교에서 스캔들이 발생하다」라는 제목의 짧은 기사에서 랑송의 사임을 촉구했다. 랑송은 풍자극에 관여한 학생들을 차례로 자기 사무실로 불러 조사했다. 조사 후에 캉길렘을 비롯해 여러 명의 학생이 총장으로부터 "심한 질책"을 받았다.

사르트르는 지목받은 학생들 사이에 없었다. 하지만 그는 이 사건에서 주도적인 역할을 했다. 사실 첫 번째 노래는 캉길렘의 손에서 나온 것처럼 보인다. 그렇다고 이것이 확실한 것은 아니다.[183] 그리고 "캉뷔스타 대위의 불평"은 르 바이, 브루소디에,[184] 페롱,[185] 캉길렘, 사르트르 등의 합작품이었다. 사르트르가 펜을 잡았던 것으로 보인다.[186] 사르트

---

182   "캉뷔스타 대위의 불평"의 가사 전체를 보려면 다음을 보라. *Ibid.*, pp.327-328.

183   *Ibid.*, p.330.

184   실뱅 브루소디에(Sylvain Broussaudier, 1904-1980): 프랑스의 교육자이자 사회주의, 평화주의 투사였다.

185   알프레드 페롱(Alfred Péron, 1904-1945): 프랑스의 작가, 영국학자이자 레지스탕스 대원으로, 해방 후 이틀 만에 스위스에서 사망했다.

186   *Ibid.*, note 31, p.330.

르가 총장 조사調査의 그물망을 빠져나갔다고 해도, 그의 손에 의해 쓰이고, 사르트르 자신, 니장, 조르주 르프랑, 모리스 라루티스,[187] 장 바유 등이 서명한 청원서가 있다. 이 청원서에서는 "처벌받은 고등사범학교 학생들에 대해" 랑송이 보여 준 "배신과 비겁함"을 비난하고 있다.[188] 하지만 최종적으로 사태를 더 악화시킬 수도 있었던 이 청원서는 그에게 보내지지 않고 처리되었다.

권위와 제복에 대한 사르트르의 적대감은 "짓궂은 장난"과 도발에 국한되지 않고 다른 표현 형태를 발견하게 된다. 이렇게 해서 원칙적인 적대감과 그의 태생적인 서투름이 결합되어 고등사범학교 학생들이 군사 준비 과정을 이수하는 포르루아얄대로[189]에 있는 부대에서 니장과 그가 함께 주인공이 된 흥미로운 장면을 연출하게 된다. "우리를 에워싸고 우리를 훈련시켜야 했던 장교들은 아주 빨리 분명하게 알아차렸어요. 사르트르와 니장은 대오에서 발을 맞춰 행진할 수 없다는 사실, 그리고 의도적이지는 않지만 그렇게 함으로써 그들이 대오를 흩뜨려 놓는다는 사실을 말이에요. … 어느 날, 두 명을 따로 고립시키고, 그들을 친구들의 빈정거리는 듯한 시선 아래에서(그들 나이 때에는 동정심이 없죠) 행진을 시키고, 또 난감한 장교들의 시선 아래에서 행진시키고자 하는 아이디어를 냈어요. 장교들은 내심 분명 그들의 태생적인 무능력 앞에서 비웃고 싶었을 겁니다. 하지만 치료가 병을 더 악화시켰어요."[190]

---

187 모리스 라루티스(Maurice Larroutis, 1904-1981): 프랑스의 고전문학 전문가이자 교육자이다.

188 조르주 르프랑의 아카이브.

189 포르루아얄대로(Boulevard de Port-Royal): 파리의 5구, 13구, 14구 사이에 있는 대로의 이름이다.

그렇다면 사르트르의 경우, 군대의 권위에 대한 이런 가벼운 충동에서 평화적 청원과 반군국적 "풍자극" 사건에 이르기까지 그의 정치적 참여에 대해 말할 수 있을까? "정치적인" 젊은 사르트르는 전형화되고 쉽게 찾아볼 수 있는 참여에서보다는 행진에서 발을 맞추지 못한 무능력에서 더 잘 드러나는 것으로 보인다. 그리고 심지어 나중에 참여의 시대가 오더라도 지식인 사르트르의 이런 면모는 계속 유지될 것이다. 어쩌면 그것은 하나의 모습을 넘어 그의 사람됨의 중요한 열쇠일 수 있다. 지금으로서는 그의 1920년대의 평화주의는 무정부주의로 규정되기보다는 오히려 일반적인 행동에 관련되는 것으로 보인다. 만일 이 무정부주의라는 용어가 정확하게 정치적 의식을 초래하지 않는다면 말이다. 그의 자유주의적 성향은 제도에 대한 공격, 특히 군대에 대한 공격으로 나타난다. 군대와 관련해서 사르트르는 '사실상de facto' 알랭의 제자들과 연결된다. 그 기회에 사르트르는 그의 친구들과의 관계에서 일종의 언어적 폭력을 통해 그들과 연결된다. 그런 폭력에 대해 사르트르는 여러 차례 고백하고 있다. 따라서 그의 비정치주의는 본질적으로 메를로퐁티의 그것과 다르다. 실제로 메를로퐁티는 카뉴 시절과 마찬가지로 윌름가 시절에도, 그의 고백에 따르면, "모든 투쟁, 특히 정치적 투쟁 외부에" 머물러 있었다.[191] 보부아르는 『얌전한 처녀의 회상』에서 장 프라델이라는 가명 아래에 이 젊은 "탈라tala" —고등사범학교 학생들의 은어로 가톨릭 신자를 의미한다— 에 대해 잘 묘사하고 있다. 중

---

190   조르주 르프랑의 증언, *Banlieue Sud*, n° 8, 9 mai 1980.

191   Maurice Merleau-Ponty, *Signes*, Gallimard, 1960, p.34.

산층 출신이고, 아버지를 일찍 여읜 고아였으며, 솔레스메스[192]에 은퇴해 있던 집안 출신인 그를 말이다.[193] 짓궂은 장난을 좋아하던 사르트르와 종교적 명상으로 기운 이 젊은 "탈라" 사이에는 세속적 토론에 대한 관심의 부재에 기반한 일부 공통적인 태도가 존재한다. 게다가 그 당시에 이 두 젊은이는 사르트르의 기억에 의하면 "좋지 않은 사이"였다. 사르트르와 그의 친구들의 외설적인 노래에 충격을 받은 메를로퐁티는 노래하는 사람들에게 분노를 드러내면서 "싸우고자 했다." 하지만 너그러운 마음씨를 가진 사르트르가 중간에 개입했다. "자, 그에게 손을 대지 말자. 그를 그냥 가게 내버려 두자."[194]

이렇듯 미래의 『레 탕 모데른』지의 창간인 세 명 사이의 관계는 윌름가에서는 조금 복잡했다. 사르트르와 아롱의 관계는 좋은 반면, 사르트르와 메를로퐁티와의 관계는 그다지 좋지 않았다. 아롱과 메를로퐁티 사이에는 거의 관계가 없었다. 아롱은 50년이 지난 후에 이렇게 회상한다. "고등사범학교에서 나는 메를로퐁티를 거의 알지 못했다."[195] 게다가 특히 이 세 명의 지식인 중 두 명은 비정치적이었다.

---

192 솔레스메스(Solesmes): 프랑스 중부에 위치한 사르트(Sarthe)도에 있는 한 마을의 이름이다.

193 Simone de Beauvoir, *Mémoires d'une jeune fille rangée*, *op. cit.*, pp.244, 264, 273. 1차 세계대전의 전야에 식민지 포병장교의 미망인이 되었던 메를로퐁티의 어머니는 간호원으로 일했으며, 1년에 9900프랑의 소득을 신고했다. 이 액수는 윌름가의 1926년 동기생 중에서 가장 낮았다. 단 한 명의 예외는 1년에 3500프랑을 신고한 농부의 아들이었다(Arch. nat. 61 AJ 253).

194 Simone de Beauvoir, *La Cérémonie des adieux* suivi de *Entretiens avec Jean-Paul Sartre*, *op. cit.*, p.329. 실제로 메를로퐁티는 "신입생 환영회" 때 누군가가 부른 노래 때문에 질겁했다(그의 동기생 중 한 명인 피에르 상봉의 증언, 1980년 12월에 필자와 했던 대담).

195 Raymond Aron, *Le Nouvel Observateur*, n° 592, 15 mars 1976, p.86.

미래의 지식인들

사르트르의 비정치주의와 아롱의 사회주의에는 사실상 윌름가의 많은 친구의 정치적 성향이 그대로 반영되어 있다. 부분적으로 닫힌 세계인 카뉴와 고등사범학교는 그 시기에 지적 양상의 미풍과 정치적 아방가르드적인 광풍에도 문이 잠겨 있는 온실의 환경을 구성하고 있었다. 이 온실은 미래의 지식인들의 성장을 가능케 해 주었다. 달리 말하자면 지적 각성과 종종 정치적 내인성內因性, 폐쇄된 용기 속에서 영향을 받으면서 말이다. 크게 두 경향이 도출된다. 한편으로는 약 절반 정도의 "비정치적인" 성향이다. 이것은 학생들을 포함해 1920년대의 다른 젊은이들의 공동체에 비해 낮은 비율이다.[196] 물론 사르트르가 포함된 이런 "비정치적인" 자들의 비율이 상대적으로 낮은 것을 설명해 주는 것

---

196   이 비율의 계산을 가능케 해 주는 자료에 대해서는 다음을 보라. Jean-François Sirinelli, *Génération intellectuelle*, *op. cit.*, chapitre VIII, pp.264-265. 1920년대 라틴 구역에 대해서는 *Ibid.*, chapitre VIII를 보라.

은 바로 온실의 분위기이다. 또한 이런 온실의 분위기는 그 당시에 정치적 감수성을 가졌던 카뉴들과 고등사범학교 학생들 사이의 커다란 정치적 동질성을 설명해 준다. 라틴 구역의 분위기가 더 분열로 치닫고 있던 시기에 그들의 정치적 환경은 실제로는 좌파 쪽으로 기울고 있었다. 또한 이런 온실의 분위기는 일종의 타협주의를 낳고 있었다. 정치적 차원에서뿐만이 아니다. 실제로 그 당시에 카뉴에는 극단주의가 거의 없었다. 그 당시에 카뉴는 공산주의자들과 모라스주의자들이 자라날 수 있는 토양이 결코 아니었다. 문화적 차원에서도 극단주의자들이 거의 없었다. 예컨대 초현실주의의 영향이 거의 없었다. 단어와 표현들을 주로 기억하고 배우는 장소인 카뉴는 또한 정체성에 대한 정치적 가치에서 보수적이었다. 어떤 면에서 1920년대 카뉴들은, 그리고 그 이후의 고등사범학교 학생들은 문화적으로, 정치적으로 드레퓌스 사건 때 20세였던 그들의 교수들과 같은 상황에 있었다. 반항보다는 타협주의, 따라서 단절보다는 계속성이 그것이다.

이것은 과연 카뉴들과 고등사범학교 학생들의 정치적 각성이 세대 사이의 경계선을 넘어 "복제"에 의해 이루어진다는 것을 의미하는가? 분명 그렇지는 않다. 왜냐하면 조금 더 자세히 들여다보면 뒤틀림이 있기 때문이다. 그들의 부모들과 교수들은 종종 과격했다. 프랑스의 정치적 삶의 "재앙"과 연결된 세대 현상과 더불어 아이들은 사회주의자가 된다. 하지만 그들의 사회주의는 "계속성의 사회주의"이다. 계속성은 부동주의를 의미하지 않는다. 온실의 환경은 결코 정치적 전통의 단순한 보관소가 아니었다. 그와는 반대로 세대마다 젊은이들은 한 눈금씩 왼쪽으로 이동했다. 어쨌든 정치화된 그들은 그랬다. 분명 1924년의 좌파 카르텔의 승리는 적어도 외관상으로는 과격주의의 정치적 승리를 보여 준다. 하지만 젊은이들에게서 세대 사이에 일어난 왼쪽으로의 한 눈금 이동의 슬로건은 이렇다. "에리오보다는 블룸." 아롱의 경우가 거기에 해당된다. 좌파 카르텔의 승리를 기뻐했지만 사회주의적 입장에서 즐거워했던 아롱의 경우가 말이다.

이런 이유로 "계속성의 사회주의"라는 표현에 대해 오해를 해서는 안 되겠지만, 그럼에도 다음과 같은 사실은 여전히 사실이다. 1920년대의 이런 환경에 젖어 있던 많은 카뉘와 고등사범학교 학생의 사회주의적, 또는 사회주의화되는 의견은 반항보다는 오히려 너그러움에서 기인한다는 사실이 그것이다. 아롱이 『회고록』이나 다른 텍스트들에서 한 그 당시의 정치적 참여에 대한 기술은 —회고적으로이다— 이런 성향과 일치하는 것으로 보인다. 실제로 그에게서 훨씬 더 내면화되고 더 단절된 형태를 띠고 있는 것은 평화주의적 참여였다. 그의 초기 텍스트는 이 점에서 시사적이다. 첫 번째로 『제네바 잡지』에 실린 글에서는 신중한 용어로 사회주의에 대한 그의 동감을 표시하고 있다. 레지옹도뇌르 훈장에 대한 두 번째 텍스트는 미래의 아롱의 스타일과 맞지 않는다. 그 이유는 바로 그가 "권력"에 대한 경멸 위에서 엄격하게 정통 알랭주의 노선에 서 있었기 때문이다. 세 번째 텍스트는 그에게는 드문 일인데, 공격성 없이 거의 열광적인 어조로 과거에 그 자신이 알랭을 추종하는 이 중 한 명이었다는 사실을 증언해 주고 있다.

이처럼 관점을 달리해서 보면 외관적으로 역설적인 관찰을 더 잘 이해할 수 있다. 아롱은 그의 내부에 침투한 사회주의적 성향을 포기하는 데 오랜 시간을 들인다. 하지만 이런 포기는 점진적이고 큰 아픔 없이 이루어진다. 그 반대로 평화주의와의 이별은 훨씬 더 빨리 이루어진다. 하지만 알랭의 영향에서 벗어나는 것은 고통스러운 자성을 요구했다. 첫 번째 경우에서 알랭주의의 세례는 성실하게 말하자면 시대의 분위기에 의해 이루어지지 않았다. 그것은 그의 내밀하고 깊은 존재에 가 닿지 않은 얇은 막 정도였다. 두 번째 경우에서는 알랭의 다른 많은 제자에게서처럼 평화주의를 벗어던지기에 훨씬 더 힘든 단단한 껍질을 구성하고 있었다.

뒷걸음질하면서 '역사'에 탑승하기

그 이후의 역사를 알고 있는 역사가는 회고적인 용이함을 이용해서는 안 될 것이다. 겨우 10년 후에 인류 역사상 가장 끔찍한 살육이 자행된다는 사실을 강조하면서 말이다! 왜냐하면 일반 시민들과 마찬가지로 지식인들도 항상 뒷걸음질하면서 '역사'에 탑승하기 때문이다.

그렇다면 1930년대에 점차 발생하는 일들을 따라 사르트르의 무관심과 아롱의 평화주의를 되돌아보는 것은 옳지 않을 것이다. 지금 당장으로서는 1920년대 말, 즉 월스트리트의 대공황과 그 이후 국가마다 다른 리듬으로 이어졌던 경제 파국이 있었던 시기는 아직까지 고려되지 않았다. 낙관주의가 우세했다. 왜냐하면 1918년 이후에 10년이 채 안 되어 정상으로의 복구가 이루어졌기 때문이다. 전쟁이라는 화산은 꺼진 것처럼 보였고, 1차 세계대전의 용암은 완전히 식은 것처럼 보였다.

하지만 바로 거기에 사르트르와 아롱 세대의 비극이 있다. 그들 세대의 정치적 학습은 외관적으로는 진정된 국면에서 이루어졌다. 하지만

'역사'는 분화구의 저 깊은 곳에서 다시 분출하기 위해 낮잠을 자고 있었을 뿐이다. 이 분화구의 폭발은 빨리 일어났고, 그런 만큼 더욱더 파괴적이었다.

제2부

폭풍우 속의 세대

"'역사'를 극복하기 위해서는 우선 '역사'를 알아야 한다."

레몽 아롱, 「알랭의 정치사상에 대한 설명」,

『형이상학과 도덕 잡지』, t. 57, 1952, p.199.

"지금 8시쯤 되었소. 나는 쿠폴에 있소. 방금 초록 강낭콩

소갈비구이를 먹고 탐정소설을 읽으면서 파이를 먹었소."

장폴 사르트르, 『카스토르에게 보낸 편지』,

t. Ⅰ, p.177(1938년 여름).

사르트르와 아롱이 태어난 해인 1905년에 알랭은 악의 없이 이렇게 쓰고 있다. "두 부류의 사람들이 있다. 현명한 이들과 역사가들이 그것이다."[1] 알랭은 이렇게 덧붙이고 있다. 역사가는 "사후에 예견한다. 하지만 이것은 아무런 소용이 없다. 그것은 너무 쉬운 일이다." 그렇다면

인류 공동체의 미래를 브라운 운동[2]에 맡겨야 하는가? 분명 이것이 알랭이 '역사'에 대해 가지고 있는 비전의 의미는 아닐 것이다. 물론 그 당시 젊은 지식인들의 평화주의를 알랭의 영향, 따라서 그의 책임으로 돌릴 수는 없다. 그렇지만 알랭을 추종하던 젊은 지식인들은 평화주의라는 기호 아래에서 정치 학습을 한 세대의 구심점을 이루고 있다. 역사적 폭풍의 시기가 도래하면 평화주의는 종종 강한 파도가 몰아치는 시기에 거의 적응하지 못한 수단으로 드러나게 된다.

그리고 폭풍우에 맞서기 위해 이 젊은 지식인 중 일부는 자신들의 가방 속에 '역사'에 대한 성찰에서 공표된 불침투성만을 가지게 될 뿐이다. '역사'가 적어도 외관적으로 계속 잠을 자고 있는 한, 이와 같은 불침투성은 그다지 중요하지 않다. 하지만 10년 동안의 '역사'의 깨어남은 종종 이런 지식인 중 일부를 갑자기 사물들의 표면으로 유도해 내어 기이한 수륙양서류水陸兩棲類로 만들어 버린다. 그리고 그로 인해 그들은 눈이 부셔 잘 적응하지 못하고 또 그들 주위에서 형성되고 있는 '역사'를 분명하게 지각하지 못하게 된다. 왜냐하면 '역사'는 회복을 위한 낮잠만을 잘 뿐이기 때문이다. 아롱이 '역사'에 대해 가진 때 이른 각성은 이런 상황 속에 다시 자리매김되어야 하며, 30년 후에 쓰인 다음과 같은 문장으로 요약될 수 있을 것이다. "'역사'를 극복하기 위해서는 우선 '역사'를 알아야 한다."

---

1   Alain, *Cahiers de Lorient*, Gallimard, t. II, 1964, p.176.

2   브라운 운동(Brownian motion): 1827년 스코틀랜드의 식물학자인 로버트 브라운(Robert Brown)이 발견한 현상으로, 액체나 기체 속에서 미소입자들이 불규칙하게 운동하는 현상이다. 사회과학에서는 주로 무작위적이고 불규칙한 사회현상을 설명할 때 쓰인다.

아롱은 1930년대 초에 아주 빠르게 이와 같은 변신을 하게 된다. 하지만 사르트르에게서는 '역사'와의 관계가 아직 지평선 위로 올라오지 않았다.

제2장

'역사'의 깨어남

1920년대 말, 고등사범학교 시절의 초록색 파라다이스는 멀어졌다. 1929년 가을에 사르트르는 "절친" 아롱의 충고에 따라 기상관측소에서 군 복무를 하게 된다. 게다가 생시르 부대에서 그의 교관은 다름 아닌 아롱이었다. 아롱은 1년 전에 입대했다. 사르트르는 풍속을 측정하는 것보다는 "수업 중에 교관에게 종이비행기를 날리면서" 그를 귀찮게 하는 것을 더 좋아했다.[1]

1　　Simone de Beauvoir, *La Force de l'âge*, Gallimard, 1960, p.37.

사회주의화되는
젊은 지식인

그 시기에 이 종이비행기의 과녁이었던 아롱은 여전히 사회주의적 감수성을 가지고 있었다. 이 점에 대해 아롱의 『회고록』은 그다지 분명하지 않다. 그는 이렇게 지적하는 것으로 만족하고 있다. 즉, 그가 독일에서 귀국했을 때,[2] 그는 여전히 "좌파 쪽에" 있고 싶어 했다고 말이다. 보부아르는 『나이의 힘』에서 이 사실을 간접적으로 확인해 주고 있다. 하지만 그녀의 확인은 정확하다. 그녀는 1930년대 초에 아롱을 사회주의자로 소개한다.[3] 하나의 텍스트가 이런 사실을 더 분명하게 보여 준다. 1931년 1월의 『리브르 프로포』에서 아롱은 앙리 드 망[4]의 『마르크

---

2   Raymond Aron, *Mémoires*, *op. cit.*, p.81.

3   Simone de Beauvoir, *La Force de l'âge*, *op. cit.*, p.34. 이러한 설명은 부분적으로 부정확하다. 왜냐하면 보부아르는 아롱이 "사회주의에 가입했다"고 말하고 있기 때문이다.

4   앙리 드 망(Henri de Man, 1885-1953): 벨기에의 정치인으로, 벨기에 노동당의 지도자를 역임했으며, 1930년대 침체기에 계획경제와 신사회주의를 펼쳤다.

스주의를 넘어*Au-delà du marxisme*』에 대한 서평을 게재한다. 그 당시에 쾰른에 머물고 있던 이 젊은 철학 교수자격시험 합격자 아롱에게서 사회주의는 재차 "정신적 현실"이 되었고, 또 "재앙에서 인류와 여러 가치를 구하는 것을 최고의 의무로 여겨야" 했다. 또한 "인터내셔널을 실현하면서… 새로운 전쟁을 막아야" 했다.[5] 이 서평은 아롱 자신이 그 후에 출간하는 여러 저서에서 중심이 되는 두 개의 주제를 상기시키고 있는 초기 텍스트에 속하는 만큼 더 정확하다. 그 두 주제는 바로 마르크스주의와의 관계 정립과 산업사회 문명이다.

먼저 마르크스주의에 대해 보자면, 이 서평은 결국 반세기 동안 지속될 대화의 시작이다. 하지만 용어 사용은 그 이후보다 훨씬 더 균형이 잡혀 있다. "경화된 마르크스주의의 이론적 의사疑似 엄격성은 프티부르주아적, 미학적, 딜레탕트적, 또는 자코뱅적 개혁주의의 무미건조함보다 더 가치가 크지 않다. 하지만 마르크스주의와 같은 철학적, 또는 사회적 체계는, 비록 그것이 일단 극복되었다고 해도, 단순히 하나의 역사적 사실인 것만은 아니다. 마르크스주의는 사유의 풍요로운 방법으로서, 그리고 '미지의 땅', 또는 독창적인 가치의 결정적 발견처럼 진실로 남아 있을 수 있다."[6]

이렇듯 아롱의 서평에는 마르크스주의와의 조우뿐만 아니라 산업사회 문명에 대한 첫 번째 성찰도 들어 있다. 물론 이런 성찰은 『산업사회에 대한 18강의*Dix-huit leçons sur les sociétés industrielles*』와는 아직 거리가 멀다.

---

5   *Libres propos*, janvier 1931, pp.43, 47.

6   *Ibid.*, pp.43, 46.

그 당시에 아롱은 이렇게 쓰고 있다. 사회주의의 임무는 "미래의 전쟁"
에 맞서 투쟁하는 것, 다시 말해 "산업사회 문명"이 모든 문명을 파괴하
는 것을 막는 것이라고 말이다. 그리고 아롱은 결론 부분에서 앙리 드
망이 인용한 러셀의 한 문장을 인용하고 있다. "우리 시대의 중차대한
임무는 자본주의에 대항하는 노동자들의 투쟁보다는 산업 문명에 맞서
는 인류의 투쟁이다."[7]

위의 문장에 대한 아롱의 뚜렷한 동의가 아주 비관적인 예측으로 이
어져서는 안 될 것이다. 젊은 철학자 아롱은 종종 여기에서처럼 그 자
신의 미래의 저작들과 모순적으로 보이는 문장을 제시하면서 조금씩
자신의 입장을 내비치는 것으로 그치지 않는다. 곧 보겠지만, 한편으
로 그는 훨씬 더 평범하게, 흐릿하긴 하지만 그 자신의 산업사회에 대
한 때 이른 관심을 드러낸다. 다른 한편으로 이것이 오히려 더 중요한
데, 그는 그 당시의 다른 좌파 젊은 지식인들에게 널리 퍼져 있었던 시
도를 보여 주기도 한다. 마르크스주의를 우회하지도 않고, 또 그렇다고
그 자신의 영역으로 이 주의를 끌어들이거나, 아니면 "그 너머로" 사유
를 밀고 나가지 않으려고 시도했다. 그로부터 벨기에 국적을 가진 앙리
드 망의 저작이 갖는 매력이 도출된다.

게다가 아롱의 서평은 내용 면에서 앙리 드 망의 저작에 아주 우호적
임을 볼 수 있다. 사회주의를 "정신적 현실"로 재구성하려는 "독창적인
사고의 노력" 속에서 "종합을 위한 가장 활기찬 노력"을 보여 주고 있
다. 이런 관점에서 보면 52년의 거리가 있지만 1931년에 내려진 이런

---

7   *Ibid.*, p.47.

우호적인 판단과 아롱이 『회고록』에서[8] 지브 스테른헬[9]의 『우파도 좌파도 아닌, 프랑스에서의 파시스트 이데올로그*Ni droite ni gauche, l'idéologue fasciste en France*』에 대해 하게 될 유보 사이에는 눈에 띌 만한 계속성이 있는 셈이다. 그런데 이스라엘 역사학자 지브 스테른헬에 따르면 이 책에서 앙리 드 망의 사유는 매혹적이면서도 위험한 쪽으로 경사되는 데 결정적인 역할을 했다. 아롱은 이렇게 쓰고 있다. "앙리 드 망에게서 영감을 받은 이른바 계획경제주의자들 그룹은 스스로를 파시스트로도 국가사회주의자로도 평가하지 않았고, 또 그렇게 되고자 하지도 않았다. 그들은 세계적인 위기와 국회의 무능력에서 벗어날 탈출구를 찾고 있었다." 이런 지적은 우리에게 이중으로 도움이 된다. 분명 1930년대에 반의회주의자들의 유혹을 정당화하고자 하지 않았던 아롱은 한편으로는 여기에서 스테른헬의 반대주의자들에게 비중 있는 논거를 제공해 주고 있다. 1920년대 말과 1930년대 초에 분명 "비타협주의"가 있었다.[10] 이 비타협주의는 좌파 지식인들의 마르크스주의를 넘어서고자 하면서도 파시즘의 도래를 준비한 것은 아니었다. 이 점에 대해 아롱이 그 당시에 마르크스주의와 가졌던, 처음에는 호의적이었지만 벌써 비판적이었던 대화가 좌파에 대한 비판보다 앞섰다는 사실을 지적할 필요가 있다. 또한 그런 대화가 30여 년 전에 장 투샤르[11]가 더 광범위한 모든 우

---

8   Raymond Aron, *Mémoires*, *op. cit.*, p.103; 또한 *L'Express*, n° 1648, 4-10 février 1983, pp.32-34를 참고하라.

9   지브 스테른헬(Zeev Sternhell, 1935-2020): 폴란드 출신의 이스라엘 역사가이다.

10   Cf. Jean-François Sirinelli, "Note sur *Révolution constructive*. Des non-conformistes des années 20?", *Bulletin du Centre d'histoire de la France contemporaine*, 1985, 6.

11   장 투샤르(Jean Touchard, 1918-1971): 프랑스의 정치학자이자 역사가이다.

파 경향을 보여 주었던 "비타협주의"의 좌파적 형태에 각인되었다는 사
실 역시 지적해야 할 것이다.[12]

다른 한편으로 반세기의 시차를 두고 앙리 드 망에 대해 이루어진 새
로운 비판은 다음과 같은 점을 잘 보여 준다. 즉, 1983년 10월에 베르트
랑 드 주브넬과 지브 스테른헬 사이에 있었던 재판에 아롱이 증인으로
출석했을 때, 주브넬의 참여에 대한 평가가 아롱과 스테른헬 사이 불일
치의 유일한 점은 아니었다는 점이 그것이다. 아마도 암묵적인 쟁점은
마르크스주의에 대한 좌파의 비판에 대한 모든 해석 ―스테른헬은 그
런 비판에서 파시즘의 모습을 보았다― 에 있었다. 하나의 사상의 계
속성을 보여 주는 ―그리고 예견할 수 없는― 이와 같은 고차원의 지적
투쟁은 비극적 탈출구에 이르기까지 계속되었다. 증언을 하기 위해 왔
다가 파리법원에 출석한 직후에 곧바로 타계한 아롱의 그날의 참석은
이중으로 의미심장하다. 우선 주브넬에 대한 지지를 표명한 것이다. 비
록 1930년대 주브넬의 참여가 아롱 자신의 참여와는 대척점에 있었다
고 해도 그렇다. 그런데 아롱에 따르면 이런 주브넬은 스테른헬의 저서
에서 부당하게 취급되고 있었다. 그다음으로는 아롱 자신의 분석에 대
한 확인과 유지, 그리고 그렇게 함으로써 이런 분석이 낡았다는 것을
공개적으로 확인하는 것이다. 그러니까 사유에 대한 엄격성과 동시에
그 자신이 옳았다는 생각이 그것이다. 그날 아롱이 여러 사람 앞에서

---

12   Cf. Jean Touchard, "L'esprit des années 1930: une tentative de renouvellement de la
      pensée politique française", dans *Tandances politiques de la vie française depuis 1789*,
      Hachette, 1960; Jean-Louis Loubet del Bayle, *Les Non-Conformistes des années 30*, Le
      Seuil, 1969.

증언을 한 것은 결국 '역사' 앞에서 증언을 한 것이고, 거기에 대한 판단을 구한 것이다.

하지만 여기에서는 아롱의 사회주의로 돌아가 보자. 1931년 1월의 『마르크스주의를 넘어』에 대한 서평은, 이미 살펴보았지만, 그런 의미에서 그의 정치적 감수성의 지속을 확인해 준다. 이 점에 대해 보부아르의 회상이 근거를 제공해 주고 있다. 1930년대 초에 젊은 철학자 아롱은 사회주의자였거나 또는 사회주의화되어 있었다. 그리고 그 이후 몇 개월 동안에 이어지는 아롱의 텍스트들의 어조를 보면 이런 계속성은 뚜렷하다. 이렇듯 1월 29일에 쓰였고, 1932년 2월 『리브르 프로포』에 게재된 「독일에서의 편지」의 결론에서 그는 이렇게 말하고 있다. "우리는 언제 다시 힘을 힘이라고, 성스러운 권리 아래에서 무거운 권리를 권리라고 부를 수 있을까? 마르크스주의에 대한 양심의 굴종은 불쾌하다. 하지만 부르주아의 계속되는 정치의 위선이나 순진함은 더 불쾌하다."

실제로 그 시기에 아롱에게서 분명 변화가 일어났다. 하지만 평화주의라고 하는 또 다른 영역에서였다. 그리고 이런 변화 속에서 1930-1933년 사이의 그의 독일 체류는 중요한 의미를 갖는다.

독일:
"역사는 반복된다"

1차 세계대전 전에 독일로의 여행은 몇몇 분야에서 고등사범학교 학생들에게는 흔한 일이었다. 고등사범학교의 게르만학자들은 윌름가에서 수업을 받으면서도 라인강 저편을 방문했고, 또 많은 철학자가 교수 자격시험 합격 후에 독일에 가곤 했다. 어쨌든 19세기 초 이래로 유럽에서는 독일의 "지적 위엄"이 살아 있었다.[13]

이렇게 해서 아롱의 스승 중 한 명인 셀레스탱 부글레[14]는 1893-1894년 사이에 독일에서 체류했다. 2년 후에 그는 그때의 경험을 장 브르통이라는 가명으로 출간한 『독일에서 한 프랑스 학생의 메모*Notes d'un étudiant français en Allemagne*』에서 털어놓고 있다. 그는 이렇게 쓰고 있다. "나

---

[13]   Julien Freund, *Max Weber*, PUF, 1964, p.14; M. Werner & M. Espagne, "La construction d'une référence culturelle allemande en France (1750-1914)", *Annales ESC*, 1987, pp.969-992.

[14]   셀레스탱 부글레(Célestin Bouglé, 1870-1940): 프랑스의 철학자이자 사회학자이다.

는 음악을 많이 듣고자 했고, 맥주도 많이 마시고자 했다. 결국, 한 명의 프랑스인에게 가능한 독일적인 삶을 살고자 했다. 이것은 내 공부 계획에 포함되어 있었다. 나는 단지 추상적인 것만을 배우러 온 것이 아니었다. 나는 현실과 접촉해야 했고, 시장을 보는 일에서부터 매일매일의 아주 사소한 삶을 영위해야 했다. 아마도 그것이 가장 훌륭한 철학과 사회학을 배우는 학교였을 것이다."[15] 여기에서 언급되고 있는 학교는 1차 세계대전 종전 직후에는 프랑스 학생들의 범위 밖에 놓여 있었다. 예컨대 고등사범학교 학생들의 독일 체류는 정전 후 거의 10년이 지난 후에야 재개되었다. 양국 사이의 계속 감도는 긴장감과 독일 대학에서의 프랑스인에 대한 적대감 때문이었다.

1926년 고등사범학교 문과반 입학생이었고 게르만학자가 된 피에르 베르토[16]는 1927년에 베를린을 방문했다. 그는 반세기가 지난 후에 그 자신이 "전쟁 이후 베를린에 체류한 첫 번째 학생"이었다고 쓰고 있다.[17] 물론 이런 기억에 대한 통계적 정확성을 확인하는 것은 쉽지 않다. 베르토는 그 당시에 썼던 일기의 발췌본에 근거해서 이야기하고 있다. 하지만 이런 증언의 의미는 크다고 할 수 있다. 프랑스 학생들의 독일 유학이 여전히 최저 수준에 있었다는 것을 보여 주기 때문이다. 그리고 이런 상황은 단지 베를린에 국한되지 않았다. 독일의 모든 대학에

---

15   Célestin Bouglé, *Notes d'un étudiant français en Allemagne*, Calmann-Lévy, 1896, p.4
      (Dominique Bourel, "Jalons pour une histoire culturelle des rapports entre la France et l'Allemagne au XXᵉ
      siècle", *Préfaces*, nᵒ 13, mai-juin 1989, p.97 이하에서 재인용).

16   피에르 베르토(Pierre Bertaux, 1907-1986): 프랑스의 게르만학자로, 횔덜린 전문가이다.

17   P. Bertaux, "Un étudiant français à Berlin (hiver 1927-1928)", *Revue d'Allemagne*, t. XIV,
      nᵒ 2, avril-juin 1982, p.338.

서 프랑스 학생들은 결코 환영받지 못하는 것처럼 보였다. 고등사범학교 총장은 1927년 11월 11일 자 파리아카데미 교구장에게 보낸 편지에서 이런 상황을 개탄하고 있다. "상황이 심각합니다. 특히 대학 내에서 그렇습니다. 이 나라에서 독일 학생들은 아주 예외적인 공감만을 얻을 수 있을 뿐입니다."[18] 그런데 점차 변화가 일어나고 있다는 징후도 없지 않았다. 실제로 1927-1928년부터 두 명의 고등사범학교 학생이 독일 체류를 연장할 수 있었다. 그중 한 명이 베를린에 머물렀던 피에르 베르토였다. 그 이듬해부터는 6명이 라인강을 건널 수 있었다.[19]

이렇듯 1927-1928년 이후에 독일로의 유학이 재조정되었다. 그리고 1930년에 베를린 소재 프랑스연구소Institut français가 문을 열었다. 1930년 6월 14일 토요일 자 『대학 정보L'Information universitaire』지에서 베를린의 란트하우슈트라세에 위치한 "프랑스대학관Fondation universtaire française"의 10월 개관과 8-10명의 학생을 모집한다는 공고가 실렸다. 프랑스대학관의 초대 관장은 오스발드 에스나르[20]였다. 그는 독불 관계에 있어 1920년대 내내 막후 협상에서 중요한 역할을 담당했던 대학 관계자였다.[21] 프랑스대학관에 대한 자료는 프랑스 외무부 아카이브에서 찾을 수 없다.[22] 그런 만큼 프랑스연구소의 첫 번째 입주자가 어떤 방식

---

18   Arch. nat. 61 AJ 202.

19   "Liste générale des élèves boursiers en voyage d'études à l'étranger (1927-1931)"(Idem.).

20   오스발드 에스나르(Oswald Hesnard, 1877-1936): 프랑스의 독일학자로, 베를린 소재 프랑스연구소 소장을 역임했다.

21   Cf. Jacques Bariéty, "Un artisan méconnu des relations franco-allemandes: le professeur Oswald Hesnard, 1877-1936", dans Recueil de mélanges offert à Karl Ferdinand Werner, Hérault Editions, pp.1-18.

22   Cf. Bernard Auffray, Pierre de Margerie, Klincksieck, 1976, pp.490-491.

으로 모집되었는가는 알기 어렵다. 그 당시에 프랑스연구소는 샤를레티[23]라는 파리아카데미 교구장과 연계되어 있었다. 그런 만큼 이 연구소에 대한 정보는 파리에 있는 고등교육기관에 잘 알려졌고, 특히 그랑제콜의 경우에는 더 그랬다. 예컨대 앞에서 살펴본 것처럼 『대학 정보』지는 6월부터 프랑스대학관의 창설과 예상되는 모집 인원에 대한 안내를 하고 있다. 이 신문은 이렇게 쓰고 있다. "무엇보다도 독일의 학문이 이루어지는 환경에서 연구자들을 돕는 것이 중요하다. 예컨대 다량의 자료 조사(독일과 중앙유럽의 역사, 이 나라들의 정치, 경제, 사회 교육, 예술과 문명사), 자연과학 분야, 엄밀 과학 분야, 응용 분야 등에서 독일의 학문적 성과를 직접 확인하고자 한다."

1932년 가을, 1921년 고등사범학교 문과반 학생이었고, 아롱과 사르트르의 몇 년 선배였으며, 그들처럼 철학 교수자격시험 합격자였던 앙리 주르당[24]이 프랑스연구소 소장으로 에스나르의 뒤를 이었다. 이 기관의 공식 명칭은 그 당시에 "프랑스교육관Maison académique française"이 되었다. 그는 1937년까지 관장직을 수행했다.[25] 그 시기에 매년 5-6명의 기숙생들이 체류했다. 그 당시에 베를린으로 건너간 이들의 명단에는 다음과 같은 이들이 포함되어 있다. 역사가 앙리 브룅스비크,[26] 마르셀

---

23   세바스티앵 샤를레티(Sébastien Charléty, 1867-1945): 프랑스의 사학자이다.

24   앙리 주르당(Henri Jourdan, 1901-1993): 프랑스의 게르만학자로, 1933년부터 1939년까지 베를린 소재 프랑스교육관의 관장을 역임했다.

25   1980년 10월에 했던 필자와의 서신 교환; "Souvenirs d'un Français en poste à Berlin de 1933 à 1939", *Mémoires de l'Académie des sciences, belles-lettres et arts de Lyon*, 3ᵉ série, t. 29, Lyon, 1975, pp.125-137.

26   앙리 브룅스비크(Henri Brunschwig, 1904-1989): 프랑스의 사학자로, 프로이센과 사하라 이남 아프리카 전문가이다.

제2장 | '역사'의 깨어남   **163**

시몽,[27] 게르만학자 피에르 그라팽,[28] 장 소바나르그[29] 등이 그들이다. 또 다른 프랑스 장학생들이 연구소 주위를 맴돌았다. 가령, 록펠러재단 장학생인 르네 카피탕,[30] 프랑수아 페루[31] 등이 그들이다.

1928년 7월에 교수자격시험에서 우수한 성적으로 합격한 후에 아롱은 다음과 같이 지원서를 작성했다. 이 지원서는 고등사범학교 아카이브에 있다.[32] "외국에서 가르치는 직책(독일이나 오스트리아를 선호)이나 아니면 티에르재단.[33]" 실제로 군 복무를 마치자마자 아롱은 1930년 봄에 쾰른대학의 프랑스어 강독자 자격으로 독일로 떠나게 된다. 그리고 쾰른에서 약 1년 이상을 지낸 후에 그는 1931년 대학 개강과 더불어 베를린 프랑스연구소로 가서 2년 동안 지내게 된다.

이 시기에 젊은 철학자 아롱은 그 자신을 되돌아볼 기회를 갖게 되었고, 그 결과는 평생 남게 된다. 가령, 40년 후에 아롱은 콜레주 드 프랑스 교수 취임 강의에서 전환점이 되는 그 시기를 이렇게 회상하고 있을 정도이다. "히틀러가 등장하기 바로 직전에 독일에서 국가사회주의의 부상, 악마적인 정책 등으로 인해 나는 내 자신에 반대하면서, 내 자신

---

27 마르셀 시몽(Marcel Simon, 1907-1986): 프랑스의 종교사학자로, 레지옹도뇌르 훈장을 받았다.

28 피에르 그라팽(Pierre Grappin, 1915-1997): 프랑스의 게르만학자이다.

29 장 소바나르그(Jean Sauvagnargues, 1915-2002): 프랑스의 정치인이자 외교관이다.

30 르네 카피탕(René Capitant, 1901-1970): 프랑스의 법률학자이자 정치인이다.

31 프랑수아 페루(François Perroux, 1903-1987): 프랑스의 경제학자이다.

32 Arch. nat. 61 AJ 251.

33 티에르재단(Fondation Thiers): 1893년에 설립된 장학재단으로, 프랑스 대통령을 지낸 알퐁스 티에르(Alphonse Thiers)의 부인의 출연으로 세워졌다. 장래가 유망한 신진학자들에게 재정 지원을 하고 있다.

의 내적 취향에 반대하면서 사유를 해야만 했다."[34]

아롱의 젊은 시절의 내적 취향과의 결별, 그리고 처음에 알랭에게서 자양분을 얻었던 그의 평화주의와의 결별은 점진적으로 이루어졌다. 아롱이 독일에서 『리브르 프로포』에 보냈던 글들을 보면 이런 변화를 가늠할 수 있고, 또한 그 주요 요인들도 알 수 있다. 한편으로 나치즘의 부상 광경, —따라서 독일이 나치즘을 공식적으로 표명하기 전에,— 다른 한편으로 이런 광경에서 자양분을 얻은 역사적 소용돌이 지역으로 진입했다는 감정이 그것이다. 아롱은 50년 후에 『회고록』에서 이렇게 쓰고 있다. "1930년 봄에 쾰른에 도착하면서 나는 토인비의 '역사는 반복된다'라는 말에 담긴 충격을 경험했다."[35] '역사'의 반복에 대한 이런 예감은 이해당사자 아롱이나 역사가에 의해 '사후적으로' 재구성된 것이 아니다. 그런 예감은 아롱이 그 당시에 쓴 텍스트에서 뚜렷이 드러나고 있다. 그리고 이 젊은 철학자의 자성의 과정에서 독일에서의 체류는 결정적인 촉매 역할을 하게 된다.

아롱이 『리브르 프로포』에 보낸 첫 번째 "독일로부터의 편지"는 짧다. 1930년 12월 호에 게재된 "연구를 위해 체류 중인 한 젊은 교수"에 의해 쓰인 편지는 17줄이었다. 초창기의 '편지'에는 아롱의 알랭주의가 늘 나타나 있었다. 알랭주의는 후일 아롱이 『회고록』에서 "감정적 거부"[36]라고 부르게 되는 것 위에 정초해 있었다. 1930년 12월로부터

---

34   Raymond Aron, *De la condition historique du sociologue*, Collège de France, premier
      trimestre 1971, p.14.

35   Raymond Aron, *Mémoires, op. cit.*, p.55.

36   *Idem.*

26개월 후에도 아롱은 계속 베를린에 체류하고 있었고, 그의 변화는 끝난 것으로 보인다. 실제로 1933년 2월에『리브르 프로포』에 그의 마지막 글이 게재되는데, 이런 변화는 되돌릴 수 없는 것으로 보인다. 알랭이 설파한 "진실"이 "하늘과 땅 사이에서 부유하고 있다." 적어도 세 가지 이유에서 이 글에 주목해야 할 필요성이 있다. 한편으로 단절은, 방금 보았듯이, 알랭이라는 "인간"과의 단절과 더불어 이루어졌다. 어쨌든 평화주의와 관련해서는 그랬다. 그리고 이런 단절은 심지어 알랭주의자들의 잡지에도 공개적으로 내걸렸다. 다른 한편으로 아롱에게서 일어난 변화는 알랭주의에 대한 거부보다 더 심층적이었다. 아롱에게는 이제 "정신에 끔찍함을 안겨 주는 현실에 대해 엄격하게 사유하는 것"이 중요했다. 원형-아롱proto-aronienne의 국면은 이제 막을 내린 것이다. 이제 성숙한 아롱의 초상화가 다시 그려진 것이다. 아롱의 저작을 따라가면 그의 사상을 요약할 수 있는 몇몇 문장이 있다. 방금 인용된 문장도 그런 몇몇 문장에 포함된다. 그런데 그때 아롱은 28세가 채 안 되었다.

알랭주의와의 단절을 보이는 마지막 증거가 필요하다면, 위의 텍스트들이 그것을 뚜렷하게 제공해 준다. 그리고 그것이 그의 세 번째 관심사이다. 아롱은 그 텍스트에서 실제로 "샬라예-캉길렘 주장"을 공격한다. 1931년에 콩도르세고등학교의 철학 교수 펠리시앵 샬라예[37]는 "통합적 평화주의"를 옹호하면서『아무런 유보 없는 평화La Paix sans aucune réserve』를 출간했다. 그는 이 책에서 "전쟁이 야기하는 악"과 "모든 전쟁

---

37   펠리시앵 샬라예(Félicien Challaye, 1875-1967): 프랑스의 철학자, 반식민주의자이자 평화주의자이다.

의 포기가 낳을 수 있는 악"을 비교하고, 주저 없이 이런 결론을 내리고 있다. "절대 악에는 절대 치료제가 있다. 통합적인 평화, 그 어떤 종류의 유보도 없는 평화가 그것이다." 또 다른 평화주의의 유파인 "권리에 의한 평화"의 대표자인 테오도르 뤼셍[38]은 "유보가 있는 평화"를 제창하면서 "정의와 존엄성 속에서"라고 샬라예에게 응수했다. 그 기회에 『리브르 프로포』지는 「자료들」이라는 제호 아래 샬라예와 뤼셍, 그리고 여러 텍스트를 재간하는 주도권을 확보했다. 그 텍스트 중에는 살라예에게 아주 호의적인 캉길렘의 두 개의 텍스트도 포함되어 있었다. 그중 하나의 제목이 「모든 국가 사이의 전쟁 거부」였다.[39] 1933년 2월에 아롱의 입장은 그 점에 있어서도 공개적으로 표명된 단절의 모습을 보여준다.[40] 앞에서 살펴본 대로 캉길렘은 거의 10년 이상 전에 아롱을 알랭주의에 가까워지게 했던 고등사범학교 학생이었다. 살라예에 대해서 보자면 그는 오래전부터 평화주의적 투쟁에서 알랭주의자들의 동반자였다.

이렇게 해서 1933년 2월에 아롱과 알랭주의와의 관계는 완전히 막을 내리게 된다. 게다가 아롱의 『리브르 프로포』와의 협력도 그 시기

---

[38] 테오도르 뤼셍(Théodore Ruyssen, 1868-1967): 프랑스의 철학자이자 평화주의자이다.

[39] *La Paix sans aucune réserve*, thèse de Félicien Challaye, suivie d'une discussion entre Théodore Ruyssen, Félicien Challaye, Georges Canguilhem et Jean Le Mataf, et des textes de Bertrand Russel et d'Alain sur le vrai et folle Résistance, "Documents des *Libres Propos*", Cahier n° 1, 1932. 테오도르 뤼셍과 "우파에서의 평화(La Paix par le droit)" 운동에 대해서는 다음 논문을 보라. Cf. Rémi Fabre, "Un exemple de pacifisme juridique: Théodore Ruyssen et le mouvement La Paix par le droit, de 1887 à 1950", *Vingtième siècle. Revue d'histoire*, n° 39, juillet-septembre, 1993.

[40] 그 제목은 정확하게 다음과 같았다. "'통합적 평화주의'에 대한 성찰(Réflexions sur le 'pacifisme intégral')」(*Libres Propos*, février 1933, pp.96-99).

에 멈추게 된다.[41] 상징적인 방식을 통해서였다. "정신에 끔찍함을 안겨 주는 현실을 엄격하게 사유할" 필요성이 1933년 1월 30일, 즉 히틀러가 수상으로 선출되던 그날에 선포되었다. '역사'는 반복되었고, '역사'를 "사고하는 것"은 고통스러운 자성을 요구했다. 게다가 아롱의 『유럽』지와의 협력도 거의 같은 길을 가게 된다. 그 당시에 이 잡지는 장 게노[42]에 의해 주도되고 있었다. 두 세대가 이 잡지 편집자들 대부분의 몸과 마음에 생명력이 강한 평화주의를 주입했다. 1923년에 이 잡지의 탄생을 주도했던 로맹 롤랑의 세대, 1929년 1월부터 점차 주도권을 쥐게 된 장 게노의 세대가 그것이다. 게노는 그 당시에 아직 알려지지 않은 지식인들에게 이 잡지에 글을 기고하게끔 하는 수완을 발휘했다. 니장의 『아덴 아라비』는 1930년 9월부터 11월까지 이 잡지에 먼저 게재되었다. 캉길렘, 조르주 프리드만,[43] 에티엥블[44] 등과 같은 고등사범학교 학생들이 이 잡지에 글을 썼다. 마르그리트 유르스나르[45]는 이 잡지에 『금을 바꾸는 사람Le Changeur d'or』를 실었다.[46] 1931년 2월 호에 실린

---

[41] 아롱은 1933년 2월호에서부터는 어떤 글도 출간하지 않았다. 다만 앙드레 말로의 『인간의 조건』에 대한 짧은 서평만이 1933년 12월 호(n° 12, pp.653-657)에 게재될 예정이었다.

[42] 장 게노(Jean Guéhenno, 1890-1978): 프랑스의 작가이자 문학 비평가로, 1차 세계대전의 영향을 받은 평화주의의 주요 인물이다.

[43] 조르주 프리드만(Georges Friedmann, 1902-1977): 프랑스의 철학자이자 사회학자이다.

[44] 르네 에티엥블(René Etiemble, 1909-2002): 프랑스의 작가이자 대학교수로, 특히 유교를 비롯한 동양학 전문가이다.

[45] 마르그리트 유르스나르(Marguerite Yourcenar, 1903-1987): 벨기에 출신의 작가로, 미국으로 귀화했으며, 1980년에 아카데미 프랑세즈에 선출된 최초의 여성이다.

[46] Pascal Ory, "La revue *Europe* à l'époque de Jean Guéhenno (1929-1936)", dans *Hommage à Jean Guéhenno*, actes du colloque de 1990, multigraphié, pp.128-146. Bernard Duchatelet, "Jean Guéhenno, Romain Rolland et *Europe*", *Ibid.*, pp.148-166.

아롱의 첫 번째 글은 여전히 알랭주의적 평화에 의해 깊은 영향을 받고 있었다. 그로부터 2개월 후인 1932년 12월 호에서는 독일에서 보낸 1930년대 초반에 대한 그의 판단이 분명해졌다. "보편적인 평화주의의 공리는 유감스럽게도 이제 더 이상 그 존재 이유를 갖지 못한다."[47] 그로부터 몇 개월 뒤인 1933년 9월 15일 호에서 그는 "독일 민족주의적 혁명"에 대해 글을 썼다. "엄격하게 사유하는 것"[48]이 중요해진 다른 국면이 시작된 것이다.

벌써 1년 전부터 여러 징후가 이런 국면이 시작되었다는 것을 보여주었다. 이것은 히틀러가 수상의 자리에 오르기 전부터였다. 이 점에 관해서는 발표되지 않은 하나의 자료가 소중하다. 1932년 8월, 아롱은 퐁티니[49]에서 10일 동안décade 개최된 컬로퀴엄에 발표자로 참가하게 되었다. 1910년 이래로 ―1914년과 1922년에는 중단되었다― 폴 데자르댕[50] 교수가 몇 년 전에 구입한 시토수도회의 옛 수도원에서 프랑스와

---

[47]　*Europe*, 15 février 1931, pp.281-286 & 15 décembre 1932, pp.625-630(그중에 특히 1932년 2월 15일에 간행된 호와 1932년 7월 15일에 간행된 호를 참고하라). 1932년 12월 15일 이후로 협력은 거의 중단되었다. 1933년 2월 15일에 간행된 호에 실린 짧은 서평이 있지만, 1933년 9월 15일에 간행된 호에 실린 중요한 한 편의 텍스트가 거의 이 잡지에 대한 이별인 것처럼 보인다.

[48]　그렇다고 해서 "객관성을 위한 노력"이 "필요한 분노"를 억눌러서는 안 된다. 지속되는 전설과는 반대로 아롱은 이 글에서 반유대적 조치들을 강하게 비난하고 있다. 그리고 그는 강제수용소에서 저질러진 "끔찍한 사실들"의 "진실성"을 믿었다고 말하고 있다(note 1, p.180).

[49]　퐁티니(Pontigny): 프랑스 중부에 위치한 욘(Yonne)도의 마을로, 중세에 세워진 퐁티니수도원으로 유명하다. 1910년과 1939년 사이에 이 수도원은 폴 데자르댕의 주도로 10일 동안 열리는 국제 컬로퀴엄의 장이 되었다.

[50]　폴 데자르댕(Paul Desjardins, 1859-1940): 프랑스의 대학교수이자 저널리스트로, 20세기 초에 퐁티니수도원에서 10일 동안 열리는 국제 컬로퀴엄을 주도했다. 지금은 그의 후손들이 스리지라살(Cerisy-la-Salle)에서 그의 유업을 이어 가고 있다.

외국 학자들을 매년 여름에 모여들게 했다. 매번 10일 동안 열리는 컬로퀴엄에서는 주로 문학, 철학, 정치, 세 분야의 주제가 다루어졌다.[51] 아롱은 1928년 교수자격시험에 합격한 몇 주 후에 블라디미르 장켈레비치[52]와 함께 "시간과 영원성"에 할애된 분과에서 발표를 한 적이 있다. 1932년에는 "가치의 전승"이라는 주제가 채택되었다. 8월 30일, 아롱은 프랑스와 독일을 비교하는 발표를 했다.[53] 그는 특히 "지도자의 필요성"을 요구하는 독일의 "민족주의적 의지의 재시도"를 강조했다. 독일인들은 프랑스에 대해 "자유주의와 혼동하는 재판"을 했다. 아롱은 이런 결론을 내렸다. "이 세계를 영웅적으로 맞이해야 한다."

두 번째 징후는 1932-1933년 겨울 동안에 있어야 할 세계가 아니라 현재 있는 그대로의 세계를 받아들여야 한다는 결심이 이미 내려졌다는 것을 보여 준다. 아롱은 『에스프리』지에 실린 한 편의 글에서 공개적으로 이렇게 선언하고 있다. 정치는 "현실에 대한 동의에 의한 정직성의 노력"을 요구한다고 말이다.[54] 그로부터 몇 주 동안 지속된 회의懷疑와 그 당시의 참고점에 대한 거부가 기인한다. 아롱은 같은 글에서 이렇게 쓰고 있다. "나는 우파에도 좌파에도 속하지 않는다. 나는 공산주의자도 민족주의자도 아니다. 나는 사회주의자보다 더 과격하지 않다.

---

51   사르트르도 1926년부터 퐁티니에서 개최된 컬로퀴엄에 참석하곤 했다.

52   블라디미르 장켈레비치(Vladimir Jankélévitch, 1903-1985): 프랑스의 철학자이자 음악이론가로, 소르본대학 철학 교수로 오랫동안 재직했다.

53   아롱의 발표 때 조르주 기 그랑이 했던 미발표 메모(퐁티니에서 열리는 열흘 동안의 컬로퀴엄을 주제로 박사학위 논문을 준비 중에 있는 프랑수아 쇼베가 친절하게 이 메모의 존재를 알려 주었다).

54   Raymond Aron, "Lettre ouverte d'un jeune Français à l'Allemagne", *Esprit*, février 1933, p.742.

내가 동료들을 발견할 수 있을지 모르겠다."

물론 여기에 이처럼 불안한 사유에 의해 야기되고, 또 새로운 토대를 찾으면서 야기된 과장이 섞여 있는 것은 분명하다. 게다가 아롱 자신은 좌파에 속해 있었다. 그런 만큼 이런 불안은 제대로 평가를 해야 할 변화의 반영인 것이 분명하다. 특히 적어도 두 가지 이유로 이런 변화가 고통을 수반할 수 있다는 점이 강조되어야 할 것이다. 한편으로 아롱은 독일이라는 현실로부터 엄청난 충격을 받은 것 같다. 그가 장 게노에게 보낸 편지에서 볼 수 있는 것처럼 말이다. 앞에서 살펴본 것처럼 그당시에 게노는 『유럽』지의 편집 주간이었다. 1931년 2월 15일, 그의 첫번째 글을 이 잡지에 게재한 후에 아롱은 게노와 편지를 주고받게 되었다. 아롱의 편지들을 찾아볼 수 있었다. 이 편지들에서 그는 그의 다른 글들에서보다 훨씬 더 강하게 1931년 봄부터 그 자신이 직접 느낀 심각한 혼란을 확인해 주고 있다.[55] 예컨대 날짜 미상의, 하지만 분명 1931년 봄에 쾰른에서 쓴 것으로 보이는 한 통의 편지에서 독일 상황에 대한 심각한 우려가 드러나고 있다. "그리고 프랑스가 심연의 가장자리에 있는 독일의 광경에 대해 무관심하고 데면데면한 태도로 일관하고 있는 것을 보면, 나는 여러 충고의 무용성을 고통스럽게 느낀다. 나는 끔찍하게도 숙명적인 체념의 힘을 느낀다. 우리가 미끄러지고 있는 언덕에서 멈출 때가 아닌가? 절망적인 시도를 위한 자리가 있기나 한가?"

---

55   아니 게노 부인이 보관하고 있던 이 미간행 편지들은 다음 글의 부록으로 출간되었다. Nicole Racine, "La revue *Europe* et l'Allemagne, 1929-1936", *Entre Locarno et Vichy. Les relations culturelles franco-allemandes dans les années trente*, sous la direction de Hans Manfred Bock, Reinhart Meyer-Kalkus & Michel Trebitsch, Editions du CNRS, t. II, 1993, pp.652-658.

그리고 아롱은 "대낮에 잠자고 있는 자들"을 단죄하고 있다.

독일에 체류하는 동안 아롱이 실행한 자성의 어려움을 잘 가늠하기 위해서는 그 이전에 그가 알랭주의로부터 받았던 영향을 염두에 두어야 할 필요가 있다. 그런데 이런 영향을 떠받치고 있는 생각은 새롭고 위험한 현실, 즉 1930년대의 현실과 점차 멀어지게 된다. 회고적으로 보면 1928-1930년 사이에 카뉴에서 알랭의 제자였던 쥘리앵 그라크가 하나의 사유와 그것이 밝혀 준다고 믿었던 세계 사이의 틈에 대해 가장 분명하게 표현하고 있다고 할 수 있다. "1930년에 알랭의 수업이 끝났을 때, 세계의 갑작스러운 변화가 그의 생각을 흔들어 놓았다. 과도하고 폭력적인 세계, 그의 온건한 휴머니즘을 내치는 세계가 자리를 잡기 시작했다. … 아마도 나로 하여금 상황 속에 있고 또 날짜가 매겨진 분명한 생각을 정신의 삶에 대한 비시간적 각성으로 여기게끔 했던 그를 나는 조금 원망하기도 했다."[56]

사실, 10년 동안의 역사적 소용돌이의 새로운 쟁점들과 도전에 맞서 정치에 대한 반박할 수 없는 알랭주의적 비전이었던 "상황 속에 있고 또 날짜가 매겨진" 사상은 충분한 수단이 못되었다. 알랭이 세상을 떠났을 때 아롱이 지적했던 것처럼, 이런 사상은 1933년과 1939년 사이에 "1914년의 전쟁을 피하기"[57] 위해서만 유효했기 때문이다. 그런데 그런 사상은 새로운 시대에 맞설 수 있는 사상이 결코 아니었다. 쥘리앵 그라크는 다시 한번 다음과 같이 주장하면서 알랭의 "반역사주의"를 언급

---

56   Julien Gracq, *En lisant, en écrivant, op. cit.*, p. 187.

57   Raymond Aron, "Alain et la politique", *La Nouvelle Revue Française*, ("Hommage à Alain"), septembre 1952, pp. 155-167, 인용은 p. 164.

하고 있다. "식민주의, 공산주의, 히틀러주의, 유럽의 운명, 기술적 도약, 세계의 새로운 균형 등과 같은 문제들은 어느 정도 국지적인 알랭의 지혜의 범위를 넘어섰다."[58]

하지만 알랭의 영향은 계속 더 깊어졌다. 수많은 알랭주의자에게 하나의 윤리적 소여로서 체험된 평화주의는 정언명령으로 제시되었고, 이런 조건 속에서 이론의 수정 가능성은 근본적으로 희박했으며, 또 운신의 폭도 좁았다. 유일한 변화는 알랭주의적 신앙과 결별하는 경우에만 가능했다. 왜냐하면 비록 의도적으로는 아니라고 해도 알랭은 1920년대의 점점 커져 가는 위험에 맞서기 위해 과거의 전쟁(1차 세계대전)에 대한 관찰 위에 근거한 국가 사이의 전쟁과 평화의 논리만을 그의 젊은 제자들의 가방 속에 넣어 주었을 뿐이었기 때문이다. 물론 역사적 유추에 의한 정치적 추론은 알랭주의를 넘어섰고, 모든 인간 사회를 규정짓는 특징을 형성했다. 하지만 정확히 이 경우에 이런 추론이 성장 중인 젊은 지식인들에게 전승되었고, 그들의 역할은 그 당시 독일의 열정과 전쟁을 향한 집단적 맹목에는 역행하는 것이었다.

게다가 알랭에 의해 선언된 '역사'에 대한 망설임, 그의 젊은 제자들에게 전승되었던 망설임은 알랭주의적 비전을 갱신하는 것을 어렵게 만들었다. 스승의 정치사상은 1914년 전부터 —"심판을 받은 전쟁"의 경우에는 1918년 전에— 완전히 굳어진 틀을 가진 체계였다. 그리고 이런 정치사상은 그 정립 순간에 태어난 젊은이들에게 그대로 전승되었다.

[58]   Julien Gracq, *En lisant, en écrivant*, *op. cit.*, p.188.

결국, 알랭의 영향은 아롱에게 '역사'에 대한 지속적인 경멸, 또는 적어도 '역사'에 대한 심각한 무관심을 안겨 줄 수도 있었다. 앞에서 살펴본 것처럼 알랭은 1905년에 "현명한 이들"과 "역사가들"을 구분한 적이 있다. 그해는 아롱이 태어난 해이다. 날짜는 상징적이다. 왜냐하면 '역사'에 대한 알랭의 무관심의 1920년대 중반에 20세가 된 그의 제자들에게로의 전승은, 그들 중 많은 이들에게 1930년대에 이중으로 낡아 버린 그의 생각이 다시 살아나는 것을 막아 버렸기 때문이다. 스승의 머릿속에서 벌써 20-30년이 된 생각, 그런 생각이 정립된 시기에 태어난 젊은 이들에게 그대로 전달된 생각이 말이다.

아롱이 알랭의 생각으로부터 멀어졌을 때, 그는 단지 평화주의에 대해서만 이별을 고한 것이 아니었다. 그는 또한 인간 사회에서 '역사'의 무게를 인정하게 되었다. 이런 변화는 본질적이었다. 이것은 결정적으로 그 당시에 태동 중이었던 그의 철학적 저작이 자리를 잡음과 동시에 그의 세속적인 토론과의 관계도 완전히 뒤바뀐 것을 의미하는 것이었다.

사르트르와 아롱이 고등사범학교 학생이었던 시절에는 포스트칸트적인 관념론이 여전히 강단 철학의 대세였다. 그 당시에 문과대학에서 철학 교수직을 맡고 있었던 이들은 실제로 몇십 년 전에, 특히 고등사범학교에서 포스트칸트적인 관념론의 자양분으로 성장했다. 훨씬 뒤인 1978년에 아롱은 50년 전에 우세했던 상황을 이렇게 기술하고 있다. "지난 세기에 텐이나 르낭[59]에 맞서고자 했던 세대와 함께 성장했던 엘

---

59 에르네스트 르낭(Ernest Renan, 1823-1892): 프랑스의 언어학자, 철학자, 종교사가로, 종교에서 초자연적 설명을 배척하고, 자연의 신적(神的) 성격을 강조했으며, 그 연장선상에서 예수의 인간적인 면을 강조했다.

리 알레비[60]는 고등사범학교의 첫 번째 세대에 속했던 인물 중 한 명이었다. 그런데 그 세대에 속한 자들에게서 철학의 역사는 소크라테스, 플라톤, 아리스토텔레스와 함께 시작되었고, 데카르트와 데카르트주의자(스피노자, 말브랑슈, 라이프니츠)와 함께 갱신되었으며, 칸트의 저작에서 정점에 달했고, 또 그들의 눈에는 헤겔에 의해서 왜곡되었다. 그로부터 반세기 후에 고등사범학교 학생이 된 나는 민감하게도 동일한 전망을 재발견하게 되었다. 베르그송주의보다는 신칸트주의가 교육을 지배했다."[61]

이런 상황에서 출발해 윌름가를 떠나 철학 교수자격시험에 합격한 젊은이들에게서 지름길은 세 유형으로 나뉠 수 있다. 하나는 마르셀 모스[62]나 폴 리베[63]와 같은 학자들의 영향 아래에서 자크 수스텔[64]처럼 나아가는 것. 그는 "인식론의 정상, 공기가 희박한 신칸트주의적 성층권을 떠나기 위해"[65] 민속지학으로 우회했다. 다른 하나는 부글레와 같은 스승의 뒤를 이어 사회학과 같은 학문 노선 쪽으로 접어드는 것, 마지

---

60   엘리 알레비(Elie Halévy, 1870-1937): 프랑스의 철학자이자 역사가로, 특히 영국사 전문가이다.

61   Raymond Aron, préface à l'ouvrage de Michèle Bo Bramsen, *Portrait d'Elie Halévy*, B.R. Grüner éditeur, Amsterdam, 1978, VIII + 318p., p.I.

62   마르셀 모스(Marcel Mauss, 1872-1950): 프랑스의 민속지학자, 인류학자, 사회학자로, 특히 프랑스 인류학의 아버지로 여겨진다. 사회학자 에밀 뒤르켐의 조카이다.

63   폴 리베(Paul Rivet, 1876-1958): 프랑스의 의사, 민속지학자로, 샤요궁에 있는 인간박물관의 설립을 주도했다.

64   자크 수스텔(Jacques Soustelle, 1912-1990): 프랑스의 민속지학자이자 정치가로, 알제리 총독을 역임했다.

65   Jacques Soustelle, *Les Quatre Soleils. Souvenirs et réflexions d'un ethnologue au Mexique*, Plon, coll. "Terre humaine", 1967, p.19.

막 하나는 아롱처럼 자율적인 사색 분야를 발견하고, 곧 살펴보겠지만, 학위 논문 심사위원 중 일부의 강한 비판을 받을 각오를 하는 것 등이었다.

아롱이 선택한 영역은 역사철학 분야였다. 어쨌든 이것은 그가 역사에 대한 알랭주의적 주저함을 극복했다는 징표였다. 그리고 이런 철학적 방향은 정확히 그에게서 진정한 "재개종"이 일어난 순간에 주어졌다. 이 용어는 그의 독일 체류 시기에 해당하는 1930-1933년의 국면을 규정하기 위해 『회고록』에서 아롱 자신이 사용하게 될 용어이다. 그의 라인강 저편에서의 체류는 그에게서 "직관"[66]을 결정하게 될 "충격적인 경험"이었다고 적고 있다. '역사'는 다시 움직인다는 직관이 그것이다.

평화주의의 문제보다 훨씬 더 광범위하게 1930년대 초에 스승 알랭에게서 젊은 철학자 아롱을 멀어지게 했던 것은, 바로 '역사'에 대한 이와 같은 다른 관계였다. 게다가 20년 후에 "알랭의 정치사상"을 분석하면서 아롱은 다음과 같은 점을 강조하고 있다. "지도적 이념의 깊이와 중요성과 실천적 암시의 단순한 특징 사이에 어떤 이유에서 대조가 있는 것일까? 잘못은 특히 알랭의 방법에 있다. 역사적 연구의 매개 없이 구체적 경우에서 영원한, 또는 그렇다고 주장하는 관념으로의 이행이라는 방법이 그것이다. 알랭처럼 사회가 인간의 본성처럼 궁극적으로 변하지 않는다고 생각하는 것도 가능하다. 하지만 항구성을 증명하고자 한다면 다양성을 모른 체할 수는 없는 노릇이 아닌가? '역사'를 극복하기 위해서는 우선 '역사'를 인정해야만 한다."[67]

66   Raymond Aron, *Mémoires, op. cit.*, pp.81, 150.

'역사'를 인정하기. 1930-1931년 쾰른에서, 그리고 특히 1931년 과 1933년 사이에 베를린에서 아롱은 다시 움직이기 시작한 '역사'의 1열에 있었다. '역사'가 소용돌이치는 지역으로 들어섰다는 감정과 나치즘의 부상 광경이 그로 하여금 아주 빠르게 평화주의와 단절하게 했다. 이는 1933년 후의 히틀러의 요구와 도발이 있기 훨씬 전의 일이다. "내가 내 삶의 의미와 동시에 정치의 비극, 자유의 허약함을 발견한 것은 바로 1933년대 초에 처음으로 프랑스 국경을 넘었을 때였다."[68] 1934년부터 평화주의에 관련된 변화는 완전하게 이루어졌다. 그 시기에 아롱은 실제로 이렇게 쓰고 있다. "지금, 모든 상황에서 전쟁을 거부하는 나라는 국제정치에서 역할을 포기하는 것이다."[69] 이미 혼란스러운 시기에 '역사'를 인정하는 것, 그것은 전쟁에 대해 사유하는 것으로 이어진다. 이제 아롱은 그 수단을 제시하고자 할 것이다.

아롱이 경험한 평화주의에 대한 이별과 거기에 수반된 자성은 분명히 고통스러웠다. 단지 국제 정세에 대한 분석의 변화의 징표만이 아니었다. 그것은 그 자신이 추론했던 정치와의 관계에서 훨씬 더 광범위한 태도의 변화였다. 왜냐하면 평화주의는 본질적으로 행위보다는 주술에 더 가까웠던 여론이었고, 또 그런 이유로 사건을 포착할 수 없었기

---

67   Raymond Aron, "Remarques sur la pensée politique d'Alain", *Revue de métapysique et de morale*, 57, 1952, p.199.

68   Raymond Aron, "Les droits de l'homme et la politique", Conférence de Berne, automne 1981, 21p., p.1. 이 주제는 당연히 아롱의 저작에서 반복된다. 가령, 『역사 의식의 차원들(*Dimensions de la conscience historique*)』(Plon, 1961, p.31)의 앞부분에서 하고 있는 독일에서 보냈던 "비장한 마음이 들었던 여러 달"에 대한 상기가 그 좋은 예이다.

69   Raymond Aron, "De l'objection de conscience", *Revue de métaphysique et de morale*, 41, janvier 1934, p.134.

때문이었다. 그런데 지금은 아롱에게서 '역사'의 흐름을 내리누를 수 있는 평화주의의 부정합성에 대한 단언으로 인해 지식인의 참여가 다음과 같은 경우에도 행동일 뿐이라는 생각이 자리 잡고 있었다. 즉, 그의 분석이 대문자로 된 위대한 대의명분의 천상에서 다시 내려와 지금 형성 중에 있는 '역사'의 흙덩어리 속에 뿌리내리는 경우가 그것이다.

1930년대 초에 개종[70]을 경험하는 아롱의 무대는 느리고 희미했을, 그리고 여러 해 동안 늘어질 수도 있었을 변화의 연대기적 전망 속에서 후일에 재건축된 것이 아니다. 단지 외관적으로만 역설적인 "참여적 방관자"의 지위에 이르게 되는 것은 바로 독일에서 목도했던 광경과 그것을 통한 '역사'의 충격 때문이었다. 분명 그 당시에 태동한 그의 정치사상의 변화와 막스 베버가 거기에서 차지하게 되는 위상은 같은 방향으로 나아가게 된다. "참여적 방관자"는 "책임의 윤리"의 이미지화된 형태이다. 하지만 '역사'의 충격이 먼저 존재하고, 그런 만큼 다음과 같이 묻는 것도 가능하다. 즉, 막스 베버의 영향이 아롱의 자성과 같은 시기에 일어나지 않았다면 그렇게까지 클 수 있는가? 아롱의 사상은 이렇듯 "무로부터ex nihilo" 생겨나기는커녕 역사적으로 뿌리를 내리고 있다. 물론 이것은 그의 사상이 형성된 시기가 분명하다는 것을 의미하지는 않는다. 왜냐하면 정확히 개인의 경험으로부터 그의 사상 형성의 유일한 순간을 넘어서는 태도와 원칙들이 파생되기 때문이다. 거기에 독일에서 보낸 시절에 아롱에게 발생한 순진함의 상실이 있다. 한편으로 '역사'는 종종 비극적이라는 사실에 대한 자각, 그리고 그 어떤 순간에도

---

70   원문은 'chemin de Damas'이다. 바울이 예수를 만나 개종했던 길을 의미하며, 비유적으로 한 개인에게 발생한 큰 변화나 결심 등을 의미한다.

어쨌든 '역사'에 대해 신뢰만을 할 수는 없다는 사실에 대한 자각이 있다. 간접적으로 그런 비전 속에 함축된 것은 결국 행동의 선택이었다. 그리고 이것은 아롱의 초기 텍스트들의 특징에서 나타나곤 했던 주술과의 이별이었다. 정확히 이런 정신 속에서 "참여적 방관자"라는 표현을 이해해야 한다. 너무 자주 상아탑에 대한 옹호로 잘못 해석되곤 하는 이 표현을 말이다. 방관자는 그 자신의 주위를 에워싸고 있는 세계에 대해 삼사숙고하면서 주의를 기울이는 자이다. 무관심이나 경망스럽게 그의 시선으로 공중에서 둘러보거나 비꼬면서 만족하는 자가 아니다. 그리고 그렇게 함으로써 거기에서 도출되는 주의와 사색이 곧 그의 참여인 것이다. 공개적이고 논의된 말이 곧 행동이다. 아롱은 그 자신의 방법으로 그 시기부터 '광장agora'의 사람이 되었다. 물론 발행 부수가 많지 않은 여러 잡지에서 그의 시대의 '역사'를 해석하면서 말이다.

다른 한편으로 '역사' 속으로의 이와 같은 편입은 또한 사회적 관계에 대한 각성으로 이어진다. 카뉴와 그에 이어지는 고등사범학교는 보호받는 장소를 이룬다. 물론 그곳들은 대도시의 소음이 울려 퍼지고 정치 참여를 불러일으킬 수 있는 장소들이긴 하다. 하지만 외부에 대해서는 고립된 영역임에 틀림없다. 사르트르도 그 나름의 방식으로 1930년대에 '역사'의 혼란에서 보호되고 있는 이와 같은 삶을 연장시키게 된다. '역사'가 그를 다시 붙잡을 때까지 말이다.

베를린에서의
"휴가"

1931년 봄에 군 복무를 마쳤을 때, 사르트르는 중고등교육기관에서 자리를 잡아야 했다. 실제로 다음과 같은 하나의 신화를 바로잡아야 할 필요가 있다. 양차 대전 사이에 윌름가 학생들이 자진해서 더 조건이 좋다고 판단한 운명에 붙잡혀 상당수가 프랑스 고등학교와 중학교에서 자리를 잡지 않았다는 신화가 그것이다. 하지만 그와는 달리 고등사범학교를 졸업하고 난 뒤에 그들 중 상당수가 자연스럽게 중고등교육기관으로 향했고, 또 오랫동안 그랬다. 예컨대 1934년 고등사범학교 『연감』을 보면, ─사르트르와 아롱이 고등사범학교에 입학한 지 10년 후, 사르트르가 교수자격시험에 합격한 지 5년 후,─ 1,680명 중 82%가 국가 교육기관의 공무원(현직에 있든 아니면 은퇴를 했든 간에)이고, 그중 43%가 고등학교에서 재직했다. 고등교육기관은 21.3%로 359명뿐이었다.

티에르재단과 몇몇 외국에서의 자리를 제외하면 그 당시에 경력은 어쨌든 중고등교육기관에서 자리를 잡는 것으로부터 시작되었다. 대학의 조교 자리 ─종종 고등교육기관으로 나아가는 첫걸음으로, 그 이후에 자리를 잡는 데 도움이 되기는 한다─ 는 1942년 5월 13일 자의 법령[71]에 의해 10여 년 뒤에 창설되었다. 1934년에는 1924년 고등사범학교 문과반 동기생 중에서 2명만이 문과대학에서 교수나 전임강사가 되었고, 3명은 고등 연구를 위한 장학생이 되었으며, 4명만이 외국에서 자리를 잡았을 뿐이다. 이것은 국경 밖에서 그런 자리를 잡기가 아주 어려웠다는 것을 증명해 준다. 사르트르는 친구 아롱의 전철을 밟아 르아브르[72]에서 2년을 보낸 후에 베를린 프랑스연구소에 지원했다. 그는 연구 주제로 "정신과 일반 생리학과의 관계"를 제출했다.[73]

사르트르와 아롱, 두 절친 사이의 여정은 다시 한번 겹치게 된다. 왜냐하면 사르트르의 지원이 받아들여졌고, 베를린 체류 후 아롱은 1933-1934학년도에 사르트르의 뒤를 이어 르아브르고등학교에 부임했기 때문이다. 하지만 그들의 평행 관계는 거기에서 멈춘다. 왜냐하면 독일 여행이 이 두 사람의 여정에서 다른 역할을 했기 때문이다. 이미 살펴본 대로 아롱은 정치 분야에서 완전히 환골탈태해서 돌아왔다. 그 반면에 사르트르는 독일 체류에서 충격을 받지 않았다. 하지만 사르트르의 베를린 체류 기간도 아롱의 그것과 마찬가지로 역사적으로 아주 긴박했다. 아롱은 1933년 1월 30일, 즉 히틀러가 수상으로 임명된 날에 독일의 수도에 있었다. 한 달 후인 2월 27일에 국가의회의사

---

71   *Revue universitaire*, janvier-février 1943, p.18.

72   르아브르(Le Havre): 프랑스 북부에 위치한 항구도시로, 사르트르와 아롱은 각각 르아브르고등학교에서 철학 교수로 재직한 바 있다.

73   "Liste des candidatures à l'Institut français de Berlin pour 1933-1934", Arch. nat. 61 AJ 202.

당 화재 사건이 발생했다.[74] 그로 인해 나치의 수장은 "국가와 국민 보호를 위해"라는 법령으로 그의 적들을 제거할 수 있는 권한을 부여받았다. 1933년 봄 초부터 1934년 8월 22일 힌덴부르크[75]의 죽음 ─그 시기에 대통령과 수상의 지위가 모두 히틀러의 수중에 들어갔다─ 까지 18개월 동안은 독일 역사에서 결정적인 시기였다. 그리고 사르트르가 베를린에 머물렀던 1933-1934학년도는 연대기적으로 그 결정적 시기의 한복판에 해당한다. 따라서 사르트르의 베를린 체류 시기가 지금 형성 중에 있는 '역사'를 1열에서는 아니라고 해도 적어도 직접 접촉할 수 있는 시기였다는 것은 사실이다.

사르트르가 1933-1934학년도 초에 베를린에 도착했을 때, 그는 실제로 "한창 철학적 딜레마에"[76] 빠져 있었다. 몇 년 전부터[77] 형이상학적 탐색을 계속 해 왔던 이 젊은 철학자에게 베를린 여행과 후설의 저작을 읽을 것을 권유한 장본인은 다름 아닌 아롱이었다.

---

74   국가의회의사당 화재 사건은 나치 독일 정권의 수립 과정에서 발생한 핵심 사건으로, 1933년 2월 27일에 발생했다. 히틀러를 포함한 지도자들은 이 화재가 공산주의자들의 소행이라고 선언했다. 히틀러는 이 사건을 빌미로 비상사태를 선언할 기회를 잡았고, 힌덴부르크 대통령에게 바이마르공화국 헌법(1919)의 인권 조항 대부분을 폐지하는 의회 방화에 관한 법령에 서명할 것을 강요했다.

75   파울 폰 힌덴부르크(Paul von Hindenburg, 1847-1934): 독일의 군인이자 정치인으로, 1차 세계대전 때 육군참모총장으로 복귀하면서 국민적 영웅으로 발돋움했고, 이 인기를 바탕으로 바이마르공화국의 제2대 대통령을 지냈다. 대통령직을 수행하는 중에 히틀러를 수상으로 임명하였는데, 이는 결과적으로 히틀러의 집권으로 이어지게 되었다.

76   Marie-Christine Granjon, "L'Allemagne de Raymond Aron et de Jean-Paul Sartre", dans *Entre Locarno et Vichy. Les relations culturelles franco-allemandes dans les années 1930, op. cit.*, t. II, p.465.

77   Cf. Simone de Beauvoir, *Mémoires d'une jeune fille rangée, op. cit.*, pp.341-342; *La Force de l'âge, op. cit.*, t. I, pp.37-38, 50-51; Raymond Aron, *Mémoires, op. cit.*, pp.36, 68.

사르트르보다 먼저 독일 문화에 젖어 있었던 아롱과는 달리,[78] 사르트르는 1920년대 독일의 문화적 비등을 여전히 연장시키고 있는 풍요로운 창작에 대해서는 별다른 흥미가 없는 것처럼 보였다. 이 점에 대해서도 사르트르와 아롱은 다시 한번 그들 각자의 미래의 저작을 기준으로 보면 반대의 길을 가고 있었던 것이다. 후일 극작품뿐만 아니라 그의 시대의 문학 연구에 대해 재능을 발휘하게 되는 사르트르, 영화에 대한 협력 의지를 보여 준 사르트르는 어쨌든 "그 자신만의 연구에 몰두해 있었다."[79] 그리고 독일 문학은 그의 관심을 끌지도 않았고 그의 흥미를 불러일으키지도 않았다. 게다가 그의 베를린 체류 기간 중에 부분적으로 집필된 『구토』는 독일 표현주의에서 아무것도 빌려 오지 않았다.[80] 한편, 아롱은 그의 여러 편의 저작과 논문에서와 마찬가지로 그의 재능의 영역에서 크게 벗어나지 않으면서 예술적 감성과 감동을 맛보려고 노력했다.

"독일 여자의 사랑을 얻고자 했던" 사르트르는 다른 감정을 갈망했다. 이것은 후일 그가 『우스꽝스러운 전쟁 수첩』에서 털어놓고 있는 내용이다.[81] 하지만 이 점에서도 그의 "돈 후안의 꿈"은 실현되지 않았고,[82] 그 자신이 적고 있는 것처럼 그는 "프랑스 여자에 열중했다."

78   Raymond Aron, *Mémoires*, *op. cit.*, p.73.

79   Anni-Cohen Solal, *Sartre*, *op. cit.*, p.150.

80   Cf. Marie-Christine Granjon, *op. cit.*, p.466; Jean-Paul Sartre, *Œuvres romanesques*, édition établie par Michel Contat et Michel Rybalka, avec la collaboration de Geneviève Idt et de Georges H. Bauer, Gallimard, coll. "La Pléiade", 1981, p.1724.

81   Jean-Paul Sartre, *Carnets de la drôle de guerre*, *op. cit.*, p.345.

82   Marie-Christine Granjon, *op. cit.*, p.466.

이와 같은 평범한 사랑에 대한 모험을 넘어 사르트르는 실제로 베를린 체류에 지원하면서 아주 고전적으로 지성적 입문 과정을 밟을 수 있기를 희망했다. 그의 독창성은 이런 입문이 그 당시의 세속적인 영역에서의 깊고도 지속적인 영향에 사로잡히지 않았다는 사실에 있다. 그 점에 대한 다양한 증언들은 일치한다. 같은 시기에 독일의 수도에 머물렀던 게르만학자 외젠 쉬시니[83]는 그의 생의 말년에 정치에 대해 완전히 무관심했던 사르트르에 대한 추억을 간직하고 있다. 그 당시 베를린 주재 프랑스 대사였던 앙드레 프랑수아 퐁세[84]의 왼편에서 식사를 하면서도 사르트르는 침묵을 지키고 있을 정도였다. 고등사범학교 출신이었던 프랑수아 퐁세는 쉬시니에게 이렇게 물었다고 한다. "옆에 누굴 앉힌 거죠?"[85] 게다가 사르트르는 그의 베를린 시절의 현실에 대한 무감각을 결코 회고적으로 수정하려 들지 않았다. 이렇게 해서 6년 후에 "우스꽝스러운 전쟁" 동안 그는 수첩에 이렇게 기록하게 된다. "나는 베를린에서 1년 동안 휴가를 보냈다. 나는 그곳에서 젊은 시절의 무책임을 다시 발견하게 되었다."[86] 그리고 그로부터 훨씬 뒤인 1972년에 영화 《사르트르Sartre》에서 그는 다시 한번 그 당시에 실제로 정치 사건들에 무관심했다고 털어놓고 있다.[87]

---

83   외젠 쉬시니(Eugène Suisini): 프랑스의 게르만학자로, 빈 프랑스연구소 소장을 역임했다.

84   앙드레 프랑수아 퐁세(André François-Poncet, 1887-1978): 프랑스의 정치인이자 외교관이다.

85   1980년 11월 10일에 필자와 했던 대담.

86   Jean-Paul Sartre, *Carnets de la drôle de guerre*, *op. cit.*, p.100.

87   Cf. *Sartre: un film*, réalisé par A. Astruc et M. Contat, texte intégral, *op. cit.*

'역사'가 다시 움직이던 시기에 이런 재가동의 진원지를 이루고 있던 것은 바로 독일에서 발생한 사건들이었다. 바로 그곳에서 첫 번째 진동이 발생했다. 하지만 그 진동이 발생한 순간에 그 자리에 있었던 사르트르는 그의 발밑에서 일어난 진동을 느끼지 못했다. 물론 이것은 불명예의 요소도 아니고 책임을 져야 하는 요소도 아니다. 그렇지만 역사가에게는 전망이 부과된다. 왜냐하면 그로부터 11년 후에 참여의 의무에 대한 사르트르의 첫 번째 텍스트가 출간되기 때문이다. 이 첫 번째 텍스트는 그 이후에 여러 세대의 지식인들에게 큰 영향을 주고, 프랑스이데올로기의 풍경을 크게 바꾸어 놓게 된다.

게다가 이런 전망은 베를린에서의 사르트르의 무감각이 갖는 비전형적인 특징을 상기시키는 것이다. 왜냐하면 같은 기간에 베를린에 왔던 다른 젊은 교수자격시험 합격자들은 그곳에서 결정적인 변화를 경험했기 때문이다. 아롱은 물론이거니와 모리스 드 강디야크도 그랬다. 사르트르에 이어 베를린 프랑스연구소에 입주하게 된 강디야크는 독일의 상황을 주의 깊고도 걱정스러운 눈으로 보았으며, 정확히 평화주의자들의 입장에 대한 긍정으로 기울게 된다. 이렇게 해서 강디야크는 『에스프리』지에 1935년 3월 17일에 쓴 편지를 보냈다.[88] 히틀러가 의무적 군 복무제의 재도입 의사를 밝히면서 베르사유조약을 위반하자, 이 젊은 철학자는 절제를 강조하면서 "세계에 맞서 무엇보다도 신의 정의를 믿으면서 평화를 신뢰하고, 독일의 재무장 앞에서 완전하면서도 계산이 없는 무장 해제와 같은 유일하면서도 효과적인 무기로 응수할 수

---

[88]   다음 글에 공개된 모리스 드 강디야크의 편지에서 발췌되었다. Emmanuel Mounier, "La course à la guerre", *Esprit*, n° 31, 1ᵉʳ avril 1935, pp.142-145.

있는 새로운 성왕 루이[89]의 도래"를 기원했다. 조금 거리를 두고 보면, 비록 이런 제안이 아주 명석한 판단 아래 이루어진 것은 아니지만, 그 래도 1930년대에 30세에 가까운 젊은 지식인 중 한 명이 베를린 경험에 서 받았던 충격이 어느 정도였는지를 가늠할 수 있게 해 준다. 게다가 이런 경험은 종종 심오하고도 지속 가능한 개종을 결정할 정도이다. 정 확히, 강디야크와 마찬가지로, 아롱의 경우가 그렇다. 앞에서 보았듯이 1920년대 윌름가의 평화주의적 분위기에서 왔던 아롱은 빠르게 리얼 리즘으로 개종했다. 바이마르공화국의 난파 광경 앞에서 제네바와 로 카르노 정신의 일시적 호전은 끝장난 것이라는 사실을 깨우친 것이다. 처음에는 민족주의에로 기울었던 강디야크 —"악시옹 프랑세즈"가 내 세우는 민족주의이다— 는 독일의 현실과 접하면서 아주 평화주의적인 분석을 했고, 그로 인해 그는 1938년 뮌헨협정에 동의하게 된다.[90]

우리는 독일에서의 결정적 체류의 예를 계속 나열할 수 있다. 장 차 UNESCO 사무총장이 되는 르네 마외를 들 수 있다. 마외의 예는 1925년 고등사범학교 학생이었던 강디야크의 예와 마찬가지로 시사적 이다. 마외 자신이 강디야크와는 달리 사르트르의 가까운 친구였기 때 문에 더 의미심장하다.[91] 그리고 아롱이 베를린으로 떠났을 때 마외는 1931년에 쾰른대학에서 그의 자리를 대신하게 된다. 그런데 마외는 훨

---

89 성왕 루이(Saint Louis, 1214-1270): 루이 9세로, 12세에 왕위에 올라 44년 동안 통치했다. 프랑스 역사상 가장 기독교적이며 도덕적인 왕으로 손꼽힌다.

90 *Esprit*, n° 74, 1ᵉʳ novembre 1938, pp. 295-299.

91 보부아르는 자신의 회상록에서 두 명의 고등사범학교 학생을 회상하고 있다. 마외는 가까운 관계에 있는 서클의 멤버로 나온다. 게다가 사르트르와 보부아르를 만나게 주선했던 이가 바로 마외였다.

씬 뒤인 1973년에 독일재단에서 아주 중요한 상인 몽테뉴상을 수상하면서 했던 연설을 떠올리고 있다. "나는 1931년 10월에서 1933년 6월까지 쾰른에 있었습니다. 그 당시 26-28세였습니다. 나는 그때 끝나가는 '브리앙주의'를 추종했습니다. 그 당시에 로카르노 정신이 그 어떤 현실과도 상응하지 않는다는 것을 갑자기 알게 되었습니다." 이 점에 있어서도 마외에게 독일 체류는 중요했다. "내가 이곳에 왔던 이유는, 나의 정신이 형성되었던 고등사범학교에서 대부분의 친구들과 마찬가지로 내가 열렬한 국제주의자였기 때문이었습니다. 또한 국제연맹을 지지해야 한다고 생각했기 때문이었습니다. 그리고 평화는 무엇보다도 독일과 프랑스의 화해를 요구한다고 믿었기 때문이었습니다. 나는 이 화해를 위해 일을 하고 싶었고, 그렇게 해서 나는 학생들에게 알랭의 『전쟁의 신, 또는 심판받은 전쟁』을 설명해 주려고 노력했습니다. 하지만 때가 좋지 않았습니다. 나는 국회의사당이 불타던 날 출발했습니다."[92]

사르트르는 이 화재 사건 몇 달 후에 도착했다. 그 무렵, 나치즘의 정착은 상당히 진전된 상태였다. 이런 이유로 베를린의 광경은 그에게뿐만 아니라 독일에 온 그의 전임자들에게서와 마찬가지로 '역사'의 충격일 수 있었다. 1925년부터 로카르노조약에 따라 국제 관계가 화해 분위기로 접어든 후에 갑자기 재가동된 그 역사의 충격 말이다. 거기에 더해 사르트르는 그런 광경으로 인해 그 당시에 프랑스 지식인들의 참여의 주된 과제가 되었던 파시즘과 특히 반파시즘의 문제에 민감해질 수

---

92   르네 마외의 사망 기사에서 인용했다. *Annuaire de l'Ecole normale supérieure*, 1978, pp.89-90.

도 있었을 것이다.

1934년 2월 6일에 이어지는 여러 주 동안에 실제로 반파시스트 지식
인 경계 위원회Comité de vigilance des intellectuels antifascistes(CVIA) ―처음에는
반파시스트 행동 및 경계 위원회로 불렸다― 가 구성되었다. 이 위원회
의 창립 선언문은 1934년 3월 5일에 작성되었다.[93] 5월 초부터 2300명
의 지식인들이 이 선언문에 서명했다. 그리고 1934년 말에 CVIA의 기
관지 『경계Vigilance』에 따르면 가입자 수가 "약" 6000명에 달했다.[94] 분명
프랑스에서 편찬된 사료는 그 이후에 프랑스에서 파시즘의 위험이 현
대인들이 생각하는 것보다 작았다는 것을 보여 준다.[95] 하지만 이 사료
의 편찬은 그 당시에는 이와 같은 위험에 대한 지각이 본질적이었다는
사실을 강조하고 있다. 파시즘의 위험이 있다고 생각했기 때문에 반파
시즘은 여러 해 동안 좌파 지식인들의 참여의 근본적인 원동력이었고,
그들의 정치적 비전의 한가운데 자리 잡게 되었다. 『경계』지가 공개한
계속 늘어나는 가입자들의 이름은 좌파 지식인 사회와 관련이 있는 일
종의 동원 현상을 반영했으며, 이런 현상은 부정할 수 없이 대규모로
이루어졌다.

그런데 1934년 여름에 프랑스로 돌아온 사르트르는 CVIA에 가입하

---

93   이 선언문 ―"노동자들에게"― 은 다음 책에 다시 실렸다. Jean-Francois Sirinelli,
      Intellectuels et passions françaises, Fayard, 1990, pp.88-89. 알랭, 폴 랑주뱅, 폴 리베 등
      이 이 선언문에 공동으로 서명했다.

94   *Vigilance*, nº 14, janvier 1935, p.2. 1934년 5월 8일까지 2300명이 가입을 요구했다.
      Cf. *Vigilance*, 2, 18 mai 1934, p.3.

95   이 점에 대해서는 다음 책의 설명을 보라. Pierre Milza, *Fascisme français. Passé et
      présent*, Flammarion, 1987.

지 않은 것 같다. 이 점에 대해 역사가는 절대적 확신을 가지고 있지 않다. 왜냐하면 처음에는 가입자 명단이 공표되었고, 곧바로 청원 국면 ─1934년 3월 5일 자 청원─ 에서 조직의 국면 ─CVIA로 조직─ 으로 넘어갔기 때문이다. 그때 『경계』지는 점점 이름을 열거하는 것보다 많은 숫자를 요구했고, 따라서 완벽한 확인은 불가능하다. 초창기에 공표된 명단에 사르트르의 이름이 나타나지 않는다는 점, 그리고 특히 그 이후에 어떤 순간에도 사르트르 자신이나 그의 가까운 지인들도 그의 가입을 언급하지 않았다는 점은 여전히 사실이다. 그런데 CVIA에의 가입은 좌파 지식인들의 기억에는 영광스러운 경력이었다.

젊은 철학자 사르트르를 아주 개연성이 높은 CVIA에의 비가입을 들어 비난하는 것은 상식에서 벗어난다. 단지 거기에서 보충되는 지표를 보아야 한다. 그에게서 베를린 체류가 큰 의미를 지닌 사건이 아니었다는 점 ─물론 여기에서는 정치적 참여의 범위에만 국한한다─ 과 그의 귀국 이후에 이어지는 한 해 동안 좌파 인텔리겐치아가 대규모로 동원된 투쟁에 대한 무관심 ─이 사실을 반복하자─ 을 보충해 주는 지표 말이다. 그런데 이 투쟁은 그들 인텔리겐치아의 기억 속에 각인된 거의 전설적인 투쟁이었다. 피에르 모루아[96] 정부의 대변인이었던 막스 갈로[97]가 1983년 7월에 좌파 지식인들의 "침묵"에 대해 여름철 토론을 제안할 정도였다. 그의 이런 제안을 뒷받침하고 있는 질문은 분명했다.

---

[96] 피에르 모루아(Pierre Mauroy, 1928-2013): 프랑스의 좌파 정치인으로, 1981-1984년 사이에 총리를 역임했다.

[97] 막스 갈로(Max Gallo, 1932-2017): 프랑스의 정치인, 작가이자 역사학자이다.

"오늘날의 지드, 말로, 알랭, 랑주뱅[98]은 어디에 있는가?"[99] 물론 이 문장은 이른바 '인민전선Front populaire[100]' 시기에 대해 암시하는 것이다. 그 시기 동안에 레옹 블룸 정부와 좌파 지식인들 사이의 관계는 돈독했고, 또한 그들 좌파 지식인들에게는 정확하게 반파시스트적 투쟁의 기치 아래 모인 이 인민전선의 구상 국면에 대한 암시이기도 하다. 게다가 갈로에 의해 인용된 네 명의 이름 중 두 명, 즉 알랭과 랑주뱅은 CVIA의 3명의 발기인에 포함되어 있었다.

CVIA의 구성원 중에서 사르트르의 부재의 의미를 더 잘 가늠하기 위해 그의 연령대에 속하는 많은 고등사범학교 졸업생들, 그사이에 그와 마찬가지로 지방 고등학교의 교수가 되었던 졸업생들은 그 당시에 CVIA 지방 위원회의 구성에 참여했다는 사실을 덧붙이자. 예컨대 라로셸고등학교 교수였던 철학자 르네 샤토[101]는 그의 도시에 지방 분회를 창립했고, 이어서 민중연합 도 위원회를 주재하기도 했다. 그리고 문학 교수자격시험 합격자 클로드 자메[102]는 부르주고등학교 교수로서 1934년 6월에 고등학교 동료 교수들, 사범학교, 초등학교 동료 교사들과 함께 이 도시에 CVIA의 지방 분회를 조직했다. 11월에 그는 이 분

---

98   폴 랑주뱅(Paul Langevin, 1872-1946): 프랑스의 물리학자, 과학철학자로, 특히 자성 이론으로 유명하다.

99   *Le Monde*, mardi 26 juillet 1983, p.7.

100   인민전선(Front populaire): 1936년 프랑스 제3공화국에서 사회주의 정당인 SFIO와 좌파 자유주의 정당인 급진당, 프랑스공산당(PCF)이 연합해 수립되었다. 그해 총선에서 승리하여 집권에 성공했으며, 레옹 블룸을 총리로 하는 연립 내각이 들어섰다.

101   르네 샤토(René Château, 1906-1970): 프랑스의 철학자로, 급진사회당의 투사이다.

102   클로드 자메(Claude Jamet, 1910-1993): 프랑스의 지식인, 저널리스트이자 교육자이다.

회의 사무총장직을 맡았다. 그는 또한 셰르[103]도의 반파시스트 행동 단위 위원회의 총무 역할을 맡기도 했다.[104]

---

103   셰르(Cher): 프랑스의 중부 지방에 있는 도로, 도청 소재지는 부르주(Bourges)이다.

104   르네 샤토와 클로드 자메가 지방에서 했던 역할에 대해서는 다음을 보라. Cf. Jean-François Sirinelli, *Génération intellectuelle, op. cit.*, pp.605, 617.

프랑스 안에서의
파시즘 위험?

그런데 아롱 역시 독일 체류에도 불구하고 CVIA에 가입하지 않았다는 사실을 지적해야 할 필요가 있다. 그렇다고 거기에서 사르트르의 비가입에서 볼 수 있는 것과 같은 비난의 요소를 보아야 하는가? 그렇지는 않다. 왜냐하면 아롱은 정확히 CVIA에의 가입을 고려했으나 지적인 일관성으로 인해 포기했기 때문이다. 어쨌든 이것은 아롱 자신이 1983년 『회고록』에서 직접 하고 있는 해석이다.[105] 그때 아롱은 다음과 같은 두 가지 이유로 가입을 포기했다. 첫 번째 이유는 "프랑스에 파시즘의 위험이 존재하지 않는다"는 느낌이었다. 두 번째 이유는 CVIA의 주요 정신이 공산주의자들과 알랭의 제자들에 의해 결정되고 있었다는 점이다. 사실 아롱은 공산주의자들은 물론이거니와 알랭의 제자들과도 완전히 다른 입장을 표명하고 있었다. 물론 기억의 실천가인 역사가가

---

105   Raymond Aron, *Mémoires, op. cit.*, pp.132-133.

는 한 사람의 삶의 황혼에서의 추억과 전망을 잘 선별해야만 한다. 하지만 이와 같은 방법론상의 불신으로 인해 모든 회고적인 증언을 의문에 붙여야 하는가? 어쨌든 아롱의 경우에 다음 사실은 분명하다. CVIA 문제는 아롱과 무관하지 않았다는 사실이 그것이다.[106] 공산주의자들에 대한 거리와 알랭과 그의 제자들의 입장에 대한 거리가 위의 두 번째 이유를 가능케 했다.[107] 위에서 언급된 첫 번째 이유, 즉 프랑스 내에 파시즘적 위험이 존재하지 않는다는 느낌에 대해서는, 그 시기에 그런 느낌이 어느 정도였는지를 정확하게 확인하는 것은 아주 어렵다. 그럼에도 1934년과 1935년은 아롱이 사회학자로서 유럽의 파시즘에 대해 성찰하기 시작한 해라는 사실을 지적할 수 있다. 아롱은 "사회 위기와 국가 이데올로기"라는 주제로 고등사범학교에서 개최된 일련의 강연회에 참석했다. 이 강연회에서 아롱은 독일을 다루었고, "유럽에 대한 재앙"인 국가사회주의는 "아주 특별하게 게르만적"이라는 결론을 내리고 있다.[108]

곧 살펴보겠지만 아롱은 파시즘 연구를 훨씬 더 광범위한 "근대 전제정치"의 전망 속에 포함시키면서 이어지는 여러 해 동안에 그 자신의

---

[106]　아롱은 1981년 1월 23일에 했던 필자와의 대담에서 이 점을 자발적으로 회상했다. 대담은 2차 세계대전 이전의 그의 정치적 참여에 대한 것이었다.

[107]　1981년 1월에, 즉 아롱의 『회고록』 출간 2년 반 전에 했던 같은 대담에서 그는 이 두 이유를 뚜렷하게 내세우고 있다. 그런 만큼 이것이 그 어떤 경우에도 나중에 재구성된 것이 아니라는 점은 확인되었다. 이 두 이유는 또한 장 루이 미시카와 도미니크 볼통과 함께 같은 시기에 녹음되었던 대화, 그리고 1981년 7월에 출간된 『참여적 방관자』에서도 간략하게 제시되고 있다.

[108]　*L'Allemagne. Une révolution antiprolétarienne: idéologie et réalité du national-socialisme* (dans Elie Halévy et alii, *Inventaires*, t. I, *La Crise sociale et les idéologies nationales*, Félix Alcan, 1976, pp.24-55).

생각을 펼치고 색깔을 입히게 된다. 부족한 추론의 대가를 치르고서이기는 하지만, 그 시기부터 아롱은 프랑스의 상황이 되돌릴 수 없는 현상이라는 생각, 또한 그런 이유로 프랑스와 유럽에 대한 정치적 모방주의와 내적 조정이라는 용어에서의 위험이 아니라 외교적, 군사적 위협이라는 생각을 하게 된다. 회고적으로 보면 그 시기에 대한 아롱의 감정과 분석은 용인 가능한 것으로 보인다. 그리고 이 사실은 우리의 분석에는 이중으로 중요하다. 먼저 그로부터 독일 체류에서 돌아온 젊은 지식인의 변화가 분명하게 일어났다는 사실을 확인할 수 있다는 것이다. 이제부터 아롱에게서 지식인은 동원을 위한 구호와 심지어는 집단적으로 느껴지고 표현된 표상들을 넘어서야 한다. 이것은 계속해서자유로운 조사의 태도에만 그치지 않기 위함이다. 그리고 확신의 윤리를 개선하는 태도도 필요하다. 그리고 필요하다면 상세한 분석을 해야한다. 그런데 그 점에 대해서도 다음 사실을 지적해야 할 것이다. 아롱은 아주 폭넓게, 그리고 심사숙고한 끝에 시대적 상황과는 반대 방향으로 나아갔다는 사실이 그것이다. 그 당시의 많은 좌파 지식인들에게서 정치 참여의 길은 드레퓌스 사건의 유산에 대한 옹호와 그로부터 연유한 가치들의 옹호보다는 오히려 반파시즘에 대한 투쟁을 경유하고 있었다.

말하자면 이데올로기적인 분지分枝가 있었던 것이다. 많은 지식인에게서 "계몽도 프랑스혁명도 더 이상 20세기의 대혼란에 대해 사유하는 것을 가능케 해 주지 못했다." 그리고 거리를 두고 보면 그 당시에 "프랑스 민주주의의 유산 속에 흠집"이 드러나는 것처럼 보였고, 아롱은 "그것을 일찍 느끼고 또 분석한 것"[109]처럼 보였다. 그리고 젊은 지식인 아롱이 이런 예감을 직접 체험하는 것은 아주 힘든 일이었다. 그 당시 분위기가 반파시즘에 대한 투쟁 일색이었기 때문에, 게다가 이런 투쟁이 그 당시 지식인 사회에 빠르게 퍼져 나갔기 때문에, 그리고 이런 투쟁이 그 시기의 정치적 토론에 깊숙이 침투해 있었기 때문에 더 그랬다. 반파시즘 투쟁을 위한 동원이 있었던 해에 전국교원조합의 사무총장직을 맡고 있던 앙드레 델마스[110]는 전쟁 후에 출간된 "조합 연대기"인 『바리케이드의 왼쪽A gauche de la baricade』에서 이 동원에 대해 "1934년의 공화주의자들의 대공포"[111]를 상기시키고 있다. 역사가는 이런 표현에 주목해야 한다. 실제로 프랑스 내부에 커다란 파시즘의 위험이 존재한다는 확신은 점차 사회로 퍼져 나갔고, 동심원적 파동에 의해 국가 공동체의 토론을 야기시켰다. 물론 아주 다른 역사적·문화적 상황에서, 그리고 평행선을 너무 멀리 밀고 나가지 않는다는 조건으로, 이와 같은 전파는 1789년 여름의 "대공포"의 전파를 떠올리지 않을 수 없었다.

아롱에게서 일어난 변화의 결과에 대한 또 다른 관찰을 해 보자. 여러 가지 점에서 이해당사자인 아롱은 이 변화 이후에 평생 동안 변하지 않게 된다. 프랑스적 파시즘의 변이체에 대한 그의 분석은 그 시기부터 대중운동과 집단적 격분을 추상화시킬 수도 있었던 것으로 보인다. 그와 마찬가지로 50년 후에 그런 분석은 그로 하여금 1983년 10월 월요일

---

109 François Furet, *Le Passé d'une illusion. Essai sur l'idée communiste au XXᵉ siècle*, Laffont-Calmann-Lévy, 1995, p.361.

110 앙드레 델마스(André Delmas, 1899-1979): 프랑스의 교육자로, 1932년부터 1940년까지 전국교원조합 사무총장을 역임했다.

111 André Delmas, *A gauche de la barricade*, Editions de l'Hexagone, 1950, p.9.

에 앞에서 언급된 재판, 즉 이스라엘 역사가 지브 스테른헬과 베르트랑
드 주브넬 사이의 재판에 개입하게끔 한다. 그의 개입은 최소한 주브넬
의 입장을 정당화시키기 위함이었다. 그런데 주브넬의 1930년의, 그리
고 점령 기간 동안의 정치 참여는 망명과 투쟁을 선택한 아롱의 그것과
는 거리가 멀었다. 또한 아롱의 이 재판에의 개입은 1930년대 프랑스에
서 파시즘의 침투의 폭과 관련된 그의 결론에 대한 스테른헬의 주장을
반박하기 위함이기도 했다.

어쨌든 "절친"인 사르트르와 아롱의 CVIA에의 비가입은 더 평범하
게 —아롱의 경우에 해당하는 가정이 어떻든 간에— 완전히 다른, 심지
어는 대립되기까지 한 이유에서 기인했다는 사실을 지적해야 할 것이
다. 사르트르는 무관심 때문이었고, 아롱은 반대로 무겁게 내리누르는,
그리고 여러 분야에서 내려진 결정 때문이었다. 게다가 바로 거기에
25년 후에 다시 발생하게 될 대립의 선례가 자리한다. 두 사람은 알제
리 독립에 대해 반대되는 이데올로기의 토양에서 완전히 성숙되고 대
립되는 예비 징후로부터 출발해서 동일한 결론에 이르게 된다.

지금으로서는 르아브르에서 1년을 보낸 뒤에 아롱은 1934년 여름에
다시 파리에 입성하게 된다. 예컨대 8월 8일에 그는 마르셀 모스에게
이런 내용의 편지를 쓰고 있다. "저는 막 파리에 정착했습니다. 부글레
교수님께서 저를 자료센터 조교로 받아 주었습니다. 저에게는 연구를
할 수 있는 시간적 여유가 있을 겁니다. … 다음 달에 아이의 출생을 기
다리고 있습니다."[112] 실제로 아롱은 사회자료센터의 사무총장이 되었

---

112   Marcel Fournier, *Marcel Mauss*, Fayard, 1994, p.642에서 재인용.

다.[113] 그 당시 고등사범학교 은어로 "도퀴Docu"의 사무총장이 된 것이다. 아롱은 거기에서 4년을 보내게 되는데, 이 시기는 그에게 이중으로 의미심장하다. 정치적으로도 지성적으로도 그렇다.

우선 정치적으로이다. 1920년 11월에 창설된 이 센터는 첫 10년 동안 고등사범학교 사회주의의 주요 장소 중 하나였다. 마르셀 데아는 1920-1922년, 1925-1926년 두 차례에 걸쳐 사무총장직을 수행했다. 그는 그 당시 SFIO의 떠오르는 별 중 하나였다. 데아의 젊은 시절의 특징으로 인해 이 "도퀴"의 정치적 방향이 정해졌다. 하지만 그 이후 10년 동안 그 방향성은 사라지게 된다. 『르 피가로』지는 1939년 6월 3일 자 한 기사에서 데아를 드러내 놓고 비난하고 있다. "다른 한편 우리는 고등사범학교가 절대적 사상의 자유의 왕국이라는 사실을 알고 있다. 하지만 이 학교에 사회자료센터가 세워졌는데, 그곳에서 공식적으로 드러난 사회학적 원칙은 붉은색(공산주의적)이 아니라면 적어도 장미 빛깔(사회주의적)이다." 또한 이 기사는 이렇게 덧붙이고 있다. "분명 아주 훌륭한 철학자인 고등사범학교 총장은 학문과 정직성을 갖췄음에도 불구하고 그 누구에게도 의식적으로 '영향을 주려' 하지 않았다. 하지만 거기에는 이미 자리 잡고 가동 중인 몇 개의 기계가 있다…"[114]

여기에서 지목된 사람이 바로 사회학자 부글레였다. 그 당시에 소르본대학 교수였던 그는 "도퀴"를 설립했다. 1927년에 고등사범학교 부

---

113   아롱은 필리프 슈보브를 대신하게 되었다(Cf. 고등사범학교 부총장 셀레스탱 부글레가 파리아카데미 교구장에게 보낸 1934년 6월 6일 자 편지. Arch. nat. AJ 16 2895).

114   Marcel Thiébaut, "Une serre pour controverses ou l'Ecole normale éternelle", *Le Figaro*, 3 juin 1939.

총장이었던 그는 1935년에 총장이 되어 1940년에 죽을 때까지 그 자리에 머물렀다. 젊은 드레퓌스주의자 교수였던 그는 대학에 머무는 동안 급진당과 가까웠고, 『라 데페쉬La Dépêche』에 정기적으로 기고했다. 앞에서 보았듯이 이와 같은 과격화에 힘입어 "도퀴"라는 사회주의 성향의 보금자리가 태어나게 되었지만, 어쨌든 중요한 것은 다른 곳에 있었다. 즉, 그렇게 해서 형성된 지적인 토양에 있었던 것이다. 알베르 칸[115]이라는 후원자의 막대한 지원 덕택으로 구체화된 이 센터의 첫 번째 아이디어는, 특히 고전 영역에 속하는 장서가 풍부한 윌름가의 도서관을 보완하는 차원에서 젊은 고등사범학교 학생들을 위해 사회 문제와 외교 정책에 관련된 주요 저작들과 정기 간행물들을 비치하는 것이었다. 처음에는 특히 고등사범학교 학생들에게 UN이나 국제노동기구에서 장차 담당하게 될 직무를 준비하게끔 하는 것이 관건이었다. 1926년부터 고등사범학교의 총장이었던 귀스타브 랑송은 이 센터에 대해 다음과 같은 평가를 내리고 있다. "철학자들과 사학자들이 사회, 경제 차원에 속하는 동시대의 문제들을 수집, 분류, 해석하는 것을 배우러 오고, 또 늘 숙지하는 데 어려움이 있는 이 문제들에 대한 자료들을 비판적 방법의 규칙에 따라 다루는 것을 배우러 오는 일종의 세미나, 또는 실험실"[116]이었다고 말이다. 제한된 지원에도 불구하고 ―고등사범학교의 한 건물의 2층에 있는 두 개의 방을 사용했다― "도퀴"는 1930년대에 더 알찬 내실을 기하게 된다. 그 당시에 철학 교수자격시험에 합격

---

115   알베르 칸(Albert Kahn, 1860-1940): 프랑스의 유대계 금융 부호로, "도퀴"를 재정적으로 후원했다.

116   Gustave Lanson, "L'Ecole normale supérieure", *Revue des Deux Mondes*, 1926, p.527.

한 젊은 고등사범학교 학생이자 그곳에서 일했던 장 스토에첼[117]은 후일 이렇게 말한 바 있다. "도쿼"는 그 당시에 "프랑스의 첫 번째 사회학 도서관"[118]이 되었다고 말이다.

아롱은 "도쿼"에서 "사무총장"의 자리를 곧 차지하게 되었다.[119] 그가 그곳에서 역사철학에 대한 그의 학위 논문을 집필한 것은 사실이다. 하지만 그는 그곳에서 현대 세계의 분석을 가능케 해 주는 여러 학문 분과를 위해 그의 이해관계에 들어맞는 활동을 펼치기도 했다. 그는 "도쿼"에서 정치경제학 강의를 했고,[120] 사회학 연구를 수행하기도 했다. 1935년에 그는 알캉Alcan 출판사에서 『현대 독일 사회학Sociologie allemande contemporaine』을 출간하는데, 이 책의 상당 부분이 베버에게 할애되었다. 아롱은 또한 이 센터의 공동 연구에서 결정적 역할을 맡기도 했다. 실제로 이 센터는 록펠러센터의 지원을 받아 비교사회심리학 연구를 수행하기도 했다. 『목록Inventaires』이라는 일반적인 제목 아래 세 권으로 출간된 저서에서 각각 『사회 위기와 국가 이데올로기』, 『경제와 정치』, 『중산계급』을 다루었다. 1937년에는 폴 아르트만 출판사[121]에서 『프랑

---

117   장 스토에첼(Jean Stoetzel, 1910-1987): 프랑스의 사회학자로, 여론조사 방법을 창안한 것으로 유명하다.

118   *BSAENS*, n° 107, décembre 1966, p. 11.

119   "Centre de documentation sociale. Rapport sur l'activité pendant l'année scolaire 1936-1937"이라는 제목이 붙은 서류를 참고하라. 이 서류는 DEA 논문(*L'Ecole normale supérieure et la Seconde Guerre mondiale*, 2 tomes, 301 + 133p., Lille III, 1993)의 도입부에서 1930년대 말의 월름가를 상기하면서 공개되었다.

120   *Idem*.

121   폴 아르트만(Paul Hartmann, 1907-1988)이 1927년부터 1967년까지 운영했던 출판사 이름이다.

스 사회과학*Sciences sociales en France*』에 할애된 저서에서 "사회학" 분야를 다루면서 아롱은 "도퀴"의 사회학에 대한 공동 연구를 상기하고 있다.[122]

"도퀴"의 정치적 무게중심과는 독립적으로 —게다가 일반화를 하지 않는 것이 바람직하다. 왜냐하면 부글레가 이 센터에서 일할 사람들을 배타적으로 모집하지 않았기 때문이다— 이 센터는 또한 그곳에서 개최되는 수준 높은 토론회를 통한 나치 독일에 대한 아롱의 성찰의 심화에 적합한 장소였다. 실제로 부글레는 나치즘에 의해 추방되어 프랑스로 피신한 독일 지식인들의 운명에 아주 민감했다. 그런 이유로 이 센터는 그들 지식인의 많은 저작을 수용했다. 게다가 시의성 있는 주제들에 대한 강연회를 자주 개최했다. 예컨대 1939년 1월에 고등사범학교 학생이자 "도퀴"의 구성원이기도 했던 레몽 폴랭[123]이 체코슬로바키아 여행에서 돌아와 중요하고도 정확한 증언을 하기도 했다.[124]

아롱은 또한 소련에 대해서도 성찰을 한 것으로 보인다. 하지만 훨씬 더 불투명한 상황에서였고, 또 반파시스트 투쟁에 참여했던 고등사범학교 학생들의 까다로운 의견과 부딪치면서였다. "도퀴"에서 아롱이 했던 강연 도중에 발생한 사고가 그것을 증언해 준다. 중산계급을 상기시키면서 그는 그의 성찰에 따라 소련이 "농부들의 자산"을 "과격하게" 공격했다는 사실을 지적했다. 그 이후에 재구성된 현실에 비춰 보면 아롱의 지적은 그다지 자극적인 것은 아니었다. 하지만 일부 청중의 반응은

---

122   Paul Hartmann, *Sciences sociales en France, op. cit.*, 1937, p.42.
123   레몽 폴랭(Raymond Polin, 1910-2001): 프랑스의 철학자이다. 레몽 폴랭은 1934년 철학 교수자격시험에 통과한 이후, 1935년부터 1938년까지 도퀴의 구성원이었다.
124   Arch. nat. 61 AJ 97 & 98.

즉각적이었다. 강연자는 괴롭힘을 당했고, 분과 사회자는 반대자들의 언동에 주의를 주어야만 했다.[125]

---

125   1937년에 르네 기 그랑이 월름가에서 촬영했고, 피에르 오브리와 장 노엘 자녜가 자료 영화《학교를 탐방한 6명의 고등사범학교 학생(Six normaliens en quête d'Ecole)》, Arte, 17 mars 1995)에서 발굴한 《고등사범학교 학생들 자신들에 의한(Les normaliens par eux-mêmes)》이라는 제목의 영화에서 발췌되었다.

한 사람은 투표하고,
다른 사람은 투표하지 않다

이처럼 아롱이 종종 힘들게 주위 세계에 대해 성찰하려고 노력하고 있는 동안, 사르트르는 1934년에 프랑스로 돌아온 이후로 과거와 마찬가지로 그의 눈앞에서 형성 중에 있던 '역사'의 가장자리에 머물러 있는 듯 보였다. 보부아르는 그로부터 사반세기 후에 이렇게 쓰고 있다. "우리는 인민전선의 승리에 열광했다." 하지만 곧이어 "사르트르는 투표를 하지 않았다"[126]고 밝히고 있다. 이런 기권 행위에는 그 단기적 분석이나, 또는 행위 당사자와 보통선거 사이의 관계에 대한 장기적 분석에 따라 두 갈래의 지적이 가능하다. 단기적 분석에 따르면 사르트르의 기권은 그 시기에 있었던 세속적 토론에 대한 그의 무관심을 확인해 준다. 또한 동어반복 형식의 이런 확인을 넘어 다음과 같은 사실을 상기할 필요가 있다. 즉, 미래에 참여의 기수가 되는 사르트르의 기권

---

[126]   Simone de Beauvoir, *La Force de l'âge, op. cit.*, pp.271-272.

이 좌파의 기억 속에서 특별한 자리를 차지하고 있는 선거 때, 그리고 "태동 중"이었던 문화정치와 많은 지식인들의 지지에 빚지고 있던 지적 후광으로 인민전선을 둘러싸는 데 기여했던 선거 때 이루어졌다는 사실이 그것이다. 1936년 6월 말부터 자크 수스텔은 "우리 나라에서 인민전선의 정치, 사회적 대운동과 병행해서, 또는 단지 이 운동의 한 측면만을 이루면서 거대한 문화운동이 전개되고 있다"[127]라고 강조한 바 있다.

지식인들의 사회와 블룸이 이끄는 정부 사이의 이와 같은 상호 침투 현상은, 비록 이 현상이 기억에 의해 변형되고 또 과거에 대한 향수에 의해 활성화되기는 했지만, 최소한 첫 몇 달 동안에는, 그리고 스페인 내전으로 인해 내분이 일어나기 전에는, 하나의 뚜렷한 역사적 현실이었다. 방금 지적한 것처럼 이 상호 침투 현상은 역사가에게 하나의 참고점이 될 정도였다. 물론 우리는 여기에서 영웅담과 같은 재구성 —지식인들이 인민전선의 유일한 효소이자 유일한 지킴이였다— 을 경계할 것이다. 또한 우리는 역으로 결정적인 비난 —그 당시의 분위기에 대해 지식인들은 서정적 환상을 가졌다, 라인강 저편에 있는 분화구에서 분출되고 있는 연기에 무감각한 채로 화산 위에서 춤을 추고 있었다— 도 경계할 것이다. 하지만 한 가지 사실만은 분명하다. 우리가 프랑스 인텔리겐치아의 아주 풍요로운 시기 중 한 시기를 눈앞에 두고 있지만, 거기에 그 당시 30세였던 사르트르는 없었다는 사실이 그것이다. 그로부터 10여 년 후에 정치의 장場에 참여하라는 사르트르의 호소는 역사

---

[127]   Jacques Soustelle, "Musées vivants. Pour une culture populaire", *Vendredi*, n° 34, 26 juin 1936, p.1.

적으로 보아 이미 1930년대에 널리 퍼져 있던 참여를 그저 이론화한 것에 불과하다. 비록 그 자신은 거기에 가담하지 않았지만 말이다.

게다가 우리는 이렇게 말할 수 있다. 1930년대 중반에 시간은 정치적 투쟁에 새로운 논거를 제공하라는 독촉을 받았던 지식인들의 편이었다고 말이다. 이 정치적 투쟁은 이데올로기적 성격이 강한 반공산주의와 반파시즘이라는 두 개의 주요 주제를 중심으로 전개되고 있었다. 그 당시에 프랑스 안에서 벌어지고 있던 냉전의 전령들임과[128] 동시에 이데올로기적 정체성을 찾고 있는 두 진영을 대표하는 사상가들이었던 지식인들은 세속적 토론의 한복판에 있었다. 무대의 앞에서도 그랬고 무대의 뒤에서도 마찬가지였다. 인민전선의 역사적인 승리의 순간에 사르트르가 했던 기권에 다시 자리매김을 하기 위해 다음과 같은 사실을 덧붙이자. 즉, 이데올로기적, 정서적 조화를 이유로 좌파 정부와 지식인들이 보조를 같이했던 1936년의 경우는, 잘 들여다보면 20세기 프랑스의 좌파 역사상 아주 드물다는 사실이 그것이다. 실제로 좌파의 정치적 승리는 대개의 경우 시대의 흐름에 역행하면서 이데올로기가 퇴조하는 시기에 이루어졌다. 그것도 다음과 같은 두 개의 변종變種과 더불어서였다. 경쟁적이고 정복적인 다른 하나의 흐름에 이로운 좌파의 정치적 움직임 속에서의 이데올로기의 퇴조, 또는 반대 진영에 이로운 퇴조가 그것이다. 첫 번째 변종은 예컨대 1924년의 좌파 카르텔의 국면에 해당한다. 이 연합에서 "교수들의 공화국"(급진적인)은 정치적으로 승리를 거두었지만, 이데올로기적으로는 새로운 세대의 눈으로 보

---

128   Cf. Serge Berstein, "L'affrontement simulé des années 1930", *Vingtième siècle. Revue d'histoire*, n° 5, janvier-mars 1985, pp.39-53.

면 사회주의적 흐름에 의해 추월당했다. 예컨대 젊은 고등사범학교 학생들의 입장에서는 블룸이 에리오보다 더 매혹적이었다. 반복해서 말하지만 특히 아롱이 그 경우에 해당했다. 두 번째 변종은 1981년에 발생했다. 정치적 좌파는 그 시기에 정권을 장악했다. 하지만 같은 시기에 혼란과 퇴조의 국면에 들어선 좌파 지식인들은 한창 부활 중이던 자유주의 우파에 주도권을 내주게 되었다. 그런데 아롱은 이 자유주의 우파의… 중심 인물이 됨과 동시에 후견인 중 한 명이 되었다. 이와 같은 뒤틀림은 정확히 1936년의 상호 침투 현상에 대한 향수를 설명해 주며, 또 1983년 여름에 있었던 지식인들과 좌파에 대한 토론을 가능케 해 주었다.

분명 사르트르는 1936년에 좌파 지식인들에게 유리한 역사적 상황을 스쳐 지나갔다. 하지만 그의 선거에서의 기권에 대한 분석이 단지 단기적으로 볼 때 서정적인 감정의 토로와 참여에 유리한 상황에서 참여의 기회를 놓쳤다는 사실에 의해 설명될 수는 없다. 사르트르의 삶 전체에서 볼 때 그가 투표함과 투표용지, 곧 선거와 맺었던 복잡한 관계를 고려해야 할 필요가 있다. 이 점에 대해서는 1973년 1월에 발표된 그 유명한 글인 「선거, 어리석은 함정」에 이르기까지 몇십 년에 걸친 선거에 대한 진짜 거부 반응을 언급해야 할 것으로 보인다. 하지만 이와 같은 외관상의 거부 반응을 넘어서서 기권에 관련된 일화는 이중의 의미를 갖는다. 그 시기부터 사르트르는 민주주의 문화와 그것을 지탱하는 "공화주의"에 상당히 무감각하게 된다. 그렇지만 20세기 초부터 튼튼하게 뿌리내린 이런 모델과 문화는 정치 체제와 동시에 가치 체계를 떠받치는[129] "일종의 사회적 에코시스템écosystème social"[130]을 구성하고 있

었다. 주지하는 바와 같이 이 개념은 미국의 역사가 스탠리 호프만[131]
이 "공화주의적 통합"이라고 불렀던 것 위에 토대를 두고 있다.

　그렇다고 해서 사르트르의 참여 거부가 "비타협적"인 흐름에 통합되
는 것은 아니다. 이 비타협적 흐름은 1920년대 말과 1930년대 초에 자
본주의와 마르크스주의의 중간노선을 발견하려고 노력했던 흐름이다.
사르트르의 사유는 그 시기에 이런 움직임과 연결되기에는 너무 탈이
데올로기화되어 있었다. 그의 거부는 그 당시에 보다 평범하게 말하자
면 부르주아지에 대한 일종의 본능적인 적대감으로부터 자양분을 얻
고 있었다. 이런 적대감은 19세기로부터 이어지는 노선과 발자크나 플
로베르 등과 여러 작가에게서 볼 수 있었다. 또한 이런 적대감으로 인
해 사르트르는 마르크스-레닌주의와 대화를 하던 시기가 왔을 때에 그
자신의 이데올로기적 방향 설정에 있어서 공화주의적 문화의 제약에
서 벗어나게 된다. 결국 그 시기부터 그의 부르주아 사회에 대한 거부
를 통해 그는 공산주의 담론에 더욱더 가까워지게 되었다. 심지어는 이
담론이 인민전선의 전향점을 마련하기 전에도 그랬다! 예컨대 1934년
6월 23일부터 25일까지 이브리[132]에서 개최되었던 PCF 전국전당대회

129　　Cf. Jean-François Sirinelli, "Les vingt décisives. Cultures politiques et temporalité
　　　　dans la France fin de siècle", *Vingtième siècle. Revue d'histoire*, n° 44, octobre-décembre
　　　　1994, pp. 121-127.

130　　Serge Berstein & Odile Rudelle, dans l'avant-propos de l'ouvrage *Le Modèle
　　　　républicain*, publié sous leur direction, PUF, 1992, p.7.

131　　스탠리 호프만(Stanley Hoffmann, 1928-2015): 오스트리아에서 출생한 정치학자로, 하버
　　　　드대학교 정치학 교수를 역임했다.

132　　이브리(Ivry): 프랑스의 발드마른(Val-de-Marne)도에 위치한 도시로, 파리에서 5km 정도
　　　　떨어져 있다.

에서 이와 같은 전향점이 마련되었는데, 그 기회에 모리스 토레즈[133]는 이렇게 선언하고 있다. "공산주의자들, 그들은 모든 형태의 부르주아 독재에 맞서 투쟁한다. 설사 이 독재가 부르주아민주주의의 형태를 띠고 있어도 그렇다."[134] 하지만 이 문장은 그 당시 29세였던 사르트르에게 아무런 충격도 주지 못했을 것이다. 이 문장이 그의 오불관언吾不關焉의 태도를 포기하도록 한 것은 아니다.

사실, 이와 같은 오불관언의 태도가 1936년에 있었던 그의 선거 기권의 두 번째 의미인데, 거기에는 의심의 여지 없이 —다시 보아야 하지만— 1936년에 있었던 프랑스의 대토론과 쟁점에 대한 공감sympathie —이 단어의 일차적인 의미에서— 의 부재가 반영되어 있다. 어쨌든 이런 의미에서 보부아르가 사용했던 "열광"이라는 단어를 상대화시킬 필요가 있다는 추론이 가능하다. 게다가 그로부터 2년 후에 있었던 빈사 상태의 인민전선의 동요 앞에서 사르트르가 보여 준 평정심 역시 같은 사실을 보여 준다. 예컨대 1938년 7월 14일, 사르트르는 몽파르나스에 있는 카페 돔Dôme에 있었다. 그는 이렇게 쓰고 있다. "날씨가 흐렸고, 끔찍하게 공화주의적이었소." 그리고 그는 고등사범학교 동기생인 영국 전문가 알프레드 페롱과의 만남을 상기하고 있다. 그날 페롱은 "인민전선이 개최한 시가행진에서 '서약에 충실. 강령의 실천. 스페인 공화주의 만세!'라고 적힌 작은 붉은색 띠를 단추

---

133   모리스 토레즈(Maurice Thorez, 1900-1964): 프랑스의 좌파 정치인으로, 프랑스의 부총리를 역임했다.

134   Stéphane Courtois & Marc Lazar, *Histoire du Parti communiste français*, PUF, coll. "Thémis-Histoire", 1995, p.122에서 재인용.

에 달고 온"[135] 참이었다. 사르트르의 행동에 더 많은 관심을 가진 연구자는 1935년 7월 14일의 화려했던 불꽃과 엄숙하게 이루어졌던 선서, 즉 인민전선의 구성적임과 동시에 상징적인 행위를 뚜렷하게 기억 속에 간직하고 있을 것이다. 그리고 아마도 사르트르는 1938년 7월 14일의 "끔찍한 공화주의적" 분위기에서 힘과 기쁨의 표시보다는 오히려 사망했거나, 또는 단말마의 상태에 있는 좌파 정부를 위한 파반[136] 무도회에 참가했다는 느낌을 받았을 것이다. 이런 느낌은 3년 전인 1935년 7월 14일에 사르트르와 보부아르가 바스티유Bastille역에서 나시옹Nation역[137]까지의 시위에 직접 참가하지 않았던 만큼 더욱더 예기치 못한 것이었다.[138] 그럼에도 이것은 의미심장하다. 1960년에 『얌전한 처녀의 회상』에서 보부아르는 그 당시 시위의 구호를 상기하면서 "라 로크를 매달아라!La Roque au poteau!"를 인용하고 있다. 그런데 만일 우리가 이 고유명사가 그 당시 시위에서 가장 빈번하게 사용되었던 것 중의 하나라는 사실을 생각한다면, 여기에서 볼 수 있는 철자의 실수[139]를 통해 사르트르와 보부아르 커플이 1930년대의 "반파시스트" 정치 문

---

135   Jean-Paul Sartre, *Lettres au Castor et à quelques autres*, *op. cit.*, t. I, p.183.

136   파반(Pavane): 16-17세기에 유행했던 장중한 분위기의 춤이다.

137   파리 지하철의 역 이름이다.

138   Simone de Beauvoir, *La Force de l'âge*, *op. cit.*, p.224(보부아르의 펜 아래에서도 또한 고유명사의 철자가 잘못 쓰였다. p.207).

139   프랑수아 드 라 로크(François de la Rocque, 1885-1946): 1930-1940년대 프랑스의 정치가로, '불의 십자단(Croix du feu)'이라고 불리는 극우파 운동을 이끌며 제3공화국 타도를 주장했다. 하지만 2차 세계대전이 벌어지자 독일에 항거한 저항운동을 벌였다. 1935년에 시위행진을 하던 인민전선은 이 정치인을 단죄하라는 의미에서 "La Rocque au poteau(라 로크를 매달아라)"라는 구호를 외쳤으나, 보부아르가 이 구호를 인용하면서 'La Rocque'를 'La Roque'로 잘못 표기했다는 것을 의미한다.

화에 아주 약한 정도로만 젖어 있었다는 것을 잘 보여 준다 하겠다.

알프레드 페롱과의 만남 일화는 또한 다음과 같은 이유로 유의미하다. 즉, 그 시기에 사르트르가 윌름가의 옛 친구들과 꽤 소원하게 지내고 있었다는 사실이 그것이다. 실제로 그때 그들 중 몇몇은 이미 정치적으로 참여를 한 상태였다. 예컨대 1937년 5월 3일에 보부아르에게 보낸 편지에서 사르트르는 니장을 언급하면서 이렇게 묻고 있다. "그가 『스 수아르Ce Soir』[140]지의 편집장이 되었다는 것을 당신은 알고 있었소?" 1938년 7월에 그는 "비처럼 지겨운" "니장 부부"[141]와 식사를 하게 된다. 또 다른 윌름가의 옛 친구이자 철학 교수자격시험에 합격했던 피에르 부아뱅은 장 제[142] 장관의 비서실장이 되었다. 1937년 5월에 사르트르는 보부아르에게 다음과 같은 르네 마외의 이야기를 별다른 감정 없이 전하고 있다. "마외는 게테가rue de la Gaîté를 따라 내려오면서 즐거워했소. 우리가 바뀌지 않고 예전의 우리로 남아 있었기 때문이고, 또 우리의 운명이 정확히 치수에 맞게 재단되었기 때문이오. 마외가 나에게 이렇게 말했소. '부아뱅은 항문암으로 곧 죽네. 의사들이 이미 판결을 내렸네. 그는 일주일에 한 번 사무실에 들른다네. 서 있다네. 앉을 때도 엉덩이로 걸터앉는다네. 장 제의 비서실장이 항문 때문에 죽네. 이게 다 운명이 아닌가?' 그는 또한 다른 사람들 이야기도 했소. 니장에 대해서 말이오. 그리고 이런 결론을 내렸소. '여보게, 친구! 아! 삶이란 모든

---

140   1937년에 PCF가 창간한 일간지이다.

141   Jean-Paul Sartre, *Lettres au Castor*, t. I, *op. cit.*, pp.126, 205.

142   장 제(Jean Zay, 1904-1944): 프랑스의 정치인으로, 교육 및 예술부 장관을 역임했다.

소설을 뛰어넘네.'"[143] 피에르 부아뱅은 8월 12일에 세상을 떠난다. 우연히 만난 두 명의 "고등사범학교 졸업생"에게 어울리는 그저 겉으로 내보이는 냉소적인 감정을 고려한다고 해도, 다음과 같은 사실은 반드시 지적해야만 할 것이다. 즉, 이 일화가 미래의 UNESCO 사무총장이 되는 르네 마외와 동시대를 "구현하는" 미래의 지식인 사르트르 사이에 오고 갔다는 사실이 그것이다. 두 사람을 미워하는 적들은 이 일화에서 1905년 세대가 만년에 가장 훌륭한 새싹을 틔워 내지 못했다는 사실을 지적하기 좋은 논거를 발견할 것이다. 지금으로서는 다음의 사실을 지적하는 것으로 그치자. 즉, 해방을 맞이해서 그때까지 복도에 머물렀던 이 세대의 한 분파가 무대 앞에 들어서게끔 만든 세대 내에서의 릴레이가 일어났다는 사실이 그것이다. 그리고 거기에는 사르트르와 마외가 있었다. 다른 한편으로, 이 첫 번째 분파의 여러 구성원의 참여는 세속적인 토론의 가장자리에 있었던 "사르트르"의 관심을 전혀 불러일으키지 못했다는 사실을 지적해야 할 것이다. 가끔 했던 풍자를 제외한다면 말이다.

[143]   *Ibid.*, p.127.

아롱:
'역사'의 지평에서의 "재앙"

그 시기에 아롱은 그 나름대로 여전히 좌파 진영에 가담해 있는 고등사범학교 졸업생으로 여겨졌다. 나치즘에 대한 성찰을 통해 그는 국제관계에 대한 명석하면서도 비관적인 시각을 갖게 되었다. 1936년에 그는 이렇게 쓰고 있다. "내가 보기에 국가사회주의는 유럽의 입장에서 보면 재앙이다. 왜냐하면 그로 인해 민족들 사이에서 거의 종교적인 적대감이 다시 활성화되었기 때문이다."[144] 알랭의 영향에 의해 계도되었든 아니면 그 영향으로부터 치유되었든 간에, 아롱은 다음과 같은 지적에서 볼 수 있는 것처럼 그 영향을 분명하게 비난하고 있다. "알랭은 역사를 모른다."[145] 그와는 반대로 더 직접적으로 정치적 차원에서는 계속성이 변화에 대해 여전히 승리를 거두고 있다. 1936년 봄, 아롱은 인

---

[144] *Inventaires*, vol. 1, *La Crise sociale et les idéologies nationales, op. cit.*, p.55.

[145] Raymond Aron, "Alain, Histoire de mes pensées", *Zeitschrift für Sozialforschung*, VI, 1937, p.223.

민전선에 투표를 했다. 모든 것은 그가 여전히 그 시기와 그 이후에 이어지는 몇 년 동안 사회주의적이거나 사회주의화하는 진영에 속해 있었다는 것을 보여 준다.[146] 실제로 2년 후인 1938년 그의 박사학위 논문 심사를 받으면서 그는 다음과 같은 말로 그의 주^主 논문을 소개하고 있다. "저는 왜 사회주의자일까요? 하나의 정치적 입장을 갖는다는 것은 무엇을 의미할까요? 이런 문제들이 바로 제가 마르크스주의와 정치경제학을 연구하면서 제기했던 질문들입니다."[147] 가스통 페사르[148]가 들려주는 이런 증언은 『형이상학과 도덕 잡지』에 의해 학술적인 용어로 확인되고 있다. 이 학술지에는 논문 제출자가 내세우는 정치적 색깔에 대해서는 아무런 언급 없이 거의 같은 내용이 실려 있다. "아롱 씨는 그의 정치적 선택에 대한 전적으로 개인적인 성찰을 그의 논문의 출발점으로 소개하고 있다."[149]

그런데 인민전선의 시기로부터 40여 년 후에 아롱은 『참여적 방관자』에서 그 자신의 사회주의적 감수성의 퇴조를 강조하고 있다. "나는 사회주의자였어요. 막연하게였어요. 하지만 내가 정치경제학을 연구함에 따라 점점 덜 사회주의자가 되었지요."[150] 이 점에 대해서도 이야

---

146   게다가 1936년에 아롱은 조르주 프리드만이 주관하는 "사회주의와 문화" 총서(Cf. Pascal Ory, *La Belle Illusion*, Plon, 1994, p.76)에서 저서를 출간할 계획을 가지고 있었다.

147   아롱의 논문 심사에 참석했고 또 여러 쪽의 메모를 했던(p.34 이하) 가스통 페사르 신부의 증언(Gaston Fessard, *La Philosophie historique de Raymond Aron*, Julliard, 1980, p.42).

148   가스통 페사르(Gaston Fessard, 1897-1978): 프랑스의 철학자, 신학자이자 신부이다.

149   『형이상학과 도덕 잡지』의 1938년 7월 호 "부록(Supplément)"에 게재된 아롱의 박사학위 논문에 대한 평가(pp.28-31)의 p.29에서 인용했다. 이 텍스트와 가스통 페사르의 텍스트는 실비 므쥐르가 검토하고 주를 붙인 아롱의 『역사철학 입문(*Introduction à la philosophie de l'histoire*)』(Gallimard, 1986)에 재수록되었다.

기는 회고적으로 재구성된 것이 아니다. 거기에서 『형이상학과 도덕 잡지』 1937년 10월 호에 게재된 아롱의 한 논문에 대한 직접적이고 분명한 주장을 볼 필요가 있다. 「프랑스의 경제 문제에 대한 성찰」이라는 논문은, 아롱이 인민전선의 경제 정책의 부재 앞에 놓은 조화弔花의 싹을 구성하고 있다. 그리고 그는 『회고록』에서 이 문제의 내용과 그 문제를 다룬 어조에 대해 길게 설명하고 있다. 물론 이 주제에 대해서는 훌륭한 연구들이 이미 이루어졌다.[151] 이 논문은 또 다른 점에서도 중요하다. 왜냐하면 아롱은 거기에서 지식인의 역할을 규정하고 있기 때문이다. 아롱은 실제로 "성스러운 가치들을 옹호한다는 유일한 목적을 위해 행동하거나, 또는 행동한다고 자처하는" 자들을 공격하고 있다. 왜냐하면 "이런 불가피한 미끄러짐"으로 인해 그들이 "파당으로서 행동하기" 때문이다. 그리고 "실수에 대해 진실을 들먹이는 것을 허용해 주는 드레퓌스 사건이 날이면 날마다 있는 것은 아니다." 분명 여기에서는 쥘리앵 방다가 공격의 대상이 되고 있다! 하지만 아롱은 다음과 같은 사실 역시 개탄한다. "지식인들에게 신뢰를 보내는 대중들은 이런저런 저명한 작가, 이런저런 유명한 물리학자, 이런저런 명성 있는 민속학자가 길거리의 평범한 사람보다 삶의 조건에 대해 더 많은 것을 알지 못한다는 사실과 그들이 여러 사건에 대해 보통의 투사들처럼 대응한다는 점을 모르고 있다"는 사실이 그것이다. 반파시스트 지식인 경계

---

150   Raymond Aron, *Le Spectateur engagé, op. cit.*, p.46.

151   예컨대 Nicolas Baverez, *Raymond Aron, op. cit.*, pp.123-126을 보라. 더 일반적으로 1930년대 말의 이 시기는 니콜라 바브레즈의 저서에서 길게 다뤄졌고, 또 아롱의 『회고록』에서 상세하게 분석되고 있다. 이 두 저서를 이중으로 이용하는 것을 피하기 위해 여기에서는 간단하게 다뤘다.

위원회의 삼두마차인 폴 랑주뱅, 폴 리베… 그리고 알랭에 대한 약간 에둘러 이루어진 암시이다. 그리고 바로 두 줄 아래에서 이렇게 덧붙이고 있다. "대관절 몇몇 지식인들에게 공정한 관찰자의 역할을 선택하는 것이 허락되지 않는 이유는 무엇인가?"[152] 이 문장에서 벌써 "참여적 방관자"로서의 모습의 원형을 분간해 낼 필요가 있을까? 어쨌든 아롱은 40년 후에 이 글을 그 자신의 "첫 번째 정치적 글"로 여겼고, 1981년에도 "그 내용을 부인하지 않았다."[153]

모든 상황으로 미루어 보면 아롱의 박사학위 논문 심사에 이어지는 학년도는 고통스러운 긴장의 한 해였던 것으로 보인다. 그가 1936년 이래 예견했던 "유럽의 재앙"이 점점 빠르게 다가오고 있는 것 같았다. 이 점도 역시 역사가가 사후적으로 재구성한 내용이라거나 이해당사자인 아롱 자신의 관점에서 나중에 수정한 것이 아니다. 이 점에 대한 징후들은 일치한다. 가령, 1938년 가을에 뮌헨협정으로 이어지는 체코슬로바키아의 위기 때에 아롱은 생클루[154]에서 고등사범학교 학생들을

---

152 *Revue de métaphysique et de morale*, t. XLIV, 1937, pp.793 이하. 인용은 p.793.

153 1981년 1월 23일에 필자와 했던 대담.

154 지금 현재 파리 윌름가에 있는 고등사범학교가 설립된 이후로 한 세기가 지난 후에 쥘 페리는 여학생들을 위한 '퐁트네오로즈초등교육고등사범학교(Ecole normale supérieure de l'enseignement primaire de Fontenay-aux-Roses)'(1880)와 남학생들을 위한 '생클루초등교육고등사범학교(Ecole normale supérieure de l'enseignement primaire de Saint-Cloud)'(1882)를 설립했다. 퐁트네와 생클루는 파리 근교의 지역 명칭이며, 여기에서 생클루는 후자를 가리킨다. 이 두 학교는 1981년에 하나로 합쳐지면서 남녀공학이 된다. 1986년에는 퐁트네오로즈에 있었던 이 고등사범학교가 퐁트네생클루고등사범학교(Ecole normale supérieure de Fontenay-Saint-Cloud)가 되면서 문학과 인문학에 할애되었고, 자연과학은 리옹의 게를랑 지역에 설립된 '리옹고등사범학교(Ecole normale supérieure de Lyon)'에서 교습되었다. 그러다가 2010년에 이 두 고등사범학교가 하나로 합쳐져 '리옹고등사범학교'가 되어 오늘에 이르고 있다.

앞에 두고 일련의 강의를 하게 된다. 그는 첫 번째 강의로 "위기에 대한 성찰"[155]을 개설했다. 오랜 시간이 지난 후에 미출간 상태의 회고록에서 그의 수강생 중 한 명은 아롱의 강의에 대해 이렇게 회고하고 있다. 아롱은 그의 강의에서 "전쟁의 위협을 동반했던 나치의 위험"을 비난했다고 말이다. 실제로 아롱은 수강생들에게 "전쟁을 피하는 것이 어렵다는 사실을 덤덤하게 증명해 보였다."[156] 이런 분석을 하고 있는 젊은 교수 아롱은 당연히 반뮌헨협정주의자였다. 하지만 그 점에 있어서도 그는 계속해서 구호와 단순화를 피하려고 주의했다. 몇몇 반뮌헨협정주의자들이 전개한 주장, 즉 독일에 대한 강경한 입장이 분명 평화를 가져올 것이라는 주장은 그의 눈에는 결코 정직해 보이지 않았던 것이다.[157] 국가들 사이의 전쟁과 평화에 대해 성찰해야 할 필요가 있다는 주된 생각과 그 나머지는 한갓 주술에 불과하다는 생각이 벌써 그 윤곽을 드러내고 있었다.

물론 1939년 3월에 있었던 체코슬로바키아 사태의 반등으로 아롱은 지적인 면에서 그 자신의 생각이 옳다고 여길 수 있었다. 그는 그 시기에 윌름가의 친구였던 앙리 이레네 마루[158]와 같은 질문을 던지고 있었

---

155   Raymond Aron, *Mémoires*, *op. cit.*, p.147.

156   첫 번째 증언은 아롱 자신이 직접 인용하고 있다(*Ibid.*, pp.744-745). 두 번째 증언은
       Jean-Noël Luc & Alain Barbé, *Des normaliens. Histoire de l'Ecole normale supérieure de
       Saint-Cloud*, Presses de la Fondation nationale des sciences politiques, 1982, pp.125-
       126에서 발췌되었다(이 두 명의 고등사범학교 학생의 이름이 적혀 있지 않기에, 실제로 한 사람의 증
       언인지, 아니면 다른 두 사람의 증언인지를 아는 것은 불가능하다. 두 번째 경우에 확인이 가능하다).

157   1981년 1월 23일 자 필자와의 대담. 또한 『참여적 방관자』와 『회고록』을 더 참고하라.

158   앙리 이레네 마루(Henri-Irénée Marrou, 1904-1977): 프랑스의 역사가, 역사철학자이자 대
       학교수로, 특히 초기 기독교사 전문가이다.

다. 앙리 다방송Henri Davenson이라는 가명을 쓰고 있었던 마루는 1939년 4월 1일 『에스프리』지에 기고한 한 편의 글의 결론에서 이런 질문을 던지고 있다.[159] 유럽은 "무장武裝 전야에" 있지 않은가? 그리고 폴란드 사태 발발 두 달 반 전인 1939년 6월 17일에 아롱은 프랑스 철학 학회에서 발표를 했다. 그 발표에서 그는 민주주의 국가들과 전체주의 국가들의 대립을 분석하면서 요약문[160]의 마지막 문장 중 하나에서 다음과 같이 예견하고 있다. "현재의 위기는 심각하고도 오래갈 것이다. 임박한 사건들이 어떤 것들이든 우리는 그로부터 값싼 대가를 치르고서는 빠져나오지 못할 것이다. 프랑스와 유럽의 여러 나라가 연루된 모험에는 즉각적이고 기적과도 같은 출입구가 없다. 이런 상황에서 교수직을 수행하고 있는 우리는 애착을 가지고 있는 가치들을 구하기 위한 노력에서 작은 역할이나마 할 수 있다고 생각한다." 우리는 이미 1939년 6월 17일에 아롱이 했던 발표 내용을 강조한 바 있다. 그는 여전히 좌파에 속했지만 1937년과 1939년 사이에 그의 지적 자양분이 되었던 두 개의 주요 부식토에 대해 대대적인 검토를 하게 된다. 그는 『형이상학과 도덕 잡지』에 실린 한 편의 논문을 통해 정치적 좌파에 대한 그의 망설이는 태도를 표명했다. 반파시즘을 독려하는 주제에 대해 1934년 이래로 그가 내걸었던 이런 망설이는 태도에 이어 인민전선에 대한 그의 비판적 의견은 그로 하여금 1930년대 후반부에 좌파적 감수성의 진앙지로

---

159   「역사가의 슬픔」(*Vingtième siècle. Revue d'histoire*, n° 45, janvier-mars 1995, pp.109-131에 재수록)이라는 글에서 그는 아롱["아주 똑똑한 학생이지만, 약간 거만하다. (그뿐일까?)"]의 『역사철학 입문』에서 출발해서 역사에 대해 성찰하고 있다.

160   이 요약문은 1946년에 가서야 비로소 이 학회의 회람에서 출간된다. 이 글은 아롱의 *Machiavel et les tyrannies modernes*, De Fallois, 1993에 재수록되었다. 인용은 p.179.

부터 멀어지게 만들었다. 게다가 1939년 6월 17일에 했던 발표는 "프랑스 좌파 지식인들과 가졌던 그의 첫 번째 대토론"[161]이었다.

알랭의 사유를 모태로 이루어진 아롱의 변화에 대해 새로운 관점을 취해야 할 필요가 있다. 왜냐하면 앞에서 보았듯이 오랫동안 아롱이 젖어 있었던 "다시는 결코 그것을!"[162]이라는 평화주의적 태도에 "권력"에 대한 적개심이 겹쳐지기 때문이다. 하지만 이런 적개심이 "전제정치의 시기"에 아롱이 여러 다른 정치 체제에 대한 심도 있는 성찰을 하는 데에 직접적인 영향을 주지는 않았다. 그도 그럴 것이 평화주의적 태도와 권력에 대한 적개심 사이의 거리는 단지 극단적인 평화주의자들이나, 또는 알랭과 같은 몇몇 사상가들에게만 해당되는 것이 아니었기 때문이다. 1차 세계대전 동안에 과도하게 "애국적인" 문학으로 인해 장차 독일이 "위험한" 국가가 될 것이라는 주제는 터부시되었다. 그 결과, 나치즘에 대해 사색하는 것 역시도 강한 터부가 되었다. "권력"의 해로움에 대해 과도한 뉘앙스를 부여하지 않는 분석에 의해 이루어진 사색에 대한 이런 봉쇄에 다음과 같은 암묵적인 금지가 더해졌다. 오랫동안, 그리고 1930년대 후반부에도 여전히 라인강 저편에서 진행되었던 일들에 대한 경고를 동반한 모든 분석이 지나친 것으로 여겨졌던 것이다. 더군다나 1차 세계대전 동안의 "과대 선전"을 가까이에서, 또는 멀리서 상기시키는 모든 것에 대한 본능적인 경계심으로 인해 맹목에 대한 치유이기는커녕, 종종 그 반대로 그런 지나침으로 인해 현실을 제대로 보

---

161 François Furet, *Le Passé d'une illusion*, *op. cit.*, p.363.
162 여기에서 '그것'은 '전쟁'을 의미하며, 그 당시에 "다시는 전쟁을 해서는 안 된다"라는 구호가 유행했다.

지 못하는 실명 상태가 야기되었다.

따라서 이와 같은 평화주의적 정열과 "권력"에 대한 불신 —거기에 예컨대 알랭과 발레리[163]에게서처럼 위험한 연금술로 여겨지는 '역사'에 대한 멸시가 더해졌다— 의 혼합은 종종 현실과 일시적으로 단절된, 하지만 1930년대 내내 권위주의적인 체제들의 발호와 위험의 증가에 의해 특징지어지는 성찰로 이어지게 된다.

그런데 이런 단절과 봉쇄로 인해 종종 이상한 결과가 나타나기도 했다. 가령, 1939년 7월 19일부터 외무부 정보국 국장직을 수행한 장 지로두[164]의 경우를 보자. 그가 수행한 이 직책은 결코 지식인들의 마음에 들지 않았다. 그 당시에도 그랬고 또 회고적으로 보아도 마찬가지다. 모든 것을 고려해도 그 직책 수행은 이상했다. 왜냐하면 관점을 바꿔 보면 문제가 되는 것은 정확히 '지로두-괴벨스[165]'의 대립이었기 때문이었다. 적어도 그 당시에는 그렇게 느껴졌으며, 또한 그로 인해 지로두의 임명은 지식인의 참여의 실패를 보여 주는 하나의 상징으로 보이기도 했다. 그렇다면 그 당시 상황에서 어쨌든 나치즘에 저항한 한 지식인의 참여의 형태였던 지로두의 행동은 어떤 이유로 신뢰를 받지 못하게 되었는가? 존경받을 만하고 또 존경받았던 지식인들이 이미 참여에 가담하고 있었는데도 말이다. 가령, 그 당시에 파리 법대 교수였던 르네 카생[166]이 그 좋은 예이다.

---

163   폴 발레리(Paul Valéry, 1871-1945): 프랑스의 시인이자 철학자이다.

164   장 지로두(Jean Giraudoux, 1882-1944): 프랑스의 극작가이자 외교관이다.

165   요제프 괴벨스(Joseph Goebbels, 1897-1945): 독일의 정치인으로, 히틀러의 측근이었으며, 나치 독일에서 국가대중계몽선전장관의 자리에 앉아 나치 선전 및 미화를 책임졌던 인물이다.

물론 많은 요소가 지로두의 정치적 참여 시도에 대한 비난에 기여했다. 그 당시에도 그랬고, 특히 회고적으로도 그랬다. 외무부 정보국장으로서의 그의 연설은 권력을 장악하고 있는 자들의 마음에 들지 않았다. 그 반대의 경우에도 그의 연설은 쉽지도 않았고 재치도 없었다. 지로두의 스타일은 무거웠고, 마치 원하지 않는 직책을 수행하는 것처럼 명료하지 않았다.[167] 게다가 지로두의 직무 수행은 만장일치의 인정을 받지 못했던 것으로 보인다. 1939년 지로두의 자리에 임명된 쉬잔 비도[168]의 판단으로 그 결과는 다음과 같았다. "괴벨스는 편안하게 잠을 잘 수 있었다."[169] 만일 괴벨스가 최소한 전쟁 초기에 승리를 거머쥐었다는 사실을 덧붙인다면, 또 만일 전체적으로 승리를 부추겼고 또 국수주의적이고 안심시키는 주장을 한 자들을 패배를 이유로 일차적으로 처벌한다면, 그 처벌은 분명 가볍지 않을 것이다.

하지만 반복해서 말하자면, 실패에 앞서 종종 불신이나, 또는 최소한 망설임이 나타나기 마련이다. 그리고 이와 같은 불신은 1927년에 "전시戰時를 위한 전국적 편성"에 관련된 "폴봉쿠르법"에 대한 반대 캠페인처럼 어느 정도의 반향이 있었다. 1927년 4월 15일 『유럽』지에서 알랭은 "정신 나간 법"에 대해 말했고, 5월 15일에 간행된 그다음 호에서 로맹

---

166   르네 카생(René Cassin, 1887-1976): 프랑스의 법률학자이자 외교관으로, UN 인권선언문의 보고자였으며, 그 공로를 인정받아 1968년에 노벨 평화상과 UN 인권상을 수상했다.

167   Jean Giraudoux, *Messages du Continental. Allocutions radiodiffusées du commissaire général à l'Information (1939-1940)*, Grasset, Cahiers Jean Giraudoux, 1987.

168   쉬잔 비도(Suzanne Bidault, 1904-1995): 프랑스의 외교관이다.

169   Suzanne Bidault, *Souvenirs*, Rennes, Ouest-France, 1987, p.23.

롤랑은 이렇게 선언했다. 우리는 그의 선언을 이미 지적한 바 있다. "지난 3월 7일에 몇몇 사회주의자들의 호전적인 객설에 의해 과감하게 은폐되었고, 또 프랑스 하원에서 속임수로 통과된 그 괴물 같은 군사 법안은, 그 어떤 군주 독재나 파시스트 독재도 유럽에서 감히 이루지 못했던 것, 즉 한 민족 전체의 요람에서 무덤까지의 굴종을 실현하고자 한다."

'폴봉쿠르법'에 반대하는 청원서에 서명한 젊은 고등사범학교 학생 중에는 다음과 같은 이름들을 볼 수 있다. 후일 2차 세계대전 중에 사살될 최소한 두 명의 지식인(카바에스와 로트망), "런던으로 건너갈 사람"(아롱), 한 명의 미래의 항독 지하운동가(캉길렘), 두 명의 미래의 대학교수이자 레지스탕스 대원(메츠Metz와 마루), 그리고 해방 당시에 공화국의 경찰총장을 지내게 될 사람(베르토) 등이 그들이다. 하지만 알랭의 세력권 출신인 젊은 지식인들이 입장을 바꾸는 과정에서 겪은 어려움을 상상하기 위해서는 1920년대에 대한 평화주의의 분석을 염두에 두어야 할 필요가 있다. 그리고 아롱의 변화의 때 이른 특징에 대해서도 제대로 평가할 필요가 있다. 하지만 다음과 같은 경우들에서는 변화가 훨씬 후인 1930년대에 들어서서야 이루어지게 된다. 가령, 완전한 평화주의 지지자였고, 1932년에 "모든 세계 전쟁에 대한 거부"를 선언했던 조르주 캉길렘의 경우가 그 좋은 예이다. 그는 "레지스탕스 운동의 영웅"이 된다. 그런데 아롱의 표현에 의하면[170] 캉길렘은 1932년에 평화주의의 문제에 대해 정확히 반대되는 입장에 있었다. 점령 기간 동안에 캉길렘

170　　Raymond Aron, *Mémoires, op. cit.*, p.57.

을 음지에서의 항독 투쟁으로 이끈 변화는 실제로 1930년대 중반에 이루어졌다.[171] 실제로 1934년부터 그의 서명은 『리브르 프로포』에서 사라졌다. 하지만 자료들의 부족으로 인해 그의 평화주의에 대한 이별을 시간적으로 재구성하기는 어렵다. 그럼에도 전쟁 발발 전에, 그리고 심지어는 점령 기간 중에 위급한 상황에서 이런 변화가 이루어졌다는 것은 사실이다. 1939년에 캉길렘이 그의 동료 중 한 명과 공동으로 출간한 『논리학과 도덕 개론*Traité de logique et de morale*』이라는 저서의 마지막 장은 "국가와 국제 관계"와 "전쟁과 평화"에 할애되었다.[172] 이 저서의 마지막 몇 쪽에서 저자들은 다음과 같은 사실을 내다보고 있다. 즉, "완전한 평화주의의 지지자들은 모든 전쟁에의 참여를 거부하기 위해 제시할 수 있는 논거가 없지 않다"고 말이다. 그리고 하나의 주註에서 다음과 같이 지적하면서 그 논거들을 제시하고자 한다. 즉, 알랭의 "『전쟁의 신, 또는 심판받은 전쟁』이라는 제목의 저서에서 이 문제에 대한 가장 심오한 내용을 읽을 수 있다." 하지만 두 명의 저자는 이런 분석을 아직 확실하게 공유하고 있지는 않았다. 『논리학과 도덕 개론』의 마지막 두 쪽에는 "현실주의와 평화주의: 결론"이라는 제목이 붙어 있는데, 이 부분에서 그들 사이를 가르는 거리가 뚜렷하게 나타나고 있다. "결국, 만일 우리가 국제 문제의 여건들과 전체적인 사회 문제의 여건들을 대조시킨다면, 이 두 문제가 서로 분리되지 않는다는 것을 알게 된다. 전쟁은 자연스럽게 과거의 모습, 곧 서로 다른 두 개의 인간적인 체제 사이

---

171   1981년 5월에 했던 필자와의 대담.

172   G. Canguilhem & C. Planet, *Traité dé logique et de morale*, Marseille, F. Robert & Fils imprimeurs, 1939.

의 힘의 대결로 다시 빠지게 된다. 역사적인 문제들이 대규모로 복잡하게 뒤얽혀 있음에도 불구하고, 결국 대결하는 것은… 전체적인 의미에 부합하고, 인간의 삶에 주어진 가치에 부합하는 정치, 사회 조직의 유형들이다. 여기서는 셰익스피어의 햄릿처럼 선택을 해야만 한다."

예컨대 사르트르도, 레비스트로스도 평화주의라는 면에서는 이와 같은 빠른 변화를 경험하지 못했다. 레비스트로스는 1980년에 이렇게 선언하고 있다. "나의 정치적 참여에 대해 말하자면, 나는 젊은 시절에 평화주의자였으며, 또 프랑스의 패퇴를 경험했다. … 아주 심각하게 잘못을 저질렀다는 생각[173]으로 인해 그 당시의 내 정치적 판단에 대한 결정적인 불신을 품게 되었다." 이런 선언은 사르트르가 1961년에 우스꽝스러운 전쟁 시기 이전, 즉 "전쟁 전의 무정부주의"[174]를 후회하면서 했던 말과 아주 비슷하다. 실제로 이해당사자인 사르트르는 분명 그의 변화를 완전히 끝내지 못했다. 곧 보겠지만, 사르트르는 "우스꽝스러운 전쟁" 시기에 알자스 지역의 참호에서 의식에 대한 명석한 검토에 열중하고 있었고, 또 예컨대 1920년대 이래로 그의 "반군사주의"와 "중요한 저서"[175]였던 알랭의 『전쟁의 신, 또는 심판받은 전쟁』의 영향을 분석하고 있었다. 하지만 본질적인 면에서는 바랭의 햄릿이었던[176] 사르트르는 선택이 복잡하다는 사실을 원칙으로 세웠다. "대체 우리는 '무엇에'

173   "Ce que je suis", entretien de Claude Lévi-Strauss avec Jean-Paul Enthoven et André Burguière, seconde partie, *Le Nouvel Observateur*, 817, 5 juillet 1980, p.18. 이 분석은 분명히 레비스트로스의 눈에는 중요하다. 실제로 그는 이 분석을 여러 차례의 다른 대담에서도 그대로 하고 있다.

174   Jean-Paul Sartre, "Merleau-Ponty vivant", *Les Temps modernes*, octobre 1961, p.304.

175   Jean-Paul Sartre, *Carnets de la drôle de guerre, op. cit.*, 1995, p.84(3 octobre 1939).

맞서서 싸우는가? 나치즘에 맞서서? 하지만 프랑스에서도 일 년 전부터 잠재적인 나치즘이 지배하고 있다. 이데올로기적 전쟁이라는 생각은 전쟁 이전부터 있었다. 실제로 우리는 추축국Axe에 맞설 민주주의적 진영을 발견하지 못한다. 우리는 이탈리아의 적이 아니다. 그 반대로 우리는 러시아의 적이 될 위험이 있다. 게다가 오늘날 나치즘은 무엇인가? 『나의 투쟁Mein Kampf』[177]인가? 로젠버그 부부[178]인가? 리벤트로프[179]인가? 의회와 사유의 자유를 폐지해 버린 우리의 민주주의는 무엇인가? 그리고 우리는 '무엇을' 위해 싸우는가? 민주주의를 방어하기 위해? 민주주의는 더 이상 존재하지 않는다…. 역사가에게는 아마도 분명하게 드러날 이 전쟁의 원인과 위에서 내가 말한 대로 분명하지 않은 우리가 싸워야 하는 동기들을 혼동하지 말자. 사실 하나의 전쟁을 '사건'으로서, '의미를 갖는 현실'로서, '가치'로서 생각해야만 한다. 그런데 지금 정확히 이 전쟁의 가치는 손에 잡히지 않고 빠져나가고 있다."[180]

---

[176]　복잡한 국제 문제와 국내 문제에 대해 뚜렷한 결정을 하지 못한 사르트르의 태도를 지칭하기 위한 비유로 보인다.

[177]　히틀러가 1925년에 출간한 자서전이다.

[178]　에설 로젠버그(Ethel Rosenberg, 1915-1953)와 줄리어스 로젠버그(Julius Rosenberg, 1918-1953): 미국의 공산주의자였으며, 소련에 스파이 행위를 했다는 죄목으로 기소되어 사형당했다.

[179]　요아힘 폰 리벤트로프(Joachim von Ribbentrop, 1893-1946): 나치 독일 아래에서 외무부 장관(1938-1945)을 역임한 정치인이다.

[180]　*Ibid.*, pp.152-156(20 octobre 1939).

전쟁, 삶의 중간에서

그런데 2차 세계대전 직전의 몇 년 사이에 '역사'는 사르트르를 따라 잡았다.[181] 곧 보겠지만, 분명히 2차 세계대전은 이 철학자의 삶에서 전향점이 된다. 하지만 이런 주장과 바로 앞에서 인용한 부분은 다음과 같은 사실에 대한 생각으로 곧장 이어져서는 안 된다. 즉, 사르트르의 저작에서 아주 빈번하게 언급되는 것처럼 1939년 여름 직전의 시기가 그의 변화와 무관한 시기라는 주장이 그것이다. 1937년부터 '역사'는 지난 32년간의 삶과는 반대로 사르트르에게 지배력을 행사하게 된다. 우선 그의 작품에서의 반영을 통해서, 그리고 이어서 작가에 대한 직접적인 영향을 통해서이다.

---

181   필자는 이미 이런 분석을 다음과 같은 짧은 글에서 제시하는 기회를 가졌다. Jean-François Sirinelli, "Le jeune Sartre, ou la non-tentation de l'Histoire", au numéro double des *Temps modernes* d'octobre-décembre, 1990, consacré à Jean-Paul Sartre.

그렇다면 왜 1937년인가? 그해의 "첫 몇 달 동안에"[182] 사르트르는 단편 「벽Le Mur」을 집필했다. 이 단편은 *NRF*의 여름 호에 게재되었고, 1939년에 이 단편을 포함해 다섯 단편이 같은 제목의 단편집 『벽』에 다시 수록된다. 이 단편이 스페인내전을 배경으로 하고 있기는 하지만, 이 단편에서만 출발해서 사르트르의 역사와의 관계를 추론하려는 것은 잘못된 일일 것이다. 그리고 이 단편의 내용은 말로의 『희망*L'Espoir*』의 내용과 거리가 멀다![183] 게다가 이 단편에서는 스페인이 현실적인 참여의 배경이 되고 있기보다는 오히려 실존적 명상 ―총살당할 사람이 처형되는 것을 기다리는 상황에 대한 명상― 에 더 초점이 맞춰져 있다. 그럼에도 그 시기부터 '역사'가 사르트르의 작품에서 일종의 반사 효과를 내기 시작했다는 것은 사실이다. 물론 사르트르가 당장 그 당시의 다른 작가들의 작품들에서처럼 "분명한 정치적 입장clear political position"[184]을 표명한 것은 아니다. 이런 입장은 단편 「벽」 자체에도 나타나지 않았고, 또 사르트르가 그 당시에 공식적인 입장을 취하지도 않았다.

하지만 '역사'는 분명 영토를 만회하고 있다. 그리고 체코슬로바키아 사태에 즈음해 사르트르가 1938년 9월에 취한 태도에서 볼 수 있는 것

---

182   Annie Cohen-Solal, *Sartre, op. cit.*, p.171.

183   1937년에 출간된 말로의 소설이다. 이 소설 역시 스페인내전을 배경으로 하고 있으며, 말로는 국제비행대를 조직하고 지휘한 경험, 즉 직접적인 참여에 입각해 이 작품을 집필했다.

184   메리 진 그린(Mary Jean Green)은 *Fiction in the Historical Present, French writers and the thirties*, University Press of New England, Hanover and London, 1986, p.244에서 "분명한 정치적 입장"을 언급하고 있다.

처럼, 점차 시민 사르트르가 현실 문제에 연루되고 있다. 이 점에 대해 다음과 같은 두 갈래의 분석이 이루어져야 할 필요가 있다. 즉, 뮌헨협정에 대한 사르트르의 개인적 판단과 이 협정에서 비롯된 위기에 대한 그의 관심이 그것이다. 뮌헨협정 그 자체와 관련해서도 그 당시에 그가 품었던 감정에 대한 회고적인 논쟁이 있다. 달리 말하자면 그는 반뮌헨협정주의자였는가? 아니면 뮌헨협정주의자였는가? 그로부터 22년 후에 보부아르는 『나이의 힘』에서 뮌헨협정에 대해 적개심을 가진 사르트르의 모습에 신빙성을 주는 데 기여하고 있다.[185] 그리고 벌써 부르제 Bourget에서의 달라디에[186]의 귀국에 대한 그 유명한 장면이 있다.[187] 사르트르는 1945년에 그의 『유예*Le Sursis*』의 마지막 부분에서 이 장면을 묘사하고 있다.[188] 그런데 이 묘사는 보부아르의 회상과 같은 방향으로 나아가고 있는 것처럼 보인다. 거기에 중요한 지적을 덧붙이자. 즉, 사르트르는 이 장면을 점령 기간이나, 또는 해방 때 집필했으며,[189] 그 당시를 회고적으로 보면 모든 사람이 반뮌헨협정주의자들이었다는 사실이 그것이다.[190]

---

185   Simone de Beauvoir, *La Force de l'âge*, *op. cit.*, p.345.

186   에두아르 달라디에(Edouard Daladier, 1884-1970): 프랑스의 정치가로, 1933년, 1934년, 그리고 1936년부터 1940년까지 세 차례 프랑스 총리를 역임했으며, 특히 뮌헨협정 체결 당사자였다.

187   부르제는 프랑스 북부의 센생드니(Seine-Saint-Denis)주에 위치한 도시로, 비행장으로 유명하다. 1938년에 뮌헨협정을 체결하고 달라디에 총리가 부르제 비행장으로 귀국했을 때 받았던 환영 장면이다.

188   Jean-Paul Sartre, *Le Sursis*, dans *Œuvres romanesques*, *op. cit.*, p.1133.

189   『유예』는 "약 3년에 걸쳐"(*Ibid.*, p.1868) 집필되었으며, 1944년 가을에 집필이 끝났다.

190   사르트르의 묘사 자체가 가진 의미뿐만 아니라 또한 그 신뢰성의 한계 ―게다가 사르트르는 소설가에게 주어진 특권으로 이것을 요구하지 않았다― 에 대해서는 다

보부아르의 증언과는 반대로 아롱의 추억은 오히려 뮌헨협정주의자로서 사르트르의 모습을 제시하고 있다. 즉, 특히 "누구도 다른 사람들의 목숨을 처분할 수 없다"는 것을 지지하는 사르트르에 주목하면서 말이다.[191] 정확한 자료의 부족으로 인해 역사가가 이 문제를 해결하는 것은 불가능하다. 비록 이 주제에 대해 더 밝혀져야 할 중요한 점들이 있기는 하지만, 논쟁은 이미 많은 것을 보여 준다. 사르트르는 그의 주위 사람들에게 뮌헨협정에 대해 말을 했고, 또 그들의 의견을 물었던 것이다. 사르트르에 대해 연구를 하는 역사가는 1938년에 와서야 처음으로 그의 '역사'에 대한 침묵을 더 이상 거론하지 않게 된다. 하지만 전형적인 문제가 제기된다. 그때부터 당연히 세속의 삶에 대해 자기 의견을 표출하기 시작한 사르트르에 대한 모순되는 증언들을 대조시켜야 하는 문제가 그것이다.

게다가 체코슬로바키아 위기가 한창일 때 ―1938년 9월이다. 더 상세한 정보는 없다― 쓰였고, "사랑하는 카스토르[192]"에게 보낸 긴 편지한 통이 존재한다. 이 편지에서 사르트르는 보부아르에게 "상황에 대한 몇 가지 정보"를 주고 있다. 그리고 그때까지의 사르트르의 편지의 어조와 내용과 비교해 볼 때 기이하게도 현학적이고 명석한 분석이 이어

음 저서에서 행해진 다른 정보와의 상세한 대조를 참고하라. Elisabeth du Réau, *Edouard Daladier*, Fayard, 1993, p.285.

[191] 1981년 1월 23일에 있었던 필자와의 대담. 아롱은 벌써 1980년 4월 18일에 사르트르의 죽음 이후에 방송된 "아포스트로프(Apostrophes)"라는 텔레비전 방송 프로그램에서 같은 내용의 증언을 한 적이 있다. 이 점에 대해서는 또한 아롱의 『회고록』(p.148)을 참고할 수 있다.

[192] 카스토르(Castor): 보부아르의 별명으로, 영어의 '비버'에 해당한다.

진다("이곳에서는 많은 사람이 [러시아가] 독일 쪽으로 돌아설 것이라고 생각하고 있소. 이건 불가능한 게 아니오"). 사태에 대한 사르트르의 뚜렷한 의식과 더불어 그의 편지에는 일종의 비장감과 숨을 죽이고 있는 긴장된 모습이 전달되고 있다.

이 점에 대해 니장이 사르트르에게 끼친 영향에 대해 살펴볼 필요가 있다. 그 당시에 니장은 『스 수아르』지의 편집장이었다. 실제로 니장은 체코슬로바키아 위기에 대해 큰 관심을 보였는데, 그는 1939년 3월에 출간된 그의 저서 『9월의 연대기*Chronique de septembre*』에서 이를 증언하고 있다. 앞에서 보았듯이 사르트르와 니장 사이의 관계는 분명히 소원해진 상태였다. 하지만 그해 9월에 사르트르가 니장이 『스 수아르』지에 쓴 기사들을 읽었을 가능성은 농후하다. 그렇다고 해서 사르트르가 체코슬로바키아 위기로부터 강경론자였고, 또 그로 인해 뮌헨협정에 적대적이었던 니장과 같은 결론을 내린 것은 아니었다. 어쨌든 "사랑하는 카스토르"에게 보낸 사르트르의 편지는 그렇게 해서 얻게 된 "유예"…에 대해 만족하는 것으로 끝나고 있다.[193]

사르트르에게 1937-1938년은 그의 작가로서의 경력에서 전환점이 되고 있는 만큼 이렇게 얻어진 유예는 더 흡족한 것이었다. 그 시기에 앞선 1930년대의 2/3는 사르트르의 삶에서 결코 풍족하지 못했다. 외관적으로 『구토』의 집필은 더뎠고 또 종종 힘든 작업이었다. 사르트르

---

[193] 보부아르에게 보낸 편지에 대해서는 다음을 보라. Jean-Paul Sartre, *Lettres au Castor et à quelques autres, op. cit.*, t. I, pp.210-217. 니장과의 소원해진 관계에 대해서는 *Ibid*, pp.126, 204-205를 보라. 1939년에 출간되었던 니장의 『9월의 연대기』는 올리비에 토드의 서문과 함께 1978년에 갈리마르 출판사에서 재출간되었다.

는 베를린에서 벌써 이 작품의 두 번째 원고를 작성한 참이었다. 이 작품이 출간된 지 36년 후인 1974년에 사르트르는 보부아르에게 이렇게 털어놓고 있다. "『구토』는 정말로 많은 것을 배우는 기회였소."[194] 1923년에 『라 르뷔 상 티트르』에 실렸던 젊은 시절의 여러 텍스트와 1938년 4월에 출간된 『구토』 사이에 철학자 사르트르는 1936년에 『상상력L'Imagination』(실제로 그의 고등연구학위 논문의 주제를 살린)과 그다음 해에 『철학 연구』에 실린 「자아의 초월성」이라는 제목의 논문을 집필했다. 그리고 소설가 사르트르는 그때 훨씬 보잘것없는 작품을 썼을 뿐이다. 그의 단편 「벽」은 1937년 7월에 NRF에 실린 반면, 또 다른 단편인 「방La Chambre」은 1938년 1월에 『므쥐르Mesures』지에 실렸다. 「방」 역시 1939년에 단편집 모음인 『벽』에 실리게 된다. 문학 비평가로서의 사르트르는 그 당시에 초보 단계에 있었다. 1938년에 NRF에 그의 첫 번째 비평이 실렸을 뿐이다. 게다가 자크 드기[195]가 잘 보여 주고 있듯이 "1930-1936년 사이의 배경"은 사르트르에게 "회색 일색"이었다. 문학에의 입문 과정에서의 어려움 ─창작과 마찬가지로 인정이라는 면에서도─ 에 "성년으로의 이행의 불확실성, 즉 직업을 가져야 한다는 의무감과 불안으로 인한 심장의 불규칙한 두근거림"[196]이 더해졌다.

이런 점에서 보면 『구토』는 이의의 여지 없이 하나의 전향점이 되었다. 그도 그럴 것이 이 작품은 실제로 커다란 반향을 일으켰기 때문이

194   Simone de Beauvoir, *La Cérémonie des adieux, op. cit.*, p.520, 122; Jacques Deguy, La Nausée *de Jean-Paul Sartre*, coll. "Foliothèque", Gallimard, 1993, pp.17, 19.

195   자크 드기(Jacques Deguy): 생존해 있는 프랑스의 문학 비평가이자 대학교수를 역임했으며, 사르트르와 보부아르에 대한 훌륭한 연구서를 출간했다.

196   *Idem.*

다. 첫판에서 4400부를 찍었던 이 작품은 출간 첫해에 재판으로 3300부를 찍었다.[197] 비교 차원에서 브르통의 『미친 사랑*L'Amour fou*』를 보자. 이 작품은 『구토』보다 일 년 빠르게 같은 출판사에서 1800부를 찍었다. 하지만 이 작품이 재판으로 2200부를 찍기 위해서는 1945년까지 기다려야 했다. 카프카의 『변신』조차도 같은 상황이었다. 1938년에 초판으로 2200부를 찍었던 이 작품도 1946년에서야 재판을 찍을 수 있었다. 조금 더 자세한 분석도 가능하다. 『구토』는 1938년에 정확히 4615부가 팔린 반면, 『미친 사랑』은 540부, 『변신』은 1395부가 팔렸다. 1925년에 지드는 『사전꾼들』을 8800부 찍었고, 그다음 해에 6600부를 찍었다. 그러니까 단 한 해 동안에 사르트르는 그 당시에 거의 축성을 받은 작가였던 1925년의 지드와 거의 맞먹을 정도의 판매 부수를 기록한 것이다.

젊은 작가 사르트르가 1938년 여름에 지평선이 열리는 것을 보았던 순간에, '역사'의 하늘은 더욱더 어두워지고 있었다. 사르트르는 그의 생애의 중간에, 또는 거의 중간 지점에서 '역사'에 의해 따라잡히게 된다. 그때까지 그가 '역사'와 맺었던 관계는 1920년대에는 수면이라는 단어 아래에 놓여 있었고, 그다음 1930년대에는 마비 상태라는 단어 아래에 놓여 있었다. 앞에서 보았지만 그의 깨어남에 대한 정확한 연대기를 작성하는 것은 쉽지 않다. 하지만 하나의 사실이 드러났다. 거의 정설이 되어 버린 생각과는 달리 그의 깨어남은 그를 에워싸고 있던 세계에 대한 점진적인 적응 과정에 이어졌던 것이다. 사르트르의 철학적 여정으로 인해 그의 역사에 대한 명석함이 더 커졌는지를 살펴보아

197   출처는 갈리마르 출판사.

야 할 필요가 있을 것이다. 하지만 이것은 이 책의 목표는 아니다. 또는 1930년대 말에 '역사' 앞에서 그가 한 행동이 큰 비중으로 그의 초기 변화를 야기한 유일한 책임이 있는 요인이었는지도 살펴보아야 할 것이다. 어쨌든 1930년대 말에 그에게 변화가 일어났다는 것은 사실이다. 그에게는 1940년대의 조국의 붕괴, 포로수용소와 연극을 통한 동지애의 발견, 그리고 그가 포로수용소에서 나왔을 때 암울한 시기의 파리의 을씨년스러운 풍경이 삼중의 충격이었다. 이런 충격 아래에서 일어난 그의 잠자는 숲속의 영원한 카뉴의 이미지에서 그에게 맞는 새로운 길을 찾아가는 모습으로의 개종은 분명히 부분적으로 상당히 달라진 것이었다. 실제로 전쟁 전의 마지막 해에 몰려드는 먹구름에 완전히 휩싸여 있던 '역사'는 점차 모든 풍경을 점령하게 된다. 이제 '역사'의 그늘에서 벗어나는 것은 어려웠다. 은퇴하거나 칩거하지 않는다면 말이다. 이런 이유로 앞에서 제기한 질문에 대한 답으로 다음과 같은 가정을 토의에 부칠 수 있다. 실제로 사르트르가 '역사'를 향해 방향 전환을 해서 다가간 것보다도 오히려 '역사'가 사르트르를 더 따라잡았다는 가정이 그것이다. 이런 점에서 보면 그에게서 순진함의 상실은 결국 의도적이었다기보다는 오히려 수동적이었다고 해야 할 것이다.

어쨌든 사르트르의 순진함의 상실은 때늦은 것이었다. 실제로 그는 그의 다음 세대, 즉 1930년대 말에 20세였던 1차 세계대전 후에 태어난 자들의 세대와 동시에 '역사'에 의해 따라잡혔다. 예컨대 1965년에 『마르크스를 위하여*Pour Marx*』의 서문에서 다음과 같이 쓰고 있는 루이 알튀세르의 경우가 거기에 해당한다. "인민전선과 스페인내전이 발발했을 때 그것[역사]은 아주 짧은 전쟁 동안 역사적 사실들이 무엇인가를 끔찍한 방법으로 우리에게 알려 주기 위해 우리의 청춘을 앗아 갔다. 부르주아지나 프티부르주아지 출신 학생들인 우리가 세상에 나오자마자 역사는 우리를 기습했고, 계급의 존재와 계급투쟁, 그리고 그 쟁점이 무엇인가를 알게 해 주었다. 우리는 노동자계급의 정치 조직인 공산당과 연합하면서 역사가 우리에게 부과한 그 명백한 사실로부터 하나의 결론을 도출했다." 사르트르의 참여, 곧 인민전선 이후의 참여는 그보다 15년 어린 세대와 비교해 보아도 뒤늦은 것이었다. 하지만 적어도 어떤 면에서 그는 그의 세대보다도 15년 어린 세대에 더 가까웠다. 가령, 전쟁 후에 그를 15년 어린 세대와 더 가깝게 해 준 공산주의의 유혹에서도 그랬다. 여러 정황으로 미뤄 보면 1905년 세대에 속한 고등사범학교 학생들 대다수는 전쟁 전과 마찬가지로 전쟁 후에도 공산주의의 유혹에 내켜 하지 않았다.[198] 13년의 나이 차이가 있음에도 불구하고 사르트르와 알튀세르 사이의 비교는 놀랄 만한 여러 유사점을 보여 준다. 전쟁 전 마지막 몇 해에 일어난 정치적 각성, 1940년의 포로수용소에서의 충격, 해방 후의 공산주의의 유혹, 또는 더 정확하게 말하자면 공산주의와 관련하여 상황 지어질 필요성 등이 그것이다.

1930년대 말인 지금, 시간은 곧 20세기의 자정이 될 것이고, 사르트르 세대에 속한 자들과 알튀세르 세대의 젊은이들은 1940년의 대재앙과 충돌하게 될 것이다.

[198] Cf. Jean-François Sirinelli, *Génération intellectuelle*, *op. cit.*, 특히 p.424.

제3장

세계대전 동안의 두 지식인

전쟁은 나의 삶을 정말로 둘로 나눠 버렸다. … 그것은 정말로
청소년에서 성년으로의 이행이었다. 그와 동시에 전쟁은 나 자신과
세계의 여러 면을 나에게 드러내 보였다.[1]

나는 나를 능동적인 비관주의로 경도시킨 그 경험에 의해 영원히
각인되어 있다. 나는 결정적으로 '역사'가 그 자체로 이성의 명령에
복종한다는 것과 선한 의지를 가진 인간들의 욕망에 복종한다는 것을
더 이상 믿지 않게 되었다.[2]

[1]   Jean-Paul Sartre, "Autoportrait à soixante-dix ans", *Situations X*, Gallimard, 1976,
       pp.179-180.
[2]   Raymond Aron, *Leçon inaugurale du Collège de France*, 1ᵉʳ décembre 1970, Collège de
       France, 1972, p.14.

전쟁에 동원된 다른 많은 시민과 마찬가지로 지식인들도 전쟁 선언 후에 사실상의 부동의 태도를 취했다. 관찰자들은 이런 태도를 곧 "우스꽝스러운 전쟁"이라고 묘사한다. 군부대에 소속되어 있던 지식인들은 기이한 상황으로 인해 종종 당혹해했다. 예컨대 마르크 블로크는 미셸 몰라[3]에게 보낸 1939년 12월 4일 자 편지에서 이렇게 쓰고 있다. "참 이상한 전쟁이네!" 아날학파의 창시자로 불리는 블로크가 1940년 봄의 충격 후에 집필하게 될 "이상한 패배"…에 대해 성찰하는 시간이 도래할 것이다. 사르트르의 세대에 속한 지식인들 역시 기이한 역사적 상황을 알아차렸다. 가령, 니장은 1939년 10월 18일 자의 한 통의 편지에서 이렇게 쓰고 있다. "단순한 정신을 가진 군인은 이렇게 생각합니다. '나는 전쟁을 위해 동원되었다'라고 말입니다. 전쟁은 싸움입니다. 그런데 나는 싸우고 있지 않습니다. 전쟁에 대한 정의를 바꿔야 할 것입니다."[4] 사건에 의미를 부여하는 이들인 지식인들은 종종 다른 범주에 속한 사람들에 비해 이 상황을 더 잘 견디지 못했다. 블로크는 "점점 더 지적이지 않은 일"[5]에 대해 말하고 있으며, 1939년 10월 18일에 뤼시앵 페브르[6]에게 그 자신이 인간으로서 "아주 잘못 이용되

---

3   미셸 몰라(Michel Mollat, 1911-1996): 프랑스의 사학자이다.

4   마르크 블로크의 편지에 대해서는 다음을 보라. Cf. *Marc Bloch à Etienne Bloch. Lettres de la "drôle de guerre"*, édition établie et présentée par François Bédarida et Denis Peschanski, *Cahiers de l'IHTP*, n° 19, décembre 1991, p.13. 같은 곳에서 인용된 니장의 편지 역시 *Ecrits et correspondance 1926-1940*, Maspero, 1967, p.263에 게재되었다.
     IHTP는 '현대사연구소(Institut d'histoire du temps présent)'의 약자이다.

5   *Marc Bloch à Etienne Bloch. Lettres de la "drôle de guerre"*, 1939년 9월 20일 자 편지, p.15를 보라.

6   뤼시앵 페브르(Lucien Febvre, 1878-1956): 프랑스의 사학자이다.

고 있는 것에 분노하고 있네."라고 쓰고 있다. 그러면서 이렇게 덧붙이고 있다. "나는 인간으로서, 또 불쌍한 랑주뱅과 그의 일행이 '지식인들 INTELLECTUELS'[편지에 대문자로 됨]이라고 명명했던 자들에 속한 이로서 나는 불쾌하네. 이를테면 내 야망을 완전히 내 마음 깊은 곳에 가둬 두어야 한다는 것이 나는 불쾌하네."[7]

7   *Ibid.*, pp.43-44.

사르트르:
"심각한 변화"

사르트르는 "우스꽝스러운 전쟁"을 바랭에서 맞이했다. 게다가 그의 세대에 속한 대부분의 지식인들이 프랑스의 동부나 북부 지역에 동원되어 배치된 것은 공통된 운명이었다. 실제로 그로부터 하나의 유형학이 나타난다. 여러 지역적인 상황, 위계질서상의 상관들과의 관계, 개인의 기질 등이 더해져, 부대에서 멈춰 버린 파편화된 시간을 어떻게 이용할 것인가의 문제가 제기되었다. 모두에게 각자의 과거의 삶을 되돌아보는 "반추"가 있었다. 1900년에 태어나 사르트르와 아롱보다 몇 년 위이고, 또 리옹 소재 카뉴의 교수직을 떠난 철학자 장 라크루아는 『에스프리』지 1940년 2월 호에서 "군에 있는 지식인"의 운명을 섬세하게 묘사하고 있다. "군에 있는 지식인"은 그가 "중사 라크루아"라는 이름으로 서명한 "연대기"의 제목이었다.[8] 그때 라크루아는 "처음으로 그

---

8   *Esprit-Le Voltigeur*, 89, février 1940, pp. 291-294.

의 내부에 있는 가식적인 모든 것을 떨쳐 버렸다는 인상"을 받았다. 하지만 그는 "정신적인 반추"의 위협을 받았다. 분명 이런 "반추"가 군대의 깃발 아래에 있는 그의 삶에 필수적인 것은 아니었다. 하지만 이런 반추가 그에게만 고유한 것은 아니었다. 군대 생활에서의 반^半복종으로 인해 종종 지식인들의 일상생활에 단절이 생겨났는데, 이 단절은 이미 권위나 위계질서에 의해 지배되고 있는 다른 협력 관계에서보다 훨씬 더 강하게 느껴졌다.

그때부터 뿌리 뽑힘, 고행, 사유 활동을 계속하고자 하는 필요성 등으로 인해 지식인들의 수첩과 일기를 쓰는 작업이 빈번해졌다. 지적이고 도덕적인 내용의 글에서부터 개인의 내밀한 생각을 담은 수첩에 이르기까지 다양한 종류의 내용이 포함되었다. 예컨대 첫 번째 범주에는 철학자 조르주 프리드만의 『전쟁 일기Journal de guerre』가 포함된다. 그는 시골에 있는 병원에서 보낸 "우스꽝스러운 전쟁"을 이용해 "소련과 결별한 한 지식인의 정신 상태"에 대해 묻고 있다. 그리고 1930년에서 1936년까지 PCF의 옛 동반자였던 그는 이렇게 밝히고 있다. "무엇보다도 나를 위해 쓴 책. 하지만 전체적으로 성실하게 쓴 책."[9]

사르트르의 『우스꽝스러운 전쟁 수첩』은 두 번째 범주에 속한다. 1939-1940년에 알자스에서 보낸 겨울 동안에 군 복무 중이었던 철학자 사르트르는 여러 권의 수첩을 채워 갔다.[10] 실제로 이 수첩들은 그의

9   Georges Friedmann, *Journal de guerre 1939-1940*, Gallimard, 1987, pp.31, 41, 102, 253.

10   Jean-Paul Sartre, *Carnets de la drôle de guerre. Novembre 1939-mars 1940*, *op. cit.*, 1983. 지금까지 미발표 상태로 있었던 첫 번째 수첩을 포함한 새 판본으로는 Gallimard, 1995를 보라.

저작에 대한 주석과 마찬가지로 세속적인 삶에 대한 그의 각성을 밝히려 하는 역사가에게도 중요한 자료들로 —그중 어떤 측면들은 그 당시에 집필된 몇 쪽에 함축적으로 나타나고 있다— 소용되고 있다. 이 점과 관련해 특히 몇 마디가 중요하다. 1940년 2월에 사르트르는 흘러간 그의 과거 20년을 들여다보면서 막연하게 그의 "정치적 무관심"[11]을 상기하고 있다. 앞에서 언급했던 이런 지적은 20년 후에 출간된 『나이의 힘』에서 보부아르의 회상에 의해 재차 확인된다. "[1940년] 2월 초, 나는 사르트르를 기다리러 동역東驛, gare de l'Est으로 갔다. 산책하고 대화를 하면서 일주일이 흘러갔다. 사르트르는 전쟁 이후에 대해 많은 생각을 했다. 그는 이제 더 이상 정치적 삶에서 떨어져 있지 않을 것이라고 단단히 결심했다. 진정성이라는 개념에 바탕을 둔 그의 새로운 도덕, 또 그가 실천하고자 노력했던 그의 새로운 도덕은, 인간에게 그의 '상황'을 '떠맡을' 것을 요구했다. 그리고 이 도덕을 실천하는 유일한 방법은 행동에 가담하면서 상황을 뛰어넘는 것이었다. 또 다른 태도는 자기기만에 기초한 도피, 공허한 주장, 위선이었다. 사르트르의 내부에서 심각한 변화가 발생했다는 것을 알 수 있었다…."[12]

하지만 사르트르의 『수첩』에서 볼 수 있는 "정치적 무관심"이라는 고백은 —이미 살펴본 것처럼, 모든 것이 그런 예측을 확인해 준다— 거기에 함축된 의미에 의해 흥미가 반감된다. 그렇다면 그 고백에서 단지 그의 뒤늦은 각성에 다가가는 과정에서의 단순한 진단이 중요한가? 아

11   Jean-Paul Sartre, *Carnets de la drôle de guerre*, *op. cit.*, p.216(1983년 판본), Carnets XI.

12   Simone de Beauvoir, *La Force de l'âge*, *op. cit.*, p.442.

니면 그를 괴롭히는 후회의 표현이 중요한가? 보충적인 자료의 부족으로 인해 최근까지도 이 문제에 답을 하는 것은 매우 어렵다. 이해당사자인 사르트르가 직접 해 준 증언은 연대기적으로 보면 전쟁이 발발한 시기로부터 아주 멀리 떨어져 있다. 또한 잘 알려지고 또 그로부터 거의 사반세기가 지난 후인 메를로퐁티가 죽었을 때 내려진 평가가 있다. "나는 1939년에 그가 그들의 지도자들이 기이하게도 인간들이라고 부른 자들과 접촉하고 나서 단순히 군인의 조건을 후회했는지 모른다. 하지만 내가 나의 장교들, 그 무능력자들을 보았을 때, 나는 나의 전쟁 전의 무정부주의를 후회했다. 왜냐하면 싸워야 했기 때문이다. 우리가 이 허풍쟁이인 바보들의 손에 지휘권을 넘겨준 것은 큰 잘못이었다."[13] 하지만 이와 같은 증언은 지나치게 회고적이어서 있는 그대로 받아들이고 검토되기 어렵다. 1961년에 이 증언이 나왔을 때, 사르트르 역시 이 증언을 하나의 목표를 위해 직접적이고, 따라서 도구적으로 이용해야 하는 처지였기 때문에 더욱 그렇다. 즉, 알제리전쟁에 참전한 군대를 공격하기 위해서 말이다. 왜냐하면 "지휘권"이 1939년에 "허풍쟁이인 바보들의 손에" 있었지만 사르트르는 이렇게 덧붙이고 있기 때문이다. "레지스탕스 운동의 짧은 기간 이후에 지휘권이 그들의 손에 남아 있었다는 것을 사람들은 알고 있었다. 그것이 바로 우리의 불행의 일부를 설명해 준다."

따라서 1940년 2월에 했던 고백, 즉 "정치적 무관심"의 정확한 의미

---

13   Jean-Paul Sartre, "Merleau-Ponty vivant", *Les Temps modernes*, n° 184, octobre 1961, pp.304-376. 인용은 p.304[이 텍스트는 사르트르의 『상황 4(*Situations IV*)』(Gallimard, 1964)에 재수록].

를 끌어내는 것은 어렵다. 이 고백은 그 시기에 벌써 사르트르의 변화의 징후가 나타나기 시작되었다는 것을 보여 준다. 여기에서는 이 사실이 중요하다. 그런 만큼 1940년 봄의 전쟁에서의 패배의 충격과 그 이듬해 겨울의 XII D 포로수용소 사이의 어느 시점에서 새로운 참여의 길을 찾았다는 사르트르에 대한 클리셰를 포기해야 한다는 선언을 해야 할 필요가 있다. '역사'는 1936년의 스페인과 1939년 여름의 동역[14]에서의 출발 사이에 이미 그의 삶에 파고들었다. 그리고 그가 "우스꽝스러운 전쟁" 중에 썼던 그의 첫 번째 수첩의 출간(1995년 초)은 그때까지 추측에 머물렀던 내용을 사실로 확인해 주고 있다.[15]

따라서 전쟁의 도가니로부터 완전무장을 하고 나온 새로운 사르트르라는 이미지는 수정되어야만 한다. 전쟁의 전조前兆로 인해 이미 그의 변신이 이루어졌던 것이다.[16] 사실 이런 단언은 동시에 상당 부분 가짜 문제이기도 하다. 한편으로 전조라는 개념 자체가 1930년대 말에, 즉 1939년 9월 이전에 세계가 벌써 '역사'의 가속화 국면으로 진입했다는 것을 의미한다. 다른 한편으로 비록 전쟁이 사르트르의 변화에서 엄

---

14   사르트르가 2차 세계대전에 동원되었던 때이다.

15   이 장은 그때까지 미발표 상태로 있던 수첩의 출간 이전인 1995년 2월에 집필되었기 때문에 필자는 이 수첩을 참고할 수 있는 기회를 갖지 못했다. 필자는 그 수첩에서 이 장뿐만 아니라 이 책 전체의 분석을 확인할 수 있었다. 이 「수첩 I」은 절대적으로 중요하다. 사르트르는 이 수첩에서 오랫동안 '역사'가 그에게 "감춰져"(p.83) 있었다고 털어놓고 있고, 또 이 사실을 여러 차례에 걸쳐서, 또 길게 자아비판식으로 털어놓고 있다. 어쨌든 이 수첩이 존재하는 것은 논리적으로 수미일관하다고 할 수 있다. 그도 그럴 것이 이 텍스트의 존재는 마치 보이지 않는 행성처럼 추론될 수 있는 결여 부분을 이루고 있었기 때문이다. 그러니까 사르트르의 여러 다른 텍스트에서 그 존재를 수학적 추론을 통해 증명할 수밖에 없었던 텍스트처럼 말이다. 우리의 주장과 관련해 기초가 되는 부분은 특히 pp.83-88과 pp.135-136이라는 사실을 지적하자.

16   앞 장에서 이루어진 이 분석은 「수첩 I」(pp.86-87)에 의해 다시 한번 확인된다.

밀하게 기초가 되는 사건이 아니라 할지라도, 이 전쟁은 분명 그의 변화의 증폭기이자 가속기였다는 것은 분명하다. 그런 만큼 그의 삶 전체에서 전쟁의 역할은 결정적이다. 그리고 1930년대 초엽에 역사적으로 혼란한 세계에 편입되었던 아롱과 1930년대 말에 '역사'에 의해 따라잡힌 사르트르 사이의 대조는 뚜렷하다고 할 수 있다.

34세가 된 사르트르에게서 전쟁 중에 있는 국가 ─그리고 온건하게 방어 차원에 있는 국가─ 의 일원으로 통합되었다는 의식을 통해 그때까지 아주 느리게 진행되었던 그의 참여가 가속화된 것은 의심의 여지가 없다. 이 경우와 관련하여 역사적 분석은 이미 인용된 『나이의 힘』의 구절을 확인해 준다. 앞에서 살펴본 것처럼 보부아르는 그 구절에서 1940년 2월에 한 주 동안 파리로 휴가를 나왔던 사르트르의 정신 상태를 다음과 같이 기술했다. "그는 이제 더 이상 정치적 삶에서 떨어져 있지 않을 것이라고 단단히 결심했다." 1939년 가을과 1939-1940년 겨울 사이에 사르트르와 보부아르 사이에 서로 주고받은 편지와 우리가 이용할 수 있는 그 시기에 집필된 6권의 수첩은 사르트르의 결정과 그 결정 밑에 놓여 있는 각성을 확인해 준다.

아롱:
전차 아니면 펜?

사르트르는 6월 21일, 그의 35세 생일에 포로가 되었다. 그로부터 이
틀 후에 아롱은 생장드뤼즈[17]에서 영국으로 가는 배에 올랐다. 아롱에
게도 역시 "우스꽝스러운 전쟁"은 사색과 집필의 시기였다. 그리고 그
의 사색은 그 당시에 형성 중에 있던 '역사'로 향했다. 1937년 봄부터 실
제로 아롱은 마키아벨리에 관심을 가졌다.[18] 이것은 상당 부분 그 당
시의 국제 관계의 양상에 대한 관찰에서 비롯되었다. 마키아벨리를 통
해 힘의 사용과 독재 체제의 거짓의 사용에 대한 성찰이 이루어졌다.
1939년 이전에 벌써 어떤 내용이 집필되었는가를 정확하게 알기는 어
렵다. 하지만 "우스꽝스러운 전쟁" 동안에 아롱이 "마키아벨리즘과
20세기"에 대한 그의 저작에 대해 직업적인 관심을 가진 것은 사실이

---

17   생장드뤼즈(Saint-Jean-de-Luz): 프랑스 남서부 아키텐 피레네자틀랑티크주에 위치한
      도시로, 비아리츠의 남쪽에 위치한 어업 도시이다.

18   Raymond Aron, *Mémoires*, *op. cit.*, p.210.

다. 아롱은 1939년 11월 28일에 자기 부인에게 보낸 한 통의 편지에서 이미 끝마친 제1부를 상기하고 있으며,[19] 제2부, 곧 "마키아벨리즘과 20세기의 정치이론"을 집필 중에 있다고 알리고 있다. 이어서 "마키아 벨리즘과 전체주의 체제"와 "선동적인 카이사르 시대의 프랑스"가 뒤따르게 될 것이라고 말하고 있다. 그리고 다음과 같은 결론을 내리고 있다. "이 연구는 꽤 흥미로워요. 적어도 군대에서 이런저런 사건으로 시간을 헛되이 보내야 하는 시기에 말이에요."

연구는 계속 진행되었다. 그리고 피난의 시간이 왔을 때에 아롱의 가방은 사르트르의 가방과 마찬가지로 전쟁다운 전쟁[20]이 일어나기를 기다리던 여러 달 동안에 집필된 텍스트들로 무거워지게 된다. 아롱은 미완성의 원고를 쉬시앙브리[21]에 있는 친구들에게 맡겼다가 해방 후에 되찾게 된다. 하지만 보관되었던 이 텍스트는 실종되었다가 1990년에 와서야 비로소 다시 모습을 드러내게 된다. 1993년에 출간된[22] 이 텍스트는 중요하다. 이 텍스트에 힘입어 아롱의 정치적, 역사적 성찰의 진화 과정에서 빠져 있던 고리를 채울 수 있게 되었다.

집필되고 난 뒤로 반세기 이상이 지난 후에 우리에게 알려진 이 짧은 연구에서 아롱은 다음과 같이 쓰고 있다. "히틀러, 스탈린, 무솔리니와 동시대인인 나는 내 나름대로 『군주론』과 『로마사논고』를 다시 읽고

---

19   *Commentaire*, février 1985, p.233.

20   "우스꽝스러운 전쟁"이 아니라 총격전 등이 벌어지는 진짜 전쟁을 의미한다.

21   쉬시앙브리(Sucy-en-Brie): 파리에서 15km 정도 남쪽에 있는 마을 이름이다.

22   전체주의에 대한 텍스트 전체와 함께 다음과 같은 제목으로 출간되었다. *Machiavel et les tyrannies modernes*, De Fallois, 1993.

마키아벨리즘의 비밀을 찾아냈다. 만일 우리가 이 단어를 통속적인 의미로 이해한다면, 우리의 시대보다 더 마키아벨리즘적인 시대는 드물다."[23] 그리고 실제로 무솔리니, 히틀러뿐만 아니라 스탈린도 문제가 된다. 달리 말하자면 이 연구에서, 그리고 한나 아렌트보다 앞서 아롱에게서 공산주의와 파시즘에 대해 본격적으로 이루어진 성찰이 시작되었던 것이다. 전쟁 전에 비해 아주 뚜렷한 변화가 보인다. "우리가 보기에 국가사회주의, 또는 공산주의는 단순히 마키아벨리적이지 않다. 왜냐하면 그것들은 술수를 부리고, 속이고, 거짓말을 하고, 약속된 말을 어기며, 살인을 하기 때문이다."[24]

따라서 모든 것은 다음과 같은 사실을 보여 준다. 즉, 비록 이 장章의 제사題詞에서 사용된 표현을 빌리자면 전쟁이 아롱의 삶에서 그 어떤 것과도 유사하지 않고, 또 그의 삶의 흐름을 바꿔 버린 "경험"이었다고 해도, 이 전쟁은 그의 지적 변화에서 그저 가속기의 역할을 했을 뿐이라는 사실이 그것이다. 평가의 대상이 된 텍스트 —콜레주 드 프랑스 교수 취임 강의— 에서 발췌된 제사는 그 점에서 아주 명백하다. "나는 결정적으로 역사가 그 자체로 이성의 명령에 복종한다는 것과 선한 의지를 가진 인간들의 욕망에 복종한다는 것을 더 이상 믿지 않게 되었다."

전쟁이 발발했을 때 아주 화려하고 동시에 아주 고전적인 아롱의 대학 경력 —철학 교수자격시험에 수석으로 합격한 이, 33세에 문학박사를 취득한 이— 은 1939년 신학기에 툴루즈대학에서 조교수로 시작된

---

23   Raymond Aron, *Machiavel et les tyrannies modernes*, *op. cit.*, p.59.
24   *Ibid.*, p.119.

다. 하지만 그는 그로부터 16년 후에 50대가 다 되어서야 비로소 다시 대학으로 돌아오게 된다. 그사이에 전쟁으로 인해 그의 대학으로의 진입이 지연되었을 뿐만 아니라 그의 삶의 방향이 바뀌기도 했다.

전쟁에 동원되었던 시기에 중사Sergent 아롱은 아르덴[25]의 기상관측 기지에서 "우스꽝스러운 전쟁"이 계속되는 침울한 여러 달을 맞게 된다. 독일군의 공격이 있었을 때에 그는 다시 ―겨울 동안과 마찬가지로― 전차 부대에 배속되기를 바랐다. 하지만 독일군의 진격으로 인해 모든 것이 파괴되면서 그의 행동하고자 하는 욕망은 곧 영국으로 건너가는 결정으로 나타나게 된다.

이런 결정은 기이하게도 사르트르와 아롱이라는 두 명의 "절친"의 평행선을 그리는 삶에 대한 성찰에서 종종 평범하고 또 결국 당연한 것으로 나타난다. 그와는 반대로 프랑스의 대학에서 나타났던 비전형적이고, 통계적으로 예외적인 특징을 강조해야 할 필요가 있다. 그 시기에 아롱은 이미 젊은 지식인이 아니었고, 더군다나 가족을 부양해야 했기 때문이다. 아롱은 1943년 7월에야 비로소 가족과 재회하게 된다. 그때 쉬잔과 도미니크 아롱이 런던에 도착했고, 에마뉘엘은 런던에서 1944년 6월에 태어났다. 그사이에 아롱은 프랑스에 남아 있던 가족들을 보호하기 위해 르네 아보르René Avord라는 가명으로 글을 썼다.

아롱이 런던에서 보낸 몇 해에 대해서는 많은 것이 밝혀졌다. 그도 그럴 것이 그가 그 당시에 『라 프랑스 리브르』에 썼던 대부분의 글들이 분석되었기 때문이다. 여기에서는 우리의 논의와 관련해 그가 저항의

---

25   아르덴(Ardennes): 프랑스 동북부에 있는 도 이름이다.

무기로 처음으로 펜을 선택했다는 사실이 가장 중요하다. 5월에 전쟁에 동원되면서 그랬던 것처럼 아롱은 런던에 도착해서도 전차 부대에 배속되기를 희망했다. 하지만 그는 부대에서 회계 업무를 맡게 되었다. 이 일화는 분명 실망스럽지만, 시간을 두고 보면 아예 중요하지 않은 것은 아니다. 실제로 아롱의 진로 결정이 몇 주 후에 이루어졌던 것이다. 그리고 이번에는 완전히 자율적인 결정이었다. 앙드레 라바르트[26]가 아롱에게 1940년 8월 17일에 창간 준비 중에 있던 잡지의 주간主幹직을 제안했다. 3일 동안의 숙고 끝에 아롱은 긍정적인 답을 해 주었다.

그 뒤로 여러 차례에 걸쳐, 특히 그의 『회고록』에서 아롱은 그의 여생 동안 그를 괴롭히게 될 문제를 상기하곤 했다. 직접적인 행동에의 참여보다 펜을 통한 정신의 투쟁을 선택한 것이 과연 옳은 일이었는가의 문제였다. 이 문제는 여기에서 역사가가 확답할 수 있는 성질의 것이 아니다. 선택은 그의 양심의 문제였다. 모든 것은 그에게서 선택을 하는 것이 대단히 힘들었다는 사실, 또 그가 그때부터 계속 전쟁 기간은 물론, 그 이후에도 그의 선택의 적절함에 대해 자문했다는 사실을 보여 준다. 하지만 이 점과 관련해 그와 같은 번민이 문제의 핵심을 감추어서는 안 된다는 사실을 상기하는 것이 좋을 듯하다. 즉, 아롱은 1940년 6월에 런던으로 건너갔던 소수의 대학교수 —그때 그들의 직급 중 조교수가 제일 높은 직급이었다— 중 한 명이었다. 그리고 앞에서 살펴본 것처럼 특히 그의 선택에는 그 자신의 가정적 삶이 포함되어 있었다. 게다가 손에 무기를 들고 싸우는 직접적인 행동이 아니었기 때문

26　앙드레 라바르트(André Labarthe, 1902-1967): 프랑스의 언론인으로, 『라 프랑스 리브르』지의 창간인이다.

에, 그의 참여는 즉각적이었고, 전적이었으며, 또 애매함도 없었다. 아울러 일종의 '역사'의 아이러니에 의해 아롱은 1927년에 그 자신과 다른 젊은 고등사범학교 학생들이 폴봉쿠르법에 반대하는 청원서에서 비난했던 전쟁을 지적인 면에서 계속 수행하게 되었다는 점을 지적해야 할 것이다. 기억을 떠올려 보면 이 청원서는 다음과 같은 점들을 내다보고 있었던 폴봉쿠르법 제4조의 마지막 부분에 대해 강하게 반대하는 것이었다. 즉, "지적 차원에서 국가 방어의 방향으로서의 국가 자원이라는 방향"이 그것이다. 또 더 폭넓게는 "조국의 사기를 보장해 주기 위해 필요한 모든 조치"가 그것이다. 1940년에 아롱은 그의 선택에 의해 '자유 프랑스'[27] —다시 말해 전쟁 발발 이후부터 승리까지 그에게 "조국"이었던— 의 지적, 도덕적 동원에 참가하게 된다. 그런데 아롱의 이와 같은 사려 깊고 또 이행된 선택은 "시민들의 자유로운 동의를 전제로 하는 무장한 국가라는 생각"을 상기시켜 주는 1927년의 청원서의 또 다른 면을 가리킨다.

4년의 런던 체류 기간 동안에 아롱은 꽤 많은 글을 썼다.[28] 종종 10여 쪽 이상이 되는 것도 있는 이 중요한 연대기들은 아주 흥미롭다. 왜냐하면 역사학자이자 철학자인 아롱이 증인의 자격으로 거기에 개입했고, 또 경우에 따라서는 그 자신이 직접 배우 역할을 맡았기 때문이

---

[27] 자유 프랑스(La France Libre): 1940년 런던으로 망명한 샤를 드골 장군의 주도로 성립된 망명 정부이다.

[28] 67편의 글 중에서 가장 주목할 만한 것은 최근에 재출간되었다(Raymond Aron, *Chroniques de guerre. La France libre, 1940-1945*, Gallimard, 1990; Cf. 또한 전쟁 말엽에 세 권으로 갈리마르 출판사에서 출간되었으며, 인용을 위해 이 세 권을 참고했다. *De l'armistice à l'insurrection nationale*, 1945; *L'Age des empires et l'avenir de la France*, 1945; *L'Homme contre les tyrans*, 1946, Ire éd. New York: Editions de la Maison française, 1944).

다. 여기에서는 이 글들을 한데 모아 놓은 책의 내용에 대해 심도 있는 검토는 하지 않을 것이다. 우리는 1942년 11월이 아롱에게 얼마나 중요한 단절의 계기로 나타났는가를 이미 강조한 바 있다. "만일 이 결정적인 순간에 비시 정부의 지도자들이 사태를 분명하게 내다볼 수 있는 용기를 가졌었다면, 또 그들이 그저 올바른 선택을 할 수 있는 상식을 가졌었다면, 그들의 과거는 회고적으로 전혀 다른 의미를 가질 수도 있었을 것이다." 이 분석과 이와 같은 유형의 몇몇 분석은 저자인 아롱이 비시 정부에 대해 배려를 하고 있다는 의심을 살 만하다. 하지만 실제로 다음과 같은 사실들을 고려한다면 문제의 핵심을 놓치고 말 것이다. 즉, 만일 프랑스에 있었더라면 국민혁명[29]이 제정한 반유대주의 법을 보고 괴로워했을 아롱과 관련된 이와 같은 비난은 터무니없다는 사실, 비난을 받은 당사자가 런던으로 건너간 최초의 프랑스인 중 한 사람이었다는 사실, 그리고 마지막으로 그는 처음부터 프랑스 내에서의 전투로 2차 세계대전이 종결되는 것이 아니라 본격적인 전쟁이 시작되었을 뿐이라는 사실에 대한 직관을 가지고 있었다는 사실 등이 그것이다. 벌써 분석가 아롱에게는 "모두에게서 전쟁의 진행에 대한 예측을 가정하는 것이 가장 나쁜 동기들에 관심을 갖는 것보다 더 정당하다"[30]는 결정적인 생각이 깊게 닻을 내리고 있었다.

---

29   국민혁명(Révolution nationale): 1940년 페탱 원수의 영도로 수립된 비시 프랑스 정부의 공식적 이념이다. 비시 정부는 나치 정권과 달리 반유대주의를 국가적으로 선동하지 않았으나 유대인, 이민자, 프리메이슨, 공산주의자에 대한 탄압을 시작했다. 또한 국민혁명이라는 반동적 기획을 통해 프랑스를 프랑스혁명 이전의 상태로 되돌리는 것을 목적으로 삼았다.

30   Raymond Aron, *De l'armistice à l'insurrection nationale, op. cit.*, pp.359, 362.

근거 없는 가설과 자기 판단에 대한 합리적인 근거들을 항상 제공하고자 하는 아롱의 의지는 꾸준했고, 종종 분명하기도 했다. 이렇게 해서 독일에 협력한 프랑스 작가들, 가령 샤르돈,[31] 몽테를랑,[32] 드리외라로셀[33] 등의 동기에 대해 아롱은 이렇게 쓰고 있다. "이런 문학을 내동댕이치고 싶은 마음은 굴뚝같지만, 그것을 연구하고자 하는 노력을 한 번은 해야 한다. 왜냐하면 우리 자신이 던지는 다음과 같은 질문에 답을 주어야 하기 때문이다. 왜, 어떻게, 어떤 길을 통해 프랑스 작가들이 스스로 괴벨스의 앞잡이가 되었는가?"[34]

이와 같은 해부를 하고자 하는 경향과 비난받는 자들에게 발언권을 주고자 하는 성향으로 인해 아롱이 비시 정부에 대해 유연한 자세를 취했다는 결론으로 이어지는 것은 아니다. 반복하지만 아롱의 탈주 여정은 1940년 6월 말부터 벌써 시작되었다. 게다가 잘 알려지지 않은 사실이 있다. 사르트르는 점령 기간 동안에 상당수의 저작을 출간했지만, 아롱의 저작 중 일부는 1940년 9월부터 독일군에 의해 추방된 그 유명한 "오토 금서목록"[35]에 포함되었다는 사실이 그것이다. 심지어 두 권

---

31 자크 샤르돈(Jacques Chardonne, 1884-1968): 프랑스의 작가로, 독일에 협력했던 극우파 계열에 속한 인물이다.

32 앙리 드 몽테를랑(Henry de Montherlant, 1895-1972): 프랑스의 작가로, 1960년에 아카데미 프랑세즈 회원으로 선출되었다. 독일에 협력했는가의 문제가 아직도 완전히 해결되지 않고 있다.

33 피에르 드리외라로셀(Pierre Drieu la Rochelle, 1893-1945): 프랑스의 작가로, 독일에 협력했다.

34 Raymond Aron, *L'Homme contre les tyrans, op. cit.*, p.132.

35 오토 금서목록(Liste Otto): 2차 세계대전 중 독일의 프랑스 대사였던 오토 아베츠(Otto Abetz)의 주도로 작성되어 1940년 9월 28일에 발표된 금서목록이다.

의 저작이 목록에 올라 있었다. 한편으로 프랑스대학출판사(PUF)에서 출간된 『현대 독일 사회학』이 공표된 첫 번째 목록에 올라 있었다. 다른 한편으로 "도쿼"의 간행물 중 하나인 『목록 II: 경제적인 것과 정치적인 것』의 출간이 금지되었고, 이 책의 저자들인 "아롱, 보셰르[36] 등"[37]의 이름도 언급되었다. 또한 아롱은 『라 프랑스 리브르』지에 실린 그의 글들에 1930년대의 성찰로 곧장 이어지는 하나의 원칙을 적용했다. 그의 시민적 참여는 단지 하나의 의견 표명이 아니라 국제 관계나 경제에 대한 연구에 근거를 두고 이루어진 권위 있는 의견이어야 한다는 원칙이 그것이다. 그는 이 원칙을 1941년 9월에 발표된 「권력에 대항하는 시민의 위신과 환상」이라는 삼중으로 중요한 글에서 분명하게 밝히고 있다. 첫째, 이 글이 중요한 것은 이 글을 계기로 아롱이 알랭의 저작의 정치적 성향과 결정적으로 단절했기 때문이다. 이런 관점에서 보면 아롱의 변화는 그 시기에 완전히 이루어졌다고 할 수 있다. 둘째, 이 글이 중요한 것은 이 글에서 아롱이 그 자신의 능력과 전문성을 갖춘 관찰자로서의 위상을 설명하고 있기 때문이다. 셋째, 이 글이 중요한 것은 이 글에서 아롱이 정치적 결정에 대해 이루어진 판단에 있어서 이제부터는 항상 같은 상황에서 그 자신의 고유한 태도를 묻고자 하는 의지를 상기하고 있기 때문이다.

물론 아롱의 몇몇 분석은 사태의 긴급함 때문에 이루어진 것이다. 가

---

36   폴 보셰르(Paul Vaucher, 1887-1966): 프랑스의 역사학자로, 런던대학과 소르본대학 교수를 역임했다.

37   특히 이 목록에 대해서는 다음을 참고하라. Pascal Fouché, *L'Edition française sous l'Occupation*, Publication de l'IMEC, 1987.

령, 1941년 봄에 그는 이렇게 쓰고 있다. "히틀러의 독일에 맞선 연합국의 국민들은 자신들의 생명을 위해 싸우고 있다는 사실을 아무리 큰 목소리로 선언해도 충분히 표현하지 못할 것이다."[38] 그리고 그로부터 몇 달 후에 이렇게 덧붙이고 있다. "이 전쟁은 목숨을 건 투쟁이다. 민족이 사라지느냐 아니면 살아남느냐의 문제이다."[39] 하지만 투쟁에의 호소는 "파르티잔[40] 국가Etat partisan"[41]에 대한 심오한 성찰의 초기부터 겹친다. 그런데 이런 국가에서 "목적은 항상 모든 사람의 목숨과 각자의 목숨이 국가에 대한 봉사에서 그 통일을 발견하는 것과 같은 방식으로 사회 전체를 조직하는 것이다."[42]

어쨌든 이 글들은 아롱에게서 일종의 갑문의 역할을 수행했다. 전쟁 전에 대학에서 가르쳤던 아롱은 당연히 책을 중요시했고, 또 다른 차원에서는 학문적이거나 아카데믹한 학술지의 논문을 중요시했다. 전쟁 후에는 편집자의 경력을 쌓으면서 몇 해가 지남에 따라 그는 국제 관계에 대한 현장 분석의 지지대가 되는 몇 쪽의 텍스트들을 쓰게 된다. 분명 『라 프랑스 리브르』가 월간지였다는 점은 그에게 해설의 대상이 된 사건에 대한 어느 정도의 거리를 보장해 주었고, 연대기적인 글들의 성격은 그에게 해설을 위한 더 많은 여지를 남겨 주었다. 하지만 대학교

---

38   Raymond Aron, *L'Homme contre les tyrans*, *op. cit.*, p.37.

39   *Ibid.*, p.201.

40   '파르티잔(partisan)'은 정규군과 대립되는 무장 비정규군, 빨치산, 유격대원 등을 의미한다. 여기에서는 국가 전체가 승리를 목적으로 전쟁에 동원되는 국가로의 전향을 의미한다.

41   *Ibid.*, p.40.

42   *Ibid.*, p.45.

수에서 편집자로의 이동은 1940년에서 1944년까지 런던 체류 시절에 이루어졌다.

하지만 만일 전쟁이 아롱의 다양한 활동 속에서 중요한 휴지(休止)의 역할을 덤으로, 또 보다 폭넓게 하지 않았더라면, 이와 같은 중간 단계는 그 중요성을 잃게 될 것이다. 곧 살펴보겠지만 이런 차원에서 그의 삶에는 1939-1945년 전과 후가 있다고 할 수 있다.[43]

아롱의 텍스트들에 대해 좀 더 주의 깊은 해석을 해 보면 그 당시에 그가 자유 프랑스의 수장인 드골에 대해 내렸던 판단을 좀 더 명확하게 알 수 있을 것이다. 하지만 이 작업은 우리의 의도에서 벗어난다. 어쨌든 이런 종류의 연구는 자유 프랑스의 여러 다른 정치 성향 사이의 아주 복잡한 관계라는 문맥 속에서 이루어져야 할 것이다. 가령, 1943년 8월에 쓴 그 유명한 「보나파르트 가문의 그늘」이라는 글은 자유 프랑스 내부의 혼란스러운 역사 속에 자리매김되어야 할 것이다. 1991년에도 여전히 옛 런던 체류자였던 모리스 쉬만[44]과 같은 사람은 『라 프랑스 리브르』가 취한 태도와 특히 아롱의 이 글을 "스캔들"이었다고 판단하고 있기도 하다.[45]

---

[43] 아롱의 경력에서 2차 세계대전이 수행한 역할에 대한 섬세하고 종합적인 첫 번째 접근에 대해서는 다음 연구를 지적할 수 있다. Valérie Hannon, "De l'université au journalisme: le poids de la Seconde Guerre mondiale chez Raymond Aron (1939-1955)", *Actes du colloque de Clermont-Ferrand*, novembre 1993, "Etudiants, universitaires, universités en France pendant la Seconde Guerre mondiale"(출간 예정).

[44] 모리스 쉬만(Maurice Schumann, 1911-1998): 프랑스 언론인이자 정치가로, 2차 세계대전 중에 런던으로 건너가 드골을 지지했으며, BBC 방송국의 대(對)프랑스 방송 책임자였다.

[45] 티보 텔리에와의 대담. Cf. Thibault Tellier, *Maurice Schumann 1939-1945*, mémoire de maîtrise, Lille III, 1991, p.256.

평온한 점령 기간?

방금 살펴본 전쟁에 관련된 여러 사실은 그 자체로 아롱의 정치적 전기傳記를 확립하는 데 중요하다. 그렇다고 해도 앞에서 지적했듯이 그가 겪었던 이런 사실들로 인해 역사가가 해결할 수 없는 문제에 봉착하는 것은 아니다. 하지만 연구자가 사르트르의 점령 기간 동안의 몇 해를 재구성하는 작업은 기술적으로 훨씬 더 복잡하다. 왜냐하면 사르트르가 고의로 감추려고 하거나, 또는 최소한 불투명하게 만들려는 의지가 없었다고 해도, 그가 그 몇 해 동안에 겪었던 사실들이 검토에서 많이 누락되기 때문이다. 하지만 사실은 사실대로 남아 있다. 연속되는 많은 사진을 제시할 필요가 있다. 왜냐하면 곧 보겠지만 사르트르가 1939-1940년 후에 '역사'와의 관계에서 계속 변해 가기 때문이다. 그뿐만 아니라 그 이후의 몇 해가 대체로 분명하지 않고, 용어의 상식적인 의미에서 클리셰에 속하기 때문이다.

예컨대 사르트르의 레지스탕스 운동에 관련해서도 문제가 분명하다. 제시된 여러 주장이 모순되게 보이는 만큼 더욱 그렇다. 1941년 봄에 포로수용소에서 석방되어 파리로 돌아와 1944년 여름에 파리가 해방될 때까지 3년 동안, 사르트르는 잠자는 숲속의 지식인으로 남아 있었던가? 1939년의 정치적 깊은 잠에서 겨우 깨어난 그가 다시 졸면서 점령 기간의 침울한 몇 해 동안에 문학적, 철학적 저작들을 손질하면서 말이다. 아니면, 그가 그 나름의 방식과 수단으로 진짜 레지스탕스 운동을 했는가? 이 문제에 대한 논의는 1991년에 전쟁 기간 —그들에게는 이 기간이 "아주 평온한 점령 기간"이었을[46] 수도 있다— 중의 사르트르와 보부아르에 대한 아주 신랄한 내용이 담긴 한 권의 저서가 출간되었지만, 여전히 정리되지 않은 상태로 있다. 사르트르는 단지 워털루 전투에서 파브리스[47]가 맡았던 수동적 역할을 하지 않았을 수도 있다. 적과의 영합의 대가로 보부아르와 마찬가지로 전쟁 기간의 몇 해를 그 자신의 문학적 경력을 쌓기 위한 일에 할애하면서 일종의 출세주의자의 행동을 했을 수도 있다. 게다가 타협과 중복되는 탐욕스러운 야심에 거짓으로부터 희생으로의 방향 전환이 더해질 수도 있을 것이다. 해방이 되었을 때에 사르트르는 레지스탕스 대원이라는 칭호를 부당하게 얻었을 수도 있다.

하지만 역으로 매스컴에 오르내리는 몇몇 주석가들의 넘쳐 나는 저작들은 사르트르의 경우를 공정하게 다루는 것이 어려운 일이라는 사실을 여실히 보여 주고 있다. 그의 경우를 공정하게 다루기 위해서는

46   Gilbert Joseph, *Une si douce Occupation··· Simone de Beauvoir et Jean-Paul Sartre 1940-1944*, Albin Michel, 1991.
47   스탕달의 소설 『파르마의 수도원』의 주인공 이름이다.

다시 "우스꽝스러운 전쟁"의 시기로 거슬러 올라가야 할 필요가 있다. 비록 "우스꽝스러운 전쟁"이 사르트르의 변화에서 결정적인 전환점에 해당한다고 해도, 그의 변화가 군부대에 배속되어 있었던 몇 개월 동안에 완전히 끝난 것은 아니었다. 사실, 군인 사르트르는 그의 개인적인 지적 작업과 단조로운 생활을 하던 시기에 오불관언의 태도를 견지했다. 탈주로가 없었기 때문에 글쓰기가 피난처가 되었고, 그의 창작의 양은 ―특히『수첩』과 더불어 그의 진짜 작가로서의 기질이 드러났다― 그 시기에 다음과 같은 사실을 보여 준다. 즉, 사르트르가 마지노선의 참호 속에서 그 자신의 고유한 벙커 ―적어도 마음속의― 를 구축하는 데 성공했다는 것이 그것이다. 앞에서 본 것처럼 보부아르는 후일 이렇게 쓰고 있다. 그 시기를 계기로 사르트르에게는 인간은 그 자신의 "상황"을 "떠맡아야 한다"는 확신이 생겨났다고 말이다. '역사'는 기지개를 켜고 움직였지만, 바람은 아직 태풍이 아니었다. 5월 16일, 즉 독일군의 공격 감행이 있은 지 6일 후에, "사랑하는 카스토르"에게 보낸 한 통의 편지에서 사르트르는 독일군이 "공격할 것"이라는 사실을 "전혀 믿지 않았"다고 쓰고 있다. 그런 만큼 "그의 수첩을 다시 쓰기 시작하기" 전에 당장의 시급한 문제는 "가능하면 빨리 소설을 끝내는 것"[48]이라고 썼던 것이다. 1939년 8월 말에 폴란드 위기가 한창일 시기에도 그는 루이즈 베드린[49]에게 이렇게 쓰고 있다. "난 정말로 전쟁이 일어날

---

48   Jean-Paul Sartre, *Lettres au Castor, op. cit.*, t. II, pp.230-231.

49   루이즈 베드린(Louise Védrine): 보부아르가 사르트르와 주고받은 편지에서 썼던 가명으로, 보부아르의 제자였던 폴란드 출신의 작가이자 철학자인 비앙카 랑블랭(Bianca Lamblin)을 가리킨다.

거라고 믿지 않고 있소."[50]

주지하다시피 '역사'는 그와는 다른 방향으로 흘러갔다. 그리고 그때부터 시간은 더 이상 명상의 편이 아니었다. 또한 시간은 반쯤 폐쇄된 부대 생활로 인해 가능해진 성찰과 검토의 편이 아니었다. 이미 지적했지만 사르트르는 6월 21일에 포로가 되었다. 질베르 조제프[51]가 수집한 증언들은 이 점에 대해 일치한다. 그 시기에 사르트르에게는 무엇보다도 발걸음을 무겁게 만든 원고가 들어 있는 세 개의 자루가 중요했던 것으로 보이며, 불운했던 그의 동료들의 편의를 돌봐 주는 데에는 전혀 기여하지 못했던 것으로 보인다.

전쟁의 패퇴와 더불어 '역사'는 1940년에 독일의 포로수용소에 있던 군인 사르트르를 이번에는 완전히 따라잡았다. 그는 그곳에서 9개월 정도를 머물렀을 뿐이다. 하지만 그는 그곳에서 그의 삶의 전환점 중 하나를 겪게 된다. 왜냐하면 그의 사회적 연결에 대한 발견이 그곳에서 이루어졌고, 또 어쨌든 그곳에서 완성되었기 때문이다. 질베르 조제프가 수집된 증거 뭉치를 통해 보여 주고 있는 바와 같이 사르트르가 그의 동료들과 잘 어울리지 않고 상당히 거리를 두었다는 사실은 별로 중요하지 않다. 그도 그럴 것이 마리위스 페랭[52] 사제는 포로수용소에서 몇 개월을 함께 보낸 사르트르에 대해 훨씬 더 따뜻한 초상화를 그리

---

50   *Ibid.*, t. I, p. 268.

51   질베르 조제프(Gilbert Joseph): 프랑스 사학자로, 특히 독일 점령 기간에 많은 관심을 가졌으며, 사르트르와 보부아르를 비판한 저서를 1991년에 출간했다.

52   마리위스 페랭(Marius Perrin): 2차 세계대전 때 포로수용소에서 사르트르와 몇 개월을 같이 보냈던 사제로, 그때의 기억을 회상하면서 『XII D 포로수용소에서 사르트르와 함께(Avec Sartre, au stalag XII D)』를 출간하기도 했다.

고 있기 때문이다.[53] 군인 사르트르에게 주어진 이런 다양한 시선들은 그의 주위에 있었던 공동체의 구성원들에게 그가 이제 진짜로 존재하는 사람으로 보이기 시작했다는 것을 가르쳐 준다. 왜냐하면 그는 그곳에서 그들과 한데 어울렸기 —그가 상황의 힘 때문에 그랬는지 아니면 의지적으로 그랬는지에 대해서는 아직도 계속되는 불확실성이 있다— 때문이다. 그리고 그의 이런 모습이 "우스꽝스러운 전쟁" 기간을 포함해 그때까지 너무 피상적이었던 만큼 과거의 모습과의 대조는 더욱 두드러진다. 여러 권의 『수첩』에서 —특히 첫 번째 수첩에서— 그 시기에 사르트르와 그의 내부 반원들 사이에 놓여 있는 거리가 잘 드러난다. 그런 만큼 포로수용소에서의 생활이 그의 인생의 전환점이라는 것은 분명하다. 1/3세기 후에 사르트르는 존 제라시[54]와의 대담에서 다음과 같은 용어로 그때의 상황을 설명하고 있다. "나는 포로수용소에서 고등사범학교 졸업 이후에 경험하지 못했던 집단적 삶의 형태를 다시 발견하게 되었어요. … 포로수용소에서 내가 좋아했던 것은 바로 내가 대중의 일부가 되었다는 느낌이었어요."[55]

마지노선의 토치카에서 겨우 이루어졌던 사르트르의 이와 같은 사회적 연결의 발견은 XII D 포로수용소에서 계속 이어졌고, 포로 생활의 고유한 조건들로 인해 심지어 강화되기까지 했다. 그리고 1941년

53　　Marius Perrin, *Avec Sartre, au stalag XII D*, Jean-Pierre Delarge, 1980.

54　　존 제라시(John Gerassi, 1931-2012): 프랑스의 언론인, 전기 작가이자 대학교수로, 사르트르의 친구였던 페르난도 제라시(Fernando Gerassi)의 아들이다. 사르트르와 관련된 저서와 인터뷰를 출간했다.

55　　1973년에 했던 존 제라시와의 미발표 대담. Jean-Paul Sartre, *Œuvres romanesques*, *op. cit.*, p.LVI에서 재인용.

3월 말에 사르트르는 환골탈태한 모습으로 파리로 돌아왔다.

하지만 사르트르의 귀환에 대해서도 여전히 불투명한 장벽들이 —물론 당연히 이것이 모호함을 의미하는 것은 아니다— 존재한다. 질베르 조제프가 암시하고 있는 것처럼, 과연 사르트르가 포로수용소에서 집필한 극작품 『바리오나*Bariona*』는 반유대주의를 증류시킨 것인가? 그렇다면 사르트르의 석방을 유리하게 해 준 독일 당국의 특별한 관용의 이유를 거기에서 보아야만 하는가? 그것을 확실하게 증명할 수 있는 증거가 있는 경우를 제외하면 —지금 우리는 그런 상황에 있지 않다— 그와 같은 분석은 아주 논쟁적이다. 어쨌든 XII D 포로수용소에서 이루어진 사르트르의 석방에 대한 질베르 조제프의 주장을 따르도록 하는 것은 아무것도 없다. 물론 사르트르의 석방에 대한 미화된 전설은 터무니없는 것이다. 보부아르는 사르트르의 "탈주"를 말한 바 있다. 하지만 이 단어는 적절하지 않다. 왜냐하면 사르트르의 경우에는 공식적인 석방이었기 때문이다. 하지만 『그렇게 조용한 점령 기간*Une si douce Occipation*』의 저자인 질베르 조제프는 논점선취의 오류를 범하고 있다. 왜냐하면 사르트르의 석방이 포로수용소의 군사 당국에의 타협적인 태도 덕분에 획득된 것이라고 암시했을 때, 질베르 조제프는 그것을 증명할 만한 확실한 증거를 대지 못하고 있기 때문이다. 페랭의 증언은 역으로 보부아르가 전하고 있는 사르트르의 다음과 같은 설명에 신빙성을 더해 준다. 즉, 사르트르가 균형 장애라는 가짜 진단서 덕분에 석방되었다는 설명이 그것이다. 지금까지 이 설명을 문제시하는 것은 아무것도 없다. 비록 다른 경우에 보부아르의 회상록이, 곧 보겠지만, 이와 같은 분석의 정확성에 전혀 기여를 하지 못하고 있음에도 그

렇다.[56]

그렇지만 문제의 본질은 다른 곳에 있고, 또 문제는 공정하게 분석되어야 한다. 사르트르를 위해 만들어지고 몇몇 추종자들에 의해 널리 퍼진 침울한 몇 해 동안의 활동에 대한 주장을 제외한다면, 과연 그는 실제로 레지스탕스 운동을 했는가? 이 질문과 관련해 우리는 우선 이해당사자인 사르트르가 적어도 전쟁이 끝나고 몇 년 후에 그에게 유리한 행동을 소리 높여 강하게 요구했다는 사실을 지적해야 할 것이다. 우리는 다음과 같은 유명한 회고적인 분석을 알고 있다. "점령 기간 동안에 나는 레지스탕스 운동을 했던 작가였지, 글을 쓰는 레지스탕스 대원이 아니었다." 이런 구분은 아주 그럴싸해 보인다. 그리고 거기에는 레지스탕스 대원의 자세에 대한 요구가 함축되어 있다. 그렇지만 이 문장은 또한 그가 조금 더 활발하게 활동하지 못했다는 사실에 대한 후회의 표현으로 해석될 수도 있다. 「침묵의 공화국」[57]을 위시해 사르트르의 여러 텍스트에서 여러 문단이 이런 의미로 읽힐 수 있다. 그리고 1945년부터 『라 프랑스 리브르』지에 실린 사르트르의 한 편의 글은, 주의를 하지 않으면, 스위스 역사학자 필리프 뷔랭[58]이 반세기 후에 "조정 accomodements"[59]이라고 부르게 되는 태도의 범주로 이어지는 모든 과정

---

[56]　어쨌든 브라지야크와… 사르트르의 석방에서 드리외라로셀이 모종의 역할을 했다는 가설이 이번에는 논쟁 없이 주장되었다는 사실을 지적해야 할 것이다(Cf. Gilles & Jean-Robert Ragache, *La Vie quotidienne des écrivains et des artistes sous l'Occupation*, Hachette, 1988, p.76).

[57]　사르트르의 『상황 3(*Situations III*)』에 재수록되었다.

[58]　필리프 뷔랭(Philippe Burrin, 1952-): 스위스 사학자로, 특히 양차 대전 사이의 유럽사에 대한 많은 연구를 수행하고 있다.

[59]　Philippe Burrin, *La France à l'heure allemande, 1940-1944*, Le Seuil, 1995. 사르트르가 『라 프랑스 리브르』에 게재했던 텍스트도 『상황 3』에 재수록되었다.

을 잘 기술하고 있다. "이렇게 해서 우리는 우리 자신에게 그 사실을 감히 말하지도 못한 채 가장 불행한 혼란 속에서 수치스럽게, 수치를 혐오하면서 살아왔다. 설상가상으로 우리는 점령자의 공모자가 되지 않고서는 한 발을 내디딜 수도, 먹을 수도, 심지어는 숨을 쉴 수조차 없었다."

물론 사르트르는 그 이후에 그 자신의 과거의 레지스탕스 운동에 대한 확인에서 유보적인 증거를 제시하고 있기는 하다. 질베르 조제프는 다음과 같은 사실을 상기시키고 있다. 즉, 사르트르가 프랑스 문인협회에 가입하기 위해 1962년에 작성한 경력 카드의 "전쟁"란에 이렇게 적어 넣었다고 말이다. "레지스탕스 운동과 파리의 시가전에 활발하게 가담했음." 그런데 이것은 시간 속에서 가변적인 여러 선언을 넘어서 —하지만 이와 같은 터무니없는 카드에도 불구하고 그 내용은 전체적으로 구체적인 행동에 대한 요구에서 어느 정도 신중함이라는 단어 아래에 놓여 있다— 몇몇 확인된 사실을 확립하거나, 또는 상기해야 하는 또 하나의 이유이다.

사르트르가 메를로퐁티에게 선언했던 것처럼,[60] 1941년 봄에 사르트르가 "뭔가를 하고자" 하는 욕망을 가졌다는 사실은 부인할 수 없다. 기껏해야 5명 내외의 지식인들로 촘촘하게 구성된 소규모 집단의 구성을 통해 "거미줄 같은 망을 치는 것"이 중요했다. 예컨대 이와 같은 유형의 하나의 모임이 뷔시가rue de Buci에 있는 한 호텔 방에서 열렸다. 이 모임에는 특히 사르트르, 자크 로랑 보스트,[61] 완다,[62] 모리스 나도[63] 등이 참

---

60   Cf. 이 점에 대해서는 다음 증언을 보라. Maurice Nadeau, *Grâces leur soient rendues. Mémoires littéraires*, Albin Michel, 1990, p. 56.

석했다. 나도가 놀랄 정도로 사르트르는 이 모임의 목표를 제시하면서 다음과 같은 결론을 내렸다. "1년 후에 우리는 비시 정부가 세운 국가의 본질을 밝혀야 할 것이다."[64] 어쩌면 이 일화가 모든 것을 말해 준다. 사르트르가 주도권을 쥔 것은 분명했다. 하지만 그가 제시한 본질적으로 지적인 레지스탕스 개념 —1941년에는 새로운 것이었다— 이 문제를 일으켰다. 이 문제는 역사가에는 고전적인 문제인데, 대체 어떤 지점에서부터 시작해서 진정한 레지스탕스 운동이 있다고 해야 하는가 하는 것이다.

사르트르가 주도권을 쥔 단체 —"사회주의와 자유Socialisme et liberté"라는 이름으로 알려졌다— 의 실체는 예컨대 장 투생 드장티[65]에 의해 확인되었다. 드장티는 1940년 이래로 "장화 밑Sous la botte"이라는 이름의 레지스탕스 단체를 이끌고 있었다. 이 단체의 또 다른 지도자는 월름 가에서 강의를 하고 있던 메를로퐁티였다. 대부분이 고등사범학교 졸업생들로 구성된 이 단체가 "사회주의와 자유"와 합쳐졌다. 사르트르의 주도로 이루어졌던 이 "사회주의와 자유"의 실패 이후에 드장티는 공산주의자들의 레지스탕스 단체에 합류했다.[66] 그런데 비록 여러 증

---

61 자크 로랑 보스트(Jacques-Laurent Bost, 1916-1990): 프랑스의 작가이자 저널리스트로, 사르트르의 제자이다.

62 완다 코사키에비치(Wanda Kosakiewicz, 1917-1989): 우크라이나-폴란드계 프랑스 연극인으로, 사르트르의 연인이다.

63 모리스 나도(Maurice Nadeau, 1911-2013): 프랑스의 작가, 문학 비평가이자 출판인이다.

64 *Ibid.*, p.58.

65 장 투생 드장티(Jean-Toussaint Desanti, 1914-2002): 프랑스의 수학자이자 교육자로, 레지스탕스 운동에 참여한 것으로 유명하다.

66 Jean-Toussaint Desanti, *Un destin philosophique*, Le Livre de poche, p.147; *Bulletin de*

언을 통해 사르트르의 활동이 실질적이었고 성실했다는 것이 증명되고 있다고 해도, 이 "사회주의와 자유"의 활동을 과장하지 않는 것이 좋을 듯하다. 한편으로 이 단체에 속해 있었던 나탈리 사로트[67]는 사르트르의 활동의 강도에 대해 가장 조심스러운 증언 중 하나를 해 주고 있다. 사로트는 1990년에 "당신은 언젠가 사르트르에 대해 이렇게 말한 적이 있습니다. 당신이 전쟁 중에 그와 함께 반성 위원회에 속했었다고 말입니다"라는 질문에 다음과 같은 결정적인 답을 하고 있다. "그건 자칭 레지스탕스 단체였어요. 실제로 미래의 프랑스를 염두에 둔 것이죠! 3-4회 모임이 있었어요. 그게 전부에요."[68] 설사 우리가 이 증언이 기억 감퇴에 의해 왜곡될 수 있다는 사실과 더군다나 시간적으로 사르트르와 "누보로망"의 작가들을 대립시켰던 무거운 논쟁 후에 이 증언이 이루어졌다는 사실을 고려한다고 해도, 이와 같은 주요 증인 중 한 명의 증언은 큰 부담이 된다는 사실을 지적해야 할 것이다. 다른 한편으로 "사회주의와 자유"는 보부아르의 『나이의 힘』의 몇 쪽에서의 기술에 의해 거의 불멸화되고 있으며, 종종 1960년에 이 저서가 출간된 이후로 역사적인 비판에 대한 근본적인 우려도 없이 종종 그대로 재인용되고 있는 실정이다. 그런데 점령 기간 동안에 대한 보부아르의 기억은 종종 개략적이며 틀리기도 한다. 그녀의 평가는 개략적이다. 하지만 최소한 빠르게 내려진 평가이기는 하다.[69] 가령, 보부아르는 이렇게 쓰고 있다.

---

la société des amis de l'ENS, n° 122, décembre 1971.

67   나탈리 사로트(Nathalie Sarraute, 1900-1999): 프랑스 작가로, 누보로망(Nouveau roman) 계열에 속한다.

68   Arnaud Rykner, *Nathalie Sarraute*, Le Seuil, 1991, p.174(1990년 4월 대담).

1940년 5월에 튈르리궁의 오랑주리박물관에서 개최된 독일 조각가 아르노 베르커[70]의 전시회에 "거의 모든 프랑스의 인텔리겐치아"가 가지 않았다고 말이다. 그런데 그와는 반대로 그 전시회에는 프랑스 지식인 계층이 대거 방문했다. 베르커 측에 따르면 방문객이 8만 명에 달했다고 말하고 있다.[71]

사실, 이런 예는 참여와 밀접한 관계가 없으며, 그저 평가의 차원에 속한다. 그 반면에 사르트르의 레지스탕스 운동의 경우에는 보부아르의 기억은 증언 차원에 속한다. 하지만 참여의 경우에 몇몇 사실에 대해서는 이미 잘 작동하지 않는 기억에 의한 치명적인 실수가 저질러졌다. 예컨대 보부아르는 회상록에서 사르트르의 레지스탕스 활동 시도가 빠르게 레지스탕스 운동을 하는 공산주의자들의 적개심에 부딪혔다고 설명하고 있다. 보부아르는 심지어 그 점에서 "사회주의와 자유"가 실패한 본질적인 이유 중 하나를 보고 있기도 하다. 그러면서 공산주의자들의 개별적인 레지스탕스 활동의 시도는 확인되었지만, 공산주의의 레지스탕스 운동은 그날까지, 즉 1941년 6월 22일까지 결코 중앙집권적 실체로서 존재하지 않았다는 사실을 제대로 평가하고 있지 않다.[72]

69 Simone de Beauvoir, *La Force de l'âge*, *op. cit.*, t. II, p.528.

70 아르노 베르커(Arno Breker, 1900-1991): 독일의 조각가이다.

71 Laurence Bertrand Dorléac, *L'Art de la défaite. 1940-1944*, Le Seuil, 1993, pp.83, 330. Cf. Gilles & Jean-Robert Ragache, *La Vie quotidienne des écrivains et des artistes sous l'Occupation*, *op. cit.*, pp.128-129.

72 이 점에 대한 역사학자들 사이의 토론에 대해서는 특히 다음을 보라. Cf. Jean-Pierre Azéma, Antoine Prost & Jean-Pierre Rioux (dir.), *Les Communistes français de Munich à Châteaubriant*과 *Le Parti communiste français des années sombres, 1938-1941*, FNSP & Le Seuil, 1986-1987.

게다가 PCF의 비밀 기구는 아직 점령군에 대한 레지스탕스 운동을 벌이고 있지 않았다. 이런 이유로 어떤 공산주의자들의 명령이 아직 발아 상태에 있는 사르트르의 시도를 방해했는지를 도통 알기 힘들다. 최소한 거기에는 훨씬 뒤에 일어난 일을 1941년 상반기로 이동시켜 버린 연대기상의 실수가 있다.

게다가 다른 경우에 우리는 증언의 신뢰성 문제에서 그 진실성 문제로 넘어간다. 가령, 우리는 여러 중요한 사태에서 역사적 실체에 대한 어쩌면 의도적으로, 또 직접적으로, 아니면 누락에 의해 왜곡된 경우를 목도하게 된다. 보부아르가 라디오 방송에 관여했던 문제가 그 예이다. 보부아르는 실제로 『얌전한 처녀의 회상』에서 레지스탕스 조직에 허락을 요청한 뒤에 라디오-비시Radio-Vichy에 협력한 사실을 언급하고 있다. 우리는 이와 같은 정보의 수수께끼 같은 성격에 충격을 받지 않을 수 없다. 그리고 보부아르의 레지스탕스 운동에 대해 현재 우리가 알고 있는 범위에서 말하자면, 레지스탕스 조직의 상부에 허락을 요청했다는 보부아르의 주장에서 그녀의 순진함과 교활함을 구분할 수 없다. 게다가 레지스탕스 조직의 상부가 누구인지도 확인되지 않았고, 또 그 조직이 어디에 있는지도 밝혀지지 않은 만큼 이 주장은 더욱더 불분명하다. 보부아르가 회상록을 출간했던 1960년에는 편 가르기가 그다지 심하지 않았으며, 또한 더 정확한 정보에 의해 누군가를 위험에 빠뜨릴 수 있는 그런 상황이 아니었다. 그리고 사반세기가 지난 후인 1983년에 보부아르는 『카스토르에게 보낸 편지』의 편찬 과정에서 이 문제를 다시 언급하면서 다음과 같은 내용의 주註를 삽입하고 있다. 한편으로 그녀 자신이 라디오-비시에서 일을 했고, 다른 한편으로 그녀가 "허락"

을 받았다고 말이다. 여기에서도 다시 한번 접촉과 상부라는 위계질서의 문제에서 불투명함이 실수, 또는 누락과 겹친다. 하지만 라디오-비시의 일화에는 —조금 더 정확을 기하기 위해 전국라디오방송[73]에 대해서는 곧 다시 언급할 것이다— 또 다른 설명이 필요하다. 물론 라디오-비시는 대독 협력 분야에서 과격 왕정 복고주의의 상징이 되어 버린 라디오-파리[74]는 아니었다. "라디오-파리는 거짓말을 한다. 라디오-파리는 거짓말을 한다. 라디오-파리는 독일 편이다." 엘렌 에크[75]는 비시의 라디오 방송이 점령 기간 동안에 스튜디오를 "일군의 재능 있는 사람들"에게 개방했고, 또 페탱 원수를 지지하는 주변 분위기에도 불구하고 국영 라디오 방송국에서 "점령군에게 큰 경외심을 품지 않은 채 프랑스 문화를 방송 제작의 주요 소재로 삼았다"는 사실을 잘 보여 주고 있다. 하지만 같은 연구에서 다음과 같은 사실 역시 상기되고 있다. 즉, 1944년 상반기가 "비시의 라디오 방송이 내보냈던 가장 고집스럽고, 또 가장 가증스러운 선전 방송에서 필리프 앙리오[76]가 재능을 한껏 발휘했던 시기였다"[77]는 사실이 그것이다. 그런데 그 시기와 보부아르가 전

---

[73] 원래 명칭은 프랑스전국라디오방송(Radiodiffusion française nationale)이며, 전국라디오방송(RN: Radiodiffusion nationale)으로 불리기도 한다. 이 기관은 1939년에 창설된 프랑스 오디오비주얼 서비스의 책임을 지고 있는 공공기관 전체를 가리킨다. 1945년에 이 기관은 프랑스라디오방송(RDF: Radiodiffusion française)으로 대체되었다.

[74] 라디오-파리(Radio-Paris): 1933년까지 파리의 첫 번째 민간 라디오 방송이었다가 1940년에 프랑스 공영방송에 편입되었으나, 그로부터 얼마 후부터 1944년까지 독일의 선전을 담당한 라디오 방송이 되었다.

[75] 엘렌 에크(Hélène Eck): 프랑스의 사학자로, 전공 분야는 매체 연구사로 유명하다.

[76] 필리프 앙리오(Philippe Henriot, 1889-1944): 프랑스 정치인이자 방송인으로, 비시 정부의 공보, 선전을 담당했던 대표적인 대독 협력자이다. 라디오-비시에서도 활동했고, '프랑스의 괴벨스'로 불렸으며, 레지스탕스 대원에 의해 처형되었다.

국라디오방송에서 일을 한 시기가 일치한다. 라디오-비시의 주간 프로그램 소개 책자인 『라디오 나시오날Radio national』에는 1944년 2월 27일부터 보부아르가 진행하게 될 "뮤직홀의 기원"에 대한 일련의 방송 프로그램이 소개되고 있다.

양심의 문제에 속하는 이 문제와 관련해 판단을 내리는 것은 결코 역사가의 몫이 아니다. 그의 임무는 오히려 여러 자료의 내용들 —게다가 파편적인— 을 각자의 판단에 맡기기 위해 제공하는 것에 국한된다. 그렇지만 더 옳은 판단을 위해 역사가는 이 자료에 다음과 같은 보충적인 두 개의 지적을 덧붙일 필요가 있다. 무엇보다도 먼저, 위험을 무릅쓰고 날짜를 제외해 버리는 것은 불가능하다는 사실을 지적하자. 이미 보았듯이 그 시기에 라디오-비시는 몇몇 논설에서 정치적으로 급진화된 내용을 방송했다. 물론 이와 같은 내용과 보부아르의 방송 참여와의 동시성은, 그녀가 이 방송에서 이야기된 모든 내용에 대해 연대 책임이 있다는 것을 의미하지 않는다. 하지만 그렇다고 해도 지식인에게는 그 자신의 말을 증폭시키는 매체에 대한 평판에도 주의를 기울여야 할 책임이 있는 것이 아닌가? 어쨌든 그로부터 몇 개월이 지나지 않아 사르트르는 1947년 9월에 『레 레트르 프랑세즈Les Lettres françaises』에 의해 간행된 한 텍스트에 서명하면서 변호하고 있다. 그 내용은 이렇다. "전국 작가 위원회Comité national des écrivains(CNE)의 회원들은 투쟁하고 있다. 우리는 지난 호에서 점령 기간 동안에 억압자에게 정신적이거나 물질적 도움을 준 태도나 글을 쓴 작가에 의해 서명된 텍스트를 하나라도 출간

---

77   Cf. Hélène Eck, "A la recherche d'un art radiophonique", *in* Jean-Pierre Roux (dir.), *La Vie culturelle sous Vichy*, Bruxelles, Complexe, 1990, pp. 269-292(인용은 p. 290).

하는 신문, 잡지, 모음집, 총서 등에 일체의 협력을 거부할 것을 선언한 바 있다."[78] 청원서의 아랫부분에 보부아르의 이름은 분명 들어 있지 않다. 하지만 CNE의 회원이었던 보부아르는 '사실상de facto' 이 단체와 유대 관계에 있었다. 이런 사실은 우리를 다음과 같은 결론으로 유도한다. 즉, 태도의 일관성이라는 의무 ─우리는 한 명의 지식인에게 이런 의무를 기대할 수 있는 권리를 가지고 있다─ 가 여기에서는 지켜지지 않았다는 결론이 그것이다. 왜냐하면 그로부터 몇 달 후에 보부아르의 태도가 바뀌기 때문이다.

두 번째 지적. 이 지적은 사르트르에 대해 조금 뒤에서 하게 될 관찰을 강화시켜 준다. 사르트르와 보부아르가 그 시기에 파리의 소규모의 작가 공화국에서 배척받는 자들, 곧 파리아가 아니었다는 지적이 그것이다. 여기에서는 하나의 예만 들고자 한다. 앞에서 살펴본 것처럼 전국라디오방송 프로그램을 소개하는 주간지 『라디오 나시오날』은 132호에서(1943년 11월 28일부터 12월 4일까지의 한 주) 다음 사실을 알리고 있다.[79] "프랑수아 드 루[80]는 '한 주간의 책'이라는 프로에서 보부아르의 소설 『초대받은 여자L'Invitée』를 다룰 것이다. 새로 등단한 이 작가는 이 소설로 비평가들은 물론 많은 독자의 놀랄 만한 관심의 대상이 되

---

78   *Les Lettres françaises*, 16 septembre 1944, p.5; *Le Figaro*, 19 septembre 1944, p.2. 한 주
      앞선 호(9월 9일) ─"자유를 쟁취한 위대한 날"의 창간호─ 에 실린 "프랑스 작가들의
      선언"에서 "사기꾼들과 배신자들에 대한 정당한 처벌"이 요구되었다. 사르트르는 이
      선언에 서명한 60여 명에 포함되어 있다.

79   앞에서 제시한 자료들뿐만 아니라 귀중한 자료를 친절하게 제공해 준 엘렌 에크에게
      심심한 감사의 말을 전해 드린다.

80   프랑수아 드 루(François de Roux, 1897-1954): 프랑스의 작가로, 1935년에 르노도상을 수
      상했다.

고 있다." 지금 다음과 같은 사실을 지적하는 것은 중요하지 않을 수 있다. 즉, 보부아르가 라디오-비시에서 방송을 하던 1944년 하반기와 "같은 시기에 장 카바예스는 감옥에 갇혀 있었고, 몇 주 후에 그는 총살당하게 된다"는 사실이 그것이다. 여기에서 다음과 같은 사실을 상기하는 것도 역시 중요하지 않을 수 있다. 즉, 해방 후에 『초대받은 여자』의 저자는 브라지야크의 사면을 요청하는 청원서에 서명하는 것을 원치 않았는데, 그 이유는 그녀 스스로 『상황의 힘』에서 설명하고 있는 대로 폴리체르,[81] 데스노스[82]… 그리고 카바예스와 연내의식을 느꼈기 때문이고, 또 만일 그녀가 서명을 한다면 그들이 자기의 "얼굴에 침을 뱉는 것"도 감내할 수 있다고 느꼈기 때문이라는 사실이 그것이다. 또한 우리는 여기에서 『라 프랑스 리브르』에 글을 쓰고 있는 아롱과 『라디오 나시오날』에 멋지게 소개되고 있는 보부아르 사이의 커다란 대조도 다루지 않을 것이다. 하지만 결국 다음과 같은 인상이 우세하다는 점을 지적해야만 할 것이다. 즉, 사르트르와 보부아르가 그 당시 해방에 이르는 몇 해 동안에 했던 분석과 취했던 자세의 차원에서의 무관심, 일관성도 없고 일치하지 않는 태도 등이 한데 섞여 두 사람이 역사적인 치외법권의 지위를 누렸을 수도 있다는 인상이 그것이다.

---

[81]　　조르주 폴리체르(Georges Politzer, 1903-1942): 오스트리아-헝가리계 출신의 프랑스의 마르크스주의 철학자로, 레지스탕스 운동을 하다가 독일군에게 붙잡혀 처형당했다.

[82]　　로베르 데스노스(Robert Desnos, 1900-1945): 프랑스의 시인이다.

『코뫼디아』, 또는
『레 레트르 프랑세즈』?

이와 같은 주장은 생경해 보인다. 이 주장을 뒷받침하기 위해 1944년에 보부아르가 모르진[83]에서 "사랑하는 땅꼬마" 사르트르에게 보낸 편지들을 인용할 것이다. 여기에서 두 사람의 가벼움은 문제시되지 않는다. 그 당시에 지형학적으로, 또 심리적으로 시대의 불행을 피하고자 하는 소원은 당연해 보인다. 모르진에서 '역사'는 흐름을 멈춘 것 같았다. 그리고 "게슈타포의 일원으로 보였던" "젊고 멋지지만 호감이 가지 않는 여성 피서객"이 되돌아오는 것을 기다리며 호텔 바에서 아페리티프를 홀짝거리고 있는 "지하 레지스탕스 대원들"조차도 약간 긴장이 풀린 것 같았다. 휴양지 전체가 곧 "놀라게" 된다. 왜냐하면 특공대원이 "대규모 스키 용품 가게에서 대량으로 물건을 구입했기" 때문이다.[84] 이

---

83   모르진(Morzine): 프랑스 동부 오트사부아(Haute-Savoie)도에 위치한 산악 리조트 타운을 갖춘 관광지로 유명하다.

84   Simone de Beauvoir, *Lettres à Sartre*, II, Gallimard, 1990, pp.250, 252.

일은 1월의 마지막 수요일, 그러니까 27일에 일어났다. 그런데 장 카바예스가 아라스[85]의 감옥에서 독일군에 의해 처형된 것도 그 즈음이었던 것 같다. 물론 두 개의 일화를 수평적으로 대조시키는 것은 지나치다고 할 수 있다. 하지만 다음과 같은 두 가지 중요한 사실을 더 잘 이해하기 위해서는 이런 대조로 다시 돌아와야 할 필요가 있다. 첫째, 레지스탕스 운동을 했던 많은 지식인들은 사르트르와 보부아르를 자신들의 동료로 여기기를 몹시 꺼려 했다는 사실이다. 둘째, 두 명의 이해당사자들의 의식의 저 깊은 곳에 그들을 괴롭히는 생각이 자리하고 있으며, 또 이 생각은 그 이후에 특히 사르트르로 하여금 지금 형성 중인 '역사'와의 관계를 이중으로 결정한다는 사실이다. 실제로 이런 생각은 전쟁 후에 두 사람에게 영광을 안겨 주기도 한다.[86] 하지만 이와 같은 이중의 결정은 다른 지식인들의 망설임과 분노를 증가시킬 수밖에 없었다. 이렇게 해서 사르트르의 너무 열렬한 추종자들의 개략적인 평가와 더불어 그의 레지스탕스 운동의 경우를 더욱더 불투명하게 만드는 데 기여한 일종의 이중의 나선형이 설명되게 된다.

물론 이런 불투명성이 불공정한 역사적 분석으로 이어져서는 안 될 것이다. 라디오-비시의 일화로 인해 보부아르를 대독 협력자들의 범주에 포함된 지식인으로 만드는 것은 아무런 의미도 갖지 못할 것이다. 보부아르와 사르트르의 게르만족을 싫어하는 감정과 반비시주의자로

---

85   아라스(Arras): 프랑스 북부 파드칼레(Pas-de-Calais)도에 위치한 도시의 이름이다.

86   특히 사르트르의 경우, 전쟁 전에 활발하게 사회 참여를 하지 못한 것을 만회하기 위해 더 열심히 활동함으로써 전쟁 후에 참여의 기수로서의 명성을 얻게 되었다는 사실에 대한 암시이다.

서의 감정은 의심의 여지가 없다. 그렇지만 몇몇 쟁점은 여전히 확실하게 밝혀지고 있지 않다. 예컨대 곧 살펴보겠지만 보부아르가 라디오-비시에서 일할 수 있었던 것은 1급 대독 협력자의 지지 덕분이었다. 그리고 사르트르 역시 같은 인물이 펴내는 주간지 『코뫼디아』[87]에 두 편의 글을 싣기도 했다.

사르트르가 비밀리에 출간되는 『레 레트르 프랑세즈』에도 협력했다는 것은 사실이다. 이와 같은 그의 CNE의 활동에의 참여는 당연히 "사회주의와 자유"와 더불어 그가 레지스탕스 운동을 했다는 것을 보증해 주는 또 다른 자료로 여겨진다. 1943년 4월 말에 등사판 형태로 발행된 『레 레트르 프랑세즈』 6호에는 사르트르의 「드리외라로셸, 또는 자기에 대한 증오」라는 —총 6쪽 중— 3-4쪽 분량의 글이 실렸다. 그 시기에 드리외라로셸은 *NRF*의 주간을 맡고 있었으며, 그런 자격으로 그는 종종 레지스탕스 운동을 하는 지식인들의 공격의 표적이 되었다. 『레 레트르 프랑세즈』만 고려하더라도 그와 그의 잡지에 할애된 글들이 11편 이상이었다.[88] 사르트르는 그 나름대로 심리적인 면을 선택해 아주 폭넓게 "서정적인" 드리외를 그려 냈다. 그러니까 "타인들의 피로 그 자신의 치유할 수 없는 권태를 치유하고자" 하는 『질*Gilles*』의 주인공의 이미지에 따라 성장하지 못하고 또 지루해하는 드리외의 모습을 말이다. 『레 레트르 프랑세즈』 14호(1944년 3월)에는 2쪽으로 된 부록이 붙어

---

87   『코뫼디아(*Comœdia*)』: 1907년에 창간된 프랑스 신문으로, 처음에는 일간지였으나 1941-1944년에는 주간지로, 그리고 마지막에는 격월간지로 발행되었다.

88   Catherine Clochette, Les Lettres françaises *clandestines 1942-1944*, mémoire de maîtrise, Paris-X, 1982, 2 vols., p.93.

있었다. "영화 국민전선 신문"인 『레크랑 프랑세*L'Eccran français*』가 그것이다. 실제로 5-6쪽에 이 부록이 실렸는데, 특히 1944년 4월 15일 자에는 사르트르의 「전쟁 이후를 위한 영화」라는 제목의 글이 실렸다. 이 글에서 사르트르는 비시 정부와 "이른바 '파리풍'의 몇몇 코미디 영화의 따분한 외설 장면을 미끼로 던져 준" 독일 콘티넨탈 영화사를 비난하고 있다.

지식인계층에서 비밀리에 출간되는 주요 정기 간행물에의 기고와 레지스탕스 운동을 하는 영화인들의 신문에서 행한 전쟁 이후의 영화에 대한 성찰이라는 이 두 가지 활동은 확인된 것들이며, 아울러 아주 큰 상징적인 의미를 갖는다. 하지만 그와 동시에 이미 지적한 대로 사르트르는 두 편의 글을 대독 협력 매체의 가장 대표적인 신문에 기고했고, 또 이와 같은 이중성을 통해 다시 한번 그의 불투명성, 나아가 애매함에 대한 질문 속으로 미끄러져 들어간다. 첫 번째 글은 파리로 돌아온 지 채 몇 주가 지나지 않은 1941년 6월 21일 자에 실렸는데, 허먼 멜빌의 『모비딕』에 할애된 것이었다. 우리는 이 글에서 아무런 대독 협력적 징후도 발견하지 못한다. 그와는 정반대로 이 글은 비유적으로 억압에 대한 저항의 메시지로 해석될 수도 있다. 1944년 2월 5일에 게재된 두 번째 글은 장 지로두에게 경의를 표한 것이다. 게다가 1943년 4월 24일 자에는 『파리떼*Les Mouches*』에 대한 사르트르 자신의 인터뷰가 실렸다. 물론 보부아르는 CNE가 1944년 2월의 지로두에 관련된 글을 허락했다고 밝히고 있다. 그런데 CNE의 기관지인 『레 레트르 프랑세즈』 1943년 11월 호에는 다음과 같은 내용의 글이 실려 있다. "우리는 『코뫼디아』가 매주 유럽을 다루는 1쪽을 나치의 선전에 할애하고 있다는 것을 알고 있다." 게다가 1944년 12월 호에서 클로드 모르강[89]은 작가 콜레트[90]가 친독일 잡지에 기고한 부르고뉴 지방에 대한 한 편의 글에 대해 다음과 같은 내용을 상기시키고 있다. 즉, 완전히 비정치적인 글이라도 —콜레트의 글이 거기에 해당한다— 보증으로 이용될 수 있고, 또 간접적으로 좋지 않은 영향을 줄 수도 있을 것이라고 말이다.[91]

거기에 더해 결정된 정치적 친연성이 없는 신문이라고 자칭하는 『코뫼디아』는 실제로 뚜렷하게 정형화된 정치적 색깔을 가지고 있었다. 이것은 이 신문의 발행인과 이 신문에 실린 여러 기사를 통해 드러난다. 파리에서 피카소가 "그의 정치적 색깔로 인해 너무 잘 알려지고 또 겨우 체류가 허용되었던"[92] 시기에, 화가 블라맹크[93]는 『코뫼디아』지에서 그에 대해 정당한 비판을 가하고 있다. 독일인 조각가 베르커의 전시회가 오랑주리박물관에서 열린 지 몇 주 후의 일이었다.[94] "조사관의 눈매에 스님의 머리를" 하고 있었던 피카소가 "1900-1930년 사이에 프랑스 미술을 부정, 무기력, 죽음"으로 유도했다는 것이다. 이런 비난은 피카소의 상황을 블라맹크가 그만의 기준에서 평가한 것이었다. 그 당시에 피카소의 프랑스 체류는 더 이상 유효하지 않은 상황이었

---

[89]　클로드 모르강(Claude Morgan, 1898-1980): 프랑스의 작가이자 기자이다.

[90]　시도니 가브리엘 콜레트(Sidonie-Gabrielle Colette, 1873-1954): 프랑스의 작가이다.

[91]　Claude Morgan, "Colette, la Bourgogne et M. Goebbels", *Les Lettres françaises*, n° 4, p.3.

[92]　Laurence Bertrand Dorléac, *L'Art de la défaite. 1940-1944*, *op. cit.*, p.188.

[93]　모리스 드 블라맹크(Maurice de Vlaminck, 1876-1958): 프랑스의 야수파, 입체파 성향의 화가이다.

[94]　Maurice de Vlaminck, "Opinions libres··· sur la peinture", *Comœdia*, 6 juin 1942, pp.1, 6.

다.[95] 『코뫼디아』지의 발간인 르네 들랑주[96]에 대해서 보자면, 그와 독일 당국의 관계는 1942년 베르커의 전시회의 명예 위원 명단에 그의 이름이 올라 있는 것으로 증명된다.[97]

게다가 비록 『나이의 힘』에서 보부아르가 그녀 자신과 사르트르와 르네 들랑주와의 관계를 축소시키고 있지만,[98] 점령 기간 동안에 그들의 관계는 아주 긴밀했다는 사실을 지적할 수 있다. 어느 정도냐 하면 피에르 아슬린[99]이 들랑주를 두 사람의 "후원자"[100]라고 소개할 정도이다. 어쨌든 그 기간에 보부아르가 라디오-비시에서 일할 수 있게 해준 장본인이 바로 들랑주였다. 사실 그때 보부아르는 개인 사정으로 인해 고등학교 철학 교수직을 그만두어야 하는 상황이었다. 보부아르는 1943년 7월 8일 목요일에 사르트르로부터 그녀를 안심시키는 내용의 편지를 받았다. "들랑주는 진짜 보배 같은 사람이오. 오늘 아침에 그가 내게 말했소. 그가 당신을 위해 뭔가를 제안하겠다고 말이오. 한 달에 한 번꼴로 12번에 걸친 라디오 방송이 그것이오. 내년에는 더 나아질 것이라고 하오(당신에게 아이디어를 제공하면, 당신은 거기에 맞게 10분 동안 대

---

95   Laurence Bertrand Dorléac, *L'Art de la défaite. 1940-1944, op. cit.*, p.188. 점령 기간의 『코뫼디아』지의 태도에 대한 전체적인 분석에 대해서는 다음을 참고하라. Pascal Ory, *Les Collaborateurs*, Le Seuil, 1976, pp.205-208.

96   르네 들랑주(René Delange): 점령 기간 중 『코뫼디아』지를 발간했던 기자로, 독일과 긴밀한 관계를 맺은 것으로 알려져 있다.

97   Laurence Bertrand Dorléac, *L'Art de la défaite. 1940-1944, op. cit.*, p.95.

98   이런 주장은 이미 다음 책에서 이루어졌다. Deirdre Bair, *Simone de Beauvoir*, trad. fr., Fayard, 1991, pp.299-300.

99   피에르 아슬린(Pierre Assouline, 1953-): 프랑스의 작가이자 기자이다.

100   Pierre Assouline, *Gaston Gallimard*, Balland, 1984, p.318.

화를 이끌어 나가는 것이오). 보수는 1500에서 2000프랑 정도 될 거라고 하오. 꽤 좋은 조건이오. 기껏해야 한 달에 4시간이오. 나는 이 제안을 당신을 위해 흔쾌히 받아들였소. 그가 내일 라디오 국장에게 말할 것이오. 나는 그와 저녁 식사를 했소. 내일 저녁에는 크롬랭크[101]와 할 예정이오."[102]

같은 편지에서 사르트르는 또한 다음 사실을 알리고 있다. "들랑주가 그저께 플로르[103]에서 나를 보자고 한 것은 내가 막 끝낸 영화 시나리오를 나의 비서로 하여금 타이핑하도록 하면 어떻겠느냐는 제안을 하기 위해서"였다는 사실이 그것이다. 사르트르는 또한 이렇게 덧붙이고 있다. "들랑주는 나에게 이 주제에 대해 굉장한 관심을 가진 것처럼 보인 보르드리[104]를 만났다고 했소. 그런 만큼 이건 우리에겐 아주 좋은 기회요. 우리는 정말로 여신Alma Mater에게 행운을 빌 수 있을 것[105] 같소." 물론 며칠 앞선 또 다른 편지는 들랑주의 관심이 이익과 관련되어 있다는 것을 보여 준다. 사르트르는 이렇게 쓰고 있다. 만일 영화가

---

101 페르낭 크롬랭크(Fernand Crommelynck, 1886-1970): 벨기에의 극작가, 배우이자 연출가이다.

102 Simone de Beauvoir, *Lettres à Sartre, op. cit.*, t. II, p.312. 여기에서 언급된 라디오에 대해 보부아르는 이 서간문에 대한 주석을 준비하면서 기이하게도 이렇게 지적하고 있다. "라디오-비시. CNE가 자유 지역에서 방송을 허가했다." 그런데 자유 지역은 그 시기를 기준으로 8개월 전부터 이미 존재하지 않았다! 그런 만큼 CNE에 의한 허가는 더 애매하다.

103 생제르맹데프레에 있는 카페 드 플로르를 말한다.

104 베르나르 보르드리(Bernard Borderie, 1924-1978): 프랑스의 영화감독이다.

105 라틴어 '알마 마테르(Alma Mater)'는 '여신', 또는 '유모(mère nourricière)'라는 의미를 가지고 있다. 'dire merde'는 프랑스어 숙어로 '행운을 빌다'라는 의미를 가지고 있다. 과거에 극장에서 연극 공연을 할 때, 공연이 성공이면 마차들이 많이 밀려 결국 사람들이 말똥을 밟을 가능성이 커진다는 데서 유래한 표현이다.

촬영되면 들랑주의 "자동차"도 영화에서 한몫할 것이라고 말이다. 그런데 그로부터 몇 개월 후인 1943년 11월 1일부터 사르트르는 1년간 월 2만 5000프랑을 받는 조건으로 파테 영화사의 시나리오 담당자로 계약을 체결한다.[106] 1943년은 그야말로 아주 중요한 한 해였다. 『파리떼』의 상연, 『존재와 무』의 출간, 영화계로 활짝 열린 문 등, 해방 이전에 벌써 부분적이기는 하지만 1944년 여름 이후 제어할 수 없는 잠재적인 상승을 설명해 주는 모든 표현 형식으로 무장하게 된 것이다.

이와 같은 사실은 중요하다. 사전에 준비를 했든 그렇지 않은 간에 점령 기간 동안의 사르트르의 ─그리고 보부아르의─ 문학적 상승은 부인할 수 없다. 이 점에 있어서 1943년은 사르트르의 삶에서 결정적인 한 해이다. 회고적으로 보면 그 시기에 20세기는 자정이었지만, 그의 삶은 정확히 정오였다. 그의 삶에서 37년 반이 지났고, 앞으로 37년 4개월이 남아 있었다. 그뿐만이 아니다. 1943년은 이처럼 그의 삶을 정확히 양분하는 것을 넘어 참다운 의미에서 전환점이 된다. 왜냐하면 1943년 이전과 이후 사이에 바로 『존재와 무』가 놓여 있기 때문이다. 사르트르는 이제 그의 삶의 한복판에서 알려지고 또 인정받는 한 권의 저서로 비중 있는 인물이 되었다. 실제로 이 저서는 상당한 관심 속에서 수용된 것으로 보이며, 종종 젊은 철학자들의 정열의 대상이 되었던 것으로 보인다. 물론 접근이 결코 쉽지 않은 이 저서의 주요 주제의 전파는 전쟁 이후에 본격적으로 이루어지게 된다. 하지만 이 저서는 젊은

---

106   사르트르에게 쓴 1943년 10월 13일 자 편지. Archives Pathé["Pathé, premier empire du Cinéma"(Paris, Centre Georges-Pompidou, octobre 1994-mars 1995)라는 주제로 개최되었던 회고 전시회에 전시되었던 편지].

고등사범학교 학생들의 관심을 끌었다. 그리고 카뉴에서도 철학 견습생들이 이 저서를 읽고 많은 생각을 하게 된다. 가령, 호르헤 셈프룬[107]이 좋은 예이다. 1940-1941학년도 전국 철학 경시대회에서 2등상을 수상했고, 앙리4세고등학교로 전학했으며, 그랑제콜 준비반 학생이었던 그는 59년 후에 이렇게 쓰고 있다. "우리는 1943년에 『존재와 무』를 게걸스럽게 탐독했다."[108] 그로부터 몇 달 후에 이 젊은 철학도는 부헨발트[109]에 갇혔다가, 1945년 봄에 포로수용소에서 빠져나온 후에 이렇게 말하고 있다. 그사이에 사르트르의 명성이 더 커졌다고 말이다.

어쨌든 사르트르와 보부아르에게 점령 기간의 몇 해는 집중적으로 창작을 할 수 있었던 몇 년, 또 명성이라는 면에서 부인할 수 없이 상승한 몇 해였다. 1943년에 보부아르의 『초대받은 여자』는 4400부가 인쇄되었는데, 다시 같은 부수를 찍어야 했다. 그리고 그해에 7073부가 팔렸다. 참고로 한 해 전에 카뮈의 『이방인』이 4046부 팔렸다는 사실을 지적하자.[110]

107 　호르헤 셈프룬(Jorge Semprun, 1923-2011): 스페인에서 태어났지만 주로 프랑스어로 글을 쓴 시나리오 작가이자 정치인이다.

108 　Jorge Semprun, *L'Ecriture ou la vie*, Gallimard, 1994, pp.84, 100.

109 　부헨발트(Buchenwald): 1937년에 세워진 독일의 포로수용소이다.

110 　출처는 갈리마르 출판사.

과오?
_____

_____

_____

앞에서 보았듯이 결국 사르트르라는 인물을 정확하게, 또 공정하게
파악하는 것은 어려운 일이다. 사람들이 하는 설명에 따라 그의 여러
다른 면들이 모순되는 만큼 더욱 그렇다. 그런데 그의 경우를 조금 더
분명하게 밝힐 수 있게 해 주는 또 다른 접근 방식이 있을 수 있다. 사
르트르는 과연 타자의 눈에, 다시 말해 비시 정부 사람들의 눈에 어떻
게 비쳤을까? 이 질문은 순진하고 터무니없는 것처럼 보인다. 왜냐하
면 정의상 진정한 레지스탕스 대원들은 그들의 비밀 활동이나 지하 활
동을 은폐하기 때문이다. 그런데 그 중간 지대도 존재한다. 명성을 높
이는 것을 목적으로 하거나 명성을 얻고 있는 중에 있는 지식인의 경
우가 그렇다. 조국에 반하는 활동이 있는지가 백일하에 드러나지 않았
어도 그의 영향력 때문에 이 지식인은 종종 의심을 받기도 했다. 그런
데 사르트르의 경우에는 전혀 거기에 해당하지 않는다. 예컨대 그가
1943년 신학기에 파리의 카뉴들을 가르치던 몇몇 교수에게 타격을 가

한 숙청을 피해 간 방식을 보면 알 수 있다. 1941년 10월 신학기에 사르트르는 벌써 눈부신 승진의 대상이었다. 1941년 부활절 방학 후에 파스퇴르드뇌이고등학교에서 교수직을 되찾은 그는 그해 신학기에 콩도르세고등학교 카뉴를 위한 철학 교수로 임명되었다. 이런 승진은 기분 좋은 것이었다. 그리고 그 이후에 드러나듯이 젊은 지식인들의 새싹인 그랑제콜을 준비하는 문학반 학생들을 가르치던 시기에 사르트르가 승진했다는 것은 다음과 같은 사실을 잘 보여 준다. 즉, 그는 몇 개월 전부터 존재하고 있던 "사회주의와 자유"의 시기에 어떤 경우에도 레지스탕스 운동을 한다는 의심을 전혀 받지 않았다는 사실이 그것이다. 특히 1943년의 여러 일화는 많은 것을 시사해 준다. 실제로 신학기가 시작되기 며칠 전인 9월 20일에 교육부 장관 훈령에 의해 장 게노가 1941년 10월부터 재직하고 있던 루이르그랑고등학교의 카뉴반 교수에서 뷔퐁고등학교 2학년 교수로 좌천되었다.[111] 53세에 고등교육기관에 몸담고 있는 자에게서 교수직을 빼앗은 것은 말할 것도 없이 지나치게 탄압적인 조치였으며, ─물론 장 게노는 해방과 더불어 그 자리를 되찾고, 나아가 장학관이 된다─ 1943년 11월 13일 자 일기에 다음과 같이 적고 있는 그는 이런 사실을 잘 알고 있었다. "아벨[112]과 그의 일당이 한 방 먹이는 데 성공했다. 1년 내내 나는 내 일에만 전념해야 했다. 나는 신참 교수의 업무와 내 동료 교수들이 하고 싶지 않아 하는 업무를 맡아야 했다. 주당 6시간의 강의 대신 17시간 강의를 해야 했고, 지금 내가

[111]   Archives Louis-le-Grand.

[112]   아벨 보나르(Abel Bonnard, 1883-1968): 프랑스 작가이자 정치가로, 특히 1942년에 교육부 장관에 임명되어 비시 정부의 친나치 정책에 협력했다.

맡고 있는 어린 학생들에게 맞는 어조를 찾는 데 아주 힘이 들었다. 3주가 지난 후에 나는 벌써 피곤에 찌들었다. 더 이상 이렇게 지낼 수가 없다."[113]

하지만 사르트르는 일주일에 6시간 강의를 했다. 그는 1943년 신학기에 카뉴 과정 교수들을 강타한 숙청을 피할 수 있었다. 실제로 그들 중 몇 명은 직격탄을 맞았다. 루이르그랑에서는 장 게노 외에도 1938년부터 카뉴반 교수였던 사학자 마르셀 랭아르[114]가 콩도르세고등학교 1학년 반으로 좌천되었다.[115] 아마도 좌천된 이유는 비시 정부의 대독 협력 강제노동Service du travail obligatoire(STO)에 대한 반대 의견의 표명일 것이다. 하지만 한 해 전에 루이르그랑고등학교 교장은 그의 강의를 "아주 훌륭함"이라고 평가한 바 있다. 그리고 앙리4세고등학교에서는 1928년 이래 그랑제콜을 준비하는 이포카뉴, 카뉴에서 가르쳤고, 또 더군다나 1914년 11월과 1940년 6월에 두 차례나 전쟁 포로였다가 1941년에 석방된 아드리앵 카르[116]를 2학년을 담당하는 "다른 임무로 발령"을 내버렸다. 특히 교육부 장관 아벨 보나르에 의해 조직된 불한당들의 희생양이 되었던 것은 다름 아닌 사르트르가 근무하고 있던 고등학교였다. 실제로 1937년부터 콩도르세고등학교 교장으로 재직했던

---

113   Jean Guéhenno, *Journal des années noires*, Gallimard, 1947, rééd. Le Livre de poche, p.421.

114   마르셀 랭아르(Marcel Reinhard, 1899-1973): 프랑스의 역사학자로, 프랑스대혁명 전문가이다.

115   Archives Louis-le-Grand.

116   아드리앵 카르(Adrien Cart, 1895-1970): 프랑스의 교육자로, 다수의 문학 교육 입문서를 집필했다.

앙드레 르루아André Leroy는 1944년 4월에 그 자리를 박탈당하고 루이르 그랑고등학교의 1학년 교수로 임명되었다. 반면, 사르트르가 가르쳤던 카뉴 과정에서는 그의 동료였던 사학자 모리스 크루제[117]가 타격을 입 었다. 1937년 이래로 그랑제콜 준비반 교수였던 그는 루이르그랑 2학 년 담당 교수로 좌천되었다. 그가 "레지스탕스 운동에 뜨거운 공감"[118] 을 느꼈다는 것이 좌천의 이유였다. 사람들의 입을 통해 전해 내려오는 전설적인 이야기와는 달리 철학 교수 사르트르는 그 시기에 해임되지 도 않았고, 1943-1944학년도 기간에 지하 레지스탕스 운동에 가담하지 도 않았다. 그는 콩도르세 카뉴반 교수직에 그대로 남아 있었으며, 학 년도가 끝날 때까지 '특별ad hoc' 성적표에 성적을 기입하고 있었다.[119]

더 많은 정확한 일화들 역시 의미심장하다. 1943-1944학년도 기간 에 몇몇 고등사범학교 입학생들이 —대부분이 1943년도 입학생들이 다— 과학철학 서클을 조직했다. 그들은 이 서클에 사르트르를 초청해 특히 『존재와 무』에 대한 강연을 해 줄 것을 부탁했다. 그의 강연은 최 근에 공연된 『파리떼』와 『존재와 무』에 대해 많은 것을 알고 있었던 젊 은 고등사범학교 학생들 사이에서 큰 호응을 얻었다.[120] 하지만 이 서

---

117   모리스 크루제(Maurice Crouzet, 1897-1973): 프랑스의 역사학자이다.

118   E. Bruley, *Historiens et géographes*, n° 242, avril 1973, p.675. 피에르 르누뱅도 같은 해 석을 하고 있다. Cf. *Revue historique*, t. CCL, 1973, p.7.

119   Archives Condorcet. 그렇지만 이것이 모순적인 것은 아니다. 사르트르는 위협당한 다는 감정을 가지고 7월에 파리를 떠난 것으로 보인다. 그런데 학기는 7월 14일까지 이어진다. 질베르 조제프는 이 사실을 언급하고 있으나, 보부아르의 『얌전한 처녀의 회상』에는 그저 몇 줄로 상기되고 있을 뿐이다.

120   이 사실은 다음 책에서 증거와 더불어 잘 정리되어 있다. Cf. Stépahne Israël, *L'Ecole normale supérieure et la Seconde Guerre mondiale, op. cit.*, t. I, p.248. 1943년에 체포되 었던 호르헤 셈프룬도 또한 『파리떼』를 "그룹을 지어" 보러 갔던 것을 기억하고 있다

클의 간부들이 같은 해에 장 게노를 초청하고자 했을 때, 이 학교의 총장 제롬 카르코피노[121]는 그들의 요청을 거절했다. 게노는 이 일화를 그의 『암울한 시절의 일기』*Journal des années noires*에서 언급하고 있다. 1944년 1월 14일 자 일기에서이다. "고등사범학교에서 3년 전부터 인가를 받은 서클은 가톨릭 서클이었다. 학생들은 '철학적'이라는 명칭을 부여한 또 다른 서클을 조직하고자 했다. 그리고 나에게 날짜를 정해 저녁 시간에 강연을 부탁했다. 나는 약속을 했다. 나는 문학 창작에 대해 강연을 하고자 했다(너무 민감한 시사 문제를 피하기로 그들과 의견의 일치를 보았다). 하지만 완전히 어리둥절한 학생들이 나에게 와서 총장이 강연을 금지시켰다고 알려 주었다. 내가 '너무 이목을 끄는 사람'이라는 것이었다."[122]

물론 아직 40대가 채 되지 않았고 정치적 경력이 없었던 사르트르와 그 당시 좌파 지식인들의 거물 중 한 명이었던 게노 사이의 이런 비교를 너무 멀리까지 밀고 나갈 필요는 없다. 하지만 이 일화는 의미심장하다. 그 시기에 장 게노는 레지스탕스 운동에 적극적으로 가담하지 않고 있었던 만큼 더욱 그렇다. 그는 점령 기간이 지속되는 한 그의 글을 출판하지 않겠다고 결심했다. 그는 이런 결심이 독일에 대한 가장 효율적인 거부의 제스처라고 생각했던 것이다. 그때부터 그는 음지에서 이루어지는 투쟁의 주변부에 머물렀다. 그는 『감옥에서』*Dans la prison*를 세

(Jorge Semprun, *L'Ecriture ou la vie, op. cit.*, p.84).

121   제롬 카르코피노(Jérôme Carcopino, 1881-1970): 프랑스의 사학자로, 고대 로마사 연구로 유명하고, 비시 정부에 협력했으며, 1940년부터 1942년까지 고등사범학교 총장을 역임했다.

122   Jean Guéhenno, *Journal des années noires, op. cit.*, p.444.

벤Cévennes이라는 가명으로 미뉘 출판사[123]에서 출간하게 된다. 하지만 그는 불발에 그쳤던 강연회 일화 직후에 출판사에 그 원고를 넘겼는데, 이 저서는 1944년 8월 초에야 비로소 출간되었다. 그리고 사르트르와 마찬가지로 게노도 CNE의 회원이긴 했지만, 두 사람의 역할은 최소한 해방까지는 제2선에서 이루어졌다.

사르트르에게 주어진 다른 사람들의 시선은 1943년의 『파리떼』, 그리고 그다음 해의 『닫힌 방Huis clos』에 대한 신중한 반응을 통해서도 볼 수 있다. 비평계에서 이루어진 사르트르의 극작품에 대한 수용을 다룬 한 연구서가 있다.[124] 이 연구서의 저자에 의하면 비평계는 독자들을 대표하는 동시에 관객들의 수용도 아우른다. 작품을 통해 드러난 사르트르의 레지스탕스 운동 의도와 관련해서는 "단지 사르트르의 철학에 입문했고 또 대개의 경우 그의 작품을 손에 들고 있었던 엘리트 지식인들만이 [그의 의도를] 파악했을 뿐이었다."[125] 물론 중요한 뉘앙스와 더불어 파악되었던 것은 사실이다. 더 젊고, 또 더 지적이며 극작품에 아주 호의적이었던 관객들과(물론 이것은 그들이 그의 메시지를 당연히 파악했다는 것을 의미하는 것은 아니다) "보수적인 부르주아지" 출신이고, 그의 작품에 그다지 호의적이지 않았으며, ―비평계에 대한 연구가 잘 보여 주고 있는 것처럼― 또 해방 후에 다시 공연되는 『닫힌 방』에 대해서도 심드

123　미뉘 출판사(Les Éditions de Minuit): 독일 점령 기간인 1941년에 설립된 프랑스의 출판사로, 베르코르의 『바다의 침묵』이 이 출판사에서 출간된 첫 작품이었다.

124　Ingrid Galster, *Le Théâtre de Jean-Paul Sartre devant ses premiers critiques*, Tübingen, Gunter Narr Verlag, Jean-Michel Place, 1986.

125　*Ibid.*, p.330.

렁한 반응을 보인 "보통 관객들"[126]을 구분해야 할 필요가 있다. 분명, ─그리고 이 점에 대해서는 이 연구서의 저자가 강조하고 있는데,─ 점령 기간의 특수한 조건, 특히 검열이라는 조건은 비평계의 수용에 기초한 접근을 상당 부분 상대화시켜 버린다. 그렇지만 관객들의 세대 간 분열 ─왜냐하면 이 점에 대해서는 구전되는 기억이 이 분석에 진정성을 부여해 주기 때문이다─ 이 있다는 사실을 주목하자. 그러고 보면 점령 기간 동안의 비평들은 ─그것들이 부정적일 때도─ 의당 이데올로기적인 거부, 따라서 극작품의 메시지를 파악하는 것에 대한 거부를 보여 준 것은 아니었다. 하지만 그 비평들에는 전쟁 후에도 계속된 "보수적 타협주의"가 반영되었다고 할 수 있다.

그런 만큼 점령 기간의 중간 시점에 공연되었던 『파리떼』에는 부분적으로 애매한 부분이 없지 않다. 또는 더 정확하게 말하자면 그 점에 대한 논쟁은 여전히 진행 중이다. 그리고 이 작품은 사르트르에게 불리하게도, 또 유리하게도 인용된다. 어떤 이들에게는 실제로 독일 당국의 검열 원칙을 수용하고, 1열에 앉아 있는 점령군 장교들 앞에서 연기를 한다는 것은 받아들일 수 없는 것을 받아들였다는 것을 의미한다. 또 다른 이들에게는 그와는 정반대로 이 작품은 프랑스의 창작의 깃발을 높이 들고, 더군다나 분명 약화되었지만 결국 전복적인 메시지를 전하고 있다는 것을 의미한다. 잉그리트 갈스터[127]의 연구는, 비록 사람들이 비평에 의한 접근에 기초한다고 해도, 이 문제에서 결정을 내리는

---

126   *Ibid.*, p. 333.

127   잉그리트 갈스터(Ingrid Galster, 1944-2015): 독일의 문학 연구가이자 대학교수로, 점령 기간 동안에 공연된 사르트르의 극작품에 대한 연구가 있다.

것이 어렵다는 것을 잘 보여 주고 있다. 그리고 설사 사람들이 점령 아래에서의 연극과 직접적인 관련이 있는 연구를 참고한다고 해도, 사르트르의 『파리떼』가 아주 많은 사람에 의해 저항적인 내용의 작품으로 보이지 않은 것도 사실이다.[128]

『파리떼』가 대독 협력을 하고 있는 비평가들에 의해 환영받은 작품이 아니었다는 것도 사실이다. 하지만 역으로 『레 레트르 프랑세즈』는[129] 1943년 12월 호에서 이 작품에 호의적인 글을 싣고 있다. 그 글의 저자인 장 레스퀴르[130]는 그 당시에 사르트르와 가까운 사람 중 한 명이었다.[131] 그렇다면 이 경우에 다음 두 가지 중 어떤 것이 더 우세했을까? 이데올로기적인 입장 표명과 사회적 인간관계의 구조가 가진 기계적인 효과 중에서 말이다.

이 질문은 다시 한번 우리를 사르트르의 레지스탕스 운동으로 이끈다. 만일 사르트르의 CNE에의 소속을 부인할 수 없다면, 이와 같은 소속은 해방에 이어지는 시기, 특히 지식인들 사이에서 내적 숙청이 진행될 때 뚜렷하게 부각된다.[132] 하지만 그보다 앞선 시기에 대해서는 보부아르에 의해 지적된 몇몇 사람과의 접촉을 제외한다면, 투쟁의 강도를

---

[128] Serge Added, *Le Théâtre en France dans les années Vichy. 1940-1944*, Ramsay, 1992; "Peut-on parler d'un 'théâtre résistant'?", *Revue d'histoire moderne et contemporaine*, janvier-mars 1990.

[129] Jean Lescure, "Oreste et la cité", *Les Lettres françaises*, n° 12, pp.1, 3.

[130] 장 레스퀴르(Jean Lescure, 1912-2005): 프랑스의 시인이다.

[131] Cf. 예컨대 사르트르가 보부아르에게 보낸 1943년 7월 8일 자 편지. Jean-Paul Sartre, *Lettres au Castor*, *op. cit.*, t. II, p.314.

[132] 숙청 기간 동안의 떳떳함은 어쩌면 사르트르의 첫 번째 장점은 아니었다. Cf. Pierre Assouline, *Gaston Gallimard*, *op. cit.*, pp.384-385; *L'Epuration des intellectuels*,

확정하는 것은 매우 어렵다. 게다가 최종적으로 이런 접촉의 개념은 어디에서부터 시작되는가? 그리고 여기에서 점령 기간 동안의 사르트르의 태도를 저울에 다는 것이 문제 되지 않는다 해도, 역사가에게 날짜도 장소도 확실하지 않은 활동을 분석하는 것은 항상 어려운 일이라는 것은 분명하다. 분명히 CNE의 구성원들은 안전을 위해 모임의 빈도와 동시에 참석자들의 수를 제한할 수밖에 없었다. 하지만 이 위원회의 몇몇 회원과의 일화적인 접촉을 제외하면, 그리고 『레 레트르 프랑세즈』에의 정기적인 참여를 제외하면, 우리는 다음과 같은 사실을 단언할 수밖에 없을 것이다. 즉, 만일 사르트르 쪽에서 이의의 여지가 없는 "레지스탕스의 시도"[133]가 있었다면, 항상 개인적이건 집단적이건 간에 어디에서부터 레지스탕스가 이루어졌는가라는 경계의 문제로 되돌아가게 된다는 사실이 그것이다. 사르트르의 적들은 "사회주의와 자유"를 중심으로 불발로 끝난 지적인 레지스탕스 활동 덕택으로 사르트르와 보부아르는 다른 확실한 활동을 했다는 증거를 면제받는 것처럼 보인다고 말할 것이다. 일상에서의 레지스탕스보다는 위험이 덜하지만 그래도 정신의 투쟁의 범주에 속하는 활동을 했다고 말이다. 그리고 질베르 조제프는 이렇게 주장한다. "사르트르와 보부아르는 비밀 조직을 이끌 능력이 없었기 때문에 ―게다가 그들은 그런 생각을 가지지도 않았다― 훌륭한 레지스탕스 활동을 하다가 괴롭힘을 당한 사람들의 구출 작업에 참여할 수 있다고 생각한 적이 한순간도 없었다."[134]

Bruxelles, Complexe, 1985, p.100.

133 이것이 1993년 6월에 사르트르연구모임(Groupe d'études sartriennes)이 개최한 컬로퀴엄에서 미셸 콩타가 내리고 있는 결론이다(Cf. *Le Monde*, 2 juillet 1993, p.31).

그와 반대로 디어드리 베어[135]는 보부아르에게 할애된 한 권의 저서에서 면소판결의 결론을 내리고 있다. "그들의 과오가 아주 없는 것은 아니다. 하지만 그들이 더럽혀지지 않은 것도 또한 분명하다."[136] 분명 두 사람을 위한 더 강력한 변호를 꿈꿀 수도 있을 것이다. 하지만 심사숙고한 후에 나온 이런 판단은 점령 기간 동안의 사르트르의 태도를 공정하게 보여 준다고 할 수 있다. 물론 사르트르는 몇몇에 의해 주장되었고, 또 적어도 한 번은 그 자신에 의해 보증된 그런 위대한 레지스탕스 대원이라는 멋진 평판에 합당한 인물은 아니다. 그렇다고 해서 그가 너무 성급하게 내달린 자들의 반동으로 인해 내걸린 지나친 불명예를 뒤집어써야 하는 인물도 아니다. 그의 경우에 냉소적인 이중의 유희라는 주장은 더 이상 유효하지 않다. 왜냐하면 그로 인해 그에게서 의심의 여지가 없는 반비시주의와 반나치즘이 지워져 버리기 때문이다. 그리고 사르트르를 소라게, 즉 주위에서 드넓은 바다가 포효하는데 이리저리 여러 구조물로 거주지를 옮겨 다니는 소라게[137] 취급하는 것은 확실히 지나치게 환원적이다. 필리프 뷔랭이 제시한 점령 기간 동안의 태도들의 유형학으로 보면, 사르트르는 "강요된 적응"의 범주에 해당하는

---

134 Gilbert Joseph, *Une si douce Occupation*… *Simone de Beauvoir et Jean-Paul Sartre 1940-1944, op. cit.*, p.155.

135 디어드리 베어(Deirdre Bair, 1935-2020): 미국의 전기 작가로, 베케트, 보부아르, 융 등의 전기를 집필했다.

136 Gilbert Joseph, *Une si douce Occupation*… *Simone de Beauvoir et Jean-Paul Sartre 1940-1944, op. cit.*, p.342.

137 소라게는 고둥류의 껍데기를 짊어지고 집으로 사용한다. 그러다가 몸집이 커지면 살던 것을 버리고 더 큰 껍데기로 차차 옮긴다. 이는 살기 위함이다. 사르트르가 점령 기간에 보였던 이중의 태도를 비유적으로 설명하기 위함이다.

것으로 보인다. 물론 그의 경우는 "최소 적응"을 넘어선다. 그렇다고 해서 그의 경우가 "행운의 적응", 즉 "점령을 받아들일 수밖에 없다, 점령군에게 적응하고자 노력한다"라는 의미를 가진 그런 적응에 해당하는가?[138] 이 문제에 대한 판단은 앞서의 자료를 참고해 각자가 양심에 따라 내리게 될 것이다.[139]

---

138 Philippe Burrin, *La France à l'heure allemande, 1940-1944, op. cit.*

139 게다가 필리프 뷔랭은 그 나름대로 사르트르를 분명히 조정의 단계에서 낮은 단계에 위치시키고 있다. 뷔랭은 이렇게 쓰고 있다. 작품은 사르트르에게는 참여의 형식이었지만, 1943년까지 그에게서 "작품에 대한 관심과 성공에 대한 갈망이 행동의 요구와 엇박자가 났다"(*Ibid.*, p.340).

세대 내에서의 릴레이

20년 후에 사르트르가 클로드 시몽[140]을 다른 누보로망 작가들과 마찬가지로 반혁명적 작품을 썼다고 비난했을 때, 시몽은 역정을 숨기지 않았다. "나는 파시즘에 맞서 손에 무기를 들고 직접 싸운 철학자의 지지를 요청합니다."[141] 사실상 그때 사르트르에게 중요했던 것은, 그가 했던 레지스탕스 운동의 정확한 폭보다는 오히려 전쟁 직후부터의 참여의 의무에 대한 그의 강한 주장과 현실 사이의 대조였다. 이런 태도로 인해 사르트르는 거의 자동적으로 영원히 비난받는 자의 위치에 놓이게 되었다. 왜냐하면 그의 세대는 실제로 전쟁에 의해 큰 타격을 입

---

[140] 클로드 시몽(Claude Simon, 1913-2005): 프랑스 누보로망 작가로, 1985년에 노벨 문학상을 수상했다.

[141] Claudr Simon, "Lettre ouverte à l'Union des étudiants communistes", *L'Express*, 7-13 décembre 1964. 몇 개월 전에 사르트르는 『르 몽드』지의 한 기사에서 이렇게 묻고 있었다. "배가 고픈 세계에서 문학은 무엇을 의미하는가?" 시몽은 이미 5월 24일 자 『렉스프레스』에서 이 질문에 대해 답을 했다.

었기 때문이었다.

이 점과 관련해 관점의 오류를 범할 가능성을 없앨 필요가 있다. 얼핏 보면 2차 세계대전은 사르트르와 아롱의 고등사범학교 동기들 세대에서 대단한 유혈 사태를 일으키지 않은 것으로 여겨질 수 있다. 이 세대에 속한 자들의 대부분은 1939년에 전쟁에 동원되어야 하는 나이였다. 하지만 이 전쟁으로 인한 피해는 1차 세계대전 고등사범학교 학생들이 입었던 피해와는 비교가 안 될 정도로 작았다. 또 그 충격의 여파도 완화된 것이었다. 그렇다고 해서 그 피해를 축소시키는 것은 잘못이다. 한편으로, 앞에서 보았지만 평화주의에 깊이 물들어 있던 세대에게 위험의 증가와 그에 이은 전쟁의 발발은 평화에 대한 환상이 깨져버리는 계기였고, 또 그로 인한 고통스러운 자성의 계기이기도 했다. 다른 한편으로, 인명 피해라는 면에만 국한시킨다고 해도 대차대조표는 결코 가볍지 않았다. 1924년 고등사범학교에 진학한 사르트르와 아롱의 동기생 26명 중 3명이 —또는 오히려 24명 중에서이다. 왜냐하면 2명이 각각 재학 시절인 1926년과 1928년에 폐결핵으로 죽었기 때문이다— 군복을 입고 죽음을 맞이했기 때문이다. 폴 니장은 1940년 봄에, 아르센 알렉상드르Arsène Alexandre는 포로 상태에서, 샤를 르쾨르는 1944년 7월에 이탈리아에서 모로코 포병 부대의 선두에서 사망했다. 게다가 1924년 동기생 중 네 번째 사망자가 나왔다. 영국 전문가 알프레드 페롱이 그 장본인이다. 그는 뷔퐁고등학교 교수였으며, 1942년 8월부터 레지스탕스 운동을 했다는 이유로 체포되어 프렌[142] 감옥에 갇혔

---

[142] 프렌(Fresnes): 파리 남쪽에 위치한 발드마른(Val-de-Marne)도에 있는 도시의 이름으로, 감옥이 있다.

다가 마우타우젠[143] 포로수용소로 이송되었다. 그는 1945년 5월 1일에 석방된 이후 스위스에서 탈진으로 죽었다. 그는 사후에 다음과 같은 내용의 표창장과 더불어 레지옹도뇌르 5등 수훈장을 받았다. "그는 체포되었을 때 침묵으로 일관했으며, 고통 속에서 취조를 받으면서도 모든 인간적인 위엄을 보여 주었다."[144]

이런 페롱과 무대 뒤에 있었던 사르트르 사이의 며칠 동안의 행보를 비교해 보면 차이가 더욱 두드러진다. 1938년 7월 14일, 달라디에 정부가 취임한 지 첫 몇 개월 동안 그렇게 많은 희망을 안겨 주었던 인민전선이 와해되는 동안에 사회주의자 페롱은 좌파 정당들이 앞장섰던 시가행진에 참석했다. 그때 사르트르는 몽파르나스에 있는 카페 돔에 앉아 있었다. 그는 보부아르에게 보낸 편지에서 "날씨가 흐리고, 끔찍하게 공화적이었소"라고 쓰고 있다. 앞에서 보았듯이 그는 같은 편지에서 약간의 아이러니를 섞어 페롱과 마주쳤다고 덧붙이고 있다. "인민전선이 개최한 시가행진에서 '서약에 충실. 강령의 실천. 스페인 공화주의 만세!'라고 적힌 작은 붉은색 띠를 단추에 달고 온" 페롱과 말이다.[145] 그로부터 4년 후인 1942년 8월 12일 한여름에 레지스탕스 대원이었던 페롱이 독일군에게 체포되었다. 같은 해 여름에 사르트르와 보부아르는 장거리 자전거 일주를 했다. 바스크 지방으로 내려갔다가 마르세유

---

143   마우타우젠(Mauthausen): 오스트리아에 위치한 나치 포로수용소를 가리킨다.

144   *Bulletin de la Société des amis de l'ENS*, n° 55, décembre 1947. 알프레드 페롱은 사후적으로 무공훈장 종려나무장, 레지스탕스 메달을 받았으며, 영국 정부로부터 특별공로증명서를 받았다.

145   보부아르에게 보낸 1938년 7월 14일 자 편지. Jean-Paul Sartre, *Lettres au Castor et à quelques autres, op. cit.*, p.183.

를 거쳐 중앙 산악 지대를 거쳐 올라왔다. 하지만 페롱은 1945년 5월 1일, 마우타우젠 포로수용소에서 석방된 지 며칠 후에 스위스의 한 호텔에서 탈진해서 죽었다. 같은 시기에 사르트르는 1월 11일부터 시작되었던 뉴욕 방문을 연장했고, 돌로레스 바네티[146]와의 연애 모험도 덩달아 연장되었다. 그 시기에 프랑스는 여전히 전쟁 상태에 있었다는 사실을 상기해야 할 것이다.

반복하건대 여기에서 다른 사람들을 괴롭히기 위해 어떤 사람들의 희생을 곡해하거나 그들에 관련된 사건들의 날짜들을 들먹이는 것은 문제가 아니다. 페롱과의 이런 비교를 통해 그 당시의 사르트르에게서 일어나게 될 정치에 대한 참여의 결정과 오랫동안 연기된 그의 참여 문제를 밝힐 수 있을까? 게다가 사르트르에게 중요한 "상황에 처해 있음"이라는 개념은 역사가에게 구체적인 상황에 호소할 것을 요구한다. 물론 1945년 5월에 사르트르는 레지스탕스 운동을 하다가 사라진 자들에 대해 갚아야 할 부채를 가지고 있지 않았다. 하지만 그의 나이에 해당하는 몇몇 지식인이 파리 수복 후인 1944년 여름부터 전투 부대에 가담했다는 사실을 덧붙이자. 앙드레 델레아주[147]의 경우가 그렇다. 그는 사르트르와 같이 루이르그랑고등학교 카뉴의 학생이었지만, 결핵으로 인해 1924년에 고등사범학교 입학시험을 치를 수 없었다. 그는 몇 년 후에 『에스프리』지의 창간인 중 한 명이 된다. 의문의 여지 없

---

146   돌로레스 바네티(Dolorès Vanetti, 1912-2008): 사르트르가 미국 방문 중에 만났던 기자로, 그의 연인이 되었다.

147   앙드레 델레아주(André Déléage, 1903-1944): 프랑스의 사학자로, 마르크 블로크의 제자였으며, 레지스탕스 운동으로 처형되었다.

이 "1930년대 정신"의 가장 대표적인 인물이자 가장 이 정신에 애착을 가졌던 인물 중 한 명이었고, 마르크 블로크의 제자였던 그는, 1941년 10월에 낭시대학의 중세사 조교수로 임용되었으며, 미래가 촉망받는 사학자로 여겨졌다. 하지만 사르트르와 아롱보다 나이가 많았던 델레아주는 —1903년에 태어났다— 알자스 지방에서 FFI[148] 장교로 참전하게 되었고, 1944년 크리스마스날 전투에서 전사했다

사르트르의 고등사범학교 동기생 중에서 알프레드 페롱은 포로수용소에서 살아남지 못했지만, 장 바유의 경우는 달랐다. 그는 체포되었을 때 고등사범학교에서 가르치고 있었는데, 1945년 봄에 학교로 다시 돌아왔다. 한 고등사범학교 학생은 이렇게 기억하고 있다. "그가 돌아온 것을 우리가 보았을 때, 그는 여전히 도형수가 입는 줄이 있는 남루한 옷을 입고 있었다. 그의 동료 두 명이 그를 옆에서 부축하고 있었으며, 존경스러우면서도 불안한 침묵이 우리들 사이에 맴돌았다. 그만큼 감동이 컸다. 지난 8월에 우리 곁을 떠날 때 활기차고 씩씩했던 사람이 뼈와 가죽밖에 남지 않은 모습을 하고 있었으며, 아주 허약한 사람이 되어 버렸다. 그의 두 눈만이 초췌한 얼굴에서 빛나고 있었다…. 장 바유는 그 당시 파이프 애연가였다. 그는 오랫동안 피우지 못했던 파이프 담배를 기쁜 마음으로 피울 수 있는 여유를 되찾았다. 하지만 그가 파이프를 입에 물자 곧장 땅에 떨어져 버렸다. 그것을 물고 있을 이가 없

---

148   프랑스 국내군(Forces Françaises de l'Intérieur): 2차 세계대전 후반에 프랑스 국내에서 활동한 레지스탕스 부대로, 드골이 처음으로 이 명칭을 정식으로 사용했다. 전쟁 초기부터 저항 운동을 주도했던 지하 대독 협력 단체를 비롯해 여러 계열의 레지스탕스들을 통합해 창설되었다.

었던 것이다."[149]

게다가 1920년대에 고등사범학교에서 사회주의 그룹의 주도적 인물이자 아롱과 친교가 있었던 조르주 르프랑도 1924년 동기생 중 한 명이었는데, 그는 해방 당시에 대독 협력을 이유로 피소되어 수감되어 있었다. 실제로 전쟁은 1924년 동기생들에게 강한 타격을 주었을 뿐만 아니라, 또한 그들의 우정에 금이 가게 만들었음과 동시에 정치적 분열을 부추겼던 정치적 참여를 낳기도 했다. 1차 세계대전에 참전했던 고등사범학교 졸업생 모두의 서류에는 '전사했음'이라고 기록되었다. 하지만 1920년대에 속하는 고등사범학교 출신 중에서 그들의 후배들은 2차 세계대전에 의해 타격을 받기는 했지만, 훨씬 더 다양한 상황에서, 그리고 심지어는 종종 반대 진영에 머무는 상황에서 타격을 받기도 했다. 따라서 1920년대에 속하는 동기생들이 받았던 타격은 결국 선배들의 그것에 비해 유혈은 덜 낭자했지만, 더 오래 지속되었고 더 상처가 깊었다. 실제로 그들은 "우스꽝스러운 전쟁"의 피해를 직접적으로 입었을 뿐만 아니라, 또한 1940년에서 1944년 사이에 국가 공동체에서 발생한 내분의 흉터를 오랫동안 간직하게 되었다. 전쟁 전에 고등사범학교 차원에서 참여를 주도했던 자들은 전쟁 동안에 값비싼 대가를 치렀으며, 점령 기간 동안에 생긴 깊은 심연 속으로 떨어져 죽었거나, 아니면 전쟁 후에 도덕적으로 신망을 잃기도 했다. 어쨌든 양쪽 진영에서 참여는 무거운 조공과 동의어였다. 이런 사실로 인해 우리는 다음 사실을 더 잘 이해하게 된다. 1920년대 고등사범학교 졸업생들 사이에 해방

149   위베르 갈레 드 상테르의 증언. 소책자 *Hommage à Jean Baillou*, Association pour le diffusion de la pensée française, 1993, p.19.

까지 일종의 세대 내에서의 릴레이가 이루어졌다는 사실이 그것이다. 생명을 무릅쓴 위험한 참여에서 살아남은 자들 —가령 캉길렘이 그 예이다— 뿐만 아니라, 또한 그 당시에 40세가 된 자들, 그리고 그때까지 무대 뒤에 있었던 자들이 무대의 앞으로 나서게 된 것이다. 사르트르는 분명 그 전형적인 인물이다. 따라서 그의 참여보다 훨씬 더 앞서 이루어졌던 참여와 훨씬 더 값비싼 대가를 치렀던 참여에 의해 그의 세대에 남겨진 빈자리를 메워야 하는 유리한 분위기가 조성되었다는 사실을 지적해야 할 것이다.

그리고 1926년 고등사범학교 동기생 중 한 명인 메를로퐁티에 대해서도 같은 지적을 할 수 있다. 그들 중에서도 포로수용소에서 살아남은 자와 여러 명의 사망자를 헤아릴 수 있다. 살아남은 자는 앙드레 캉[150]이다. 아롱은 그의 『회고록』에서 캉에 대해 "내 세대 중 가장 순수한 인물 중 한 명"이라고 쓰고 있으며, 캉이 "투쟁하는 철학자의 이상적인 모습을 구현하고" 있다고 덧붙이고 있다. 헤겔 저작의 번역자이자 세 아이의 아버지였으며, 또 1940년에 전쟁 포로가 되었다가 1942년에 위생병의 신분으로 고국으로 되돌아온 캉은 진짜 레지스탕스 대원이었다. 1944년 6월 8일에 체포되어 부헨발트로 가는 마지막 열차로 독일에 수용되었던 캉은 포로수용소에서 살아남았다. 석방되었을 때 몸무게가 겨우 35kg였던 그는 석방된 후 얼마 되지 않아 결핵에 걸렸다. 하지만 그의 형이자 철학자이며 루이르그랑고등학교의 카뉴였고, '비랑Biran'이라는 가명으로 레지스탕스 활동을 했던 피에르 캉[151]은 살아남지 못했

---

150   앙드레 캉(André Kaan, 1906-1971): 프랑스의 철학자로, 헤겔 저서의 번역자로 유명하다.

다. 1943년 12월에 체포되었고, 포슈로Avenue Foch에 있었던 게슈타포 본부 건물에서 고문을 당했으며, 부헨발트 포로수용소에 수용되었던 피에르 캉은 석방 이후 며칠 후에 체코슬로바키아에 있는 한 병원에서 티푸스로 죽었다.

피에르 캉[152]은 고등사범학교 학생이 아니었다. 하지만 그의 동생 앙드레 캉과 같은 고등사범학교 동기생 중 세 명이 전쟁에서 죽었다. 게다가 아주 다른 상황에서 죽었다. 뷔퐁고등학교 교수였던 앙드레 바티에Andre Vattier는 1940년에 독일군의 공격이 시작되었을 때 프랑스 군복을 입은 채 죽었다. 이들 동기의 "수석 입학생"이었던 장폴 위테르Jean-Paul Hutter는 독일군의 군복을 입은 채 1944년 3월에 쿠를란트[153]에서 실종되었다.[154] 그로부터 5개월 후에 철학자 알베르 로트망이 독일군 총살 집행반의 총탄에 쓰러졌다. 4년 전인 1940년 5월 3일에 그는 덩케르크 전투가 발발한 지 며칠 후에 포로가 되었으며, 이 전쟁을 수행하는 동안에 훈장을 받기도 했다. 체포된 후에 실레시아[155]에서 갇혀 지내다가 IV D 포로장교수용소로 끌려간 그는, 1941년 10월 14일의 두 번째 시도에서 철조망 아래로 터널을 파서 탈출에 성공했다. 탈출 후에 그

---

151   피에르 캉(Pierre Kaan, 1903-1945): 프랑스의 철학자이자 레지스탕스 대원으로 활동했으며, 앙드레 캉의 형이다.

152   피에르 캉에 대해서는 다음을 참고하라. *Souvenirs inédits d'Yvon Morandat*, édition établie et présentée par Laurent Douzou, *Cahiers de l'IHTP*, n° 29, septembre 1994, p.98.

153   쿠를란트(Courlande): 라트비아의 역사적 지역 가운데 하나로, 현재의 라트비아 서부에 위치해 있다.

154   Cf. Jean-François Sirinelli, *Génération intellectuelle, op. cit.*, p.557.

155   실레시아(Silésie): 폴란드 서남부와 체코 동북부에 걸친 지역의 역사적 명칭이다.

는 프랑스로 되돌아와 부인이 교편을 잡고 있었던 툴루즈[156]에 정착했다. 그는 교수직을 되찾는 데 아무런 문제가 없었다. 하지만 비시 정부의 반유대인법은 그에게 다른 결정을 강요했다. 툴루즈에서 그는 프랑스 본국을 탈출해 지브롤터로 가는 탈출 전문 경로를 안내해 주는 레지스탕스 운동의 거점을 활성화시켰다. 1944년 5월 15일에 비밀 해외 탈출 안내인으로 활동했던 이 고등사범학교 졸업생은 체포되었다. 7월 말에 그는 세 번에 걸쳐 수즈 기지[157]로 끌려갔다. 그는 두 차례에 걸쳐 마지막 순간에 처형이 연기되었다. 기둥에 묶인 채, 그리고 시체를 묻기 위해 이미 파 놓은 5개의 공동 참호에서 몇 발자국 떨어진 곳에서 기다린 후에 말이다. 이 참호들은 8월 1일이 되어서야 비로소 사용되었을 뿐이다. 알베르 로트망은 세 번째에, 새벽에 다른 레지스탕스 대원들과 함께 처형되었다. 이 철학자는 전쟁 기간 내내 "여러 시간 동안 정신집중"을 하고자 노력했으며, 그렇게 함으로써 "전쟁 이전의 그의 저작을 계속 이어 가고자 노력했다."[158] 전쟁과 위험이 도사리고 있는 상황에서도 그는 생각하고 있던 저서의 두 장을 집필했다. 하나는 "수학과 물리학에서 대칭과 비대칭"이고, 다른 하나는 "시간의 문제"에 대한 것이었다. 아마도 그의 머릿속에는 22세에 결투를 하다가 죽은 수학자 에바리스트 갈루아[159]의 운명이 강박관념처럼 남아 있었을 것이다. 그

---

156 툴루즈(Toulouse): 프랑스 남부에 있는 도시로, 항공 산업으로 유명하다.

157 수즈 기지(Camp de Souge): 프랑스 남부 지롱드 지역에 있는 군사 기지로, 2차 세계대전 동안에 처형 장소로 사용되었다.

158 알베르 로트망의 부인 쉬잔 로트망의 증언. *L'Annuaire* 1946 de l'ENS, p.59.

159 에바리스트 갈루아(Evariste Galois, 1811-1832): 프랑스의 수학자로, 술집에서 일어난 사소한 시비로 인한 결투에서 사망했다.

는 1928년에 미래의 부인을 처음 만났을 때 그녀에게 말했다. "결투 직전의 그 새벽보다 더 비극적인 것을 난 알지 못하오. 갈루아가 더 이상 수학 증명을 할 시간이 없다는 것을 의식했을 그때가 그렇소."[160] 알베르 로트망이 음지에서 싸우고 있는 동안 에바리스트의 이미지 —그가 결투했던 그 새벽의 이미지— 에 대한 강박관념은 현실이 되어 버렸다. "자네는 아는가? 아마 전쟁이 끝나기 전에 모두가 죽을 걸세"라고 1944년 5월에 그는 그의 동기생이자 동료였던 레지스탕스 대원 피에르 베르토에게 말하고 있다. 그는 베르토를 툴루즈에서 만났는데, 그때 베르토는 프랑스 땅에 떨어진 영국 조종사들을 찾으려고 노력하고 있었다.[161] 그리고 더욱더 가슴 아픈 운명은 두 차례나 연기된 그의 처형에 대한 끔찍함이었다. 그 운명은 그로 하여금 "결투 직전의 새벽"을 세 차례나 경험하게 한 것이다. 그리고 그 운명은 그로 하여금 세 번이나 "증명할 수 있는 시간이 더 이상 없다"는 것을 자각하게 만들었던 것이다.

점령 기간 동안에 작성된 알베르 로트망의 저서에 포함된 두 장은 1946년에 에르만Hermann 출판사의 "철학 에세이" 총서로 간행되었다. 하지만 이 총서의 주관자 역시 이 책의 출간을 보지 못했다. 그는 장 카바예스였다. 사르트르의 고등사범학교 동기들과 거의 비슷한 시기의 학번에 속했던 모든 학생 중에서 카바예스는 종종 사람들이 운명을 원망하는 철학자 중 한 명이다. 찬란한 미래로 가득했던 그의 철학 저서가 목숨을 희생하면서까지 완수했던 참전의 결과에 의해 갑작스럽게

160   *Ibid.*, p.56.
161   *Bulletin de la Société des amis de l'ENS*, n° 118, juin 1970, p.18.

중도에서 멈추게 되었기 때문이다. 실제로 1923년 학번의 "수석 합격자"였던 그는 그의 세대 중 가장 똑똑한 논리학자로 여겨졌다.[162] 전쟁 전에 스트라스부르대학 교수였고, 클레르몽페랑에서 잠시 가르쳤으며, 소르본에서 교수 대행을 맡았던 카바예스는 레지스탕스 운동에 일찍, 그리고 활발하게 활동했다. 그로 인해 그는 독일 총살 집행반의 탄환에 죽게 된다. 그의 시신은 해방 후 1년이 지나서 확인되었다. 아라스 감옥에서 1944년 1월에 독일군에 의해 처형되었던 12명의 레지스탕스 대원 중 "무명용사 no 5"가 바로 카바예스였다. 그는 사후에 ─더 정확하게는 1944년 11월 20일인데, 그때 사람들은 그에 관한 정확한 소식을 알지 못한 상황이었다─ 해방 훈장을 받았다. 그 이후에 그는 소르본대학 성당의 지하 예배실에서 영면을 취하고 있다. 그의 옆에는 레지스탕스 운동을 했던 다른 대학교수들의 유해와 점령군에 의해 총살당한 뷔퐁고등학교 학생들의 유해가 놓여 있다. 1945년 여름에 카바예스의 유해가 확인되었을 때, 아롱은 1945년 7월 12일 자 『르 몽드』지에서 "전사는 철학자가 되었을 것이다"라고 쓴 바 있다. 실제로 카바예스의 참여는 그의 저작에서 비롯되었다. 1943년 런던에 체류하던 때에 자기를 재워 준 적이 있었던 아롱에게 카바예스는 이렇게 말했다고 한다. 그의 전쟁에의 참여는 "수학적 진리와 같은 범주에" 속하는 필연성과 같다고 말이다. 그의 참전은 시기적으로 아주 빠른 것이었다. 1941년에 그가 소르본 대행 교수직 수행을 위해 호출되었을 때, 그는 캉길렘에게 클레르몽페랑에서 자기를 대신해 줄 것을 부탁했고, 그와 동시에 그가 시작

<hr>

[162] 장 카바예스는 그의 박사학위 논문 심사를 아롱보다 몇 주 전인 1938년 1월 22일에
        소르본대학에서 받았다.

했던 레지스탕스 활동에 대해서도 그에게 알려 준 바 있다. 게다가 사르트르와 동기생이었고 또 장차 위대한 레지스탕스 대원이 되는 캉길렘은, 카바예스와 에마뉘엘 다스티에 드 라 비주리[163]가 클레르몽페랑 대학 벤치에서 해방 운동을 위한 첫 번째 전단을 작성할 때 그 자리에 같이 있었다. 이 해방 운동은 후일 '해방-남부'[164]가 된다. 같은 시기에 카바예스는 클레르몽페랑에서 반독일 협력을 위한 포스터 붙이기 운동에 참여했으며, —특히 "『그랭구아르Gringoire』[165]를 읽으세요. 그러면 당신은 히틀러에게 기쁨을 줄 겁니다"— 이 운동은 특히 남프랑스 지방의 여러 도시까지 퍼지게 되었다.[166]

그런데 카바예스의 레지스탕스 운동은 단지 지적 활동에만 그치지 않았다. 정보 수집과 태업이 그의 주요 활동이었고, 이를 위해 그는 "코오르-아쉬튀리에"[167]라는 조직을 세웠다. 비시 정부에 의해 오트비엔[168]도에 위치한 생폴데조 수용소[169]에 첫 번째로 수용된 후에, 그리고

---

163 에마뉘엘 다스티에 드 라 비주리(Emmanuel d'Astier de La Vigerie, 1900-1969): 프랑스의 작가, 기자이자 정치인으로, 2차 세계대전 당시 레지스탕스 운동에 가담했으며, '해방-남부'의 창건자 중 한 명이다.

164 해방-남부(Libération-Sud), 또는 해방(Libération): 점령 기간인 1940-1944년에 프랑스의 자유 지역에서 활동했던 레지스탕스 운동 조직이다.

165 1928년에 창간된 우파 성향의 프랑스 정치, 문학 주간지로, 많은 기자가 독일에 협력했다.

166 Cf. "Notes de prison de Bertrande d'Astier de la Vigerie (15 mars-4 avril 1941)", édition établie et présentée par Laurent Douzou, *Cahiers de l'IHTP*, n° 25, octobre 1993, p. 10.

167 코오르-아쉬튀리에(Cohors-Asturies): 2차 세계대전 중인 1942년에 크리스티앙 피노와 장 카바예스에 의해 세워진 레지스탕스 운동 조직이다.

168 오트비엔(Haute-Vienne): 프랑스 중부 지역에 위치한 도로, 도청 소재지는 리모주(Limoges)이다.

169 생폴데조 수용소(Saint-Paul d'Eyjeaux): 1940년에 페탱 원수에 반대하는 사람들과 레지

1942년 12월에 탈주에 성공한 후에 활발한 레지스탕스 운동을 벌인 카바예스는, 두 번째로 체포된 후에 1944년 1월에 독일군의 처형 집행반 앞에 서게 되었다. 앞에서 지적한 것처럼 1년 반 동안 그의 신원에 대해서는 아무것도 밝혀지지 않았다. 1945년 봄에 드골 장군은 그의 행적을 찾기 위해 마우타우젠으로 비행기를 보내기도 했다. 카바예스는 실제로 아라스에서 총살당하기 전에 1944년 1월 21일에 죽음의 수용소를 향해 잘못 출발하기도 했다. 자유 프랑스의 지도자였던 드골이 부르고 있는 것처럼 "위대한 카바예스"는 1945년 6월 말에서야 비로소 신원이 확인되었을 뿐이다. 앞서 보았듯이 그는 그때까지 아라스 공동묘지의 참호에서 "무명용사 no 5"였다.[170] 그가 죽은 지 50년 후에 그에 대한 글에서 볼 수 있는 것처럼, 카바예스는 "우리에게 심지어 불완전하다고 규정할 수조차 없는 작품을 남겼다. 그것은 부당하게 제거되었다기보다는 미완성의 작품이었다."[171](브뤼노 위스망[172])

이렇듯 우리는 카바예스의 고등사범학교 동기생 중에서 죽은 자들의 이름을 더 늘릴 수 있고, 중도에서 그쳐 버린 활동들을 더 검토할 수 있다. 그 기회에 여러 사람 중에서 아직까지 잘 알려지지 않은 위대한 사람들이 떠오를 수도 있다. 가령, 자크 모노[173]가 그 좋은 예이다. 그는

스탕스 대원들을 가둔 수용소이다.

170   Gabrielle Ferrières, *Jean Cavaillès, un philosophe dans la guerre 1903-1944*, nouvelle édition, Le Seuil, 1982.

171   Jean Cavaillès, *Œuvres complètes de philosophie des sciences*, présentation de Bruno Huisman, suivi de *In Memoriam*, de Georges Canguilhem, Hermann, 1994.

172   브뤼노 위스망(Bruno Huisman, 1953-): 프랑스의 교육자, 철학자이자 정치인이다.

173   자크 모노(Jacques Monod, 1903-1944): 프랑스의 교육자이자 레지스탕스 대원으로, 지하 항독 운동을 활발하게 펼치다가 1944년 전투 중에 사망했다.

사르트르와 같이 루이르그랑고등학교 카뉴의 일원이었다. 사르트르보다 한 해 뒤에 고등사범학교에 입학한 모노는 1928년에 문학 교수자격시험에 합격했다. 그로부터 15년이 지난 점령 기간 동안에 그는 사르트르와 마찬가지로 마르세유에 있는 고등학교 카뉴의 교수가 되었다. 레지스탕스 대원이 되어 게슈타포의 추격을 받던 그는 1943년 11월에 교직을 포기하고, 이듬해 6월에 마키 대원[174]이 되었다. 12일 후에 그는 손에 무기를 쥐고 죽음을 맞이했다. 캉탈[175]도에 있는 쇼드제그[176]에서 "므니에Meunier[177] 중령"은 기관총을 쏘면서 독일군의 다리에로의 접근을 막다가 전사했다. 마키 대원이 되어 출발하기 전에 그는 프랑스기독교학생연맹에 소속된 친구들을 위해 다음과 같은 말로 끝나는 편지를 쓰고 있다. "나는 증오 없이 출발합니다. 우리 기독교인들은 이교도들이 단순한 정치적 이상의 이름으로 도시와 더불어 교회의 운명과 우리의 어린아이들의 정신적 운명이 연루된 싸움에서 그들의 생명을 내던지는 것을 보고만 있을 권리를 가지고 있지 않다고 확신합니다. 이 점에 대해 나는 친구들 대다수가 동의한다고 믿어요."[178] 다만 이와 같은 글귀를 쓴 장본인은 그때 40대에 들어섰다는 점과 여섯 아이의 아버지

---

174   마키 대원(maquisard, 또는 maquis): '관목', '잡풀' 등의 의미를 가진 프랑스어 단어 'maquis'에서 유래한 단어로, 2차 세계대전 동안 변변한 숙소도 없이 전전하면서 지하 항독 운동을 했던 사람들을 가리킨다.

175   캉탈(Cantal): 프랑스 중앙 산악 지대에 위치한 도로, 도청 소재지는 오리야크(Aurillac)이다.

176   쇼드제그(Chaudesaigues): 캉탈도에 위치한 마을로, 온천으로 유명하다.

177   자크 모노가 레지스탕스 운동을 하며 사용했던 가명이다.

178   Jacques Monod, "Lettre", reproduite dans *Le Semeur*, novembre 1994, 43ᵉ année, nᵒ 1, pp.2-3.

였다는 점을 덧붙이자. 물론 그는 1920년대의 가장 촉망받는 고등사범학교 졸업생들, 특히 전쟁 후에 참여의 무대의 앞에 나서게 되는 졸업생들의 초상화가 걸려 있는 전당에는 들어가지 않았다. 그 이유 중 하나는 정확히 참여가 종종 목숨을 대가로 요구하는 순간에 그가 그 자신의 말과 일치하는 행동을 했다는 이유로 성년의 문턱에서 죽음을 맞이했기 때문이다.

이런 사실에서 출발해서 전쟁에서 전사한 자들에 대한 호출을 전쟁이 진행되는 추운 날씨에 카페 드 플로르의 난로 곁의 의자로 향하던 사르트르에게 불리한 자료로 사용하고자 하는 것은 터무니없는 일일 것이다. 하지만 그렇다고 해서 결산을 하는 마당에 이와 같은 희생자 명부를 망각해야 하는가? 실제로 이 명부는, 이미 강조한 바와 같이, 사르트르가 속한 세대에 대한 다른 고등사범학교 졸업생들의 역정을 더 잘 이해할 수 있게 해 주는데도 말이다. 특히 전쟁 후에 사르트르가 "참여에의 의무"를 주장하기 시작하게 되는 순간에 말이다.

사르트르에게서 비시 정부와 점령군에 대한 혐오를 부인하는 것은 마녀사냥에 속하는 일일 것이다. 그리고 우리는 여기에서 자신들의 고유한 대독 협력 행동을 교란시키기 위해 사르트르에게 비난을 퍼부은 라바테[179]나 셀린[180] 등의 가시 돋힌 암시를 옆으로 제쳐 둘 것이다. 게

---

[179] 뤼시앵 라바테(Lucien Rebatet, 1903-1972): 프랑스의 작가, 기자이자 음악, 영화 비평가로, 2차 세계대전 중에 독일에 협력하는 글과 반유대주의 성향의 글을 썼다. 해방과 더불어 사형 선고를 받았으나, 사면되어 1952년까지 감옥에 갇혀 있었다.

[180] 루이페르디낭 셀린(Louis-Ferdinand Céline, 1894-1961): 20세기 프랑스를 대표하는 작가 중 한 명으로, 2차 세계대전 때 반유대주의를 표명했으며, 대독 협력자들과 교류한 것으로 알려져 있다.

다가 사르트르의 문제 있는 시력으로 인해 분명 레지스탕스 운동에의 직접적 참여는 어려웠을 것이다. 하지만 피의 대가를 치르면서 참여했던 마르크 블로크의 레지스탕스 운동에 대해서는 뭐라고 할 수 있을까? 사르트르보다 19세 더 많고 또 여섯 아이의 아버지인 블로크에 대해서 말이다. 그리고 불구나 무능력을 변호하는 것은 사르트르를 더 젊은이들과 더 능력 있는 자들을 죽음의 장으로 불러내는 부류의 선구자로 만드는 것과 마찬가지가 된다. 이것은 1차 세계대전 당시에 비슷한 상황에서 사태를 악화시켰던 아카데미 프랑세즈 회원들의 모습과도 어느 정도 일치하는 것이다.

시련

사르트르는 1940년 3월 11일에 『수첩』에서 이렇게 적고 있다. "나는 이렇게 단언한다. 우리, 즉 대大부르주아 출신인 지드와 공무원 집안 출신이고 공무원 신분인 나는 현실을 장식으로 여길 채비가 너무 잘 되어 있다고 말이다. 결국 나와 마찬가지로 지드에게도 되돌릴 수 없는 그 어떤 일도 일어나지 않았다."[181] 그로부터 두 달 후에 프랑스는 침략당했다. 다시 몇 주 뒤에 현실은 사르트르에게서 포로 상태의 외관을 갖게 되었다. 그때부터 그와 '역사'와의 관계가 정립되었다. '역사'는 오랫동안 사르트르에게 사각지대였다. 그와는 반대로 2차 세계대전부터 출발해서는 ―앞에서 보았듯이 그 과정은 1939-1940년보다 조금 앞서 시작되었다― '역사'가 그에게 빛을 쏟아부었다.

사르트르의 적대자들은 '역사'가 그를 눈부시게 할 정도로 세게 빛을

---

[181]   Jean-Paul Sartre, *Carnets de la drôle de guerre, op. cit.*, p.391(p.575 de l'édition de 1995).

쏟아부었다고 말할 것이다. 이렇게 해서 분명 논쟁적인 관찰이 이루어졌다. 하지만 '역사'와의 관계를 추적하게 되면 순결주의에 빠지지 않고 논쟁 지점을 피할 수 있다. 이런 관점에서 보면 1945년 후, 그리고 그가 죽을 때까지의 실질적인 그의 정치 참여는, 전쟁 전의 너무 깊은 잠에서 기인하는 후회와 특별한 성과가 없었던 전쟁 기간에 대한 후회에 많은 것을 빚지고 있다고 가정할 수 있다.[182] 그뿐만 아니라 그것은 또한 그와 '역사'와의 관계에서 발생한 무거운 부채의 첫 번째 국면 이후에 그것을 보상하려는 심리에 더 많은 빚을 지고 있다고 할 수 있다.[183] 그리고 이런 보상은 '역사'를 향한 관심과 그의 '역사'에의 봉사에 의해 이루어진다. 이런 '역사'는 하나의 의미를 갖는데, '역사'를 동반하고, 또 '역사'를 가속화시킬 필요가 있는 것이다. 이런 점에서 보면 '역사'는 일종의 시련의 역할을 한 것이다.

그 결과, 사람들은 그 시기에 사르트르와 공산주의 사이에 시작되는 복잡한 관계를 더 잘 알게 된다. 지식인은 역사적 과정의 진행을 도와

---

182 이런 분석은 빈번하다. 가령, 롤랑 뒤마는 아니 코엔 솔랄에게 답을 하면서 이렇게 말하고 있다. "알제리전쟁, 그건 '그의' 전쟁입니다. 결국 사르트르는 스페인전쟁도 스쳐 지나갔고, 인민전선도 스쳐 지나갔어요. 레지스탕스 운동요? 그래요, 하지만… 따라서 그는 그의 시대의 주요 사건을 모두 놓쳤던 거예요, 이것만을 제외하고요, 알제리전쟁"(Annie Cohen-Solal, *Sartre, op. cit.*, p.563).

183 사르트르의 삶과 사유는 2차 세계대전 발발의 해인 1939년을 기점으로 큰 변화를 겪는다. 그렇기 때문에 그는 이해를 '개종'의 해라고 부른다. 그리고 이 전쟁이 끝난 후에 그는 사회 참여의 기치를 높이 들면서 프랑스의 대표적 참여 작가, 참여 지식인의 길을 가게 된다. 그의 이런 변신과 관련해 한 가지 의문이 제기된다. "왜 그는 해방 후에 그토록 목소리를 높여 사회 참여를 부르짖었을까"라는 의문이 그것이다. 이에 대한 하나의 대답으로 필자는 사르트르의 전쟁 전의 정치에 대한 무관심과 비참여를 만회하려는 심리를 들고 있는 것으로 보인다. 그러니까 전쟁 전에 사르트르는 '역사의 수레바퀴'를 돌리는 것을 거절하는 태도로 일관했는데, 이런 태도를 만회하기 위해 전쟁 후에 그토록 적극적으로 사회 참여를 시도했다는 것이다.

야 하기 때문에, 사르트르는 당연히 프랑스 인텔리겐치아에 대해 공산
주의가 아주 커다란 영향력을 행사하던 시기에 PCF와 경쟁 관계, ─그
리고 장차 대립 관계,─ 또는 동맹 관계, ─그리고 힘의 대소로 인한 충
성 관계─ 속에 있게 된다. 곧 보겠지만 사르트르는 차례로 이 두 상황
을 겪게 된다. 게다가 이와 같은 공산주의와 관계에 관련된 문제 위에
서 아롱과의 이데올로기적 결렬이 일어나게 된다.

제3부

30년 전쟁

프랑스 지식인들의 참여의 시대가 1945년에 시작된다는 견해 —이런 견해는 참여 면에서 1930년대의 대대적인 도약을 평가절하하는 것이고, 또 실제로 사르트르의 역할을 회고적으로 재구성하는 데 일조하는 것이다— 를 조금 수정할 필요가 있다고 해도, 해방이 정치 분야에서 그들 지식인 역사의 새로운 국면의 시작이었다는 것은 여전히 사실이다. 이런 국면은 1970년대 중반까지 30여 년 동안 계속되며, 다음과 같은 두 가지 특징으로 인해 그 나름의 특수성을 갖게 된다. 한편으로, 이 시기는 어쨌든 지식인계층의 기억 속에는 참여의 시대로 남게 될 것이다. 왜냐하면 참여의 시대가 드레퓌스 사건으로부터 시작되고, 그 이후로 1930년대에 양적으로 이루어진 비약적인 증가와 더불어 확장되었음에도 불구하고, 해방이 되면서 공개적으로 선언된 참여의 시대가 시작되었고, 또 종종 참여가 지식인들과 분리 불가능한 "의무"로 소개되었기 때문이다. 다른 한편으로, 계속되는 변화 속에서도 좌파 지식인들이 20세기의 1/3 동안 지배적인 위치를 차지했었다.

게다가 이 30여 년 동안에 지식인들은 세속적인 토론에서 맨 앞자리를 차지했다. 어떤 면에서 보면 이 30여 년은 지식인들의 역사에서 "영광스러운 30년"이었다. 소란스러웠지만 치열했고, 또 종종 사람들에 의해 인용되었지만 회고적으로 보면 논쟁적이었던 30년이었다. 그런데 프랑스 경제와 사회의 영광스러운 30년이 1973년과 1979년에 겪은 두 차례의 석유 위기로 인해 지속적으로 흔들렸던 것과 마찬가지로, 연도상의 일치를 지나치게 거론하지 않더라도, 프랑스의 지식인 사회 역시 1970년대에 두 차례의 충격을 경험했다는 사실을 지적해야 할 것이다. 하나는 이데올로기적인 충격으로 1974년의 "솔제니친 효과"였다. 다른 하나는 1970년대 말에 있었던 중국에 대한 환멸과 인도차이나반도에 대한 환멸이 그것이었다. 이로 인해 그 당시에 좌파 지식인들은 "고아의 시기années orphelines"[1]로 접어들게 되었다.

어쨌든 이 영광의 30년 동안에 사르트르와 아롱은 종종 프랑스 지식인들의 사회에서 대립하고 심지어는 적대적인 두 진영을 각각 구현하고 있었다. 사르트르는 양지바른 쪽을 구성하고 있었고, 아롱은 그늘진 쪽을 대표하고 있었다. 이런 이유로 그 30년은 절친이었던 두 사람에게는 어떤 의미에서 30년 전쟁이 되고 말았다.

---

[1] 이 표현은 '1968-1978년' 사이를 지칭하는 비유적인 용어로, 1968년 5월혁명에 의해
현실에서 실현될 것 같았던 이상 사회, 지배·피지배계급의 연대, 미국 등으로 대표
되는 제국주의의 타파, 카스트로, 마오쩌둥 등에 의해 구현될 것 같았던 '제3세계'의
신화 등과 같은 모든 환상이 깨지고 난 뒤에 온 허탈한 사회 분위기를 의미한다.

제4장

대지진

아주 긴 이별 후에 우리는 곧장 더 가까워졌다.[1]

　　1944년 가을, 사르트르와 9월에 프랑스로 귀국한 아롱의 재회는 뜨
거웠다. 사르트르는 『라 프랑스 리브르』지 1944년 11월 호에 한 편의
글을 기고했다. 사르트르는 그 이듬해 1월 6-7일 자 『콩바*Combat*』지에
서 이 잡지에 대해 극찬을 하고 있다. 사르트르는 이렇게 쓰고 있다.
"『라 프랑스 리브르』는 가장 절제되고, 가장 침착하고, 가장 균형 잡힌
면모를 보여 주고 있다. 무엇보다도 항상 변화가 심하고 또 어떻게 변
할지 예측 불가능한 시사 문제를 정열적으로 다루고 있는 이 잡지는 항
상 '역사'에 대해 한 발 뒤로 물러나 있는 것으로 보인다. 프랑스에서 추
방당하고 욕을 먹었으며 가족들과 헤어졌던 이 잡지에 종사하는 이들

---

[1]　　Raymond Aron, *Mémoires*, *op. cit.*, p.198.

이 어떻게 4년 동안 냉정한 객관성을 유지할 수 있었을까? 그들이 마음 속으로는 희망과 후회로 힘들어했을 텐데도 말이다."[2] 게다가 사르트르와 아롱은 그 시기에 주간지의 창간 여부를 고려하기도 했었다.[3] 모든 것이 가능해 보였던 해방이라는 상황 속에서의 기획이었다. 이 주간지는 햇빛을 보지 못했지만 아롱은 『레 탕 모데른』지의 탄생에 협력하게 된다. 편집 위원 중 한 명으로 그는 창간호에 두 편의 글을 기고함으로써 이 잡지를 후원하게 된다. 「자유의 환멸」과 「사건 이후와 역사 이전」이라는 글이 그것이다.

비록 1930년대에 사르트르와 아롱의 우정 어린 관계가 조금씩 느슨해지기는 했지만, 해방 무렵에는 정확히 20년 전에 윌름가에서 생겨났던 그들 사이의 선택적 친화력 중 어떤 것은 여전히 남아 있었다. 그리고 해방 이후 몇 개월 동안 이와 같은 선택적 친화력이 공동으로 구상했던 계획을 통해 다시 살아나는 듯했다. 하지만 전쟁 후의 이 시기는 결국 두 사람 사이에 '대지진'이 일어나게 되는 시기이다.[4] 1948년에 모든 친화력이 소진되었고, 두 절친은 30년 동안 적대 관계로 지내게 된다.

---

2   Jean-Paul Sartre, "Une grande revue française à Londres", *Combat*, 7-8 janvier 1945. 사르트르가 『라 프랑스 리브르』(vol. IX, n° 49, pp.9-19)에 썼던 글의 제목은 「점령하의 파리」였다.

3   Nicolas Baverez, *Raymond Aron, op. cit.*, pp.206-207. 사르트르가 아롱에게 보낸 친절한 편지는 1944-1945년 겨울에 쓰인 것이다.

4   곧 보겠지만, 사르트르가 아주 빠르게 명성을 얻게 되면서 같은 시기에 두 사람의 개입의 차원이 달라진다. 이와 같은 상승은 상기되어야 한다. 왜냐하면 그것이 역사의 대상일 뿐만 아니라, 또한 그것이 완전히 이 책에서 탐구되는 부분에 속하기 때문이다. 따라서 이 장에서 다뤄지는 아롱의 무대 뒤로의 상대적인 이동은 결코 우연의 효과가 아니며, 관점을 세우고자 하는 관심에서 기인한 것이다.

"아롱"의 구상,
자유주의 지식인

하지만 해방 직후에 사르트르와 아롱은 그들 사이에 외관적으로 다시 태어난 우정 외에도 비슷하게 학교의 분위기에서 멀어졌던 것으로 보인다. 2차 세계대전에 동원되기 2주 전인 1939년 9월 초에 툴루즈대학에서 조교수로 임명되었던 아롱은 해방 후에 그 자리로 돌아가는 것을 기다리기만 하면 되었다. 게다가 보르도 문과대학에서 그에게 사회학과 교수직을 제안하기도 했다. 하지만 거의 40대가 다 되어 "정치 바이러스에 감염된"[5] 아롱은 대학교수직을 포기하고 파리에 남기를 선택하면서 저널리즘에 종사하게 된다. 그렇다고 해도 "정치 바이러스"라는 표현은 이처럼 아롱이 인생의 갈림길에 서게 된 이유를 불완전하게 보여 줄 뿐이다. 실제로 이 표현은 그의 삶의 방향의 갑작스러운 전환을 암시한다. 하지만 그에게는 실제로 아주 느린 변화가 일어났을 뿐이다.

[5]   Raymond Aron, *Mémoires*, *op. cit.*, p.196.

아롱이 겪은 변화의 첫 번째 원동력은 1930년대 초엽에 그가 쾰른에서 라인강 강둑을 산책할 때 생겨났다. 그는 앞에서 분석한 바와 같은 의미에서 '참여적 방관자'가 되기로 결심했다. 또한 전쟁이 진행되었던 기간이 그의 변화의 두 번째 시기에 해당된다. 50개월의 런던 체류 동안에 그에게서 두 번째 변화가 일어났다. 시사 문제에 대한 분석이 정확히 정기 간행물, 즉 『라 프랑스 리브르』에 실린 기사들과 같은 글의 유형을 통해 이루어졌다. 대학교수였던 그가 미래를 위해 중요한 다음과 같은 특징들을 겸비하고서 시평 담당자가 되었던 것이다. 메시아주의에 대한 거부와 그에 따르는 선악 이원론의 유혹에 대한 거부 ―그는 이 거부로 인해 자유 프랑스 지역의 주요 지식인들과 비교해서 의도적으로 주변부에 머물게 된다― 가 그것이다. 이미 앞에서 강조했지만, 아롱은 한동안 대학교수에게 중요한 저술과 전문 학술지나 아카데믹한 잡지에 논문을 쓰는 것을 포기하면서 현장 분석을 위한 몇 쪽의 글을 쓰는 것을 선택했다. 하지만 그 차이는 점점 더 눈에 띄게 되었다. 적어도 일정 기간에 아롱의 글쓰기는 학술적 글쓰기에서 시사적 글쓰기로 바뀌기까지 했다. "정치 바이러스"라는 표현은 아마도 이런 의미로 해석되어야 할 것이다. 그에게는 다음과 같은 두 종류의 감정 사이의 조화가 중요했던 것으로 보인다. 한편으로 런던에서 긴박했던 전쟁에의 참여와 동시에 망명의 시련을 경험했고, 또 대학 강단이라는 부드러운 품으로 되돌아간다는 생각에 대한 저항감을 가졌던 40대를 위한 행동의 의지와, 다른 한편으로 자신의 진로에 대한 복잡한 고민을 마친 한 명의 지식인을 위한 이데올로기적 투쟁의 필요성이라는 감정 사이의 조화가 그것이다.

게다가 바로 거기에 아롱의 변화의 세 번째 측면이 자리한다. '자유주의 지식인' "아롱"의 모습이 레몽 아롱이라는 사람 안에서 깨어난 것이다. 그가 세상을 떠난 해에 쓴 한 텍스트에서 그는 이렇게 말하고 있다. 그 자신의 "이력"이 전쟁 전과 전쟁 후라는 "두 시기로 뚜렷이 구분된다"고 말이다.[6] 아롱은 또한 이렇게 밝히고 있다. 분명 그의 진로 변경은 전쟁 전의 몇 해 동안에 "세속적 종교[7]에 대한 비판"과 더불어 시작된 것이 사실이지만, 또한 특히 이 세속적 종교를 설명하고 있는 그의 두 편의 글을 통해 2차 세계대전 동안에 구체화되었다고 말이다. 이두 편의 글의 주제는 "전체주의적 국가에 이르게 되는 정치적 운동"이었다. 그런데 이 '전체주의적'이라는 단어의 사용은 '사후적으로' 도입된 것이 아니었다. 아롱은 이 형용사를 이미 1936년부터 사용했다. 앞에서 본 것처럼 이 주제에 대한 그의 성찰은 나치 독일로부터 시작되었다. 하지만 그는 그 이후에 이 성찰에 대해 후회하면서 괴로워했다. 물론 그 이유는 그가 나치즘에 대해 아주 빨리 성찰했다는 것이 아니다. 그보다는 오히려 그가 소련의 현상을 깊이 있게 분석하는 일에 늦게 착수했다는 것이다. 여러 전체주의 국가의 현실과 그 규모를 파악한 속도의 차이를 넘어서 아롱이 소련을 이런 유형의 국가에 편입시킨 것은 전쟁 이전의 일이었다. 그런 측면에서 보면 1993년에 『마키아벨리와 현대 전제정Machiavel et les tyrannies modernes』이라는 제목 아래에 모아 놓은 여

---

6   1983년 1월 6일에 작성된 메모. 목적이 분명하게 기록되지 않은 채 다음 잡지에 실렸다. *Commentaire*, février 1985, pp.517-519.

7   마르크스주의와 그에 입각한 공산주의를 의미한다. 아롱은 『지식인의 아편』에서 이 세속적 종교를 통렬하게 비난하고 있다.

러 텍스트는 아롱의 변화의 경계를 표시하는 데 있어서 중요하다.

1936년 11월에 엘리 알레비는 프랑스 철학 학회에서 했던 발표를 통해 독일, 이탈리아, 소련의 정치 체제를 비교한 바 있다. 발표가 끝난 후에 아롱은 그 내용이 구체적으로 적절했음을 지적하면서도 분명하게 몇 가지 점을 유보하고 있다. 하지만 아롱의 토론 내용과 마찬가지로 그의 어조가 중요했다. 아롱은 이렇게 말했다. "전체주의 체제들 사이에는 의심의 여지 없이 공통점들이 있습니다. 그 체제들이 전체주의적이고 전제적이라는 사실에는 몇 가지 유사점들이 포함되어 있습니다. 이런 유사점들은 형식적인 자유와 민주주의적인 자유의 상실에 맞서 대응하는 자유주의자에게는 결정적입니다. 하지만 이런 유사점들은 전체를 분석하는 사회학자에게는 그 중요성이 떨어집니다." 그리고 조금 후에 이렇게 덧붙였다. "따라서 특히 민주주의 국가들에서조차 계급투쟁은 결정적인 문제를 구성합니다. 사람들이 관심을 덜 갖는 자유주의의 문제보다도 훨씬 더 그렇습니다."[8] 앞에서 보았듯이 그 시기에 아롱에게서 사회주의에서 자유주의에로의 미끄러짐은 아직 시작되기 이전이었다. 그리고 그로부터 3년 후에 『형이상학과 도덕 잡지』 1939년 5월 호에 게재된 「E. 알레비의 전제정 시대」라는 글을 통해 나치즘과 공산주의의 비교와 관련하여 아롱의 "좌파적 편견"—그는 후일 이런 표현을 사용했다—이 더욱 분명하게 나타나고 있다. 왜냐하면 아롱이 이렇게 쓰고 있기 때문이다. "공산주의의 교리, 의지, 목표를 무시하는 것은 완전히 부당하다."[9]

---

8   Raymond Aron, *Machiavel et les tyrannies modernes, op. cit.*, pp.307-308.

하지만 그와 동시에 알레비의 저작 —알레비는 1937년에 죽었다. 그리고 1970년의 한 텍스트에서 아롱은 "자신의 삶에서 너무 늦게" 그를 알게 되었다고 술회하고 있다[10]— 에 중요성을 부여하려는 아롱의 뚜렷한 의지는 다음과 같은 사실을 보여 준다. 즉, 아롱이 그 당시에 죽은 자와 대화를 나누는 방식으로까지 변화를 기다리고 있는 중이었고, 따라서 변화의 국면에 접어들었다는 사실이 그것이다. 거기에 더해 1939년 6월 17일에 프랑스 철학 학회에서 했던 발표를 통해 아롱은 "가치들"의 옹호를 위해 민주주의 국가들과 전체주의 국가들을 정면으로 대조하고 있다. 그는 여전히 가치들이 바뀌어야 한다고 말하면서 이렇게 덧붙였다. 분명히 옹호되어야 하는 가치들에 포함되어 있는 "민주주의적 보수주의"는 "갱신되면서만 살아남을 수 있을 뿐이다"[11]라고 말이다. 이 문장의 문맥을 보면 여기에서 문제가 되는 것은 아롱의 자유주의 사상이다. 그런데 이 사상은 아롱의 펜 아래에서 이미 유행이 지난 사상들의 공동묘지로 자동적으로 보내지지 않는다. 그리고 1939년에 아롱의 변화는 『형이상학과 도덕 잡지』에 게재된 알레비의 "전제정의 시대"에 대한 글에서 "구원의 종교"라는 개념이 다음과 같은 한 문장 주위에서 출현하는 만큼 더욱더 지각 가능하다. "공산주의는 구원의 종교의 전환, 그것의 희화화이다. 파시즘은 인간성을 알지 못한다."[12]

9   *Commentaire*, n°s 28-29, février 1985, p.339에서 재인용.

10   *Ibid.*, p.327.

11   Raymond Aron, *Machiavel et les tyrannies modernes*, *op. cit.*, p.179.

12   Raymond Aron, "L'Ere des tyrannies", *Revue de métapysique et de morale*, *op. cit.*, 1939, p.339.

따라서 벌써 "세속적 종교"라는 주제를 통해 "전제정"에 대한 풍부한 성찰이 시작된 것이다. 우리는 앞에서 아롱이 회고적으로 이 전환점에 대해 부여한 중요성을 살펴보았다. 그리고 1944년 여름에 두 차례에 걸쳐 발표된 「세속적 종교의 미래」[13]라는 글에서 뚜렷한 변화의 진전이 이루어지고 있다. 분명 그 시기에 아롱은 절반만 자유주의자 아롱이 되었을 뿐이고, 또 그는 그의 주장을 그 당시에 유행했으며, 영국에서 그 자신이 직접 경험한 계획경제의 개념 아래에서 펼치고 있다. 실제로 경제 차원에서 다음과 같은 주장에서 출발할 필요가 있다. 즉, "오늘날, 어떤 정치 체제라도 모든 개인에게 최소한의 경제적 안정을 보장해 주어야 한다(그중에서도 고용의 안정이 우선이다). 거기에는 국가가 경제 전체의 지도에 대해 직접적이든 아니면 간접적이든 간에 책임을 져야 한다는 사실이 포함되어 있다." 그리고 아롱은 계속해서 이렇게 주장한다. "따라서 다원주의와 자유의 보호에 관심을 갖는 체제는 그것들을 거절하는 것을 용서하지 않을 대중들에 대해 책임을 져야 하고, 또 주어진 한계 내에서 전체의 이해관계에 부합하는 방법으로 여겨지는 시장의 자동 메커니즘에 경제 일부를 맡겨야 한다." 또한 아롱은 이런 주장에 입각해 이렇게 쓰고 있다. "경쟁적인 교조주의들에 관심이 없는 과도기적 체제는 경제적으로, 사회적으로 살아남을 수 있다는 사실, 우리는 이 사실을 확신한다." 아롱은 영국에서 했던 경험을 그 예로 인용하

13　Raymond Aron, "L'avenir des relgions séculières", I, II, *La France libre*, vol. VIII, n°ˢ 45, 46, 15 juillet, 15 août 1944. 이 두 글은 당연히 종종 아롱 사상 전문가들에 의해 인용되며, 그 가치를 인정받고 있다. Cf. Ariane Chebel d'Appollonia, *Morale et politique chez Raymond Aron, op. cit.*, pp.465-467.

고 있다. 하지만 "옛 지도계급의 맹목적인 반동"은 프랑스에서 그런 제도의 도입에 장애물이 될 것이다.

그와 동시에 정치 차원에서 아롱은 "보편적 가치들의 의미"를 앞세웠고, 또 "이론을 재정립해야 할 필요성"을 주장하고 있다. 그런데 이 이론은 "보편적인 가치들에 대한 생각, 개인들의 권리, 애국주의, 자유의 요구"[14] 등에 기초해서 새로이 정립되어야 할 것이다. 그 시기에 아롱의 사유는 교차점에 서게 된다. 그로 인해 아롱은 짧게나마 애매한 양상을 보이게 된다. 게다가 1년 후인 1945년 11월에 "사회주의의 미래"에 할애된 『레 탕 모데른』지에 기고한 한 편의 글에서 이와 같은 그의 애매성이 또다시 드러난다. 첫 번째 제헌의회 선거[15]에서 SFIO가 거둔 좋은 결과에 흡족해하면서 아롱은 "사회당의 전진은 훨씬 더 큰 의미를 갖는다. … 사회당은 프랑스 사회에 사회주의의 여러 요소, 가령 인민 대중의 영향 아래에서 국가에 의한 경제 운용 등을 도입해야 할 임무를 가지고 있다. 또한 프랑스가 희생시키는 것을 받아들이지 않는 지적인 면과 개인적인 면에서의 자유주의를 수용하면서 이런 요소들을 동화시켜야 하는 임무를 지고 있기도 하다."[16] 아롱이 회고적으로 그의 『회고록』

14   Raymond Aron, "L'avenir des relgions séculières", II, *La France libre*, n° 46, 15 août 1944, *op. cit.*, pp.275-276.

15   첫 번째 제헌의회 선거(la première Constituante): 1945년 10월 21일에 치러진 프랑스 총선은 2차 세계대전이 끝난 후에 제4공화국 성립을 위한 국민투표와 함께 치러진 제헌의회 총선으로, 최초로 여성과 군인들의 투표가 보장되었으며, 비례대표제가 도입되었다. 나치에 대항해 임시정부를 구성하고 레지스탕스를 이끈 PCF, 대중공화운동 (MRP: Mouvement Républicain Populaire), SFIO의 삼당 연합이 압도적으로 승리를 거두었다. MRP는 프랑스 제4, 5공화국 시기에 존재했던 프랑스의 기독교 민주주의 정당으로, 제4공화국 시기에 여러 차례 내각에 참여했으며, 로베르 쉬망 등과 같은 총리를 배출했다. 1967년 민주 중도로 개편되며 사라졌다.

에서 이 글의 내용이 "별로였다"고 규정해 보았자 소용이 없다.[17] 이 글은 이중으로 유의미하다. 한편으로 이 글에는 아롱의 자유주의에 대한 애매성이 남아 있다. 다른 한편으로 이 글은 현장에서 쓴 연대기, 즉 아롱이 점차 향하게 되는 종류의 글에 속한다.

앞에서 보았듯이 실제로 "정치 바이러스"는 그의 저널리즘으로의 편입의 주요 결과였다. 분명 1945년 11월에서 1946년 1월까지 아롱은 길지 않은 기간에 공보장관이었던 말로의 비서실에서 일을 했다. 그때의 경험이 아롱에게 큰 영향을 준 것 같지는 않다. 비록 국가 정책을 결정하는 기관실을 직접 살펴볼 수 있는 소중한 기회였다고 해도 그렇다. 아롱에게서 행동은 결정적으로 분석과 해석을 거쳐야 했으며, 그가 '역사'의 움직임 소리를 들은 것은 기관실보다는 오히려 방파제에서였다. 실제로 거기에서도 동일하게 '역사'의 폭풍우 소리를 들을 수 있었다.

아롱이 『콩바』지에 합류할 수 있었던 것은 말로 덕분이었다. 말로의 권유에 따라 아롱은 이 일간지의 주요 인물이었던 파스칼 피아[18]를 알베르 올리비에[19]와 함께 방문했다. 그 시기에 이 신문은 15만 부를 발행하면서 대단한 호황을 누리고 있었다.[20] 게다가 전후의 파리 지식인계

16   Raymond Aron, "Les chances du socialisme", *Les Temps modernes*, n° 2, novembre 1945, pp. 233-234.

17   Raymond Aron, *Mémoires, op. cit.*, p. 48.

18   파스칼 피아(Pascal Pia, 1903-1979): 프랑스의 작가이자 저널리스트이다.

19   알베르 올리비에(Albert Ollivier, 1915-1964): 프랑스의 역사가, 작가이자 저널리스트로, 레지스탕스 대원이다.

20   Cf. Yves-Marc Ajchengaum, *A la vie, à la mort. Histoire du journal "Combat", 1941-1974*, Le Monde Edition, 1995. Cf. 장 이브게랭의 주도로 1987년에 '카뮈와 『콩바』' 라는 주제로 개최되었던 컬로퀴엄 자료집(Editions de l'espace européen, 1990).

층에서 활발하게 활동했던 카뮈의 후광이 이 신문의 위신에 더해졌다. 아롱은 1944년 10월 25일에 이 신문에 「프랑스의 위대함의 조건들」이라는 제목의 기사를 썼다. 그리고 1945년 2월 7일에 「또 다른 독일」과 같은 여러 기사가 그 뒤를 이었다. 1946년 3월에 아롱은 이 신문에 합류했고, 1947년 5월 초까지 약 1년 이상 일했다. 1946년 4월에 그는 프랑스 정당들을 분석한 「정치 무대」라는 제목의 기사를 일곱 차례에 걸쳐 연재한 바 있다(4월 14일에서 23일까지). "알베르 올리비에와 다른 사람들이 나를 축하해 주었다. 그렇다고 놀라는 기색이 없는 것은 아니었다. 신문이라는 좁은 세계에서 [이 기사들은] 전쟁 전에 내 저작들이 그랬던 것처럼 그때까지 대부분의 기자들에게 알려지지 않았던 나의 위상을 단번에 확인시켜 주는 계기가 되었다. 하지만 결코 나를 위험하게 하지 않았다. 나는 단지 칼럼니스트가 아니라 단어의 고요한 의미에서 편집자가 되었다."[21] 아롱은 아주 활발하게 활동했다. 그도 그럴 것이 14개월 동안에 그는 150여 편의 기사들을 썼기 때문이다. 이것은 평균 매일 한 편의 기사를 쓴 것에 해당한다.

---

21   Raymond Aron, *Mémoires*, *op. cit.*, pp. 209-210.

사르트르의
권력 장악

『콩바』에서 근무했던 1946년 봄에 아롱은 『레 탕 모데른』지를 떠날 준비를 하고 있었다. 이 잡지의 창간호는 10개월의 준비 작업 끝에 1945년 10월 1일에 출간되었다. 1944년 12월 14일에 갈리마르 출판사의 운영 위원회에서 가스통 갈리마르[22] 대표가 운영 위원들에게 다음과 같은 소식을 전했다. "사르트르가 나에게 『레 탕 모데른』이라는 제목의 월간지를 창간하는 계획서를 제출했다"라고 말이다. 그는 또한 편집 위원회 구성원들의 면면을 예고했다. 시몬 드 보부아르, 모리스 메를로퐁티, 레몽 아롱, 미셸 레리스,[23] 브리스 파랭,[24] 장 폴랑,[25] 그리고 장폴 사

---

[22]   가스통 갈리마르(Gaston Gallimard, 1881-1975): 프랑스의 출판인으로, 갈리마르 출판사의 창립자이다.

[23]   미셸 레리스(Michel Leiris, 1901-1990): 프랑스의 작가, 민속학자이자 문학 비평가이다.

[24]   브리스 파랭(Brice Parain, 1897-1971): 프랑스의 철학자이자 에세이스트이다.

[25]   장 폴랑(Jean Paulhan, 1884-1968): 프랑스의 작가, 문학 비평가로, *NRF*의 편집 위원장과 대표직을 수행했다.

르트르였다.[26] 이 명단은 갈리마르의 운영 위원회의 동의를 받았지만, 마지막 단계에서 약간의 변화가 있었다. 브리스 파랭이 참여하지 않게 되었고, 알베르 올리비에는 창간호에 예고된 조직도에만 이름을 올렸다.

그렇게 해서 빨간색과 검은색으로 된 제목[27]을 갖게 된 이 잡지는 지식인들의 거리에서 목 좋은 곳[28]에 거처를 마련하게 되었다. 이 잡지의 탄생에 대해서는 모든 것, 아니 거의 모든 것이 이야기되었다. 그런데 과연 사르트르의 지적 권력 정복을 위한 전략의 결과인 이 잡지, 그리고 그의 상징적 자본, 특히 그의 명성이라고 하는 자본의 배터리를 장착한 이 잡지는 과연 사전에 이미 구상되었는가? 피에르 부르디외[29]의 연구에서 영감을 얻어 사회학자 안나 보셰티[30]가 수행한 뛰어난 연구에서 지적되고 있는 것처럼 말이다. 보셰티는 이렇게 말하고 있다. 즉, 전쟁 직후 몇 해 동안의 사르트르의 잠재적 상승은 특히 그가 그때까지 그에게 대립적이었던 "교수"와 "작가"라는 두 유형의 지식인을 그 자신 안에서 한꺼번에 구현했다는 사실에서 기인한다고 말이다.[31] 실제로

---

26   출처는 갈리마르 출판사.

27   『레 탕 모데른』지의 제목인 "Les Temps moderens"이 빨간색과 검정색으로 되어 있음을 의미한다.

28   갈리마르 출판사를 가리킨다.

29   피에르 부르디외(Pierre Bourdieu, 1930-2002): 프랑스의 사회학자로, 20세기 후반에 활동했던 사회학자 중 가장 중요한 학자로 여겨진다. 권력장, 상징 자본, 문화 자본, 아비투스 등의 개념으로 유명하다.

30   안나 보셰티(Anna Boschetti, 1944-): 이탈리아의 학자로, 밀라노대학 정치학과 교수이다. 1985년에 『사르트르와 《레 탕 모데른》』을 출간했다.

31   Anna Boschetti, *Sartre et "Les Temps modernes". Une entreprise intellectuelle*, Minuit, 1985.

베르그송인 동시에 지드[32]였던 사르트르가 그 자신의 지적인 힘의 비약적인 도약을 경험한 것은 사실이다. 그렇다고 철학자 사르트르가 확보한 이런 지배적인 상황을 오직 그가 구사한 "전략들"의 성공적인 결합의 결과로만 여기는 보세티의 주장을 그대로 따를 수 있는가? 여기에서는 질베르 조제프에 의해 시작된 토론, 그리고 앞 장에서 상기된 토론은 일단 옆으로 제쳐 둘 것이다. 그렇다면 사르트르는 과연 점령 기간에 그의 에너지를 문학 경력을 신장시키는 데 할애했는가? 그리고 사르트르는 이런 잠재적인 상승을 계속 이어 가기 위해 레지스탕스 대원이라는 칭호를 해방 무렵에 이용했는가? 앞에서 본 것처럼 이 질문들에 대해 역사가는 과학적으로 확실한 답을 할 수 없다. 최소한 두 가지 이유 때문이다. 한편으로 이 질문들에 대한 대답은 부분적으로 양심의 문제이기 때문이다. 또 이 영역에서 개별적인 특수한 능력이나 권위를 이용하는 것은 불가능하기 때문이다. 다른 한편으로, 그리고 특히 이 질문들은 더 일반적으로 점령하에서의 "바다의 침묵"[33]의 문제와 겹치기 때문이다. 프랑스 작가들은 과연 그들의 창작 활동을 일부러 중단하는 것을 선택해야만 했는가? 그들의 모든 작품은 사전에 독일 당국의 검열을 받아야 했다. 그렇기 때문에 그들의 작품은 그들이 기존의 여건을 받아들여 창작한 결과로 보일 수 있다. 그들은 과연 정신적으로 초토화

---

[32] 사르트르는 젊은 시절부터 '스피노자'인 동시에 '스탕달'이 되고자 했다. 곧 철학자와 소설가가 되고자 한 것이다. 이 책의 저자는 이를 차용해 20세기를 대표하는 철학자 '베르그송'과 작가 '지드'의 모습을 사르트르가 동시에 구현하고 있다고 보고 있다.

[33] 원래 베르코르의 소설 제목이지만, 여기에서는 점령 기간 중에 과연 프랑스 작가들이 작품 활동을 계속했는가의 여부를 비유적으로 보여 주는 표현으로 사용되고 있다.

작전을 펴고, 또 점령 기간 동안의 프랑스를 정신의 사막으로 만들었는가? 아니면 그와 반대로 그들은 조국 프랑스의 사상과 예술의 정자亭子를 높이 유지하는 의무를 떠맡았는가? 사실, 수많은 징표가 이 문제가 아주 민감한 사안이 된 것은 특히 해방 이후 숙청의 분위기 속에서였다는 것을 보여 준다. 그리고 그 당시에 뛰어나고 미래가 기대되는 창작이 이루어졌다는 사실을 인정해야 할 것이다. 물론 매수된 문학 작품과 극작품이 있기는 했다. 그렇다고 그 당시에 활동했던 작가들의 작품 대다수가 독일에 저항적이었던 것은 분명히 아니었으며, ─그럴 수밖에 없다!─ 또한 독일에 협력적이었던 것도 아니었다.

따라서 점령 기간 동안에 쓰였고 공연된 작품의 문제는 몇 마디 말로 해결될 수 없으며, 그리고 특히 집단으로 묶어 해결할 수도 없다. 그 문제에 대한 가장 현실적인 접근은 오히려 개별적인 경우에 대한 분석이다. 점령군과의 관계에서 적응의 과정과 그 강도強度에 대한 검토를 통해서 말이다. 이것이 우리가 앞 장에서 채택했던 접근 방법이었고, 그런 만큼 여기에서는 다시 거론하지 않을 것이다. 사르트르의 상승이 실제로 점령 기간 동안에 시작되었다는 사실을 상기하는 것을 제외하고 말이다. 이미 보았지만 『구토』는 전쟁 전에 비평가들과 일반 독자들 사이에서 아주 큰 반향을 일으켰다. 하지만 전쟁에 동원되었을 때에 사르트르가 아직까지 문학 공화국에 속한 아주 뛰어난 일원은 아니었다는 점은 분명하다. 그런 만큼 그다음 몇 해 동안에 그가 이룩한 상승은 이런 기준에서 평가되어야 할 것이다. 하지만 그는 이미 그 공화국의 일원이었다. 그는 파리의 문학계라는 소우주에 속해 있었다. 그로 인해 보부아르는 사르트르가 포로로 잡혀 있을 때 다음과 같은 내용의 편지를 그에게 보낼 수 있었다. 물론 사르트르는 그 당시에 파리에서 멀리 떨어진 상황에 저항하면서 그녀의 편지에서 단지 격려의 메시지만을 읽어 내지는 않았을 것이다. "파리는 당신을 잊지 않고 있어요. 여기저기에서 당신에 대한 짤막한 기사가 실리곤 해요. 『라 제르브』[34]지에선 언젠가 이렇게 말했어요. '사르트르가 『철들 무렵L'Age de raison』이라는 제목의 소설을 준비하고 있다고 한다. 그 자신이 철들기를 희망한다.'"[35]

이렇듯 미적지근했던 사르트르의 명성은 그가 파리로 돌아온 후, 특히 1943년부터 확 달아오르기 시작한다. 앞에서 보았듯이 그 시기부터 시작해서 그의 창작량이 급격하게 늘어나며, 그것도 여러 분야에서 그랬다. 가령, 1943년에는 『존재와 무』와 『파리떼』가 출간되었다. 그뿐만 아니라 11월부터 영화사 파테에 시나리오를 써 주는 대가로 2만 5000프랑을 받게 되었다.[36] 1944년에는 『닫힌 방』이 공연되었고, 『콩바』지에 파리 해방에 대한 일련의 르포 기사를 연재하기도 했다. 1945년과 이어지는 몇 해 동안에는 "미디어"에서 대단한 성공을 거두기 전에, 사르트르는 벌써 철학자와 작가로서의 명성이라는 상징적 자본을 가지고 있었다. 작가로서 사르트르의 문학 작품은 철학자 사르트르의 사상을 통속화시키고, 또 그렇게 해서 그의 사상에 쉽게 접근하는 데 많은 기여를 했기 때문이다. 이미 지적했듯이 이런 특징은 벌써 꽤 오래전에, 즉 사르트르의 초기 저작 속에 이미 뿌리를 내리고 있었다.

34   『라 제르브(La Gerbe)』: 1940년부터 1944년까지 발행되었던 프랑스의 대독 협력 신문이다.

35   1941년 3월 14일 자 편지. Simone de Beauvoir, Lettres à Sartre, op. cit., t. II, p. 239.

36   Cf. 이 책의 278쪽 주 106을 볼 것.

게다가 사르트르의 명성이라는 자본은 곧이어 이익 배당을 가능케 해 주었다. 해방된 파리에서 사르트르는 신문과 잡지의 1면에 모습을 드러냈으며, 그 결과 그는 1열에 자리 잡게 되었다. 예컨대 『레 레트르 프랑세즈』의 1944년 9월 9일 자 1면에는 다음과 같은 문장으로 유명한 「침묵의 공화국」이라는 제목의 글이 실렸다. "우리가 점령하에서보다 더 자유로웠던 적은 결코 없었다." 그로부터 7주 후인 10월 28일에 같은 『레 레트르 프랑세즈』의 1면에 그때까지 미간 상태였던 『유예』의 한 부분이 발췌되어 실렸다("1938년 9월 23일"). 그리고 점령 기간의 마지막 몇 달 동안에 사르트르는 영화를 생각했다. 1944년 9월 29일 자 편지를 통해 파테사는 그에게 "레지스탕스에 대한 그의 시나리오"를 잘 받았다고 알리고 있다. 그는 이 편지에 답을 하면서 이 주제에 대해 계속 작업을 하고 있을 뿐만 아니라 또한 "희극적인 시나리오"[37]를 준비하고 있음을 밝히고 있다. 그의 경이로운 성공은 그다음 해부터 본격적으로 시작되었으나, 그는 그런 대단한 반향을 일으킬 수 있는 능력을 이미 1944년에 갖추었다. 1945년 상반기의 미국에서의 몇 달 동안의 체류로 인해 그다음에 이어지는 명성이 조금 지체되었을 뿐이다. 특히 1945년 10월 29일에 있었던 실존주의에 대한 강연회[38]에 대한 열광은 돌이켜 보면 그의 명성의 바로미터처럼 보인다. 1945년 중반기에 그의 유명세는 이미 확고했고, 막 40세가 된 그 앞에서 사람들은 *NRF*지에 처음으로 싣는 글에서 오귀스트 앙글레스[39]가 묘사하고 있는 원숙기의 지드

---

[37]   Archives Pathé.

[38]   "실존주의는 휴머니즘이다"라는 제목의 강연회를 가리킨다.

[39]   오귀스트 앙글레스(Auguste Anglès, 1914-1983): 프랑스의 작가이자 레지스탕스 대원이다.

의 모습을 떠올리게 되었다.[40] "나이와 작품으로 보아 지드의 시간은 한 여름의 정오이다." 곧 보겠지만, 사르트르의 명성은 그다음 몇 해 동안 에 국제적인 명성과 더불어 아주 빠르게 더 높이 치솟게 된다. 하지만 프랑스에서 그의 변신은 이제 완벽하게 이루어진 상태였다.

게다가 지드와의 비교는 1945년 1월 15일 자 『라 프랑스 리브르』지 의 저자 미상의 글 —아롱의 글일까?— 에서 분명하게 이루어지고 있 다. 이 글에서는 그 당시 사르트르가 "1890년에 바레스, 1905년경에 지 드가 누렸던 것과 같은 위엄"을 누렸다고 단언하고 있다. 그리고 이런 비교는 우리에게 또 다른 점에서 소중하다. 다른 시기에 지드가 그랬던 것처럼 이제 사르트르에게도 악마의 영감을 받았다는 비판이 일기 시 작하기 때문이다. 가령, 폴 클로델[41]은 1946년 1월 17일 자 가스통 갈리 마르에게 보낸 한 통의 편지에서 그가 "별 볼 일 없는 내용"을 출간하고 있다고 불평하고 있다. 그러면서 클로델은 이렇게 쓰고 있다. "사람들 은 더 이상 지드도, 사르트르도, 카뮈도 읽지 않습니다. 사람들은 항상 클로델을 읽을 것입니다"라고 말이다. 클로델의 역정의 바탕에 놓여 있 었던 것은 바로 "실존주의적 비열함"이었다. "나에게는 그런 것이 전혀 마음에 들지 않습니다. 왜냐하면 나는 실존주의를 철저하게 타락의 시 도로 여기기 때문입니다. 또 불행하게도 프랑스의 젊은이들 곁에서 과 거에 불쌍한 지드가 그랬던 것처럼 그런 시도가 성공을 거두고 있기 때

---

40   Auguste Anglès, *André Gide et le premier groupe de* "La Nouvelle Revue Française", *l'âge critique, 1911-1912*, Gallimard, coll. "Bibliothèque des idées", 1986.

41   폴 클로델(Paul Claudel, 1868-1955): 프랑스의 기독교 성향의 시인, 극작가이자 외교관으 로, 로댕의 애인이었던 카미유 클로델의 동생이다.

문입니다. 당신 스스로가 공식적인 선동가로 만들어 버린 이런 악당들과 범죄자들과 가까이 지내는 자들은 나에게는 결코 유쾌한 자들이 아닙니다."[42] 그런데 이와 같은 클로델의 실존주의의 악영향에 대한 언급은 역으로 의미심장하다. 그도 그럴 것이 클로델이 실존주의를 접했기 때문에 사르트르가 눈에 띄었다는 것이 증명되었기 때문이다.

우리는 이 단계에서 앞에서 제기했던 문제로 다시 돌아갈 필요가 있다. 철학자 사르트르가 빠르게 차지한 이런 지배적인 상황은 성공을 위한 여러 "전략들"의 결과물일 뿐인가? 이 문제에 대한 답은 복잡하다. 왜냐하면 사르트르의 지적 권력 장악을 기름칠이 잘 된 톱니바퀴라는 메커니즘의 유일한 결과로 만들어 버리는 것은 분명 지나치게 환원적인 주장일 것이기 때문이다. 사르트르 주위의 여러 관계망과 인물들을 연구해 보면 그의 성공을 단지 소우주적 효과로만 볼 수는 없다. 작품을 생산하고, 또 재능에 자양분을 준 복잡한 연금술과도 같은 그의 지적 활동의 핵심 요소를 고려하지 않는다면 그럴 수도 있을 것이다. 또 다른 차원에서 다음과 같은 중요한 질문들을 밝히는 대신 피한다면 그럴 수도 있을 것이다. 즉, 어떤 특정한 시기에 지적 분야에서 국지성 기후가 아주 넓은 고기압 지대로 변할 수 있는가? 또는 더 평범하게 어떻게 한 잡지가 문인들의 공화국에 그것의 율법을 부과할 수 있는가? 실제로 이런 현상은 *NRF*지의 경우에 발생했다. 그리고 이런 현상은 최소한 그 발간 초기에 『레 탕 모데른』지에서 나타나게 된다.

어쨌든 우리가 사르트르의 잠재적인 상승, 아니면 계획된 상승을,

---

[42]   *Correspondance 1911-1954 de Paul Claudel et Gaston Gallimard*, édition établie, présentée et annotée par Bernard Delaville, 1995(1946년 1월 17일 자 편지).

어쨌든 꾸준하게 이어진, 그리고 우연의 산물이 아닌 그런 상승을 목도했다는 것은 사실이다. 사르트르가 그의 경력의 모든 단계에서 다른 사람들에게 지지를 요청한 것을 보여 주는 징표는 널려 있다. 사르트르와 "멜랑콜리아Melancholia" —장차 『구토』가 되는 원고의 제목이다[43]— 를 추천하기 위해 가스통 갈리마르에게 편지를 써 준 샤를 뒬랭[44]에서부터 『코뫼디아』의 경영자인 르네 들랑주에 이르기까지 말이다. 사르트르-보부아르 사이의 편지의 내용을 믿는다면, 들랑주는 전쟁 기간 동안에 단지 보부아르의 후원자였던 것만은 아니다. 또한 대학에 대한 그 자신의 편지를 통한 계속되는 빈정거림에도 불구하고 사르트르는 오랫동안 박사학위 논문을 쓸 계획을 가지고 있었으며, 그렇게 해서 대학에서 자리를 잡을 가능성을 염두에 두고 있었던 것으로 보인다. 가령, 1940년 3월 13일 자 편지에서 "무기를 든 군인 사르트르"는 브리스 파랭에게 『상상력』을 그 자신의 학위 논문으로 만들고 싶다는 생각을 피력하고 있다. 그로부터 2년 후에 『존재와 무』가 잘 팔리기 시작할 때조차도 사르트르는 이 책을 학위 논문으로 만들 가능성을 피력하고 있다.[45]

따라서 사르트르가 이처럼 야망을 키웠고 또 여러 선택 가능성을 가

---

[43]   Cf. 가스통 갈리마르가 1937년 2월 27일에 보낸 답신을 보라. 이 답신에서 그는 직접 사르트르의 원고를 읽어 볼 것이라고 말하고 있다(출처는 갈리마르 출판사). 우리는 가스통 갈리마르가 『구토』의 제목 선정에까지 결정적인 역할을 했다는 사실을 알고 있다. 1937년 10월 12일 자 편지에서 브리스 파랭은 사르트르에게 이렇게 쓰고 있다. "가스통 갈리마르가 당신의 작품에 대해 좋은 제목을 제안했습니다. '구토'입니다"(Idem.).

[44]   샤를 뒬랭(Charles Dullin, 1885-1949): 프랑스의 배우, 연극감독이다.

[45]   Idem.

지고 있었던 것은 완전히 정상적인 것이었다. 그때부터 문제는 그가 지적 헤게모니를 장악하는 위치에 있고자 하는 의도를 의식적으로 가지고 있었느냐를 결정하는 것보다는, 오히려 지적 영향력을 행사하고자 하는 의지를 가지고 있었다고 인정하고, 또 거기에서 출발해서 하나의 잡지의 창간의 문제가 강하게 제기되었는가를 알아보는 것이다. 그도 그럴 것이 지식인들의 게임에서 잡지는 분명 하나의 전략적인 무기이기 때문이다. 물론 1945년 가을 초에 『레 탕 모데른』지가 없었다 해도, 이미 얻었던 명성 —1943년 봄에 그는 힘차게 "파리-전역"[46]으로 파고 들었다— 만으로도 사르트르의 존재감은 확실했다. 하지만 이 잡지는 그에게 전형적인 지식인의 모습을 구현하게 해 주었고, 또 여러 다양한 생각을 갖게 해 주었다. 왜냐하면 일반적으로 바로 그런 것이 하나의 잡지를 출간하는 것이 가져다주는 장점이기 때문이다. 잡지는 정기적으로 출간되는 특징과 "편집의 동질성"에서 비롯되는 유연성에 힘입어 분명 "문화와 이데올로기 분야에 개입하기 위한 가장 적합한 도구가 된다."[47]

사실상 종종 자신들의 삶의 방식과 훨씬 더 지속되는 이데올로기적인 현상들이 발생하는 지식인들의 사회에서는 잡지라는 것이 그들의 심장이자 허파이다. 또한 잡지는 어떤 연령층에게는 이런 지식인계층으로 들어가는 출입문이 되고, 또 거기에서 주요 인물로 부각될 수 있는 가능성이기도 하다. 이런 지식인계층에 자리를 잡는다는 것은 다음

---

46   Simone de Beauvoir, *La Force des choses*, Gallimard, 1963, p.46.
47   Jean-Marie Domenach, "Entre le prophétique et le clérical", *La Revue des revues*, n° 1, mars 1986, pp.21-30.

과 같이 서로 다른 두 종류의 양상을 보일 수 있다. 하나는 이미 존재하는 기성 잡지의 내부에서 점차적으로 전진하는 것이다. 젊은 지식인들은 이렇게 해서 잡지의 몇몇 난欄을 채우면서 그런 일에 익숙해지기 위해 훈련을 하는 반면, 선배 지식인들은 잡지 전체에 대한 지배권을 행사한다. 둘째, 새로운 잡지를 창간해서 즉각적으로 권력을 장악하는 것이다. 첫 번째 경우에는 선배들에 의한 일종의 젊은 지식인들에 대한 입문 의례가 있고, 두 번째 경우에는 새로운 영토를 개척하는 것이 중요하다. 사르트르가 별다른 어려움 없이 이룩한 것은 바로 두 번째 경우였다. 해방이라는 상황과 명성이라는 자본의 도움을 받아 그는 선배 지식인들에 의한 입문 의례를 통과하지 않고 새로운 영토를 개척했던 것이다.

그렇기는 하지만 사르트르만이 여러 다른 창구, 즉 대학과 출판사를 통해 그 자신의 지적 자산을 동시에 불리는 솜씨를 발휘한 후에 부자가 된 연금 생활자는 아니었다. 그의 잡지는 창간 즉시 커다란 반향을 일으켰다. 왜냐하면 이 잡지는 사중의 의미를 가지게 되었고, 『레 탕 모데른』지를 가득 채웠던 것이 바로 이런 의미의 축적이었기 때문이었다. 따라서 역사가에게 본질적인 문제는 사르트르의 동기보다는 그의 성공의 이유를 알아보는 것이다. 왜 다른 사람들이 아니고, 사르트르였는가? 인텔리겐치아 중에는 출중한 몇몇 지식인이 섞여 있었음에도 말이다. 그리고 또 왜 그렇게 오래 지속되었는가? 지적 재산은 다른 재산들과 마찬가지로 증권거래소에서 단번에 거래되지 않는다. 해방 후에 있었던 사르트르의 비상飛上에서 최종적으로 성공을 위한 "전략"의 결과만을 보는 것은 지성사에서 목적론적 비전을 펼치는 것이 될 것이다.

역사에 우연성, 예기치 못함, 운 등의 몫을 거론하지 않으면서 그의 그런 비상을 가능케 하기 위해서는 여러 요소가 필요했다는 점을 강조하자. 이런 요소들은 우리로 하여금 『레 탕 모데른』지가 가진 사중의 의미를 밝힐 수 있게 해 줄 것이다.

위상의 변화

먼저 해방에 의해 증폭된 세대 현상이 있다. 하지만 앞에서 강조했던 것처럼 이 현상은 한 세대와 다른 세대 사이가 아니라 한 세대 내에서 나타났다는 특수성을 보여 준다. 그런데 이런 경우는 아주 드물며, 그런 만큼 이 현상에 주목할 필요가 있다.

1925년경에 월름가에 입성한 젊은이들은 해방 무렵에 40대가 되었고, 평화주의를 내세웠던 이 세대는 '역사'에 의해 크게 흔들렸다. 앞에서 보았듯이 '역사'와의 충돌은 비극적이었다. 1905년 세대는 해방이 이루어졌을 때 분열된 세대였다. 평화주의의 득세는 1930년대 내내 상승하는 위기에 맞서, 그리고 2차 세계대전의 폭풍우 속에서 이 세대로 하여금 다른 선택을 하도록 유도했다. 예컨대 해방 무렵에 사회주의 그룹과 알랭주의 그룹의 두 명의 주요 인물이자 아롱과 알고 지냈던 조르주 르프랑과 르네 샤토는 수감되어 있었다. 그와는 달리 이 두 그룹에 속했던 다른 구성원들은 1944년 가을에 레지스탕스 운동의 희생자들

틈에 있었거나, 아니면 그때까지도 아무런 소식도 없이 포로수용소에 갇혀 있기도 했다. 그때부터 다음과 같은 중요한 사실이 밝혀진다. 즉, 사르트르나 메를로퐁티와 같은 40대에 이른 지식인들의 무대 앞에의 등장은 한 세대와 다른 세대 사이에 이루어진 고전적인 교체에 속하며, —20세가 되고 난 뒤 약 20여 년 후에 "출세하기" 시작한 세대,— 또한 특히 같은 세대 내에서의 교대에 속한다는 사실이 그것이다. "1905년 세대"의 독창성은 다음과 같은 점에 있었다. 즉, 2차 세계대전으로 인해 이 세대 내부에서 그런 교대가 발생했다는 점이 그것이다. 양차 세계대전 사이에 대거 참여했던 이 세대의 초기 사람들은 종종 정치적으로, —신망을 잃고 떠난 자들,— 또는 신체적으로, —자신들의 참여의 대가로 목숨을 내걸었던 자들,— '역사'의 심연 속으로 사라졌다.

그렇기 때문에 이와 같은 역사적 충격으로 인해 1905년 세대에 속하는 몇몇 구성원들은 정치적으로 처음에 자리 잡은 위치에서 출발해서 참여와의 이별, 따라서 공적 영역이 아니라 개인적, 내적 영역에 속한 '역사'와의 관계 정립으로 나아가기도 했다. 예컨대 레비스트로스의 경우가 여기에 해당한다. 앞에서 언급했지만 그는 1980년에 이렇게 선언한 적이 있다. "나는 젊은 시절에 평화주의자였다. 그리고 나는 프랑스군의 패퇴를 경험했다. 벨기에-룩셈부르크의 국경에서부터 사르트, 튈르, 로데즈, 베지에를 거쳐 몽펠리에까지 후퇴했다. 내가 심각하게 속았다는 생각이 나의 정치적 판단에 대한 결정적인 불신을 심어 주었다."[48] 그리고 이런 의미에서 이 인류학자의 선언이 갖는 반복되는[49] 특

---

48   "Ce que je suis", *Le Nouvel Observateur*, 5 juillet 1980, p.18.

징은 참여에서 참여 포기에로의 이행 —적어도 공적인 포기— 이 그의 삶에서 결정적이었음을 잘 보여 준다.

바로 거기에 1905년 세대와 '역사'와의 관계에서 진정한 엇갈림이 있다. 어떤 이들은 제거되었거나 신망을 잃었다. 다른 이들은 참여를 위해 지름길을 택했으며, 또 다른 이들은 그와는 반대로 '역사'와 그 자신들과의 관계를 미래에 중층 결정하게 된다. 어쨌든 『레 탕 모데른』지는 1905년 세대의 두 번째 분파의 자식이었다. 그런데 이 두 번째 분파는 초기에는 일시적으로나마 첫 번째 분파보다 "동시대의 상황에 처한 정도"가 더 낮았다. 이렇듯 여기에서 문제가 되는 것은 한 세대와 다른 세대 사이의 릴레이보다는 같은 세대 내에서의 교대이다. 사르트르와 보부아르는 아주 놀랄 만한 간략한 추론에 의해 이런 교대를 정당화시키기 위해 '역사'와의 아주 멀었던 조우에서 논리를 끌어내고 있다. "전쟁 전에 자신들의 시대를 이해하려고 시도했던 지식인들은 거의 없었다. 모두, 또는 거의 그런 시도에 실패했다. 가장 잘 이해했다는 평가를 받았던 알랭은 신뢰를 잃어버렸다. 우리가 그런 교대를 확실하게 보장해

---

49   예컨대 한 해 전에 클로드 레비스트로스는 장 마리 브누아에게 이렇게 말하고 있다. "1930-1935년경에 나는 평화주의자였습니다. 그리고 우스꽝스러운 전쟁, 패주를 겪었지요. 그리고 다음과 같은 사실을 알게 되었어요. 정치적인 현실을 형식적인 관념 속에 가두는 것은 큰 잘못이라고 말입니다"(Le Monde, 21-22 janvier 1979, p.14). 특히 레비스트로스는 1984년 5월에 『르 누벨 옵세르바퇴르』에서 이렇게도 말하고 있다. "나는 전쟁에 앞선 몇 해 동안 평화주의자였다. 그리고 나는 우스꽝스러운 전쟁과 패주를 겪었다. 나는 나의 정치적 판단에 대해서 모든 신뢰를 상실해 버렸다"("Claude Lévi-Strauss êtes-vous surréaliste?", Le Nouvel Observateur, n° 1017, vendredi 4 mai 1984, pp.94-97, 인용은 p.96). 그리고 같은 날, "아포스트로프" 텔레비전 방송 프로그램에서 레비스트로스는 그의 전쟁 이전의 평화주의를 상기하면서 젊은 시절의 "큰 실수"에 대해 말하고 있다 (Antenne 2, 4 mai 1984).

야만 했다."[50]

그런데 이처럼 같은 세대 내에서 나타난 현상이 사르트르에게 고유한 것은 아니었다. 따라서 그를 문학 공화국의 심장부로 손쉽게 끌어들이면서 『레 탕 모데른』지가 그를 위해 트로이의 목마 역할을 수행했다고 설명하는 것만으로는 충분하지 않다. 더 특별한 변수들을 찾아야 한다. 그리고 바로 그 지점에서 사르트르가 해방 무렵에 누렸던 명성을 재발견하게 된다. 이와 같은 명성, 그리고 그 갑작스러움은 다음 두 현상의 산물처럼 보인다. 집중적으로 이루어진 문학 작품의 창작, 그리고 종합에 의한 증폭 현상이 그것이다.

1943년에서 1945년 사이 사르트르의 창작의 강도와 다양성에 대해서는 벌써 앞에서 지적한 바 있다. 지식인들의 신문과 잡지는 재빠르게 움직였다. 가령, 『레 레트르 프랑세즈』지는 1945년 11월 24일부터 도미니크 오리[51]가 실시한 「실존주의는 무엇입니까?」라는 제목의 앙케트의 결과를 실었다. 첫 번째 글은 의미심장한 제목을 달고 있다. 「공세의 대차대조표」가 그것이다. 왜냐하면 이 글의 저자의 눈에 실존주의는 "공세를 퍼붓는 것과 아주 유사했기" 때문이다. 3주 동안, 아니 거의 그 정도의 기간에 사르트르의 『자유의 길』의 첫 번째, 두 번째 권(『철들 무렵』과 『유예』)이 출간되었다. 그리고 보부아르의 소설 『타인의 피 Le Sang des autres』와 극작품 『군식구 Les Bouches inutiles』가 출간되었다. 또한 젊은 학파의 지지자들을 끌어모은 『레 탕 모데른』지가 창간되었다. 사르트르가

---

50   Simone de Beauvoir, *La Force des choses, op. cit.*, p.15.

51   도미니크 오리(Dominique Aury, 1907-1998): 프랑스의 여류 문인으로, 본명은 안 데클로스(Anne Desclos)이다.

맹트낭Maintenant 클럽에서 "실존주의는 휴머니즘이다"라는 제목으로 했던 강연을 고려하지 않더라도 말이다. 그러니까 이것은 「공세의 대차대조표」라는 제목의 글을 쓴 저자의 눈에는 '한꺼번에 모아서 이루어진 출간', 그것도 사전에 계산된 출간이었다. 게다가 『레 레트르 프랑세즈』는 덜 지적인 신문과 잡지에서 뒤를 이어 인용하게 되는 진부한 표현이 뿌리내리는 데 기여한다. "자, 그러니 이 학파의 우두머리를 보러 가자. 우리는 그를 생제르맹데프레에서 발견한다." 사르트르는 그 나름대로 그에게 제기된 첫 번째 질문에 다음과 같은 용어로 답하면서 실존주의를 대중화시키고 있다. "실존주의는, 실존이 본질에 앞서고 또 계속해서 본질을 창조해 내는 그런 이론이다. 인간은 먼저 존재하고, 그다음에 그 자신을 선택한다. 인간은 스스로를 창조하고, 행동하면서 그 자신을 만들어 간다."

여러 분야의 혼합에 의한 사르트르의 명성 확대는 해방 이후에 이루어졌을 뿐이다. 사실 사르트르가 생제르맹데프레의 분위기와 미디어에 의해 형성된 명성을 함께 얻게 된 것은 해방 이후의 몇 해 동안의 일이었다. 이렇듯 그 당시로서는 너무 빨랐던 ─이와 같은 독특한 특징을 고려하기 위해 연대 착오적이라는 표현을 사용할 수 있다─ 명성을 얻게 된 과정에 대해 하나의 신문 기사가 기본적인 내용을 환기시켜 주고 있다. 1947년 5월 1일 자 『삼디 수아르Samedi-Soir』지에 실렸던 "생제르맹데프레의 지하 술집"에 관심을 가졌던 자크 로베르[52]가 쓴 기사가 그것이다. 몇 주 전에 개업한 터부Tabou라는 술집의 화장실 벽에서 다음

---

52   자크 로베르(Jacques Robert, 1921-1997): 프랑스의 저널리스트이자 작가이다.

과 같은 내용의 문장을 발견했다. 아니, 발견하지 못했다고 해야 할 것이다. 왜냐하면 이 기사는 그 어조나 내용으로 보아 대부분 낭설에 입각해 쓰였기 때문이다. "실존주의자는 사르트르를 입에 달고 사는 자이다"라는 문장이 그것이다. 유행이나 게으름으로 인해, 어쨌든 시대 분위기에 편승하는 태도에 의해 그 당시의 언론은 사르트르의 일거수일투족을 "사르트르의 성당"이 되어 버린 생제르맹데프레의 교회 주위에 있는 "실존주의 마을"과 동일시하게 된다. 이런 사실은 여기에서 다시 거론하지 않아도 될 정도로 충분히 알려져 있다. 그 당시에 도핀가rue Dauphine에 있는 터부나, 또는 카름가rue des Carmes에 있는 로리앙태Lorientais 등과 같은 지하 술집에서 죽치고 있었던 대부분의 젊은이들은 『존재와 무』를 꾸준히 읽는 것보다는 오히려 전후의 특징적인 욕구불만을 해소하려는 필요에서 기인한 "실존주의적 태도"를 가지고 있었다. 그리고 자크 베케르[53]의 영화 《7월의 약속Rendez-vous de juillet》은 그로부터 몇 년 후에 생제르맹데프레에 있는 "지하 술집"에 대한 감각적인 기사들보다 그 젊은이들의 감수성을 훨씬 더 잘 보여 주고 있다. 게다가 이 점에 대해 사르트르 역시 속임수를 쓰지 않고 분명하게 밝히고 있다. 가령, 1947년 11월 3일에 있었던 "『레 탕 모데른』지 논단La Tribune des Temps modernes"이라는 제목의 라디오 방송 프로그램에서 이렇게 말하고 있다. "예, 기억납니다. 누군가가 스웨덴에서 나에게 전화를 해서 이렇게 물었어요. '터부의 문을 닫아 버리는 것에 대해 어떻게 생각하십니까?'" 그리고 사르트르는 방송에서 이렇게 덧붙이고 있다. "하지만 나는

---

[53]   자크 베케르(Jacques Becker, 1906-1960): 프랑스의 영화감독이다.

그 술집에 간 적이 없어요. 나하고는 아무런 상관이 없습니다."[54]

장 콕토는 그의 『일기』에서 몇 년 후에 재치 있게 이렇게 쓰고 있다. "'실존주의자들'. 우리는 이 단어보다 그 표현 내용과 동떨어진 단어를 결코 본 적이 없다. 작은 술집에서 아무것도 하지 않으면서 마시는 것, 그것이 실존주의적이다. 이것은 마치 아인슈타인과 함께 춤을 춘 적이 있다고 생각하고, 뉴욕에 있는 지하 술집에서 춤을 춘 사람들을 모두 '상대론주의자들'이라고 부르는 것과 같다."(1951년 7월 16일) 무슨 상관이랴! 어쨌든 "실존주의"는 전후에 아주 빠르게 프랑스인들의 전설 속으로 빨려 들어갔다. 그리고 사르트르는 시민들에게 알려지지 않았던 지식인들의 땅에서 벗어나게 되었다. 또한 그와 동시적으로 실존주의는 프랑스의 수출품이 되었다. 1947년 2월에 보부아르가 뉴욕에서 기차로 2시간 떨어진 거리에 위치한 바사르^{Vassar}의 한 여자대학에 강연을 하러 갔을 때, 그녀는 사르트르에게 보낸 편지에서 그곳에서 『파리떼』가 공연 중이었다고 알리고 있다.[55] 겨우 몇 년 사이, 사르트르는 40세가 될 무렵에 전쟁 직후에 그의 경이로운 성공이 이루어졌던 파리의 소우주에서부터 미국의 대학 캠퍼스에서까지 명성을 얻게 되었던 것이다. 그런 만큼 이제 아롱과의 비교는 차원이 달라진다. 물론 몇 년 후에 미국의 여러 대학에서 아롱의 저작을 읽고 또 큰 영향을 미치게 된다. 하지만 두 사람이 지금으로서는, 그리고 오랫동안 전혀 다른 위상을 갖게 된다는 것은 분명하다. 그 시기로부터 사르트르는 그의 명성

---

54   Archives sonores de l'INA. Cf. 뒤에 오는 자료를 볼 것.

55   Simone de Beauvoir, *Lettres à Sartre, op. cit.*, t. II, p. 293(1947년 2월 7일 자 편지).

으로 인해 절친이었던 아롱과는 다른 게임을 하게 된다. 몇 년 후에 사르트르의 명성은 영화에까지 간접적인 영향을 미치게 된다. 1956년에 개봉된 《퍼니 페이스Funny Face》에서 스탠리 도넌Stanley Donen 감독은 조 스톡턴Jo Stockton이라는 인물을 고안해 냈다. 스스로 "암파티칼리스트 ampathicaliste"[56]라고 자칭하는 이 인물은 —오드리 헵번Audrey Hepburn이 연기했다— 그리니치 빌리지의 한 서점의 여직원이다. 그녀는 이 철학 이론의 대가인 에밀 플로스트르Emile Flostre —미셸 오클레르Michel Auclair가 연기했다— 를 만나기 위해 파리로 간다. 앞에서 지적했듯이 실존주의는 이처럼 프랑스제 수출품이 —다른 여러 사치품과 마찬가지로[57]— 되었을 뿐만 아니라, 또한 대중의 문화적 중개에 의해 이루어진 일종의 신화가 되었다.

여기에서 '문화적'이라는 단어는 의도적으로 사용되었다. 『레 탕 모데른』지가 일으킨 아주 빠른 반향 역시 문화사적 현상들에 속한다. 그리고 문화사 분야에서 프랑스의 사료 편찬에 있어 최근의 놀랄 만한 성공은 그런 현상들에 대한 풍부한 평가와 더 많은 역사적 의미를 부여하기 위해 그것들을 여러 시대 속에 다시 자리매김할 것을 요구하고 있다. 『레 탕 모데른』지의 경우, 이 잡지의 잠재적 상승은 아주 짧은 전기 및 사건의 시대와 동시에 지성사와 지식인들의 역사라는 더 광범위한 차원 속에 놓이게 될 것이다. 앞에서 보았지만, 짧은 시대는 같은 세대 내에서의 교대 —2차 세계대전이라는 사건의 산물 그 자체이다—

---

56   '실존주의'를 상징하는 가상의 철학 이론을 지지하는 사람을 가리킨다.
57   보부아르는 『상황의 힘』에서 실존주의가… 프랑스의 오트쿠튀르와 마찬가지로 일종
      의 주요 수출 품목이 되었다고 지적하고 있다.

일 뿐만 아니라 방금 연구된 사르트르의 비상이기도 하다. 하지만 이런 그의 비상은 다음과 같은 더 광범위한 이중의 관점 속에 그것을 위치시킬 경우에만 의미를 갖게 될 뿐이다. 즉, 주요 분야로서의 철학의 도래, ―같은 시기에 아롱은 다른 분야로 향했다― 그리고 지식인들의 참여의 시대의 시작 선언이 그것이다.

철학의 축전

1945년 여름 초엽에 거행되었던 폴 발레리 —1939년에 니장에 의해 "프랑스 문학의 고위 공무원"이라고 제대로 낙인이 찍히지 않았더라도 양차 대전 사이의 프랑스 문화를 구현하고 있던 폴 발레리— 의 국장 國葬과, 같은 해 가을 초엽에 있었던 사르트르의 『레 탕 모데른』지 창간을 대조시키는 이미지들을 잘못 이용하는 것은 분명 문제의 소지가 있다. 전쟁 후의 문화적 현실은 특히 복잡했다. 또한 학문 분야의 새로운 위계질서에 이르게 되는 자리바꿈의 폭을 과장해서도 안 될 것이다. 그 당시에 문학과 철학 사이에 이루어진 이동은 분명 부분적인 것에 그쳤을 뿐이다. 그럼에도 상당히 많은 지표가 반드시 틀린 것은 아니었다. 특히 시대의 징표인 철학이 그 시기에 종종 문학을 능가했다. 가령, 많은 작가가 소설을 철학 이론의 지지대로 사용했다. 사르트르와 카뮈에게서뿐만이 아니다. 그와 마찬가지로 연극도 —이 점에서 위의 두 작가는 거의 원형에 가깝다— 여러 철학자에 의해 제시된 세계관의 표현 수단이자 통속화의 수단이 되었다.

사실, 거리를 두고 후퇴해서 보면 2차 세계대전 당시에, 어쨌든 대중들의 용어로 말하자면, 문학의 시대에서 철학의 시대로의 이행과 더불어 지적 분위기의 변화가 일어났던 것으로 보인다. 이런 변화의 이유와 그 결과를 파악하기 위해서는 또 한 권의 책이 필요할 것이다. 여기에서는 예컨대 다음 사실을 지적하는 것으로 그치고자 한다. 즉, 그 당시에 카뉴라고 하는 유행의 피난처인 온실에서 문학에서 철학으로의 이행 현상이 부인할 수 없을 정도로 뚜렷했다는 사실이 그것이다. 전쟁 바로 전에 작가 지드는 앙리4세고등학교의 사유의 대가로 머물고 있었다. 이 학교에서 장 투샤르와 모리스 클라벨[58] 등은 고등사범학교 입학시험을 준비했다.[59] 그리고 점령 기간 동안에 루이르그랑고등학교에서 장 프랑수아 리오타르[60]와 알랭 투렌[61]이 작가 몽테를랑과 지드 사이의 장점들을 끝없이 비교하면서 토론하곤 했다.[62] 하지만 앞에서 보았듯이 이 시기부터 시작해서 철학이 점점 더 카뉴 학생들의 대화에 등장하게 되었다. 1943년의 『존재와 무』도 초창기의 그 주요 목록에 들어 있었다. 그리고 그때까지 광범위하게 문학이라는 단어 아래 놓여 있었던 전후의 고등사범학교 문학 준비반에서 코페르니쿠스적인 혁명이 일

---

58   모리스 클라벨(Maurice Clavel, 1920-1979): 프랑스 철학자이자 저널리스트로, 생클레르 (Sinclair)라는 가명으로 레지스탕스 운동에 참가했다.

59   Jean Touchard, *Littérature et politique*, Institut d'études politiques de Paris, s.d.(날짜 불 명), dact.(타자본), t. II, p.43.

60   장 프랑수아 리오타르(Jean-François Lyotard, 1924-1998): 프랑스의 철학자로, 특히 포스트 모던 개념의 비판적 사용으로 널리 알려졌다.

61   알랭 투렌(Alain Touraine, 1925-): 프랑스의 사회학자이다.

62   Alain Touraine, *Un désir d'histoire*, Stock, 1977, p.21.

어났다. 스승이든 아니면 선각자든 간에 그 당시에 학생들에게 커다란 영향을 주었던 철학 교수들이 문학 교수들의 자리를 빼앗았다. 이런 차원에서 보면 장 게노의 시대는 지나가고 있었다. 그리고 이제 장 이폴리트,[63] 페르디낭 알키에,[64] 에티엔 보른,[65] 장 보프레[66] 등을 위시해 다른 교수들이 일부 카뉴들에게 결정적인 영향을 미치고 있었다. 세대교체와 더불어 그때까지 라인강 저편의 철학에 그다지 빚을 지고 있지 않았던 ―칸트는 예외이다― 카뉴들이 후설, 하이데거, 헤겔, 마르크스 등에 많은 시간을 투자하게 되었다. 양차 대전 사이에 알랭은 이 카뉴들의 세계에서 약간은 자유롭게 움직이는 전자電子와 같은 모습을 보여 주었다. 그와는 달리 전쟁 후에 철학 교수들이 되는 알랭의 후학들은 프랑스 철학의 핵심적이고 주요한 인물이 되게 된다.

물론 그 이후에 레비스트로스, 라캉, 그리고 곧이어 푸코의 "시대"가 도래한다. 하지만 이와 같은 새로운 왕조의 변화와 인문과학에 대한 축성식은 1945년에 철학의 축전祝典으로부터 시작되었다. 그 결과 프랑스의 지식인 사회는 점차 새로운 국면으로 접어들게 된다. 하지만 지식인 사회의 강한 과거 지향적 현상은 철학을 높은 차원에서 유지하는 데 유리하게 작용하게 된다. 카뉴들은 말과 사상을 보존하는 역할을 담당하

63　장 이폴리트(Jean Hyppolite, 1907-1968): 프랑스의 철학자로, 헤겔 전문가이다. 콜레주 드 프랑스 교수와 고등사범학교 총장을 역임했다. 부르디외, 들뢰즈, 데리다, 그라넬, 발리바르, 푸코 등이 그의 주요 제자들이다.

64　페르디낭 알키에(Ferdinand Alquié, 1906-1985): 프랑스의 철학자이다.

65　에티엔 보른(Étienne Borne, 1907-1993): 프랑스의 철학자이자 저널리스트이다.

66　장 보프레(Jean Beaufret, 1907-1982): 프랑스의 철학자로, 주로 하이데거 사상을 프랑스에 소개했다.

게 될 것이고, 그런 이유로 광범위한 철학 군도群島에서 머물게 될 것이다. 게다가 교수가 되어 이 군도에서 나온 학생들은 중고등교육에서 철학이 여왕이었던 그 시대를 이어 갈 것이다.

사르트르의 영광

그런데 사르트르의 명성이 열광으로 번졌음에도 불구하고 그가 해방 무렵에 유일하게 유명한 철학자는 아니었다. 철학의 시대로의 이와 같은 진입만으로는 "사르트르의 시대"(아니 코엔 솔랄[67]의 용어이다)를 설명하기에 충분하지 않다. 그리고 『레 탕 모데른』지가 일으킨 반향 역시 사르트르의 주위에서 나타나고 있는 영광의 결과만은 아니었다. 철학의 시대로의 진입의 영향과 『레 탕 모데른』지에 의한 반향이 함께 참여의 시대에서 지식인계층이 짊어져야 할 의무의 문을 세 번 노크했던 것이다.[68]

해방과 숙청이 시간이 도래했을 때, 자식인의 영향, 따라서 책임의

---

[67] 아니 코엔 솔랄(Annie Cohen-Solal, 1948-): 알제리 출신의 전기 작가, 에세이스트, 역사가로, 특히 사르트르의 전기와 그에 대한 다수의 연구를 수행하고 있다.

[68] 카뮈의 『이방인』에서 뫼르소가 아랍인을 살해한 후에 '부조리의 문을 세 번 노크했다'는 문장의 패러디로 보인다.

문제는 그 시대의 주된 문제였다. 대중의 의견도 이런 책임이 존재한다고 생각하는 것처럼 보였다. IFOP[69]가 1944년 9월 11일에서 16일까지 실시한 여론조사에서 "귀하는 사샤 기트리[70]를 체포한 것이 잘한 일이라고 생각하십니까?"라는 질문을 던졌는데, 이 질문에 대해 프랑스인들의 56%가 '그렇다', 12%가 '아니다'라고 답했다. 이 수치를 공개한 『IFOP 정보지*Bulletin d'information de l'IFOP*』는 또 다른 여론조사 결과를 보여 주고 있다. 이 조사에서는 1944년 여름 말엽에 32%의 프랑스인들이 "페탱 원수를 처벌해야 한다"에 찬성한 반면, 58%가 부정적으로 답했다는 사실이 그것이다.[71] 그로부터 몇 개월 후에 파리 법정에서 로베르 브라지야크가 1945년 1월 19일에 사형 선고를 받은 후에 지식인들에 대해 정치인들과 같은 엄격한 잣대가 적용되고 있음이 눈에 띈다. 실제로 "귀하는 『나는 모든 곳에 있다*Je suis parout*』지의 편집장 브라지야크에 대한 사형 선고에 동의하십니까?"라는 설문에, 프랑스인 52%가 '그렇다', 12%가 '아니다'라고 답했다.[72] 물론 많은 관찰자는 다음과 같은 지적을 하기에 유리한 상황에 있을 수 있다. 즉, 지식인들과 다른 분야에 종사하는 자들 사이의 이런 대조가 포함하고 있는 불의不義의 몫에 대해서 말이다. 그리고 『문학이란 무엇인가』에서 사르트르는 다음과 같이 지적하게 된다. "우리의 임무와 의무, 바로 사회가 이것들을 우리의

---

69   Institut français d'opinion publique의 약자로, 1938년에 세워진 프랑스여론연구소를 말한다.

70   사샤 기트리(Sacha Guitry, 1885~1957): 프랑스의 극작가, 배우이자 연극, 영화감독이다.

71   *Bulletin d'information de l'Institut français d'opinion publique*, *op. cit.*, n° 2, 16 octobre 1944, pp.6, 8.

72   *Ibid.*, n° 12, 16 mars 1945, p.70.

등에 짊어지게 만들었다. 사회가 우리를 두려워한다고 생각해야 한다. 왜냐하면 사회는 우리 중에서 적과 협력한 자들에 대해 사형 선고를 내렸기 때문이다. 사회는 같은 죄를 지은 산업가들은 석방한 반면, 오늘날 대서양의 벽에 대해 말하는 것보다 오히려 그것을 건설하는 것이 더 가치 있는 일이라고 말하고 있다."[73]

어쨌든 정확히 '말하는' 자들 —또는 대부분의 경우 '쓰는' 자들— 이 영향력을 가졌다는 것, 그리고 숙청의 시기가 지식인들을 "상황 속에" 자리매김했다는 것은 여전히 사실이다. 1944-1945년에 재판, 앙케트, —1945년 2월에 『카르푸르』[74]에서 했던 앙케트와 같은 것,— 그리고 토론이 이 주제에 대해 대량으로 증가했다. 15여 년 후에 드골 장군이 그의 『전쟁 회고록Mémoires de guerre』 제3권에서 지식인의 책임 문제를 언급할 정도였다. "특히 작가들은 인간을 언어로 표현한다는 그들의 사명으로 인해, 이론들과 정열들이 충돌했던 이번 전쟁에 의해 무엇보다도 먼저 그들의 참여가 요청되었다. … 모든 곳에서와 마찬가지로 글에서는 재능이란 바로 책임이라는 말과 같은 것이다."[75] 이런 상황에서 1945년 10월에 창간된 『레 탕 모데른』지의 "창간사", 즉 사르트르가 참여의 의무를 선언하고, 그 요강을 제시한 텍스트는, 그 시기에는 토론에 관련된 다른 여러 글 중 하나에 불과했을 뿐이다. 하지만 후대가 기억하는 것은 바로 이 창간사였다. 게다가 그 시기에 사르트르의 다른 여러 텍

---

73   Jean-Paul Sartre, *Qu'est-ce que la littérature?*, Gallimard, coll. "Folio/Essais", 1948, p.232.

74   『카르푸르(*Carrefour*)』: 파리 해방 이후인 1944년에 창간된 잡지이다.

75   Charles de Gaulle, *Mémoires de guerre*, t. III, *Le Salut*, Plon, 1959, p.141.

스트와 그의 잠재적 상승 사이에는 일종의 심연 속의 소용돌이 현상이 있었다. 이런 글들이 사르트르의 명성을 더 굳건히 하는 데 기여했다. 하지만 그 글들은 이미 그가 얻은 현실적인 명성으로부터 나왔다고도 할 수 있다.

『레 탕 모데른』지의 "창간사"는 여기에서 다시 다룰 필요가 없을 정도로 잘 알려져 있다. 특히 이 텍스트의 기원은 잘 정리되어 있다. 이 텍스트는 1945년 10월 이전에 상당 부분 집필되었다. 그리고 이 텍스트의 축약본이 이미 5월부터 영국의 한 잡지에 게재되었다. 여기에서는 다음과 같은 사실을 지적하는 것으로 그치고자 한다. 즉, 시간을 두고 보면 이제 사르트르가 이 "창간사"를 통해 '역사'의 주체이고자 하는 그의 의지를 잘 드러내고 있다는 것이 그것이다. 사실 작가들은 무엇을 하건 간에 "연루되어" 있다. "[그들의] 시대 속에 상황 지어져 있는" 것이다. 그리고 "우리는 우리 자신의 실존에 의해서까지 시대에 영향을 주기 때문에, 우리는 이런 행동이 의지적이어야 한다고 생각한다." 그때부터 펜을 든 문인들에게는 결론이 분명하다. "우리는 작가가 그의 시대를 꼭 껴안기를 원한다." "시기", "시대"는 달리 말하자면, 지금 눈앞에서 형성되고 있는 '역사'를 의미한다. 사르트르에게서 '역사'와의 관계는 그의 지식인의 지위와 혼연일체가 된다. 문학은 이제 참여문학이 되길 원하고, 그의 시대와 밀접한 관계를 맺기를 요구하며, 결국 다음과 같은 두 가지 방향을 선언하게 된다. 첫째, 문학은 그의 시대에 포함되어 있다. 따라서 문학은 사회의 거울이다. 둘째, 작가는 참여해 있다. 따라서 그는 행동의 주체이다.

물론 이렇게 생각된 참여는 단지 위기의 상황에서만 요청되는 것이 아니다. 참여는 작가나 예술가의 자질에서 비롯된다. 어쨌든 역사가가 다음과 같이 관찰하는 데 있어서 약간의 역설이 있다. 즉, 사르트르가 실제로 참여의 의무에 대한 근거에 대해 1930년대에 이미 형성된 전통에 곡을 붙인 것에 만족했다고 한다면 말이다. 즉, 세속적인 토론에서 많은 지식인의 참여라는 전통이 그것이다. 이런 관점에서 보면 사르트르에 의해 지식인에게 부여된 목표는 새로운 시작보다는 오히려 도달점으로 보인다. 역사적 현실은 전쟁 전보다도, 전쟁 후보다도 훨씬 더 앞선다. 이 점에서 1945년은 이미 1936년, 또는 1940년 속에 들어 있었고, 인민전선이나 점령 기간의 폭풍의 시기의 가장 강한 거친 파도는 지식인들에게 해방과 냉전의 거대한 이데올로기적 파도를 예고하고 있었다. 사르트르가 첫 번째 파도에 휩쓸리지 않은 것은 사실이다.

그런데 만일 1945년에 시작되는 참여의 시대에 대한 비전과 사르트르의 역할을 중층 결정에 의해 대부분 회고적으로 이루어진 재구성이라고 주장하더라도, 또 만일 『레 탕 모데른』지의 창간일이 지식인 세계 일부의 일종의 신화적 기억에 의해서만 이 참여의 시대의 토대가 되는 날짜로 여겨진다고 해도, 이 시기는 모순되지 않으며, 해방에서부터 1970년대 중반까지에 이르는 30여 년의 새로운 단계의 시작이라는 것은 사실이다. 그리고 그 기간에 참여가 아주 밀도 있게 이루어졌던 것도 사실이다. 그 결과, 지식인의 유일하게 가능한 태도로 선언된 참여의 "의무"의 원칙이 그 당시에 대부분의 지식인 사이에서 받아들여졌던 것으로 보일 정도이다. 다른 한편으로 좌파 지식인들은 계속 이어지는 변화 속에서도 30여 년 동안 거의 일방적으로 지배권을 행사하게 된다. 이 시기를 특징짓는 정치적 우파의 신뢰 상실에는 실제로 이데올로기적 우파의 정당성의 상실이 덧붙여진다.[76] 그런데 그 메커니즘은 복잡하다. 파리의 "극단주의자들"과 대독 협력주의자들의 결합, 비시 정부에 가까웠던 지식인들과의 동화, 1930년대의 위기 동안에 동요했던 것처럼 보이고, 또 소련의 결정적 도움과 더불어서만 파시즘을 물리칠 수 있었던 것으로 보이는[77] 정치적, 경제적 자유주의에 대한 더 광범위한 문제 제기 —최소한 그 당시의 많은 사람이 가졌던 생각이다— 가 그것이다. 어쨌든 결과는 분명하다. 정치적 우파가 다시 세력을 얻기 위해서는 몇 년이 걸린 반면, —1952년 3월의 앙투안 피네[78]의 총리 지명은 정치적 색깔을 지워 버렸다는 것을 보여 준다— 그와는 반대로 저기압 지대가 이데올로기적 우파 밑에 30여 년 이상 깔려 있게 되었다.

앞으로 이어지는 모든 시기의 지적 기상학氣象學은 이 저기압 지대에 의존하게 된다. 이론화된 참여에 의해 큰 타격을 입은 지식인 사회에서, 그리고 또한 위기의 시대를 위해 추론된 개입에 의해서도 상당히 타격을 입은 지식인 사회에서, 무게중심은 뚜렷하게 좌파 쪽으로 기울게 된다. 1945년부터 1970년대 중반까지의 프랑스 인텔리겐치아의 역사, 즉 참여 지식인의 "영광스러운 30년" 동안의 역사를 쓰는 것은, 우선적으로는 적어도 거시사적 관점에서 보면, 좌파의 정치적 문화로 완전무장하고 점차 정치에 눈을 뜬 나이의 세대를 상기시키는 것이다. 전

---

76 Cf. Jean-Luc Pinol, "La Libération: vers l'élimination des droites?", *in* Jean-François Sirinelli (dir.), *Histoire des droites en France*, t. I, *Politique*, Gallimard, 1992, p.337 이하.

77 2차 세계대전 때 독소불가침조약을 맺었던 소련이 이 조약을 깨고 연합군에 가담한 것을 염두에 두고 있다.

78 앙투안 피네(Antoine Pinay, 1891-1994): 프랑스의 정치인으로, 1952-1953년에 총리를 지냈다. 여기에서 1952년 3월의 총리 지명은 드골파의 성격을 지운 것으로 해석된다.

후의 공산주의 세대, 알제리전쟁 세대, 그리고 1960년대의 후배들의 세대가 그것이다. 그로 인해 1995년의 지식인 사회는 대조적인 층위들, 하지만 모두 좌파로 물든 층위와 더불어 아주 특이한 지층학을 보여 준다. 즉, 대부분 60대에 이른 "옛ex-", ―왜냐하면 1945년 이래로 공산주의 지식인 지층이 한 껍질 한 껍질 떨어져 나가는 박리剝離 현상이 있었기 때문이다― 알제리전쟁이라는 기호 아래에서 정치에 접근했고 또 정치에 입문했던 그들의 후배들, 그리고 50대에 가까운 그다음 세대가 있다. 이 세대의 세대 의식은 1968년을 중심으로 "좌파"적인 열광 속에서 이루어졌다.

그런데 이런저런 순간에 각 세대는 사르트르와 관련해서 자리매김되었다. 왜냐하면 사르트르는 단지 해방 이후에 참여의 의무만을 강조한 이론가 중 한 명이 아니었기 때문이다. 그는 아주 빠르게 어떤 식으로든 시대정신의 "구현자"가 되었고, 그리고 몇 년 안에 그의 영향력은 아주 커졌기 때문이다. 『레 탕 모데른』지의 창간호 출간 이후 겨우 12년이 지난 후에 "누벨바그"에 대한 그 유명한 앙케트를 기획한 『렉스프레스L'Express』지로부터 1957년의 젊은이들은 이런 질문을 받았다. "귀하의 나이에 속하는 사람들의 정신에 특히 강한 영향을 준 다음 작가 중에서 한 명을 고른다면, 귀하는 누구를 고르시겠습니까?" 이 질문에 사르트르가 아주 많은 차이로 맨 먼저 지목되었다. 그리고 그 뒤로 한창 뒤처져 지드와 모리아크가 지목되었다.

그러니까 사르트르는 1945-1970년대 중반의 어느 시점에서 전쟁 후에 열린 지식인 시대의 상징적인 인물이 되었던 것이다. 그때부터 참여에 사르트르적 모델이 존재하게 되었고, 사르트르는 그에 앞서 몇몇 작가가 그랬던 것처럼 막이 오른 "사르트르의 시대"의 대명사가 되었다. 볼테르는 "'계몽된' 대ㅊ작가를 위한 군주의 지위"를 마련했고, "프랑스인들로 하여금 오락과는 다른 문학적 재능, 즉 양심의 지도를 기다리는 데 익숙하게끔" 했다.[79] 19세기 말에 졸라는 프랑스인들의 집단적 기억 속에 드레퓌스 사건에서의 "나는 고발한다…"의 인물로 남아 있다. 그리고 사르트르는 좋든 싫든 간에 지식인들이 누린 "영광의 30년"의 상징이 되었다. 게다가 그리고 바로 같은 이유로 사르트르는 살아서 정확히 볼테르나 졸라와 마찬가지로 신화적인 인물이 되었다. 시대마다 이와 같은 살아 있는 신화를 낳게 한 과정은 항상 수수께끼로 남아 있다. 왜냐하면 만일 여러 요소 ―앞에서 본 것처럼 사르트르에게 해당하는 요소들― 가 파악될 수 있다고 해도, 그 연금술은 여전히 신비스러운 것으로 남아 있기 때문이다. 그로부터 외관적으로만 역설인 것이 기인한다. 즉, 1945년에 사르트르는 분명 지배적인 감정을 형식화시키는 데 만족했지만, ―지식인은 참여해야만 한다― 사르트르는 더 많은 무게와 청중을 얻게 된다. 어쨌든 지식인의 역사화는 그 시기에 사르트르에 의해 자리를 잡게 되었다.

그리고 그 결과가 바로 거기에 있다. 1930년대에는 참여 지식인의 원형이 된 적이 없었던 사르트르는 해방 후에 빠르게 지식인들의 원형이 되었다. 그때부터 사르트르의 "영광"의 시대가 도래했다. 우리는 이 '영광'이라는 단어를 장 투샤르가 살아 있는 동안에 찬사를 받은 19세기 시인 베랑제[80]에 대해 부여한 의미로 사용한다.[81] 한 명의 작가를 그

---

79   René Pomeau, *Voltaire par lui-même*, Le Seuil, 1955, p.34.

의 독자들의 상상력이나, 또는 감수성에서의 반영을 통해 연구하고자 노력하면서 장 투샤르는 이렇게 해서 연구된 시대의 문화적 토양 속에서 아름다운 도자기를 구워 냈던 것이다. 19세기 말의 위고의 "영광"은 ―더 정확하게는 사후적인 의미에서의― 파리학파와 교육자의 지배의 도래와 일치한다. 그로부터 반세기 후의 사르트르의 "영광"은 특히 중등교육의 잠재적 상승의 반영임과 동시에 그 안에서의 철학 교육의 찬란함과 참여 지식인의 제전의 반영이었다. 레비스트로스, 푸코, 라캉과 이른바 인문과학의 또 다른 기수들은 그 10년 동안의 실질적인 학생들의 수의 폭발과 여론을 주도하는 대규모의 주간지들이 문화에 할애한 분량이 수행한 역할과 일치한다.

지금 당장으로서는 다시 한번 다음 사실을 지적해야만 할 것이다. 즉, 사르트르와 아롱이라는 두 절친은 이제 더 이상 같은 세계에서 나아가지 않게 되었고, 이제 그들의 세기의 횡단을 계속해서 관찰하기 위해서는 가변적인 태도를 가져야 한다는 사실이 그것이다. 또한 전쟁 후의 몇 년은 곧 그들 사이에 결렬이 이루어지는 시기이기도 하다.

80 피에르장 드 베랑제(Pierre-Jean de Béranger, 1780-1857): 프랑스의 시인이자 상송 작가로, 그 당시 프랑스 국민들에게 대단한 인기를 누렸다.

81 Jean Touchard, *La Gloire de Béranger*, Presses de la Fondation nationale des sciences politiques, 1968, 2 vols.

"이별"을 향하여

1974년에 사르트르는 보부아르에게 이렇게 선언하고 있다. "아롱이 런던에서 돌아오고 난 뒤에 난 그를 가끔 보오. 하지만 난 점차 그가 우리 편이 아니라고 느끼오." 그리고 1947년 가을에 있었던 "불화"를 상기하면서 그는 이렇게 얘기하고 있다. "얼마 전부터 우리는 대화에서 그에게 전혀 동의할 수 없소. 갈라서야 할 것 같소."[82] 그렇지만 초창기에 아롱은 『레 탕 모데른』지의 모험에 참여했다. 앞에서 본 것처럼 아롱은 창간호에 두 편의 글을 기고했다.[83] 게다가 이 잡지는 맨 마지막 겉장에서 "다음 호"에 아롱의 "정치 시평 기사"를 예고하고 있으며, 「실존주의의 유행에 반대하며」라는 자극적인 제목의 글을 예고하고 있다. 이와 같은 정기적인 협력은 아니더라도 아롱은 이 잡지에 두 번 기사를 투고

---

[82]   Simone de Beauvoir, *La Cérémonie des adieux* suivi de *Entretiens avec Jean-Paul Sartre*, *op. cit.*, p.354.

[83]   *Les Temps modernes*, nº 1 1945, *op. cit.*, pp.76-105, 153-162.

했다. 앞에서 지적한 바와 같이 11월에 "사회주의의 기회"에 대해 생각해 보는 기회를 갖게 되었고, 1946년 6월에는 "임시 헌법"에 대해 글을 쓰기도 했다. 따라서 전체적으로 보면 그의 글의 분량은 적은 것이 아니다. 9호에 걸쳐 4번 투고를 했다. 그 기간에 사르트르는 6회, 보부아르, 메를로퐁티, 레리스가 각각 5회씩 투고했다.

하지만 사르트르와 아롱의 단절이 임박했다. 1946년 7월 1일에 발행된 『레 탕 모데른』지 10호에는 전체 조직도에 편집장의 이름만이 들어 있을 뿐이었다. 실제로 올리비에와 아롱은 이 잡지를 떠났다. 그 시기에 같은 잡지의 내부에서의 동거를 더 이상 생각할 수 없을 정도로 특히 소련 문제에 대해 사르트르와 아롱 사이에 갈라진 틈이 너무 컸던 것으로 보인다. 보부아르는 『나이의 힘』에서 시기를 정확하게 지적하지 않은 채 "아롱의 반공산주의가 드러났다"고 쓰고 있다. 그리고 골프 쥐앙[84]에서의 점심 식사를 언급한다. "아롱은 미국도 소련도 좋아하지 않는다고 말했다. 하지만 전쟁이 발발하는 경우에 그는 서구 편에 서겠다고 말했다. 사르트르는 스탈린주의에 대해서도 미국에 대해서도 옹호하지 않지만, 만일 전쟁이 발발한다면, 그는 공산주의자들 편에 서겠다고 대답했다."[85] 이 일화는 회식자들 사이에 있었던 이런 토론의 정확한 날짜에 대한 불확실성을 넘어 많은 것을 보여 준다. 그 결과 보부아르는 사르트르와 그녀에게 이런 대립은 "중요하다"고 덧붙이고 있다.

게다가 아롱이 그 시기에 서서히 지평선 위로 모습을 드러내고 있는

---

[84] 골프쥐앙(Golfe-Juan): 지중해의 코트다쥐르에 있는 프랑스의 온천 도시이다.

[85] Simone de Beauvoir, *La Force des choses*, *op. cit.*, pp.93-94.

냉전의 결과를 알아본 유일한 사람은 아니었다. 카뮈 역시 아롱과 마찬가지로 예상되는 개연성이 높은 지정학적 단절에 대해 조치를 취하고 있었다. 하지만 카뮈의 경우에는 변화가 훨씬 더 깊었다. 왜냐하면 1944년 가을에 그의 위치는 공산주의자들과 우호적인 관계를 맺고 있었기 때문이다. 카뮈에게서 그때 반공산주의는 심지어 "독재의 시작"이기까지 했다.[86] 그런데 2년 후에 『콩바』지에 1946년 11월 19-30일 사이에 8차례에 걸쳐 게재된 「희생자도 가해자도 아닌」이라는 제목의 일련의 기사에서, 그는 "폴 라마디에[87]가 행동을 취하기 6개월 전에 공산주의 계열 장관들의 퇴직을 넌지시 … 말하고" 있고, 또 "따라서 1946년부터 단절이 전면적이다."라고 쓰고 있다.[88] 게다가 1946년 말에 카뮈와 아롱의 위치 사이에는 놀랄 만한 유사점이 있다. 「희생자도 가해자도 아닌」이라는 제목의 글이 게재되기 불과 며칠 전에 아롱은 『콩바』지 1946년 11월 6일 자의 「진보의 환상」이라는 제목의 기사에서 이렇게 쓰고 있다. "장기적으로 보면 신화와 현실 사이의 거리는 모든 사람의 눈에 띄게 된다. 사회주의적 체계가 정언명령적 주의, 가차 없는 규율(파업이나, 또는 반대는 범죄이다), 모든 곳에 깔려 있는 경찰, 자본주의 체계와 전혀 다를 것이 없는 노동자들과 관료들 사이의 불평등의 형태를 띠게 될 때, 우리가 최소한 말할 수 있는 것은 바로 이와 같은 해방이 인본주의자들의 꿈을 완수할 수 없다는 것이다."

---

86   *Combat*, 7 ocotobre 1944.

87   폴 라마디에(Paul Ramadier, 1888-1961): 프랑스의 정치인으로, 제4공화국의 초대 총리를 역임했다.

88   Jeanyves Guérin, *Albert Camus. Portrait de l'artiste en citoyen*, François Bourin, 1993, p.116.

이 점에 대해 카뮈의 1946년 11월의 기사들은 이제 옛 절친 사르트르와 아롱 사이를 갈라놓은 균열을 이해하기 위해 약간은 화학 반응으로 소용된다. 왜냐하면 만일 아롱이 그 시기에 같은 분석을 하고 있는 것은 아니지만, ―왜냐하면 두 사람의 정치 문화는 동일하지 않기 때문이다― 어쨌든 소련에 대해 카뮈와 같은 결론을 내리고 있다면, 사르트르의 경우에는 전혀 사정이 다르다. 가령, 1년 후에 발생하게 될 격렬한 논쟁의 낌새를 벌써 느낄 수 있다. 1947년 11월에 장 다니엘[89]의 잡지 『칼리방 *Caliban*』[90]에서 카뮈의 「희생자도 가해자도 아닌」을 다시 실었다.[91] 이 글은 중요하며, 다시 살펴보아야 할 필요가 있다. 사실 이 글은 상황에서 비롯된 그런 글이 아니었다. 그보다는 오히려 카뮈가 이 글의 핵심 개념을 이미 드러낸 바 있는데, 그것들은 『반항하는 인간』에서 다시 발견되기도 한다. 가령, 마르크스주의의 거부, 사용된 수단들의 파괴적인 효과에 주의를 기울이지 않는 혁명적 목적의 정당화에 대한 질문, 동유럽에서 자행된 범죄에 대해 침묵으로 일관하는 반신불수의 시선, ―"당신들은 러시아에서의 예술가들의 숙청에 대해 말을 하지 말아야 한다. 왜냐하면 그것은 반동에 유리하게 작용할 것이기 때문이다"― 최종적으로 "상대적"이고 "더 겸손하고 덜 파괴적인" 유토피아 건설을 위한 혁명적 갈망의 절대적 성격에 대한 이의 제기 등이 그것이다. 같은 잡지에서 몇 호가 발행된 후에 사르트르는 자본주의뿐만 아니라 민

---

89   장 다니엘(Jean Daniel, 1920-2020): 프랑스의 작가이자 저널리스트로, 특히 『르 누벨 옵세르바퇴르』지의 창간인이자 편집장을 지냈다.

90   장 다니엘의 주도로 1947년에 창간된 잡지 제목이다.

91   Corinne Renou, "*Caliban*, une revue de vulgarisation culturelle?", *Vingtième siècle. Revue d'histoire*, nº 40, octobre-décembre, 1993, pp.75-85.

주주의를 공격했다. 그의 글의 다음과 같은 제목에 벌써 고발의 내용이 포함되어 있다. 「배가 고프다는 것, 그것은 벌써 자유롭고자 원하는 것이다」.[92] 그와는 반대로 카뮈는 그다음 호에서 「겸손의 훈련인 민주주의」[93]를 위해 변호하고 있다.

---

92   *Caliban*, n° 20, pp.11-12.

93   Corinne Renou, *op. cit.*

경계선상의 우정

1946년 초여름 이래로 서로 다르고 심지어는 적대적이기까지 한 논리에 빠져든 사르트르와 아롱 사이에는 정치적 불신이 자리 잡게 되었다. 그들의 우정은 이미 한계점에 도달했고, 이런 의심은 빠르게 우려할 만한 사고로 이어졌다. 예컨대 1946년 11월 8일에 있었던 『무덤 없는 주검Morts sans sépulture』의 리허설에서 레지스탕스 대원들이 고문당하는 장면에 불편해하던 쉬잔 아롱이 막간에 극장을 떠나게 되었다. 물론 자상한 남편인 아롱은 아내를 따라갔다. 이 일로 인해 사르트르는 기분이 상했고, 이해당사자인 쉬잔 아롱의 사과에도 불구하고 그는 이 일화가 정치적인 의미를 가졌다고 생각하게 되었다. 보부아르는 그 의미를 『상황의 힘』에서 거칠게 요약하고 있다. "이 소동의 의미는 분명했다. 부르주아지가 다시 단합할 준비를 하고 있고, 또한 유쾌하지 않은 추억을 깨운 것에 대해 못마땅하게 판단하고 있다."[94] 이런 분석은 어처구니없는 것처럼 보인다. 그럼에도 이런 분석을 통해 그 시기에, 그리고 그 이후에 아롱은 사르트르 진영에 의해 벌써 자본주의 진영의 전령으로 여겨졌다는 사실이 잘 드러나고 있다.[95]

하지만 분쟁은 아주 빠르게 감정적인 차원을 넘어서게 된다. 해방 이후에 점차 사르트르와 아롱 사이에 나 있던 정치적, 이데올로기적 균열은 특히 1947년에 아롱이 철학학교[96]에서 실존주의와 마르크스주의 사이의 관계에 할애된 강연을 하던 기회에 나타났다. 실제로 이 강연은 실존주의자들과 마르크스주의자들 양편으로부터 신랄한 비판을 받았다. 이 강연은 이중으로 중요하다. 한편으로 이번에는 불화가 공개적이 되었다. 사르트르와 카뮈 사이에 나타났던 불화처럼 말이다. 다른 한편으로 아롱의 사유는 이번에는 전쟁 직후의 상당한 망설임 후에 —변화가 빨라지던 시기의 불가피한 망설임이다— 탄탄한 이론적 토대에 의해 보증되고 있었다. 게다가 1955년에 가서야 출간되는 『지식인의 아편』의 주요 주제가 이미 이 강연에 들어 있었다. 그리고 당연히 토론의 중심 문제는 '역사'의 문제였다. "마르크스주의자들과 관련해서는 내가 보기에 유물론적 신화에의 호소는 단지 사르트르가 부여했던 이유들만으로 이루어진 것 같지는 않다. 유물론적 신화에는 계급 없는 사회의 체제에 반드시 이르게 될 것이라는 역사적 결론이 포함되어 있다. 그렇

---

94   Simone de Beauvoir, *La Force des choses, op. cit.*, p.128.

95   아롱의 가족들에게는 이 일화가 전혀 정치적인 의미를 띠고 있지 않은 것으로 보인다. 쉬잔 아롱은 고문 장면으로 불편했으며, 그로 인해 남편과 함께 공연장을 나온 것뿐이었다[도미니크 아롱 쉬나페르가 디어드리 베어에게 한 증언(1986년 3월 3일). Cf. Deirdre Bair, *Simone de Beauvoir, op. cit.*, p.763].

96   철학학교(Collège philosophique): 1946년에 장 발이 파리 라틴 구역에서 운영했던 일종의 철학 연구 단체이다. 1974년에 발이 죽은 후에 "철학의 학교(Collège de philosophie)" 설립에 영감을 주었다.

게 되면 우리는 '역사'의 의미를 스스로 실현하는 하나의 역사적 필연성을 상상하게 된다."[97]

자세히 보면 1947년 2월에 있었던 이 강연문은 전환점이 되는 텍스트이다. 사르트르와 아롱의 우정이 깨진 후의 대차대조표임과 동시에 냉전 바로 직전에 나타난 하나의 참고점이라는 의미에서 그렇다. 그도 그럴 것이 '역사'가 정확히 1947년 2월 말부터 다시 움직이기 시작했기 때문이다. 1946년부터 조짐이 있었던 냉전이 몇 개월 동안에 본격적으로 자리를 잡았던 것이다. 3월부터 트루먼 대통령은 '봉쇄containment' 노선을 선언했는데, 거기에는 소련의 "굴종의 시도"에 저항하고자 하는 나라들에만 미국이 원조를 해 줄 것이라는 내용이 들어 있다. 그로부터 몇 주일 후에 개최된 모스크바회담[98]에서 옛 승전국 중 서구 국가들과 소련 사이의 균열이 백일하에 드러났다. 그리고 이런 균열은 여름 동안에 지리적으로 구체화된다. 소련과 그 압력을 받고 있었던 중부 유럽과 동부 유럽의 국가들이 차례로 6월 5일에 미국이 제안한 마셜플랜을 거절했다. 마침내 그해 초가을에 폴란드에서 개최된 스클라스카 포렘바회담[99]에서 동서의 균열이 재차 확인되었다. 그 당시에 소련을 대표했던 즈다노프[100]는 두 "진영"의 논리를 전개했으며, 며칠 후에 코민포름

---

97 Raymond Aron, "Remarques sur les rapports entre existentialisme et marxisme", *L'Homme, le monde, l'histoire*, Arthaud, coll. "Cahiers du Collège philosophique", 1948, pp.165-195(인용은 p.194).

98 모스크바회담(Conférence de Moscou): 1947년 3월 10일부터 4월 24일까지 모스크바에서 열렸던 미국, 영국, 프랑스, 소련의 외무부 장관들이 개최했던 회담으로, 주로 패전국 독일의 문제가 의제로 다루어졌다.

99 스클라스카 포렘바회담(Conférence de Szklaska Poręba): 1947년 9월 22일부터 27일까지 폴란드의 스클라스카 포렘바에서 개최된 회담으로, 코민포름의 창설이 논의되었다.

이 창설되었다. 그때부터 출발해서 지난 5월 이래로 라마디에 내각에서 제외되었던 프랑스 공산주의자들은 제4공화국의 철저한 적대 세력이 되었다. 하지만 그들은 실제로 이 내각이 들어서는 데 일조를 했었다.

그사이에 1947년 초부터 아롱은 드골 장군에 의해 창당된 지 얼마 안 된 프랑스 국민 연합Rassemblement du Peuple Français(RPF)에 가입했다. 그런데 RPF의 지식인들의 세력은 기이한 운명을 겪는다. 이들의 세력은 곧 이어 일종의 일시적인 망각 상태에 빠지게 된다. 하지만 그 세력은 분명 존재했다. 그리고 그 세력은 1947년 4월 27일에 있었던 스트라스부르 연설[101] 때 드골 장군을 지지하는 모임의 탄생 이후에 빠르게 구성되었다. 1948년 초, 루이 파스퇴르 발레리 라도[102]는 RPF의 운영 위원회에 그 당시에 구성 중에 있었던 지식인 위원회에 대한 첫 번째 보고서를 제출했다.[103] 그다음으로 3월 5일에 앙드레 말로가 플레일관[104]에서 "지식인들에게 호소함"이라는 연설을 했다. 11개월 후에 그는 월간지 『정신의 자유Liberté de l'esprit』를 창간했으며, 클로드 모리아크[105]가 그 운영을 맡게 되었다. 하지만 지식인들은 말로의 예상만큼 몰려들지 않

---

[100] 안드레이 즈다노프(Andrei Zhdanov, 1896-1948): 소련의 정치인으로, 스탈린의 측근이었으며, 특히 문화 이데올로기 신봉자이다.

[101] 스트라스부르 연설(Discours de Strasbourg): 1947년 4월 27일에 드골 장군이 스트라스부르에서 했던 연설로, RPF 창당 연설이다.

[102] 루이 파스퇴르 발레리 라도(Louis Pasteur Vallery-Radot, 1886-1970): 프랑스의 의사이자 정치인으로, 루이 파스퇴르의 손자이다.

[103] Jean Charlot, *Le Gaullisme d'opposition, 1946-1958*, Fayard, 1983, p.143.

[104] 플레일관(salle Plyel): 파리 8구에 있는 콘서트장이자 극장이다.

[105] 클로드 모리아크(Claude Mauriac): 프랑수아 모리아크의 아들로, 소설가이다.

왔다.[106] 하지만 결과가 아주 볼품없는 것은 아니었다. 여기에서는 폴 클로델의 경우를 상기하는 것으로 시작하고자 한다. 드골 장군은 1947년 4월 30일에 클로델을 만났다. RPF가 창당된 지 불과 며칠 뒤의 일이었다. 두 사람은 1947년 10월 31일과 특히 1948년 5월 5일에 다시 만나게 된다. 1948년 5월 5일의 만남에서 드골은 클로델에게 RPF의 전국전당대회에의 참석을 제안했다. 드골은 클로델에게 "지식인 분과의 지휘"를 일임할 생각이었다.[107] 클로델은 드골의 지식인 분과에 대한 제안을 거절했지만, 전국전당대회에의 참석 제안은 수락했다. 그런데 클로델은 이처럼 RPF 진영에 합류하면서 정치 쪽으로 한 발을 내디딘 유일한 지식인은 아니었다. 예컨대 자크 수스텔, 모리스 클라벨, 마르셀 프렐로,[108] 마르셀 발린[109] 등이 같은 선택을 했다. 그리고 드골파이든 아니든 간에 다른 지식인들이 『정신의 자유』지에 협력했다. 장 암루쉬,[110] 피에르 드 부아데프르,[111] 막스 폴 푸셰,[112] 스타니슬라스 퓌메,[113] 로제 니미에,[114] 가에탕 피콩,[115] 프랑시스 퐁주,[116] 드니 드 루즈몽,[117] 레오폴

---

106   Janine Mossuz-Lavau, *André Malraux et le gaullisme*, 1ère éd., 1970, Armand Colin, 2e éd., PFNSP, 1982, pp.70, 89.

107   Gérald Antoine, *Paul Claudel ou l'Enfer du génie*, Laffont, 1988, p.333.

108   마르셀 프렐로(Marcel Prélot, 1898-1972): 프랑스의 정치인이자 헌법학자이다.

109   마르셀 발린(Marcel Waline, 1900-1982): 프랑스의 법률학자이자 대학교수이다.

110   장 암루쉬(Jean Amrouche, 1906-1962): 알제리 출생의 시인이자 저널리스트이다.

111   피에르 드 부아데프르(Pierre de Boisdeffre, 1926-2002): 프랑스의 외교관이자 문학 비평가이다.

112   막스 폴 푸셰(Max-Pol Fouchet, 1913-1980): 프랑스의 시인이자 예술 비평가이다.

113   스타니슬라스 퓌메(Stanislas Fumet, 1896-1983): 프랑스의 시인이자 예술, 문학 비평가이다.

114   로제 니미에(Roger Nimier, 1925-1962): 프랑스의 작가이다.

세다르 상고르[118] 등이 그들이다.

그렇다고 해서 그들의 이름을 남용해서는 안 된다. 비록 몇몇 지식인이 드골파의 동반자가 되었다고 해도, 이들의 핵심 인물 주위에 PCF와 같이 측면에서 지원하는 넓은 세력이 형성된 것은 아니었다. 달리 말해 RPF에서는 동반자 현상이 결코 주목할 정도로 확산되지는 못했던 것이다. 그 당시에 젊은 공산주의자들을 키워 내는 묘목장이었던 윌름가의 고등사범학교에서 드골주의자는 겨우 몇 명을 헤아릴 정도에 그쳤다. 드골파 고등사범학교 학생들은 로베르 푸자드,[119] 장 샤르보넬[120] 등이 주도하는 소규모 그룹만을 형성했을 뿐이다.[121]

아롱이 빠르게 RPF에 가입한 것은 사실이다. 그의 가입은 스트라스부르 연설 다음에 이어지는 며칠 동안에 이루어진 만큼 아주 조기에 이루어진 것이다. 게다가 이 가입으로 인해 아롱은 몇 주 후인 1947년 6월 3일에 『콩바』지에서 서둘러 떠났다.[122] 하지만 그 어떤 것도 아롱의 RPF 가입에 영향을 준 것은 없다. 그의 런던 체류는 드골의 세력권

---

115   가에탕 피콩(Gaëtan Picon, 1915-1976): 프랑스의 예술 비평가이자 에세이스트이다.

116   프랑시스 퐁주(Francis Ponge, 1899-1988): 프랑스의 시인이다.

117   드니 드 루즈몽(Denis de Rougemont, 1906-1985): 스위스의 철학자이다.

118   레오폴 세다르 상고르(Léopold Sédar Senghor, 1906-2001): 세네갈의 시인이자 정치인으로, 초대 세네갈 대통령을 역임했다. 아카데미 프랑세즈에 선출된 최초의 아프리카인이다.

119   로베르 푸자드(Robert Poujade, 1928-2020): 드골파 정치인으로, 국회의원, 시장, 장관을 지냈다.

120   장 샤르보넬(Jean Charbonnel, 1927-2014): 프랑스의 정치인이다.

121   Jean-François Sirinelli, "Les normaliens de la rue d'Ulm après 1945: une génération communiste?", *Revue d'histoire moderne et contemporaine*, 4, 1986.

122   Nicolas Baverez, *Raymond Aron*, *op. cit.*, pp.221, 228.

내에서 이루어진 것이 아니었다. 전혀 그렇지 않았다. 그리고 그를 점차 자유주의자로 변신시키고 있었던 변화도 그를 '선험적으로' RPF 쪽으로 떠밀지 않았다. 하지만 그의 RPF로의 이동은 일시적인 결정과는 거리가 멀다. 한편으로 그를 그의 기지에서 멀리 보내게 된 이런 이동이 일종의 정치적 방황의 순간이라고 상상하긴 어렵다. 물론 그의 RPF 쪽으로의 합류 결정은 진지하게 생각하고 고심한 끝에 내린 것이었다. 다른 한편으로, 비록 이런 경험이 아롱에게 그 뒤로 균형 잡힌 기억 —'수치'도, 특별한 '자부심'도 아닌 것, 이런 것이 바로 그가 그의 『회고록』에서 제시하고 있는 회고적인 분석의 요체이다[123]— 을 남겨 주었다고 해도, 이런 경험은 세월의 힘 속에서 그 자신의 선택에서 완전히 주인이었던 한 명의 지식인의 실제 사실에 속한다. 그리고 이런 경험은 적어도 6년 동안 계속되게 된다.

결국, 종합해 보면 거기에 핵심이 있다. 비록 아롱이 그의 『회고록』에서 이런 "전투적인 태도에 대한 일화"의 앞부분이 시작되는 날짜를 정확하게 말하고 있지는 않지만, —"1947년, 아니면 1948년"이다— RPF가 존속했던 마지막 날까지 그가 그 안에 머물러 있었다는 사실은 인정하고 있다.[124] RPF의 임상적 사망은 연구자들에 따라 1953년이나 1954년으로 여겨지지만, 아롱의 "전투적 태도"의 국면이 언제인지는 확정하기 어렵다. 그렇지만 아롱이 RPF의 기관지 『르 라상블르망Le Rassemblement』에 기고한 한 편의 글은 하나의 참고점을 제공해 준다. 실제

---

123   Raymond Aron, *Mémoires*, *op. cit.*, p.237.

124   *Ibid.*, pp.226, 234.

로 이 글은 RPF의 "행동-범위"의 차원에서 1953년 6월 23일에 했던 경제적 내용의 한 강연문에서 발췌된 것이었다.[125] 이 글이 이 잡지의 1쪽에 게재된 것과 아롱의 RPF의 행동 분과에의 참석 등과 같은 많은 징표로 미루어 보면, 그가 그 시기에 드골파의 세력권에 본격적으로 자리잡고 있었다는 사실을 알 수 있다. 앞에서 보았듯이 RPF에의 가입이 1947년 봄부터 이루어졌기 때문에 그의 "전투적 태세"는 최소한 6년 동안 지속될 것이고, 또 이런 지속 자체는 그의 그런 참여가 우연의 산물이 아니었다는 것을 여실히 보여 준다.

게다가 아롱의 참여는 지식인들의 모임에만 국한되지 않았다. 예컨대 그는 파스칼 피아, 쥘 모네로,[126] 자크 수스텔, 앙드레 말로 등과 함께 뮈튀알리테[127]에서 있었던 모임에까지도 참가했다.[128] 아롱은 또한 RPF의 전국 위원회에는 물론이고 이 당의 정책 연구 위원회에도 참석했다. 게다가 그는 정기적으로 『정신의 자유』에 기고도 했다. 그는 심지어 1949년에는 릴Lille에서 개최되었던 RPF의 전당대회에서 노동과 자본 사이의 관계라는 주제에 대해 보고를 하기도 했다. 그리고 1951년 6월에 파리에서 국회의원 선거 후보로 나설 생각을 품기도 했다.[129] 앞

---

125   Raymond Aron, "La menace de la décadence", *Le Rassemblement*, n° 306, 25 juin-1ᵉʳ
         juillet 1953, pp.1-6.

126   쥘 모네로(Jules Monnerot, 1909-1995): 프랑스의 사회학자이자 저널리스트이다.

127   뮈튀알리테(Maison de la Mutualité): 파리 5구에 있는 다목적용 건물로, 1930년에 세워졌
         으며, "Mutualité" 또는 "Mutu"로 불린다.

128   아롱은 여러 모임 중에서 1948년 11월 18일의 "정신의 자유를 위한" 모임에 참석했
         다. 이미 언급된 이 모임에 참석한 이들의 이름 외에도 가에탕 피콩, 모리스 클라벨
         등이 참석했다(Cf. *Le Rassemblement*, n° 9, 27 novembre 1948).

129   Nicolas Baverez, *Raymond Aron*, *op. cit.*, p.232.

서 살펴본 대로 분명 1983년의 『회고록』은 회고적으로 RPF에 대한 아롱 자신의 가입에 대해 전혀 사실을 왜곡시키지 않고 있지만, 5년 이상 지속된 참여에 대해 완전히 재구성하지는 못하고 있다.

따라서 이와 같은 아롱의 오랜 동반의 이유를 분석하는 것은 더 흥미로울 것이다. 지금에 와서는 그 이유들이 잘 알려져 있다. 제4공화국의 제도 앞에서의 망설임, —비록 그가 제4공화국의 탄생을 가져 온 선거에서 '찬성' 투표를 하긴 했지만,— 1942년 이후로 드골에게 가졌던 그의 과도한 적대감 때문에 그가 계속 느끼고 있었던 불편한 감정,[130] 그리고 RPF가 공산주의에 대한 가장 강력한 성벽이라는 느낌 등이 그것이다. 결국 아롱의 양심 속의 비밀에서 그의 참여의 주된 원동력이 무엇이었는가를 아는 것은 그다지 중요하지 않다. 본질적인 것은 바로 냉전의 첫해에 아롱이 공산주의에 대해 완전히, 그리고 뚜렷하게 반대 입장에 있는 정당을 선택했다는 것이고, 또 곧 보겠지만 이 정당과 함께 냉전의 인텔리겐치아의 토론을 구조화하는 데 기여하게 될 반대 세력의 한 쌍을 구성하게 될 것이라는 점이다.

---

130   *Ibid.*, p.228.

귀환 불가능한
지점을 향하여

　앞에서 보았듯이 1947년 봄에 아롱은 『콩바』지에서 『르 피가로』지로 옮겨 갔다. 이 일간지의 편집장이었던 피에르 브리송[131]은 실제로 1947년 6월 19일 자 1면에서 이렇게 쓰고 있다. "독자 여러분들께 레몽 아롱이 편집진을 더욱 풍요롭게 해 드리게 되었다는 사실을 알려 드리게 되어 기쁘게 생각합니다. 『콩바』지에 기고했던 기사들로 큰 반향을 일으켰던 레몽 아롱은 승리의 찬가 속에서 구원받았다고 생각했던 선배들의 주된 생각을 문제 삼고 또 전복시킨 양차 대전의 세대에 속합니다. 1928년에 고등사범학교를 졸업한 그는 일찍부터 젊은 철학자들 사이에서 두각을 나타냈습니다. 그가 연구했던 역사철학은 과거의 불행에서 태어나 아직도 깔끔하게 정리가 되지 못한 세계의 여러 문제로 매 순간, 그리고 반드시 우리를 이끌고 있습니다. 레몽 아롱은 이 문제들

131　피에르 브리송(Pierre Brisson, 1896-1964): 프랑스의 저널리스트로, 『르 피가로』지의 편집장을 역임했다.

의 검토를 통해 보기 드문 권위를 갖게끔 해 준 명석성과 지식을 갖추고 있습니다. 그는 특히 그런 문제들에 대해 우리에게 아주 소중한 독립적인 시각을 가져다주기도 했습니다. 사회적, 정치적, 또는 자본주의적인 모든 억압에 맞서 레몽 아롱은, 민주주의가 선거의 미끼, 아시아적 거짓이나 경제의 독점을 위한 편의와는 완전히 다른 것이라는 생각을 가지고 있는 사람 중 한 명입니다. 그의 첫 기사는 며칠 뒤에 게재될 것입니다." 실제로 아롱은 3일 후인 1947년 6월 22일에 『르 피가로』지에 첫 기사를 싣고, 이를 시작으로 30년 동안의 협력 관계가 시작된다. 아주 긴밀한 관계였다. 그도 그럴 것이 1977년 5월 27일까지 이 신문에 총 2,299편의 기사를 썼기 때문이다.[132] 이해당사자인 아롱은 그의 『회고록』에서 자신이 『르 피가로』지로 옮겨 간 것에 대해 여러 차례 설명한 바 있다.[133] 여기에서는 이 문제를 다루지 않을 것이다. 다만 다음 사실만을 지적하도록 하자. 즉, 사르트르에 의하면 그런 선택이 아롱을 더욱더 세계로부터 유리시켰다는 사실이 그것이다.

실제로 사르트르와의 관계는 1947년 중에 더 악화되었다. 2월에 있었던 아롱의 강연은 폐쇄된 지적 공간에서 이루어졌다. 그런 만큼 그들의 관계가 아직 귀환 불가능한 지점을 넘어선 것은 아니었다. 하지만 그 지점은 그해 가을에 나타나게 된다. 그사이인 1947년 3월에 일종의 최후의 합창, 즉 사후적으로 공산주의자들에 의해 중상모략을 당한 니장을 위한 청원에 함께 참여하게 된다. 사실, 그 기회에 '사르트르-아

132   Valérie Hannon, *Raymond Aron et "Le Figaro"*, mémoire de DEA, université de Lille-III, 1988.

133   Cf. 특히 Raymond Aron, *Mémoires*, *op. cit.*, p.218 이하.

롱-니장' 3인방이 마지막으로 재결합될 것 같았다. 니장이 1927년 12월 24일에 사르트르와 아롱 앞에서 올렸던 결혼식 때와 마찬가지로, 그리고 1940년 봄의 니장의 죽음을 이겨 내고 말이다. 하지만 "니장의 경우" ─이것이 청원서의 제목이었다─ 는 사르트르와 아롱, 두 절친 사이에서 흔들리던 우정을 공고히 해 주기는커녕, 회고적으로 보면 그들이 공동의 대의명분을 위해 마지막으로 나란히 섰던 기회가 되고 만다. 아니, 마지막 바로 직전의 기회였다. 실제로 1979년 6월에 두 사람은 베트남 '보트 피플'의 구조를 위해 황혼의 나이에 만난 적이 있었다.

사르트르가 작성한 "니장의 경우"라는 제목의 청원서는 공산주의 세력권의 중상모략으로 인해 명예가 훼손된 니장을 옹호하기 위한 것이었다. 이 중상모략은 어제오늘의 일이 아니었다. 사실 니장은 1939년 가을 독소불가침조약이 체결된 후 몇 주가 지나서 PCF를 탈퇴했다. 하지만 그는 PCF의 당원이었고, 이 당의 재능 있는 작가이자 저널리스트이기도 했다. 그는 1940년 5월 23일에 플랑드르[134]에서 전사했다. 하지만 그에 대한 중상모략의 움직임이 그가 살아 있는 동안에는 물론, 그의 탈당 이후에 있었다.[135] 특히 1940년 3월에 모리스 토레즈는 그를 "경찰"로 규정했다. 그리고 점령 기간에 작성된 비밀문서에도 니장은 "경찰"이라고 지적되고 있다. 하지만 사르트르가 주도한 니장의 명예회복을 위한 시도는 해방 후에 이 중상모략 움직임의 재개와 그 확

---

134   플랑드르(Flandre): 프랑스 노르(Nord)주를 중심으로 한 지역으로, 주요 도시는 덩케르크, 릴 등이다. 2차 세계대전 때 덩케르크 전투로 유명하며, 니장은 이 전투에서 전사했다.

135   Cf. Annie Cohen-Solal, *Paul Nizan, communiste impossible, op. cit.*, p.252 이하; Pascal Ory, *Nizan. Destin d'un révolte, op. cit.*, p.237 이하.

대를 야기시켰다. 예컨대 1945년 6월에 아라공[136]은 "프랑스를 위해 죽은" 작가들의 명예를 위해 CNE의 주관으로 판매되고 있던 책에서 니장의 저작들을 제외시켰다. 그리고 그의 이중의 행동을 비난하면서 사적인 대화에서도 종종 그를 공격하곤 했다. 그다음 해에 앙리 르페브르[137]는 그의 『실존주의L'Existentialisme』라는 제목의 저서에서 분명하게 공격을 개시했다. 니장의 "모든 저작"에 영감을 주었던 "배신이라는 생각"이 그에게서 지배적인 생각이라는 점을 상기시키면서 말이다. 니장의 미망인으로부터 진실 회복을 위한 소득 없는 시도들 ―아라공과 토레즈에게 보낸 편지들과 로랑 카사노바[138]와의 인터뷰 등― 에 대해 듣게 된 사르트르는 "니장의 경우"를 작성했다. 이 청원서는 먼저 1947년 3월 29일에 『르 피가로 리테레르』에 실렸고, 그다음에는 4월 4일에 『콩바』지에 실렸다. "사람들은 우리에게 종종 자크 드쿠르,[139] 장 프레보, 베르네[140] 등이 우리를 위해 죽었다는 사실을 상기시켜 준다. 바람직한 일이다. 하지만 자기 세대에서 가장 뛰어난 작가 중 한명이었고, 40년에 독

---

136   루이 아라공(Louis Aragon, 1897-1982): 프랑스의 작가로, 1차 세계대전 후에는 다다이즘과 초현실주의 운동에 가담했고, 2차 세계대전 중에는 레지스탕스 운동을 했으며, PCF를 굳건하게 지지했다.

137   앙리 르페브르(Henri Lefebvre, 1901-1991): 프랑스의 철학자이자 사회학자로, 프랑스의 마르크스 사상 도입에 큰 기여를 했다.

138   로랑 카사노바(Laurent Casanova, 1906-1972): 프랑스의 정치인으로, 국회의원을 역임했으며, PCF의 스탈린화의 주요 인물이다.

139   자크 드쿠르(Jacques Decour, 1910-1942): 프랑스의 작가이자 레지스탕스 대원이며, 필명은 다니엘 드쿠르드망쉬(Daniel Decourdemanche)이다. 1942년 5월 30일에 독일군에 의해 총살당했다.

140   엘리 베르네(Elie Vernet, 1921-1944): 2차 세계대전 때 레지스탕스 대원으로 활약하다가 1944년 6월 8일에 독일군에 의해 총살당했다.

일군에 의해 사살된 니장의 이름에 대해서는 침묵을 지키고 있다. 누구도 감히 그에 대해 말하지 않는다. 그를 두 번 매장시키고 있는 것처럼 보인다. 그럼에도 어떤 정치적 당파에서는 그가 배신자라고 속닥거린다. 아라공은 우리 중 한 명에게 이렇게 말한 바 있다. 니장이 PCF의 활동에 대한 정보를 내무부 장관에게 제공했다고 말이다. 만일 당신들에게 그 증거를 요구한다면, 당신들은 사람들에게 그 증거를 결코 줄 수 없을 것이다. 당신들은 그 증거가 니장의 대중적 명성이라고 말할 것이다. 폴리체르[141]가 죽기 바로 전에 말한 것처럼 말이다. 게다가 니장이 배신자인지를 알기 위해서는 그의 작품들을 읽어 보는 것으로 충분할 것이다. 르페브르 씨는 그의 마지막 저서인 『실존주의』에서 이렇게 쓰고 있다. '폴 니장에게는 친구가 거의 없다. 우리는 그 비밀이 무엇인지 자문하곤 했다. 우리는 오늘날 그 비밀을 알고 있다. 그의 모든 저작은 배신자라는 생각 주위를 맴돈다.' 그리고 '그는 반동적인, 심지어는 파시스트적인 환경 출신이다. 어쩌면 그는 여전히 그 환경에 속해 있을 것이다. 왜냐하면 그는 첩자 노릇을 했기 때문이다.' 그런데 우리가 아는 한, 공산주의자들은 독소불가침조약이 체결된 해인 1939년에 PCF를 탈퇴했다는 비난을 할 수 있을 뿐이다. 이 점에 대해서는 각자 자기 원칙에 따라 마음대로 판단할 수 있을 것이다. 이것은 엄밀하게 정치적 문제이고, 그것을 평가하는 것은 우리의 의도가 아니다. 하지만 사람들이 아무런 증거도 없이 그의 스파이 노릇을 비난할 때, 우리는 다음과 같은 사실을 결코 잊을 수 없다. 즉, 그가 작가였고, 전쟁

---

141   조르주 폴리체르(Georges Politzer, 1903-1942): 프랑스의 마르크스주의 철학자로, 2차 세계대전 때 레지스탕스 운동을 하다가 독일군에게 총살당했다.

에서 전사했으며, 따라서 그의 명예를 지켜 주는 것이 작가인 우리들의 의무라는 사실이 그것이다. 따라서 우리는 르페브르 씨에게(그리고 그와 더불어 중상모략을 퍼뜨리는 모든 자에게) 호소하면서 다음과 같은 질문을 던진다. '당신이 니장이 배신자라고 말할 때, 당신은 그저 그가 1939년에 PCF를 탈퇴했다는 것을 말하고자 함인가? 이 경우라면, 그것을 분명히 밝혀야 할 것이다. 그러면 각자가 자기 원칙에 따라 판단할 것이다. 아니면 당신은 니장이 전쟁 전에 돈을 받고 당신의 당에 대해 반공산주의적인 정부에 정보를 주는 것을 수락했다는 것을 암시하는 것인가? 이 경우라면, 그것을 증명해야 할 것이다. 만일 우리에게 답을 주지 않는다면, 만일 우리가 요구한 증거를 받지 못한다면, 그때 우리는 당신의 침묵을 기억할 것이고, 니장의 무고함을 공표하기 위해 두 번째 입장을 공표하게 될 것이다." 서명자: R. 아롱, G. 아당, S. 드 보부아르, J.-L. 보스트, A. 빌리, A. 브르통, J. 방다, P. 브리송, P. 보스트, R. 카유아, A. 카뮈, M. 퐁뵈르, J. 게노, H. 장송, M. 레리스, J. 르마르샹, J. 레스퀴르, R. 마외, F. 모리아크, M. 메를로퐁티, J. 폴랑, B. 파랭, J.-P. 사르트르, J. 쉴렘베르제, P. 수포, J. 텍시에.[142]

『레 탕 모데른』지 진영의 사람들이 대거 서명자 명단에 포함된 것은 사실이다.[143] 물론 아롱의 이름이 그런 자격으로 서명자 명단에 올라 있는 것은 아니다. 이 명단에는 여러 사회관계망이 교차하고 있다. 특

---

142   여기에 제시된 텍스트는 『콩바』지에 게재된 것을 재수록한 것이며, 서명자들의 명단은 다른 곳에 공개된 여러 리스트를 종합한 것이어서 2-3개 이름에 변화가 있다.

143   이 청원서는 또한 『레 탕 모데른』지(t. XXIV, n° 22, juillet 1947, pp.181 이하)에도 게재되었다.

히 "아르쉬퀴브archicubes", 즉 고등사범학교 졸업생 중에서 니장과 친하게 지낸 자들이 이름을 올리고 있다. 사르트르, 메를로퐁티, 그리고 마외, 아롱 등이 그들이다. 니장을 위한 청원서는 또 다른 점에서 우리에게 중요하다. 이 청원서는 그 당시에 사르트르가 공산주의자들의 세력권과 그들의 동반자들과 완전히 소원한 관계에 있었다는 사실을 보여 준다. 또한 사르트르가 PCF와 정면으로 충돌하는 것을 주저하지 않고 있다는 것도 보여 준다. 그것도 CNE 내부의 균열이 명백해진 상황에서 그렇다. CNE의 옛 거물들 ―폴랑, 모리아크, 쉴렘베르제― 도 서명자 명단에 포함되어 있다. 이와는 달리 당시 CNE의 회장이었던 루이 마르탱쇼피에[144]는 4월 4일 『콩바』지와 5월 15일 『칼리방』지에 그 자신이 서명을 거부한 이유를 설명하고 있다. "도전적인 의도를 드러내고" 또 "균열을 겨냥하는" 그런 행동을 위해 "이번 일에서 나의 공산주의자 친구들과의 관계로 인해 내가 그들에게 그런 어조로 말하는 것이 허용되지 않았다." 분명 CNE 회장은 그 기회에 그의 동료들이 대체적으로 공감하는 그런 의견을 피력했을 것이다. 왜냐하면 중상모략에 의해 피해를 본 자기 동료 중 한 명을 위해 ―일반적으로는 그런 경우에 훨씬 더 광범위한 연대가 성립된다― 30여 명이 채 안 되는 지식인들이 동원되었다는 것은, 그 당시에 PCF가 차지하고 있던 지배적인 위상이 반영되었기 때문이었다고 할 수 있다. 그렇다고 PCF가 반대 의견을 표명한 이들을 모른 체할 수는 없었다. 4월 4일부터 『뤼마니테L'Humanité』[145]가 1939년의 "배신자" 니장이라는 주제를 공개적으로 다루기 시작했

---

144   루이 마르탱쇼피에(Louis Martin-Chauffier, 1894-1980): 프랑스의 작가이자 저널리스트로, 레지스탕스 대원이었다.

다. "자기가 속했던 당의 배신자였던 니장은 동시에 프랑스의 배신자이기도 했다." 그리고 그때부터 "이런 태도가 과거의 활동으로까지 연장되는 것은 아닌가"를 자문하기도 했다. 사르트르와 다른 서명자들에게는 결론적으로 다음 사실이 상기되었다. 즉, "5년 동안의 고통으로 인해 어떤 거래가 반공산주의를 은폐하고 있는지가 충분히 드러났으며, 이 거래를 한 자들과 또 그것을 옹호하는 것을 목표로 하는 자를 충분히 심판할 수 있게 되었다." 몇 년 후에 사르트르가 기회가 왔을 때 소리를 높여 설파했던 문장[146]과 비슷한 문장이다.

하지만 지금으로서는 사르트르가 반공산주의자라는 이와 같은 비난에 의해 큰 타격을 받은 것 같지는 않다. 그리고 1947년 4월 11일 자 『레 레트르 프랑세즈』가 CNE의 지도 위원회의 선언문을 게재했다. 이 선언문에서 지도 위원들은 "폴 니장의 명예를 회복시킨다고 주장하는 청원서"에 서명한 자들, 게다가 "부당하게 도덕의 이름으로 봉기한 것으로 규정된" 서명자들을 공격하고 있다. 이런 내용의 선언문이 실린 이 신문에 대한 대응으로 『레 탕 모데른』지의 한 호에서 아주 신랄한 답이 주어지고 있다. 실제로 사르트르는 그 호에서 이렇게 쓰고 있다.[147] "CNE가 그 구성원들의 명예를 보호하는 일에 그처럼 큰 관심을 보여 주고 있는데, 나는 우선 나 역시 아직은 그 위원회의 위원 중 한 명이라는 사실을 지적하고자 한다. 그리고 내가 공산주의자들의 공격의 표적

---

145   프랑스 일간지 중 하나로, 1904년에 장 조레스에 의해 창간된 PCF의 기관지이다.
146   아마도 사르트르가 공산주의자들의 동반자가 되었을 때 했던 "반공산주의자는 개다"라는 문장을 염두에 두고 있는 것으로 보인다.
147   *Les Temps modernes*, n° 22, juillet 1947, p.183.

이 되었을 때, 그 위원회가 그들의 공격에 맞서 나를 옹호한 적이 있는지를 나는 기억하지 못한다. 그다음으로, 아라공 씨가 위에서 인용된 선언을 한 것은 정확히 나를 겨냥해서이다. 그렇다면 그는 이 선언들을 마구 재생산하는 것이 그 당사자들에 대해 신뢰 상실을 줄 수 있을 정도의 성질의 것이라고 생각한 것인가? 아니면, 그는 그런 선언이 있었다는 것을 부인하는가? 이 경우라면, 누구의 말이 맞는지 따져 보아야 할 것이다. 그가 그것을 자기 입으로 말하게 하자. 그러고 나면 각자가 판단할 것이다."

"각자 자기 진영에서
출발했다"

PCF에 대한 사르트르의 이런 태도를 염두에 둘 필요가 있다. 그 이후에 그가 이 당을 향해 달려간 길을 가늠해 보기 위해서이다. 지금으로서는 이처럼 공개적으로 선언된 PCF와의 거리는 사르트르와 아롱 사이의 긴장감이 더 고조되는 것을 막지 못한다. 왜냐하면 앞에서 본대로 국제 관계에 대한 분석은 이미 다양하게 나타났기 때문이다. 그리고 1947년에 시작된 냉전으로 인해 두 사람 사이에 생긴 균열은 더 커질 수밖에 없었다. 사르트르가 표방한 중립주의[148]와 PCF와의 동반자 길의 선택에 의해서 말이다. 하지만 두 사람이 1947년 가을에 귀환 불가능한 지점에 도달하게 된 것은 바로 RPF 문제 때문이었다. 그 시기에 사르트르와 그의 동료들은 '파리 프로그램 스튜디오'에서 녹음된 주간 논단 라디오 방송을 하기로 했다. 이 방송은 "『레 탕 모데른』지 논단"

---

[148]   사르트르는 PCF의 동반자가 되기 전에 한동안 미국도 소련도 지지하지 않는 입장에 있었다.

이라는 제목으로 저녁 8시에 방송될 예정이었다. 첫 방송 며칠 전에 사르트르는『콩바』지를 통해 루이 포벨스[149]에게 이렇게 선언했다. "만일 이 방송이 중단된다면, 우리는 단호하게 대처할 것이다. 그렇게 된다면, 그것은 자유가 심각하게 위협받는다는 것을 증명하는 것이다. 우리의 행동이 그 어느 때보다도 더 필요할 것이다." 이와 같은 선언은 부분적으로 선견지명이 있는 말이 되고 만다. 왜냐하면 10월 20일부터 11월 24일까지 첫 6주 동안 이 논단이 방송되고 난 뒤에 갑자기 중단되었기 때문이다. 그와 동시에 사람들은 다음과 같은 사실을 알게 되었다. 즉, 프랑스라디오방송 대표 블라디미르 포르쉐[150]의 반대에도 불구하고 "『레 탕 모데른』지 논단" 방송을 밀어붙인 것은 총리실 —이 방송국은 그 당시에 총리실 소관이었다— 이었다는 사실이 그것이다. 우리는 지금의 자료들만으로는 이 방송의 찬성과 반대의 이유를 정확히 밝힐 수 없다.[151] 하지만 드골주의에 적대적일 뿐만 아니라 그 시기에 공산주의자들과 관계가 좋지 않았던 사르트르가 사회주의자 폴 라마디에의 마음에 들지 않을 이유가 없었다는 것은 사실이다. 라마디에 내각에는 지난 5월 5일 이래로 공산주의자들이 없는 상태였고, 또 RPF의 잠

---

149   루이 포벨스(Louis Pauwels, 1920-1997): 프랑스 작가이자 언론인이다.

150   블라디미르 포르쉐(Wladimir Porché, 1910-1984): 러시아 출신의 프랑스 방송인이다.

151   이 사실에 대해서는 이미 엘렌 에크가 수행한 제4공화국 아래의 라디오에 대한 연구 —아직 미출간 상태이다— 에 의해 잘 정리가 되어 있다. 중요한 정보를 친절하게 전해 준 엘렌 에크에게 심심한 감사의 말을 전한다. 여러 아카이브 자료와 그녀가 보내준 정보는 서로 일치한다. 그와는 반대로 이 아카이브 자료들을 바탕으로 폴 라마디에 총리와 그의 내각의 동기들을 재구성할 수는 없다. 보부아르는『상황의 힘』에서 다음과 같이 지적하는 것으로 그치고 있다. "[사르트르의] 옛 친구 중 한 명인 보나페가 라마디에를 잘 알았고, 그에게 라디오로 진행되는 논단에 대해 암시를 했다고 알려 주었다."

재적 상승 역시 그에게는 눈엣가시 같은 걱정거리 중 하나였던 것이다.

게다가 반드골주의자들의 입장에서 보면 사르트르가 주관했던 방송
이 실망스럽지는 않았을 것이다. 그리고 사르트르와 아롱의 결렬의 이
유는 간접적이긴 하지만 정확히 이런 측면에서 기인한다. 그리고 이것
은 첫 방송에서부터 시작되었다. 방송에 참석했던 자들은 시의회 선
거 후에 펼쳐질 프랑스의 전반적인 정치 상황에 대해 의견을 표명했
다. 방송 중에 드골의 이름이 거론되었다. 누군가가 그를 "구세주"라고
조롱했고, 그러면서 이중의 비교가 행해졌다. 6월 18일[152]의 인간과 페
탱 원수 사이의 비교와 RPF와 프랑스민중당(PPF)[153]과의 비교가 그것
이다. 포스터에 들어 있는 드골 장군의 얼굴을 묘사하면서 알랭 보나페
Alain Bonaffé —사르트르의 르아브르고등학교 옛 동료 교수— 가 이렇게
말하기도 했다.[154] "이마의 머리카락을 제외하면 모든 것이 거기에 있
어요."[155] 방송이 나간 다음 날, 언론에서 대소동이 일어났다. 특히 "『레
탕 모데른』지 논단"에 대해 응수할 수 있는 방송의 권리가 즉각적으로
확보되어야 한다는 것이었다. 그만큼 드골주의자들이 받은 충격은 컸
다. 스튜디오에 있었던 두 명의 장군 베누빌Bénouville과 앙리 토레스Henri

---

152   드골 장군이 런던에서 BBC 방송 주파수를 이용해 프랑스 본토 국민들에게 연설을
       했던 1940년 6월 18일을 가리킨다.

153   프랑스민중당(Parti populaire français): 자크 드리오(Jacques Driot)가 1936년에 창당한 프랑
       스의 파시스트 정당이다.

154   Jean-Paul Sartre, La Tribune des *Temps modernes*, Archives sonores d'INA, collection
       "Voix de l'histoire", 2 coffrets, 4 cassettes, coédition INA-Radio France, 1989(1947년
       10-11월에 녹음).

155   드골 장군과 페탱 원수의 모습이 이마에 머리가 있고 없고의 차이를 빼고는 비슷하
       다는 의미이다.

Torres는 그 자리에서 사르트르를 강하게 비난했다. 하지만 그 자리에 있었던 아롱은 침묵을 지켰다. 막장에 몰린, 하지만 아직 완전히 꺼지지 않은 사르트르와의 우정과 아롱 자신의 드골파적인 감정 사이에 끼어서 말이다. 하지만 절친이었던 사르트르는 아롱의 이런 침묵을 배신으로 여겼다. 1974년에도 그때의 추억이 아직 생생하다. "아롱은 나를 보는 척도 하지 않았소. 그는 다른 사람들과 연대했소. 나는 그가 다른 사람들을 보고 있다고 생각했소. 그는 나를 혼자 내버려 두었소. 아롱이 나와 반대편이라는 사실을 알게 된 게 정확히 그때부터였소. 정치적인 차원에서 말이오. 나는 그가 나에게 반대하면서 드골주의자들과 연대한 것을 나와의 결렬로 여겼소. 나와의 불화를 일으킨 강력한 이유가 있을 거요. 하지만 불화를 최종적으로 결정한 것은 바로 나였소."[156] 아롱은 1983년에 이 사건에 대해 그 나름대로 설명하고 있다. 비록 이야기의 상세한 내용과 책임의 소재가 다를 수 있지만, 결과는 동일하다. "각자 자기 쪽에서 출발했던 것이다."[157]

두 명의 이해당사자인 사르트르와 아롱을 제외하면 이 사건은 미미한 것이었다. 이제 이 사건의 비중을 정확히 측정해 보는 것이 좋을 듯하다. 사실 "파리 프로그램"은 거의 매일 토론을 개최했다. 특히 1946년 2월 이후로 주간 방송으로 "국회 출입기자들의 방담회"가 진행되고 있었다. 이 방담회는 곧 큰 성공을 거두었다. 하지만 1947년 3월과 10월 두 차례에 걸쳐 연기되는 사태가 발생하기도 했다. 방송이 지나치게 소

---

156   Simone de Beauvoir, *La Cérémonie des adieux* suivi de *Entretiens avec Jean-Paul Sartre*, *op. cit.*, p.354.

157   Rayond Aron, *Mémoires, op. cit.*, p.317.

란스러웠던 것이다.[158] 그런데 아롱은 이 방송의 애청자이자 단골 출연자였다. 1947년부터 1949년 가을까지 2년 동안 그는 거의 20여 회 출연했으며, 아주 다양한 주제를 다루었다. 예컨대 "대서양조약", "마셜플랜", "오귀스트 콩트에 대하여", 그리고… "'역사'의 교훈이 있는가?" 등이었다.[159] 이 방송은 '파리 프로그램'이라는 지역적인 제목과는 달리 빠르게 여러 지역에서 청취할 수 있게 되었으며, 1948년 가을에는 전국 각지에서 청취할 수 있게 되었다.

그러니까 1947년 10월 20일에 있었던 "『레 탕 모데른』지 논단"에 관련된 사고는 그 당시의 상황에서 보면 미미한 사고에 불과했다. 게다가 사르트르의 방송은 한 달 이상 계속되었다. 그리고 MRP 소속 로베르 쉬망이 사회주의자 라마디에의 뒤를 이어 11월 24일에 총리에 지명된 후에 여러 사람의 불만을 야기한 이 방송은 폐지되었다. 블라디미르 포르쉐는 처음의 주저했던 태도에도 불구하고 어쨌든 이 주간 논단의 존재를 옹호했던 것처럼 보인다. 또한 이 방송국의 문화예술 국장이었던 페르낭 푸에이Fernand Pouey는 이 방송을 "감싸 안았던 것"으로 보인다. 어쨌든 포르쉐는 2년 후에 이 일화에 대해 이렇게 쓰고 있다. "우리는 사르트르에게 조건부로 마이크를 주지 않았다. 마이크를 주든지 아니면 거절하든지 둘 중 하나였다. 그런데 그에게 마이크를 주었던 것이다. 이 모든 것이 라디오 방송의 원만한 진행을 방해한 것은 사실이다. 하지만 나는 거기에서 스캔들이 될 만한 것을 보지 못했다."[160]

---

158   Cf. Hélène Eck, "Radio, culture et démocratie en France: une ambition mort-née (1944-1949)", *Vingtième siècle. Revue d'histoire*, n° 30, avril-juin 1991, p.55 이하.

159   *Ibid.*, p.63.

11월 24일 —쉬망이 총리에 지명된 날이었다— 의 방송이 마지막 방송이었으며, 며칠 후에 녹음되고 12월 1일, 8일, 15일에 방송될 예정이었던 세 차례의 방송은 결국 송출되지 못했다.[161] 그리고 사르트르는 12월 3일 자 『콩바』지에 다음과 같은 내용의 그 방송에 대한 애도사를 게재할 좋은 기회를 갖게 된다. "이 논단이 나에게 제안되었을 때, 나는 그것을 수락하기 전에 물었다. 모든 사건에 대해 완전히 자유롭게 토론할 수 있는 권리를 인정해 주느냐고 말이다. 나는 그렇게 함으로써 내 의견을 강요하는 것도 또 어떤 정당을 돕고자 하는 것도 아니었다. 실제로 나는 그 어떤 정당에도 소속되어 있지 않다. 나는 단지 자유로운 토론의 취향을 되살리는 데 일조를 하고자 했을 뿐이다. 주지하다시피 타협주의와 과도한 열정에 자리를 양보하고 또 사라지는 경향이 있는 그런 취향을 말이다."

이런 상황 속에서 보면 사르트르와 아롱의 불화는 당연히 2차적인 사건이다. 하지만 이 불화는 냉전이 시작된 첫해 가을에 프랑스 지식인 사회의 재편이 시작되는 긴장과 분열을 잘 드러내고 있다. 그리고 그런 재편은 특히 공산주의와 드골주의라는 두 극 주위에서 이루어진다. 비록 드골주의자들이 공산주의자들을 지적知的으로 강타할 정도의 힘을 가지진 못했지만, 이런 부인할 수 없는 힘의 불균형에도 불구하고 실

---

160 Fernand Pouey, *Un ingénu à la radio*, Domat, 1949, p.249[Hélène Eck, "Radio, culture et démocratoe en France: une ambition mort-née (1944-1949)", *Vingtième siècle. Revue d'histoire, op. cit.*, p.60에서 재인용].

161 이 방송은 1989년 8월에 처음으로 '프랑스 퀼튀르(France Culture)'에서 전파되었다. 그 이후에 이 방송은 앞에서 언급한 '프랑스국립아카이브연구소(INA: Institut national de l'audiovisuel)' 아카이브의 네 번째 카세트에 수록되어 있다.

제로 냉전의 인텔리겐치아의 토론을 주도하는 데 기여하는 공산주의와 드골주의 지식인들로 구성된 한 쌍의 적대 세력이 존재하게 된 것이다. 그 결과 각자의 "진영" 내부에서 공산주의자와 드골주의의 영향력과 위협적인 힘은 그들과 관련해서 자리매김할 필요성이 대두되었다. 비록 공산주의에로의 쏠림 현상이 더 강조되고 있었지만 말이다.[162] 두 세력권 사이의 일종의 암묵적이고 상호적인 인정, 즉 거울놀이를 보여 주는 징표는 부지기수이다. 그 결과 드골주의자들과 공산주의자들은 서로서로 상대 진영을 돋보이게 하는 역할을 하게 되었다. 이렇게 해서 비록 PCF가 우파 지식인들, 특히 드골파 지식인들에 대해 적대감을 강조하긴 했지만, 드골파 지식인들은 빠르게 좌파 지식인들 전체의 특권적인 공격 목표가 되었다. 이와 같은 1열의 적대자의 지위는 드골과 PCF에 대해 지속적으로 가해진 게릴라전을 통해 나타난다. 가령, 1948년 10월 『에스프리』지는 알베르 베갱[163]의 펜을 빌려 이렇게 선언하고 있다. 드골은 "어떤 의미에서 프랑스의 유일한 파시스트"라고 말이다. 그리고 공산주의 진영의 지식인들도 가만히 있지 않았다. 피에르 에르베[164] 역시 말로를 『악시옹*Action*』[165]지에서 공격하고 있다. RPF에 대해 "본질적인 것", 즉 "파시즘, 공포, 포로수용소, 살인마들"을 빼먹지 말아야 한다

---

162 필자는 이미 이와 같은 분석을 하는 기회를 가졌다. Jean-François Sirinelle, "Les intellectuels français au temps de la guerre froide: entre communisme et gaullisme?", *in* Stéphane Courtois & Marc Lazar (dir.), *Cinquantant ans d'une passion française. De Gaulle et les communistes*, Balland, 1991, pp.257-268.

163 알베르 베갱(Albert Béguin, 1901-1957): 스위스의 작가이자 문학 비평가이다.

164 피에르 에르베(Pierre Hervé, 1913-1993): 프랑스의 레지스탕스 대원이자 저널리스트로, PCF 소속 지식인이다.

165 1920년에 창간된 잡지로, 사회학, 예술, 문학, 문학 비평 등을 주로 다루었다.

고 말하면서이다.

이 적대적인 한 쌍의 세력의 존재로 인해 지식인 사회는 곧 자성磁性을 갖게 된다. 그리고 각 진영에 합세하는 것을 기다리는 동안에 사르트르와 아롱은 서로 "대립contre" 상황에 놓이게 되었다. 아롱의 경우를 보면, 그는 냉전 이전에도 소련에 반대하면서 1946년 봄 말엽에 『레 탕모데른』지의 진영을 떠났다. 사르트르의 경우를 보면, 그는 공산주의자들과 가까워지기 전에도 드골주의의 반대 입장에 있었다. 결국 이런 것들이 사르트르와 아롱 사이에 발생했던 사고의 전반적인 의미이다. 또는 그런 식으로 체험되었다. 사실 아롱은 그 시기에 RPF와의 동반자의 길을 막 시작했던 참이었다. 그때부터 라디오 방송 일화는 항공모함들 사이에서 발생한 하나의 작은 선박 사고의 의미를 띠게 된다. 사르트르의 친구들은 전후 사정을 잘 알고 펄럭이는 깃발을 향해 사격을 가했다. 바로 거기에 "개전 이유casus belli"가 있었다. 사실 1947년 가을에 두 사람 사이에 결렬이 시작되었을 뿐만 아니라, 또한 1946년 이래로 지배적이었던 무장된 평화에서 사람들은 양 진영 중 한 진영의 첫 번째 사격의 단계로 넘어갔다. 1974년에 보부아르 앞에서 사르트르는 "이 과거의 사건"을 회상하면서 그 당시 상황을 인정하고 있다. "이별이 필요했소." 그리고 그들의 이별이 "불화로 인해 이루어졌"다고 말이다.[166] 이 불화로 인해 두 사람 사이에는 30년 이상 전쟁이 계속되게 된다.

---

166   Simone de Beauvoir, *La Cérémonie des adieux* suivi de *Entretiens avec Jean-Paul Sartre*, *op. cit.*, p.354.

제5장

냉전의 한복판에서

사르트르와 아롱은 그들의 결렬 이후에 빠르게 프랑스의 이데올로기적 풍경의 두 개의 대립적이고 불균형적인 성향을 구현하게 된다. 사르트르는 냉전의 한복판에서 프랑스 인텔리겐치아에 대해 커다란 영향력을 행사하고 있던 PCF에 점차 더 끌리게 된다. 그 반대로 아롱은 공산주의자들과 그들의 동반자들과 투쟁을 하는 상황에 있게 되고, 일시적으로 고립 상태에 있게 된다.

　사실 사르트르는 이데올로기 투쟁의 무대에서 각광을 받으면서 빠르게 당대의 무시할 수 없는 거물(일종의 어찌해 볼 수 없는 죄를 벌하는 운명의 사자)이 되었고, 아롱은 무대 뒤에 있게 된다. 어떤 이들은 아롱을 '역사'의 심오한 의미를 파악하지 못한 채 그 흐름을 거스르는 자로 여겼다. 또 어떤 이들은 그와는 반대로 그를 같은 '역사'에 의해 항상 확인되는 예언을 하는 카산드라[1]로 여기기도 했다. 그도 그럴 것이 여기에서 문제가 되는 것은 항상 '역사'와의 관계였기 때문이다. 그리고 결국 두 사람 사이의 우정을 폭발시켜 버린 것은 아롱의 '역사'에 대한 해석이었다. 참여 의무의 "구현자"인 사르트르는 스스로 의미를 부여하는 자가 된다. 종합해 보면 마르크스-레닌주의에 의해 전파된 것과 아주 유사한 의미를 부여하는 자이다. 그와는 반대로 아롱은 스스로 그런 해석의 감시자가 되며, 빠르게 이데올로기적 열광을 비난했다.

사르트르와 아롱의 토론을 완전히 역사적 상황 속에 자리매김하기 위해서는 이 토론이 제4공화국 시대에 일어났다는 사실을 상기할 필요가 있다. 제4공화국은 그 '역사'에서 파란만장한 과정을 거친 끝에 결국 1958년 봄에 막을 내리게 된다. 이 체제에 대한 사망 선고 이후에 저의가 없지 않은 의사들에 의해 여러 차례 부검이 실시되었다. 예컨대 제도적 결함을 진단하는 것은 어떤 식으로든 체제 변화의 충격 요법을 정당화하게 된다. 제도적 결함에 대한 이런 진단을 지지하는 자들에게조차도 다음 사실을 받아들일 필요가 있다. 즉, 평화스러운 날들이 지속되었더라면 어쩌면 이 체제가 살아남았을 수도 있었을 것이라는 사실이 그것이다. 결국 제4공화국의 비극은 휴식 요법이 금지되었다는 점에 있다. 실제로 이 체제는 태어난 지 얼마 안 된 어린 시절부터 두 진

I   카산드라(Cassandra)는 프리아모스 왕과 헤카베의 딸인데, 아폴론의 사랑을 받게 된다. 아폴론을 그녀를 유혹하려고 예언 능력을 주었다. 하지만 예언하는 능력을 가지게 된 카산드라는 자신이 늙게 되면 아폴론이 자신을 버릴 것이라는 것을 알게 된다. 그래서 카산드라는 아폴론이 자기를 끌어안자 그를 밀쳐 냈고, 아폴론은 크게 진노하여 그녀의 입안에 침을 뱉었다. 그 뒤로 카산드라가 하는 예언은 더 이상 아무도 믿지 않게 되었다. 예컨대 카산드라는 트로이군에게 목마를 도시 안으로 들여보내지 말라고 경고했지만, 트로이군은 그녀의 말을 무시했고, 그로 인해 그리스군에게 패하게 되었다. 여기에서는 아롱이 냉전 시대에 대해 한 해석이 옳았으나, 그 당시에 프랑스 지식인계층으로부터 인정을 받지 못했고, 그 후에 역사에 의해 그의 해석이 옳은 것으로 판명이 났다는 것을 의미하는 것으로 보인다.

영으로부터 공격을 받았고, 청소년기에는 두 차례의 세계적인 동요로 인한 충격에 휩싸였었다.

1947년부터 사실상 권력에서 배제되었고, 또 냉전으로 인해 입지가 불안정해진 PCF는 제4공화국의 완강한 적이 되어 버렸다. 게다가 제4공화국은 RPF의 탄생으로 인해 또 다른 확고한 반대 세력과 직면하게 되었다. 일찍부터 냉전과 탈식민화라는 두 개의 충격파에 휩싸이는 것만으로도 이 체제에게는 이미 벅찬 상황이었다. 바로 거기에 중요한 사실이 자리한다. 서양의 그 어떤 민주주의 국가도 이런 이중의 동요를 그와 같이 심하게 받지 않았다는 것이 그것이다. 분명 프랑스와 마찬가지로 이탈리아에도 강한 공산당이 존재했다. 이런 이유로 이 두 나라에서 냉전은 단지 외교 정책과 국가 방어의 문제 ─게다가 아주 중요한─ 만은 아니었다. 하지만 해외 영토를 빼앗긴 이탈리아는 탈식민지로 인해 발생하는 동요에 대응할 필요가 없었다. 반대로 영국은 탈식민화 문제에 부딪혀야 하는 상황이었음에도, 자국 내의 공산주의의 부재로 인해 핵무장에 대한 노동당 내부에서의 토론을 제외하고 냉전이 국내 문제로 부각되지 않았다.

그런 만큼 사르트르와 아롱이 냉전으로 접어든 시기에 특히 이런 상황을 염두에 둘 필요가 있다. 두 사람이 활동했던 프랑스 지식인 사회는 지오반니노 구아레스키[2]에 의해 묘사된 포 계곡[3]에 있는 이탈리아의 도시, 즉 '약간의 수정을 가하면mutatis mutandis'[4] 페포네와 돈 카밀

---

2   지오반니노 구아레스키(Giovannino Guareschi, 1908-1968): 이탈리아의 소설가로, 돈 카밀
     로 시리즈를 펴냄으로써 세계적으로 유명해진 작가이다.

3   포(Pô) 계곡: 이탈리아반도에 있는 계곡이다.

로[5]가 두 명의 주요 인물인 그런 도시가 아니었다. 프랑스의 지식인계층은 특히 탈식민화와 냉전이라는 광풍을 동반하는 '역사'의 모든 바람에 문호를 개방하게 된다. 지금으로서는 사르트르와 아롱의 관계의 새로운 막幕의 배경이 된 것은 바로 냉전이었다.[6]

---

4   구아레스키의 작품에서 두 주인공은 각각 공산당과 기독교 세력을 대표하나, 그 당시의 프랑스 지식인계층은 PCF와 가까워진 사르트르와 드골파를 지지했던 아롱에 의해 대표된다는 차이점을 지적하기 위해 사용한 표현으로 보인다.

5   지오반니노 구아레스키의 돈 카밀로 시리즈에 등장하는 인물들로, 페포네(Peppone)는 이탈리아의 작은 마을 브레첼로(Brecello)시의 시장이며 공산당 소속이다. 그는 시장에 당선될 만큼 마을에서 영향력 있는 인사이지만, 그 이상 가는 영향력을 마을에 행사하는 인물은 돈 카밀로 신부이다. 무신론자 공산당 시장에 대항해 하느님을 믿는 돈 카밀로 신부의 경쟁에서 비롯되는 여러 일화가 소설의 주된 내용을 이룬다. 여기에서는 사르트르를 페포네에, 아롱을 돈 카밀로 신부에 비교하고 있는 것으로 여겨진다.

6   사르트르와 아롱 두 사람이 이 냉전 시기에 행동과 글로 아주 많은 활동을 했기 때문에, 그것에 대한 연구만으로도 충분히 한 권의 책이 필요할 것이다. 그로 인해 이어지는 장에서 완전한 연구를 수행할 수는 없다. 여기에서는 두 사람 사이의 관계에서 서로의 입장을 밝힐 수 있는 요소들을 특히 전면에 내세우고자 한다.

결렬

사르트르와 아롱 사이의 우정의 결렬이 공식적으로 선언된 정확한 날짜를 지적할 수 있다. 확인 가능한 자료가 1948년 11월 『레 탕 모데른』지의 "통신"란에 있다. 「레몽 아롱의 편지」라는 제목의 글이 그것이다. 이 편지는 1948년 6월 18일에 있었고, 『레 탕 모데른』지 9월 호에 게재되었던 '사르트르-루세'[7] 사이의 긴 대담에 대한 아롱의 응수였다.[8] 물론 이 대담은 그 당시에 사르트르가 참여했던 민주혁명연합 Rassemblement démocratique et révolutionnaire(RDR)과의 관계 속에 자리매김할 수 있다. 이 단체에 대해서는 다시 살펴볼 것이다. 어쨌든 여기에서 중요한 것은 이 대담에서 사르트르가 RPF를 공격했다는 사실이다. "부르주아계급은 RPF에 의해 이루어진 재결집의 필요성 ―전략적인 필요

---

7   다비드 루세(David Rousset, 1912-1997): 프랑스의 정치인, 레지스탕스 대원으로, 1948년에 사르트르 등과 더불어 중도 성향의 '민주혁명연합'을 조직해 활동하기도 했다.

8   "Entretien sur la politique", *Les Temps modernes*, septembre 1948, n° 36, pp.385-428.

성, 즉각적인 정치적 필요성— 을 가지고 있습니다." 그리고 이 계급은
분명히 비시 정부와 파시즘에 동화될 때까지 나아갈 것이다. 사르트르
는 이 대담에서 아롱의 이름을 직접 거명하면서 공격하고 있다.[9]

아롱의 1948년 10월 22일에 썼고, 『레 탕 모데른』지 1948년 11월 호
에 게재된 「《레 탕 모데른》지 편집장 귀하」라는 제목의 편지는 이런 사
르트르의 대담에 대한 응수였다. "나는 장폴 사르트르 씨의 공격에 대
해 귀하의 잡지의 지면을 이용해 답을 할 의도를 가지고 있지 않습니
다. 나는 단지 귀하의 잡지의 독자들에게 오해를 불식시키고 할 뿐입니
다. 사르트르 씨가 나에게 개진한 의견들은 나의 글들과 책들에서 내가
표명한 것들이 아닙니다. 사르트르 씨는 그 주장들을 나의 개인적인 생
각의 특징인 것처럼 여겼을지 모릅니다. 나와의 과거의 우정 어린 대화
에서 그가 끌어낸 것으로 생각하면서 말입니다. 하지만 애석하게도 봉
급의 봉쇄와 기술 발전의 사회적 결과가 문제가 되는 경우, 그는 내 생
각을 거칠게 왜곡하고 있습니다. 귀하의 잡지의 독자들은 나의 최근 저
서 『대지진Le Grand Schisme』을 참고하기만 하면 될 것입니다. 나는 이 편
지가 공개되길 바랍니다. 이만 줄입니다. 레몽 아롱."

『레 탕 모데른』지는 이 편지를 "J.-P. S."라고 서명된 해설과 함께
게재했다. "레몽 아롱이 나에게 아주 정확히 내가 『정치에 대한 대담
Entretiens sur la politique』[10]에서 주장했던 내용을 상기시켜 주었다. 그의 양
심을 의심하지 않기 때문에, 나는 그가 그의 생각을 나의 생각에 맞추

---

9   *Ibid.*, pp.388, 390, 406.

10   1949년에 갈리마르 출판사에서 출판된 대담집으로, 장폴 사르트르, 다비드 루세, 제
     라르 로장탈(Gérard Rosenthal) 등이 참여했다.

기 위해 단순화시켰다고 생각한다. 그리고 그가 그런 일시적인 단순화를 망각했다고 생각한다. 그는 나에게 '우정 어린' 대화에서 인용하고 있다고 비난하고 있다. 나는 우리의 대화가 오래전부터 우정 어린 것이 아니었다고 대답하고자 한다. 왜냐하면 그의 행동은 우정 어린 것이 되길 그쳤기 때문이다."

4년 후에 또 다른 하나의 지적 대차결렬이 「《레 탕 모데른》지 편집장 귀하」라는 제목의 편지를 통해 발생하게 된다. 이 편지는 카뮈가 사르트르에게 보낸 것이다. 1952년 5월 호 『레 탕 모데른』지에서의 자신의 『반항하는 인간』에 대한 혹평에 분개한 카뮈는 이렇게 쓰고 있다. "나는 나 자신을 보는 것에 다소 지쳤습니다. 또 그 시대의 어떤 투쟁도 거부하지 않았던 늙은 투사가 의자를 역사의 방향으로 돌려만 놓았던 비평가로부터 줄곧 효율성에 대한 교훈을 받는 것도 지겹습니다." 이런 내용의 편지에 대해 사르트르는 이렇게 답하고 있다. "당신에게는 유치한 자부심과 약점이 혼합되어 있었기 때문에 나는 당신에게 완전한 진실을 말하는 것을 항상 꺼렸습니다. 그래서 당신의 내적인 어려움을 은폐시키는 음성적인 과격함, 즉 당신의 그 지중해적 중용이라는 것, 당신은 바로 그것의 희생자가 되었습니다. 언젠가는 누군가가 이런 말을 할 것입니다. 그게 나일 수도 있습니다."[11]

물론 1948년에 발생한 '사르트르-아롱'의 결렬은 1952년에 발생한 '사르트르-카뮈'의 결렬만큼 장안의 화젯거리가 되지는 않았다. 가령, 1952년 9월 6일 자 『프랑스 수아르France-Soir』는 그 기회에 「사르트르-

---

11   *Les Temps modernes*, août 1952, pp.332, 334.

카뮈 결렬 이루어지다」라는 제목의 기사를 실었다.[12] 이와 같은 대조는
두 개의 결렬이 이루어진 상황 사이의 비교가 거기에서 끝난다는 것을
잘 보여 준다. 그도 그럴 것이 1948년에 아롱이 얻었던 명성은 1952년
에 카뮈가 얻었던 명성에 훨씬 못 미쳤기 때문이다. 하지만 사르트르와
아롱, 두 절친 사이의 우정이 결렬될 무렵에 그 소식이 많은 사람의 입
에 회자되었다는 사실, 그리고 공중에게 알려진 그들의 결렬 소식은 그
당시 프랑스 지식인 사회에서 오랫동안 있었던 일련의 불화와 단절의
계기가 되었다는 사실을 기억하자.

물론 사르트르-아롱의 결렬이 그런 일련의 불화와 단절의 온전한 계
기가 된 것은 아니다. 그도 그럴 것이 아롱과 헤어지기 전에 사르트르
는 이미 아서 케스틀러[13]와의 불화를 겪었기 때문이다. 프랑스의 칼만
레비Calmann-Lévy 출판사에서 1945년 12월에 출간된 케스틀러의 『영과
무한』이 즉각적으로 PCF의 적개심을 사게 되었다. 그 당시에 자크 뒤
클로[14]가 이끈 대표단이 출판사 사장 로베르 칼만Robert Calmann을 방문
하기도 했다.[15] 메를로퐁티도 그 나름대로 『영과 무한』에 대해 1947년
에 『휴머니즘과 공포Humanisme et terreur』에서 비판 작업을 시도했다. 한 해
전에 케스틀러가 『요가수행자와 경찰국장Le Yogi et le Commissaire』을 출판하

---

12   Cf. 예컨대 『르 몽드』지 1952년 9월 24일 자에 실린 피에르 드 부아데프르의 기사를
      보라.

13   아서 케스틀러(Arthur Koestler, 1905-1983): 헝가리 출신으로 영국으로 귀화한 소설가, 저
      널리스트, 에세이스트이다.

14   자크 뒤클로(Jacques Duclos, 1896-1975): 프랑스의 정치인으로, PCF의 지도자이다.

15   Thierry Cottour, "Le Zéro et l'Infini(Darkness at noon). Les vicissitudes et la postérité du
      roman d'un apostat", dans Histoire et politique. Mélanges offerts à M.E. Monange, Brest,
      1994, pp. 285-295.

자, 메를로퐁티는 또한 『레 탕 모데른』지에 「요가수행자와 프롤레타리아」라는 제목의 글을 써서 비판했다. 사르트르로 말하자면, 그는 그 당시에 케스틀러와의 관계를 끊었다. 보부아르는 체념하듯 『상황의 힘』에서 이렇게 쓰고 있다. "정치적으로 마음이 맞지 않으면 친구가 되는 것은 불가능했다"라고 말이다. 또한 보부아르는 1954년에 출간된 『레 망다랭Les Mandarins』에서 케스틀러의 초상화를 그리고 있기도 하다.

이런 사실과 관련하여 메를로퐁티의 개입은 계시적이다. 최근에 피에르 그레미옹[16]이 강조했던 것처럼 "오늘날 관념사의 중요한 한 요소가 결정적으로 확인되었다. 『레 탕 모데른』지라는 잡지의 초기 정치 노선의 형성에 있어서 주된 역할을 한 장본인은 바로 메를로퐁티였다. 사르트르에 대해서는 물론이거니와 전체주의라는 개념이 소련에 대해 적용되지 않게끔 하기 위해 많은 신경을 쓴 이가 바로 메를로퐁티였던 것이다."[17]

---

16   피에르 그레미옹(Pierre Grémion, 1937-): 프랑스의 사회학자이다.

17   Cf. 이 시대의 이해를 위해 중요하고도 훌륭한 다음 책을 보라. Pierre Grémion, *Intelligence de l'anticommunisme. Le Congrès pour la liberté de la culture à Paris. 1950-1975*, Fayard, 1995(인용은 p.300).

풀턴[18] 연설의
효과

사르트르와 아롱의 결정적인 결렬이 1948년 가을에 일어난 것은 결코 우연이 아니다. 그해 여름 초에 아롱의 『대지진』이 출간되었다. 이 저서는 냉전 시대에 대한 '아롱-야누스', 즉 아롱의 두 모습이 반영된 것이다. 인정받는 분석가와 참여 지식인의 모습이 그것이다.

실제로 미국과 소련의 외교적, 이데올로기적 지진에 할애된 이 저서의 두 주요 부분은 지정학적 분열과 그로부터 파생된 외교적, 군사적 상황을 심도 있게 분석하고 있다. 이런 점에서 보면 이 저서는 냉전에 대한 초기 이론화 작업 중 하나이다. 이 작업은 후대에 전해지는 다음과 같은 표현으로 요약된다. "불가능한 평화. 있을 법하지 않은 전

---

18   풀턴(Fulton): 미국 미주리주에 있는 도시로, 1946년 3월 5일에 영국의 총리였던 처칠이 이 도시에 있는 웨스트민스터대학교에서 명예박사학위를 받는 자리에서 행한 "평화의 원동력"이라는 제목의 연설로 유명해졌다. 특히 이 연설은 "철의 장막"이라는 표현으로 유명하다.

쟁." 하지만 이 저서에 의해 냉전과 그 함축적인 의미에 대한 가장 뛰어난 분석가 중 한 명이라는 아롱의 위상에 그 당시에 그가 RPF의 일원이 된 참여 지식인이었다는 위상이 겹친다. 이 저서의 또 다른 주요 부분은 특히 참여의 프리즘을 통해 조망된 그 시기의 프랑스 내의 논쟁에 깊이 뿌리내리고 있다. 아롱은 이렇게 말한다. "지적, 도덕적 개혁"은 "인간의 조건을 개선하기 위한 현실에 대한 인정과 적절하지 못하고 느린 노력"을 거치고 있다고 말이다.[19] 1948년 이전의 몇 해 동안에 여전히 방향을 암중모색하고 있던 아롱은 『대지진』이 출간되는 해에 지적으로 안정되고, 이데올로기적으로 무장된 모습을 보여 주게 된다. 그리고 그는 두 진영으로 갈라진 세계를 인정하고, 그 안에서 자신의 진영을 선택하고 있다. "군국적임과 동시에 종교적이고, 또 아주 엄격한 원칙을 적용하고 있는 세력 앞에서, 나와 함께하지 않는 자는 나를 반대하는 자이다. 그리고 명예스러운 유일한 태도는 완전한 동의이든지 아니면 절대적인 거부이다. 그 중간은 없다."

1948년 7월에 출간된 『대지진』은 『레 탕 모데른』지의 그해 마지막 호에서 ―아롱의 편지가 게재된 호의 다음 호에서― 장 푸이용[20]에 의해 공격을 당했다.[21] 이 점에서 보면 이 잡지는 그 당시에 공산주의자들과 같은 편이었다. RPF에의 참여와 『대지진』에서의 분석으로 인해 아롱은 빠르게 PCF와 이 당의 지지자들의 공격 목표가 되었다. 예컨대 아

19   Raymond Aron, *Le Grand Schisme*, Gallimard, 1948, pp.8, 305.

20   장 푸이용(Jean Pouillon, 1916-2002): 프랑스의 인류학자이자 문학 비평가이다.

21   Jean Pouillon, "Une remède de cheval", *Les Temps modernes*, n° 39, décembre 1948-janvier 1949, pp.139-154.

롱은 공산주의 성향의 고등사범학교 학생들의 공격의 사정거리에 들어 있었다. 그들에 의해 활성화되고 있던 회보 『월름가Rue d'Ulm』에는 이렇게 적혀 있다.[22] "1948년 11월. 아롱은 학생들에게 RPF의 강령을 다음과 같은 선동적인 제목으로 설파했다. '어떻게 냉전을 승리로 이끌 것인가?'" 그들 공산주의 성향의 학생들은 아롱에게 입을 닫아 버렸다. 그렇다고 해서 아롱이 학생들에게 또 강연을 하는 것을 방해받지는 않았다. 2개월 후에 『월름가』라는 회보에서 다음과 같은 메모를 볼 수 있다. "1949년 1월. 지난번 실패를 만회하기로 결심한 레몽 아롱이 또 '강연'을 했다. 공산주의자들은 이 강연이 금지되었다고 주장했다."

이제 아롱은 PCF에 의해 적대 세력으로 인식되어 적들의 갤러리의 한 축을 장식하게 되었다. 이어지는 10년 동안 PCF의 비난의 목소리는 아주 강경했다. 아롱은 『르 피가로』의 남자, 곧 노동자계급의 적이자 부르주아지의 가장 보수적인 행동 대원이었다. 그는 공산주의 성향의 문학 작품에서조차 아주 혐오스러운 인물로 형상화되었다. 가령, 1951년에 피에르 쿠르타드[23]는 『지미Jimmy』에서 아롱을 『주르날Journal』에서 국제 관계를 분석하는 베르나르라는 인물의 특징을 빌려 묘사하고 있다. 베르나르는 사회학과 통계학을 바탕으로 분석을 한다고 주장한다. 하지만 그는 "시의적 사실들로부터 계속해서 가장 애매하고 가장 혼란스러운 결론을 끌어낸다." 게다가 그는 나치즘에 대한 향수를 드러내기도 한다.[24] 이 주제는 장 카나파[25]의 『실존주의는 휴머니즘이 아니다』에

---

22   *Rue d'Ulm*, février 1949, conservé à l'IMEC.
23   피에르 쿠르타드(Pierre Courtade, 1915-1963): 프랑스의 작가이자 저널리스트이다.
24   Pierre Courtade, *Jimmy*, *op. cit.*, pp. 240, 243.

서 이미 나왔던 주제이다. 이 저서에서 아롱은 "네오파시스트"로 규정되었다.[26] 항상 이런 정도로 강경한 어조는 아니었지만, 어쨌든 공산주의자들의 아롱에 대한 공격은 여러 해 동안 계속된다. 그리고 1955년에 출간된 아롱의 『지식인의 아편』도 이런 어조를 약화시키는 데 기여하지 못한다. 아니 베스(크리젤)[27]는 『라 누벨 크리티크*La Nouvelle Critique*』[28]지 7-8호에서 이렇게 쓰고 있다. "아롱은 세상에서 가장 비겁한 일을 했다. 그는 그의 젊은 시절을 부인했다. 그는 청소년 시절에 너그러운 사상[29]의 영향을 받았다. 그는 『르 피가로』지의 협력자가 되었다. 마음이 편치 못할 것이다."

공산주의자 성향의 적들의 눈에 아롱이 이처럼 『르 피가로』의 남자로 비쳐지긴 했지만, 이 신문에서의 논설위원으로서의 활동을 그의 유일한 활동으로 여긴다면 관점의 오류를 범할 수 있다. 물론 이 신문에서 그의 활동은 아주 밀도 있는 것이었다. 제4공화국 아래에서 아롱은 『르 피가로』지에 1년 평균 82편의 기사를 썼다.[30] 게다가 초창기부터 아롱은 이 신문에서 신뢰와 기대를 한 몸에 받았다. 1947년과 1948년 사이에 아롱의 기사는 예외 없이 1면에 실렸다. 그렇지만 그의 논설위원으로서의 활동은 하루 전체에서 일부를 차지할 뿐이었다. 아롱이 그 직

---

25   장 카나파(Jean Kanapa, 1921-1978): 프랑스의 좌파 지식인이자 작가이다.

26   Jean Kanapa, *L'Existentialisme n'est pas un humanisme*, Editions sociales, 1947, p.53.

27   아니 크리젤(Annie Kriegel, 1926-1995): 프랑스의 역사학자로, 처음에 PCF에 가입했다가 우파로 전향했다.

28   1948년에 창간된 PCF 계열의 잡지로, 1980년에 폐간되었다.

29   사회주의 사상을 의미한다.

30   발레리 아농(Valérie Hannon)이 계산한 평균.

책을 수행한 지 몇 개월 뒤인 1948년에 집필된 한 텍스트에서 아롱은 이렇게 말하고 있다. "논설위원은 늦어도 저녁 7시, 또는 8시에 들어오는 기사의 주제를 정한다. 그래서 9시까지 약 한 시간 정도 기사를 쓰는 시간이 필요하다. 9시 전에 마치면 자유이다."[31] 물론 논설위원의 활동이 진지하지 않아서가 아니다. 11년 후에 있었던 한 강연을 통해 그는 이렇게 말하고 있다. "해설가라는 직업에는 지적 영역에 속하는 여러 능력이 요구됩니다."[32]

결국 이와 같은 생각이 중요하다. "해설"은 시의적인 사건들 속에 분석가의 생각을 통속화시키고 근거를 마련하는 것이다. 그 당시의 분위기에서 그런 사건들은 냉전의 세계에서 벌어졌고, 이 세계를 해설가와 분석가라는 두 개의 합해진 펜을 통해 기술하는 것이었다.[33] 게다가 아롱은 이 세계가 두 진영으로 나뉠 것을 예견했던 참이었다. 앞에서 본 것처럼, 미국과 소련 사이에 전쟁이 발발할 경우에 어떤 태도를 취할 것인가를 두고, 아롱이 『레 탕 모데른』지의 지도부와 거리를 둔 것이 바로 1946년 봄이었다. 어쨌든 젊은 고등사범학교 졸업생이었던 아롱이 1930-1931학년도에 쾰른에서, 또 이어지는 두 해 동안 베를린에서 직관적으로 '역사'가 다시 움직이고 있다는 것을 느꼈던 것처럼, 40세가

31   Raymon Aron, "L'éditorialiste", dans *Problèmes et techniques de la presse*, Domat-
       Monchrestien, avril 1948, pp.65-83.

32   Raymon Aron, "Journaliste et professeur", discours prononcé à l'Institut des hautes
       études de Belgique, 23 octobre 1959, *Revue de l'université de Bruxelles*, pp.177-196.

33   Cf. 이 점에 대해서 다음을 보라. *Les Articles du* Figaro, t. I, *La guerre froide, 1947-
       1955*, de Raymond Aron, présentation et notes de Georges-Henri Soutou, De Fallois,
       1418p., 1991.

된 그는 다른 지식인들보다 앞서 '역사'가 다시 갈라지고 있다는 것을 느꼈던 것이다. 또한 그는 지식인계층에서 이른바 "풀턴 효과"라고 부를 수 있는 것에 대해 처음으로 반응을 보인 지식인 중 한 명이다. 실제로 1946년 3월 5일에 풀턴에서 행한 연설에서 윈스턴 처칠은 "소련 세력권"의 형성과 "전 세계에서" "다섯 번째 공산주의의 기둥"이 존재하고 있음을 역설했다. 후세에 남은 다음과 같은 문장과 더불어서 말이다. "발트해의 슈체친에서 아드리아해의 트리에스테까지 대륙을 가로질러 '철의 장막'이 쳐져 있습니다."[34] 이것은 벌써 2차 세계대전의 대연합의 종말에 대한 하나의 조치였던 것이다.

아롱과 같은 몇몇 사람은 즉시 이 연설의 중요성을 알아챘다. 가령, 『에스프리』지에 케스틀러의 『영과 무한』에 대한 서평을 쓰면서 베르트랑 다스토르그[35]는 이렇게 말하고 있다. "우리는 이 책을 정치적-정열적 차원에 위치시켰다. 이 책이 물리치는 데 도움을 줄 수 있는 '적'과의 연관 속에서, 이 책이 제시하는 무기와의 연관 속에서, 이 책이 활성화시킬 수 있는 선전과의 연관 속에서 그렇다. 사실 우리는 뼛속까지 '정치화'되어 있다."[36] 특히 1947년부터 "정치적-정열적"인 차원이 공산주의 문제와 관련해 지식인계층을 장악하게 된다. 하지만 이와 같은 열정은 그 자체로 힘의 역학 관계에 의해 지배된 상황 속에서 다시 자리매김되어야 한다.

---

34   슈체친은 폴란드의 영토이고, 트리에스테 항구는 이탈리아 영토이다.

35   베르트랑 다스토르그(Bertrand d'Astorg, 1913-1988): 프랑스의 시인이다.

36   Bertrand d'Astorg, "Arthur Koestler, prix Nobel 1960", *Esprit*, II, 1946, p.379.

냉전 중의
파리에서

　사르트르와 아롱의 불화는 점점 냉전의 영향을 받게 된 파리의 지성
계에서 일어났다. 그 당시 파리의 분위기는 동부 유럽에서 정착 중에
있었던 공산주의 체제에서 자유가 침해되는 양상을 알아차리고, 또 그
에 대한 증언을 받아들이는 데 있어서 무능력함을 보여 주었는가? 동
부 유럽의 현실에 대한 정확한 지각을 방해하는 장애물이 있었다는 사
실을 부인할 수는 없다. 가령, 프랑수아 페초[37]는 그의 『회고록』[38]에서
1949년 11월에 『에스프리』지에 게재된[39] 러이크[40] 재판에 대한 글을 통

---

[37]　프랑수아 페초(François Fejtö, 1909-2008): 헝가리 출신의 프랑스 저널리스트이자 역사학
　　　자로, 동부 유럽과 공산주의사 전문가이다.

[38]　François Fejtö, *Mémoires. De Budapest à Paris*, Calmann-Lévy, 1986, p.215.

[39]　"L'affaire Rajk est une affaire Dreyfus internationale", *Esprit*, novembre 1949.

[40]　라슬로 러이크(László Rajk, 1909-1949): 헝가리의 공산주의 정치인으로, 1949년에 헝가
　　　리에 자본주의와 서구 제국주의를 세우고자 했다는 죄목으로 재판에 회부되어 처형
　　　되었다.

해 야기된 강한 적대감을 이야기하고 있다. 그로 인해 그의 주위에 패거리가 형성되었으며, 몇몇 친구들은 거리를 두기도 했다는 것이다.

그렇다고 해서 이런 현실적인 어려움이 파리 지성계의 거의 기능상의 무능력이 되어 버렸는가? '그렇다'는 것이 앵글로색슨 역사학자 토니 주트[41]의 주장 중 하나이다.[42] 그가 보기에 "프랑스인들은 그 당시에 그들의 지적 국경을 폐쇄시켜 버렸다. 세계적인 지식인 공동체는 스탈린주의의 희생자들을 ─동조하든 안 하든 간에─ 배제하는 방식으로 다시 정의되었다." 그 결과, "동부 유럽의 인텔리겐치아의 절반"은 "이제 이중으로 배제된 상태에 놓이게 될 것이다. 공산주의자들에 의해 민족 문화를 박탈당한 채, 그리고 유럽의 보편적인 문화 속으로의 진입이 이 문화를 지키는 자들에 의해 금지된 채로 말이다." 이와 같은 진단은 준엄하고, 또 그 무게는 지속된다. 분명 이 두 상태에 처한 자들 사이에는 토론이 필요하다. 이 점에 대해 ─이것은 토니 주트의 주장의 일부에 불과하다─ 그는 아마도 프랑스의 공산주의자가 아닌 좌파 지식인들로 이루어진 몇몇 소분파의 분위기를 청취하고 또 수용하는 능력을 낮게 평가한 것으로 보인다. 이것은 또한 자유주의 성향의 몇몇 소그룹에 대해서도 해당된다. 파리의 지성계를 단수로 말한다는 것은 지나치게 환원적이다. 그런데 파리 지성계에 대한 피상적인 분석만으로도 즉각 그 다양성이 드러난다. 실제로 파리 지성계는 다양한 사회관계망으로 구성되어 있었고, 또 그만큼 갈라져 있었다. 그리고 동부 유럽

---

41   토니 주트(Tony Judt, 1948-2010): 영국의 역사학자로, 유럽 지성사 전문가이다.

42   Tony Judt, *Un passé imparfait. Les Intellectuels en France 1944-1956*, Fayard, 1992, p.330.

에서 건너온 정보들이 퍼지는 —안 퍼지는— 것은 이런 다양한 사회관계망을 통해서였다. 우리는 뒤에서 이런 사회관계망 중 몇 개를 살펴볼 기회를 갖게 될 것이다. 하지만 지금부터라도 몇몇 지점을 드러낼 수는 있을 것이다. 당장 기억을 떠올리기 위한 것이라 해도 그 당시에 철의 장막 저편의 현실에 대해 눈이 멀고 또 그들의 주장에 귀가 멀었던 파리 지성계의 이미지는 이미 클리셰에 속한다. 이런 지적은 중요하다. 그도 그럴 것이 이런 회상을 통해 몰지각한 상태에서 통찰력을 가진 유일한 지식인 아롱의 이미지와 사르트르는 1940년대 말에 동부 유럽과 중부 유럽에서 발생하고 있는 상황에 대해서 완전한 무지 상태에 있었을 것이라는 주장을 비교할 수 있기 때문이다.

그런데 비록 파리 지성계의 수많은 소분파가 동부 유럽에서 오는 정보에 예민한 반응을 보였다고 해도, 거시사적 시각에서 보면 방금 전의 단언에 의해 부각될 수밖에 없는 다음과 같은 현실이 남아 있다. 즉, 이런 정보의 힘은 프랑스 지식인 사회에 아주 약화된 상태로 도달했다는 사실이 그것이다. 또는 더 정확하게 말하자면, 동부 유럽에서 온 증언들은 단어의 수리학적 의미에서,[43] 냉전 시대의 파리에서 본래 모습을 잃어버린다. 그렇게 되면 역사학자에게 제기되는 질문은 이런 분실 현

---

[43] 산에서 발원한 물은 계곡을 따라 흘러 점차 큰 물줄기를 형성해 강을 이루고 마지막에는 바다로 흘러든다. 그 과정에서 사람들은 댐을 건설해서 전기를 생산하기도 하고, 또 홍수로 인한 피해를 줄이기도 한다. 이런 일에는 물의 속도나 양의 조절이 수반된다. 이와 마찬가지로 냉전 시대에 '철의 장막'에 둘러싸여 외부와의 관계가 거의 차단되었던 소련에서 어떤 사건이 발생했을 경우, 이 사건에 대한 정보나 증언이 파리에 전달되기까지 여러 나라, 여러 도시, 여러 사람 등을 거치면서 왜곡, 변형되기 마련이다. "수리학적 의미"라는 말은 이런 과정을 비유적으로 표현하고 있는 것으로 보인다.

상을 설명하려고 시도하는 것이 된다. 하지만 다음과 같은 조건하에서이다. 즉, 공산주의자들이나 그들의 동반자들에 대한 맹목이나 견유주의, 또 비공산주의 좌파 지식인들에 대한 PCF의 위압적인 힘 앞에서의 비겁함의 조장에 기여하는 함축적이고 단순한 가치판단에 그치지 않는다는 조건이 그것이다. 물론 그런 태도들이 존재하지 않았던 것은 아니다. 하지만 그런 태도들을 취하게 되면 지식인계층에 대해 무미건조한 모습을 부여하게 될 것이다. 마치 경건한 역사에 속하는 것처럼, 그리고 이 계층이 갖는 특성의 약점이나 부재 등을 부인하는 것처럼 말이다. 그런 설명은 당연히 제한적이다. 그런 만큼 더 일반적으로 그 시대의 파리 지성계에서 나타난 이데올로기적 역학 관계로 되돌아와야만 한다. 그런데 이런 역학 관계를 통해 공산주의 지식인들이 그 당시에 동부 유럽에서 온 증언들에 대해 가지고 있던 반박과 비난의 힘이 설명된다.

물론 중요한 연구들[44]이 회고적으로 PCF의 주장을 상대화시키고 있다. 예컨대 조르주 코니오[45]는 PCF의 제10차 전당대회에서의 연설에서 이 당을 "지성인의 당"이라고 자칭하고 있다. 하지만 실제로 큰 명성을 누린 지식인들에게만 국한시킨다면, 자닌 베르데스르루[46]가 지적하고 있는 것처럼 공산주의자들은 그들의 당 내부에 "제한된 명사 서클"를 가지고 있었을 뿐이다. 여기에 다음 사실을 덧붙여야 할 것이다. 즉,

44   Cf. Jeannine Verdès-Leroux, *Au service du Parti. Le Parti communiste, les intellectuels et la culture (1944-1956)*, Fayard-Editions de Minuit, 1983.

45   조르주 코니오(Georges Cogniot, 1901-1978): 프랑스의 작가, 철학자이자 공산주의 정치인이다.

46   자닌 베르데스르루(Jeannine Verdès-Leroux, 1940-): 프랑스의 역사학자이다.

이 "제한된 명사 서클"은 한편으로, 동반자들로부터 유명한 "중간자들"에 의해 보급되는 훨씬 더 넓은 세력권의 중핵일 뿐이고, 또 다른 한편으로 덜 알려지고 —심지어는 익명이고— 또 훨씬 더 넓은 공산주의 인텔리겐치아로 구성된 세력권의 중핵일 뿐이라는 사실이 그것이다. 실제로 해방에 이어지는 몇 년 동안에 PCF는 정치에 각성한 젊은 세대로부터 많은 당원을 모집했다. 물론 대부분의 젊은 지식인들은 학문적으로 명성을 얻게 되면 대개 PCF를 떠났다. 하지만 이런 측면에서도 과거에 PCF에 속한 자들은 나중에도 대중적인 힘을 발휘한다. 예를 들어 역사학자들에게만 국한시킨다면, 모리스 아귈롱,[47] 알랭 브장송,[48] 장 부비에,[49] 프랑수아 퓌레,[50] 아니 크리젤, 에마뉘엘 르 루아 라뒤리[51] 등의 이름을 거론할 수 있다. 이들은 공산주의에 매료된 전후의 젊은 대학생 중 눈에 띄는 일부의 명단이다.[52]

결국 공산주의를 지지하는 지식인들과 그 주변 세력의 한결같은 이런 무게로 인해 PCF가 '헤게모니를 장악한 위치' —그들이 헤게모니를

---

[47] 모리스 아귈롱(Maurice Agulhon, 1926-2014): 프랑스의 역사학자로, 프랑스 근현대사 전공자이며, 콜레주 드 프랑스 교수를 역임했다.

[48] 알랭 브장송(Alain Besançon, 1932-): 프랑스의 역사가로, PCF에 가담했다가 스탈린의 범죄를 고발한 후 탈당했으며, 후에 소련 전문가가 되었다.

[49] 장 부비에(Jean Bouvier, 1920-1987): 프랑스의 역사학자이다.

[50] 프랑수아 퓌레(François Furet, 1927-1997): 프랑스의 역사학자로, 프랑스대혁명 전문가이며, 현대사에서 마르크스주의의 실패 원인에 큰 관심을 가졌다.

[51] 에마뉘엘 르 루아 라뒤리(Emmanuel Le Roy Ladurie, 1929-): 프랑스의 역사학자로, 콜레주 드 프랑스 교수를 역임했다.

[52] 이 세대에 속하는 자들의 증언 중 어떤 것은 잘 알려져 있다. 예를 들면 다음과 같다. Emmanuel Le Roy Ladurie(*Paris-Montpellier*, Gallimard, 1982), Maurice Agulhon(*Vu des coulisses*, in *Essais d'ego-histoire*, réunis et présentés par Pierre Nora, Gallimard, 1987), Alain Besançon(*Une génération*, Julliard, 1987), Annie Kriegel(*Ce que j'ai cru comprendre*, Laffont, 1991).

장악한 적은 없다— 가 아니라 '지배적인 위치'를 차지하게 되었다는 결론을 내릴 수 있다. 이런 지배적인 위치가 공산주의 세력권에 대해 다음과 같은 두 개의 채널을 통해 표현된 반박의 힘을 부여해 주었다. 좌파에 대한 위압적인 힘과 우파에 대한 공격적인 힘이 그것이다. 위압적인 힘에 대해서만 연구를 하더라도 온전히 한 권의 책이 필요할 것이다. 그 정도로 이 힘은 아주 복잡한 연금술을 보여 준다. 지적 테러리즘과 매혹-혐오의 혼합이 그것이다. 예컨대 『에스프리』지와 PCF의 복잡한 관계, 적어도 전후 초기의 강한 "친공산주의"[53]의 성향이 그것을 증명해 준다. 이런 상황에서 『레 탕 모데른』지가 좌파 참여 잡지로서 공산주의라는 극極과의 관계 속에서 자리매김하고자 했다는 것은 전혀 놀라울 것이 없다. 그리고 사르트르가 암묵적으로 RDR 시절에 PCF에 의해 입장을 표명할 것을 독촉받았다는 것에도 전혀 놀라울 것이 없다.

'입장을 표명하다.' 사실을 말하자면 이 표현은 "증거를 보여 주다"라는 표현보다 적절하지 못하다. 그리고 바로 거기에서 PCF가 우파를 공격하는 힘이 다시 발견된다. 실제로 우파에 맞서 종종 싸움에 뛰어든 것은 비공산주의 좌파였고, 또 그렇게 해서 반박의 기능을 수행한 것도 비공산주의 좌파였다. 하지만 그런 역할만으로는 동부 유럽에서 온 징후를 제대로 수용하지 못한 것을 설명하기에는 충분하지 못할 것이다. 종종 거기에 증언의 기피가 더해진다. 실제로 증언은 그것을 하는 사람을 생각하지 않는다면 존재하지 않을 것이다. 따라서 모든 것은 '은폐의 의지'로 귀속되지 않는다. 이 의지는 그 자체로 전략, 견유주의, 또는

53   Michel Winock, *Histoire politique de la revue* Esprit *(1930-1950)*, Le Seuil, 1975, pp.289-314.

비겁함 등에 바탕을 둔다. 또한 '보지 못함non-voyance' —이 표현은 '맹목 aveuglement'보다 덜 비유적이다— 도 있다.

PCF가 가진 이런 공격의 힘이 이 당의 좌파 지지층을 일종의 삼단논 법으로 이끈다. PCF의 대열로 참여해야 할 필요성과 최소한 당의 측면 세력이 되어야 할 필요성으로 이어지는 삼단논법이 그것이다. 추론의 전제. 선택해야만 한다. 가령, 쥘리앵 방다는 1948년에 『유럽』지에서 이렇게 쓰고 있다. "이 두 계급 블록과 각각의 영토 위에서의 출현 사이 에서 프랑스인은 선택을 해야만 한다."[54] 이것은 대번에 무관심, 타협의 시도, 또는 중립을 배제한다. 따라서 중립주의가 태어나는 것은 선택하 는 것을 거부하는 것일 뿐이고, 그로 인해 그것은 비난받을 수 있다. 그 런 만큼 이와 같은 필수적인 선택은 또한 대체의 여지가 없는 선택이 다. 왜냐하면 자본주의를 비난한다면 반공산주의가 될 수 없기 때문이 다. 폴 프레스[55]는 '역사'의 흐름이 바뀌고 있던 1947년 첫 상반기에 『에 스프리』지에서 이렇게 강조한 바 있다. "사람들이 공산주의자들과 싸 우면서 자본주의를 폭파시키지 못할 것이라는 점은 명백하다(또는 자본 주의가 그 자체의 모순에서 벗어나기 위해 새로운 파시즘으로 변하는 것을 피할 수 없 는 것도 명백하다)."[56] 분명, 몇 개월 후에 폴 프레스는 이렇게 말하고 있다. "같은 문제에 대한 극단적인 해결책인 공산주의와 파시즘은 반대 세력 을 제거하기 위해 모두 동일한 전체주의적 수단에 호소했다", 그리고 "경찰이 주된 무기가 되었으며, 또 경찰은 그 효율성을 밀고에만 빚지

---

54   Julien Benda, "Le dialogue est-il possible?", *Europe*, mars 1948, p.8.
55   폴 프레스(Paul Fraisse, 1911-1996): 프랑스의 심리학자이다.
56   Paul Fraisse, "L'engagement chrétien", *Esprit*, I, 1947, p.165.

고 있을 뿐이다. 공동 권리의 차원에서 세워진 감옥들만으로는 더 이상 충분하지 않고, 또 정치범 수용소들도 일종의 자동적인 필요성에 의해 세워지고 있다."[57] 하지만 프랑스를 짓누르는 권위주의적인 위협, "과거에 공산주의자들의 진영에서 옛 레지스탕스 운동을 발견하는 것처럼 우리는 새로운 레지스탕스 운동을 발견하고 있다."

따라서 반공산주의적 비판은 중립화된다. 마치 메를로퐁티의 펜 아래에서 그렇듯이 말이다. 실제로 메를로퐁티는, 그 자신이 마르크스주의를 '역사'의 철학으로 여기던 시절에 ─특히 1947년 『휴머니즘과 공포』에서─ 소련 체제의 몇몇 양상을 비판하는 것을 그치지 않고 있다. 가령, "집단수용소 시스템"과 "경찰 시스템"에 대해 말하면서 말이다. 하지만 메를로퐁티는 또한 반공산주의는 아무런 실질적인 해결책을 제시하지 않는다는 사실을 곧바로 지적하고 있다. 가령, "말로, 케스틀러, 티에리 몰니에,[58] 버넘[59]", "잃어버린 희망을 주장하는 리그", "은퇴한 지식인들"이 "각자 그 나름의 방식으로 카오스에 동의했다"고 비판하면서 말이다.[60] 실제로 그 당시에 반공산주의는 많은 프랑스 지식인들에게서 일종의 "부끄러운 병"[61]이 되어 버렸던 것이다.

---

57   Paul Fraisse, "Face au danger immédiat", *Esprit*, II, 1947, pp.803, 805.

58   티에리 몰니에(Thierry Maulnier, 1909-1988): 프랑스의 작가이자 저널리스트이다.

59   제임스 버넘(James Burnham, 1905-1987): 미국의 정치학자로, 초기에 공산주의에 동조했으나 나중에는 완전히 반공산주의자로 돌아섰다.

60   Maurice Merleau-Ponty, "Communisme-anticommunisme", *Les Temps modernes*, II, 1948-1949, p.188.

61   Michel Winock (dir.), "Les schisme idéologique", dans *Le Temps de la guerre froide*, Le Seuil, 1994, p.104.

"더러운 손을 가진 자는
사르트르이다"

　사르트르와 PCF 간의 복잡한 관계를 이와 같은 역학 관계를 통해 검
토해 보는 것이 좋을 듯하다. 하지만 이런 검토는 다음 사실로 인해 더
욱 어렵게 된다. 즉, 이 관계가 전후 몇 년 동안에 PCF가 문학 창작이
라는 미학적 분야에 가했던 공격이라는 상황 속에 다시 자리매김되어
야 할 필요가 있다는 사실이 그것이다. 실제로 공산주의자들은 처음부
터 실존주의에 대해 내키지 않는 태도를 보였다. 앞에서 본 것처럼 사
르트르에게 아주 중요했던 1945년 가을에 많은 공산주의 지식인들이
공격 일선에 섰다. 1945년 11월 24일에 도미니크 오리가 『레 레트르 프
랑세즈』에 게재한 "실존주의는 무엇인가?"라는 주제에 대한 앙케트에
대해, 앙리 르페브르는 직설적으로 실존주의에는 "[그가] 혐오하는 무
엇인가가 있다"고 선언한다. 특히 한 달 후에 로제 가로디[62]는 『레 레

62　　로제 가로디(Roger Garaudy, 1913-2012): 프랑스의 철학자이자 정치인으로, PCF의 대표
　　　　적 인물이다.

트르 프랑세즈』에 실린 그의 첫 번째 글에서 이렇게 진단하고 있다. 실존주의에서는 "기껏해야 레지스탕스 운동이 끝난 직후에 스스로 '동원 해제되었다'고 생각한 몇몇 지식인을 사로잡은 강한 욕망이나 열기가 주요 관심사이다."[63] 분명, 1944년 말에 사르트르는 실존주의에 대한 공산주의자들의 적개심을 느꼈다. 『악시옹』지에 실존주의에 대한 상세한 설명을 게재해야 할 정도였다.[64] 하지만 진짜 적개심은 오히려 1945년 하반기에 나타났다. 그리고 그때부터는 우연적인 사건은 없었다. 1945년 6월에 개최된 PCF의 제10차 전당대회에서 중앙 위원회 소속 코니오와 가로디는 민족 문화의 창달을 옹호했으며, 반민족적이고 허무주의적으로 판단된 문화 형태를 비난했다. 이 비난은 특히 실존주의와 추상예술을 겨냥한 것이었다.[65] 방금 위에서 언급한『레 레트르 프랑세즈』의 글에서 르페브르는 자신의 입장을 분명하게 표명하고 있다. "내가 보기에 실존주의라는 이 경향은 뭔가 병적인 것을 드러내 보이는 것 같다. 또한 그것은 완전히 부르주아 문화의 해체의 연장선상에서 '부패' 현상을 증언해 주는 것처럼 보인다." 1945년 12월 28일의 글에 대해 보자면, 그는 이 글의 첫 쪽의 절반을 —더 정확하게는 7단 기사 중 3단을— 줄로 그어 버렸다. 이 글을 쓴 가로디는 사르트르를 전쟁에서 깨어난 "몽유병에 걸린 지식인"이라고 공격하고 있으며, 또한 불경한 실존주의는 "마르크스주의를 보완하는 것이 아니라 오히려 [그것

---

63   Roger Garaudy, "Sur une philosophie réactionnaire. Un faux prophète: J.-P. Sartre", *Les Lettres françaises*, 28 décembre 1945, p.2.

64   "A propos de l'existentialisme: mise au point", *Action*, n° 17, 29 décembre 1944.

65   Cf. Marc Lazar, "Le Parti communiste français et la culture", *Les Cahiers de l'animation*, 1986, n°s 57-58, pp.57 이하.

에] 반대한다"고 공격하고 있다. 그 결과 모든 대화가 불가능했다. 왜냐하면 "현실에서 유리된 이 사상은 오늘날 철학의 금과옥조의 지킴이 역할을 하고 있는 노동자계급에 대해 아무런 영향도 주지 못하며, 사유는 행동에서 태어나고, 사유는 행동이며, 또 행동에 봉사하기" 때문이다. 하지만 앞에서 본 것처럼 실존주의의 위험은 그다지 커 보이지는 않았다. 그도 그럴 것이 공산주의자들의 눈에 그것은 아직은 단지 "열기"에 불과했기 때문이었다.

하지만 이런 열기가 너무 넓게 퍼져 나가는 것처럼 보였다. 왜냐하면 공산주의자들의 공격이 계속되었을 뿐만 아니라, "많은 사람[젊은이들] 사이에 인간의 '구체적' 문제들 앞에서 실의와 포기의 정신을 계속 뿌리면서 실존주의가 '철학적 선동'을 하고 있다"고 비난하면서 확대일로에 있었기 때문이었다.[66] 그리고 사르트르가 1945년에 『상황*Situations*』[67]의 첫 권을 갈리마르 출판사에서 출간했을 때, 그의 제자였던 장 카나파가 비판의 총대를 맸다. "항상 옆에서 판단하고", 또 "비판철학의 우롱적 속임수"를 실천하는 "보잘것없는 예술가", "보잘것없는 비평가"인 저자가 쓴 "아주 지루한", "처음부터 끝까지 허위"의 책이다. "300쪽 분량에서 사르트르 씨는 아무것도 얘기하고 있지 않다. 아니, 엉터리 얘기만 지껄이고 있을 뿐이다." 반면, "90쪽 분량의 책에서 로제 가로디는 우리에게 가장 가치 있는 네 편의 비판적 연구를 제공해 주고 있다. 왜냐하

---

66 Guy Leclerc, "L'existentialisme: une mystification", *Les Lettres françaises*, 17 janvier 1947, p.4.

67 사르트르의 정치, 철학, 문학 등에 대한 글과 대담 등을 모아 놓은 에세이집으로 총 10권이 출간되었다.

면 그의 연구는 근본적으로 모리아크, 말로, 케스틀러, 그리고… 정확히 사르트르"[68]에 대해 이루어진 것이기 때문이다.[69]

사실, 그사이에 PCF는 문화 영역에서 강경한 입장을 내세우고 있었다. 1945년 제10차 전당대회에서 로제 가로디와 피에르 에르베는 모든 공산주의적 미학에 반대하는 입장에 대해 적개심을 보여 주었다. 하지만 그다음 해부터 아라공은 리얼리즘에 기초한 예술 개념을 내세우는 데 성공했다.[70] 또한 아라공은 1947년 6월의 제11차 전당대회에서는 PCF의 세력권에 속한 지식인들과 공산주의 계열의 언론에 대해 훨씬 더 강경한 규율을 제시했다.[71] 게다가 이 전당대회에서 행해진 한 보고에서 토레즈는 케스틀러, 밀러,[72] 사르트르 등의 문학을 "부패한 문학"이라고 규정하면서 싸잡아 공격했다. 이런 문학은 "부르주아지의 이데올로기적 해체"를 표현하고 있다는 것이다.[73]

[68] 그 당시 공산주의자들에 의해 가장 많은 비판을 받았던 작가들이다.

[69] Jean Kanapa, "Critique de la critique", *Les Lettres françaises*, 11 mars 1948, p.5. 이 글에서 『레 탕 모데른』지의 최근 호(n° 27)는 "비열한 것"으로 취급되었다.

[70] "Le parti communiste a une esthétique: le réalisme", *Les Lettres françaises*, 22 novembre 1946. 또한 이 시기에 PCF와 사르트르 사이에 있었던 이른바 이데올로기적 논쟁의 몫을 가늠할 필요가 있다. 예컨대 1946년에 사르트르는 『레 탕 모데른』지에 「유물론과 혁명」(*Situations III*, Gallimard, 1949, pp.135-225에 재수록)을 게재했다. 물론 이 글은 사르트르의 정치적 사색의 주요 이정표 중 하나이다. 이 글을 통해 우리는 1946년부터 사르트르와 아롱이 같은 이데올로기 세계를 맴돌지 않았다는 사실을 단언할 수 있다.

[71] Cf. Marc Lazar, *Maisons rouges. Les Partis communistes français et italien de la Libération à nos jours*, Aubier, 1992, pp.60-61.

[72] 헨리 밀러(Henry Miller, 1891-1980): 미국의 소설가이다.

[73] Maurice Thorez, *Au service du peuple de France, rapport au XIe congrès du PCF(25-28 juin 1947)*, PCF, p.42(Marc Lazar, *Idem.* 에서 재인용).

이렇듯 RDR의 창단 이전부터 공산주의자들은 사르트르의 이름을 거명하면서 그를 계속 공격했다. 우리는 사르트르의 극작품들에 대해 공산주의 계열의 언론이 제공한 평가들을 통해 이런 적개심의 추이를 추적할 수 있다. 1946년 11월에 앙투안Antoine 극장에서 『무덤 없는 주검』이 공연되었을 때,[74] 장 아브랑[75]은 11월 4일 자 『스 수아르』지에 이렇게 쓰고 있다. "거의 완전히 망쳐 버린 비극이다. 알랭 퀴니, 프라우아 비베르, 마리 올리비에는 실존주의자들과 한 통속이다." 하지만 『무덤 없는 주검』과 같이 공연되었던 『공손한 창부La Putain respectueuse』는 장 아브랑으로부터 비교적 호의적인 반응을 얻고 있다. 그 이유는 이 작품이 미국을 공격하고 있기 때문이다. "완벽하고 격렬한 풍자극, 미국의 인종차별주의와 일반적인 사회 위선에 대해 과도하지 않게 비판하고 있는 풍자극"이라고 말이다. 또한 PCF 계열 지식인들의 언론에 의해 공격을 당했던 사르트르에 대한 공격은 1947년 가을을 기점으로 한층 더 증가되었다. 『라 광세La Pensée』지 1947년 11-12월 호에서 폴 가이야르[76]의 펜 끝에서는 다음과 같은 비난이 쏟아졌다. "그는 무덤 파는 사람이자 비천한 사람"이다. 1948년 4월 8일 자 『레 레트르 프랑세즈』지는 이렇게 선언하고 있다. "더러운 손을 가진 자는 사르트르이다." 이것은 그 시기에 공연되었고, 또 반응이 즉각적이었던 사르트르의 극작품[77]에 대한 암시이다.

---

74   1946년 9월에 『닫힌 방』이 포티니에르 극장에서 다시 공연될 때였다. 사르트르의 명성이 커져 가고 있다는 신호이다.

75   장 아브랑(Jean Avran): 프랑스의 저널리스트이다.

76   폴 가이야르(Pol Gaillard, 1916-1983): 프랑스의 극작가, 시나리오 작가이자 교육자이다.

사실, 사르트르는 그사이에 RDR에 가입했다. 게다가 많은 기사가 그의 공적 참여와 극작품을 연결시켰다. 예컨대 『로로르L'Aurore』지는 「벨디브[78]에서 앙투안 극장까지」라는 제목의 기사에서 이 두 가지 측면의 관계에 대해 사르트르에게 질문을 던진 바 있다. 이해당사자인 사르트르의 대답은 다음과 같았다. "나는 선전용 작품을 소개하는 소련의 작가가 아닙니다."[79] 『더러운 손』에 대해 반대 운동을 펼쳤던 PCF는 이 말에 속지 않았다. 한편으로 젊은 투사들은 이 작품의 공연을 방해하는 역할을 맡았다.[80] 다른 한편으로 공산주의 계열의 언론과 공산주의에 호감을 보이는 언론은 싸움에 뛰어들었다. 가령, 마르그리트 뒤라스[81]는 『악시옹』지 1948년 4월 호에서 사르트르의 "부르주아" 관객들을 상기시키고, 또 사르트르가 "관음주의자의 욕구를 충족시켜 주기 위해 마술을 부렸다"고 썼다. 『레 레트르 프랑세즈』에서 폴 가이야르의 펜 아래에서는 가차 없는 판결이 내려졌다. "그날은 아주 안 좋은 토요일 저녁이었다." 공산주의를 모독한 죄는 심각했다. 왜냐하면 그 작품에서 공산주의자들이 "시카고의 살해 집단"처럼 제시되었기 때문이라는 것

---

77   극작품 『더러운 손(Les Mains Sales)』을 가리킨다.

78   벨디브(Vel' d'Hiv): 겨울철 사이클 경기장(Vélodrome d'Hiver), 또는 파리 겨울철 사이클 경기장(Vélodrome d'hiver de Paris)의 약칭이다. 1909년에 세워졌다가 1959년에 철거되었다. 2차 세계대전 중에 있었던 유대인 검거에서 체포된 수많은 유대인들이 아우슈비츠로 이송되기 전에 임시로 수용되었던 장소이기도 하다.

79   *L'Aurore*, 30 mars 1948.

80   Cf. PCF의 투사들에게서 수집한 증언들. 다음 학위 논문을 보라. Patricia Devaux, *Le Théâtre de la guerre froide en France. 1946-1956*, 2 tomes, 1993, Institut d'études politiques de Paris, sous la direction de Pierre Milza.

81   마르그리트 뒤라스(Marguerite Duras, 1914-1996): 베트남에서 태어난 프랑스 소설가이자 극작가, 영화감독이다.

이었다. 결국 사르트르는 "비록 그의 작품의 공연이 성공하긴 했지만, 단지 반공산주의자들이 지독한 멍청이들이라는 것만을 증명해 보일 뿐"이라는 것이었다.[82] 그리고 『악시옹』지는 5개월 후에 다시 공격을 개시했다. 그러면서 이 작품에 나타난 "인간주의적이고 혁명적인 세속 도시에서 일어나는 지상의 구원에 필요한 힘든 조치들과 비난과 불평의 대상이 되는 히틀러주의의 노선과 수단들을 '종합시키고' 있는 이와 같은 끔찍한 동화"를 비난하고 있다.[83] 장 코스타[84]는 그의 공격을 정치적 차원에 위치시켰다. "이 작품은 하나의 이론, 하나의 정치적 행위에 반대 입장을 내보인다. 그것도 너무 유명한 『영과 무한』에 나타난 수단보다도 훨씬 더 거친 수단을 이용하면서 말이다."

그 반면에 우파의 언론은 종종 『더러운 손』에 대해 우호적이었다. 예컨대 티에리 몰니에는 이 극작품에 대해 두 편의 글[85]을 발표하면서 이렇게 내다보고 있다. "우리는 오래전부터 다음 사실을 알고 있다. 즉, 당과 함께하지 않는 자는 당에 반대한다는 사실을 말이다. 또한 당에 반대하는 것은 상당한 대가를 치러야 하는 위치에 있게 된다는 사실을 말이다." 그로부터 이 극작품에 대한 토론은 물론이거니와 이 극작품에 의해 야기된 반응들에 대한 토론이 기인한다. 조르주 알트망[86]은 『프랑 티뢰르Franc-Tireur』 5월 5일 자 기사에서 모욕적이고 공격적인 용어로 이

82   *Les Lettres françaises*, 8 avril 1948.

83   Jean Costa, *Action*, 31 septembre 1948.

84   장 코스타(Jean Costa, 1910-1970): 프랑스의 공산주의 투사이다.

85   *Spectateur*, 6 avril 1948; *Le Figaro littéraire*, 10 avril 1948.

86   조르주 알트망(Georges Altman, 1901-1960): 프랑스의 정치인이자 저널리스트이다.

렇게 말하고 있다. "우리는 의식적이든 그렇지 않든 간에 다음과 같이 말하는 것을 주저하지 않는다. 즉, 『더러운 손』을 자기들 쪽으로 끌어가려고 시도하는 반동적인 비평가들은, 이 비극을 '우파의 작품'으로 만들고자 하는 공산주의 계열의 몇몇 비평가들과 마찬가지로 심각한 오류에 빠져 있다고 말이다. 우리는 단호하게 부자들의 세계, 배불리 먹는 자들의 세계, 반혁명의 세계에서 『더러운 손』의 여러 주제를 간파해 내기 위한 모든 능력과 모든 지성을 부인한다." 어쨌든 이 작품은 성공했다. "자유와 혁명을 결코 분리시키지 않은 우리에게 있어 사르트르가 『더러운 손』에서 말했던 것은 혁명적 행동을 한 것과 같다." 자크 르마르샹[87] 역시 1948년 4월 6일 자 『콩바』지에서 같은 결과를 제시하고 있다. "지성, 예술, 직업이 한데 섞이게 되면 그때부터 은총을 상실한 우리 시대는 감동하게 되고, 화살들이 우리에게 와 닿는다."[88]

　1948년 여름 동안에, 즉 8월 25일에서 28일까지 폴란드의 브로츠와프Wrocław[89]에서 개최되었던 공산당 지식인 세계 대회에서는 긴장의 눈금이 조금 더 높아졌다. 이 대회는 역사적으로 중요하다. 왜냐하면 평화운동Mouvement de la Paix이 시작되었기 때문이다. 이 운동은 알렉산드르 파데예프[90]가 했던 아주 격렬한 연설을 통해 시작되었다. 그는 그 당시 소련 작가협회 사무총장이었다. 그는 그 연설에서 "반동 진영", "히

---

[87]　자크 르마르샹(Jacques Lemarchand, 1908-1974): 프랑스의 작가이자 출판인이다.

[88]　필자는 인용의 일부를 앞에서 언급한 파트리시아 드보(Patricia Devaux)의 학위 논문에서 빌려 왔다.

[89]　폴란드의 남서부에 위치한 네 번째 크기의 도시이다.

[90]　알렉산드르 파데예프(Aleksandr Fadeev, 1901-1956): 소련의 작가로, 소련 작가협회 창립자이다.

틀러 정치의 모방자들"을 비난했고, "제국주의적 반동 문학의 대표자들", —헨리 밀러, "배신자" 더스패서스[91]와 T. S. 엘리엇,[92]— 그리고 "인간에게서 추론의 능력을 앗아 가는 발육부진자들"에 대해 맹공을 퍼부었다. 그리고 그가 사용했던 다음과 같은 공격은 유명하다. "만일 자칼이 티이프 치는 것을 배울 수 있다면, 만일 하이에나가 만년필을 사용하는 법을 알 수 있다면, 그것들이 '쓰게 될' 것은 분명 밀러, 엘리엇, 말로, 그리고 사르트르 등과 같은 작가들의 작품과 닮게 될 것이다."[93] 물론 이런 내용을 담고 있는 연설의 수용은 소란스러웠다. 하지만 이 대회가 끝났을 때 357명의 대표단 중 337명이 "전쟁의 도발자들"을 비난하고, 평화를 위한 지식인들의 연계 위원회의 창설의 원칙을 제안한 최종 해결책에 찬성 투표를 했다. 프랑스 대표단에는 프레데리크와 이렌 졸리오퀴리 부부,[94] 피카소, 엘뤼아르, 이브 파르즈,[95] 쥘리앵 방다,

---

91   존 더스패서스(John Dos Passos, 1896-1970): 미국의 소설가이다. 더스패서스는 이른바 "잃어버린 세대"의 대표 작가로, 대공황기에 자본주의 체제에 환멸을 느끼고 급진적 사회소설을 다수 집필하였으나, 공산주의를 공부하기 위해 소련을 여행한 후, 점차 반공주의로 선회하게 된다. "배신자"란 이런 그의 행보로 인한 표현으로 보인다.

92   토머스 스턴스 엘리엇(Thomas Stearns Eliot, 1888-1965): 영국으로 귀화한 미국 출신의 시인, 극작가이자 문학 비평가이다.

93   *Congrès mondial des intellectuels pour la défense de la paix, Wroclaw 25-28 août 1948, compte rendu*, Varsovie, 1948, p.4. Jozef Laptos, "Le pacifisme apprivoisé: le congrès des intellectuels pour la défense de la paix en 1948", *in* Maurice Vaïsse, *Le Pacifisme en Europe des années 1920 aux années 1950*, Bruxelles, Bruylant, 1993, p.325 이하에서 재인용.

94   장 프레데리크 졸리오퀴리(Jean Frédéric Joliot-Curie, 1900-1958)와 이렌 졸리오퀴리(Irène Joliot-Curie, 1897-1956): 프랑스의 물리학자, 화학자 부부로, 1935년에 공동으로 노벨 화학상을 수상했다.

95   이브 파르즈(Yves Farge, 1899-1953): 프랑스의 정치인이자 저널리스트이다.

마르셀 프르낭,[96] 로제 바양,[97] 페르낭 레제,[98] 로랑 카사노바 등이 포함되어 있었다.

96   마르셀 프르낭(Marcel Prenant, 1893-1983): 프랑스의 동물학자이다.

97   로제 바양(Roger Vailland, 1907-1965): 프랑스의 작가이자 저널리스트이다.

98   페르낭 레제(Fernand Léger, 1881-1955): 프랑스의 화가이자 조각가이다.

중립주의에서
동반자로

PCF의 공격에도 불구하고 사르트르는 1940년대의 마지막 몇 해 동안에 비공산주의 좌파에 속하는 많은 지식인들과 같은 정신을 가지고 있었다. 그들에게서 적어도 반공산주의는 과오였고, 어쩌면 죄이기도 했다. 우리는 앞에서 이런 결론에 이르는 과정을 살펴보았다. 국제 관계에 대한 평가에서 이런 결론을 통해 사르트르는 중립주의로 기울었다. 하지만 아롱은 정확히 이런 중립주의와 결렬했다. 왜냐하면『대지진』에서 쓰고 있는 것처럼, "유일한 명예스러운 태도는 완전한 동의이거나 아니면 절대적인 거부"였기 때문이었다. 앞에서 보았지만 "중간 입장"을 비난하면서 아롱의 중립주의에 대한 비판은 에티엔 질송[99]과의 대립으로 유명해진 논쟁과 더불어 극에 달한다.[100] 하지만 1948년

[99]   에티엔 질송(Etienne Gilson, 1884-1978): 프랑스의 철학자로, 특히 중세 철학의 대가이다.
[100]   Cf. 특히『정신의 자유』(avril 1949)에 실린 그의 글을 보라.

가을의 사르트르와의 결정적인 결렬 이전에 아롱은 RDR에 대한 공격에서 온건한 태도를 보였다. RDR의 기획은 사회주의적인 열망과 중립주의적인 감수성의 경계에 위치해 있었다.[101] 1948년 2월 20일 자 『르 피가로』지에서 아롱은 공식적으로 적개심을 표명하지 않으면서도 탄생 중이었던 RDR에 대해 이렇게 쓰고 있다. "관료주의적 전제주의와 자본주의 사이에서" RDR의 창립자들은 "혁명적 낭만주의의 길을 모색하고 있다." RDR에 대한 험한 공격은 아롱의 진영에서 온 것이 아니라 오히려 PCF에서 왔다. PCF는 이 "SFIO의 꼬리"에 해당한다고 여겨진 RDR를 즉각 공격했다.[102]

사실 프랑스 지식인 사회 내에서 중립주의가 한동안 점하고 있었던 강력한 위치는 PCF의 지배적 위치를 결코 침식하지 않았다. 이런 단언은 부분적으로 역설적이다. 뚜렷하게 드러난 중립주의자들의 관심사 중 하나는, PCF가 고립되지 않게끔 하는 것이었다. 그런데 이와 같은 일종의 역으로 나타난 열기는 역학 관계의 용어로 말하자면 PCF에 도움을 줄 수밖에 없었다. 어쨌든 중립주의는 1949년부터 국제 관계가 험악해지면서 약화되었다.

1947년이 냉전의 세 번의 충격에 의해 큰 영향을 받았다면, 1949년 역시 냉전 시대에서 결정적인 의미를 갖는다. 대서양동맹(NATO)의 탄생으로 인해 입장이 달라지게 되었기 때문이다. 이와 같은 기구의 탄

---

101   물론 여기에서는 RDR의 역사를 일별하지는 않을 것이다. 기본적인 접근을 위해, 그리고 현재 진행 중인 연구의 출간을 기다리면서 다음 책을 참고하기 바란다. Michel-Antoine Burnier, *Les Existentialistes et la politique*, Gallimard, 1966.

102   Pierre Hervé, dans *L'Humanité* du 2 mars 1948.

생에 반영되어 있고 또 확대되고 있는 동서 관계의 악화로 인해 중립주의 노선은 정당화되고, 따라서 그 노선이 강화되는 것처럼 보였다. 하지만 그와 동시에 그런 악화로 인해 중립주의가 약화되기도 했다. 왜냐하면 이제는 진영을 선택해야만 했기 때문이었다. 예컨대 RDR은 그런 반대 흐름을 즉각 느꼈다. 1949년 4월, 공산주의 앞에서 취해야 할 태도에 대한 여러 가지 다양한 평가가 나타나게 된다. 4월 30일에 다비드 루세는 "벨디브"에서 모임을 갖고 독재와 전쟁에 저항하는 국제적인 날을 정했으며, 거기에는 카뮈, 올더스 헉슬리,[103] 이그나치오 실로네[104] 등이 참석했다. 하지만 사르트르와 메를로퐁티는 참석하지 않았다. 물론 방금 나열한 사람들이 모두 RDR의 구성원들은 아니었다. 하지만 RDR의 초기 구성원들이었던 사르트르와 루세 사이에 나타난 평가의 차이는 곧 부정적 효과를 낳게 된다. 여름부터 RDR의 실패는 분명했다. 사르트르는 1949년 10월에 RDR에서 공식적으로 탈퇴했다.

아롱은 그 나름대로 냉전의 초기부터 진영을 선택했다. 1948년 12월 21일 자 『르 피가로』지의 「대서양조약」이라는 제목의 기사에서 그는 "분리된 상태에 있는 대연합"에 우호적인 입장을 취했다. "현시점에서 동부 유럽이, 이렇게 말하자면, 방어 체제 없이" 존재하고 있기 때문에 연합국들이 분리 상태에 있다는 것이다. 위험한 상황이라는 것이었다. "불확실한 평화"의 시대에 말이다. 그리고 이렇게 예견하고 있다. "유럽 대륙은 쪼개진 세계 속에서 하나의 세대를 살아 있는 상태에 있

---

103   올더스 헉슬리(Aldous Huxley, 1894-1963): 영국의 작가이자 철학자이다.
104   이그나치오 실로네(Ignazio Silone, 1900-1978): 이탈리아의 정치인이자 작가이다.

게끔 해야만 한다." 그때부터 아롱은 소련의 "강제노동수용소"를 분명하게 비판했다.[105] 그런 만큼 그는 그로부터 몇 개월 후에 발생한 크라브첸코[106] 사건에서 그의 지지자들의 편에 서는 선택을 하게 된다.

크라브첸코 사건이란? 손해배상 청구인 빅토르 안드레비치 크라브첸코와 『레 레트르 프랑세즈』사이에 센Seine 경범죄재판소 제17호 법정에서 1949년 1월 24일부터 4월 4일까지 26회의 공판이 진행되었던 사건을 가리킨다. 1948년 1월에 크라브첸코가 『레 레트르 프랑세즈』지를 명예훼손을 이유로 고소한 것이 소송의 시작이었다. 이 소송은 1947년 11월 13일 자 『레 레트르 프랑세즈』지의 「크라브첸코는 어떻게 만들어졌는가?」라는 제목의 기사에서 비롯되었다. 이 글의 저자 —심 토마스 Sim Thomas라는 가명하에 신분을 숨겼다— 는 크라브첸코를 허위를 날조한 위선자일 뿐이라고 비난했다. 실제로 크라브첸코가 쓴 『나는 자유를 선택했다』라는 책이 출간되자마자 PCF는 모든 힘을 동원해 공격에 나섰다. 저자인 크라브첸코에 대한 신뢰를 실추시키면서 소련에 불리한 증언의 가치를 떨어뜨리는 것이 주요 관심사였다. 로제 바양은 심토마스의 글보다 먼저 쓰인 글에서 크라브첸코를 "비겁한 자", "배신자"로 규정한 바 있다.

비록 크라브첸코가 재판에서 이기긴 했지만, —『레 레트르 프랑세

---

105   "Le grand dessein de Staline", *Le Figaro*, 15 septembre 1948.

106   빅토르 크라브첸코(Viktor Kravchenko, 1905-1966): 소련 외교관이자 작가로, 서구로 망명했으며, 『나는 자유를 선택했다』를 집필해서 소련 체제를 비판했다. 그로 인해 공산주의자들의 거센 비판의 대상이 되었다. 1947년 11월 13일에 심 토마스라는 이름으로 『레 레트르 프랑세즈』에 실린 한 기사에서 크라브첸코는 소련을 비방했다는 이유와 그가 미국의 스파이라는 이유로 비난의 대상이 되었다.

즈』는 손해배상을 하라는 선고를 받았다— 그는 실질적으로 패배했다고 할 수 있다. 재판에서의 어조와 증인들의 목록을 검토해 보면 다음과 같은 사실이 여실히 드러났다. 즉, PCF에 의해 이루어진 무조건적인 비난에 PCF의 측면 세력은 물론 동반자들에게서도 온 크라브첸코의 증언에 대한 반박과 『나는 자유를 선택했다』의 저자의 다른 글들과 의도를 강화하고 뒷받침하기 위한 자들에 대한 반박이 더해졌다는 사실이 그것이다.[107] 그 시기에 프랑스 지식인 사회의 역학 관계는 뚜렷이 크라브첸코의 적대자들에게 유리한 상황이었다. 그로 인해 그에 대한 반박과 비난은 더 거셌다. 그로부터 다음과 같은 역설적인 상황이 기인한다. 『나는 자유를 선택했다』가 프랑스의 서점가에서 대단한 성공을 거둔 것이다. 그해에 50만 부가 팔렸다. 이 수치는 그로부터 30년 후에 솔제니친의 『수용소 군도』의 출간 첫해에 팔린 부수와 같은 수치이다. 하지만 크라브첸코의 책은 지식인 사회로부터 그의 무죄에 대한 백지 위임장을 받지는 못했다. 실제로 이들 지식인계층만이 이 증언에 대해 이데올로기적인 판단을 내릴 수 있었을 뿐이다. 그런 만큼 이 책은 그 당시에는 이 계층에 어떤 심각한 동요도 일으키지 않았다고 할 수 있다.

하지만 크라브첸코 사건은 우리에게는 직접적으로 중요하다. 그도 그럴 것이 1949년 겨울에 사르트르와 아롱 사이의 불화가 공개된 불과 몇 주 후에 그들 각자가 대표하는 두 진영이 부인할 수 없을 정도로 완전히 적대적이게 되기 때문이다. 실제로 『레 탕 모데른』지는 이 사건에

---

107   Guillaume Malaurie, *L'Affaire Kravchenko*, Robert Laffont, 1982.

대한 언급을 피했다.[108] 크라브첸코 사건에 대한 토론의 핵심 문제였던 소련에서의 자유의 침해에 대해 사르트르는 센 경범죄재판소 제17호 법정에서 선고가 내려진 지 얼마 안 되어 『레 탕 모데른』지에서 이렇게 쓰고 있다. "현재 소련 사회가 어떤 성격을 띠고 있을지라도, 이 나라는 '대체로grosso modo' 힘의 균형 속에서 우리에게 잘 알려진 여러 착취의 형태에 맞서 싸우는 세력 편에 위치해 있다." 우리는 이 '대체로'라는 표현에 대해 많은 이야기를 할 수 있을 것이다. 한국전쟁의 발발과 더불어 그다음 해부터 악화일로에 있던 냉전의 초입에서, 그리고 지식인들의 토론에서 핵심 문제가 되고 있는 소련의 성격이 규정되고 있던 시기에, 사르트르는 그의 정치적 분석을 추측을 나타내는 표현 아래 위치시키고 있다. 곧 보겠지만, 사르트르에게서 이와 같은 성향은 반복적으로 나타난다. 또한 이 문장은 다른 점에서도 흥미롭다. "여러 형태의 착취"에 맞선 "투쟁"이라는 표현 역시 반복되며, 사르트르의 정치 참여에서 마치 길라잡이처럼 자주 나타난다.

1949년 가을에는 루세 사건이 시작되었다. 사르트르는 이 사건에 더 직접적으로 연루되었다. 그리고 이 사건에 대해서도 다음과 같은 사실을 지적해야만 한다. 즉, 사르트르의 개입은 소련에 대해 가해진 공격

---

108 『레 탕 모데른』지는 1949년 5월 호의 "동향"이라는 난에서 이 재판에 3쪽짜리 짧은 글을 할애했다("Le procès Kravchenko", pp.954-956). 장 푸이용은 이 글에서 특히 크라브첸코의 "실수"는 "그의 개인적인 경험을 반공산주의라는 익숙한 조명 아래 제시했다는 것이다. 그 스스로는 이것을 이해할 수 있지만, 우리에게는 아무것도 가르쳐 주지 못한다"고 쓰고 있다. 한 해 전에 『레 탕 모데른』지는 클로드 르포르의 글을 게재했다. 이 글은 균형이 잡히고 아주 주목을 끄는 글이었다("Kravchenko et le problème de l'URSS", *Les Temps modernes*, février 1948, pp.1490-1515). 하지만 이 잡지의 편집부에서는 다음과 같은 주를 덧붙이고 있다. 즉, 이 글을 의도적으로 "의견"란에 포함시켰다고 말이다. 이것은 이 글이 저자에게만 해당하며, 잡지와는 무관하다는 것을 의미한다.

에 동의하기보다는 오히려 그것을 더 단죄하고 있다는 사실이 그것이다. 이 사건은 1949년 11월 12일 자 『르 피가로 리테레르』에 실린 호소와 더불어 시작되었다. 이 호소의 제목은 다음과 같다. 「소련 집단수용소에 갇힌 자들을 구하기 위해 다비드 루세가 과거 나치 포로수용소에 갇힌 자들에게 호소하다」. 루세는 소련으로 조사를 하러 갈 임무를 띠고, 옛 포로수용소 감금자들로 구성된 독립된 조사 위원회의 구성을 제안했다. 루세는 이 호소의 결론에서 강한 어조로 말하고 있는데, 비난의 기색이 역력했다. "우리가 다시 부헨발트의 대광장에 모여 있다고 상상해 보라. 우리는 다음과 같은 다른 포로수용소에 갇힌 자들에 대해 어떻게 판단할 것인가? 즉, 자신들의 고통만을 말할 수 있을 뿐이고, 또 우리가 계속 죽음 속에서 살고 있다는 사실을 밝히기 위한 말을 하지 못하는 자들에 대해서 말이다. … 포로수용소에 갇히지 않았던 자들은 상상력의 빈곤, 무능력을 말할 수 있을 것이다. 하지만 우리들은 지적 직업인들이고 전문가들이다. 우리는 지금 우리에게 주어졌던 덤으로 주어진 삶을 대가로 치러야 한다. 우리는 귀를 막고 눈을 감을 수 없다. 우리에게는 가능한 우회로도 없고 또 핑계도 없다. … 우리에게는 침묵조차도 금지되어 있다."

5일 후에 『레 레트르 프랑세즈』지 11월 17일 자에 다음과 같은 제목의 글이 실렸다. 「피에르 데,[109] 마우타우젠 수인 번호 59807이 다비드 루세에게 답하다」. 피에르 데는 이 글에서 루세를 "나치 포로수용소에서 벌어진 일들을 상스럽게 변화시켜" 거짓말을 했다고 비난했다. 크라

---

109 피에르 데(Pierre Daix, 1922-2014): 프랑스의 저널리스트, 작가이자 예술사가로, 1944년에 포로수용소에 갇혔다가 생환했다.

브첸코의 경우와 마찬가지로 다시 한번 다툼이 법정으로 가게 되었다. 루세가 피에르 데와 『레 레트르 프랑세즈』의 사장 클로드 모르강을 명예훼손으로 고발했다. 1950년 2월 11일에 이루어진 고소는 11월 25일부터 센 경범죄재판소 제7호 법정의 재판으로 이어지게 되었다. 루세도 그에 앞선 크라브첸코처럼 1951년 1월 12일에 재판에서 이겼다. 하지만 비록 "PCF가 재판에서 패했지만, 루세의 고립은 PCF의 입장에서는 굉장한 상징적인 승리를 의미했다. 왜냐하면 PCF는 프랑스 지식인 사회에서 소련에 대한 좌파의 비판의 날개를 잘라 낼 수 있었기 때문이었다." 그런데 "루세의 공세를 막아 내고, 또 소련의 집단포로수용소 체제에서 전체주의적 체제로의 이행을 막아 내는 데『에스프리』지보다도 오히려『레 탕 모데른』지가 더 결정적인 역할을 수행했다."[110]

이제 사르트르와 아롱은 모든 면에서, 아니 거의 모든 면에서 서로 대립했다. 이 점과 관련해 그들 각자가 미국에 대해 가지고 있었던 생각은 분명했다. 1947년부터 미국은 사르트르에게 "절대 악"이었던 반면, 아롱에게는 "상대적 선"이었다.[111] 이 점에 있어서도 전쟁 전과 비교

---

[110] Pierre Grémion, *Intelligence de l'anticommunisme. Le Congrès pour la liberté de la culture à Paris. 1950-1975, op. cit.*, pp.296, 300. 다비드 루세의 행동에 대한 비난은 그 유명한 메를로퐁티와 사르트르 —실제로는 메를로퐁티에게 빚진 것이다(Cf. Maurice Merleau-Ponty, *Signes*, Gallimard, 1960, p.330 이하)— 가 공동으로 작성하고 「우리의 삶의 나날들(Les jours de notre vie)」이라는 제목이 붙은 글에 포함되어 있다. 메를로퐁티는 이 글에서 분명히 소련 시민들을 수용하는 강제포로수용소의 존재를 주장하고 있으며, 또 1500만 명의 포로가 수용되어 있다는 수치를 제시하고 있다(*Les Temps modernes*, n° 51, janvier 1950, pp.1153-1168, 자료는 p.1155). 하지만 그는 루세가 소련에 대해 "공격을 집중시켰다"는 것과 소련에 대한 반대 운동을 펼쳤다는 이유로 그와의 관계를 완전히 단절하고 있다(pp.1168, 1165).

[111] Marie-Christine Granjon, "Sartre, Beauvoir, Aron: les passions ambiguës", dans *L'Amérique dans les têtes. Un siècle de fascinations et d'aversions*, sous la dir. de Denis

해 보면 엇갈림이 있음을 지적할 필요가 있다. 보부아르는 『나이의 힘』
에서 전쟁 전에 사르트르와 그녀 자신이 "미국에 매력을 느꼈다"[112]는
점을 지적한 바 있다. 그들은 실제로 미국의 음악, 영화, 문학을 좋아했
다. 그리고 이런 적극적인 호감은 전쟁 직후에도 계속되었다. 사르트
르는 1945년에 미국을 방문해 몇 달 동안 머문 사이에 『콩바』지와 『르
피가로』지에 기사를 32차례 실었다. 이 기사들을 분석하면서 마리 크
리스틴 그랑종[113]은 "그들의 선악 이원론의 부재"와 사르트르의 드러나
지 않은 타협주의와 개인주의에로의 경사를 잘 보여 주고 있다. 하지만
2년 후에 보부아르는 미국 순회강연에서 벌써 4개월 동안의(1947년 1월
21일-5월 20일) 체류에서 미국에 대해 내키지 않는 인상을 보이고 있다.
보부아르 자신의 미국에 대한 감정을 볼 수 있는 『미국 여행기L'Amérique
au jour le jour』는 1948년 출간되었다. 그사이에 냉전이 발발했다.

1946년에 티에리 몰니에는 『공손한 창부』의 공연 후에 사르트르
를 반미주의자라고 비난했다. 이해당사자인 사르트르는 1946년 11월
20일 『뉴욕 헤럴드 트리뷴』지에서 그의 입장을 변호했고, ─"나는 결코
반미주의자가 아니다. 나는 반미주의자가 의미하는 바를 이해하지도
못한다"─ 또 2년 후에 이 극작품의 미국판 서문에서 이렇게 확인하고
있다. "나는 이 단어가 무엇을 의미하는지조차 알지 못한다."[114] 그런
데 냉전의 도움으로 사르트르는 다른 감정을 가지게 되었다. 벌써 PCF

Lacorne, Jacques Rupnik, Marie-France Toinet, Hachette, 1984, pp.144-163.

112   Simone de Beauvoir, *La Force de l'âge*, *op cit.*, t. I, p.160.

113   마리 크리스틴 그랑종(Marie-Christine Granjon): CNRS 국제 관계 분야 연구원이다.

114   Michel Contat & Michel Rybalka, *Les Ecrits de Sartre*, Gallimard, 1970, pp.127, 189.

와의 동반 관계 이전에 그런 방향으로의 변화를 넘어서는 조짐이 있었다. 실제로 한국전쟁을 계기로 그의 입장이 정리된다. 보부아르는 미국 병사(GI)들을 이렇게 기술하고 있다. "우리는 7년 전에 그들을 좋아했다. 아주 평화스러운 모습을 한 카키색 복장을 한 키가 큰 병사들을 말이다. 그들은 우리의 자유의 상징이었다. 하지만 지금 그들은 지구의 한쪽 끝에서 다른 쪽 끝까지 독재와 부정부패를 일삼는 나라들의 지도자들을 지지하고 있다. 이승만, 장제스, 프랑코, 살라자르,[115] 바티스타…[116] 미국 병사들의 복장이 의미하는 것은 우리들의 그들에 대한 종속이고 또 치명적인 위협이다."[117] 단순한 계산만으로도 ㅡ해방 이후 7년ㅡ 이런 회상은 1951년에 이루어졌다는 것을 알 수 있다. 이 텍스트는 그로부터 몇 년 뒤에 집필되었기 때문에, 미국 병사들에 대한 보부아르의 이런 생각과 그로 인해 야기된 감정이 후일의 참여를 왜곡시키는 프리즘을 통해 얘기된 것은 아닌가를 자문해 보는 것이 좋을 듯하다. 달리 말해 1952년부터 시작된 PCF의 동반자의 입장에서 말이다. 하지만 이 점에 대한 징표들은 일치한다. 1950년에 발발한 한국전쟁 초기부터 미국에 대한 적개심과 이 전쟁의 발발에서 이 나라에 지워진 책임은 사르트르와 보부아르의 PCF로의 경사가 이미 그 시기에 벌써 이

---

115   안토니우 드올리베이라 살라자르(António de Oliveira Salazar, 1889-1970): 포르투갈 제2공화국의 독재자로, "새로운 국가(Estado Novo)" 운동과 "하느님, 조국, 그리고 가족"이라는 슬로건을 내세워 통치했다.

116   풀헨시오 바티스타(Fulgencio Batista, 1901-1973): 쿠바의 대통령으로, 1940년부터 1944년까지와 1952년부터 1959년까지 11년간 대통령을 역임했다. 1959년 피델 카스트로가 주도한 혁명으로 인해 권좌에서 쫓겨났다.

117   Simone de Beauvoir, *La Force des choses*, *op. cit.*, p.348.

루어졌다고 생각하게끔 한다. 그리고 정확히 다음과 같은 주제 —"만일 전쟁이 발발한다면…"이다. 이 주제는 그 당시에는 이론적인 것에 불과했지만, 앞에서 본 것처럼, 사르트르와 아롱의 분열을 촉발시킨 주제이다— 에 대해『레 탕 모데른』지 내부에서 토론이 이루어진 것은 한국전쟁이 그 첫 번째 구체적인 경우였다.

곧 살펴보겠지만, 그때부터 1952년 5월에 리지웨이[118] 장군에 대한 반대 시위 중에 자크 뒤클로가 체포되는 사건[119]으로 인해 "분노에 사로잡혔던"[120] 사르트르의 주장, 그리고 이런 이유로 PCF의 동반자의 길을 가기 시작한 사르트르의 주장은 검토의 대상이 될 수밖에 없다. 실제로 한국전쟁의 초기부터 이미 사르트르는 중립주의 노선에 있지 않았다. 그렇기 때문에 도움이 필요했던 사르트르에게 먼저 손을 내민 것이 PCF가 아닐 수도 있다는 사실이 밝혀져야 할 필요가 있다. 하지만 지금으로서는 이런 가정을 뒷받침하거나, 또는 폐기할 수 있는 정확한 자료들이 부족하다. 그럼에도 한 가지 사실은 확실하다. 1950년대 초에 중립주의는 더 이상 대세가 아니었으며, 사르트르는 강경한 반미주의자의 노선 위에 있었다는 사실이 그것이다.

아롱은 1950년 가을에 사르트르보다 훨씬 늦게 미국을 처음으로 방문한다. 하지만 그와 미국 사이의 관계는 빠르게 아주 긴밀하게 된다. 첫 번째 여행에서 그는 1950년 12월에『르 피가로』지에「미국의 시련」

---

118   매슈 리지웨이(Matthew Ridgway, 1895-1993): 미국의 군인으로, 2차 세계대전과 한국전쟁에서 혁혁한 공을 세웠다.

119   이 사건에 대해서는 곧이어 설명된다.

120   *Ibid.*, p.281.

이라는 제목의 연재 기사에서 그의 인상과 분석을 개진하고 있다. 하지만 대서양 저편으로의 여행 이전에 아롱은 벌써 1950년 9월 자 『정신의 자유』지에 「중립과 참여」라는 제목의 글을 게재한다. 이 글에서 그는 이렇게 말하고 있다. "프랑스 지식인인 나는 스탈린적 기도에 맞서는 미국의 투쟁을 지지한다는 사실을 선언한다. 그렇다고 해서 이것이 내가 미국 문화의 모든 특징에 동의한다는 것을 의미하지는 않는다. 나는 내 마음에 들지 않거나 내가 비난하는 풍습, 광고나 인종들의 관계들을 자유롭게 비난할 수 있는 권리를 갖는다. 다른 쪽에서는 사람들이 스탈린에 도전한다. 다행스럽게도 우리들 각자는 트루먼 씨의 천재성에 대해 자신의 의견을 표명할 권리를 가지고 있다."

사실, 1950년 12월의 연재 기사에서부터 아롱은 이와 같은 판단 독립의 원칙을 실천에 옮기고 있다. 1950년 12월 14일 자 「민족의 통일」이라는 제목의 4번째 연재 기사에서 그는 "반공산주의적 광란"과 "이단자 사냥"을 상기하고 있다. "매카시의 과도함"에 대한 아롱의 비난은 부인할 수 없다. "최종적으로 적의 놀이"에 빠진 "끊임없는 의심"과 "애매하고 근거가 박약한 비난" 등이 그것이다. 아롱은 얄타회담에서 미국 대표부의 사무총장이자 국무부 직원이었고, 소련에 "비밀 서류"를 넘겨주었다는 이유로 기소되어 유죄 판결을 받은 앨저 히스[121]를 상기시키고 있다. 물론 매카시 운동은 비난받아야 한다. 그리고 "자유주의적 과정을 통해 전체주의의 침투를 물리칠 수 있는 수단은 그 누구도 아직까지 찾아내지 못했다는 사실을 정직하게 인정할 필요가 있다." 그렇게 되면 공산주

---

121   앨저 히스(Alger Hiss, 1904-1996): 미국의 관리로, 국제연맹 창설에 관여했으며, 1948년에 소련 스파이로 기소되어 1950년에 유죄 판결을 받았다.

의자들에게는 의식적으로 "자유주의적 사회의 옹호자들로 하여금 그들의 원칙에 반하는 수단들에 호소하게끔" 강요하는 것은 쉬운 일이다.

몇 개월 후인 1950년 1월 9일에 위스콘신주의 공화당 상원의원이었던 조지프 매카시가 휠링[122]에서 연설을 했다. 그 연설에서 그는 위스콘신에서 행해지고 있는 공산주의자들의 활동과 그 영향을 비난했다. 다음 달에 『워싱턴 포스트』지의 만평가가 처음으로 "매카시즘"이라는 단어를 사용했다. 같은 해 가을에 하원의원과 상원의원 1/3을 선출하는 선거의 후보 지명을 위한 선거 운동 중에 여러 프랑스 언론, 특히 『르몽드』지가 매카시즘을 지지하는 자들의 경쟁적 공약 제시에서 촉발된 분위기를 전하고 있다. 예컨대 모리스 페로[123]는 1950년 11월 7일 자『르 몽드』지에 이렇게 쓰고 있다. "선거전이 치열했다. 후보들이 이처럼 격렬하고… 심지어 욕설 섞인 개인적 공격을 감행한 적은 결코 없었다. … 격렬한 선거 운동의 대부분의 책임이 매카시에게 돌아갔다." 그럼에도 프랑스에서는 『르 몽드』지가 1951년 12월 21일 자 앙리 피에르 Henri Pierre의 펜 아래에서 "상원의원 매카시의 선동적 반공산주의"에 대한 완전한 분석을 할애하기까지 1년 반 이상의 시간이 흘렀다.[124]

하지만 아롱은 매카시즘에 대해 경종을 울리고 또 비난하기 위해 그 것에 대한 토론이 프랑스에서 무르익기를 기다리지 않았다. 앞에서 보았듯이 그 시기에 아롱은 조국의 방어라는 미명하에 그 자체의 고유

---

122   휠링(Wheeling): 미국의 웨스트버지니아주에 있는 도시이다.

123   모리스 페로(Maurice Ferro, 1907-2000): 프랑스의 저널리스트이다.

124   Cf. Sabine Roelandt, *Le Macarthysme au miroir de la presse régionale et d'un quotidien national*, "Le Monde" *(1950-1954)*, dact., maîtrise, Lille-III, 1994.

한 원칙들을 갉아먹을 수 있는 자유민주주의의 모순된 상황을 지적하면서 초기부터 매카시즘에 대한 분석을 확대시켰다. 게다가 아롱은 이러한 분석이 매카시즘에 대한 적대감의 도구로 여겨지는 것도 비난했다. 가령, 그는 1953년 3월 13일 자 『르 피가로』지에서 다시 매카시즘을 비난한다. 이 기사에서 그는 "쓸데없는 지나침"을 개탄하고 또 미국 대통령이 "광견병에 걸린 자들을 정신 차리게 해 줄 것"을 바라고 있기도 하다. 하지만 그와 동시에 아롱은 1955년에 출간된 『지식인의 아편』에서 반매카시즘적 타협주의를 비난하고 있다.[125] 이런 비난은 1954년에 NRF에 실린 한 편의 글에서 그가 전개할 기회를 가졌던 생각과 같은 것이었다.[126] "매카시즘에 의해 시민의 자유와 자유로운 사회가 공산주의의 공모와 침투에 맞서 합당한 조치를 취할 권리들이 문제시되고 있다."[127] 하지만 아롱은 매카시즘에 대한 "토론이 혼란스럽다"고 개탄하고, 또 매카시즘이 적대 세력에 의해 "거대하면서도 적확한 한계가 없는 마그마"로 "변질되었다"고 개탄하고 있다. 또한 매카시즘을 반대하는 진영에서도 역시 공산주의에 대해 동일한 환원적인 종합이 이루어지고 있다고 개탄하고 있다.

---

[125] Raymond Aron, *L'Opium des intellectuels*, Hachette Littératures, Coll. "Pluriel", 1991, p.316.

[126] Raymond Aron, *Polémiques*, Gallimard, 1955, pp.235-236에 재수록(Arnaud Lafitte, *Raymond Aron, une vision des Etats-Unis*, maîtrise, Lille-III, 1988, p.111에서 재인용).

[127] 게다가 아롱이 속해 있던(Cf. 이 책의 뒷부분) 『프뢰브』지의 편집 팀은 조지프 매카시의 활동에 대해 아무런 동정심을 표명하지 않았다. 예컨대 프랑수아 봉디는 1954년에 "자유주의 사회가 유지되는 데 필요한 비타협주의와 비판 정신의 모든 요소를 강타하는 사상의 공개적 통제"를 비난하고 있다(François Bondy, "McCarthy et la croisade rentrée", *Preuves*, n° 38, avril 1954).

1952년 여름

그 당시에 아롱은 틀림없이 사르트르를 그 자신이 비난한 "마그마"의 책임자 중 한 명으로 여겼다. 이미 지적했지만 사르트르는 1952년부터 점차적으로 PCF의 동반자의 길로 접어들면서 더 활성화되었던, 부인할 수 없는 반미주의에 이르렀다. 그렇다면 그가 PCF의 동반자가 된 이유는 무엇이었을까? 사르트르 자신은 자크 뒤클로의 체포 사건으로 인한 촉매 역할에 대해 직접 언급하고 있다. 자크 뒤클로 체포 사건은 1952년 5월 28일에 발생했다. 한국에서 지휘권을 행사했던 리지웨이 장군이 SHAPE[128]의 지휘를 맡기 위해 프랑스로 오는 것에 반대하기 위한 시위 —금지되었다— 가 있을 때였다. 공산주의자들은 리지웨이 장군이 한국전에서 세균전을 했다고 선전하면서 비난했다. "리지웨이 페스트"라는 슬로건을 내건 반대 시위 도중에 자크 뒤클로가 바리케이

---

128 유럽 연합군 최고 사령부(Supreme Headquarters Allied Powers Europe)의 약자로, NATO의 연합 군사 작전을 위한 최고 사령부이다.

드에서 체포되었다. 이 체포 사태가 우려할 만한 사건이라는 것을 자각한 PCF 지도부는 즉각 조치를 취하게 된다. 몇 년 후에 오귀스트 르쾨르[129]는 이렇게 술회하고 있다. "뒤클로와 나는 오후 초엽에 당사를 떠나 저녁을 보내기 위해 어떤 한 장소로 갈 참이었다. 10회에 달하는 경호 책임자의 개입에도 불구하고 자크 뒤클로는 내려진 결정을 행동으로 옮길 수가 없었다. 아주 늦게 그는 벌써 경찰의 감시를 받고 있는 당사를 떠났다. 당사를 나와 약속된 장소로 가는 대신에 그는 『뤼마니테』지의 본사로 갔고, 거기에서 우리가 알고 있는 상황에서 바보처럼 체포되어 버렸다."[130] 뒤클로는 경찰서로 연행되었고, 그의 가방에서 학생용 노트 한 권이 나왔다. 거기에는 정치국에서 있었던 비서진과의 모임에서 했던 메모들이 적혀 있었다.[131] 두 시간 후에 내무부 장관 샤를 브륀[132]이 국회의원의 체포를 정당화하기 위해, 즉 현행범이라는 것을 보여 주기 위해 다음과 같은 내용의 발표를 하게 된다. 이 발표에서 그는 자크 뒤클로가 무장한 자동차를 타고 있었으며, ―실제로 경호 차장이 권총을 소지하고 있었다― 또 "수건 아래 정성 들여 감춰진 전서구 두 마리와" 송신기를 발견했다는 사실을 공표했다.

---

[129] 오귀스트 르쾨르(Auguste Lecœur, 1911-1992): 프랑스의 PCF 소속 정치인이다.

[130] Auguste Lecœur, *L'Autocritique attendue*, Saint-Cloud, éditions Gérault, 1955, p.38. 1952년 5월 28일의 시위에 대해서는 다음을 보라. Cf. Michel Pigenet, *Au cœur de l'activisme communiste des années de guerre froide: la manifestation Ridgway*, L'Harmattan, 1992; Pierre Milza, "Ridgway la Peste", *in* Michel Winock (dir.), *Le Temps de la guerre froide, op. cit.*, p.143 이하.

[131] 최근에 클로드 아르멜에 의해 발췌되어 공개되었다. Cf. "Deux pigeons et un cahier", dans *Les Cahiers d'histoire sociale*, printemps, 1994, p.143 이하.

[132] 샤를 브륀(Charles Brune, 1891-1956): 프랑스의 정치인으로, 상원의원과 내무부 장관을 역임했다.

PCF는 즉각 이와 같은 터무니없는 발표의 맹점을 파고들었다.[133] 자크 뒤클로는 그다음 날 『뤼마니테』지에 실린 내무부 장관의 발표에 대해 다음과 같이 주장하면서 5월 3일에 그를 고소했다. 사람들이 "그를 전서구를 통해 상상 가능한 관계들을 상기시키는 바보짓까지 밀어붙였다. 왜냐하면 자동차에 두 마리의 비둘기가 있었기 때문이었다. 하지만 그것들은 그날 누군가가 나에게 준 것들이며, 곧 냄비 속으로 들어갈 운명이었다." 장관이 비둘기에 대한… 부검을 요구했기 때문에, PCF는 능수능란하게 이 우스꽝스러운 상황을 이용했으며, 그렇게 해서 이 사건을 비꼬는 자들이 나타났다. 예컨대 『뤼마니테』지는 6월 4일 자 한 기사에서 이렇게 비아냥거리는 제목을 달고 있다. 「질식 상태의 비둘기, 우스꽝스러운 닭 이야기」.

방금 얘기된 부분은 다시 한번 짚고 넘어가야 할 필요가 있다. 왜냐하면 사르트르가 언론에서 곧장 "비둘기 음모 사건"이라고 불린 이 일화에 회고적으로 커다란 중요성을 부여하고 있기 때문이다. 『레 탕 모데른』지 1961년 10월 호에서 세상을 떠난 지 얼마 되지 않은 메를로퐁티를 애도하면서 사르트르는 다음과 같은 용어로 그 자신과 PCF의 동반자 관계의 시작을 정당화하고 있다. "이 비열하기 짝이 없는 유치한 짓거리에 나는 구역질이 난다. … 내 생각은 바뀌었다. … 반공산주의자는 개다. 나는 공산주의에서 빠져나오지 않을 것이다. 나는 결코 거기에서 빠져나오지 않을 것이다. 나는 쓰든지 아니면 질식하든지 둘 중 하나이다. 나는 썼다. 밤낮으로 나는 「공산주의자들과 평화」의 제1부

133   *Idem.*

를 썼다."[134]

보부아르는 이런 사르트르의 설명을 나름대로 재인용하는 것으로 만족하고 만다. 그 당시에 이탈리아에 있었던 사르트르는 뒤클로의 체포 소식을 듣고 "분노에 휩싸였다."[135] 뒤클로 사건의 파장은 종종 사르트르의 전기 작가들[136]에 의해 그대로 이용되고 있다. 그러니까 결국 그 파장이 다음과 같은 것에 불과한 것일 수도 있다는 것이다. 즉, 사르트르가 그의 출신 계층인 부르주아지에 대해 품고 있던 적개심을 다시 데우게 된 커다란 "분노" 말이다![137] 곧 보겠지만 이런 설명은 사소하지 않았던 하나의 사건에 대한 설명치고는 너무 짧은 것이다. 냉전이 한창이던 때에 프랑스의 가장 유명한 지식인이 무기 ―이렇게 말할 수 있다면― 와 가방, 즉 『레 탕 모데른』지를 들고 공산주의라는 "평화의 진영"에 합세했다고 말이다. 이런 결정이 그저 기분 문제로 환원된다? 이렇게 본다면 그것은 사르트르를 그저 펜을 든 라콩브 뤼시앵[138]으로 만들어 버리는 것이다. 즉, 자크 뒤클로가 우연히 그의 차에 비둘기를 가지고 있었기 때문에 운명이 뒤바뀌어 버린 그런 라콩브 뤼시앵 말이다.

---

134   Jean-Paul Sartre, *Situations IV*, Gallimard, 1964, pp.189-287에 재수록(인용은 p.248).

135   Simone de Beauvoir, *La Force des choses*, *op. cit.*, p.281.

136   예를 들면 Annie Cohen-Solal, *Sartre*, *op. cit.*, pp.428-430.

137   1961년의 텍스트의 후속편에서 사르트르는 실제로 부르주아지에 대한 "증오"를 상기하고 있다(Cf. Simone de Beauvoir, *La Force des choses*, *op. cit.*, p.249).

138   루이 말(Louis Malle) 감독의 1974년 작 동명의 영화에 나오는 인물이다. 1944년 프랑스 남부를 배경으로 주인공 라콩브 뤼시앵이 우연적인 상황에서 유대인 소녀를 사랑하고, 게슈타포 산하의 경찰 조직에 가입하게 되어 조국을 배신했다는 이유로 처형당하는 것이 이 영화의 주요 줄거리이다. 여기에서는 사르트르가 뒤클로 체포 사건으로 인한 '분노' 때문에 PCF의 동반자가 된 것이 아니라는 점을 강조하고 있다.

물론 다음 사실을 상기할 필요가 있다. 즉, 토레즈가 1950년에 반신불수가 된 이래로 뒤클로가 임시로 PCF의 서기장을 맡고 있었다는 사실이 그것이다. 게다가 뒤클로는 1952년 7월 1일에서야 비로소 석방된다. 그가 체포된 지 한 달 후의 일이다.[139] 그때서야 비로소 중죄기소부는 소송 파기의 결론을 내리고 그를 석방했던 것이다. 따라서 사르트르의 "분노"는 이런 상황 속에 다시 자리매김되어야 한다. 어쨌든 그렇다! 앞에서 본 것처럼 사르트르의 PCF에의 접근은 그 이전에 이미 시작되었었다. 게다가 사르트르는 1952년 상반기로 접어든 몇 개월 이래로 PCF가 해군 병사였던 앙리 마르탱[140]을 위해 펼쳤던 구명 운동과 밀접하게 연계되어 있었다. 앙리 마르탱은 인도차이나에서 돌아온 후에 그곳에서의 전쟁을 비난하는 전단을 배포한 죄로 브레스트 군사법정에서 실형을 언도받고 수감 중이었다. 하지만 사르트르가 1952년 여름에서부터 지정학적인 시각에서 소련과 같은 노선에 있었다는 것은 사실이다. 1952년 여름에 사르트르가 쓴 「공산주의자들과 평화」라는 제목의 일련의 글이 그 뚜렷한 증거이다. 그리고 냉전 시대라는 상황에서 보면 이 글의 제목 역시 1947년 가을부터 소련이 옹호해 왔던 주장에 대한 사르트르의 공개적인 보증으로 읽힐 수 있다. 그 당시에 중립주의는 멀리 있었으며, 1956년까지 사르트르는 동쪽 면을 따라 여러 다

---

[139] 뒤클로가 1952년 5월 28일에 체포되어 1954년 7월 1일에 석방되었다면 2년 1개월여가 소요된 셈이며, 약 한 달 후라면 1954년이 아닌 1952년 7월 1일이 되어야 한다. 원문에는 1954년으로 되어 있는데 저자의 오류로 보인다.

[140] 앙리 마르탱(Henri Martin, 1927-2015): PCF의 당원으로, 특히 해군으로 근무하던 중 프랑스가 인도차이나전쟁 중에 저지른 여러 비행을 폭로한 이른바 '앙리 마르탱 사건'의 중심에 섰던 인물이다.

른 문제를 해결하기 위한 등정을 하게 된다. 그런 만큼 이와 같은 노선 변경이 PCF의 "제2차 스탈린 빙하기"가 한창일 때 이루어졌다는 사실을 지적해야만 할 것이다. 몇 년 후에 에드가 모랭[141]이 그의 『자아비판 *Autocritique*』에서 사용하는 용어를 빌려서 말이다. 또한 그 시기에 마르그리트 뒤라스, 장 뒤비뇨,[142] 클라라 말로,[143] 디오니스 마스콜로,[144] 에드가 모랭 등과 같은 여러 지식인이 PCF에서 배제되었거나, 또는 PCF를 떠나기도 했다.[145] 그리고 이어지는 몇 해 동안에 PCF는 문화 전반에 대한 정책에서 "수정"[146]을 가하게 된다.

당연히 사르트르의 반미주의는 공산주의자들과의 접근에 의해 더 강화된다. 로젠버그 부부 사건이 발생했을 때 사르트르가 취한 입장의 내용과 그 어조가 그것을 잘 보여 준다. 줄리어스 로젠버그는 1950년 7월 17일에 체포되었다. 그의 부인 에설 로젠버그는 8월 11일에 체포되었다. 그들 부부에 대한 재판은 뉴욕 연방법원에서 1951년 3월 6일부터 4월 5일까지 진행되었다. 3월 29일에 배심원의 결정에 따라 그들은 간첩죄로 유죄 판결을 받았고, 4월 5일에 사형이 선고되었다. 그로부터 1년 반이 지난 1952년 11월부터 로젠버그 부부에 대한 옹호는 국제

---

141   에드가 모랭(Edgar Morin, 1921-): 프랑스의 사회학자이자 철학자이다.

142   장 뒤비뇨(Jean Duvignaud, 1921-2007): 프랑스의 사회학자, 철학자이자 연극 비평가이다.

143   클라라 말로(Clara Malraux, 1897-1982): 프랑스의 작가로, 앙드레 말로의 첫 부인이었다.

144   디오니스 마스콜로(Dionys Mascolo, 1916-1997): 프랑스의 좌파 정치인이자 에세이스트로, 뒤라스의 연인이었다.

145   Marc Lazar, *Maisons rouges, op. cit.*, p.70.

146   *Ibid.*, p.72.

적인 사건으로 비화했다. 이것은 체코슬로바키아에서 루돌프 슬란스키[147]의 처형 순간에 동부 유럽의 여러 나라에서 행해진 반유대주의에 대해 장차 진행될 소송을 막기 위함이었다.[148] PCF는 이런 캠페인에서 앞장섰다. 『뤼마니테』지는 11월에 로젠버그 부부에 대해 그들이 "제의적 살해"의 "희생양"이 되었다는 표현을 사용했다. 1953년 1월, 즉 해방 이후 8년이 지난 다음에 여전히 감정적인 채무가 남아 있는 벨디브에서 로젠버그 부부를 위한 집회가 이루어졌다. 그 집회에서 「새로운 '드레퓌스 사건', 로젠버그 사건」이라는 제목의 팸플릿이 3만 부 인쇄되기도 했다.[149]

프랑스의 일부 언론, 특히 진보주의 성향의 언론은 그저 뒤를 따라가기만 했다. 아이젠하워 대통령이 1953년 2월 11일에 로젠버그 부부에 대한 사면 요청을 거부한 후에, 클로드 부르데[150]는 1953년 2월 19일 자 『프랑스 옵세르바퇴르*France Observateur*』지에 이렇게 쓰고 있다. 로젠버그 부부는 "한 국민에 의해 홀로코스트라는 증오의 신화 속으로 내던져졌다. 마치 다른 불행한 유대인들이 동일한 신화 속에 내던져졌던 것처럼 말이다. 하지만 로젠버그 부부는 그와는 정반대로 세계의 다른 절반[151]에서 효력을 발휘 중인 유대인 증오의 신화에 의해 희생되었고, 또 앞

---

147   루돌프 슬란스키(Roudolf Slànský, 1901-1952): 체코슬로바키아 공산당 투사이자 정치인
       으로, 티토주의를 표방했다는 이유로 기소되어 프라하 재판 후에 처형되었다.

148   André Kaspi, "Les Rosenberg étaient-ils coupables?", *L'Histoire*, n° 181, octobre 1994,
       p.8 이하.

149   *Idem.*

150   클로드 부르데(Claude Bourdet, 1909-1996): 프랑스의 좌파 정치인, 작가, 저널리스트로,
       레지스탕스 운동을 했다.

151   미국을 위시한 자유 진영을 의미한다.

으로도 그런 희생이 있게 될 것이다. 여기저기에서 반유대주의는 어쩌면 국가 범죄의 이유가 아니라, 오히려 그것의 상황, 부속물이 되고 있는 실정이다. 희생자들이 유대인이 아니었다면, 그들은 그 사건에서 무사히 빠져나올 수도 있었을 것이라는 점은 확실하다." 우파 성향의 언론에서는 물론 사회주의 진영의 언론에서 전개된 논조와는 달랐다. 의혹은 간첩 혐의를 받는 자들인 로젠버그 부부에게 유리하게 작용해야 한다는 것이었다. 그리고 토론은 주로 사형에 대해 이루어졌다. 그리고 정치적인 차원에서 로젠버그 부부가 공산주의에 순교자로 바쳐진 것이라고 주장하는 언론도 있었다.

로젠버그 부부는 1953년 6월 19일에 처형되었다. 다시 언론이 비등하기 시작했다. 하지만 여전히 여러 다른 양상을 보였다. 사르트르가 1953년 6월 22일 자 『리베라시옹』지에 종종 인용되고 또 그 이후에 주석이 붙은 기사를 쓴 것은 정확히 이런 상황에서였다. 사르트르에게서 로젠버그 부부의 처형은 "한 국민 전체를 피로 물들인 합법적인 린치"였다. 그리고 사르트르는 "광견병"에 걸린 미국에서의 "새로운 파시즘"을 언급하고 있다. 그로 인해 "미국과 우리를 연결해 주는 모든 관계"를 끊어야 하며, "그렇지 않을 경우에 우리가 오히려 미친개에 물려 광견병에 걸리게 될 것이다." 이 기사는 우리에게 이중으로 흥미롭다. 한편으로 이 기사는 그 당시에 사르트르의 PCF에 대한 동조의 폭이 어느 정도였는지를 보여 준다. 왜냐하면 좌파 진영에서는 로젠버그 부부의 처형 이후에 그들에 대한 감정의 파문이 컸기 때문에, 그것을 표현하는 방법이 다양했기 때문이다. 1953년 6월 21-22일 자 『르 몽드』지에서 위베르 뵈브 메리[152]는 "시리우스"라는 필명으로 「정의가 이루어졌다…」

라는 비꼬는 듯한 제목의 기사를 썼다. 비록 이 기사가 로젠버그 부부의 처형을 비난하고 있는 것은 사실이지만, 그 어조는 사르트르의 것과 완전히 대척 지점에 놓여 있다. 예컨대 시리우스는 다음 사실을 인정했다. "세계에서 매일매일 더 끔찍한 다른 살인 사건들이 발생하고 있다는 것은 사실이다. 하지만 사람들이 배척당한 자들과 의심받는 자들을 '국가-몰로크'[153]를 위해 희생시키기 위해 다른 곳에서도 저질러지는 그처럼 많은 형태의 살인과 이런 살인에 대한 그처럼 상세한 내용에 관해 신경을 쓰지 않는다는 것도 사실이다." 그리고 시리우스가 드러내고 있는 궁극적인 불만은 "외관상으로 합당하지 않은 두 명"의 죽음이 그 자체로 "서구의 체제를 정당화시켜 줄 수 있는 본질적인 가치들"을 무시할 위험이 있다는 것이었다. 특히 "자물쇠를 채운 적대적인 세계가 마치 그 자체의 전제정치에 싫증이나 문호를 살짝 개방하려는 성향이 있는 것처럼 보이는" 그런 시기에 말이다.

하지만 공산주의 성향의 언론의 어조는 전혀 달랐다. 예컨대 프랑스 북쪽 지방에서 간행되는 『리베르테Liberté』지는 이렇게 선언했다. "양키 제국주의가 로젠버그 부부를 죽였다." 그리고 이 신문은 그들의 처형에서 "파시즘의 표지"를 보고 있다(6월 21일). 이 사건은 "미국에서 매카시즘의 친파시즘적 공포의 지배의 확장을 돕기 위한 것이었고, 그 목적은 국민에게 가혹 행위를 하고, 또 국민으로 하여금 미국에 대한 더 확

---

152   위베르 뵈브 메리(Hubert Beuve-Méry, 1902-1989): 프랑스의 저널리스트로, 『르 몽드』지와 『르 몽드 디플로마티크』의 창간인이다.

153   몰로크(Moloch)는 어린아이를 제물로 바쳐 섬기는 셈족의 신이다. 여기에서는 국가가 몰로크와 같은 위치에 있다는 것을 의미한다.

장된 매력을 저항 없이 받아들이게끔 하기 위함이었다."(6월 24일) 따라서 사르트르의 주장과 공산주의자들의 주장 사이에는 준準유사성이 있을 뿐만 아니라, 게다가 이 주장들은 "중립주의적" 시각에서 비롯된 주장들과는 아주 멀리 떨어져 있다. 다른 한편으로 1952년부터 시작해서 사르트르의 PCF에 대한 공개적인 지지는 분명 냉전이 한창 진행 중일 때 이루어졌다는 사실, 하지만 1953년에 봄이 끝나갈 무렵에도 계속되었다는 사실은 충격적이었다. 하지만 그 시기에 한국전쟁은 이미 끝났고, 또 스탈린의 죽음으로 인해 일시적으로 동서 양 진영의 긴장이 조금 낮아진 상태였다. 위베르 뵈브 메리의 기사에서 인용한 마지막 부분은, 비록 그것이 거리를 두고 볼 때 지나치게 낙관주의적인 것으로 보인다고 해도, 소련에서 진행 중에 있는 동요를 인정하고 있다. 하지만 사르트르는 그 나름대로 그 당시에 국제 관계의 동요에 대단히 민감한 위대한 지식인이라기보다는 오히려 로젠버그 부부의 처형에 의해 야기된 감정을 이용하는 공산주의의 선전의 보조자 역할을 하고 있는 것으로 보인다.

사르트르의 극작품들에 대한 공산주의자들의 비평에서까지 이와 같은 주장의 유사함을 간접적으로 확인할 수 있다. 1951년 6월 17일 자 『뤼마니테-디망쉬』는 『악마와 선한 신Le Diable et le bon Dieu』에 대해 혹평을 하고 있다. 그 반면에 『뤼마니테』지는 1953년에 『킨Kean』이 사라 베르나르[154] 극장에서 공연되었을 때 찬사를 보내고 있다. "피에르 브라

---

154   사라 베르나르(Sarah Bernhardt, 1844-1923): 프랑스의 연극배우로, 19세기와 20세기 초까지 프랑스에서 가장 비중 있는 연극배우로 여겨졌다.

쇠르[155]의 감독하에 우리 모두는 멜로드라마의 가장 훌륭한 전통을 경험할 수 있었다."[156] 또한 『레 탕 모데른』지는 그때부터 소련에 대해 반대 입장에 섰던 훌륭한 기고가들 ―차례로 케스틀러, 아롱, 루세― 과의 관계를 끊는 것에 만족하지 않고, 이 잡지는 이제 공산주의라는 사원의 보호자를 자임했다. 냉전이 한창 진행 중이던 때에 이 잡지는 카뮈, 그리고 이 잡지 내에서도 메를로퐁티, 클로드 르포르[157]를 차례로 추방했다.

대체로 이런 단절과 추방에 대한 결정 선고를 직접 내렸던 사르트르는 그때부터 적어도 1952-1956년 사이에 친공산주의적 참여와 그의 확신의 깊이에 대한 강도의 문제를 제기했다. 하나의 이데올로기를 지지하는 과정을 통해 지식인은 보통 무엇을 추구하는가? 특히 다음 두 가지일 것이다. 세계에 대한 이해 가능성이라는 원칙과 어떤 집단에의 가입에 의한 정체성 확립의 원칙이 그것이다. 달리 말하자면 확신과 공모이다. 이것은 앞에서 본 것처럼 종교적 신앙을 떠올리게 한다. 물론 이런 비교에는 한계가 있다. 여기에서는 지식인들의 참여와 세속적인(비종교적인) 유형의 신앙 현상과의 비교에 그치고자 한다. 이 점과 관련해 자신의 회고록에서 냉전 시대의 공산주의자로서의 참여를 분석하고 있는 알랭 브장송의 말은 많은 것을 보여 준다. "공산주의는 마법의 현대판 모습 중 하나이다."[158] 몇몇 지식인에게는 공산주의에의 가입이 홀

---

155   피에르 브라쇠르(Pierre Brasseur, 1905-1972): 프랑스의 연극배우이자 연극감독이다.

156   *L'Humanité*, 20 novembre 1953.

157   클로드 르포르(Claude Lefort, 1924-2010): 프랑스의 철학자로, 특히 전체주의와 민주주의에 대한 성찰로 유명하며 사르트르와 논쟁을 벌이기도 했다.

452   제3부 30년 전쟁

림에 의한 신앙 현상이었다. 최소한 부분적으로는 종교적 현상과 같은 유형에 속하는 신앙 현상이었다. 이런 접근을 받아들인다면 공산주의는 정통파 교리 개념으로 이어진다. 1938년에 철학자 장 그르니에가 그의 『정통파 교리 정신에 대한 시론*Essai sur l'esprit d'orthodoxie*』에서 지적하고 있는 것처럼, "정통파 교리는 신앙을 계승한다. 한 명의 신자는 이것을 모든 사람에게 호소한다. 그들이 그의 신앙을 나눠 갖게끔 하기 위함이다."[159] 정통 교리를 섬기는 자에게는 그 교리를 섬기는 데 난처해하는 자, 주저하는 자, 또는 심지어 무관심한 자는 잠재적인 이단자에 속한다. '하물며' 그 자신의 증언에 의해 의심의 요소를 끌어들일 위험이 있는 자는 당연히 거부당하고, 그리고 이런 증언은 신뢰가 떨어져야만 한다. 게다가 앞에서 본 대로 이와 같은 거부는 단지 전략적이고 미리 숙고되기만 하는 것이 아니다. 그런 거부는 공산주의 성향의 지식인들의 정체성을 강타한다. 이런 거부가 그들의 신앙을 지켜 주는 한에서 그러하다. 그리고 많은 경우에 그런 거부는 대체로 자발적일 수 있다.

그렇다고 해서 이런 분석 틀이 사르트르에게 그대로 적용될 수 있을까? 분명 사르트르는 「살아 있는 메를로퐁티」에서 그 자신의 PCF 지지를 상기하면서 이렇게 말하고 있다. "10년 동안의 되새김 후에 나는 결렬 지점에 도달했다. 그리고 나는 약간의 자극만이 필요했을 뿐이다. 교회의 용어로 그것은 개종이었다." 하지만 하나의 신앙에로의 개종이었는가, 아니면 하나의 정통 교리에로의 개종이었는가? 이 문제는 해

158   Alain Besançon, *Une génération*, *op. cit.*, p.321.
159   Jean Grenier, *Essai sur l'esprit d'orthodoxie*, Gallimard, 1938; rééd. de 1967, coll. "Idées", p.16.

결되지 않은 채 그대로 남아 있다. 이 문제는 특히 또 다른 질문에 대한 답을 결정하기도 한다. 곧 살펴보겠지만, 사르트르가 『리베라시옹』지 1954년 6월 자에 소련에서의 귀환 이후에 "소련에서의 비판의 자유는 완벽하다"라고 선언했을 때, 그는 과연 신앙에 의해 움직인 한 명의 신자였던가, 아니면 단순히 이데올로기적 투쟁을 하는 한 명의 정통 교리 ─비종교적인─ 에 충실한 사람이었던가? 그가 1974년에 말한 내용으로 미루어 보면, 분명히 첫 번째 가정의 개연성이 높은 것은 아니다. 그와는 전혀 다르다.

냉전 기간 중에

사르트르가 지적한[160] 저곳의 정치적 분위기가 실제로 느껴졌던 열망이든, 아니면 단순히 민주주의의 시늉을 낸 것이든 간에, 어쨌든 그가 말한 내용은 아롱과 분쟁 중에 있는 상황에서 아무런 변화도 일으키지 못한다. 같은 시기에 아롱은 그 자신이 변형시키는 대로가 아니라 그에게 나타난 대로의 세계에 대해 생각하길 바랐다. 1950년 6월에 베를린에서 개최된 '문화의 자유를 위한 대회'[161]에 참가한 아롱은 이 대회에서 한 연설을 냉전 시대의 세계에 대한 분석의 차원에 위치시켰다. "우리는 다음과 같은 두 가지 조건이 충족됨에 따라 전쟁이 무한 전쟁이 되지 않는 기회를 높였습니다. 1) 소련으로 하여금, 심지어 그 초기라 할지라도, 대모험[162]에 대한 유혹이 불가항력적이 되는 것과 같은 자

---

160   바로 앞의 "소련에서의 비판의 자유는 완벽하다"는 지적을 말한다.

161   문화의 자유를 위한 대회(Congrès pour la liberté de la culture): 1950년에 시작된 반공산주의 문화 단체로, 미국 CIA의 재정 지원을 받아 운영된 것으로 드러났다.

국의 우월성을 과신하도록 방치해서는 안 될 것입니다. 히틀러는 이런 유혹을 이겨 내지 못했습니다. 여러 민족의 아버지인 신의 지혜를 과신하는 것은 위험천만한 일일 것입니다. 2) 모든 세력의 균형에 대한 희망이 사라질 정도로 소련을 강화시켜 줄 정치적 경쟁에서 이 나라가 성공하는 것을 저지해야 합니다. 나는 이런 조건들이 충분하다고 생각하지 않습니다만, 이런 조건들이 필요하다고 확신하는 바입니다."[163]

아롱은 그의 다른 텍스트들에서와 마찬가지로 이 연설에서도 미국과 소련 사이의 힘의 테스트가 한 세대 정도 지속될 것으로 내다보았다. "크렘린의 사람들이 그들의 체제를 역사의 완수가 아니라 여러 형태의 완수 중 하나로 여긴다"는 것은 여전히 사실이다. 1940년에서부터 1960년까지 20년의 중간 지점에서 아롱이 자유주의적 토대 위에 일시적으로 드골주의가 섞인 일종의 혼종 지식인의 모습을 보여 준 것은 사실이다. 하지만 실제로는 그에게서 드골주의적 요소가 자유주의적 토대 위에 더해진 것이다. 왜냐하면, 앞에서 보았듯이, RPF에의 가입은 크게 보아 —자유주의에서 그 원천을 퍼올리면서— 공산주의 이데올로기와 그에 대한 지정학적 반항에 의해 야기되었기 때문이다. 물론 지식인은 종종 이데올로기에 의해 주어지는 세계에 대한 설명의 전체적인 체계 위에 세워지는 확신들을 탐구한다. '역사'의 의미를 유추하고, 역사적인 변화의 완수에 도움이 되고자 하는 바람을 피력하면서 그렇다. 그런데 드골주의에서의 그런 '역사'에 대한 의미의 부재 —왜냐

---

162   3차 세계대전의 발발을 의미한다.

163   아롱의 발표. Pierre Grémion, *Intelligence de l'anticommunisme. Le Congrès pour la liberté de la culture à Paris, 1950-1975, op. cit.*, p.38에서 재인용.

하면 역사적 현상으로서의 드골주의는 모든 인간의 '역사'의 의미를 준다고 주장하지 않기 때문이다― 는 이데올로기적인 압력이 강한 시대에 세계에 대한 전체적인 설명과 정박지를 찾고자 하는 몇몇 지식인에게 하나의 장애물이 되기 때문이다. 이미 형성된 이데올로기만이 그들에게 그런 것들을 제공해 줄 수 있었을 뿐이다. 하지만 이것은 그다지 중요하지 않다. 어쨌든 아롱과 RPF의 다른 몇몇 지식인의 경우에서 이당에의 가입은 이데올로기적인 절제의 신호이기는커녕 그 반대로 대립과 반항을 통해 이데올로기적 투쟁을 떠맡겠다는 의지를 반영하고 있었다.

게다가 아롱은 양차 대전에 대한 관찰을 통해 다음과 같은 결론에 이른다. 즉, 이데올로기들 ―파시즘과 특히 공산주의― 이 국가들에 의해 구현되는 시대가 존재한다는 결론이 그것이다. 그런데 냉전이 태동하는 시대에도 그 과정은 동일한 것으로 남아 있었다. 아롱이 1951년에 쓰고 있는 것처럼, "하나의 이데올로기의 선택은 동시에 영향력이 미치는 지역이나, 또는 하나의 제국주의의 선택이다."[164] 따라서 1945년 이후와 마찬가지로 1939년에도 '역사'에 대한 성찰들은 이데올로기와 지정학을 동시에 아우르는 과정을 통과하게 된다. 그리고 이런 모든 이유로 사르트르와 아롱은 1940년대에 더 이상 같은 세계의 궤도를 선회하지 않게 된다. 가령, 1954년 6월에 사르트르가 『리베라시옹』지에서 포스트스탈린 시대의 소련에 대해 서정적인 묘사를 했을 때, 아롱은 온통 핵전략에 대해 성찰하고 있었다. 예컨대 대량 보복을 예고하는 존

---

[164]   Préface à l'*Essai sur les trahisons* d'André Thérive, Calmann-Lévy, 1951, p.XXIV.

포스터 덜레스[165]의 연설이 있은 지 한 달 후에, 아롱은 『르 피가로』지 1954년 3월 22일 자 기사에서 이렇게 쓰고 있다. "핵무기는 모든 형태의 공격에 응수하지 않는다."

아롱의 경우와 마찬가지로 사르트르의 경우에도 자연스럽게 여러 개입의 방식과 훨씬 더 강한 반향에 의해 아주 달라진 세계에 대해 성찰했다. 제4공화국 아래에서 사르트르는 청원 활동의 챔피언이었다. 그는 청원과 시위에서 다른 지식인들보다 훨씬 앞섰다. 예컨대 1946년 10월부터 1958년 10월까지 『르 몽드』지에 게재되었거나 언급된 125개의 청원 및 시위 관련 텍스트들을 분석해 보면, 사르트르가 28회의 서명으로 단연 선두이다. 그의 뒤로 클로드 부르데(22회), 프랑수아 모리아크(22회), 장 마리 도메나크(21회), 장 카수[166](20회) 등이다.[167] 그렇다고 아롱이 이와 같은 사르트르의 강한 메아리의 힘 앞에서 표현 수단을 모두 빼앗긴 것은 아니다. 아롱은 종종 그 당시에 그에 대해 묘사된 것처럼 고립된 지식인과는 거리가 멀었다. 아롱에 대한 그런 고립된 지식인이라는 묘사는 적어도 다음의 세 가지 이유로 클리셰에 속한다. 첫째, 이미 살펴본 대로 아롱이 부분적으로나마 지지한 드골의 세력권은 그 이후에 기술되는 것만큼 미미하지 않았다. 『정신의 자유』지는 공산주

---

165 존 포스터 덜레스(John Foster Dulles, 1888-1959): 미국의 정치인이자 외교관으로, 1953-1959년 사이에 아이젠하워 대통령 정부에서 국무부 장관을 지냈다.

166 장 카수(Jean Cassou, 1897-1986): 프랑스의 작가이자 예술 비평가로, 레지스탕스 운동을 했다.

167 우리가 실시한 『르 몽드』지에 대한 검색은 한 연구자의 정치학 DES 논문에 의해 도움을 받았다. 이 논문의 주제는 제4공화국 아래에서 지식인들의 시위였으며, 주로 석간신문들을 중심으로 연구가 이루어졌다(Yves Aguilar, Bordeaux, 1966).

의 성향을 띠지 않기 위해 공산주의의 실질적인 후광을 즐기기도 하는 애매한 사람들을 걸러 냈다. 만일 지식인들 사이의 대전투에서 언급되기 위해 항상 행동하는 것이 필요하다고 해도, 이 잡지와 RPF가 드러내 보일 수 있는 명단은 어쨌든 부인할 수 없는 지적인 타격을 줄 수 있는 자들로 구성되어 있었다. 둘째, 이런 사실에 『프뢰브*Preuves*』지의 영향력이 더해진다. 물론 이 잡지에 대한 공격이 없었던 것은 아니다. 그리고 나중에 이 잡지가 대서양 건너편에서 온 자금으로 운영되었다는 사실의 폭로는 이 잡지를 회고적으로 미국 "제국주의"와의 공개적인 공모죄로 얼룩지게 만들었다. 이런 공격과 폭로는 사후적으로 합당한 것으로 보였고, 이 잡지의 실추된 불명예를 정당화시키는 것처럼 보였으며, 이 잡지가 과거의 기억을 흐리게 하는 것처럼 보였다. 하지만 이 모든 것은 역사적으로 부당하다. 이 잡지에 실린 글들을 주의 깊게 다시 읽어 보면 전체주의적 현상에 대해 때 이르게 이루어진 집단적 성찰의 도가니가 거기에 들어 있음을 알 수 있다. 물론 1950년 중반부터 알제리전쟁이 프랑스 지식인들의 토론의 핵심 주제가 되었고, 그 이후로 이와 같은 전체주의에 대한 성찰의 추구는 전체적으로 연기되었다. 『프뢰브』지의 변질된 이미지와 연기된 반전체주의적 사유의 증발에도 불구하고, 바로 거기에 아롱이 대표적 인물이 되는 공통된 성찰이 있다는 사실을 잊어서는 안 될 것이다.

셋째, 아롱의 『르 피가로』지 '최고 선임기자'로서의 지위에서 비롯되는 권위와 영향력을 무시할 수 없을 것이다. 게다가 아롱의 개입 능력은 그가 점차 공산주의 계열의 지식인들과 그들의 동반자들의 주요 공격 목표 중 한 명이 되었다는 사실을 통해 가늠해 볼 수 있다. 우리는 위에서 냉전 시대에 그가 대상이 되었던 몇 차례의 공격을 나열한 바 있다. 물론 그는 『프뢰브』지 필진의 자격으로서도 역시 다른 필진들과 마찬가지로 공산주의자들의 공격의 조준선 위에 있었다. 문화의 자유를 위한 대회로부터 재정 지원을 받았던 이 잡지의 창간호는 냉전이 한창이고, 또 한국전쟁이 한창이던 1951년 3월에 출간되었다. PCF는 즉각 『프뢰브』지를 정부의 "기관지"로 규정했다. 또한 『르 몽드』지는 "미국" 잡지라고 규정했다. 반면, 『에스프리』지는 이 잡지의 "선전 업무"를 비난했다.[168] 4년 후에 비록 국제적 긴장은 더 이상 같은 정도의 폭으로 유지되지 않았지만, 이 잡지에 대한 경계가 그만큼 낮아지지는 않았다. 이 점과 관련해 『지식인의 아편』에 대한 신중한 반응은 많은 것을 보여준다. 모리스 뒤베르제[169]는 『르 몽드』지를 통해[170] "아롱 씨의 저서의 깊은 비장감"을 개탄하면서 이렇게 결론을 맺고 있다. "동일한 변화를 따르지 않는 이들을 괴롭히면서 그는 그 자신을 정당화하고자 노력하고 있다. 그가 무고하기 위해서는 그들이 죄인이어야 할 필요가 있다." 『레 탕 모데른』지로 말하면, 이 잡지에서는 장 푸이용의 펜 아래에서 아롱이 "광대"로 취급되고 있다. 사실, 같은 해에 아롱은 『프뢰브』지에서 이렇게 쓴 바 있다. "오늘날 사르트르의 것을 포함해 모든 혁명적 선언

---

168   앞에서 이미 인용된 피에르 그레미옹의 문화의 자유를 위한 대회에 대한 저서 이
       외에도 다음을 볼 것. Cf. Pierre Grémion, *"Preuves dans le Paris de la guerre froide"*,
       Vingtième siècle. Revue d'histoire, 13, janvier-mars, janvier-mars 1987. Cf. 또한
       1989년 쥘리아르 출판사에서 출간된 그의 텍스트 선집 Preuves, *une revue européenne
       à Paris*를 참고하라.

169   모리스 뒤베르제(Maurice Duverger, 1917-2014): 프랑스의 교육자로, 헌법 및 법학 전문가
       이다.

170   *Le Monde*, 27 août 1955.

은 희극에 속한다."[171]

따라서 1948년의 편지 교환 이래로 사르트르와 아롱 사이에서 어조의 긴장도가 한 눈금 더 올라갔다. 하지만 그들 배후의 장식은 점차 변해 갔다. 여전히 상당하긴 했지만 소련의 매력적인 힘은 이제 더 이상 토론에서 유일한 참고의 극점이 못 되었다. 1950년대 중반에 프랑스는 이중으로 정체성의 위기에 부딪치면서 여러 길의 교차점에 서게 되었다. 프랑스제국은 금이 가기 시작했으며, '영광의 30년'에 의해 촉발된 사회적 변화의 초기에 이루어졌던 과거의 정치적, 사회적 분석들이 적어도 부분적으로 효력을 상실하거나, 아니면 옛것이 되어 가고 있었다. 이런 상황에서 망데스주의[172]는 진정으로 이데올로기적 연동 장치의 기능을 보장하면서 빈틈을 채워 주게 된다. 그리고 또한 일부 젊은이들에게서 이 망데스주의는 새로운 정치적 관계망을 추구하는 기능을 수행하게 된다. 따라서 사르트르와 아롱은 분명하게든 아니든 간에 이와 같은 망데스 현상에 대해 입장을 취해야 했다.

레몽 아롱과 피에르 망데스 프랑스 사이에는 부인할 수 없는 성격상의 충돌이 있다. 장 다니엘이 전해 주는 아롱에 대한 일시적인 관찰에 이 사실이 잘 요약되어 있다. "기이하게도 아롱은 불확실성이라는 홀륭한 주제를 다루면서 그 어느 때보다 여유가 있는 것처럼 보인다."[173] 그런데 끈질긴 전설에도 불구하고 망데스 프랑스 정부가 지속된 230일 동안, 아롱은 『르 피가로』지에서 그에 대해 계속 혹평을 하지는 않았다.

---

171   Raymond Aron, "Les intellectuels français et l'utopie", *Preuves*, n° 50, avril 1955, p.14.

172   피에르 프랑스 망데스의 사상을 따르는 주의를 가리킨다.

173   Jean Daniel, "Pourquoi Aron?", *Le Nouvel Observateur*, 21-27 octobre 1983.

아롱은 망데스 프랑스의 실각 몇 주 후에 이렇게 쓰고 있다. "누구도 부인할 수 없는 예외적인 재능을 다시 보여 줄 수 있는 기회를 망데스 프랑스가 더 이상 갖지 못한다는 것은 개탄스러운 일이다."[174]

따라서 『르 피가로』지의 논단 이후로 아롱이 망데스 프랑스 정부를 괴롭힌 것으로 소개하는 것은 지나친 처사이다. 하지만 주저함은 분명하고도 강했다. 특히 그 이후에 이런 주저함은 약화되기는커녕 망데스주의의 "신화"와 비례해서 더 커진 것으로 보인다. 왜냐하면 비록 사반세기 후에 『참여적 방관자』에서 볼 수 있는 아롱의 주장이 온건하긴 해도, 그와 망데스 프랑스는 "다른 집단에" 속해 있었기 때문이었다.[175] 또다른 글들에서 아롱의 분석은 훨씬 더 강경했으며, 특히 대학에서 이루어진 강연 등에서는 더욱 강경했다. 예컨대 '현대사연구소'(CNRS 부설)에 의해 "피에르 망데스 프랑스와 망데스주의"[176]라는 제목으로 1984년 12월에 개최된 컬로퀴엄의 준비 과정에서 아롱은 망데스 프랑스가 프랑스의 현대화 과정에서 한 "역할이 전혀 없음"을 상기하고 있으며, 또 "속임수"에 대해 말하고 있다. 같은 시기에 『권력*Pouvoirs*』지와 가진 한 대담에서 거의 같은 용어로 전개된 분석에서 아롱은 이렇게 말하고 있기도 하다. "그때 망데스주의는 지식인들의 신화였다."[177]

---

174   *Le Figaro*, 5-6 mars 1955.

175   Raymond Aron, *Le Spectateur engagé, op. cit.*, p.199.

176   컬로퀴엄의 자료집은 그다음 해에 파야르(Fayard) 출판사에서 프랑수아 베다리다와 장 피에르 루의 주도로 간행되었다. 이 준비를 위한 대담은 현대사연구소(Institut d'histoire du temps présent)의 아카이브에 보존되어 있다.

177   *Pouvoirs*, 1984, n° 28, "Conversation avec Raymond Aron(février 1983)", par Yann Coudé du Foreste, p.178에서 재인용.

실제로 아롱과 망데스 프랑스는 1950년대에 "다른 집단"에 속했으며, 『지식인의 아편』을 끝낸 아롱은 정확히 망데스 프랑스가 유혹하고자 했던 좌파 지식인들과 싸우고 있는 중이었다. 어쨌든 이런 유혹은 사르트르와 그의 친구들에게는 효력을 발휘하지 못했다. 게다가 사르트르의 세력권은 빠르게 망데스 프랑스를 반대하는 진영에 가담했다. 예컨대 보부아르는 1954년 12월 19일 자 『뤼마니테-디망쉬』지에서 이렇게 쓰고 있다. "나는 좌파 지식인들이 공산주의자들과 함께 나아가야 한다고 생각합니다." 자신의 대화 상대자였던 자크 프랑시스 롤랑[178]이 "고급 관리들"에 대해 망데스 프랑스가 행사하는 매력을 상기하자, 보부아르는 가차 없는 비난을 퍼붓고 있다. "그건 자기기만 아니면 오해에 의해서만 가능할 뿐이에요. 다수의 우파와 함께 좌파의 정치를 할 수 있다고 상상할 수 있기 위해서는 아주 순진해야 할 겁니다. 북아프리카의 여러 문제 앞에서 정부가 보여 주고 있는 범죄적 태도, 독일의 재무장에 대한 고집, 소위 개혁의 형태로 이루어지고 있는 형세 관망주의를 감추는 경제 '프로그램', 이 모든 것은 결국 사람들의 눈을 뜨게 하고 말 것이고, 또 망데스 프랑스의 '속임수'로 불려야 하는 것의 진실을 드러내고 말 거에요."

아롱에게는 신화이고, 보부아르에게는 속임수이다. 대립되는 이유로, 따라서 다른 기대와 더불어 결국 망데스 프랑스에 대한 선고는 동일했다. 이 점은 당연히 언급될 만하다. 왜냐하면, 곧 보겠지만, 사르트르와 아롱은 망데스 프랑스 정부의 알제리에 대한 정책을 비판하긴 하

---

178   자크 프랑시스 롤랑(Jacques-Francis Rolland, 1922-2008): 프랑스의 저널리스트이자 작가이다.

지만, 이 점에 있어서도 완전히 대조되는 용어를 동원하고 있기 때문이다. 어쨌든 다음과 같은 하나의 질문이 제기된다. 망데스 프랑스에 대한 보부아르의 주장에는 사르트르의 생각이 반영되어 있는가? 모든 것이 그 사실을 보여 준다. 왜냐하면 그 시기에 사르트르의 진영은 『레 탕 모데른』지를 앞세우고 전열을 가다듬어 공격을 하고 있기 때문이다. 망데스 프랑스에 대한 공격은 이중으로 이루어졌다. 11월에 마르셀 페쥐[179]는 망데스 프랑스의 "애매성"을 비난했고, 또 봄에는 합본 호에서 진짜 좌파가 어떠해야 하는가를 설명하고 있다.[180]

아롱은 특히 1955년 2월 3일 자 기사에서 며칠 후에 실각할 망데스 프랑스를 공격하면서 상황을 분석하고 있었다. 하지만 앞에서 본 대로 보부아르의 주장은 상당 부분 주술적이었고, 또 『레 탕 모데른』지의 분석은 상당 부분 그 당시의 현실과 유리되어 있었다. 이런 지적은 중요하다. 왜냐하면 그런 지적을 통해 적어도 부분적으로는 1950년대 중반에 부상하는 세대의 지식인들에게 사르트르가 그들보다 몇 년 선배들에게서보다는 덜 매력적이었다는 사실이 드러나기 때문이다. 망데스 프랑스 정부 시기는 자신의 동반자들에게 대해서와 마찬가지로 비양쿠르[181]에 대해서도 실망시키지 않기 위해 주의를 기울였던 『레 탕 모데른』지의 편집장 사르트르가 파리의 대학가에서 갈피를 못 잡게 된 시기

---

179   마르셀 페쥐(Marcel Péju, 1922-2005): 프랑스의 저널리스트이자 지식인으로, 1953년부터 1962년까지 『레 탕 모데른』지에서 근무했다.

180   Marcel Péju, "Pierre Mendès France ou les ambiguïtés", *Les Temps modernes*, janvier-février 1955, n° 109, pp.961-971; "La Gauche", numéro spécial, 1955, n°ˢ 112-113.

181   프랑스를 상징하는 르노(Renault) 자동차 공장이 있는 장소이다. 여기에서는 사르트르가 노동자계급을 실망시키지 않으려고 노력했다는 의미이다.

이기도 했다. 앞에서 언급한 것처럼 1954년 6월에 『리베라시옹』지에 기고한 5차례의 연재 기사에서 사르트르는 이렇게 선언했다. "소련에서의 비판의 자유는 완벽하다." 그리고 "1960년경이나 1965년 전에, 만일 프랑스가 계속 정체한다면, 소련의 생활 수준은 우리의 것보다 30-40% 정도 더 높을 것"[182]이라고 내다보고 있다. 여기에서 날짜가 중요하다. 그렇다면 이와 같은 힘든 내기에서 이기기 위해 애쓰는 정치인[183]과 이론적으로 감시의 의무를 스스로에게 강요하는 지식인[184] 중에서, 누가 더 라틴 구역을 잘 유혹할 수 있을까? 그 역사에서 가장 빠른 사회, 경제적 변동 속으로 뛰어들고 있지만 아직까지 상당 부분은 드러나지 않은 성장의 효과에 대해 미래 차원에서 예측을 하고 있는 위의 두 번째 주장은 음산한 양상을 띠고 있다는 사실을 고려하지 않더라도 말이다. 이런 관점에서 보면, 망데스주의적 현상이 많은 젊은 지식인에게 있어서 무엇보다도 옳건 그르건 간에 "지적 도식화"[185]에 맞서는 반응으로 느껴진다는 것을 인정한다고 해도, 사르트르는 어쩌면 다른 사람[186]을 돋보이게 하는 역할을 했던 것이다.

그와 동시에 실제로 사태는 훨씬 더 복잡했다. 왜냐하면 그 당시에 사르트르가 그의 작품을 통해 한창 빛을 발하고 있었기 때문이다. 앞에서 지적한 대로 사르트르는 1950년 초에 벌써 유명하고 인정받는 작가

182   *Libération*, 15, 20 juillet 1954.

183   사르트르를 가리킨다.

184   아롱을 가리킨다.

185   Claude Nicolet, *Pierre Mendès France ou le métier de Cassandre*, Julliard, 1959, p.174.

186   아롱을 가리킨다.

가 되어 있었다. 이 점에 대해 여러 징표가 일치한다. 예컨대 『악마와 선한 신』이 공연되었을 때, 교육부 산하 예술문학총국에서 파리 연극단들에 의해 제출된 지원 요청을 검토하는 임무를 맡았던 파리 연극단 지원 위원회는 변제 가능한 지원금을 미리 지불하기로 결정했다. 이 점은 주목할 만한데, 그도 그럴 것이 유명한 작가들의 작품에 대해서는 재정 지원을 하지 않는 것이 관례였기 때문이었다. 그런데 이런 결정의 이유는 사르트르의 명성과 동시에 그의 극작품에 부여된 특별한 "중요성"이었다. "비록 이 작가의 극작품들의 성공이 공연에 따르는 위험을 감소시키고 있기는 하지만, 그럼에도 본 위원회는 이 작품의 중요성을 고려해 무대 장식, 의상, 배우들의 수를 고려해 50만 프랑의 변제 가능한 지원금을 선불로 지불할 것을 결정한다."[187]

그런데 사르트르의 출판계에서의 영광은 해방 이후와 1950년대에 정확하게 판단하기가 어렵다. 물론, 앞에서 보았듯이, 청년들과 젊은 성인들 —왜냐하면 실제로 앙케트가 "30세 미만"에 대해 행해졌기 때문이다— 은 『렉스프레스』지가 실시한 "누벨바그"에 대한 유명한 앙케트 조사[188]에서의 다음과 같은 질문에 대한 대답에서 사르트르를 단연 맨 앞자리에 위치시키고 있다. "만일 귀하의 나이에 속하는 사람들의 정신

---

187   Archives nationales, Direction des arts et lettres(ministère de l'Education nationale), Commission des théâtres parisiens, procès-verbal du 23 juin 1951(Patricia Devaux, *Le Théâtre de la guerre froide en France. 1946-1956, op. cit.*, t. I, p.35).

188   이 앙케트의 출간은 『렉스프레스』지 1957년 10월 3일 자 n° 328로부터 시작되어, 그 뒤로 1957년 12월 5일 자 n° 337까지 계속 이어진다. Cf. 또한 이 앙케트는 몇 개월 후에 —실제로 1927년에서 1939년 사이에 태어난 프랑스인들에 관련된 앙케트— 프랑수아즈 지루에 의해 출간된다(Françoise Giroud, *La Nouvelle Vague. Portraits de la jeunesse*, Gallimard, 1958).

에 특히 강한 영향을 준 다음 작가 중에서 한 명을 고른다면, 귀하는 누구를 고르시겠습니까?" 더군다나 사르트르 다음에 상당히 멀리 떨어져 지드와 모리아크가 자리하고 있다. 하지만 이와 같은 조사는 본질적으로 잘 유형화된 하나의 범주에 속하는 감정을 보여 주고, 또 그것도 정확한 시기에 그것을 보여 준다. 그런데 그 당시에 30세 미만의 이 프랑스인들은 잠재적인 독자층의 일부만을 보여 줄 뿐이었고, 그 결과 해방에 이어지는 10년 동안에 인쇄 부수의 차원에서는 사르트르에게 1급의 자리를 보장해 주는 데 성공하지 못하고 있었다. 사르트르가 1945년에 이어지는 여러 해 동안에 굵직한 사건에 연루되었어도 도움이 되지 않았다. 1944-1954년 사이에 가장 많이 판매된 그의 작품은 판매 서열에서 51번째의 자리를 차지하고 있을 뿐이다. 1955년 4월 16일에 간행된 『렉스프레스』지[189]는 『레 누벨 리테레르Les Nouvelles littéraires』에 의해 이루어진 조사를 바탕으로 번역된 작품까지를 포함해 실제로 프랑스 출판계에서 가장 큰 성공을 거둔 작품들을 제시하고 있다. 카뮈의 『페스트』는 36만 부 판매되어 7번째 자리에 올랐지만, 사르트르의 『더러운 손』은 14만 부가 판매되어 50번째 너머의 자리를 차지하고 있을 뿐이다. 이 수치는 앙드레 수비랑[190]의 『외과의사들Hommes en blanc』이라는 작품의 각 권의 절반에도 못 미치는 것이다.

하지만 이런 순위 매김에서 냉전을 주제로 한 작품들이 없었던 것은 아니다. 다른 작품들보다 크게 앞서 선두에 오른 작품은 1951년에 프

---

[189]   "Combien en avez-vous lus?", *L'Express*, 16 avril 1955, n° 99, p.13.
[190]   앙드레 수비랑(André Soubiran, 1910-1999): 프랑스의 의사이자 작가이다.

랑스어로 번역되어 79만 8000부가 판매된 지오반니노 구아레스키의
『돈 카밀로의 작은 세계』였다. 그 뒤를 이어 52만 7000부가 판매된 피
에르 클로스테르만[191]의 『대서커스』, 50만 3000부가 판매된 크라브첸
코의 『나는 자유를 선택했다』가 자리를 차지했다. 그리고 조금 쉽게 접
근할 수 있는 문학 작품들이 리스트의 상위에 슬쩍 자리를 차지하고
있었다고 말할 수 있다. 가령, 45만 부가 판매된 케스틀러의 『영과 무
한』이 4위에 위치해 있었다. 그런데 14만 부가 판매된 사르트르의 『더
러운 손』은 그 자체만으로 어쨌든 대단한 수치였음에는 분명하다. 특
히 1957년의 청소년들과 청년들이 그 시기에 세대교체를 이루고 있
던 중에, 그것도 중등교육의 대폭적인 보급으로 인해 아주 큰 교육 효
과를 얻었던 프랑스에서, 또 1960년대 내내 계속 대학생들의 수가 증
가 일로에 있었던 프랑스에서 말이다. 그 결과는 이렇다. 즉, 제4공화
국 말기에, 그리고 이어지는 여러 해 동안에, 사르트르는 한 명의 "고전
작가"가 되고 있었던 중이었다. 앞에서 보았듯이, 1938년 첫 인쇄에서
1400부를 찍었던 『구토』는 1960년대 말까지 모든 출판사를 다 합해
39만 5370부에 달했다.[192] 같은 시기 동안 1919년에 출간된 프루스트의
『스완네 집 쪽으로』는 44만 8956부, 같은 해에 출간된 지드의 『전원 교
향곡』은 58만 4314부가 판매되었다. 물론 사르트르는 해방된 지 15년
후에 갈리마르 출판사의 대표적 작가가 되었고, 이 출판사에서 『구토』
로 그의 세대에서 가장 많은 인쇄 부수를 기록한 작가가 되었다. 그와

---

191   피에르 클로스테르만(Pierre Clostermann, 1921-2006): 프랑스의 조종사, 정치인이자 작가
       이다.
192   출처는 갈리마르 출판사.

가까운 선배 작가 중에서는 생텍쥐페리만이 1960년에 53만 6389부가 판매된 『남방 우편기』로 사르트르보다 앞섰을 뿐이다. 그리고 사르트르보다 나이가 적은 후배 작가(아주 많이 적은 나이가 아닌) 중에서는 카뮈가 『페스트』와 『이방인』으로 사르트르와 비교될 만한 판매 부수를 기록하고 있었을 뿐이다.

게다가 이런 관찰은 1960년대 초에 사르트르의 위치를 더욱더 돋보이게 할 뿐이다. 한창 나이인 55세가 된 철학자가 갈리마르 출판사에서 살아 있는 작가 중 가장 많은 인쇄 부수를 기록하고 있었다. 그런 만큼 사르트르는 이 출판사의 입장에서 보면 삼중으로 최고의 카드인 셈이었다. 그 당시에 가장 강한 정당성을 보장해 주는 출판사에서 가장 많은 인쇄 부수를 기록하고 있는 카드, 그리고 거기에 더해 앞으로 출간될 저작들의 성공을 보장하고 있는 나이가 그것이었다. 아울러 그사이에 점차 프랑스에서 인문학에 대한 열광의 시대가 도래하고 있었다. 앞에서 이미 분석되었지만, 이런 현상은 사르트르가 "고전 작가"의 지위에 이르는 과정과 모순되지 않는다. 이는 몇 년 후에 사르트르가 '라가르드와 미샤르' 총서에 포함된 『프랑스 문학사』[193]라는 팡테옹에 입성한 것에 의해 확인된다.

지금으로서는 1950년대 중반에 벌써 오래전에 이루어진 사르트르와 아롱과의 결렬은 공개적으로 내걸린 적개심의 표명 과정에서 점점 더

---

[193] 문학사가들인 앙드레 라가르드(André Lagarde, 1912-2001)와 로랑 미샤르(Laurent Michard, 1915-1984)가 보르다스(Bordas) 출판사에서 공저로 펴낸 프랑스에서 가장 유명한 『프랑스 문학사』에 사르트르의 이름이 포함된 것을 의미한다. 실제로 문학사를 집필하는 경우에 저자는 이른바 '문학 권력'을 행사하면서 자신의 문학사에 포함될 작가들과 작품들을 신정하는 것이 보통이다.

격화되었다. 많은 경우에 공산주의자들의 강한 비난에 직면해 주춤했던 아롱의 펜 끝에서 그런 비난에 대해 초연하기를 바라는 분석에서까지 감정이나 정념적인 부분이 여과 없이 쏟아지는 경우도 가끔 있었다. 예컨대 1954년 6월에 『라 르뷔 드 파리La Revue de Paris』에서 그는 이렇게 쓰고 있다. "입에는 독설을 가득 품고, 가슴에는 증오를 품고 있는" 사르트르는 "살아 있는 자들을 멸시하기 위해 스스로를 인본주의적 이상형이라고 자처한다. 그리고 신화적인 프롤레타리아트에 대한 지지를 통해, 또 실현 불가능한 혁명에 대한 신앙에 의해서만 니힐리즘에서 자신을 구하고 있을 뿐이다."[194] "사랑하는 카스토르"가 사르트르에게 보낸 1954년 6월 8일 자 편지의 한 구절을 읽으면서 우리는 또한 사르트르와 아롱 사이와 그들 각자의 세력권 사이에 이미 존재하고 있었던 단절을 알 수 있다. 이 편지에서 보부아르는 아롱의 기사에 대해 암시를 하고 있다. "우파에 속하는 의사疑似-사상가들(이번 주에 「공산주의와 평화」에 대해 아롱이 『라 르뷔 드 파리』에 쓴 글 —완전히 형편없음— 을 '실은', 또 『프뢰브』지에서 논설 문제, 「공산주의와 평화」, L.의 글을 섞어 놓고 있는 전혀 모르는 이가 쓴 글 —거의 형편없음— 을 '실은')에 대해 작업하면서 보낸 한 주일이에요."[195]

이제 1955년부터는 이처럼 사르트르와 아롱 사이에서 산산이 부서진 우정과 그들 사이에 패인 균열은 인쇄물을 통해 표현된다. 1950년 봄에 앙투안 극장에서 공연된 『네크라소프Nekrqssov』에서 사르트르는 『프뢰브』지가 "노동, 가정, 당"을 슬로건으로 내세운 페탱주의적인 잡지라

194   Raymond Aron, "Jean-Paul Sartre et le communisme", *La Revue de Paris*, 61ᵉ année, juin 1954, p.79.

195   Simone de Beauvoir, *Lettres à Sartre, op. cit.*, t. II, p.428.

는 사실을 암시하고 있다. 아롱에 대해서 보자면, 그는 『지식인의 아편』에서 사르트르를 주요 모델, 즉 원형적인 인물로 삼고 있다. 이를 보완하는 하나의 증거가 필요하다면, 우리는 그것을 6년 전에 아롱이 쓴 글에서 찾아볼 수 있다. 두 사람 사이의 결렬이 있기 몇 개월 전에 쓴 이 글은, 사르트르가 『정치에 대한 대담』에서 아롱에게 가했던 공격에 대한 단호한 응수이다. 이 글에서 벌써 아롱의 예측은 가차 없다. "그가 정치를 다룰 때 그는 치기 어린 감정을 가지고 있다." 그리고 이렇게 결론을 맺고 있다. "시몬 드 베유는 마르크스의 그 유명한 표현을 수정해 혁명이 민중의 아편이라고 말하고 있다. 『정치에 대한 대담』의 차원에서 보면 혁명은 지식인들의 아편에 불과하다."[196]

1949년에 이어지는 몇 년 동안의 역사적인 시각에서 보면 다음과 같은 사실은 더 잘 이해된다. 즉, 해방 정국에 지적 권력의 요소요소에 자리 잡게 된 1905년 세대의 분파 내에서, 그리고 사르트르와 아롱이라는 두 주요 거물로 각각 대표되는 그런 분파 내에서 냉전의 발발은, 그들의 우정의 회복에 아무런 행운도 가져다주지 못했다는 사실이 그것이다. 게다가 아롱은 1956년부터 다음과 같은 비통한 말을 하고 있다. "우리의 세대에서 그 어떤 우정도 다른 정치적 견해를 이겨 내지 못했다는 사실, 그리고 친구들이 서로 이별하지 않기 위해서는 정치적으로 함께 변해야만 했다는 사실, 이 사실들은 설명 가능하면서도 동시에 슬픈 사실들이다."[197] 이런 암시는 분명히 최근에 있었던 사르트르와 메를로퐁

196   Raymond Aron, "Réponse à Jean-Paul Sartre", *Liberté de l'esprit*, 5 juin 1949, p.141.
197   Raymond Aron, "Aventures et mésaventures de la dialectique", *Preuves*, janvier 1956, p.15.

티의 결렬을 가리킨다. 하지만 의심의 여지 없이 아롱은 그 자신과 사르트르의 관계를 생각하고 있었다. 몇 년 후에 세상을 떠난 카뮈를 기리면서 사르트르 역시 옛 절친을 생각하고 있는 것처럼 말이다. "우리들, 그와 나는 불화했습니다. 불화는 그 자체로는 아무것도 아닙니다. 서로 보지 못하게 되었습니다만, 불화는 우리에게 주어진 좁은 세계에서 서로를 시야에서 놓치지 않고 함께 살아가는 또 다른 하나의 방식이었던 것입니다."[198]

198   *France Observateur*, 7 janvier 1960.

제6장

알제리에서 베트남까지

1950년대 중반에도 사르트르와 아롱은 계속해서 '역사'에 의해 영향을 받았다. 하지만 그 과정에서 두 사람의 결렬은 전면적이었다. 아롱은 이렇게 쓰고 있다. "20세기 중엽에서의 모든 행동은 소련의 혁명 수행에 대해 어떤 태도를 취하는가가 미리 가정되어 있다. 그런 태도를 회피하는 것은 역사적 실존의 예속을 회피하는 것이다. 비록 사람들이 '역사'를 환기시킨다고 해도 그렇다."[1] 곧 보겠지만 사르트르는 1956년 2월에 이렇게 쓰고 있다. "'역사'에 이끌린 PCF는 아주 훌륭한 객관적 지성을 보여 준다." 알제리전쟁 문제가 점차 지식인들의 무대의 앞에 등장하기 전에 공산주의의 문제가 여전히 토론의 핵심을 차지하고 있었다.

---

[1]　Raymond Aron, *L'Opium des intellectuels, op. cit.*, p.66.

"공산주의자들과의
일치"

1952년 7월에 사르트르는 「공산주의자들과 평화」의 제1부를 발표하고 난 뒤에, 앞에서 본 것처럼, PCF의 동반자가 되었다. 비록 그의 경우에 이 용어가 그의 세계적인 명성에서 아주 한정적인 일부라는 것을 고려하더라도 이런 그의 입장은 논의의 대상이 될 수 있다. 물론 같은 글의 제3부에서 사르트르는 주의하면서 이렇게 쓰고 있다. "이 글의 목적은 정확하고 한정된 주제들에 대해 나와 공산주의자들의 일치를 선언하는 데 있다. 물론 이것은 그들의 원칙이 아니라 나의 원칙에서 출발해서이다."² 하지만 사르트르의 동조는 명백하다. 그리고 그것을 보여주는 징표는 많다. 예컨대 그는 1952년 12월에 평화 운동 회의에 참석하기 위해 빈을 방문했다. 그는 그 기회에 이렇게 선언했다. "내가 빈에서 목격한 것은 평화였다."³ 그로부터 몇 개월 후에 메를로퐁티가 『레

---

2   *Les Temps modernes*, n° 101, avril 1954, pp.1731-1819.

탕 모데른』지에서 사임했다.

그다음 해에 사르트르의 PCF에의 접근은 더 명백했다. 그리고 양측으로부터 공모의 징후가 많이 드러났다. 예컨대 디오니스 마스콜로의 저서 『공산주의』를 두고 사르트르와 카나파 사이에 새로운 논쟁의 조짐이 보였을 때,[4] 카나파는 3월 24일 자 『뤼마니테』지에서 사르트르는 이 논쟁의 대상이 아니라는 점을 지적하고 있기까지 하다. 물론 우리는 1948년 11월에 사르트르를 비난했던 카나파로부터 아주 멀리 떨어져 있다. 그 당시에 카나파는 사르트르에게 탄광으로 가라고 충고한 적이 있다.[5] 사르트르는 그 나름대로 1954년 봄에 상징적인 제스처들을 보였다. 5월에 그는 디엔비엔푸[6]의 패배 이후에 있었던 소련 발레단의 프랑스 공연 금지 조치에 대해 정식으로 항의했다. 같은 달 말에 그는 베를린을 방문하여 평화 운동의 새로운 모임에 참석했다. 그리고 그후에 「수소폭탄, 역사에 반하는 무기」라는 제목으로 출간된 연설을 했다.[7] 그리고 사르트르는 그 유명한 소련 여행을 했으며, 여행에서 돌아와 『리베라시옹』지에 다섯 차례에 걸쳐 기사를 연재했다.[8]

앞에서 이미 언급된 이 기사들은 종종 인용되는데, 종종 문맥과 떨어

---

3   *Les Lettres françaises*, 1ᵉʳ-8 janvier 1953.

4   "Opération Kanapa", *Les Temps modernes*, nᵒ 100, mars 1954, pp.1723-1728.

5   "Ces messieurs et les mineurs", *Les Lettres françaises*, 4 novembre 1948.

6   디엔비엔푸(Điện Biên Phủ): 1954년 3월 13일부터 5월 7일까지 계속된 전투가 발생한 베트남 북부의 도시 및 지역 이름으로, 이곳에서의 전투로 1차 인도차이나전쟁의 승패가 결정되었다.

7   *Défense de la paix*, nᵒ 38, juillet 1954, pp.18-22.

8   보부아르가 몇 년 후에 전해 주고 있는 이야기를 참고하라. Simone de Bauvoir, *La Force des choses, op. cit.*, pp.327-329.

져, 즉 문맥에서 분리되어 비난에 노출되기도 했다. 하지만 그중 몇몇은 다른 기사들의 제목으로 사용되기도 했다. "소련에서의 비판의 자유는 완벽하다. 소련 시민들은 계속 진보 중에 있는 사회에서 삶의 조건을 끊임없이 개선하고 있다."(7월 15일) "엘리트에 속한다는 것은 쉬운 일이 아니다. 왜냐하면 엘리트는 모든 시민의 계속되는 비판에 복종해야 하기 때문이다."(7월 17-18일) 앞에서도 강조했지만 이런 예측은 "1960년경" 소련과 프랑스의 생활 수준의 비교에 대한 예측과 겹친다. 여기에 대해 아롱은 1954년 11월 8일 자 『르 피가로』지에서 이렇게 응수했다. "현재, 지금으로부터 몇 년 안에 '소련의 번영'으로 인해 서부 유럽이 무릎쓸 위협에 대해 많은 말을 하고 있다." 실제로 이 기사는 동부 유럽에서 온 공식적인 수치에서 출발해서 소련의 성장을 분석했던 알프레드 소비[9]와 모리스 로레[10]에게 특히 응수하고자 했던 것이다.[11] 공식적인 수치와 이 수치에 반영되어 있다고 여겨지는 번영 —이 단어는 괄호 안에 넣어 강조되고 있다— 을 비난하면서 아롱은 한 번 더 사르트르의 선언과는 완전히 반대되는 주장을 펼치고 있다.

사르트르는 1954년 12월에 불소佛蘇협회의 부회장이 된다. 1955년에 그는 그 어느 때보다도 동반자의 원형으로 보였다. 그리고 그해 봄에 출간된 아롱의 『지식인의 아편』에서뿐만 아니라 같은 시기에 출간된 메를로퐁티의 『변증법의 모험』에서도 그랬다. 메를로퐁티는 이 저

---

9   알프레드 소비(Alfred Sauvy, 1898-1990): 프랑스의 경제학자이자 사회학자이다.

10   모리스 로레(Maurice Lauré, 1917-2001): 프랑스의 재정학자로, 1954년에 부가가치세 제도의 창설로 유명하다.

11   "Qui sont les ennemies de la coexistence? III. De la prétendue menace de la prospérité soviétique", *Le Figaro*, 8 novembre 1954.

서의 제4장 "사르트르와 과격 볼셰비즘"에서 사르트르의 이름을 직접 거명하며 그를 공격하고 있다. 어쨌든 사르트르가 『레 탕 모데른』지에서 PCF 내의 비판자가 된 피에르 에르베를 심하게 공격했을 때인 1956년 2월에 이 진단은 확인된다. 에르베가 『혁명과 물신들La Révolutions et ses fétiches』을 출간했을 때, 사르트르는 「개혁주의와 물신들」이라는 제목의 글을 발표했다.[12] 그 시기에 사르트르의 PCF에 대한 동조는 이데올로기적 차원에서 극에 달했으며, ―"우리에게서 마르크스주의는 단지 하나의 철학이 아니다. 그것은 우리의 관념들의 기후, 이 관념들이 자양분을 얻는 환경이다"― 또 정치적 차원에서도 그랬다. "역사에 이끌린 PCF는 아주 훌륭한 객관적 지성을 보여 준다. PCF가 실수를 하는 경우는 드물다." 당연히 이런 주장들로 인해 사르트르는 1956년 2월에 나온 "흐루쇼프 보고서"에 대해 제대로 평가할 수 없었다.

---

12   『레 탕 모데른』지 1956년 2월 호에 게재된(pp. 1153 이하) 이 글은 다음 책에 재수록되었다. Jean-Paul Sartre, *Situations VII*, Gallimard, 1965.

1956년의
충격

실제로 프랑스의 지식인 사회의 관점에서 보면 1956년은 결정적인 한 해였다. 왜냐하면 8개월의 시차를 두고 두 개의 큰 사건이 발생했기 때문이다. 첫 번째 사건은 서부 유럽에 조금 뒤늦게 전해진 사건이었다. 니키타 흐루쇼프가 1956년 2월 25일에 개최된 소련공산당Parti communiste de l'Union soviétique(PCUS) 제20차 전당대회에서 비공개로 "개인 숭배"를 비난하면서 스탈린의 죄과를 고발하는 보고서를 발표했기 때문이다. 처음에 이 보고서의 전체 내용은 알려지지 않은 채 부분적으로 걸러져 프랑스에 —PCF의 몇몇 지도자들을 제외하고— 전해졌다. 예컨대 『르 몽드』지는 4월 19일에 앙드레 퐁텐[13]의 펜 아래에서 이 보고서에 대해 꽤 길게 보도했다. 이 보고서의 전문은 1956년 봄 말엽, 즉 6월 4일이 되어서야 비로소 미 국무부를 통해 알려졌다. 그리고 6월 6일부

---

13   앙드레 퐁텐(André Fontaine, 1921~2013): 프랑스의 저널리스트이자 역사학자이다.

터 『르 몽드』지가 이 보고서를 11차례에 걸쳐 게재했으며, 그 이후에 다른 언론에서 큰 반향을 일으켰다. 6월 23일에 프랑스 자료국은 『자료에 대한 주석 및 연구』에서 보고서 전문을 25쪽에 걸쳐 게재했다. 그리고 PCF 정치국에서는 6월 18일부터 다음과 같은 단어로 시작되는 선언을 통해 진화 작업에 나섰다. "부르주아 언론에서 흐루쇼프 동지의 보고서를 공개했다." 물론 이 선언에 보고서의 존재 자체를 부정하는 내용은 없었다. 이 선언에서는 심지어 스탈린의 "과오"와 "아주 심각한 실수"를 언급하고 있기까지 하다. 하지만 전체적으로 보면 이 선언은 보고서 자체와는 일정한 거리를 두고 있다. 특히 7월에 르아브르에서 개최된 PCF의 제16차 전당대회에서는 일부 지식인들과 동반자들이 기대했던 토의가 이루어지지 않았다. 7월 23일 자 『뤼마니테』지는 전당대회가 "열광 어린 만장일치 속에" 막을 내렸다고 쓰고 있다.

사르트르는 흐루쇼프의 보고서에 의해 놀랐을 뿐만 아니라, 내심 이 보고서가 발표된 원칙에 동의하지 않은 것으로 보인다. 과연 사르트르는 가을에 이렇게 털어놓고 있다. "그렇다. 사람들이 원하는 것, 사람들이 어디까지 나아가길 원하는지를 알아야 할 필요가 있다. 먼저 변죽을 울리지 말고 개혁을 할 필요가 있다. 하지만 점진적으로 해야 한다. 이런 관점에서 보면, 가장 큰 실수는 어쩌면 흐루쇼프의 보고서인 것으로 보인다. 왜냐하면 내 생각으로는 아주 오랫동안 한 정치 체제를 대표했던 성스러운 한 인물의 모든 범죄에 대한 공적이고 본격적인 비난과 상세한 공개는 미친 짓이기 때문이다. 특히 이런 비난에 앞서 국민의 생활 수준이 향상된, 그것도 상당한 수준으로 향상된 상황에서 그런 보고서를 발표한다는 것은 쉽지 않기 때문이다. … 하지만 아직 그런 비난을 받아들일 준비가 되어 있지 않았던 대중들을 위해 진리를 발견한다는 결과가 나타나긴 했다. 프랑스에서는 그 보고서로 인해 PCF를 지지하는 지식인들과 동반자들이 어느 정도 혼란에 빠진 것은 사실이다. 하지만 헝가리인들의 경우, 이 보고서에 대한 설명도, 역사적 분석도, 신중함도 없이 주어진 이런 과실과 범죄에 대한 끔찍한 이야기를 이해할 준비가 거의 되어 있지 않았음을 알 수 있다."[14] 물론 대중들은 시도 때도 없이 역사적 결정론이라는 정치적인 법칙에서 벗어나며, 따라서 이 보고서가 이와 같은 브라운 운동에 대해 책임이 있는 것은 사실이다.

그와는 반대로 아롱은 흐루쇼프 보고서의 내용에 놀라지 않았다. 그와는 달리 『지식인의 아편』의 출간 몇 달 후에, 그리고 그로부터 비롯된 논쟁 후에, 아롱은 멋진 복수를 음미할 수 있었다. 게다가 1956년 7월 10일 자 『르 피가로』지에 실린 기사의 비꼬는 듯한 제목 ─「그들은 항상 그것을 말해 왔다」─ 을 보면, 아롱은 마치 어느 정도 승리의 깃발을 흔들고 있는 것처럼 보였다. 마르크스주의에 취한 지식인들이 소련의 한복판으로부터 온 소식에 의해 역공당한 것이었다. 비록 아롱이 다음과 같이 쓰고 있기는 하지만 말이다. "흐루쇼프의 연설은 위대한 사람에 대한 열광의 대차대조표라기보다는 오히려 스탈린 시대 전체에 대한 결정적인 대차대조표이다." 그리고 아롱은 이렇게 덧붙이고 있다. "제3의 노선의 선택 역시 그 의미를 상실했다. 왜냐하면 공산주의자들과 반공산주의자들에 대해 같은 거리를 취하면서 동등하게 대할 수 없기 때문이다. 여러 민족에 대한 숙청과 감금, 억지로 받아 낸 모든 자백

---

14   *L'Express*, n° 281, 9 novembre 1956, pp. 13-16.

등의 문제가 제기되었을 때, 반공산주의자들은 전적으로 옳았다. 진리가 항상 정당하게 평가되는 것은 아니지만, 20세기의 전제정치의 끔찍함은 도가 지나치다."

이런 내용의 기사를 쓴 장본인 아롱은 그 당시에 단지 『르 피가로』지의 논설위원만이 아니었다. 아롱은 1955년 가을부터 소르본대학의 교수로 재직하고 있었다. 그는 이 학교에서 1년을 근무했고, 이제 그는 저널리즘 활동보다 오히려 새로운 직책과 연구에 더 열성을 기울이게 된다.[15] 1955년 가을부터 1968년 1월까지 12년여 동안 이런 중요한 일들이 그에게 계속된다. 이 기간에 그는 소르본을 떠나 고등연구실천원 Ecole pratique des hautes études의 제VI분과로 옮겨 가게 되며, ―그는 1960년부터 이미 그곳에서 연구 지도를 했다― 따라서 교육은 이제 그의 삶에서 가장 중요한 부분을 차지하게 된다. 1955-1956년 사이에 그는 산업사회에 대한 3부작을 염두에 둔 첫 강의를 했다.[16] 이 3부작에서 소련이 연구되었고, 1956년 이른 봄부터 흐루쇼프 보고서에 대한 강의를 하는 아롱의 목소리가 마치 외부에서 온 메아리처럼 계단식 강의실에서 울려 퍼졌다.

아롱의 목소리는 이어지는 가을에 발생한 헝가리 사태로 인해 한층 더 높아졌다. 그때 아롱은 11월 5일 자 『르 몽드』지에 게재된 '문화의 자유를 위한 대회'의 청원에 즉각 서명했다. "보편적 양심의 이름으로"

---

15   Cf. Nicolas Baverez, *Raymond Aron, op. cit.*, chap. XI, "De la Sorbonne au Collège de France".

16   1955-1958년 사이에 세 차례에 걸쳐 행해진 이 강의를 바탕으로 갈리마르 출판사의 "이데(Idées)" 총서의 세 권의 "고전"이 탄생하게 되었다. *Dix-huit leçons sur la société industrielle*(1962), *La Lutte des classes*(1964), *Démocratie et totalitarisme*(1965)가 그것이다.

서명자들은 UN으로 하여금 "헝가리 국민들의 자유와 독립을 구하기 위해, 그리고 소련 군대의 무자비한 탄압과 그에 맞서 영웅적인 행동을 하고 있는 그들을 보호하기 위해 적절한 조치를 강구해 줄 것"을 청원하고 있다. 그 당시에 이 문화의 자유를 위한 대회는 카를 야스퍼스, 살바도르 데 마다리아가,[17] 자크 마리탱,[18] 버트런드 러셀 등에 의해 주재되었다. 아롱은 특히 이 청원에서 드니 드 루즈몽, 다비드 루세, 마네스 스페르베르[19] 등과 같이 서명을 했다.

사르트르 역시 거의 즉각 반응했다. 하지만 아롱보다는 훨씬 더 힘든 반응이었다. 그도 그럴 것이 헝가리 사태는 사르트르의 참여와 그의 확신을 직접 강타했기 때문이다. 1956년 봄부터, 그리고 흐루쇼프 보고서에 대한 초기의 반응 후에, PCF의 동반자들은 여전히 우파와의 투쟁 전선의 1열에 자리 잡고는 있었지만, 지금까지의 PCF 노선과의 연합과 종종 선언된 그들만의 독립적인 노선 사이에서 찢겨 있는 상태였다. 이 점과 관련해 CNE 내부의 혼란은 의미심장하다. 그 당시에는 베르코르가 CNE의 회장을 맡고 있었다. 베르코르는 몇 개월 후에 『P.P.C.』(Pour prendre congé: 휴가를 내기 위하여)라는 분명한 제목의 책에서 1956년의 동요를 이야기하고 있다. 베르코르는 이 책에서 흐루쇼프 보고서를 "천둥이 친 것"이라고 말하고 있다. 베르코르는 "명예직 사람

17   살바도르 데 마다리아가(Salvador de Madariaga, 1886-1978): 스페인의 정치인, 외교관이자 저널리스트이다.

18   자크 마리탱(Jacques Maritain, 1882-1973): 프랑스의 철학자로, 특히 토마스 아퀴나스 전문가이다.

19   마네스 스페르베르(Manès Sperber, 1905-1984): 오스트리아 출신의 프랑스 작가이자 심리학자이다.

들"로 가득한 CNE는 1956년 5월 초에 위원장인 그 자신의 연설을 들은 적이 있다고 말하고 있다. 그는 이 연설에서 특히 "부패"를 역설했다. 『P.P.C.』에서 그는 그들이 그의 연설을 "얼어붙은 관심"[20]을 가지고 경청했다고 쓰고 있다. 이와 같은 증거를 통해 우리는 흐루쇼프 보고서에 의해 발생한 조기의 동요의 폭을 더 잘 측정할 수 있을 것이다. 그리고 그 이후에 이어지는 기억에 의해 더 증폭되고, 또 더 넓게는 PCF의 "옛" 동반자들의 선별과 재편에 의해 더 확대된 동요의 폭 역시 더 잘 측정할 수 있을 것이다.

어쨌든 앞에서 보았듯이 사르트르의 감정은 복잡했다. 11월에도 그는 여전히 흐루쇼프 보고서의 공개를 "큰 실수"로 규정하고 있다. 프롤레타리아트를 기습했다는 것이 그 이유였다. 그 시기에 사르트르에게는 비앙쿠르의 노동자들을 실망시키지 않고, 또 그들이 방향을 잃지 않게 하는 것이 일종의 정언명령이었다고 말해야 할 것이다. 어쩌면 사르트르는 흐루쇼프 보고서가 알려진 몇 개월 후에 그 자신의 선언들을 통해 그해 봄에 그 자신이 지켰던 침묵을 정당화하려고 시도했을 것이다. 게다가 이런 그의 침묵의 이유는 그다지 중요하지 않다. 그 이유가 그 보고서에 대한 반대의 표시라면, —지난 가을에 했던 발언들을 보면 그렇게 생각할 수도 있다— 우리는 1956년 여름에 사르트르가 지난 몇 해와 마찬가지로 공산주의자들의 노선 —그들과 사르트르 사이의 첫 번째 삐걱거림의 순간에도— 과 아주 가까운 노선 위에 있다고 생각할 수 있다. 또는 그 이유가 사르트르의 혼란과 당혹함이라면, 이 경우에는

---

[20]   Vercors, *P.P.C.*, Albin Michel, 1957, pp.31, 37, 47, 289.

그해 가을에 했던 발언들은 그런 혼란과 당혹함이 제한적이었다는 사실과 그가 공적인 입장을 표명하는 것을 보류할 이유를 빠르게 발견했다는 것을 보여 준다.

하지만 11월에 사르트르가 헝가리 사태에 대해 보인 반응은 정반대로 즉각적이고도 공개적이었다. 1956년 11월 8일부터 그는 『프랑스 옵세르바퇴르』지에 게재된 하나의 청원서에 서명했다. 그 제목은 분명했다. "소련의 개입에 반대하며"였다. 그리고 항의는 명백했다. "헝가리 국민들의 저항과 그들의 독립의 의지를 부숴 버리기 위한 포와 탱크의 사용"을 비난했다. 이 청원서에 대해서는 여러 설명이 가능하다. 한편으로, 비록 사르트르가 이 청원서의 발기자가 아니라고 해도, ―베르코르가 그 이듬해에 『P.P.C.』에서 밝히고 있듯이 그가 이 청원서를 주도했다― 사르트르는 이런 조치의 핵심적인 자리에 있었다. 그의 이름은 서명자 중 첫 번째로 올라 있다. 그리고 그의 주위에 있는 사람들과 『레 탕 모데른』지의 협력자들이 그의 이름 곁에 자리 잡고 있다. 다른 한편으로, 사르트르는 분명히 그의 소련의 개입에 대한 비난에서 아롱과 같은 편에 서게 되었다. 그리고 처음으로 『레 탕 모데른』과 『프뢰브』가 같은 진영에 있게 된 것이다.

하지만 실제로는 그렇지 않았다. 아롱과 그의 친구들이 "보편적 양심"을 촉구했을 때, 사르트르와 그의 친구들은 "사회주의"의 이름으로 청원을 했던 것이다. 그리고 그런 자격으로 그들의 청원은, 잘 읽어 보면, 소련인들에 대한 비난과 마찬가지로 "오늘날 감히 분노한다고 하는 위선자들"에 대한 비난처럼 보인다. 그다음 줄의 문장은 무엇보다도 서명자들이 자유주의적 지식인들이라는 사실을 잘 보여 준다. 물론 여기에서 서명자들의 균형을 고려해야 할 필요가 있다. 하지만 두 차례의 청원을 통한 비난 사이 노선의 분배는 분명하다.[21] 게다가 『프랑스옵세르바퇴르』지의 같은 호 4쪽에 게재된 또 하나의 "좌파 지식인들"의 청원서는 소련의 개입을 비난하면서도 다음과 같은 사실에 그치고 있다. 즉, "서명자들" ―특히 조르주 쉐페르, 장 마리 도메나크, 질 마르티네,[22] 클로드 부르데, 에드가 모랭, 장 뒤비뇨, 로제 스테판[23]― 은 "최근 영불군의 이집트 개입에 항의하고" 있다. 그리고 이들은 그다음에 헝가리 사태를 다루고 있다.

게다가 같은 시기에 카뮈는 훨씬 더 직접적인 입장을 취했다. 그는 11월 6일 자 『르 몽드』지에 게재된 청원서에 서명했다. 이 청원서에 서명한 프랑스 지식인들은 이렇게 강조하고 있다. "크렘린의 지도자들이 비행기와 탱크를 보내 저항자들에게 사격을 가하게 하면서 제정 시대와 마찬가지로 모스크바를 세계의 절대주의적 반동의 수도로 만들고 있다. 그러면서 여러 민족의 해방을 위한 노력 앞에서 신성동맹Sainte-Alliance[24]과 베르사유 정규군les Versaillais[25]이 수행했던 유혈이 낭자한 초강력 경찰의 역할을 다시 수행하고 있다. 그들은 학살자들을 인간성에서

---

21   청원서에 서명한 사람들 중, 사르트르의 입장을 지지하는 공산주의자들과 동반자들보다는 오히려 아롱을 지지하는 자유주의 지식인들의 수가 더 많다는 것을 의미한다.

22   질 마르티네(Gilles Martinet, 1916-2006): 프랑스의 정치인, 외교관이자 저널리스트이다.

23   로제 스테판(Roger Stéphane, 1919-1994): 프랑스의 작가이자 저널리스트로, 『롭세르바퇴르』지의 공동 창간인이다.

24   1815년 9월 26일, 프랑스 파리에서 러시아, 오스트리아, 프로이센 사이에 체결된 동맹이다. 신성동맹의 기본 구상은 유럽 정치 질서를 기독교의 원칙에 따라 재건하고, 그 위에 국제 평화를 이룩하려는 데에 있다.

25   1871년 파리 코뮌에 반대해 싸웠던 베르사유 정규군을 가리킨다.

멀어지게 하고 있고, 또 자신들의 자리에 남아 있으면서 헝가리 국민들의 피로 손을 더럽히고 있는 자유주의 국가들의 공산주의자들에게 치욕을 가하고 있다." 이들 서명자의 명단에 티에리 몰니에의 이름이 들어 있기는 했지만, 이 명단에서 무게중심은 어쨌든 좌파에 있었다. 게다가 베르사유 정규군에 대한 암시는 이 명단을 좌파에 대한 역사적 기억 속에 뿌리내리게 한다. 역사학자에 의해 그 당시의 상황과 PCF의 집요하고도 윽박지르는 모습이 고려되더라도 다음과 같은 결론으로 이어지지는 않는다. 즉, 소련에 대한 비난이 서양의 민주국가들 역시 자유를 침해하고 있다는 가정적 비난에 의해 누그러든다는 결론이 그것이다. 그 시기부터 좌파에서는 소련과 PCF에 대한 태도의 스펙트럼이 훨씬 더 다양해졌다.

벌써 1952년에 『반항하는 인간』의 출간 후에 사르트르와 카뮈의 결렬이 있었을 때, 사르트르는 『레 탕 모데른』지에서 소련의 집단수용소 현상에 대해 동서 양 진영을 모두 비난하는 자세를 취했다. "그렇소, 카뮈. 나도 당신처럼 수용소를 용서할 수 없다고 생각하오. 하지만 '소위 부르주아 언론'이 그것을 매일 이용해 먹는 것도 용서할 수 없소. 나는 투르크메니스탄인보다 마다가스카르인이 먼저라고 말하지 않았소. 우리가 마다가스카르인들에게 겪게끔 하는 고통을 정당화시키기 위해 투르크메니스탄인들에게 부과하는 고통을 이용할 필요가 없다고 말했소. 나는 반공주의자들이 형무소의 존재에 갈채를 보내는 것을 본 일도 있소…."[26]

---

[26]   Jean-Paul Sartre, *Situations IV*, Gallimard, 1964, p.104.

아롱은 1956년 7월 10일 자 기사에서 그 나름대로 이와 같은 유형의 논지 —게다가 이런 유형의 논지는 그 시기의 지식인들의 토론에서 반복된다— 를 반박하고 있다. 아롱의 "합당한 정도"라는 잘못된 주장에 대한 비난은 그 당시에 10년 동안의 투쟁 속에 뿌리내리고 있었으며, 그런 주장과 항상 충돌하고 있었다. 이런 주장은 그가 『지식인의 아편』에서 다음과 같이 쓰면서 이미 해결한 주장이다. "경계선은 수용소의 존재를 부인하는 자들과 그것을 비난하는 자들 사이를 지난다. 그리고 결렬은 한 위치에서 다른 위치로 옮겨 갈 때 나타난다."[27] 게다가 수에즈 운하 작전[28]에 대해 아롱은 사르트르의 공격에 의해 연루되어 있다고 느끼지 않았다. 아롱은 심지어 영불의 군사 개입의 실패 이전에도 그 나름대로 『르 피가로』지와 그 사장인 피에르 브리송의 분석보다 훨씬 더 유연한 분석을 전개한 바 있다. 예컨대 아롱은 11월 2일 자 신문에서 「힘은 수단에 불과할 뿐이다」라는 망설임을 보여 주는 형태의 제목의 기사를 게재했다. 물론 이 기사에는 개입의 원칙에 대한 비난은 보이지 않는다. 하지만 이 기사의 내용과 어조는 그의 망설임을 잘 보여 주고 있다. 또한 반복해서 말하자면, 그것도 군사 작전을 찬성하고 있는 신문에서 말이다. 게다가 이 기사는 다음과 같은 상황 속에 다시

---

27   이 부분은 저자의 오류로 보인다. 『지식인의 아편』에는 이와 비슷한 문장이 들어 있다.

28   2차 중동 전쟁, 또는 수에즈 위기는 1956년 10월 29일부터 1956년 11월 3일까지 발생한 전쟁이다. 이스라엘이 1956년 말 이집트 침공을 개시했고, 영국과 프랑스가 뒤이어 이집트에 선전포고를 했다. 영국과 프랑스의 목표는 수에즈 운하에 대한 통제권을 되찾고 운하를 국유화한 이집트 대통령 나세르를 제거하는 것이었다. 전쟁이 시작된 이후, 유엔과 미국, 소련이 동맹군에 정치적 압박을 가했고, 결국 동맹군은 물러났다. 이 사건은 영국과 프랑스에게 굴욕을 가져다주었고, 나세르의 권력을 강화시켰다.

자리매김해서 검토할 필요가 있다. 즉, 뮌헨신드롬[29]이 민주주의를 옹호한다는 이름으로 몇몇 좌파 지식인으로 하여금 나세르에게서 유일하게 힘에만 의존하는 새로운 히틀러의 모습을 비난하기를 유도했던 시기라는 사실이 그것이다.[30]

하지만 사르트르에게로 되돌아오자. 왜냐하면 그의 개입이 갖는 공개적인 성격은, 그의 명성을 고려할 경우, 그를 그 이후, 즉 1956년 가을에 PCF의 동반자들의 세력권을 강타하는 위기의 상징적인 인물로 만들고 있기 때문이다. 한편으로 "소련의 개입에 반대하며"라는 제목의 청원서는, 그 균형 잡힌 표현과 자유주의 성향의 지식인들에 대한 공격에도 불구하고, 큰 반향을 일으킨 비난으로 남아 있다. 다른 한편으로, 사르트르는 그다음 날에 곧이어 『렉스프레스』지에서 「부다페스트 이후, 사르트르가 말하다」[31]라는 제목으로 게재된 글에서 소련에 대한 비난을 다시 하고 있다. 사르트르는 특히 이 기사에서 그의 PCF와의 결렬을 예고하고 있다. 왜냐하면 "[그에게] PCF와 관계를 끊는 것이 기분 좋은 일은 아니라고 해도" "지금 이 순간에도 [이 당을] 이끌고 있는 사람들"과의 그런 결렬은 불가피한 것으로 보인다. 왜냐하면 "그들의 문

---

29 1939년 9월 29일, 당시 영국 총리 체임벌린은 독일에 체코슬로바키아의 수데텐 지방을 넘겨준다는 내용을 담은 뮌헨협정문을 들고 돌아왔다. 그는 히틀러가 서명한 뮌헨협정문을 평화에로의 길로 해석했으나, 처칠은 그와 정반대로 해석했다. 체임벌린의 판단이 틀렸고, 처칠의 판단이 정확했다. 뮌헨협정 체결 이듬해 3월 독일이 체코의 나머지 지방을 병합하고, 4월에 폴란드를 침공했기 때문이다. 2차 세계대전의 막이 오른 것이다. 체임벌린을 포함한 당시 서방 지도자들이 내린 오판을 국제정치학자들은 '뮌헨신드롬'이라고 부른다.

30 예컨대 『르 몽드』지의 기사에서 모리스 뒤베르제는 강경파 중 한 명이었다(Cf. 그의 분석은 8월 2일과 9월 5일 자 『르 몽드』지에 실렸다).

31 *L'Express*, n° 281, 9 novembre 1956, pp.13-16.

장 하나하나, 그들의 제스처 하나하나가 30년 동안 거짓과 경직화에 도달했기 때문이다." 이런 예고가 이루어진 시점은 실제로 사르트르가 PCF의 "아주 훌륭한 객관적 지성"에 찬사를 보냈고, 또 "PCF가 잘못을 범하는 경우는 드물다."라고 선언했던 시점과 아주 멀리 떨어진 것처럼 보인다. 하지만 그 시점은 같은 해 2월이었다!

사르트르는 또한 "전적으로, 그리고 아무런 유보 없이" 소련의 개입, 그 자체로 비난받을 수 있는 "죄", "12년의 공포와 어리석음에 의해 (분명 소련의 관점에서 보면 가능하고 또 필요한) 저질러진 죄"를 비난했다. 헝가리 사태의 역사적인 결론은 이렇다. "헝가리 국민들이 그들의 피로 우리에게 가르쳐 주고 있는 것은 바로 소련에서 수입된 상품으로서의 사회주의가 완전한 실패였다"는 것이다. 사르트르의 공격은 직접적이었다. PCF는 즉각 반격에 나섰다. 그도 그럴 것이 헝가리 사태의 효과가 단지 PCF의 성운계에서 동반자들에게만 미치는 것이 아니라, 또한 몇몇 "등록된" 지식인에게도 미쳤기 때문이었다.[32] 그다음 주 월요일부터 마르셀 세르뱅[33]은 『뤼마니테』지에서 「흰 개미와 그 패거리들」이라는 제목의 기사를 쓰고 있다. "당의 내부에서 당을 좀먹는 자들을 엄하게 다스려야 한다." 그들의 파괴 작업이 위험하기 때문에 더 그렇다. 공격 대상 중 한 명은 "비방"에 호소한 사르트르였다. 4일 후에 발데크 로쉐[34]는 같은 신문에서 더 강하게 비난했다. "오늘날 사르트르가 우리 당

---

32   Cf. Jean-François Sirinelli, "Un automne 1956", chapitre VIII d'*Intellectuels et passions françaises*, *op. cit.*

33   마르셀 세르뱅(Marcel Servin, 1918-1968): 프랑스의 PCF 소속 정치인으로, 국회의원과 장관을 지냈다.

34   발데크 로쉐(Waldeck Rochet, 1905-1983): 프랑스의 정치인으로, 1936년부터 1968년까지

을 공격, 비방하고 있다." 그리고 "몇몇 기회주의적 분자가 [그의] 뒤를 따라 모방하고 있다." 결론은 다음과 같다. "당의 모든 위대한 시기에도 어려운 순간들을 맞이할 때 프티부르주아적 분자들이, 천성적으로 겁이 많은 사람들이, 적의 계급의 압력에 양보하기 쉬운 요소들이 항상 존재했다."

국회의원을 지냈다.

"알제리 비극"에 대한
하나의 "대답"

　　1950년대 중반부터 이데올로기적 시대의 분위기가 차츰 바뀌어 갔다. 어쨌든 흐루쇼프 보고서가 "소련 공산당의 이데올로기에 대한 면역 효과를 감소시켰다."[35] 1962년에 아직 평화스러운 공존의 기슭에 도달하지 못한 채로 동서 관계의 긴장이 점차 완화되고 있었다는 사실을 덧붙인다면, 그때까지 사르트르와 아롱이 활동했던 무대는 이전과는 전혀 달라 보였다. 레퍼토리 자체가 많이 변경되었다. 공산주의와 그것을 구현하고 있는 여러 국가와의 복잡한 대화 속에서 사르트르는 지리학적임과 동시에 의미론적인 변화[36]를 이미 시작하고 있었다. 아롱으로 말하자면, 그의 모습 —적어도 지식인 사회에 투영된 그의 모습—

---

[35]　Branko Lazitch, *Le Rapport Khrouchtchev et son histoire*, Le Seuil, 1976, p.35.

[36]　미국과 소련의 대립 구도로 특징지어지는 냉전 시대에 사르트르의 관심이 주로 공산주의와 유럽에 치우쳤다면, 그 이후로 알제리, 베트남 등의 제3세계 문제가 대두되면서 그의 관심사가 점차 제국주의와 식민지 문제로 옮겨 간 것을 의미한다.

은 관록이 붙고 또 변했다. 비록 국제 관계에 대한 그의 저작들이 읽히고 또 주해되고 있다고 해도, ―특히 미국을 포함한 외국에서― 그는 무엇보다도 대다수의 사람들의 눈에는 냉전의 저널리스트로 남아 있었고, 또 그것도 공산주의의 영향을 직, 간접적으로 받았던 좌파 지식인들의 일부와 투쟁하는 저널리스트로 남아 있었다. 그의 다른 많은 저작은 그 시기까지 분명히 논쟁적이었다. 앞에서 살펴본 대로 소르본의 교수인 그는 학문적인 저작을 집필해야 했고, ―활동 영역이 바뀌었다― 전쟁 전의 그의 활동과 다시 연결되게 되었다. 게다가 아주 느리게 아롱은 지적 영광과 대학에서의 권위에 힘입어 공산주의적 참여에서 방향을 선회한 전후 세대의 일부 지식인들의 훌륭한 대화 상대자가 된다. 이어지는 세대에서 일부 옛 좌파주의자들과 함께 새로워지고 있는 이 현상은, 그 당시에 통계적으로 유의미한 현실이 되고 있었으며, 따라서 이데올로기의 전쟁에 당연히 포함되기에 이른다. 또한 덜 눈에 띄는 방식으로 이와 같은 접근 현상은 이미 전후의 공산주의의 세대를 위해 존재하고 있었다. 어쨌든 그들 중 일부에게는 "소르본에서의 스승"이 "스탈린주의에서 해방된 자들의 훌륭한 대화 상대자"가 되었다.[37]

하지만 실제로 배경의 변화는 동부 유럽에서 온 동요에만 한정되지 않았다. 1950년대 중반에 세계적인 폭을 가진 '탈식민주의' 운동이 가속화되고 있었다. 프랑스는 알제리와 전쟁에 돌입했다. 그리고 알제리는 빠르게 프랑스 지식인들의 활동 무대의 최전면을 차지하게 된다. 그

---

37   François Furet, "La gauche française entre dans l'après-guerre", dans "Matériaux pour servir à l'histoire intellectuelle de la France, 1953-1987", *Le Débat*, n° 50, mai-août 1988, p. 20.

런데 미셸 크루제의 표현을 빌리자면 이 전쟁은 또한 지식인들에게는 "글의 전쟁"[38]이기도 했다. 공권력에 대한 청원, 여론을 향한 시위, 이렇게 말할 수 있다면, 목소리를 내기 위한 권위 있는 펜, —사르트르— 또는 침묵이 오히려 곧장 쩌렁쩌렁한 목소리 —카뮈— 등이 그 좋은 예이다. 모든 면에서 —특히 아롱의 경우처럼 어울리지 않는 역할— 지식인들은 왕관을 쓴 것처럼 보였다.[39] 곧 보겠지만, 비록 이 시기가 그들 지식인에게 일종의 '인디언 서머été indien'[40]처럼 보였음에도 말이다. 어쨌든 사르트르와 아롱에게도 이 시기는 중요했다. 사르트르에게는 분명히 반식민주의가 그의 가장 두드러진 참여였고, 게다가 사르트르라는 인간은 알제리라고 하는 기호 아래에서 정치에 눈을 뜬 새로운 세대에 큰 영향을 주게 된다. 아롱으로 말하자면, 그는 알제리의 독립을 내세우면서 어울리지 않는 역할을 한 것처럼 보였다. 게다가 그는 좌파 자체의 대부분의 지식인과는 반대 방향으로 나아가고 있었다. 왜냐하면 그는 전쟁의 첫해부터 그런 해결책을 주장했기 때문이다. 대부분의 여론이 좌파와 마찬가지로 우파에서도 프랑스령 알제리의 유지 쪽으로

---

[38] Michel Crouzet, "La bataille des intellectuels français", *La Nef*, cahier 12-13, octobre 1962-janvier 1963, pp.47-65(인용은 p.51).

[39] Jean-Pierre Rioux & Jean-François Sirinelli (dir.), *La Guerre d'Algérie et les intellectuels français*, Bruxelles, coll. "Complexe", 1991.

[40] '늦가을에 잠시 나타나는 여름처럼 더운 날씨'라는 뜻이다. 이 말은 아메리카 대륙에 정착한 개척자들이 원주민이던 인디언들을 보고 지은 말 가운데 하나이다. 이주민들은 자신들의 고향인 영국에서 보고 겪었던 것들과 똑같지는 않지만 비슷한 것들에 '인디언'이라는 말을 많이 붙였다고 한다. 자신들과 같은 사람이기는 한데 뭔가 다르다고 생각했기 때문이다. 그래서 가을이 되었으면 날씨가 선선해야 함에도 불구하고 다시 여름이 된 것처럼 따뜻한 날씨가 되자, 자신들이 알고 있던 여름과는 약간 다르다는 의미에서 이렇게 이름 붙인 것이다.

기우는 시기에 말이다. 의심의 여지 없이 이 두 사람의 참여는 각자의 정치 여정에서 가장 많이 분석된 시기에 해당한다. 게다가 그런 비교 연구가 이미 이루어지기도 했다.[41] 그런 만큼 여기에서는 본질적인 문제, 즉 알제리 문제에 대한 일치된 결론에 대한 확인에만 그칠 것이다. 하지만 서로가 서로에게 완전히 낯선 전제에서 출발해서, 그리고 대립적으로 머물고 있는 이데올로기적 세계에 속하는 추론의 용어로서이다.

"글의 전쟁"의 첫 정예 돌격 부대들이 본격적으로 자리 잡기 위해서는 1955년 가을, 즉 1954년 만성절 사건 후로 1년을 기다려야 했다. 물론 1954년 11월 1일부터 탐색전이 없었던 것은 아니다. 『에스프리』지 1954년 12월 호에서부터 장 마리 도메나크는 "이것이 북아프리카에서의 전쟁인가?"라고 묻고 있다. 그리고 1955년 1월의 같은 주에 클로드 부르데는 『프랑스 옵세르바퇴르』지의 「작금의 알제리 게슈타포」라는 제목의 글에서 이렇게 단언하고 있다. "알제리에서 파르티잔 운동이 이루어지고 난 이후로 알제리 게슈타포는 다시 열심히 활동하기 시작했다." 그 반면에 모리아크는 『렉스프레스』지에서 「하나의 질문」[42]이라는 제목의 글에서 수많은 고문을 비난했다. 하지만 알제리 사태의 비중에 대한 지각은 차츰 이루어졌을 뿐이고, 1955년 글의 전쟁의 전선에 몰려들었던 지식인들은 경고의 외침의 선구자들로 남아 있었으며, 그것도

---

41   Cf. *La Guerre d'Algérie et les intellectuels français*(*op. cit.*)에서의 마리 크리스틴 그랑종의 소중한 연구를 보라. 그리고 다음과 같은 두 편의 훌륭한 석사 논문을 보라. Kaliane Khau, *Jean-Paul Sartre et la guerre d'Algérie*, Lille III, 1991; Isabellle Wanaverbecq, *Raymond Aron et la guerre d'Algérie*, Lille III, 1991.

42   각각 1955년 1월 13일과 15일에 게재된 글들.

불협화음을 내고 있었다. 이 점과 관련해 1955년 10월 8일 자『렉스프레스』지에 「자유의 기호 아래에서」라는 제목의 글을 쓴 카뮈는 상징적이다. 이 글에서 그는 다음 질문에 답을 했다. 왜 그는 "시사 문제에 대해 글을 쓰는가?" "지식인의 자격으로." 그가 침묵을 선택한 것은 그 이후였다. 아롱은 그 나름대로 10월 12-15일 사이『르 피가로』지에 「프랑스는 북아프리카에서 마지막 기회를 맞이하고 있다」라는 제목의 연재 기사를 4차례 썼다. "알제리의 민족주의를 무시하면서 그것을 감소시키지는 못할 것이다"라고 그는 강조하고 있다. 사르트르로 말하자면, 그 역시 같은 시기에 발언을 시작하고 있다. 11월 6-7일 자『르 몽드』지에서 실제로 4쪽에 실린 몇 줄의 글에서 이렇게 예고하고 있다. "아프리카에서의 전쟁 수행에 반대하는 행동 위원회 내부에서 몇몇 사람들이 뭉쳤다"고 말이다. 비록 이 모임의 발기인들이, 그들 중 한 명의 회상에 따르면, "식민지 전쟁의 원칙 자체에 대한 반대와 민족들의 권리 자체에 대한 원칙에 대한 찬성"[43]이라는 단호한 입장에 섰음에도, 그들의 어조는 온건했다. "알제리 국민들"이 문제였다면, 호소는 무엇보다도 "탄압의 중지", "바다 건너와 프랑스 본토에서의 인종차별"의 폐지, 그리고 "협상의 개시"를 요구했다. 서명자들은 전쟁에 대한 정치적 해결책의 유형에 대해서는 입장을 밝히지 않았다.

서명자들은 명단은 다양했다. 로제 마르탱 뒤 가르, 프랑수아 모리아크, 프레데리크 졸리오퀴리, 앙드레 브르통, 장 카수, 장 게노, 장 로스탕,[44] 장폴 사르트르, 장 발, 장 콕토, 자크 마돌,[45] 피에르 사제,[46] 르

---

[43]   Edgar Morin, *Autocritique*, Julliard, 1959, 3ᵉ éd., Le Seuil, 1975, p.187.

네 쥘리아르,[47] 장 루이 바로[48] 등이다. 모리아크와 같은 사람은 그 시기에 "모로코와 알제리를 포기하는 것"을 전혀 생각하지 않았다고 9월 24일 자 『렉스프레스』지에서 쓰고 있다. 그와는 반대로 다른 서명자들은 해결책에 대해 훨씬 더 과격한 생각을 가지고 있었다. 이런 차이는 특히 바그람 회관Salle Wagram[49]에서 있었던 위원회의 모임이 있었던 2개월 후에 나타났다. 1956년 1월 27일 금요일에, 앙드레 망두즈[50]는 "알제리 레지스탕스의 구원"을 주장한 반면,[51] 사르트르는 이렇게 선언하고 있다. "식민지주의는 그 자체를 스스로 파괴하고 있는 중이다. 하지만 식민지주의는 아직도 대기를 오염시키고 있다. 그것은 우리의 수치이다. 그것은 우리의 법을 조롱하거나 그것을 희화화하고 있다. 그것은 우리를 인종차별주의로 황폐화시키고 있다. ⋯ 우리의 역할은 그것이 사라지도록 돕는 것이다. ⋯ 우리가 할 수 있고 또 우리가 해야만 하는 것은 ─이것이 핵심이다─ 알제리인들과 프랑스인들을 '동시에' 식민주의적 전제정치에서 해방시키기 위해 [알제리 민족의] 편에 서서 싸우

---

44   장 로스탕(Jean Rostand, 1894-1977): 프랑스의 작가, 과학철학자이자 생물학자이다.

45   자크 마돌(Jacques Madaule, 1898-1993): 프랑스의 가톨릭계 지식인이자 정치인이다.

46   피에르 사제(Abbé Pierre, 1912-2007): 프랑스의 사제로, 그 유명한 세계적인 빈민구호단체 '에마위스'의 창립자이다.

47   르네 쥘리아르(René Julliard, 1900-1962): 스위스 출생의 프랑스 출판인으로, 쥘리아르 출판사의 창립자이다.

48   장 루이 바로(Jean-Louis Barrault, 1910-1994): 프랑스의 연극인이자 연극감독이다.

49   파리 17구에 있는 공연장이다.

50   앙드레 망두즈(André Mandouze, 1916-2006): 프랑스의 역사가, 가톨릭계 저널리스트로, 반파시즘 및 반식민주의 투사이다.

51   *Le Monde*, 29-30 janvier 1956, p.3.

는 것이다."[52]

그 시기에 아롱은 이런 분석과는 꽤 거리를 두고 있었다. 게다가 그는 1956년 5월 23일 자 『르 몽드』지에 실린 한 텍스트에 서명하는 것을 받아들인다. 이 신문은 그 텍스트에 다음과 같은 분명한 제목을 붙이고 있다. 「소르본 교수들은 정부 정책에 지지를 표명한다」. 서명자들은 다음과 같은 사실을 지적하고 있다. 즉, 그들은 "알제리에서 평화를 되찾는 임무를 띠고 있는 젊은 프랑스인들이 그들의 선배들에 대한 존경 속에서 권리상 당연한 도덕적 지지를 발견하도록 할 수 있는 모든 것을 하기 위해" 참여했다고 말이다. 1955년 가을과 1957년 봄 말엽 사이에 아롱이 취하고 있던 입장과 썼던 글들은 당연히 분석해야 할 필요가 있다. 하지만 그 시기에 어쨌든 아롱은 『알제리의 비극La Tragédie algérienne』을 출간했다. 이 저서에서 그는 알제리 독립의 필요성을 분명하게 선언하고 있다. 또는 더 정확하게 말하자면, 이 저서는 6월에 플롱Plon 출판사의 "자유 논단" 총서에서 출간되었다. 이 총서는 샤를 오랑고[53]에 의해 시작되었으며 시사 문제를 직접 다루고자 했다. 이 총서에서 특히 1957년부터 미셸 드브레[54]의 『우리를 다스리는 왕자들』과 앙드레 필립[55]의 『배반당한 사회주의』가 출간되었다. 게다가 필립의 책은 이 총서의 첫 번째 책이었으며, 아롱의 책이 뒤이어 출간되었다. 한 해 전에

---

52   Jean-Paul Sartre, *Situations V*, Gallimard, 1964, p.42(먼저 『레 탕 모데른』지 1956년 3월-4월 호에 게재된 연설).

53   샤를 오랑고(Charles Orengo, 1913-1974): 프랑스의 출판인이다.

54   미셸 드브레(Michel Debré, 1912-1996): 프랑스의 정치인으로, 1959-1962년 사이에 제5공화국의 첫 번째 총리를 역임했다.

55   앙드레 필립(André Philip, 1902-1970): 프랑스의 좌파 정치인이다.

플롱 출판사에서 『사랑받고 괴로워하는 알제리』를 출간했던 자크 수스텔은 곧 펜을 들고 『알제리의 비극과 프랑스의 데카당스: 레몽 아롱 씨에게 보내는 대답』을 이듬해 8월에 출간했다. 샤를 오랑고는 그가 준비한 총서에서 약 10여 일 동안에 몇 권의 책을 출간하는 괴력을 발휘하기도 했다.[56]

현실이라는 원칙의 이름으로 아롱은 1956년 4월과 1957년 5월에 집필한 두 권의 저서에서 다음과 같은 결론을 내리고 있다. "억지로 치르는 전쟁, 해결책도 없고 성공할 기회도 없이 치르는 전쟁보다 포기와 본국 소환이라고 하는 영웅적인 해결책이 여전히 더 낫다." 냉정한 논리로 이루어진 이런 분석은 특히 다음 사실에 의거하고 있다. "인구 증가율이 지중해 양쪽에서 너무 차이가 나서 종교와 인종이 다른 민족들이 같은 공동체 안에서도 분열될 수 있다." 그리고 아롱은 정부에 5000억 프랑에 달하는 자금을 피에 누아르[57]의 본국 환송을 위해 마련할 것을 권고하고 있다.[58] 이런 주장으로 이어지는 아롱의 진단은 충격적이었다는 것을 상상할 수 있다. 그리고 이와 같은 그의 냉정한 분석은 그에게 적대적인 논지를 전개하는 자들에게 그를 비난하기 위한 좋은 구실이 되기도 했다. 예컨대 수스텔은 이렇게 쓰고 있다. "단지 알제리에서 태어난 사람들을 본토로 '송환'하는 것이 아니다. 그들의 아버지들, 할아버지들, 증조할아버지들이 거기에서 태어났고, 또 그곳에서 영

56   Marie de Saint-Laurent, *La Librairie Plon de 1945 à 1968*, DEA, dir., Michel Winock, IEP de Paris, 1992.

57   피에 누아르(Pieds noirs): 알제리를 위시해 프랑스 식민지령이었던 북아프리카에서 태어난 프랑스인들을 지칭한다.

58   Raymon Aron, *La Tragédie algérienne*, Plon, coll. "Tribune libre", 1957, pp.36, 25, 20.

면하고 있는 이들을 송환하는 것이다."[59] 그다음 해에 주어진 아롱의 대답은 그 나름의 방식으로 놀라는 기색이 전혀 없는 것이었다. "정치적인 행위는 이론의 전개나 감정의 표현이 아니라 하나의 상황에 대한 대답이다."[60]

놀라움은 없지만 알제리 문제가 토론의 핵심 주제가 되었을 때에 이런 대답을 하기 위해서는 용기가 필요했다. 게다가 행위라고 하는 불길에 휩싸인 ─왜냐하면 그런 상황에서 공개적인 입장 표명은 하나의 행위이기 때문이다─ 아롱의 주장은 이론적인 긴 논의보다도 훨씬 더 그의 참여 개념을 잘 요약해 주고 있다. 이런 관점에서 보면 1930-1931년 겨울에 쾰른의 라인강 강둑에서 "참여적 방관자"가 되기로 마음먹었던 젊은 철학 교수자격시험 합격자의 계속성이 있는 것이다. 즉, "이론"을 제시하거나 "감정"을 표현하는 것이 아니라 "대답"을 주려고 시도하는 분석가가 되기로 한 결심과의 계속성이 말이다. 게다가 그로 인해 그는 아주 강경한 반응들에 대해 그 자신을 대립시키곤 했던 것이다. 그리고 그의 저작들은 "미사를 드리는 중에 발사된 권총 소리"처럼 폭발하곤 했다.[61] 수스텔과 같은 자들은 그 당시에 "부르주아적 덕성의 모범적인

59   Jacques Soustelle, *Le Drame algérien et la décadence française. Réponse à Raymon Aron*, Plon, 1957, p.15. 자크 수스텔은 토론을 그 자신과 대화 상대자인 아롱이 철학 교수 자격시험 합격자라는 차원에 위치시켰다. 그런 만큼 수스텔은 정확하게 문제의 중요한 면을 지적할 줄 알았다. "아롱 씨는 그 자신이 『지식인의 아편』에서 비난하고 있는 것과 정확하게 일치하고 있다. 그는 그 자신이 역사적 숙명성이라는 몰로크 앞에서 무릎을 꿇고 있다"(*Ibid.*, p.14).

60   Raymond Aron, *L'Algérie et la République*, Plon, 1958, p.8.

61   Michel Winock, "La tragédie algérienne", *Commentaire*, nos 28-29, février 1985, pp.269-273(인용은 p.270).

유형"을 제시했다.[62] 루이 테레누아르[63]와 같은 자는 주간지 『카르푸르
Carrefour』 1957년 6월 26일 자에서 이렇게 쓰고 있다. "과거에 비춰 보면,
레몽 아롱 씨가 '피에르 라발'[64] 같은 사람, 즉 1940년에 모든 내기가 끝
났다고 생각한 사람을 불가항력적으로 상기시키고 있는 것은 유감스러
운 일이다." 같은 주간지의 그다음 호에서 테레누아르는 아롱의 추론에
대해 "책임 회피의 정신을 위한 단순한 알리바이"라고 규정하고 있다.
좌파에서는 장 다니엘이 『렉스프레스』지에서 "보수주의에서 패배주의
에로의 이행은 결정적으로 항상 같다"고 말하면서, 아롱이 "그 자신에
게 독립된 알제리 국가에서 사는 것이 불가능하게 보인 알제리에 있는
프랑스인들의 즉각적인 소환"을 선호하고 있다고 개탄하고 있다.[65] 그
리고 같은 호에서 모리아크는 『알제리의 비극』의 저자인 아롱의 "얼음
같이 차가운 명확함"을 상기시키고 있다.[66]

1957년에는 알제리의 독립을 호소하는 지식인들의 역할에 대한 토
론이 벌써 활발했다. 프랑스군에 의해 자행된 여러 비리를 비난하면서
말이다. 어떤 이들의 눈에는 "친애하는 교수들"이 고의적으로 프랑스의
전쟁을 위한 노력을 게을리했고, 또 전장에서의 승리의 모든 가능성을
낮춰 버렸던 것이다. 다른 이들의 눈에는 지식인들이 인도차이나반도

---

62   Jacques Soustelle, *Le Drame algérien et la décadence française. Réponse à Raymond Aron*,
     op. cit., p.4.

63   루이 테레누아르(Louis Terrenoire, 1908-1992): 프랑스의 저널리스트이자 정치인으로, 드
     골 좌파의 주요 인물이다.

64   피에르 라발(Pierre Laval, 1883-1945): 프랑스의 정치인으로, 비시 정부의 핵심 인물이며,
     대독 협력을 추진했다.

65   Jean Daniel, "Des vacances algériennes", *L'Express*, 21 juin 1957.

66   François Mauriac, "Le nouveau règne", *Ibid.*

와 이어지는 알제리에서의 여러 해 동안의 식민지 전쟁으로 타락한 프랑스, 탄압과 고문이라는 폭력에 의해 얼룩진 프랑스의 명예를 구해야 했다. 이와 같은 선택지에 대한 답은 양심의 문제이지 역사학자가 결정할 문제가 아니기 때문에, 우리는 다음과 같은 사실을 주장하는 것으로 그치고자 한다. 즉, 선택이 종종 명백한 방식으로, 또는 고통을 동반하는 비밀 속에서 이루어진다는 사실이 그것이다. 우리는 카뮈가 노벨 문학상 수상식 때, 1957년에 스톡홀름에서 했던 말을 기억한다. "나는 정의를 신뢰합니다. 하지만 나는 정의보다 먼저 나의 어머니를 옹호할 것입니다." 이것은 좌파에게는 충격적인 발언이었다. 종종 왜곡되고 또 잘못 해석되어 이 발언은 마음의 불확실함과 동요에 대한 지적으로, 용기 있는 고백으로 여겨지기도 한다.

게다가 좌파 지식인들만이 카뮈를 공격한 것은 아니었다. 아롱 역시 알제리에 대한 카뮈의 입장을 공격했다. 1958년에 아롱은 실제로 『알제리와 공화국』에서 이렇게 쓰고 있다. "우리는 알베르 카뮈 씨가 최근에 출간한 글들의 모음집(『시사평론 3 *Actuelles III*』)을 읽으면서 최악의 상황을 우려한다. 자신의 정의에 대한 의지에도 불구하고 알베르 카뮈 씨는 선의의 식민자의 태도 위로 올라서지 못하고 있다. 그 어떤 순간에도 그는 국가적 요구의 핵심과 그 정당성을 이해하지 못하고 있는 것처럼 보인다."[67] 아롱이 카뮈에 대해 강경한 태도를 보인 것은 그때가 처음이 아니었다. 벌써 1955년에 『지식인의 아편』에서 카뮈의 『반항하는 인간』이 다음과 같이 소개된 적이 있다. 즉, "논지의 주요 노선이 논리

---

67   Raymond Aron, *L'Algérie et la République*, *op. cit.*, p.107.

적으로 서로 잘 연결되지 않는 계속 이어지는 연구 속에서 방향을 잃고 있으며, 글의 문체와 도덕적인 어조로 인해 철학적 엄격성이 확보되지 못하고 있다." 그 결과 이 책에서는 "다른 곳에서 쉽게 얻을 수 있는 것 말고는 아무것도" 가져다주지 못하고 있다. 결국 카뮈는 "그 역시 본질적으로 보수적인 좌파에 속한다." 물론 아롱은 다른 곳에서 카뮈의 "진실에의 의지"와 "환영과 거짓에 대한 거부"[68]을 인정하고 있다. 하지만 아롱의 인상은 여전히 부정적으로 남아 있다.

---

[68] Raymond Aron, *L'Opium des intellectuels*, *op. cit.*, pp.65-66, 68, 64. 아롱은 후일 카뮈에 대한 이 부분이 "별로 우아하지 못한 어조"로 쓰였다는 사실을 시인하고 또 그 어조가 "불쾌했음"을 후회하게 된다(Raymond Aron, *Mémoires*, *op. cit.*, p.321; *Le Spectateur engagé*, *op. cit.*, p.179). 카뮈와 아롱의 관계에 대해서는 아리안 셰벨 다폴로니아(Ariane Chebel d'Appoollonia)의 학위 논문(*op. cit.*)의 아주 자세하고 정확한 부분(pp.497-504)을 읽어보라.

사르트르의
전쟁

알제리전쟁에 대한 사르트르의 입장과 관련된 롤랑 뒤마[69]의 다음과 같은 주장은 흥미롭다. "알제리전쟁, 그건 '그의' 전쟁입니다. … 그는 그의 시대의 주요 사건을 모두 놓쳤던 거예요, 이것만을 제외하고요, 알제리전쟁. 어떤 면에서 보면 이 전쟁은 위대한 대의명분과 위대한 인물의 만남이었어요."[70] 알제리전쟁 동안에 지식인들 사이에 대규모 논쟁이 일어나고 있을 때, 사르트르가 종종 1열에 자리하고 있었다는 것은 사실이다. 그 이전의 전투에 대해 상세하게 얘기하는 것은 여기에서 다룰 주제가 아니다.[71] 어쨌든 사르트르는 '프랑스령 알제리'를 주장하

---

[69]   롤랑 뒤마(Roland Dumas, 1922-): 프랑스의 변호사, 정치인으로, 프랑수아 미테랑 정부에서 외무부 장관을 역임했다.

[70]   1984년 10월에 아니 코엔 솔랄에게 해 준 증언. Annie Cohen-Solal, *Jean-Paul Sartre et la guerre d'Algérie, op. cit.*, p.563.

[71]   Cf. 이 점에 대해서는 다음을 보라. Kaliane Khau, *Jean-Paul Sartre et la guerre d'Algérie, op. cit.*

는 자들의 적대감을 빠르게 결집시키는 결과를 낳았다. 1955년 2월부터 젊은 장마리 르펜,[72] 그다음 해 2월 2일에 있었던 국회의원 선거에서 푸자드당[73]의 후보였고, 그 이후에 국회에 진출하는 그는, '프랑스 연합 Union française'[74]에 대해 이렇게 선언하고 있다. "우리가 발로 엉덩이를 한 대씩 맞을 때마다 우리는 바지를 솔질해야 한다. 프랑스는 세 명의 남색주의자들에 의해 통치되고 있다. 사르트르, 카뮈, 모리아크가 그들이다."[75] 하지만 특히 1960년 여름 말엽에 사르트르는 "가방을 들어 주는 자들"에 대한 지지와 "121인 선언"에 대한 가담으로 인해 알제리전쟁의 상징적인 인물이자 돋보이는 사람이 되었다. 10월 초에 개선문에서 옛 참전용사들로 구성된 6개 단체의 주도로 "121인 선언"에 반대하는 시위대들은 이렇게 외쳤다. "사르트르를 총살시켜라!"[76] 그리고 우파의 지지자들은 사르트르를 그들의 청원과 공개 선언의 공시대에 매달았다. 가브리엘 마르셀[77]은 10월 6일 자 『콩바』지에 실린 앙케트에서 사르트르의 "공개적인 배신"에 대해 말하고 있다. 그 반면에 앙리 마시스[78]는

---

72 장마리 르펜(Jean-Marie Le Pen, 1928-): 프랑스의 극우파 정치인이다.

73 1954년에 소매상 출신인 푸자드에 의해 결성된 우익 정당으로, 사회, 경제 발전에 반대하고 편협한 권리를 주장했다.

74 프랑스 식민지들의 지위를 변경하는 1946년 10월 27일 자 헌법으로 만들어진 정치 단체이다. 헌법의 내용은 프랑스 식민지들에 영국 연방의 나라들과 같은 지위를 주는 것이었다.

75 Stanley Hoffmann, *Le Mouvement Poujade*, Colin, 1956, p.184; Cf. Joseph Lorien, Karl Kriton, Serge Dumont, *Le Système Le Pen*, Anvers, éditions EPO, 1985, p.38.

76 *L'Année politique 1960*, PUF, p.97. 시위자 중에는 특히 장마리 르펜과 파리의 시의회 구성원들이 포함되어 있었다.

77 가브리엘 마르셀(Gabriel Marcel, 1889-1973): 프랑스의 철학자, 작가로, 기독교적 실존주의를 대표한다.

거기에서 사르트르를 "성자 주네[79]처럼 그 자신의 존재에 의미를 주기 위해 순교자의 영광을 찾는 자"로 묘사하고 있다.

수많은 프랑스인의 눈에 사르트르는 그 시기에 생제르맹데프레에 있는 교회에 소속되어 있는 일종의 콰지모도[80]가 되었다. 실제로 모든 것은 마치 상황에 따라 지식인들과 공권력, 또 지식인들과 일부 여론 사이의 적대감이 논쟁의 최전선에 위치한 그의 이름으로 수렴되는 것처럼 진행되었다. 벌써 앙리 이레네 마루가 1956년 4월 5일 자 『르 몽드』지의 그 유명한 「프랑스, 나의 조국…」이라는 논단에서 "고문이라는 진정한 실험실"의 존재를 상기시켰을 때, 기 몰레[81] 정부의 국방장관이었던 모리스 부르제 모누리[82]는 "친애하는 교수들"을 비꼬고 있다. 이렇듯 1956년에 식민지 상황의 현상 유지를 반대하는 논쟁으로 인해 일부 지식인들은 짜증이 나 있었다. 마치 몇 년 전의 냉전 시대에 친공산주의가 몇몇 지식인을 짜증나게 했던 것과 마찬가지로 말이다. 내무장관

---

78   앙리 마시스(Henri Massis, 1886-1970): 프랑스의 정치인이자 문학 비평가로, 비시 정부에 협조하긴 했으나 과격주의로 나아가지는 않았으며, 1960년에 아카데미 프랑세즈 회원으로 선출되었다.

79   사르트르가 집필한 장 주네에 대한 연구서인 『성자 주네: 희극배우와 순교자』를 패러디한 것이다.

80   위고의 『노트르담 드 파리』에 등장하는 인물로, 노트르담 성당의 종지기이다. 하지만 그는 기형적 외모로 인해 많은 사람의 멸시를 받는다. 사르트르 역시 생제르맹데프레 구역, 즉 실존주의라는 유행 사조를 따라 많은 사람이 몰려들었던 이 구역을 대표하는 인물이자, 알제리전쟁에 과격하게 반대하는 인물로 많은 사람과 논쟁을 벌였다는 것을 상징적으로 의미한다.

81   기 몰레(Guy Mollet, 1905-1975): 프랑스의 정치인으로, SFIO의 사무총장 및 프랑스의 총리를 지냈으며, 총리 재임 중에 알제리전쟁과 수에즈 운하 위기로 정치적 비판에 직면했다.

82   모리스 부르제 모누리(Maurice Bourgès-Maunoury, 1914-1993): 프랑스의 정치인으로, 국방장관 및 총리를 역임했다.

이었던 레옹 마르티노 드플라[83]는 1953년 11월에 센도의 과격파 연합 모임의 연회에서 "종종 성적 일탈에 지적 일탈이 동반되는 생제르맹데 프레나 다른 지역의 분위기"에 반대하는 훈시를 한 적도 있다.[84] 그 시기에 점차적으로 생제르맹데프레라는 주제에 대해 부정적인 반응이 일어나는 역전 현상이 일어났다. 1960년 9월 24일에 『파리 프레스 랭트랑지장*Paris-Presse-L'Intransigeant*』[85]지는 "121인 선언"이 이루어졌던 시기에 "일탈의 옹호자들"의 면면을 상기시키면서, 이 선언을 완전히 생제르맹데 프레 현상으로 만들어 버리고 있다. "그들은 모두 하나의 같은 가족의 일원이다. 그 구성원들은 결정적으로 그들의 삶을 그 지역에 있는 두 개의 카페에서 보내고 있다. 아마도 거기에서 번지는 정신을 잃지 않기 위함일 것이다 그들은 모두 생제르맹 가족의 사촌들이다."

종종 공권력과 항의하는 지식인들이 서로 등지면서 대립했다는 것은 사실이다. 예컨대 앵드르에루아르주의 젊은 상원의원이었던 미셸 드브레는 1956년 4월 21일 자 『르 몽드』지의 "자유로운 의견"란에 실린 「잃어버린 아프리카와 공산화된 프랑스」라는 제목의 기사에서 이렇게 쓰고 있다. "수도 파리의 공직자, 지식인 사회, 사교계에서 살고 있는 자들은 수천 만의 가장 평범한 프랑스 국민들의 가슴에 있는 치욕을 측정할 수 없다!" 그와는 반대로 대부분의 경우 "공직자 사회"와 "지식인 사회" 사이의 어조는, 앞서 보았듯이, 말잔치에 가까운 아이러니로 넘

---

83   레옹 마르티노 드플라(Léon Martinaud-Déplat, 1899-1969): 프랑스의 정치인으로, 내무, 법무장관을 역임했다.

84   *Le Monde*, 3 novembre 1953.

85   처음에 『파리 프레스』라는 이름으로 1944년에 창간되어 1970년까지 존속했던 프랑스의 일간지로, 1948년에 『파리 프레스 랭트랑지장』이 되었다.

어가고 있었다. 그리고 때로는 공식적으로 표명된 경멸이나 집단적 책임을 묻는 소송으로도 넘어가고 있었다. 예컨대 1957년 7월 7일에 로베르 라코스트[86]는 알제리전쟁의 옛 전우들 앞에서 이렇게 선언했다. "고문에 반대하는 운동을 하면서 정열과 지성을 드러낸 자들은 최근에 알제리에서 20명의 사망자와 150명의 부상자를 낸 테러리즘에 대해 응분의 책임이 있습니다. 나는 여러분들에게 그들에 대해 경멸을 표현해 줄 것을 부탁드립니다.[87]

게다가 통치자들과 저항하는 지식인들 사이의 적개심은 흔한 일이었고, 그런 만큼 논리적으로 당연한 일이기도 했다. 지식인들에 대한 적개심은 진부하기까지 했으며, 이 적개심 자체는 여론의 일부를 장악하고 있는 몰이해가 반영된 결과였다 그로부터 지식인의 나라와 현실의 나라 사이의 대립이 기인하고, 한 발만 내딛게 되면 선동적 웅변의 경계선을 넘게 되었다. 예컨대 『프라테르니테 프랑세즈*Fraternité française*』[88]의 창간호에서 피에르 푸자드는 1955년 1월에 이렇게 쓰고 있다. "16년 간 내 삶을 차지하고 있던 프랑스 정신이 무엇인지를, 지식인이여, 너에게 말해야 하는 것은 내가 아니다. 하지만 나는 너에게 돌아설 수 있고 또 돌아서야만 한다. 왜냐하면 우리가 없다면, 너는 그저 하나의 생각하는 기계에 불과할 뿐이고, 소리를 내지만 가죽 밑에 바람만 가득한 하나의 북에 불과할 것이기 때문이다." 이처럼 관점을 달리해

---

86   로베르 라코스트(Robert Lacoste, 1898-1989): 프랑스의 정치인으로, 기 몰레 정부 아래에서 알제리 총독을 지냈다.

87   *Le Monde*, 9 juillet 1957.

88   푸자드가 중심이 되어 1956년에 창립되어 1958년에 해체된 정치 모임 "프랑스 연합 및 박애(Union et fraternité française)"의 기관지로 보인다.

보면, 1966년 여름 말엽에 불복종의 권리를 선언하고도 "가방을 든 자들"에 대한 궐석 재판에서 일종의 증인이기도 했던 사르트르에 대한 공격의 폭을 더 잘 이해하게 된다. 9월 21일 화요일에 열린 공판에서 변호사 롤랑 뒤마는 사르트르의 전보와 편지를 읽게 된다. 사르트르는 그때 브라질에서 순회강연 중이었다. 전보의 내용은 사르트르가 피고들과의 "완전한 연대 의식"을 보여 주는 것이었다. 9월 16일 자 소인이 찍힌 편지 —실제로는 그의 지인들이 파리에서 작성한 것이다—에서 사르트르는 이렇게 선언하고 있다. "만일 장송[89]이 나에게 가방을 들어 달라고 부탁을 하고, 알제리 투사들을 재워 달라고 부탁을 한다면, 그리고 내가 그들을 위해 위험 없이 그렇게 할 수 있다면, 나는 주저하지 않고 그렇게 할 것입니다."[90]

사르트르에 대한 공격은 단지 언어적 차원에만 그치지 않았다. 몇 달 후에 OAS[91]가 프랑스 본토에서 주요 인사들을 대상으로 폭탄 테러를 하기 시작했을 때, 『레 탕 모데른』지의 편집장인 사르트르의 이름은 명단의 상단에 올라 있었다. 1961년 5월 13일, 이 잡지의 사옥이 폭탄 테러를 당했다. 그 이후로 1961년 7월 19일과 1962년 1월 7일에 두 차례에 걸쳐 사르트르의 아파트 역시 폭탄 테러를 당했다. 아롱은 OAS로부

---

89   프랑시스 장송(Francis Jeanson, 1922-2009): 프랑스의 철학자로, 특히 알제리전쟁 당시 알제리의 독립을 위해 투쟁했다. 사르트르와 카뮈의 논쟁과 결렬을 가져온 카뮈의 『반항하는 인간』에 대한 신랄한 서평을 쓴 것으로 유명하다.

90   Annie Cohen-Solal, *Sartre, op. cit.*, pp.542-543.

91   비밀군사조직(Organisation de l'armée secrète): 알제리전쟁 말기에 활동한 프랑스의 군사조직이다. 프랑스령 알제리를 강하게 지지했으며, 프랑스 본토와 알제리에서 폭탄 테러를 벌여 1년 사이 2000여 명을 살해하기도 했다. 1962년 에비앙조약으로 알제리 독립이 승인되자 OAS는 분노해서 드골 대통령과 사르트르의 암살을 기도했다.

터 여러 차례에 걸쳐 "협박 편지"를 받았다.[92] 그 편지 중 한 통이 아롱의 아카이브에 보관되어 있다. 편지의 서두는 비장감이 든다. "근계. 유감스럽게도 드골의 배반으로 인해 우리의 조국의 앞을 기다리고 있는 점증하는 위험의 시기에 맞서 다음 사실을 지적하고자 한다. 당신은 프랑스 역사에서 이 시기가 무엇을 의미하는지를 이해하고자 하지 않는다. 또한 당신은 조국을 비탄으로 이끄는 자들의 편에 서 있다."[93] 그리고 이런 협박의 결론은 명백하다. "이 편지를 우리의 마지막 경고로 여겨야 할 것이다. 우리는 우리의 조국을 공산주의의 지배와 국제 금융의 지배에 내맡기는 자들로 하여금 침묵을 지키게 할 수 있는 모든 수단을 ―우리는 주저하지 않고 이 수단들을 사용할 것이다― 가지고 있다."[94]

이런 위험 앞에서 사르트르와 아롱은 전혀 다른 태도를 취했고, 또 두 경우에서 이 태도들은 그대로 몇 년 전부터 그들의 분석과 행동과 직결되고 있다. 결국 각자가 제시한 주장의 내용과 어울리는 어조까지

---

92   아롱은 1961년 11월 15일에 소르본에서 OAS에 반대하는 시위 중에 했던 그의 선언에서도 이 사실을 암시하고 있다(아롱의 개인 아카이브 중에서 타이핑된 서류에서 발췌. Nicolas Baverez, *Raymond Aron, op. cit.*, pp.366-367에서 재인용).

93   아롱은 FLN을 위한 직접적인 참여에 결코 동의하지 않았다. 전혀 그렇지 않았다. 1960년 10월, "121인 선언"과 장송의 재판에 대한 토론이 한창일 때, 아롱은 『프뢰브』지에 「배신에 대하여」라는 제목의 글을 게재했다. 이 글에서 그는 앙리 장송의 참여를 분명하게 비난하고 있다. 특히 "FLN의 대열에서 싸운 프랑스인들이" "여론의 상당한" 부분에 대한 "배반자들로 보인다"고 개탄하고 있다(Raymond Aron, "De la trahison", *Preuves*, n° 116, octobre 1960, p.12).

94   1962년 4월 16일에 파리에서 보낸 "l'OAS"라는 서명이 되어 있고, 아롱의 개인 주소로 "레몽 아롱 씨, 저널리스트"에게 보내진 편지(Isabelle Wanaverbecq, *Raymond Aron et la guerre d'Algérie, op. cit.*, pp.222-223에서 재인용). 이 편지가 첫 번째 편지는 아니었다. 이미 살펴본 대로 레몽 아롱은 몇 개월 전에 이미 또 다른 여러 통의 협박 편지를 상기한 바 있다.

도 아주 대조적이었다. 예컨대 아롱은 OAS의 폭탄 테러를 당할 수 있는 가능성이 있는 대상 중 한 명이었지만, 소르본의 사회학과 학생들에게 이렇게 말하고 있다. "내가 지금 알제리와 OAS에 대해 생각하고 있는 것을 여러분들에게 말하고 있는 지금, 여러분들에게 한 가지만 부탁하고자 합니다. 여러분 중에 나와 같은 진영에 속한 사람들은 다른 진영에 속한 여러분들의 친구들, 즉 OAS에 대해 호감을 갖는 사람들에 대해 반대하는 맹목적인 정열에 휩싸이지 말아 달라는 부탁이 그것입니다." 아롱은 계속 말을 이어 갔다. 왜냐하면 만일 그가 "여러 해 전부터 이번 비극의 전개를 일종의 절망감을 가지고" 겪었다면, 그는 이 비극이 "프랑스인들을 서로서로 싸우도록 유도한다"는 생각을 가졌기 때문이었다. 그리고 아롱은 이렇게 결론을 내렸다. "정열의 고삐가 풀리는 순간, 폭탄은 말보다 더 큰 영향력을 가질 위험이 농후합니다. 하지만 소르본에 있는 우리는 정의상 언어의 인간들이지 폭탄의 인간들이 아닙니다. 여러분들은 뜨거운 정열에도 불구하고 언어의 인간들이라는 점을 기억해 주길 바랍니다."[95]

말하는 인간들 대對 폭탄의 인간들! 사르트르는 분명 그 당시에 OAS의 활동에 맞서 선택해야 하는 태도에서뿐만이 아니라 아롱과 전혀 다른 주파수를 가지고 있었다. 프란츠 파농의 『대지의 저주받은 자들』에 붙어 있는 사르트르의 서문은 아주 유명하다. 1956년부터 국민해방전선(FLN)[96]의 진영으로 옮겼으며, 1961년에 36세 된 정신과 의사였던 파

---

95   앞에서 이미 지적한 1961년 11월 15일에 소르본에서 했던 선언.
96   국민해방전선(Front de Libération Nationale): 알제리의 사회주의 정당으로, 1954년 프랑스로부터 독립하기 위해 다른 작은 집단들을 합병하여 창당되었다.

농은 마스페로Maspero 출판사에서 그의 책을 출판했다. 파농 ―그로부터 며칠 후인 1961년 12월에 백혈병으로 세상을 떠난다― 은 이 책에서 "절대적인 폭력"에 의해 식민화에 맞선 투쟁을 선호했을 뿐만 아니라, 또한 더 나아가 서구와의 과격한 단절을 주장했다. "인간을 만나는 모든 곳에서 인간을 학살하면서도 인간에 대해 말하기를 그치지 않는 '유럽에 대해' 유럽에서 영감을 받은 국가, 제도, 사회를 건설하면서 조공을 바치는 것을" 그만두어야만 한다고 말이다. 어쨌든 "벌거벗은 모습으로 제시된 탈식민화는 모든 털구멍을 통해 작열탄과 유혈이 낭자한 단도를 내다보게" 한다. "두 대립자의 결정적이고 살인적인" 충돌은 "폭력을 포함해 모든 수단을 저울에 올려놓을 것을 요구한다." 사실상 피식민자에게서 "생명은 식민자의 부패 중인 시체로부터 나와 솟아오를 수밖에 없다."[97]

『대지의 저주받은 자들』의 서문을 쓴 사르트르는 파농에 뒤지지 않았다. 사르트르는 충격을 준 파농과 충격적인 표현으로 경쟁했다. 가장 자주 인용되는 부분은 지금도 많은 연구자를 당황하게 만든다. 실제로 사르트르는 이렇게 쓰고 있다. "따라서 반항의 첫 단계에서 살인을 해야만 한다. 한 명의 유럽인을 죽이는 것은 두 번 돌멩이로 내리치는 일로, 한 명의 억압자와 한 명의 피억압자를 제거하는 것이다. 죽은 한 명의 인간과 자유로운 한 명의 인간이 남게 된다. 살아남은 자는 처음으로 그의 발바닥 아래에서 '민족적' 땅을 느끼게 된다."[98] 종종 인용되는

---

97   Franz Fanon, *Les Damnés de la terre*, Maspero, 1961.

98   Jean-Paul Sartre, préface à Franz Fanon, *Les Damnés de la terre, op. cit.*, p.20.

이 텍스트의 문장들을 그 문맥에서 떼어 내지 않도록 주의해야 한다. 그럼에도 다음과 같은 사실을 지적해야 할 것이다. 즉, 격화된 것은 어조만이 아니며, 주술을 퍼붓고 또 집단적인 책임을 설파하는 사상도 격화되고 있다는 사실이 그것이다. "부에 흠뻑 젖어 있는 유럽은 '법률상' 모든 주민에게 인간성을 부여하고 있다. 우리 나라에서는 한 인간은 한 명의 공모자를 의미한다. 왜냐하면 우리들은 '모두' 식민적 착취를 이용했기 때문이다."[99] 어쨌든 자기기만의 도움으로 사람들은 자기에 대한 증오에 이르게 된다. "우리들[유럽인들]에게는 인종차별적 휴머니즘보다 더 당연한 결과는 없다. 왜냐하면 유럽인은 노예들과 괴물들을 만들면서만 인간이 될 수 있을 뿐이기 때문이다."[100] 그때부터 제3세계에서는 "역사로 진입하는 것"이 관건이 된다.[101] 그리고 우리는 『에스프리』지에서 장 마리 도메나크의 글을 읽으면서 좌파의 다른 분파들과의 거리를 측정할 수 있게 된다.[102]

여기에서 밝힐 수도 결정할 수도 없는 하나의 질문이 남아 있다. 참여 지식인들은 결국 알제리전쟁의 진행 과정과 결과에 영향을 미쳤는가? 이 질문은 중요하다. 그도 그럴 것이 "알제리전쟁은 우선 비군사적인 부분이 군사 작전보다 더 결정적이었던 정치적 전쟁"이었기 때문이다.[103] 그렇다면 인명 피해와 물적 피해를 낳는 실질적인 전쟁이 동반되

---

99   *Ibid.*, p.23.

100   *Idem.*

101   *Ibid.*, p.13.

102   *Esprit*, mars 1962, pp.454-463; avril 1962, pp.634-645.

103   Charles-Robert Ageron, "L'opinion française devant la guerre d'Algérie", *Revue française d'histoire d'outre-mer*, t. LXIII, 2ᵉ trimestre 1976, nᵒ 231, pp.256-285, rééd.

는 여론전에서는 무엇이 가장 큰 영향을 주었는가? 그 당시 프랑스 사회에서 계속 상승 중에 있었던 지식인들의 말이었던가, 아니면 이미지와 소리를 전하는 모든 형태의 표현들이었던가? 이 질문에 대해 다음과 같은 가정을 한다고 해도 도발적이지도 또 터무니없는 것도 아니라고 할 수 있다. 즉, 장군들의 쿠데타[104]가 진행되고 있던 동안에 트랜지스터 라디오나 OAS의 폭탄 테러의 희생자였던 어린 델핀 르나르[105]의 유혈이 낭자한 얼굴 사진이 아마도 최종적인 저울에서 사르트르나 아롱보다 더 크게 영향을 미쳤을 것이라는 가정이 그것이다. 하지만 '역사'에서 사태는 결코 그처럼 단순하지 않다. 또한 사건들에 대한 최소한의 영향이 아예 영향이 없다는 것을 의미하는 것은 아니다. 이와 같은 자명한 이치를 넘어서 역사의 행위자들이 결코 단일하지 않고, 또 민주주의 사회에서 참여 지식인들이 정치적 결정을 내리기 위한 언제나 복잡한 연금술에서 완전히 한 구성 부분을 형성하는 이들이라는 사실은 명백하다. 물론 그런 역할은 시간과 상황에 따라 달라진다. 그 역할은 또

dans *La Guerre d'Algérie et les Français*, sous la direction de Jean-Pierre Rioux, Fayard, 1990, p.25 이하.

104   알제리전쟁을 수행했던 드골은 초기에 강력한 군사 작전으로 FLN에 대한 대대적인 토벌을 실시하는 한편, 협상을 제시했으나 FLN이 이에 호응하지 않았다. 이에 드골은 알제리 내부 프랑스 지지 세력이 확고하다고 판단하면서 국민투표로 승부가 가능하다고 보고, 1959년 "알제리의 운명은 알제리인이 결정한다"는 파격적인 담화를 발표하게 된다. 이에 반발한 지휘관들을 대거 숙청한 드골은 그 자신의 알제리 정책을 강행하였고, 드골에 의해 1961년 사실상 평화협정 체결이 확정되었다. 이때 군 내부의 사조직인 OAS 소속 극우파 장군들이 쿠데타를 일으켜 알제리의 주요 전략 거점을 수 시간 동안 무력으로 장악하는 군사 반란을 일으켰다가 실패했다.

105   델핀 르나르(Delphine Renard, 1957-): 프랑스의 정신분석학자로, 알제리전쟁이 한창 진행 중이던 1962년 2월 7일, OAS가 앙드레 말로를 겨냥한 폭탄 테러에 피해를 입었다.

한 지식인들의 개입이나 주장이 전파되는 채널에 달려 있기도 하다. 왜냐하면 만일 이 지식인들이 동종교배의 방식으로 추론한다면, 즉 그들의 고유한 환경 내에서만 추론된다면, 그들의 사유와 논쟁의 소리는 특히 그런 채널과의 함수 관계에 따라 여러 강도로 그들의 세계 밖에서 울릴 것이기 때문이다.

그런데 1960년대 초반은 이런 면에서 보면 전환기였다고 할 수 있다. 그리고 이런 이유로 인해 알제리전쟁은, 앞에서 지적했듯이, 지식인들에게는 일종의 '인디언 서머' —그것도 고통스러운— 로 보였다. 물론 그들은 본질적으로 그 당시에 펼쳐졌던 "글의 전쟁"의 주역들이었다. 하지만 같은 시기에 시청각에 바탕을 둔 다른 커뮤니케이션의 형태들이 그들의 '말'을 밀어내게 되었다. 이미지, 그것은 『파리 마치_Paris-Match_』[106]의 사진들의 충격과 같은 것이었다. 800만 명에 달하는 프랑스 독자들에게 주는 사진의 충격이 그것이다. 그리고 지식인들의 시위나 청원보다도 여론상의 판단 속에서 과격파들의 활동에 더 영향을 준 것은 바로 1959년에 시작된 "1면의 다섯 줄"[107]이라는 텔레비전 방송의 뉴스 프로그램으로, 첫 방송에서 델핀 르나르의 얼굴이 소개되었다. 소리, 그것은 1961년 4월에 장군들의 쿠데타 때, 공화적인 합법성에 충실했던 임의의 파리 지역 라디오의 청취자들로 대표된다. 다시 살펴보겠지만, 이런 라디오에 의한 계속되는 변화에 대한 지각은 한 동안 계속될 것이다.

---

106   1949년에 창간된 잡지로, 신선하고 풍부한 내용, 세련된 체재로 프랑스 최대 발행 부수를 가진 대중지이다. 가벼운 읽을거리와 사진, 패션 등을 중심으로 한 내용으로 광범위한 독자층을 사로잡고 있다.

107   "1면의 다섯 줄(Cinq colonnes à la une)": 1959년 1월 9일부터 1968년 5월 3일까지 'RTF Télévision'에서 방송되었던 프랑스 최초의 뉴스 프로그램이다.

제3세계,
새로운 혁명적 엘도라도

　이런 변화와 평행하게 결정적인 대규모의 국제 관계의 게임 역시 바꿔어 가는 중이었고, 또 앞에서 본 것처럼 그 과정은 1950년대 중반부터 시작되었다. 탈식민화에 유리한 투쟁을 통해 더욱 넓은 차원에서 산업화된 나라들의 프롤레타리아트에 기반한 혁명적 희망의 뒤를 이은 것은 바로 민족 해방을 위한 투쟁이라는 주제였다. 그리고 이런 변화는 지식인들의 시대의 분위기에 영향을 줄 수밖에 없었다. 프랑수아 퓌레의 표현에 의하면 "사회의 비밀이 더 이상 비양쿠르[108]에서 나오지 않았기" 때문에 그 비밀을 찾아 "레비스트로스에 의해 마법적으로 드러난 『슬픈 열대』 밑으로" 가야 한다고 말이다.[109] 이렇듯 "구조주의"가 잠재적으로 상승일로에 있었다.

---

[108]　　르노 자동차 공장이 있는 비양쿠르의 노동자들, 즉 프롤레타리아계급을 지칭한다.

[109]　　François Furet, "La gauche française entre dans l'après-guerre", *op. cit.*, p.21.

이런 상황에서 사르트르가 실존주의의 주요 인물이었고, 마르크스주의의 주요 대화 상대자였다는 사실은 이제 어쩔 수 없이 재검토될 수밖에 없었다. 사르트르는 그때 그의 반격을 시도하기 위해 정치적 영역을 선택했다. 그가 직접적으로든 아니면 간접적으로든 태어나고 있는 중에 있었던 여러 저작의 호출을 받기 시작했을 때, ―예컨대 푸코,― 또는 이미 출간된 저작들에 의해 그런 호출이 확인되었을 때, ―예컨대 레비스트로스,― 그는 정치와 '역사'와의 관계에서 방어선으로 되돌아왔다. 가령, 1966년에 『말과 사물』[110]이 출간되었을 때 푸코와 토론을 했던 사르트르는, 이 토론에 대한 베르나르 팽고[111]의 질문에 대해 『라르크L'Arc』지에서 이렇게 말하고 있다.[112] "적어도 하나의 지배적인 성향, ―왜냐하면 아직은 이 현상이 일반적이지는 않기 때문이다― 그것은 '역사'에 대한 거부이다." 그리고 사르트르는 이렇게 덧붙인다. 왜냐하면 푸코는 "실천을 개입시키기를 거부하며, 따라서 '역사'를 거부하기 때문이다." 그리고 사르트르는 이렇게 단호하게 선고를 내리고 있다. "겨냥된 것은 마르크스주의이다. 새로운 이데올로기를 만들어 내는 것이 문제이다. 부르주아지가 마르크스에게 대항해 아직도 마지막 댐을 세우고자 하는 것이다."

때는 1966년이었다. 비록 사르트르의 지적 후광이 1960년대에 약화되고 있었다고는 하지만, 그의 정치적 참여는 더욱 왕성했다. 1958-

---

110   Cf. Didier Eribon, *Michel Foucault*, Flammarion, 1989, pp. 188-189.

111   베르나르 팽고(Bernard Pingaud, 1923-2020): 프랑스의 작가이다.

112   "Dans l'attitude de la jeune génération à votre égard, voyez-vous une inspiration commune?"("Jean-Paul Sartre répond", *L'Arc*, n° 30, 1966).

1969년 사이에 —드골의 통치 기간 중에— 『르 몽드』지에서 볼 수 있었던 488회의 청원서 및 선언문에 사르트르는 91차례 서명했다. 그리고 이 횟수는 다른 위대한 청원자들의 횟수보다 훨씬 많은 것이다.

표[113]

장폴 사르트르	91	장 드레쉬	43
로랑 슈바르츠	77	피에르 비달 나케	39
시몬 드 보부아르	72	클로드 루아	38
장 마리 도메나크	69	마르그리트 뒤라스	37
블라디미르 장켈레비치	63	클로드 부르데	36
알프레드 카스틀러	61	에마뉘엘 다스티에	35
자크 마돌	52	앙드레 오리우	35
장 카수	51	모리스 나도	34
프랑수아 모리아크	47	피에르 코	31
루이 마르탱쇼피에	47	다니엘 메이에르	31
루이 아라공	45		

달리 말하자면 사르트르는 21번째 서명자이자 그 당시에 인권리그의 회장직을 맡고 있던 다니엘 메이에르보다 세 배 더 많이 서명을 한 셈이다.

사르트르의 이런 참여는 일부 좌파 지식인들의 이미지에 따라 의미론적이고 지역적인 변화에 이어지는 이데올로기가 재편성된 상황에서

---

113 Cf. Dominique-Pierre Larger, *Les Manifestes et déclarations de personnalités sous la Cinquième République (1958-1969)*, mémoire de DES de science politique, faculté de droit de Paris, 1971.

이루어진 것이다. 다시 말해 '프롤레타리아트-부르주아지'의 이항 대립 구도가 점차 "제국주의"와 "프롤레타리아적" 제3세계 사이의 대립으로 대체되어 갔던 것이다. 제3세계는 다가올 혁명의 효모가 될 것이고, 또 그런 이유로 제3세계에로의 감정적이고 이데올로기적인 이행이 이루어지고 있었다. 비록 중국이 그 시기에 제3세계의 열망의 대상이긴 했지만,[114] 쿠바가 남아메리카 대륙에 혁명적 폭풍우를 몰고 올 수 있는 지원지로 여겨졌다.

특히 사르트르는 이와 같은 친쿠바적인 열기에 동참했고, 1960년 7월 『프랑스 수아르』지에 실린 그의 르포르타주 —「사탕수수밭 위로 부는 폭풍우」— 는 종종 그 이후에 잘못 이해된 그의 분석을 위해 인용되곤 한다. 여기에서는 사르트르가 피델 카스트로에게 해 준 명백한 보장을 다시 인용하는 것으로 그치고자 한다. "카스트로는 새로운 체제는 휴머니즘이라고 말했다. 이것은 사실이다. 많은 혁명들이 초기에 이와 같은 멋진 주장을 한다. 하지만 곧 그런 혁명들이 무거운 짐 밑에 깔려 그런 주장을 망각해 버리는 것도 사실이다. 오늘날 쿠바의 혁명을 보호하는 것 —어쩌면 오랫동안 보호하게 될 것— 은 바로 이 혁명이 반란에 의해 통제되고 있다는 것이다."[115] 보부아르는 나름대로 그 시기에 이렇게 말하고 있다. 쿠바에서 지금 태동 중에 있는 것은 "진정하고, 자유롭고, 책임 있는, 한마디로 실존주의적" 사회라고 말이다. 사르트르와 보부아르가 "지도자 피델 카스트로"를 겨냥한 청원서에 서명

---

114 사르트르는 1955년 9월에 중국에서 귀국하면서 중국 정부의 "강대국의 침묵"을 상기한 바 있다(Jean-Paul Sartre, "La Chine que j'ai vue", *France Observateur*, 1ᵉʳ et 8 décembre 1955).

115 *France-Soir*, 12 juillet 1960.

하게 되는 것은 그로부터 11년 후의 일이다. 쿠바 시인 헤베르토 파딜라[116]에게 강요된 자아비판을 비난하는 프랑스 지식인들의 "수치와 분노"를 표현하는 청원서에서 말이다.[117]

1960년대 초기에 일어난 소련에 대한 방어로부터 —1956년에 흔들린 이미지의 방어— 혁명적인 희망의 담지자가 된 제3세계에 대한 열광으로 넘어가면서, 프랑스 지식인 사회의 일부에서 일어난 "충성의 재편성"[118]에서 베트남전쟁은 빠르게 특권적인 영역을 차지하게 되었다. 그리고 사르트르와 아롱도 이 전쟁에 대해 서로 다른 분석을 하는 기회를 놓치고 있지 않다. 지금 당장으로서는 프랑스 국내의 사건들은 그들에게 또 다른 충돌의 기회를 제공하게 된다.

---

116 헤베르토 파딜라(Heberto Padilla, 1932-2000): 쿠바의 저항시인으로, 카스트로를 비난했다는 이유로 투옥되고 탄압을 받았다.

117 "Des intellectuels français et étrangers rompent avec le régime cubain", *Le Monde*, 22 mai 1971.

118 François Bourricaud, *Le Bricolage idéologique*, PUF, 1980, p.196.

1968년의
정면 충돌

1968년 5월에 사르트르와 아롱 두 사람이 취했던 태도들은 그들 각자의 전기 작가들에 의해 상세히 분석되었다.[119] 여기에서 그 태도들을 다시 거론할 필요가 있다면, 그것은 결국 5월혁명의 첫 몇 주 동안에 전면에 나선 적이 없는 그들의 주도권을 상기시키는 것보다는 오히려 그들의 역할이 각자의 세력권에서조차 대조된 기억으로 남아 있기 때문이다. 모든 점을 고려해 보면, 두 사람 중 누구도 이 사건으로부터 실질적인 이익을 얻은 것 같지 않다. 하지만 그들 각자는 스스로 해야 할 역할이라고 생각했던 것을 했다. 무대에서 공연할 작품 목록은 적당했으나, 연기를 해야 하는 인물들이 그대로 남아 있었다. 그리고 1968년 5월혁명이 두 사람 사이에서 직접적인 충돌의 계기가 되었던 것은 아마도 이런 역할과 인물이었다고 할 수 있다.

119   Cf. Nicolas Baverez, *Raymond Aron*, *op. cit.*, pp.392-403; Annie Cohen-Solal, *Sartre*, *op. cit.*, pp.584-591.

1968년의 위기가 발생했을 때, 사르트르는 벌써 그의 플로베르에 대한 연구서인 『집안의 천치*L'Idiot de la famille*』를 집필하는 대장정에 올랐던 참이었다. 사르트르는 처음부터 학생 운동을 지지하는 입장을 공개적이고도 단호하게 표명했다. 예컨대 그는 「학생들의 운동은 거부의 힘에 반대하고 또 이 힘을 유지하는 것이 중요하다」[120]라는 제목의 선언에 서명했다. 그의 이름 옆에는 마르그리트 뒤라스, 앙드레 고르츠,[121] 앙리 르페브르, 프랑수아 샤틀레,[122] 모리스 블랑쇼,[123] 자크 라캉, 모리스 나도 등의 이름이 있었다.[124] 사르트르는 또한 다니엘 콘벤디트[125]와의 대담을 『르 누벨 옵세르바퇴르』지에 게재하기도 했다.[126] 1968년 5월과 6월에 계속 이어지는 사르트르의 입장 표명과 마찬가지로 다니엘 콘벤디트와의 대담에 비춰 보면, 사르트르의 개입은 결국 평범했고, 종종 거의 주술적이었다. 그 당시에 사르트르가 했던 주장은 에드가 모랭, 코르넬리우스 카스토리아디스,[127] 알랭 투렌 등이 현장에서 했던 분

---

[120]   *Le Monde*, 10 mai 1968, p.9.

[121]   앙드레 고르츠(André Gorz, 1923-2007): 프랑스의 철학자이자 저널리스트이다.

[122]   프랑수아 샤틀레(François Châtelet, 1925-1985): 프랑스의 철학자로, 특히 철학사 집필에 많은 노력을 경주했다.

[123]   모리스 블랑쇼(Maurice Blanchot, 1907-2003): 프랑스의 소설가, 문학 비평가이자 철학자이다.

[124]   *Idem*.

[125]   다니엘 콘벤디트(Daniel Cohn-Bendit, 1945-): 프랑스의 정치인으로, 1968년 5월혁명 때의 학생 지도자이다.

[126]   "L'imagination au pouvoir. Entretien de Jean-Paul Sartre avec Daniel Cohn-Bendit", *Le Nouvel Observateur*, supplément spécial, 20 mai 1968(Jacques Sauvageot, Alain Geismar, Daniel Cohn-Bendit, Jean-Pierre Duteuil, *La Révolte étudiante: ses animateurs palent*, Le Seuil, 1968, pp.86-97에서 재인용-).

[127]   코르넬리우스 카스토리아디스(Cornelius Castoriadis, 1922-1997): 그리스에서 출생한 철학

석과 대조되는 만큼 더 충격적이었다.

가령, 사르트르의 평범성은 그 당시에 그가 했던 라디오 연설에서 잘 드러났다. "폐쇄된 체계에 완전히 복종하고 또 그 체계의 완전한 희생자들인 우리는 비겁하고, 탈진하고, 피곤하고, 무기력한 사람들입니다."[128] 1968년 5월혁명 이후에 반전체주의적인 생각에 활기를 불어넣어 주는 사상가들은 서구 사회의 현실과 유리된 사르트르와 같은 생각보다는 다른 원천에서 자신들의 생각을 길어 올리고 있었다. 1968년 이전에 벌써 예전에 없었던 사회, 문화적인 변화의 회오리에 휩싸인 이 서구 사회는 그 당시에 정확히 이와 같은 완전한 복종 상태에 있지 않았다. 그리고 이런 주장은, 그것이 주술과 섞이는 만큼 더욱더 절뚝거린다. 그런 주장에 따르면, 5월 30일에 있었던 드골 장군의 대국민 호소는 이렇게 해서 "공화국의 대통령에 의해 이루어진 살인에의 호소"가 되어 버렸다. 또한 전형적인 대학교수는 "학위 논문을 쓰고, 그것을 평생 반복하는 이"이다. 곧 보겠지만, 문제가 되는 대학교수는 다름 아닌 아롱에 의해 구현된다. 분명히 이와 같은 주장은 프랑스의 5월혁명이라고 하는 상황과 열광 속에 자리매김되어야 할 것이다. 하지만 사르트르는 그런 주장의 일부를 그 자신의 전형적인 생각을 잘 보여 주는 것으로 판단했으며, 그 이후에 1972년에 출간된 『상황』 제8권에 냉혹하게 포함시키고 있다.[129] 특히 그 텍스트들은 그 당시에 축소된 그의 세력권

자, 경제학자, 정신분석학자로, 프랑스에서 주로 활동했다.

128   Déclaration à Radio-Luxembourg le 12 mai 1968(*Les Ecrits de Sartre, op. cit.*, p.463에서 재인용).

129   예컨대 「레몽 아롱의 바스티유」가 재수록되었다(pp.175-192).

에만 국한되지 않았고, 그중 일부가 혁명이 한창 진행 중에 있을 때 『르 누벨 옵세르바퇴르』지에 게재되었다.

사르트르의 저술의 직접적인 목표는 그의 옛 "절친"인 아롱이었다. 왜냐하면 그의 주요 글의 제목이 「레몽 아롱의 바스티유」였기 때문이었다.[130] 이 글은 일종의 '머리 가죽 춤danse du scalp'[131]이었다. 왜냐하면 사르트르는 이 글에서 특히 이렇게 쓰고 있기 때문이다. "아롱이 늙어 가면서 그의 학생들에게 1939년, 즉 전쟁 전에 쓴 그의 학위 논문의 내용을 무한정 반복해서 가르칠 때, 그것도 그의 강의를 듣는 사람들이 그에게 최소한의 비판도 할 수 없는 상태로 가르칠 때, 그는 그들에게 실질적인 권력을 행사하고 있다. 하지만 그 권력은 확실히 그 이름에 걸맞은 지식 위에 바탕을 두고 있지 못하다." 같은 글에서 사르트르는 폭주하고 있다. "이것은 다음과 같은 사실을 전제한다. 즉, 아롱처럼 책상머리에서 혼자 생각하는 것 —그리고 30년 이래로 같은 것을 생각하는 것— 을 사람들은 더 이상 지성의 훈련이라고 생각하지 않는다는 사실이 그것이다." 물론 이 점에 있어서도 이 문장은 1968년 5월이라는 근본적으로 이의 제기적인 분위기 속에 자리매김되지 않는다면 지적 불성실을 면치 못할 것이다. 게다가 사르트르는 그의 생각을 이렇게 밝히고 있다. "이것은 특히 교육자 각자는 자신이 가르치는 학생들에 의해 판단되고 이의 제기를 받는다는 사실을 받아들인다는 것을 전제로 한다. 즉, 그는 속으로 이렇게 말한다. '그들은 완전히 발가벗은 나를 본

---

[130]   Propos recueillis par Serge Lafaurie, *Le Nouvel Observateur*, 19-25 juin 1968, pp.26-29.

[131]   'scalp'는 '아메리카 원주민들이 전리품으로 벗기는 적의 머리 가죽'이라는 의미를 가지고 있다. 'danse du scalp'는 머리 가죽을 들고 추는 춤을 의미한다.

다.' 물론 교육자에게 이것은 불편한 일이다. 하지만 그가 가르치는 일을 제대로 수행하려면, 이런 것을 용인해야 한다." 그렇다면 여러 해 동안 사르트르의 "지성의 훈련"은 책상머리에서 이루어지지 않았단 말인가? 그리고 특히 그의 『집안의 천치』를 구상하고 집필하던 1960년대 말에는 더욱더 그렇지 않았는가?

어쨌든 아롱은 다음과 같은 결론을 내리고 있는 사르트르의 눈에는 오랫동안 옷을 입지 않은 채로 있었던 것이다. "프랑스 전체가 완전히 발가벗은 드골을 보고 있는 지금, 학생들도 완전히 발가벗은 레몽 아롱을 보아야만 한다. 그가 이의 제기를 받아들이는 경우에만 그에게 옷을 돌려줄 것이다." 두 사람을 완전히 갈라놓은 뜨거운 토론이 있은 지 벌써 20년이 지난 후에 아롱의 『회고록』을 읽어 보면 다음 사실을 잘 알 수 있다. 즉, 사르트르의 글과 더 넓게는 5월혁명이 그에게는 죽을 때까지 실질적인 증오를 되살리는 일종의 아픈 상처 들쑤시기의 기억이었다고 말이다. 비록 이런 증오가 감정적 차원보다는 이데올로기적 차원에 속했지만 말이다. 왜냐하면 사르트르의 공격은 아롱의 생살을 도려냈기 때문이고, 또 아롱은 그로 인해 깊이, 그리고 지속적으로 상처를 입었기 때문이었다.

5월의 위기가 발발했을 때, 아롱은 몇 개월 전부터 소르본을 떠나 고등실천연구원의 제6분과에서 연구 지도에만 몰두했다. 분명히 5월혁명에 대한 그의 분석은 『발견할 수 없는 혁명 *La Révolution introuvable*』이라는 저서에서 거의 즉각적으로 이루어졌다. 그런데 이 분석은 사르트르의 분석과는 대척점에 놓여 있다. 아롱은 이 저서에서 우려할 만한 "현대 사회질서의 허약함"[132]을 지적했다. 그 반면에 사르트르는

「레몽 아롱의 바스티유」에서 "다른 질서를 향한 희망"[133]을 보았다. 특히 아롱은 『발견할 수 없는 혁명』에서 5월혁명을 "일어나지 않은 사건 non-événement"으로 여긴다. 물론 1968년 5월혁명은 정치적 차원에서 보면 진정한 혁명으로 이어지지 않았다. 그와는 달리 1967년 3월에 실시된 국회의원 선거에서의 불안정한 결과에 의해 동요를 경험한 정부는 이제 안심할 수 있는 단계로 접어든 것처럼 보였다. 그도 그럴 것이 6월 23일과 30일에 실시된[134] 국회의원 선거에서 UDR[135]이 485석 중 294석을 얻어 절대다수를 확보했기 때문이었다. 이런 이유로 그 당시 하원은 정말로 "발견할 수 없는 하원Chmbre introuvable"[136]이 되어 버렸다. 그런 만큼 5월혁명의 결과는 다른 영역에서 찾아야 할 것으로 보이며 그 해석도 연구자들에 따라 달라졌다. 어떤 이들에게는 5월혁명이 하나의 우발적인 부대 현상이었다. 그 반면에 다른 이들에게는 5월혁명이 프랑스 사회의 약점을 백일하에 드러낸 지각 변동이었다. 『프랑스 정치과학지Revue française de science politique』에 게재된 논문에서 장 투샤르

132　Raymond Aron, *La Révolution introuvable. Réflexions sur les événements de mai*, Fayard, 1968, p.15.

133　Jean-Paul Sartre, *Situations VIII*, *op. cit.*, p.184.

134　프랑스의 모든 선거는 1, 2차로 나눠 실시되는데, 1차 투표에서 과반수 득표자가 없는 경우에 2차 투표가 실시되며, 2차 투표에는 다수 득표자가 당선된다.

135　공화국민주연맹(Union des Démocrates pour la Répiblique): 1967년부터 1976년까지 존속했던 드골파 정당이다. 이 당은 UDR(Union pour la Défense de la République)이라는 명칭을 달고 1968년 국회의원 선거에 참여했다. 여기서는 후자를 가리킨다.

136　프랑스에서 집권당이 국회의원 선거, 특히 하원 선거에서 과반수 이상의 압도적인 승리를 거둔 상황을 지칭하는 표현이다. 이 경우에 의회가 집권당의 정책을 지지하는 일종의 거수기 역할을 한다는 의미이다. 이런 의미를 강조하기 위해 저자는 아롱의 저서 『발견할 수 없는 혁명』에서 "발견할 수 없는"이라는 표현을 차용한 것으로 보인다.

는 5월혁명에 대해 10여 개의 가정을 내세우고 있다. 전복적인 음모에서부터 문명의 위기까지 말이다. 그러면서 대학의 위기, 청춘의 열기의 도래, 전통적인 사회 갈등, 또는 새로운 유형의 사회 갈등, 그리고 상황의 우연적인 개입 등도 제시하고 있다.

또한 알랭 투렌은 『공상주의적 공산주의』에서 "후기 산업사회"의 도래에 의해 파생된 사회적 투쟁의 새로운 형태의 표현을 진단하고 있다. 또한 스탠리 호프만은 그 이후에 『프랑스에 대한 시론』이라는 저서에서 5월혁명을 "권위주의적인 프랑스 사회 체계에 대한 반항"으로 지적하고 있다. 그 반면에 아롱은 『발견할 수 없는 혁명』에서 이 혁명을 "사이코드라마"로, 달리 말하자면 흉내만 낸 혁명이 문제였다는 생각을 피력하고 있다. 아롱의 이런 분석은 그 당시와 그 이후에도 계속 논의의 대상이 되었다. 앞에서 강조한 바와 같이 아롱은 이 사건을 "일어나지 않은 사건"으로 축소시켰다. 다른 한편으로 사람들은 특히 아롱에게 반론을 제시했다. 아롱의 그런 주장은 1968년 봄 사태가 초석적 사건은 못 되어도 최소한 다음과 같은 역할을 했던 계시기와 정화기 역할을 했다는 사실을 지우는 것이라고 말이다. 즉, 산업과 도시 문명의 가치 위에 이루어진 합의에 의해 풍요로워지고 뚜렷이 단단해진 사회 속에서 그때까지 보이지는 않았지만 진행 중에 있었던 변화를 드러내 보이고 가속화시키는 역할을 말이다. 특히 콜레주 드 프랑스의 현대 문명 사회학 강좌를 맡게 되는 ─2년 후에─ 아롱에게 제기된 이와 같은 반론의 파장은 작지 않았다.

아롱이 위의 저서의 주장을 암묵적으로 정치적 차원에 놓길 원했다는 것은 사실이다. 하지만 정확하게 그 차원에서 이루어진 그의 분석은 마르크스-레닌주의적임과 동시에 해방적인 5월혁명의 이데올로기적으로 양가적인 성격을 완전히 파악하지 못했던 것으로 보인다. 왜냐하면 그의 분석이 현장에서 이루어졌기 때문이다. 그도 그럴 것이 5월혁명이 역사학자에게 제기하는 질문 중 하나는 ─이 질문은 본질적으로 그 이후의 10년 동안에 이 혁명에 대한 이해에서 중요하다─ 다음과 같은 것이다. 프랑스 지식인들이 마르크스주의와 맺었던 복잡한 관계 속에서 1968년 5월 사태는, 특히 1956년에 동부 유럽에서 전해진 실망 이후에 이 이데올로기가 다시 솟아오를 수 있는 도약판이었던가, 아니면 이 이데올로기가 그 위에서 사망한 칼이었던가? 외관상으로 보면 5월 사태 직후에 마르크스주의는 지식인들이 사용하는 어휘 속에 계속 파고들었으며, 그런 만큼 완전히 도약판으로 이용되었던 것으로 보인다. 하지만 그 이후의 10년 동안 그 당시에 프랑스 사회가 경험한 행동과 정신 상태의 변화에서 꾸준하게 이어 나간 것은 바로 1968년 5월혁명이 가진 마르크스-레닌주의적 요소보다는 오히려 "해방적인" 요소였다.

이와 같은 이중의 차원 가운데에서 사르트르는 훨씬 더 쉽게 행동할 수 있었다. 그도 그럴 것이 사르트르가 항상 이 두 요소와 동행했다는 감정은 아니라고 해도, 어쨌든 그가 정감적, 이데올로기적으로도 더 가까이 있다는 감정을 느낄 수 있었던 요소들이었기 때문이었다. 이런 점은 실제로 그가 1968년 5월 20일에 학생들에 의해 점령당한 상태에 있었던 소르본의 대형 계단식 강의실에서 연설을 하기 위해 왔을 때 분명히 드러났다.[137] 5월혁명의 "문화운동사무국"이 내건 포스터를 보면, 사르트르 이외에도 코스타스 악셀로스,[138] 피에르 부르디외, 마르그리트 뒤라스 등의 이름도 있었다.[139] 5월 하반기에 아라공 역시 생미셸대로에서 다니엘 콘벤디트에 의해 별다른 호감 없이 초청된 것에 비해, 사르트르의 연설은 학생들에 의해 경청되었고, 연설의 녹취록이 보여 주듯이 박수갈채를 받기도 했다. "이제 나는 여러분들 곁을 떠나야 할 것 같습니다. 조금 피곤하네요. 내가 여러분들의 질문에 계속 답을 하게 되면, 실수를 할 것 같네요. 자, 이제 가는 게 좋겠어요('웅성거림'). 하지만 가면서도 여러분들과 같이한 새로운 토의 방식을 강조하고 싶습니다. 작가들과 학생들 사이의 토의는 처음이었습니다. 여러분들이 원한다면 앞으로 이런 기회가 또 있을 겁니다('박수').''[140]

그 시기에 전개된 방대한 사회 운동의 상황 속에서 이 일화의 중요성을 지나치게 과장하는 것은 바람직하지 않다. 그 이후에 이어지는 며칠 동안에 프랑스의 북부에 위치한 노르파드칼레 지역의 주요 일간지 중 그 어떤 것도 학생들이 점령하고 있던 소르본에 사르트르가 나타난 일에 대해 단 한 줄도 보도하지 않았다.[141] 하지만 사르트르가 받은 박

137   Cf. 1968년 5월 22일 자 『르 몽드』지에 실린 미셸 르그리의 참관기에서의 재인용("M. Jean-Paul Sartre à la Sorbonne pour l'association du socialisme et de la liberté"). Cf. 그 당시에 유럽1 라디오 방송의 기자였던 쥘리앵 브장송에 의해 녹음되었고, 20년 후에 『르 누벨 옵세르바퇴르』지에 게재되었다("Sartre à la Sorbonne en Mai 1968", *Le Nouvel Observateur*, n° 1229, 27 mai-2 juin 1988, pp.124-125).

138   코스타스 악셀로스(Kostas Axelos, 1924-2010): 그리스 출신의 프랑스 철학자이자 번역가이다.

139   Cf. Hervé Hamon & Patrick Rotman, *Génération*, t. I, *Les Années de rêve*, Le Seuil, 1987, p.523.

140   Alain Besançon, *Une génération*, *op. cit.*, p.125.

141   Cf. Sandrine Brienne, *Les Evénements nationaux de la crise de mai-juin 1968*, *au regard de la presse nordiste*, maîtrise, Lille III, 2 vols., 1994, p.151.

수갈채는 최소한 다음 두 가지 사실을 보여 준다. 한편으로는 사르트르의 신화가 다시 증명되었다는 것이다. 1965년부터 '라가르드와 미샤르' 총서의 20세기 『프랑스 문학사』에 이름을 올린[142] 사르트르, 또 어쩔 수 없이 살아 있는 동안에 이미 제단에 올려진 사르트르, 많은 사람이 그의 연설을 그의 신화에서 기인한 존경스러운 마음으로 경청했다. 이와 같은 지적들은 평범하지만 중요하다. 그는 새로운 세대에도 영향을 주었고, 그리고 이렇게 해서 20세기 프랑스의 지식인들의 역사에서 그의 유일한 지위, 즉 '세대에서 세대로 이어지는' 그의 지식인으로서의 지위가 확인된 것이다. 이렇게 해서 젊은 지식인들 사이에서 계속 이어지는 여러 세대가 사르트르의 영향을 받게 되었다. 사르트르의 저작에 의해서만 아니라, ─왜냐하면 이 분야에서는 특별한 특징이 없기 때문에 사상은 여러 세대에 걸쳐 이루어진다─ 또한 그는 심판을 하는 "운명의 기사"가 된 것이다. 사르트르 자신이 이것을 원했건 아니면 원하지 않았건, 그것은 그다지 중요하지 않다. 여기에서는 그런 지위의 주요 원인이 된 현실과 복잡한 연금술이 중요하다.

그와 동시에 이와 같은 사르트르의 성화聖化는 실제로 사르트르 자신이 "구현자"인 지식인들의 역사의 한 국면에 해당한다. 1960년대에 미국의 캠퍼스에서 이루어졌던 반항이 소리 ─'반전송反戰頌, prostest song'─ 와 이미지의 배경 위에서 ─텔레비전과 베트남전쟁 장면이 실린 표지 사진─ 이루어졌다면, 프랑스에서 1968년 5월혁명은 최소한 학생들에게는 소르본과 지식인들이라는 기호 아래에서 이루어졌다. 요구된 위

142   Lagarde et Michard, *XXe siecle*, Bordas, 1965, pp.593-604.

반과 실제로 이루어진 반항은 이렇게 해서 사르트르에게 박수갈채를 보내고, 아롱을 무시하며, 아라공을 야유하는 과정을 거치게 되었으며, 이 모든 것이 소르본과 그 주위 지역에서 이루어졌다. 따라서 대서양 저편 미국에서는 B-52[143] 효과, 밥 딜런[144]의 효과가 결국 콜롬비아나, 또는 버클리의 효과보다 훨씬 더 강했다. 그 반면에 유럽 대륙에서는 1917년 10월혁명 전야에 푸틸로프 공장[145]에서 그랬던 것처럼, 소르본의 점령과 사르트르에 대한 박수갈채는 비양쿠르의 노동자들의 지지를 얻기 위한 비밀 코드를 넘겨주는 것으로 여겨졌다.

그런데 이와 같은 이미지와 소리가 그때 완전히 사회를 장악했다는 사실을 지적해야 한다. "바리케이드의 밤"[146]에 이루어졌던 라디오를 통한 직접 방송의 확대가 그 두 요소에 대해 확대된 역사적 의미를 부여해 주고 있다. 그리고 5월 30일에 5월 사태를 진정시킨 드골 장군의 연설도 라디오 연설이었다. 한 사태의 폭발과 마찬가지로 결말도 라디오를 통한 반향으로 인해 하나의 사건이 된 것이다. 어쨌든 사르트르가 소르본의 대형 계단식 강의실에서 박수갈채를 받았다고 해도 소용

143　1955년부터 미 공군에서 활동 중인 장거리 아음속 전략 폭격기이다.

144　밥 딜런(Bob Dylan, 1941-): 미국의 작곡가, 가수, 화가이자 작가로, 미국의 사회 문제와 특히 베트남전쟁을 위시한 반전 운동을 위한 활동으로 유명하며, 2016년에는 노벨 문학상을 수상했다.

145　1789년에 설립된 러시아의 대표적 공장인 키로프(Kirov) 공장으로, 푸틸로프(Putilov) 공장의 전신이다. 키로프 공장은 1868년에 푸틸로프 공장으로 개명되었다가 1934년에 다시 키로프 공장으로 개명되었다. 주로 금속 야금업과 발전소 플랜트, 조선업, 트랙터 생산을 위한 여러 계열사를 거느리고 있다.

146　1968년 5월 10-11일 사이에 5월혁명에 가담한 세력들이 파리에서 바리케이드를 치고 시가전을 벌인 날이다. 이 시가전은 라디오와 텔레비전을 통해 전국에 생중계되었고, 그로 인해 이 혁명이 프랑스 전국으로 확대되는 계기가 되었다.

이 없었다. 그는 이런 이미지와 소리의 '역사'에 의해 묻히게 된다. 전후의 열광 속에서 그의 명성은 '글'과 다음과 같은 그의 사상의 지원 체계에서 기인했다. 그의 철학 사상을 대중화시켜 보급한 단편소설, 장편소설, 특히 연극과 빠르게 권위를 차지한 잡지가 그것이었다. 1970년에 르노 공장 앞에서 통 위에 올라 했던 사르트르의 연설 역시 글에 이어지는 단순한 부록에 해당했다. 예컨대 『인민의 대의La Cause du peuple』[147]가 그 예였다. 그와는 반대로 1969년에 뮈튀알리테에서 ─이곳은 그가 여러 다른 기회에 시사 문제들에 대한 분석과 그의 지지 및 비난의 근거들을 길게 피력했던 장소였다─ 있었던 학생들과의 모임에서 "사르트르, 짧게 하시오!"라는 불손한 문구는 젊은 투사들에게서 나온 것이었다. 그들 중 일부는 벌써 앤디 워홀이나 매클루언[148]의 시대에 편입되어 있었다. 그들 젊은이는 이 새로운 시대의 첫 번째 분쟁인 베트남전쟁이 발발했던 시기에 정치를 배웠던 자들이다.

---

[147] 1968년 5월에 창간된 친프롤레타리아 성향의 좌파 신문으로, 1972년에 폐간되었다가 1973-1978년 사이에 다시 발행되었다. 사르트르는 한때 이 신문의 편집장을 맡았다.

[148] 허버트 마셜 매클루언(Herbert Marshall McLuhan, 1911-1980): 캐나다의 지식인으로, 커뮤니케이션 이론가이자 현대 미디어 이론가이다.

베트남이라는
기호 아래에서

사르트르는 베트남전쟁에 반대하는 토의에서 즉각적으로 제일 앞자리에 서게 된다. 이 전쟁은 실제로 1965년의 첫 몇 개월 동안에 발발했다. 더 정확하게 말하자면 이 전쟁은 그때부터 상황이 급변하게 된다. 2월 7일에 베트남 북부 지역에 대한 미국의 공중 폭격이 시작되고, 봄에는 다낭[149]에 '해군'이 정박하기 시작했다. 2월 24일부터 『르 몽드』지에서 미국의 "군사 개입"을 비난하는 첫 번째 대규모 시위가 보도되었다. 사르트르는 이 텍스트에 서명했고, 또한 5월 27일에 "최소한 유럽 차원"에서 베트남에서의 미국의 정책에 대항하는 투쟁 운동 조직에 호소하는 또 다른 텍스트에도 서명했다. 이 투쟁에서 사르트르는 특히 다음과 같은 사람들과 동참했다. 로랑 슈바르츠,[150] 프랑수아 모리아크,

---

149   다낭(Đà Nẵng): 베트남 중부에 위치한 휴양 도시이다.
150   로랑 슈바르츠(Laurent Schwartz, 1915-2002): 프랑스의 수학자로, 참여 지식인이다.

테오도르 모노,[151] 장 피에르 베르낭,[152] 모르방 르베스크,[153] 로제 가로디, 알랭 레네,[154] 에두아르 피뇽,[155] 시몬 드 보부아르 등이 그들이다. 그다음 해 봄인 1966년 5월 22일에 뮈튀알리테에서 개최된 "베트남을 위한 6시간"[156] 모임에서는 먼저 "미국의 베트남 점령"을 비난했고, 그리고 "남베트남 국민들이 해방국민전선의 지도하에 독립을 위해 투쟁"하는 것을 지지했다. 사르트르는 또다시 다음과 같은 사람들과 같이 서명했다. 블라디미르 장켈레비치, 에르네스트 라부루스,[157] 마들렌 르베리우,[158] 폴 리쾨르,[159] 로랑 슈바르츠, 피에르 비달 나케 등이 그들이다.

그사이에 사르트르는 베트남전쟁의 전쟁 범죄를 규탄하는 러셀 법정에 참여하게 되었다. 이 재판에서 선고의 근거 ―미국을 이 전쟁을 이유로 기소했다― 를 작성하는 임무를 맡았던 사르트르는 인종 학살이라는 확고한 의지가 있다고 결론을 내렸고, "인종 학살"이라는 판결

---

151 테오도르 모노(Théodore Monod, 1902-2000): 프랑스의 과학자이자 탐험가이다.

152 장 피에르 베르낭(Jean-Pierre Vernant, 1914-2007): 프랑스의 역사가, 인류학자로, 특히 고대 그리스 문화 전문가이며, 콜레주 드 프랑스 교수를 역임했다.

153 모르방 르베스크(Morvan Lebesque, 1911-1970): 프랑스의 저널리스트이자 에세이스트이다.

154 알랭 레네(Alain Resnais, 1922-2014): 프랑스의 영화감독이다.

155 에두아르 피뇽(Édouard Pignon, 1905-1993): 프랑스의 화가이다.

156 프랑스 좌파 세력은 1966년 5월 22일에 베트남 국민과의 연대감을 보이기 위해 이 모임을 주선했다. 이 모임에 5000여 명이 참석했고, 강연, 정치 분석, 영화 상영, 콘서트 등이 진행되었다.

157 에르네스트 라부루스(Ernest Labrousse, 1895-1988): 프랑스의 역사학자로, 특히 경제사 전문가이다.

158 마들렌 르베리우(Madeleine Rebérioux, 1920-2005): 프랑스의 역사학자로, 특히 제3공화국 전문가이다.

159 폴 리쾨르(Paul Ricœur, 1913-2005): 프랑스의 철학자이다.

을 내렸다.[160] 이 판결의 기초가 되는 유령학의 생각을 가지고서 그랬다. "베트남의 승리는 인간이 '사물'과 맞서 싸우는 것이 가능하다는 것을 증명해 준 것이다. 다시 말해 이익과 그것에 봉사하는 자들에 맞서서 말이다." 그리고 "베트남 국민들은 모든 사람을 위해 싸우고, 미국 군인들은 모든 사람과 대항해 싸운다."[161] 이와 같은 판결의 근거는 시대착오적인 오류에 빠지지 않고자 하면서도 다음과 같은 두 가지 지적을 가능케 한다. 첫 번째로, 그로부터 10여 년이 지난 후에 환상이 깨지는 시간이 오고, 또 "고아의 시기"가 도래했을 때, 이런 문장들이 사르트르의 어깨를 무겁게 내리누르게 될 것이라는 점이다. 둘째로, 1979년에 '보트 피플'을 위한 사르트르의 황혼의 투쟁도 다양하게 평가된다는 점이다. 어떤 이들에게는 사르트르의 노력이 평생 동안 계속 이어 온 참여의 계속성 속에서의 투쟁 —정의를 위하고 억압에 저항하는— 이고, 또 다른 이들에게는 모순의 기호 아래에서 이루어지는 투쟁이기도 하다. 왜냐하면 회고적으로 보면 '보트 피플'의 존재가 "모든 사람을 위해" 싸웠다는 사실을 부정하기 때문이다.

더 심도 있게 보면, 그 당시에 아마도 세계에서 가장 유명한 지식인의 펜 아래에서 "인종 학살"이라는 단어가 사용된 것은, 프랑스의 해방 이후 고작 20년이 흐른 상황에서 이 단어의 의미의 가치를 떨어뜨릴 위험성, 따라서 이 단어의 무게를 일부 줄이는 위험성이 있는 것은 아닌가? 이 점에 대해서는 분명 몇 년 전으로, 즉 알제리전쟁이 발발했던 시

---

160   Cf. Jean-Paul Sartre, *Situations VIII*, *op. cit.*, pp.100-124.
161   *Ibid.*, pp.93, 124.

기로 거슬러 올라가, 그 시기에 몇몇 지식인이 이 단어를 사용했다는 사실을 지적할 필요가 있다. 예컨대 프랑수아 마스페로[162]는 『불복종의 권리』("121인 선언"의 자료)의 "편집자의 말"에서 이렇게 쓰고 있다. "6년 전부터 프랑스는 참을성 있게, 성공적으로는 아니지만, 알제리에서의 인종 학살을 위한 철저한 작전을 펼치고 있다."[163] 같은 해에 사르트르는 파농의 『대지의 저주받은 자들』의 서문에서 이렇게 강조하고 있다. "비폭력주의자들은 우스꽝스럽다. 희생자도 가해자도 아니기 때문이다! 자! 당신들이 희생자들이 아니라고 해 보자. 하지만 만일 당신들이 투표로 선출한 정부가, 당신들의 동생들이 복무하고 있는 군대가 망설이지도 않고, 회환도 없이 '인종 학살'을 저지른다면, 당신들은 분명히 가해자들의 편에 속할 것이다."[164] 비록 우리가 이처럼 '인종 학살'이라는 단어 사용의 전前 역사를 참고할 수 있다고 해도, 사르트르와 러셀 법정이 이 단어를 보란 듯이 흔들면서 그 이후에 계속 반복되는 이 단어의 사용을 보증하고 있는 것은 여전히 사실이다. 또는 1972년에 북부 베트남에 미국의 폭격이 다시 시작되고 난 뒤에 7월 26일 자 『르 몽드』지는 이렇게 보도하고 있다. "650명의 프랑스 연구자들과 대학교수들이 '미국 대학교수들'에게 다음 질문을 던지면서 호소한 바 있다. '어떤 전쟁이 세 민족을 말살하는 결과를 낳았을 때에 어떻게 그 전쟁을 정당화할 수 있는가?'"

---

[162]   프랑수아 마스페로(François Maspero, 1932~2015): 프랑스의 작가이자 출판인으로, 마스페로 출판사 대표이다.

[163]   François Maspero, avertissement de l'éditeur au *Droit de à l'insoummission*(*"le dossier des 121"*), Maspero, 1961, p.7.

[164]   Frantz Fanon, *Les Damnés de la terre*, *op. cit.*, p.20(Préface de Jean-Paul Sartre).

게다가 사르트르는 다시 한번 개인적으로 같은 말을 되풀이했다. 1972년 11월에 대통령에 다시 선출된 리처드 닉슨은 1973년 1월 20일에 두 번째 임기를 시작했다. 같은 날짜에 ―1월 21-22일 날짜로 되어 있다― 『르 몽드』지는 몇 해 전에 러셀 법정을 주재했던 사람들의 서명이 담긴 하나의 선언문을 게재했다. 장폴 사르트르, 블라디미르 데디제르,[165] 로랑 슈바르츠 등이 그들이다. 그들은 이렇게 선언하고 있다. "즉각 법정을 다시 열 수 없는 불가능성 앞에서 우리 서명자들은 미국의 대통령을 고소한다." 그들의 선고는 가차 없었다. "결론적으로 우리는 리처드 닉슨을 전쟁범으로 고소한다. 마치 나치의 지도자들이 같은 성질의 범죄로 뉘른베르크 법정에서 고소당하고 재판을 받은 것과 마찬가지로 그는 재판을 받게 될 것이다." 물론 이와 같은 주장은 몇 주 전인 1972년 12월의 북부 베트남에 대한 대량의 공중 폭격에 의해 야기된 흥분이라는 상황 속에 자리매김되어야 할 것이다. 그렇지만 이런 주장이 그 당시에 가장 반향력이 큰 지식인에 의해 선언되었다는 것은 어쨌든 사실이다.

'인종 학살'이라는 주제와 마찬가지로 "모든 사람을 위한 전투"라는 주제는 ―이 표현은 러셀 법정의 분석에 의해 촉발된 반향에 의해 널리 퍼졌다― 여러 차례에 걸쳐 전해졌고 또 증폭되었다. 가령, 『인도차이나 연대전선*Front Solidarité Indochine*』지는 1971년 4월 23일 자 『르 몽드』지에 게재된 창간사에서 특히 이렇게 선언하고 있다. "오늘날 세계의 모든 민족의 운명은 상당 부분 인도차이나의 전쟁터에서 정해지고 있다." 벌

---

165 블라디미르 데디제르(Vladimir Dedijer, 1914-1990): 유고슬라비아 출신의 정치인, 역사가이자 인권 옹호 투사이다.

써 1968년 3월 23일에 몇몇 지식인의 호소에 따라 사르트르를 위해 개최된 "베트남을 위한 지식인들의 날" 행사에서 다음과 같은 소망이 표명되었다. 즉, 전 세계의 지식인들은 "인류 문화의 가치를 겨냥한 도전에 당당하게 응수할 것이다." 여기에서 주목해야 할 점은 바로 특히 스페인내전 당시에 언급되었던 1930년대의 반파시스트적 투쟁의 '주요 동기' 중 하나가 문화 옹호라는 주제와 더불어 다시 나타나고 있다는 점이다. 이와 같은 관찰은 흥미롭다. 그도 그럴 것이, 다시 보겠지만, 한 세대가 베트남이라는 기호 아래에서 30년 전에 스페인에서의 참여와 동일한 내용의 참여를 다시 발견한다는 감정을 갖게 되기 때문이다.

이런 이유로 1970년대 말부터 프랑스 지식인 사회에 광범위하게, 그것도 여러 세대의 층위에 따라 영향을 미쳤던 참여의 이데올로기적 속편에 대해 전적으로 사르트르에게 책임을 전가하는 것은 온당한 처사로 보이지는 않는다. 하지만 곧 보게 되듯이 사르트르가 1970년대 말부터 이루어진 지식인들의 대규모 교대 과정에서 ―물론 사후적인 시각으로 보면― 주요 희생자가 되었다는 것은 사실이다. 이와 같은 저울추의 균형 회복의 폭과, 그것과 사르트르라는 인물의 연결은 이중의 시간성 속에서 다시 자리매김될 때에 비로소 의미를 갖게 된다. 단기적으로 보면 사르트르는 30년 동안 계속된 인도차이나전쟁에 종지부를 찍게 되는 프놈펜과 사이공의 함락이 있은 지 며칠 후에 그 자신이 했던 선언에 잘 요약되어 있는 모순 속에 갇혀 있었다. 실제로 사르트르는 1975년 5월 10일 자 『르 몽드』지에서 상황을 이렇게 요약하고 있다. "나는 베트남의 공산주의가 새로운 형태를 띠길 바란다. 하지만 그것은 베트남 국민들의 문제이다. 우리는 그런 희망을 가지고 기다리고 있다.

왜냐하면 그들은 대단한 투사들이었으며, 이 투사들은 또한 아주 매력적인 사람들이기 때문이다. 내가 그들을 볼 때 그들이 그와 같은 투사들이라는 것을 생각하기 힘들 정도이다." 막을 내린 전쟁에 대해 약간은… 어이없는 생각이다. 하지만 특히 4년 후에 사르트르는 '보트 피플'을 옹호했다. 물론 이 주제에 대한 접근이 논쟁을 일으키는 지름길일 수도 있다. 하지만 이렇게 접근해야만 한다. 왜냐하면 1975년 5월의 이 텍스트에는 가장 명석한 자들의 가슴을 에는 회환으로 빠르게 변하게 될 모순이 들어 있기 때문이다. 잘 들여다보면 이 텍스트는 기묘하다. 아시아의 한 지역이 공산주의의 지정학적 영역으로 기울어지는 순간에 비공산주의자가 된 사르트르 자신의 "희망"을 선언한 텍스트이기 때문이다. 같은 시기에 유럽의 한 나라가 그런 운명을 맞이했다면 그는 과연 무슨 말을 했을까? 베트남에 관련된 텍스트에 서명을 한 몇몇 지식인들과 그로부터 불과 몇 년 후에 솔리다르노시치Solidarnosc[166]와 폴란드의 분열을 옹호하는 지식인들에게는 모순이 없는가?

물론 사르트르는 1980년 여름의 폴란드 사태가 시작되기 몇 달 전에 세상을 떠났다. 하지만 다른 사람들의 경우와 마찬가지로 그의 경우에도 위의 문제는 밝혀질 수 없다. 이런 문제는 베트남전쟁 때의 참여를 훨씬 더 넓은 지정학적 시간 속에 다시 자리매김하게 되고, 또 어쨌든 이와 같은 관찰 속에서 1987년에 올리비에 토드[167]가 했던 자아비판의

---

166   그단스크의 조선소 노동자였던 레흐 바웬사 주도로 1980년 8월 31일에 창립된 폴란드 인민공화국 사상 최초의 비공산주의 계열 자유노조이다.

167   올리비에 토드(Olivier Todd, 1929-): 프랑스의 작가이자 저널리스트로, 폴 니장의 사위이다.

형태로 요약될 수 있다. "에드가 모랭의 말을 빌리자면 나는 어쨌든 사이공에서 우리가 프라하나 부다페스트에서 비난했던 체제를 세우기 위해 투쟁했던 것이다."[168] 비난의 요점은 분명하다. 맹목성과 공모이다. 역사가는 주관성이 의심되는 이 두 용어를 경계하지만, 그는 어쨌든 사르트르가 서명한 텍스트들은 깊이 있는 분석보다는 오히려 주술에서 비롯되었다고 지적할 것이다. 물론 긴급성을 고려해야 한다. 대부분의 경우 이 텍스트들은 사건들에 의해 강요된 것이고, 복잡한 연대망에 기초한 상황에 속하는 것들이었다. 하지만 이런 설명을 받아들이게 되면 이해의 의무 ―그리고 심지어는 그럴듯함이라는 단순한 기준― 가 참여의 의무에게 자리를 넘겨주는 것을 받아들이는 것이 될 것이다. 사르트르의 참여의 태도는 그 자체로 일관성과 고귀함을 가지고 있다. 하지만 그의 태도는 또한 환원적이기도 하다. 그도 그럴 것이 그의 펜 아래에서 그의 태도는 거의 감정적인 밀도로 채워짐과 동시에 이데올로기적으로 강한 색채를 띠고 있기 때문이다. 다윗과 골리앗, 그리고 제3세계와 제국주의의 대결이라는 이데올로기가 그것이다. 게다가 『대지의 저주받은 자들』의 서문을 쓴 이후로 사르트르에게서는 아주 민감한, 거의 메시아주의적이라고 할 수 있는 강조와 더불어서 말이다. "제3세계는 승리자이기 때문에 자본주의의 모든 죄를 대속하게 될 것이다."

이와 같은 동인이 사르트르에게서 정치적, 감정적 상황 속에 다시 자리매김되어야 한다는 점을 잊지 않도록 하자. 정치적으로는 미국이 치른 베트남전쟁에 대한 반대는 프랑스에서 더 잘 뿌리내릴 수 있었다.

168   Olivier Todd, *Cruel Avril. 1975, la chute de Saigon*, Laffont, 1987, p.15.

그도 그럴 것이 그 당시에 프랑스 내부의 두 개의 주요 정치 세력 —드 골주의와 공산주의— 이 똑같이 그와 같은 미국의 개입을 비난했기 때문이다. 거기에 미디어에 의해 증폭된 집단적 감정을 더해야 한다. 실제로 이런 집단적 감정이 그 당시의 주요 정보망들에 의해 의식적으로 이루어진 베트남전쟁에 대한 왜곡의 결과는 아니었다. 그와는 반대로 그 주요 정보망들은 양심적으로 임무를 수행했다. 하지만 이런 임무는 사람들에게 제공된 볼거리, 즉 미국이 수행한 전쟁만을 통해서 수행되었을 뿐이다. 이처럼 일방적으로 소개된 이 전쟁은 많은 사람의 정신을 강타하고, 그들의 감수성을 자극하며, 또 그들을 동원할 수 있는 무엇인가를 가지고 있었다. "B-52"가 효과를 제대로 발휘했다. 1967년부터 1972년까지 700만 톤의 폭탄이 인도차이나반도에 투하되었다. 이 수치는 2차 세계대전 때 연합국이 투하한 폭탄의 2.5배에 달하는 것이다! 그때까지 집단적인 의식에서 미국의 전략공군사령부Strategic Air Command 의 "자유세계"의 방어를 위한 보증 수단으로 여겨졌던 B-52가 강대국의 약소국 국민에 대한 말살의 상징이 되었던 것이다.[169]

물론 이런 "B-52 효과" 역시 1960년대 프랑스에서 텔레비전이 가진 잠재적 힘의 상승이라는 상황 속에서 다시 자리매김되어야 할 것이다. 그리고 언론의 사진을 빠르게 그 왕좌의 자리에서 끌어낸 텔레비전의

---

[169] 게다가 유령학에 속하게 될 집단적 표상의 전도(轉倒)에 대한 훌륭한 연구를 할 수 있을 것이다. 2차 세계대전 동안에, 그리고 냉전 시대에 자유의 연합군으로 여겨졌던 미국의 날개가, 그 이후에 베트남전쟁에서 그들에게 익숙한 지옥의 범위, 즉 공산주의 세력을 넘어서 어떻게 악마화되었는가에 대한 연구가 그것이다. 그리고 어떻게 종종 같은 깃털을 가진 미국의 날개가 20년 후의 걸프전쟁 동안에 다시 자유의 날개가 되었는가가 그것이다.

움직이는 이미지의 새로운 지배는 거기에 곧바로 빠지게 되는 새로운 세대의 각성의 시기에 이루어졌다. '베이비 붐' 세대는 사실상 시청각의 파도를 통해서 세계의 총체성의 물리적이고 일상적인 모습을 경험하게 되는 첫 번째 세대이다.[170] 그리고 이 세대에게 있어서 "B-52" 효과는 곧 "체게바라 효과"와 겹치게 된다. 혁명의 제3세계 모델의 개화기라고 할 수 있는 10년 동안, "체게바라"는 검정색 파자마를 입은 베트콩의 모습 곁에서 일종의 세속적인 성인의 모습을 구현하고 있었다. 둘 모두 미국의 "제국주의"에 저항하는 민족 해방을 위한 투쟁의 상징이 되었던 것이다.

이런 상황에서 우리는 1960년대에 사르트르와 아롱의 대립이 한 눈금 더 악화되었고, 특히 1968년 5월혁명 때 극점에 다다르게 되었다는 것을 더 잘 이해하게 된다. 감정과 정치의 이중의 차원에서 모든 것이 그 당시에 그들을 대립시켰던 것이다. 앞에서 보았듯이 사르트르는 베트남전쟁을 계기로 그의 분석이 더 과격해지고, 또 그의 어조는 더 강경해진다. 예컨대 1965년에 사르트르가 미국의 여러 대학의 초청을 받아 코넬Cornell을 방문할 수 있는 기회가 주어졌을 때, 그는 다음과 같은 이유를 들어 그의 거부를 정당화시키고 있다. 즉, 그 초청을 수락하는 태도는 제3세계에 의해 "적"[171]을 방문하는 것으로 해석될 수도 있다는 이유가 그것이다. 사실상 분노는 일방적일 수밖에 없었다. 그도 그럴 것이 사르트르에 의하면 "고도로 산업화된 국가"와 "쫓기고, 또 자신

---

170   Dany Cohen-Bendit, *Nous l'avons tant aimée, la révolution*, éditions Bernard Barrault, 1986, p.10.

171   Jean-Paul Sartre, *Situations VIII, op. cit.*, pp.12-13.

들의 진영에 엄격한 규율이 통용되도록 강제하는 가난한 농부들의 집단"[172]이 서로 대립하고 있었기 때문이다. 이런 분석에 힘입어 사르트르는 코넬의 여러 자유주의 성향의 대학들과 다른 곳에 대해 거리를 두는 것 이외의 다른 도리가 없었다. 앞에서 보았듯이 그에게는 자유민주주의에 대해 공개적으로 표명된 적대적인 움직임에 대한 이끌림이 있었기 때문이다. 예컨대 1960년대와 1970년대 초엽에 『레 탕 모데른』지는 무장 투쟁을 조장하는 텍스트들을 포함해 흑인들의 혁명을 지지하는 텍스트들을 게재했다. 이 점에 대한 정보는 존 제라시에게서 왔다. 그는 웨더맨 비밀조직[173]의 투사이자 사르트르의 친구[174] 부부의 아들이다. 우리는 이와 같은 중요한 소집단들의 복합적인 결정 속에서 사르트르가 했던 역할에 대해 물을 수 있다. 미국의 새로운 좌파와 비폭력적인 흐름을 희생시키면서 했던 역할을 말이다.[175] 베트남전쟁이 계속되던 동안 내내 사르트르에게는 그런 운동들의 행동에 대한 회의주의가 있었던 것이다.

아롱은 "보편적 양심의 해석자"가 되기를 거부하면서[176] 단번에 그와는 전혀 다른 차원에 놓이게 되었다. 실제로 아롱은 또다시 감정들

---

172   *Ibid.*, p.34.

173   웨더맨 비밀조직(The Weather Underground Organization): 1969년에 설립된 미국의 극좌파 단체로, 반제국주의 및 반인종차별주의를 내세웠으며, 베트남전쟁에 대한 반전 운동 및 제3세계를 지지하는 모임이다.

174   스페인내전 당시 국제의용군으로 참전했던 화가 페르난도 제라시를 가리킨다.

175   Marie-Christine Granjon, "Sartre, Beauvoir Aron: les passions ambiguës", *op. cit.*, p.154.

176   Raymond Aron, *La République impériale. Les Etats-Unis dans le monde, 1945-1972*, Calmann-Lévy, 1973, p.13.

의 표현에 대한 관심에 사로잡히게 되었다. 요컨대 그 당시에 "분열되었다"[177]고 느꼈던 것보다는 오히려 도덕적 차원에 위치함이 없이 거의 10년 이상 지속되었고, 또 그 당시에 국제 관계의 핵심 문제로 통합된 베트남전쟁을 이해해야 하는 필요성이 더 컸다. 어쨌든 이것은 그의 분석들을 참여적 관점에 놓게 하는 것이었다. 게다가 암묵적으로 이 전쟁이 끝나기 전에 『제국주의적 공화국La République impériale』에서, 그리고 『회고록』에서 분명하게 이렇게 지적하고 있다. "1965년이나 1968년에는 내가 보기에 북부 베트남의 전체주의보다 더 나아 보이는 남부 베트남 공화국이 존재했다."[178]

하지만 이 모든 점을 고려하면 그런 태도는 결국 1930년대 초엽에 독일에서부터 요구되었던 "참여적 방관자"의 지위와 정확하게 일치했다. 그리고 『대지진』 이후에 드러난 그의 야누스적 지위 속에서 베트남전쟁보다 몇 년 전에 있었던 또 다른 위기, 즉 쿠바 위기에 대한 분석은 해설과 분석의 몫을 조절해 주는 삼중의 차원에서 이루어졌다. 사람들은 벌써 아롱에게서 세 개의 차원에서 이루어진 성찰인 "익숙한 지적 고정"을 잘 드러내고 있다.[179] 우선 현장이라는 차원에서 —대부분 『르 피가로』지에서— 이루어진 것이다. 그다음으로 훨씬 더 쉬운 접근으로 교양 있는 독자들을 겨냥한 그의 저작들 속에서 이루어진 첫 번째 명확하게 하기의 작업이다. 여기에는 쿠바 위기 1년 후인 1963년 말에 출간

177   Raymond Aron, *Mémoires, op cit.*, p.619.

178   *Ibid.*, p.621.

179   Georges-Henri Soutou, "Raymond Aron et la crise de Cuba", *in* Maurice Vaïsse (dir.),
       L'Europe et la crise de Cuba, Armand Colin, 1993, pp.187-210, 91, 210.

된 『대토론*Le Grand débat*』과 10년 후인 1973년에 출간된 『제국주의적 공화국』이 해당된다. 그리고 그의 작업 전체는 처음부터 끝까지 사건에 대한 이론적 분석에 근거를 두고 있다. 이 영역에는 당연히 『국가 간 평화와 전쟁』, 또는 『전쟁을 생각하다. 클라우제비츠*Penset la guette. Clausewitz*』가 해당된다. 쿠바 사태에 대한 이런 일화는 다음과 같은 사실을 확인해 준다. 그 당시에 형성 중에 있었던 '역사'에 대한 아롱의 분석은, 결정적으로 일단 먼저 정립된 분석 틀에서 출발하는 대신에 실제로 진화중에 있는 '역사'에서 계속해서 자양분을 섭취한다는 사실이 그것이다. 가령, 쿠바 위기 이후에 지리학적 전략 분야에서 아롱의 생각의 몇몇 양상은 부인할 수 없이 변화했으며, 그리고 이와 같은 본질적인 점에서도 마찬가지로 변화했다.[180] 이런 이유로 아롱이 베트남전쟁에 할애한 『르 피가로』지의 수많은 기사를 자세히 분석해 볼 필요가 있다. 대부분의 관찰자와 마찬가지로[181] 아롱이 이 전쟁에 좀 더 지속적인 관심을 갖게 된 것은 1965년 겨울 말엽이었다. 아롱은 벌써 1965년 3월 20-21일자 『르 피가로』지에서 「유격대원들에 맞서는 폭탄 투척수들」이라는 제목의 기사를 이 전쟁에 할애하기도 했다. 그리고 아주 빠르게 아롱은 이 전쟁이 가지는 "부조리의 비극" 차원을 강조했다.[182] 실제로 아롱은 그때부터 이 전쟁에 대해 꾸준한 관심을 보였다. 1965년 겨울 말엽부터 1968년 4월까지 그는 15여 편의 기사를 이 전쟁에 할애했고, 또 그 이후

---

180   *Ibid.*, p.210.

181   1965년 4월 한 달 동안에만 『르 몽드』지는 18회의 "1면 기사"를 베트남전쟁에 할애했다(Olivier Owczarek, *La Presse française et la guerre du Vietnam au travers de trois journaux*, "L'Humanité", "Le Monde", "Le Figaro", *1961-1975*, maîtrise, Lille III, 1990, p.60).

182   *Le Figaro*, 29 août 1966.

에도 약 30여 편의 기사를 할애했다.[183] 왜냐하면 비록 그사이에 미국의 탈참여가 예고되었지만, 전쟁은 계속 이어졌기 때문이었다. 1975년 1월 17일 자 『르 피가로』지에서 그는 여전히 베트남에 대해 성찰하고 있으며, "끝나지 않은 전쟁들"에 대해서도 성찰하고 있다.

아롱은 베트남전쟁 초기인 1963년에 도덕과 사회과학 아카데미 회원으로 선출되었다. 또 그로부터 몇 달 뒤에 사르트르가 노벨 문학상 수상을 거절했다. 하지만 그 시기의 대규모의 집단적 흥분과 비교해 볼 때 —의식적으로— 고립된 것은 아니지만, 적어도 주변부에 위치해 있었던 이는 바로 아롱이었다. 아롱과는 반대로 사르트르는 이런 흐름에 잘 편승해서 조화를 이루고 있었다. 러셀 법정이 그런 흥분의 형태와 의미를 잘 보여 주고 있다. 이런 상황을 더 잘 들여다보면, 사르트르는 아주 성실했으며 또 그런 자리가 그에게 불편하지 않았다. 앞에서 보았듯이 정치적으로 그런 위치는 그 당시의 두 주요 세력이었던 드골주의 및 공산주의와 대립적이 아니었던 만큼 더욱더 그랬다. 그리고 상황은 편안했다. 그도 그럴 것이 "베트남 효과"가 사르트르에게 객관적으로 1960년대 후반에 극좌파에서 일어난 새로운 정치 세대를 위한 표점 —적어도 부분적으로는— 이 되는 것을 허용해 주었기 때문이었다.

그 반면에 아롱은 같은 시기에 약점을 쌓아 갔다. 그는 전투 폭격기의 조종사들에게 축복을 —최소한 그의 기사들을 주의 깊게 읽지 않은 자들의 눈에는 그렇게 보였다— 내리는 것처럼 보였다. 정치적으로 아롱은 그 당시의 지배적인 감정에 역행하는 것으로 보였다. 그렇다고 이

---

183   Raymond Aron, *Bibliographie*, t. II, *Analyses d'actualité*, Julliard, 1989.

와 같은 아롱의 주변적 위치가 그에 대한 전위부대[184]의 존경심을 불러 일으킨 것도 아니었다. 그와는 정반대로 그들은 아롱을 과거 질서의 수호자처럼 여겼다. 달리 말하자면 그 당시에 아롱은 인물과 이미지 면에서 "B-52 효과"와 "체게바라 효과"의 결합에 의해 이중으로 흐려졌다. 그런데 그와는 달리 사르트르는 이런 결합에 의해 저항의 상징이 되었다. 앞에서 보았듯이 사르트르는 살아 있는 동안에 벌써 사람들이 향을 피워 올리는 존재의 모든 외관을 경험했던 것이다.

결국 종합해 보면 베트남전쟁에 대한 사르트르와 아롱 두 사람의 비교되는 위치에서 결코 일화적인 요소는 없었다. 그런 만큼 그 당시의 그들 각자가 했던 형세 분석은 우리에게 중요하다. 왜냐하면 프랑스 지식인들의 토의는 여러 해 동안 '베트남'이라고 하는 기호 아래에서 이루어졌기 때문이다. 게다가 그사이에 새로운 세대가 이와 같은 "반제국주의적" 투쟁의 차원에서 정치에 눈을 떴다. 그리고 1970년대 후반기의 이런 되돌아온 충격choc en retour은 베트남전쟁이 차지하고 있던 핵심적인 위치와 그로부터 비롯된 참여의 강도에 따라 측정되었다. 그 결과 일부 단어들 —인종 학살, 저항, 해방— 의 가치 절하와 평범화 현상이 일어났으며, 그로 인해 다음과 같은 질문이 제기될 수밖에 없었다. 결국 지식인이 그의 행동이 사회Cité에서 이해되고 증폭되는 것을 보는 것은 이성의 이름으로인데, 그렇다면 사회는 그 대가로 그로부터 항상 복잡한 상황을 알기 위해 적절하지는 않더라도 —적절하다는 것은 주관적인 개념이다— 어쨌든 반성된 단어들의 사용을 기대하는 것이 아닐

---

184   1968년 5월혁명 이후에 활발하게 활동했던 마오주의자들의 대척점에서 활동했던 극우파에 속한 자들을 가리킨다.

까? 말과 상황의 분리는 이어지는 '역사'에 의해 그것이 분명하게 드러날 1970년대 말에 지식인들의 위기를 조장하는 데 기여하지 않았던가?

이 질문은 또 다른 이유로 중요하다. 즉, 1970년대 말에 '역사'의 부인으로 대규모의 세대적 참여를 따르는 현상이 아주 드물게 발생했기 때문이었다. 이런 이유로 공화국을 표방하는 스페인을 위한 투쟁은 1939년 이후로 좌파 지식인들의 집단적 기억에서 하나의 표점으로 남아 있는 반면에, 베트남전쟁에 대한 집단적 기억들은 빠르게 묘지의 침묵이 될 망각의 늪에 빠져 버렸다. 그런데 이런 집단적 기억들의 발굴은 1975년 이후에 일어난 일들을 이해하는 데 필수적이다. 즉, 프랑스 지식인들의 부인할 수 없는 위기가 그것이다. 그때부터 참여의 위급 상황에서뿐만 아니라, 또한 전후 몇십 년 동안의 이항 대립적인 대규모 투쟁에서 물려받은 선악 이원론적 비전을 가진 순응주의라는 사실로 인해, 사르트르는 자동 분석의 증거를 보여 주었고, 공개적인 표현을 보여 주었으며, 이의 제기의 시대가 왔을 때 무장 해제된 상태에 있게 된다. 게다가 병에 걸린 사르트르는 1970년대 후반부에 어쩔 수 없이 가던 길을 계속 가게 된다. 예컨대 서독의 극좌파 테러리즘에 대해서 말이다. 그와는 반대로 아롱은 이와 같은 "고아의 시기"의 주요 수혜자가 된다.

에필로그

제7장

인상, 저무는 태양

전 세계적으로 보도된 사르트르와 아롱이 함께 찍힌 두 장의 사진에 실제 의미보다 더 큰 의미를 부여하지 않도록 주의하자. 1979년 6월 20일, 사르트르와 아롱은 "베트남을 위한 배"라는 단체의 주도로 '보트 피플'을 위해 뤼테시아 호텔에서 열렸던 토론회에 함께 참석했다. 그로부터 6일 후에 두 사람은 엘리제궁의 계단에 나란히 섰다. 지스카르데스탱 대통령과의 면담이 있은 직후였다. 이 면담에는 두 사람 이외에 다른 사람들도 참석했다. 예컨대 앙드레 글뤽스만, 클로디 블루아엘[1] 등이 그들이다. 그 당시에 두 사람이 함께 찍힌 사진에 대해 설왕설래가 있었다. 심지어는 다음과 같은 상투적인 얘기도 있었다. 즉, 30년 된 불구대천의 적들이 갑작스럽게 그 당시에 주요 의제였던 '인권'이라는 주제의 대부 역할을 했다는 것이 그것이다. 그리고 금색 카펫 위에

---

[1]　클로디 블루아엘(Claudie Broyelle): 프랑스의 옛 마르크스-레닌주의자로, 중국에 대한 다수의 저작을 집필했다.

서 이루어진 이런 종류의 만남을 통해 또한 지식인 사회에서 그때까지 대립 일색이었던 두 세계의 봉합이 굳어질 수 있을 것이라고 말이다. 1979년 여름 초에 사르트르와 아롱과 더불어 이런 일은 실제로 가능할 것처럼 보였다.

'역사'가
방향을 바꾸다

　물론 우리는 위의 첫 번째 주장의 환원적인 측면과 두 번째 주장의 주술적인 측면을 가늠해 볼 수 있다. 의견의 일치라기보다는 오히려 우리는 사르트르와 아롱의 역할 교대에 참여하고 있는 중이었다. 만일 해방 이후로 이어지는 몇십 년 동안에 사르트르가 이데올로기적 비등의 시기에 '대사상가'의 모습을 구현하고 있었다면, 아롱은 점차 그 시기에 요동쳤던 영광스러운 30년 동안에 물려받은 지적 상처를 치유해 주는 '대사상가'가 되어 가고 있었다. 오랫동안 연구실에서 나르시시스트처럼 앉아 있었고, 또 『지식인의 아편』에서 제시된 폐해의 단순한 증인 역할에 머물렀던 아롱은, 그때 '사실상' 골절을 접합시키는 골절사임과 동시에 일부 지식인 세계의 부상과 찰과상을 치료하는 외과의사이자 간호원이 되었다. 사르트르의 지옥으로의 하강과 카뮈의 재灰에서의 귀환이 있기 전에 1970년대와 1980년대의 경계 지점에서 검토해 보아야 할 상황의 역전의 시초가 여기에 있다. 실제로 이 현상은 1970년대 말이라는 황혼의 상황 속에 다시 자리매김될 때 비로소 그 역사적 의미를 갖게 된다.

우선 그 시기는 두 사람이 각자 생의 말년에 맞이했던 황혼기에 해당했다. 1979년 6월에 두 사람이 재회했을 때, 이미 실명 상태에 있었던 사르트르는 앞으로 10개월밖에 살날이 남지 않았었다. 2년 전에 그를 위협했던 지병 ─혈전증─ 에서 회복했던 아롱은 지나가는 시간보다 오히려 남은 시간을 더 잘 사용해야 한다는 것을 알게 된다. 신체적 외양까지 그들의 허약함을 보여 주었다. 지스카르데스탱은 회고록에서 두 사람과의 면담을 이렇게 회상하고 있다. "한 사람은 대머리가 되고 얼굴의 피부가 아래로 당겨져 피곤한 기색이 역력했다. 또 한 사람은 희멀건 눈동자를 통해 나를 보고, 허공을 헤매는 창백한 모습이었다." 기묘하게도 지스카르데스탱은 그때 두 사람이 여전히 "서로 미워한다"[2]고 생각하는 것처럼 보였다. 하지만 그 당시에 이루어졌던 많은 증언을 보면 그런 가정이 사실이 아님을 알 수 있다. 그 반대로 두 이해 당사자인 사르트르와 아롱은 1979년의 만남에 대해 관찰자들이 부여했던 것과 같은 중요성을 부여하고 있는 것 같지는 않았다. 4년 후에 아롱은 그의 『회고록』에서 "요란했지만 허구적인 것 같았던 재회"를 언급하면서 이렇게 쓰고 있다. "어쨌든 분명한 것은 악수 한 번으로 30년의 이별에 마침표를 찍을 수는 없었다. 그가 보기에도 그랬고, 내가 보기에도 그랬다."[3] 보부아르는 그녀 나름대로 『이별의 의식*La Cérémonie des*

---

2   Valéry Giscar d'Estaing, *La Pouvoir et la vie*, t. II, *L'Affrontement*, Compagnie 12 éditeur, 1991, p.237.

3   Rayond Aron, *Mémoires, op. cit.*, pp.711-712.

adieux』에서 단호하게 이렇게 말하고 있다. "사르트르는 기자들이 길게 얘기했던 아롱과의 만남에 대해 아무런 중요성도 부여하지 않았다."[4]

그와는 반대로 사르트르와 아롱이라는 두 주연 배우가 그 이전 몇십 년 동안 주역을 맡았던 대규모의 토론 대부분이 그 의미의 일부를 상실하고 있는 중이었다는 것은 사실이다. 더 넓게는 그 당시에 모든 이데올로기적 환경이 변했고, 두 사람은 1970년대 말에 황혼의 색조에 의해 물들여져 있었다. 프랑스 경제가 1973년과 1979년에 두 차례의 석유 파동으로 장기간 요동쳤던 것과 마찬가지로, 프랑스의 지식인 사회도 얼마 후에 같은 시기에 두 차례의 이데올로기적 충격을 경험하게 된다. 1974년의 "솔제니친 효과"와 1970년대 말의 중국과 인도차이나반도에서의 환멸이 그것이다. 그 결정적 시기에 '역사'는 방향을 바꾸었으며, 지식인들의 역사의 한 장이 넘어가고 있었다. 이런 변화의 주요 노선을 추적하기 위해서는 또 한 권의 연구서가 필요할 것이다. 여기에서는 사르트르와 아롱의 역할 교대가 갖는 함의를 평가하는 것으로 그칠 것이다.

1973년 12월, 프랑스에서 『수용소 군도』의 러시아어 판본 제1권이 출간되었다. 이어서 아주 빠르게 프랑스어 번역본이 출간되었고, 그 반향은 ―1974년에 수십만 권이 판매되었다― 지식인들의 "지적 방향 전환"[5]을 가속화시켰다. 이 점에 대해서는 역사적으로 많은 토론이 이루

---

4   Simone de Beauvoir, *La Cérémonie des adieux* suivi de *Entretiens avec Jean-Paul Sartre*, *op. cit.*, p.146.

5   이 표현은 피에르 그레미옹의 것이다. Pierre Grémion, *Paris-Prague. La gauche face au renouveau et à la répression tchécoslovaques (1968-1978)*, Julliard, 1985, p.327.

어졌다. 1970년대의 후반기에도 인도차이나반도에서 일어났던 사건들 ―베트남의 '보트 피플', 캄보디아의 비극― 은 "고아의 시기"에 프랑스 좌파 지식인들을 동요시켰다.[6] 실제로 프랑스 지식인 사회는 머지 않아 그 모델들과 사상의 대가들을 잃게 된다. 그들은 육체적으로, 또는 지 성적으로 1970년대와 1980년대의 경계 지점에서 사라졌거나(사르트르, 라캉, 바르트, 알튀세르), 또는 조금 더 후에 사라졌다(푸코).

몇 년 동안에 이데올로기적 천장의 장식이 크게 달라졌다. 마르크스 주의의 후퇴, 소련의 뒤를 이었던 대체적 혁명적 모델들의 침식, 이런 것들이 사라져 버린 패러다임들이었다. 만일 우리가 이 '패러다임'이라 는 용어에 프랑스어 문법에서 볼 수 있는 어미 변화에서 볼 수 있는 유 형의 단어들의 의미를 부여한다면 말이다. 프랑스 지식인 사회의 이런 패러다임들은 갑작스럽게, 그리고 1980년대의 공산주의 체제의 내파 이전에, 이제 더 이상 혁명적 변화에 적합하지 않았다. 따라서 '잃어버 린 패러다임', 또는 과학철학에서 사용되는 의미로 사용한다면 '패러다 임의 변화', 다시 말해 기본적인 가정이 문제시되었던 것이다.

---

6   필자는 이 표현을 일종의 '표준-저서'가 된 1978년 쇠유 출판사에서 출간된 장 클로 드 귀유보(Jean-Claude Guillebaud)의 저서에서 차용했다.

꺼져 버린 화산

따라서 사르트르와 아롱 두 사람 사이에 점차 이루어지고 있던 '이미지의 역전'을 다시 자리매김해야 하는 것은 바로 이런 상황 속에서이다. 1970년대 하반기에 비록 지식인 사회의 배경 장식이 바뀌고 있는 중이었지만, 사르트르는 여전히 지식인 무대의 앞에 홀로 남아 있거나, 또는 남아 있는 것처럼 보였다. 예컨대 1977년에 그는 여전히 아주 열심히 청원 활동을 했다. 보부아르는 5년 후에 『이별의 의식』에서 이렇게 쓰고 있다. "다른 해들과 마찬가지로 그해에 사르트르는 『르 몽드』지에 게재된 많은 텍스트에 모두 서명했다. 1월 9일의 어려움을 겪고 있는 『폴리티크-에브도*Politique-Hebdo*』[7]지를 위한 호소, 1월 23일의 모로코에서의 탄압에 반대한 호소, 3월 22일의 군사 수첩을 돌려보낸 죄로 기소된 이방 피노*Yvan Pineau*를 위해 라발*Laval* 재판소의 재판장에게

---

7   1970년에 창간되었다가 1980년에 폐간된 프랑스의 좌파 계열의 주간지이다.

보낸 편지, 3월 26일의 나이지리아에서 가수의 체포에 반대하는 항의, 3월 27일의 아르헨티나에서의 자유 수호를 위한 호소, 6월 29일의 이탈리아에서의 탄압에 반대하는 벨그라드 강연회를 겨냥했던 청원, 7월 1일의 브라질에서의 정치 상황의 악화에 대한 항의"[8] 등이다. 물론 보부아르의 메모나 기억은 대략적이다. 가령, 1월 9일, 3월 22일과 26일의 텍스트들은 『르 몽드』지에 게재되지 않았다. 하지만 이 일간지를 자세히 검토해 보면, 1977년의 상반기에 사르트르가 서명한 텍스트들은 훨씬 더 많다. 실제로 사르트르는 이 신문에서 또 다른 텍스트들에 서명하고 있다. 2월 2일의 정신병원에 갇혀 있는 소련의 인권 투사를 위한 호소, 4월 3-4일의 아르헨티나 대학생의 실종 사건에 대한 비델라 장군에게의 호소, 5월 8-9일의 "독일-미국식 자본주의의 유럽에 대한 반대 시위", 5월 27일의 핵 문제에 대한 좌파 정당들의 "방향 선회"에 대한 비난, 6월 1일의 바르샤바에서의 체포에 항의하면서 파리 소재 폴란드 대사관에 보낸 편지, 6월 12-13일의 유럽의회 의원 선출을 위한 보통선거에서의 "부정선거"를 규탄하는 호소, 6월 17일의 투옥된 태국 대학생들을 위한 청원 등등…. 하지만 이런 사르트르의 활동들이 환상을 주어서는 안 된다. 사르트르는 여전히 인텔리겐치아의 전 영역을 '지배하고' 있는 것처럼 보였다. 하지만 여기에서는 동사 '지배하다dominer'에 '돌출되어 있다surplomber'라는 의미를 부여해야만 한다. 그 시기에 사르트르는 지식인의 풍경의 지평선에서 이미 꺼져 버린 화산이었다. 더군다나 사르트르라는 방파제는 빠르게 부식을 겪게 된다. 분명 사르트

8   Simone de Beauvoir, *La Cérémonie des adieux* suivi de *Entretiens avec Jean-Paul Sartre*, *op. cit.*, p.111.

르의 이미지의 이런 변질에서 제의적 살해를 고려해야 할 필요가 있다. 이런 행위는 고전적으로 새로운 지식인 세대로 하여금 선배들의 악습을 비난하면서 그 정체성과 자율성을 확인하도록 해 주며, 또는 그런 행위는 더 넓게 지식인들 전체에게 가까운 역사의 광범위한 벽을 정화시키는 것을 가능하게 한다. 이 두 경우에 그런 행위는 효율적인데, 그도 그럴 것이 거기에서 우선적으로 희생되는 자는 비중 있는 인물이기 때문이다. 그와 동시에 이런 분석의 한계 역시 잘 포착되는 것은 사실이다. 하지만 이런 생각들을 고집한다면, 그것은 지식인 사회에서 통용되는 엄격한 분석적 접근보다는 오히려 일반적으로 카페에서 얘기되는 민속학에 더 속하게 될 것이다. 왜냐하면 사르트르의 지위의 하강은 실제로 그의 죽음 이전에 상당 부분 진행되었기 때문이고, 또 그로 인해 그런 하강이 "고아의 시기"의 한복판에 다시 자리매김되어야 할 것이기 때문이다. 이미 강조한 것처럼 사르트르는 그때까지 수십 년 동안 과학적 사회주의의 다양한 형태들이 요구하는 정치 체제들에 대한 지지를 구현하고 있었다. 그런데 이미 위에서 언급한 이유들로 인해 그때는 에드가 모랭이 "신화적 밀물의 시대"라고 불렀던 시대가 시작되고 있었다. 그리고 당연히 썰물은 수십 년간 거물로 활동해 온 자들을 우선적으로 휩쓸어 버리게 된다.

"선거,
어리석은 함정!"

　사르트르는 참여의 참고점이 되는 모델로서의 일정한 모습을 보여
준 것 말고도 의회민주주의에 대해 계속되는 적개심을 드러내 보였다.
우리는 냉전 시대에 그의 그런 모습을 보았다. 하지만 그는 그 이후에
도 그런 감정을 버리지 않았다. 중부 유럽의 여러 나라가 봉착했던 상
황을 분석하면서 그는 분명히 이 제도의 개선을 바라긴 했다. 하지만
항상 마르크스-레닌주의의 완성이라는 관점에서였다. 그리고 우리는
거기에서 사르트르가 다른 지식인들과의 관계에서 저울추가 원상태로
되돌아오는 주요 이유를 볼 수 있다. 다음과 같은 사실을 상기할 필요
가 있다. 즉, 사르트르와 카뮈, 또는 사르트르와 아롱의 논쟁은 늘 생제
르맹데프레라는 성스러운 지역을 벗어나 좋든 싫든 간에 동부 유럽의
민족들의 삶에서 반향을 일으켰다는 사실이 그것이다. 만일 우리가 이
점에 대해 다음과 같이 생각한다면 잘못을 저지르는 것이 될 것이다.
즉, "1960년대에 사르트르가 프랑스 국경 밖에서 얻었던 신화적인 위

치'"[9]가 항상 긍정적이었다는 생각이 그것이다. 예컨대 1966년에 프라하를 방문한 사르트르를 보자. 카렐대학[10]의 초청을 받은 사르트르의 강연에서 ―심지어 비유적인 말로라도― 자유의 길에 대한 연설을 듣고자 하는 사람들로 계단식 강의실이 붐볐고, 또 이 대학 앞에 있는 광장에 다른 많은 체코인들이 모여 있었다. 이런 상황에서 사르트르는 사회주의적 리얼리즘…에 대한 예찬을 했다. 그 당시에 프라하에서 대학을 다녔던 일리오스 야나카키스[11]는 그 이후를 이렇게 이야기하고 있다. "그처럼 비극적인 시기에 다른 시대에서 온 것과 같은 말에 의해 따귀를 맞은 것처럼 어리둥절해진 대중들은 사르트르의 연설을 듣지 않고 그를 그의 맹목의 단상 위에 남겨 두었다." 그로부터 2년 후에 이른바 '프라하의 봄'이 왔을 때, "학생들은 『이방인』, 『전락』, 『페스트』 등을 머리맡에 놓아 두고 읽었다."[12] 그리고 이런 사정은 동부 유럽 전체에서 비슷했다는 사실을 지적해야 할 것이다. 카뮈와 사르트르의 수용은 다음과 같은 사실에 의해 압축적으로 잘 드러나고 있다. 즉, 솔제니친이 노벨 문학상 수상 연설을 하면서 카뮈를 인용한 반면, 사르트르의 소련 방문 기회에 있었던 그의 만남 요청을 솔제니친이 거부했다는 사실이 그것이다.[13]

9   Annie Cohen-Solal, *Sartre*, *op. cit.*, p.534.

10   체코의 수도인 프라하에 있는 국립종합대학교로, 1348년 설립되어 중부 유럽에서 가장 오래된 대학교이다.

11   일리오스 야나카키스(Ilios Yannakakis, 1931-2017): 이집트에서 태어난 프랑스 국적의 지식인으로, 역사가이자 정치학자이다.

12   Ilios Yannakakis, "Camus et la Tchécoslovaquie", dans *Camus et la politique*, sous la direction de Jeanyves Guérin, L'Harmattan, 1985, pp.58, 59.

13   Maurice Weyembergh, *Ibid.*, p.94.

더군다나 1968년 8월에 '프라하의 봄'이 진압되었을 때, 사르트르가 했던 비난은 다음과 같은 사실에 바탕을 둔 것이었다. 즉, 그 당시에 사람들은 "사회주의적 문명을 옹호하는 가장 권위 있는 증거"를 말살하고 있는 중이라는 사실이 그것이다. 그리고 몇 개월 후에 사르트르는 이렇게 말한다. 즉, 불발로 끝난 체코의 실험의 대가는 "엄밀히 말해 체코의 마르크스주의적 특징"이었으며, 또한 이 경험은 "다른 자유주의적 운동이나 부르주아적 개인주의"[14]와는 전혀 다르다는 사실이 그것이다. 그런데 10년 뒤에 사르트르에 의해 제시된 모델들이 계속 도덕적으로, 그리고 정치적으로 세계화하는 위대한 이데올로기들이 카탈로니 평야에서 붕괴되었을 때,[15] ―물론 그렇다고 1970년대에 10년 후에 이런 신뢰 하락이 곧 일으키게 될 내파를 예측했던 것은 아니다― 논리적으로 완전히 돋보인 것은 바로 의회민주주의였다. 하지만 사르트르는 1970년대에도 계속 의회민주주의라는 정치 체제에 대항하는 그의 공격적인 입장을 끈질기게 고수하고 있다.

우리는 1973년 1월의 「선거, 어리석은 함정!」이라는 제목의 사르트르의 유명한 글을 알고 있다. 특히 후대에 남을 만한 다음과 같은 문장

---

14   *Paesa Sera*, 24 août 1968; *Le Monde*, 3 décembre 1968(Annie Cohen-Solal, *Sartre*, *op. cit.*, p.689에서 재인용).

15   카탈로니 평야는 서기 451년 아틸라가 이끄는 훈족과 서로마제국의 장군 플라비우스 아에티우스가 지휘하는 서로마-게르만 연합군 사이에 전투가 벌어진 장소로, 현재 프랑스의 중부에 위치한 오늘날의 샬롱(Châlons) 부근에 해당한다. 이 전투의 특징은 그때까지 무적으로 알려진 훈족이 최초로 패배할 수 있다는 것을 보여 준 전투라는 점이다. 이런 점을 고려하면, 여기에서 훈족은 '마르크스주의'에, 서로마-게르만 연합군은 '의회민주주의'에 해당하며, 해방 이후 프랑스에서 위세를 떨치던 공산주의가 퇴각했다는 것을 의미하는 것으로 보인다.

과 함께 말이다. "학교나 시청에 설치된 기표소는, 개인이 속한 여러 집단에 대해 범할 수 있는 모든 배신의 상징이다. … 투표소에 들어서는 유권자들을 서로서로 잠재적인 배신자로 변화시키기 위해서는 다른 것이 필요하지 않다."[16] 물론 이 문장은 "좌파"에 대한 열광이라는 상황 속에 다시 자리매김해야 할 것이다. 이 문장을 그 나머지 텍스트에서 따로 떼어 내어서는 안 될 것이다. 하지만 이 문장이 1973년 3월의 국회의원 선거 두 달 전에 발표되었다는 사실을 잊어서는 안 될 것이다. 이 선거는 정부의 공동 프로그램이 조인된 후에 좌파 정치 세력에게는 아주 중요한 시기에 실시된 첫 번째 선거였다. 극좌파의 입장에서 보면 이런 세력이 그 당시에 정권을 차지하고 있던 세력과 전혀 다르지 않았다는 것은 사실이다. 제5공화국의 첫 10년의 폭풍우가 지나간 후에 좌파 정치는 필요한 현대화를 실현하기 위해 일종의 선박 수리용 도크에 놓여 있던 시기였다. 이 시기에 사르트르가 수로水路를 냈다는 것은 사실이다. 그 반면에 극좌파나, 또는 좌파에서 온 다른 지식인들은 그 수로를 막으려고 시도했다. 사르트르는 2월 초 선거에서 기권을 호소했다. 하지만 마르그리트 뒤라스, 모리스 클라벨, 미셸 레리스, 피에르 비달 나케 등은 국회의원 선거 며칠 전에 다음과 같은 내용의 선언을 하면서 반대 의견을 표명했다. "너무 오래전부터 이 나라를 휩쓴 마피아를 쫓아내기 위해서라면 모든 수단이 다 좋다." 그리고 그들은 모든 수단 중에는 선거 용지도 포함된다고 상기하고 있다. "설령 선거가 함정

---

16   Jean-Paul Sartre, "Elections, piège à cons", *Les Temps modernes*, n° 318, janvier 1973, p.1100(Jean-Paul Sartre, *Situations X*, Gallimard, 1976, pp.73-87에 재수록).

이라고 해도 말이다."[17] 이와 같은 언어상의 주의와 그 시기에 다수에 해당하는 정치 세력에 대해 사용된 격렬한 어조는 그때 사르트르에게 반대한다는 것이 아직은 용이치 않았다는 것을 잘 보여 준다.

하지만 거리를 두고 보면 이런 선거 상황을 넘어서서 사르트르의 글에서 충격을 주는 것은 역시 이 글이 쓰인 역사적 문맥이었다. 1973년에 서구의 민주주의는 서부 유럽에서 일종의 반도 모양을 하고 있었다. 이베리아반도, 즉 스페인의 독재와 동부 유럽의 민중민주주의와 이웃하면서 말이다. 더군다나 약화되고 위협받았던 이 의회민주주의는 사르트르와 같은 관찰자들에게는 이미 철 지난 것처럼 보였다. 지중해 주위 지역에서 독재를 경험하고 있는 민족들과 마찬가지로 민중민주주의를 영위하고 있는 민족들이 분명히 이 의회민주주의에 대한 열망을 가지고 있을 때, 또 지하 감옥의 힘든 상황에서 수많은 정적이 이 의회민주주의를 그들이 원하는 미래 사회로 만들고자 꿈꾸고 있을 때, 사르트르는 이 의회민주주의를 악마화했고, 그것에 대해 거의 과거형으로 말하고 있다. 그런 만큼 몇 년 뒤에 이런 상황에서 되돌아오는 충격은 불가피했다.

그렇기 때문에 이른바 전기적傳記的인 접근만으로는 사르트르의 지위의 빠른 하강을 분석할 수 없다. 여기에서는 그 설명의 지배적인 요소는 지식인 사회의 기상학이다. 사르트르는 이데올로기 전선의 변화의 희생양이었다. 그리고 과거 수십 년 동안 그 전선의 맨 앞에 있었던 그는 그런 반전에 특히 취약했다. 그의 장례식 때의 흥분과 거기

---

17   *Le Monde*, 3 février, 2 mars 1973.

에 참석했던 사람들의 숫자가 환상을 주어서는 안 될 것이다. 같은 시기에 그의 개인적인 명성은 그와 가까운 지인들의 밖에서는 대체적으로 이미 사라진 상태였다. 한 시대를 반영하는 지식인은 항상 두 번 죽는 법이다. 경우에 따라서는 시대의 소멸보다 앞서거나 뒤서는 육체적 죽음이 그것이다. 사르트르의 경우에는 거시사적 측면에서 보면 이 두 죽음이 동시에 일어났다. 1958년 5월 28일[18]에 이미 죽어 버린 체제[19]를 옹호하고자 "공화적"인 대규모의 시위가 있었던 것과 마찬가지로, 1980년 4월 19일에 몽파르나스 묘지까지 사르트르의 운구를 따랐던 사람들은 —비슷한 경우에 항상 그 사실을 알지 못한 채— 지식인들의 역사의 한 시대를 마감한 것이다. 게다가 사르트르에게는 두 번째 죽음의 의미는 그 뒤로 수십 년간에 걸쳐 확대된다. 그런 만큼 그는 되돌아오는 충격을 강하게 받게 된다.

1980년대 초엽에 이미 이데올로기적 교대가 끝났다고 해도 '역사'의 저울추가 서구의 민주주의 진영으로 곧바로 다시 넘어간 것은 아니었다. 그와는 거리가 멀다. 아롱은 분명한 제목을 가진 글에서 경고를 하고 있다. 「소련의 헤게모니. 1년」이 그것이다. 아롱의 눈에는 위험이 심각했다. "군사화된 이데오크라시idéocratie[20]"인 소련에 맞서기 위해 "서구

---

18   알제리전쟁으로 정치 불안이 가중되던 1958년 5월 13일, 알제리 주둔군은 프랑스령 알제리 수호와 샤를 드골 장군 복귀를 외치며 반란을 일으켜, 코르시카를 점령하고 파리를 공격하겠다고 협박한다. 이에 피에르 플리믈랭 총리를 비롯해 기 몰레 인터내셔널 프랑스지부장, 루이 자키노 소상공인과 농민의 국민 중심 총재 등은 샤를 드골 장군을 총리로 추대해 6개월간 전권을 위임해 헌법을 작성하도록 했다. 5월 28일은 이를 위해 대규모 시위가 있었던 날을 가리킨다.

19   제4공화국을 가리킨다.

20   권력과 하나의 이데올로기가 결합된 체제이다.

인들은 공동의 전략도, 단호한 의지도 가지고 있지 못하다."[21] 따라서 아롱은 그 시기에 의회민주주의를 구현하고 있는 사람처럼 보였다. 이 의회민주주의가 적어도 역사적으로 이미 시효가 끝난 체제라는 비판을 받고 있을 때 말이다. 또한 아롱은 이데올로기적으로 돋보이게 되었다고 해도 여전히 허약한 상태에 머물러 있는 이 제도의 지킴이인 것으로 보였다. 1981년 5-6월 선거에서의 좌파의 승리는 실제로 지식인들의 역사에서 분기점에 해당한다. 실제로 그 당시에 혼란과 자성의 상황을 맞이했던 것은 좌파 지식인들이었다. 그러니까 1936년에 비해 지식인들의 지형이 역전된 것이다. 선거에서 승리한 분위기와 이데올로기적인 시대의 분위기 사이에 단절이 있었던 것이다.[22] 그 결과 투쟁의 전선이 바뀌었다. 우파의 정치가 패배하기는 했지만, 우파 지식인들이 공세를 펴는 형국이었다.

---

21   *Commentaire*, n° 11, automne 1980.

22   프랑수아 미테랑 대통령으로 대표되는 좌파가 선거에서 승리한 반면, 이데올로기적인 측면에서는 미국과 영국을 위시한 우파 자유주의가 득세를 했다는 사실을 의미한다.

원로 자유주의자의
가을

아롱의 영광은 1981년에 좌파가 대통령 선거에서 거두었던 승리 이전의 일이다. 1981년 『리르*Lire*』지는 몇 개월 전에 실시된 앙케트에 그 근거를 두고 아롱을 살아 있는 지식인 중 두 번째로 영향력 있는 인물로 자리매김했다. 그때 그가 제공했던 사진은 1980년대의 10년의 전환점에서 찍은 것이다. 1981년 5월의 정권 교체[23]는 이미 시작된 변화를 역전시키기는커녕, 오히려 그것을 확실하게 하는 데 기여했다. 물론 많은 우파 지식인이 일시적으로 예상 밖의 패배에 충격을 받은 것은 사실이었다. 그 당시의 분위기에 대해 아롱이 했던 침통하고도 비관적인 분석 역시 분명히 그런 충격의 표시였다. 하지만 아롱의 경우는 정확히 그 당시에 자유주의 경향의 지식인들에 의해 이루어진 이데올로기적

---

[23]   좌파 후보였던 프랑수아 미테랑이 우파 후보였던 전 대통령 지스카르데스탱을 2차 투표에서 물리치고 대통령에 당선된 것을 가리킨다.

'레콩키스타Reconquista'[24]가 그들 진영의 정치적 패배에 의해 오랫동안 동요되지 않았다는 것을 보여 준다. 1981년에 아롱이 도미니크 볼통[25]과 장 루이 미시카[26]와 가졌던 대담은 텔레비전 방송에서 큰 반향을 일으켰으며, 책으로 출판되어서도 큰 성공을 거두었다. 『참여적 방관자』라는 제목으로 출간된 책은 아롱에게 말년에 영광을 안겨 준다. 이 영광은 그의 『회고록』 출간과 더불어 정점에 달하게 되며, 10월 17일에 그가 갑작스럽게 세상을 떠난 후에도 사후적으로 계속 이어지게 된다.

실제로 그 당시에 우파 지식인들은 벙커에서 칩거하면서 하는 정치보다는 다시 공세를 취하는 정치를 폈다. 1936년 있었던 선거에서 인민전선이 승리를 거둔 이후에 우파에서 "고용주들이 치른 마른 전투[27]"에 대해 말했던 것과 마찬가지로, 우파 인텔리겐치아의 일부는 "지식인들의 영국 전투[28]"를 치른다는 감정을 가졌었다. 우파 세력

---

24   718년부터 1492년까지, 약 7세기 반에 걸쳐 이베리아반도 북부의 로마 가톨릭 왕국들이 이베리아반도 남부의 이슬람 국가를 축출하고 이베리아반도를 회복한 일련의 과정을 말한다. 여기에서는 프랑스에서 우파가 마르크스주의에 입각한 공산주의로부터 주도권을 장악한 것을 가리킨다.

25   도미니크 볼통(Dominique Wolton, 1947-): 카메룬 출신의 프랑스 사회학자이다.

26   장 루이 미시카(Jean-Louis Missika, 1951-): 알제리 출신의 프랑스 정치인이다.

27   마른 전투(Bataille de Marne): 1차 세계대전 당시 프랑스 마른강에서 벌어진 두 차례의 전투로, 독일군의 전진을 저지하거나 독일에게 전황이 불리하게 만든 계기가 되었다. 여기에서 '고용주들이 치른 마른 전투'라는 표현은, 원래 1936년 당시에 구성된 '인민전선'이 가난한 자들을 대표하는 정당을 표명했으나, 궁극적으로는 부르주아에 속한 자들의 지지를 많이 받았다는 의미로 보인다.

28   영국 전투(Bataille d'Angleterre): 2차 세계대전 때에 독일군이 영국을 함락하기 위해 1940년 7월부터 1941년 5월까지 전개했던 공중전을 가리킨다. 이 전투에서 영국의 승리는 독일에게 결정적인 타격을 입히게 된다. 여기에서 "지식인들의 영국 전투"라는 표현은, '영국 전쟁'에서 마치 영국 공군이 독일에 대해 승리를 거둔 것처럼, 1981년 이후에 우파 지식인들이 좌파 지식인들에게 승리를 거두었다는 사실을 의미

의 보병은 대평원 전투에서는 패배했으나, 그 이후에는 공중전 ―물론 관념의 전투에서이다― 이 펼쳐졌던 것이다. 이런 상황에서 우리는 아롱의 영광을 더 잘 이해하게 된다. 실제로 그의 지식인 무대 앞으로의 이동은 두 시기의 합류 지점에 위치한다. 무거운 이데올로기적 성향이 지속된 긴 시간에 이어 1970년대 후반기부터 시작된 좌파 지식인들의 위기 현상과 그로부터 야기된 무게중심의 이동은 아롱의 위치를 더 강화시켜 줄 수밖에 없었다. 또한 이런 현상들은 그 당시에 이미 막을 내린 시대의 거물로 여겨졌던 사르트르에 대한 재평가를 낳을 수밖에 없었다. 여기에는 두 사람 사이의 ―또는 더 정확히 말하자면, 그들 각자가 구현했던 인물상과 그들이 각자 연기했고 또 집필했던 작품들의 목록 사이의― 교차, 지식인들의 "영광의 30년"의 종말이 반영되어 있다. 이렇듯 지식인들의 역사의 한 장이 막을 내리게 되었고, "사르트르의 시대"는 그의 죽음 이전에 이미 종말을 고하고 있는 중이었다. 이 점에 대해 한때 유행했던 다음과 같은 분석 ―"아롱과 함께 옳은 얘기를 하는 것보다 사르트르와 함께 틀린 얘기를 하는 것이 더 낫다"― 은 벌써 그 변화를 확인하고 있었다. 이미 사르트르를 축출하는 일종의 구마식 驅魔式 같은 것이 있었다.

하지만 아롱의 무대 앞으로의 이동은 또한 단기간의 정치적 정세로부터 영향을 받았다. 때는 1981년 이후이다. 우파 지식인들의 역공은 그 당시에 많은 논거에서 자양분을 얻었다. "반전체주의적" 투쟁이 모든 전선에서 지식인들의 성찰의 주된 주제가 되었을 때, 내각에 공산주

하는 것으로 보인다.

의 계열 장관 4명이 포진되었다는 구실로 우파 지식인들은 투쟁을 위해 무장을 할 수 있게 되었다. 특히 사회주의자들이 곧바로 직면한 경제 문제는 ―미국의 레이건 정부의 경제 운용이 자유주의적 사상에서 자양분을 얻고, 또 그것을 활성화시킨 시기였다― 자유주의 경제에 대한 확실한 매력을 가져다주었다. 이와 같은 반전체주의적 성찰과 자유주의에 대한 성찰이라는 두 가지 측면에서 아롱은 수십 년간 계속된 이데올로기적 투쟁의 결실을 수확하게 된 것이다. 그런데 이와 같이 확인된 주도권은 '피로스의 승리'[29]에 불과할 위험성이 있다. 실제로 같은 시기에 자유주의적 우파는 다음과 같은 두 가지 문제에 봉착해 있었다. 과격 우파들의 득세와 이데올로기적으로 극우파와의 경쟁이 그것이다. 아롱은 죽음으로 인해 그 당시에 원조 자유주의 사상가인 그 자신을 겨냥했던 도전을 그저 스치기만 했을 뿐이다.

자유주의 과격파들의 경우에, 그들의 실질적인 등장 ―레이건과 대처의 모델이 갖는 프레그넌시pregnance[30]― 은 아롱이 죽은 이후의 현상이다. 왜냐하면 그 출현이 1986년과 1988년 사이에 위치해 있기 때문이다. 프랑스의 자유주의 사상에서 ―분명한― 역설은 다음과 같은 것이다. 즉, 자유주의 과격파들과 자유주의 사상가들과의 충돌은 1981년과 1986년 사이에 야당에서의 자성의 시기에 의해 이루어졌다기보다

---

29   피로스의 승리(victoire à la Pyrrhus): 피로스(그리스어로는 Pyrros, 기원전 319-기원전 272)는 그리스의 장군으로, 로마의 침공에 맞서 여러 차례 승리했으나, 그만큼 손실도 많이 입어 '피로스의 승리'라는 고사를 남겼다. 여기서는 아롱으로 대표되는 자유주의 성향의 이데올로기가 1981년 이후에 프랑스를 장악했으나, 그로 인해 극우파의 등장을 가능케 했다는 것을 의미한다.

30   지각, 기억에 대한 강한 호소력을 의미한다.

는, 오히려 그 충돌이 1986-1988년 사이의 자크 시라크 정부 시절에 이데올로기의 재탈환의 필요성에 의해 달궈진 이론과 권력의 실천 사이의 대립에 의해 이루어졌다는 것이 그것이다. 이런 대립은 항상 하나의 "이데올로기적 체계"에서는 미묘하다. 왜냐하면, 주지의 사실이지만, 이런 대립을 통해 반드시 이론화를 따르지 않은 사실들과의 충돌이 일어나기 때문이다. 이와 같은 현실과의 충돌은 종종 너무 딱딱한 이론적 체계에 대해서는 치명적일 수 있다. 자유주의 사상도 이런 역효과에서 벗어나지 않았다. 하지만 아롱은 그 당시에 그 지점에 있지 않았고, 그런 충돌이 이런저런 의미에서 '크로노클라슴'[31]에 속하는 사건들에 대해 영향을 주는 방식에 대해서는 질문을 할 수가 없었다. 즉, 과거에서 하나의 요소를 빼거나 ─또는 더하는─ 공상과학소설의 방식에 대해서 말이다. 그리고 장차 '역사'의 흐름이 어떻게 변화할지에 대해서도 질문을 할 수가 없었다.

극단적인 우파 지식인들의 문제는 더 중요했다. 왜냐하면 아롱은 항상 그들의 득세의 순간에 살아 있었기 때문이다. 1970년대 말엽의 이데올로기적 동요는 실제로 다시 힘을 낸 자유주의 우파의 잠재적 상승을 가능케 해 주었을 뿐만 아니라, 또한 그때까지 변두리에 머물렀던 "새로운 우파", 즉 극우파 지식인의 등장을 가능케 했다. 10여 년 동안 거의 지하에 머물렀던 이 극우파 지식인들은 1979년부터 이데올로기적 토론의 기회를 잡는 데 성공했으며, 또 광범위한 전파를 위해 다양한 채널을 발견하는 데 성공했다. 예컨대 『르 피가로』의 일부 지면이 그것

---

31   크로노클라슴(chronoclasme): '시간 파괴'의 의미이며, 공상과학소설에서는 시간 여행에 의한 역사의 흐름에 대한 간섭 현상을 의미한다.

이다. 그렇다면 자유주의 우파는 어떻게 프랑스의 정치 환경 속에서 이런 운석隕石의 출현에 대응했는가? 물론 이 두 우파의 지식인들은 새로운 좌파의 정치권력에 대해 공통의 적대감을 가지고 있었다. 하지만 그런 적대감이 단단한 지반을 형성하는 것은 아니었다. 이 점에 대해 다음과 같은 사건은 의미심장하다.

유럽 문화 탐구 및 연구 모임Groupe de recherche et d'études de la civilisation européenne(GRECE) ―"새로운 우파"의 모태이다― 은 1981년 11월 29일에 연례 정기 컬로퀴엄을 개최할 예정이었다. 이 컬로퀴엄 주최자들의 눈에 좌파의 승리는 정치적 승리의 선행 조건으로 이데올로기 영역을 반드시 정복해야 한다는 사실에 대한 그들의 이론을 확인시켜 주었다. 이런 사실을 감안해서 그다음 주에 "새로운 우파"의 주요 싱크 탱크인 알랭 드 브누아[32]가 "사회주의에 대한 대안"의 탐구라는 주제로 이 컬로퀴엄에 참석해 발표를 할 예정이었다. 그 기회에 그는 "사회주의에 복종하지 않는 프랑스인들에게 참혹할 정도로 부족한 지적, 또는 도덕적 무기들을 제공해 준다"는 목표를 내걸었다. 하지만 알랭 드 브누아의 참석이 예고되자 아롱은 즉각 불참을 선언했다. 또 다른 자유주의 성향의 지식인들 ―플로랭 아프탈리옹,[33] 미셸 프리장,[34] 프랑수아 부리코,[35] 피에르 쇼뉘[36] 등― 도 역시 참석하지 않겠다고 통보했다. 이런 사실을

---

[32] 알랭 드 브누아(Alain de Benoist, 1943-): 프랑스의 철학자이자 저널리스트로, 극우파의 일원으로 분류된다.

[33] 플로랭 아프탈리옹(Florin Aftalion, 1937-): 프랑스의 경제학자이다.

[34] 미셸 프리장(Michel Prigent, 1950-2011): 프랑스의 교육자이자 PUF의 경영자였다.

[35] 프랑수아 부리코(François Bourricaud, 1922-1991): 프랑스의 사회학자이다.

[36] 피에르 쇼뉘(Pierre Chaunu, 1923-2009): 프랑스의 역사학자이다.

알게 된 알랭 드 브누아는 "지적 테러리즘"을 비난하면서 결국 참석하지 않게 되었고, 그 반면에 방금 지적한 지식인들은 최종적으로 참석하게 되었다.

그런데 극우파의 문제는 그 당시에 영향력이 정점에 달했던 자유주의 계열의 지식인들에게는 이어지는 몇 해 동안 아주 중요했다. 왜냐하면 비록 극우파 지식인들이 빠르게 퇴조했지만, 1983년에 극우파는 잠재적으로 상승일로에 있었기 때문이었다. 1983년 9월에 있었던 드뢰[37] 시의 시의회 보궐선거는 그 당시의 분위기를 잘 보여 준다. 그런데 아롱은 정확히 죽기 한 달 전에 『렉스프레스』지에 실린 그의 마지막 글 중 한 편을 이 선거에 할애했다. 「조르주 당댕Georges Dandin」[38]이라는 제목의 이 글은 9월 16일에 게재되었는데, 많은 사람이 이 글을 읽고 놀랐다. 며칠 전에 시장 선거의 2차 투표에서 국민전선[39]의 대표를 포함한 야당의 공동 후보 리스트가 55.44%의 득표율로 승리했다. 아롱은 그의 글에서 의회주의 우파와 장마리 르펜의 정당 후보들의 연합을 비난한 자들을 공격하고 있다. 분명히 이런 아롱의 행동은 당혹스러운 것이었다. 그런 행동은 결코 가볍게 이루어질 수 없기 때문에 그 의미를 따져

---

37   드뢰(Dreux): 프랑스 중북부 상트르발드루아르(Centre-Val de Loire) 지역에 위치한 소도시의 이름이다.

38   프랑스 고전주의 극작가 몰리에르의 『조르주 당댕, 또는 절절매는 남편(*Georges Dandin ou le mari confondu*)』에 등장하는 주인공 이름이다. 당댕은 귀족 가문 출신 부인의 부정을 입증하려는 정당한 시도에서 실패를 거듭하는 신흥 귀족의 불행한 운명을 희화화하고 있다. 아롱이 이 글에서 의도했던 바는 선거에서 좌파에게 승리를 거두기 위해 노력하는 우파 세력의 좌충우돌을 의미하는 것으로 보인다.

39   국민전선(Front national): 1972년에 창당된 프랑스의 극우파 정당으로, 2018년까지 '국민전선'으로 불리다가 그 이후로 현재까지 '국민연합(Rassemblement national)'으로 개칭되었다.

보아야 한다.

드뢰의 선거 운동 기간 내내 좌파는 반인종차별주의를 주요 쟁점으로 내세웠으며, "반파시즘"의 문제를 활성화시켰다.[40] 아마도 그런 상황에서 『렉스프레스』지의 논설위원이었던 아롱의 발언은 다시 그의 사상과 성격을 보여 주는 두 가지 상호 보완적인 방법으로 해석될 수 있을 것이다. 여기에서 사상은 자유의 옹호를 지지하는 자유주의자의 사상을 가리킨다. 그리고 아롱이 보기에는 과거 몇 해 동안에 있었던 자유주의 우파로의 저울추의 복귀는 이런 옹호의 특징을 가장 잘 보여 준다. 좌파의 마르크스주의라는 세계적인 규모의 이데올로기가 붕괴된 후에 말이다. 관점을 달리해서 보면 아롱의 글에 드러나 있는 신경질적인 반응은 다음과 같은 사실에 의해 설명될 수 있다. 즉, 자유주의 성향의 우파가 자칫 '자유의 옹호'라는 주제를 빼앗길 위험성을 의식하고서 아롱이 분개했다는 사실이 그것이다. 그런데 이 자유의 옹호라는 주제는 적어도 아롱에게는 좌파의 독점물이 아니라 좌우파의 공동 소유물이었다. 그런 만큼 아롱에게서 중요한 것은 그 자신의 생각을 바꾸려고 하는 시도가 아니라 오히려 좌파 지식인들과의 투쟁에서 다시 전선을 가다듬는 것이었다고 할 수 있다.

이 점에 대해 다음과 같은 반론을 제기할 수도 있을 것이다. 즉, 국민전선과의 명백한 연합을 피하고자 하는 것과 정반대되는 태도는 자유주의 우파 세력으로 하여금 자유의 옹호라는 주제의 탈취에 대항하게끔 미리 대비시킨 것이라는 반론이 그것이다. 바로 거기에서 아롱이 보

---

40   Cf. Jean-François Sirinelli, *Intellectuels et passions françaises, op. cit.*, pp.310-317.

여 준 신경질적인 반응을 설명하기 위해 또 다른 요소를 고려해야만 할 것이다. 그것이 바로 일관성, 고집, 또는 아집 중 하나이다. 앞에서 보 았듯이 이미 아롱은 1934년에 지식인들의 반파시스트 경계 위원회에 가담하지 않았었다. 왜냐하면 그는 그 당시에 프랑스 내부에서 파시스 트적 위험이 현실이라기보다는 오히려 하나의 슬로건에 불과하다고 생 각했기 때문이었다. 그와 마찬가지로 그로부터 반세기 뒤에 「조르주 당 댕」이라는 제목의 글에서 볼 수 있는 메마른 어조는 아마도 그 자신이 정치적이고 동시에 미디어적인 단순한 증폭 현상으로 여기는 그런 현 상 앞에서 그가 내보인 역정에 의해 설명된다. 그 시기에 ─좀 더 정확 히 말하자면 9월 9일 금요일의 '유럽1' 라디오 방송에서─ 이브 몽탕[41] 이 다른 스타일로 표명했던 내용과 같은 것이다. "그러니 과장하지 말 자. 소란을 피우고, 약간 먼지를 일으키는 흥분한 10여 명의 멍청이들 이 있기 때문에 호들갑을 떨고 있는 것이 아니다. 주의하자, 주의하자. 당신들은 곧 휩쓸리게 될 것이다. 주의하자. 히틀러가 행진한다 등등. 이것은 모두 우리의 약점을 감추기 위함이다." 앞에서 지적한 것처럼 이와 같은 성질의 특징을 '고집'이라고 부를 수 있을 것이다. 또는 그 반 대로 항상성이나 일관성에 대한 고려라고 부를 수도 있을 것이다. 어쨌 든 이런 특징에 의해 아롱의 생의 마지막에서 두 번째의 공식적인 입장 표명이 설명되고, 또 그런 특징이 뜬금없는 것으로 보였던 그의 행동을 밝히는 데 도움이 된다는 것은 사실이다. 이것은 마치 그가 죽는 날에 취했던, 당혹스럽게 보였던 그의 마지막 입장 표명을 더 잘 이해하는

---

41   이브 몽탕(Yves Montand, 1921-1991): 이탈리아 출신의 프랑스 가수이자 배우로, 1986년 에 대통령 후보를 꿈꾸기도 했다.

데 도움이 되는 것과 마찬가지이다.

실제로 1983년 10월 17일에 아롱은 파리 법정에서 나오다가 갑작스럽게 심장마비로 쓰러져 일어나지 못하게 된다. 그런데 과거에 런던에서 레지스탕스 운동을 했던 아롱은 그때 베르트랑 드 주브넬을 위한 증언을 하고 나오던 참이었다. 이 재판에서는 주브넬과 이스라엘 사학자 지브 스테른헬 사이의 분쟁이 쟁점이 되었다. 점령 기간 동안에 주브넬이 보였던 복잡한 태도와 그로 인해 비판을 받은 사실을 고려하게 되면, 아롱은 이 재판에서 한 번 더 어울리지 않는 역할을 맡은 것으로 보였다. 하지만 점령 기간의 문제 외에도 이 재판에서 쟁점이 되었던 것은 양차 대전 사이의 프랑스에서의 파시즘의 성격과 폭의 문제였다. 그런데 앞에서 보았듯이 아롱은 1930년대부터 프랑스 내부의 파시즘의 위험이 지나치게 과대평가되었다고 생각하고 있었다. 그로부터 50년 후에 그는 의견을 바꾸지 않았으며, 그것을 널리 알리고 싶어 했다. 그 자신의 이미지가 손상될 수 있는 위험성이나 오해라는 대가를 치를 가능성이 있음에도 불구하고 말이다.

20세기에 지식인들은 없었던가?

1946년 11월, 사르트르는 소르본에서 했던 한 강연에서 이렇게 선언하고 있다. "작가인 우리가 피해야 하는 것은, 우리의 책임이 죄의식으로 바뀌는 것입니다. 50년 후에 이렇게 말하는 경우에 말입니다. 즉, 그들은 세계적으로 가장 큰 재앙이 도래하는 것을 목격했지만, 그들은 침묵을 지켰다고 말입니다."[1] 그로부터 반세기가 흘렀다. 사르트르와 아롱은 2차 세계대전에 이어지는 수십 년 동안 침묵을 지키지 않았다. 사르트르와 아롱은 그동안에 참여의 기능을 수행하는 것을 피하지 않았다. 비록 각자가 이 단어에 같은 의미를 부여하지는 않았지만 말이다. 그리고 두 사람 중 누구도 다음과 같은 사실을 부인할 생각을 하지 않았다. 즉, 참여…가 '역사' 앞에서와 마찬가지로 시민들 앞에서 지식인들에게 책임을 부과했다는 생각이 그것이다. 따라서 여기에서 죄의식

---

[1]   *Les Conférences de l'Unesco*, Fontaine, 1947, pp.57-73.

에 대한 분석을 할 필요는 없다. 왜냐하면 이미 지적한 대로 역사가는 소송 서류를 유리하게도 불리하게도 검토하지 않기 때문이다.

만일 역사가가 법관의 옷을 입었다면 그와 같은 역할의 혼동은 해로울 것이다. 왜냐하면 이 책의 앞 장들에서 볼 수 있었던 첫 번째 교훈은, 사르트르가 수십 년간 세속적인 삶에서 지식인들의 개입을 대표하는 일정한 형태를 구현했고, 또 그가 그런 유형의 개입에 대한 문제 제기를 겪은 1980년대 초입에 죽었기 때문이다. 그 이후로 여러 해 동안 지식인들의 세계는 황무지는 아니라고 해도 적어도 휴경지가 되어 버렸다. 이 세계는 과거에 너무 "지력을 소진한" 후에 조금씩 지력을 회복했다. 그리고 수십 년간 이 세계를 위해 가장 부지런히 활동했던 이 중 한 명인 사르트르는 사후적으로이긴 하지만 문제 제기의 한복판에 서 있을 수밖에 없었다. 모든 종류의 청원 서명의 챔피언이었던 사르트르는 그 당시에 많은 지식인의 개입과 '사실상' 동일시되었다. 하지만 그가 희생양이 된 재평가는 단지 '사르트르'라는 상징만을 강타한 것이 아니었다. 1980년대에 점차 부식된 것은 그에 대한 인간적인 신뢰였다.

왜냐하면 '역사'의 바람은 본질적으로 회오리바람이기 때문이다. 그런데 사르트르가 했던 대부분의 예견은 역사적 변화에 의해 부정되었다. 1964년에 예고되었던 소련에 의한 서구 따라잡기, 제3세계에 부여했던 혁명의 불씨라는 역할에 대한 주장, 서구 민주주의의 정치적 발전의 효소가 되어야 한다는 유럽의 극좌파에게 맡겨진 임무 등등. 물론 사르트르의 참여 하나하나를 그 시대의 상황 속에 다시 자리매김해야 할 필요가 있다. 그리고 다른 많은 지식인의 참여를 사르트르만의 책임으로 돌려도 안 된다. 사르트르의 적대자들이었던 자들이 과거에 당한 치욕을 씻기 위해 그를 '불사르는 것'은 마녀사냥일 것이다. 이것은 역사적 탐구와는 아무런 상관이 없다. 그렇다고 해서 연구자들의 조심성과 부화뇌동하지 않으려는 노력으로 인해 사르트르를 '역사'의… 판단 위에 올려놓아서도 안 될 것이다. 이 영역에서 자가 사면을 선포할 수 있는 지식인들의 의회는 존재하지 않는다. 이것은 다음과 같은 아주 단순한 이유 때문이다. 참여 지식인의 책임에 대한 토의를 넘어서 그의 정체성이 어떻든 간에, 그가 결코 피할 수 없는 하나의 대질이 존재한다는 이유가 그것이다. 그가 그의 참여를 통해 껴안고자 했던 '역사'와의 대질이 그것이다. 이 점과 관련해서 동부 유럽에서 전체주의적 체제가 만개하고 있었을 때, 자유민주주의에 반대하는 사르트르의 말과 글들은 숙성되는 데 많은 어려움을 겪었다.

"'역사'의 종말"[2]이 없다면, 20세기는 이의의 여지 없이 몇 년 전부터[3] 새로운 국면으로 접어들었다. 자유민주주의가 다시 '역사'의 미래로 나타나고 있는 새로운 국면으로 말이다. 물론 그런 미래가 뚜렷하게 드러난 것은 아니다. 그러나 여러 사회의 정신적 기대 지평에서 자유민주주의를 넘어서는 것은 더 이상 존재하지 않는다. 좌파는 이 자유민주주의를 완수해야 할 것이고, 우파는 그것을 지키기 위해 싸워야 할 것이다. 물론 이것은 이 자유민주주의가 기대 지평 그 자체가 되었다는 것을 의미하지 않는다. 다시 말해 미래는 아직 뚜렷하게 떠오르지 않았고, '역사'의 운동은 아직 정치공학의 제1원리로 인정되지 않았다.

---

2   Francis Fukuyama, "La fin de l'Histoire?", *Commentaire*, n° 47, automne 1989.
3   이 책이 출간된 것이 1995년이기 때문에. 여기에서 "몇 년 전부터"는 1990년대 말에 해당한다.

그런데 사르트르의 편에서 보면 '역사'의 운동에 의한 일종의 중층 결정의 움직임이 있었다. 그의 삶의 어느 한 시점에서 '역사'가 그를 따라잡았으며, 그때부터 그는 '역사'와 하나가 될 수 있었다. 그리고 '역사'는 그 나름의 의미와 법칙들을 가지고 있기 때문에, 사르트르는 그것을 용이하게 하고 또 그 흐름을 가속화시켜야 했다. '역사'는 20세기 후반의 우상 중 하나가 되었고, 사르트르는 그 성무일과를 집행하는 성직자 중한 명이 되었다. 이것이 바로 사르트르를 아롱과 대척점에 놓이게 했던 것이다. 이 점에 대해서는 상세한 논의가 필요하다. 게다가 두 사람은 거리를 두고, 다시 말해 글을 통해 서로 토론할 수 있는 많은 기회를 가졌었다. 하지만 그들이 이처럼 충돌했던 뛰어난 글들과 아주 밀도 있는 개론들을 넘어서서 이데올로기적 총격전이 한창이던 시기에 집필된 상황을 잘 반영한 텍스트들보다 더 의미심장한 것은 아무것도 없다. 여기에서는 그런 텍스트 중에서 몇 단어 속에 모든 것이 이야기되고 있는 하나의 텍스트에 주목해 보고자 한다. 이 텍스트는 냉전이 한창이던 때에 『정신의 자유』지에 게재된… 「역사의 미신」[4]이라는 제목의 글이다. 이 글에서 아롱은 이렇게 쓰고 있다. "우리는 재앙의 시대에 살고 있다. 지금 위기는 다양하고, 깊고, 복잡하며, 따라서 현재 진행 중에 있는 역사에 대한 진정한 인식은 겸손함이라는 교훈에만 도달할 수 있을 뿐이다. 역사 전체의 의미를 확정하거나, 또는 역사의 모험의 종말을 결정 짓는다고 주장하기 위해서는 많은 무지無知와 많은 가정이 필요하다."

게다가 '역사'와 맺는 이런 다양한 관계는 또한 더 프랑스 내부적인

---

4   Raymond Aron, "Superstition de l'histoire", *Liberté de l'esprit*, 38, 1953, p.35.

또 하나의 문제에 답을 시도하는 것을 가능케 해 준다. 우리는 사르트르와 아롱을 큰 결점을 안고 있는 프랑스 좌파와 우파의 정치 지형도 위에 쉽게 그려 넣을 수 있는가? 우리는 라뮈[5]의 다음 문장을 알고 있다. "우파는 자연에 속하고, 좌파는 인간에 속한다." 이 문장은 종종 인용된다. 한편에서는 사물들의 질서에 대한 일종의 복종을 소개하고, 또 다른 한편에서는 이 질서를 변경하고자 하는 인간의 능력에 대한 내기와 그런 시도가 구성하는 도덕적 정언명령에 대한 내기를 소개하는 이 항 대립적 생각을 지지하기 위해서이다. 우리는 첫 번째 단계에서 이루어진 이런 분석이 가질 수 있는 어림셈과 평범하게 논쟁적인 면을 가늠해 볼 수 있다. 이런 분석은 우파의 내재적인 비관주의와 좌파의 태생적인 낙관주의를 가정한다. '역사'에 대해 누구나 다 알 수 있는 사실, 즉 좌파와 우파의 개별적인 특징에 대한 관찰은[6] 어쨌든 설득력 있는 방식으로 이루어지지 않는다. 예컨대 아롱 자신은 비관주의적 좌파도 존재한다는 사실, 이를테면 철학자 알랭에 의해 구현된 비관주의적 좌파도 존재한다는 사실을 지적한 바 있다.[7]

그렇지만 더 깊이 탐사를 해 보면 이데올로기적 지평선과 마찬가지로 감수성의 차원에서도 더 분명하게 볼 수 있게끔 해 주는 통로를 완전히 제거하는 것은 잘못일 수 있다. 이데올로기적 지평선의 차원에서는 분명히 우파 쪽에 변화의 거부 위에 근거를 두고 있는 여러 분석

---

5   샤를 페르디낭 라뮈(Charles Ferdinand Ramuz, 1878-1947): 스위스의 작가이자 시인이다.

6   필자는 이미 『프랑스 우파의 역사(*Histoire des droites en France*)』(*op. cit.*, t. III, pp.867 이하)에서 제시한 분석 틀의 몇몇 요소들을 다시 이용했다.

7   Raymond Aron, *Mémoires*, *op. cit.*, p.320.

과 여러 사유가 존재한다. 앨버트 O. 허시만[8]은 "반동적 수사학"에 대한 분석에서 다음과 같은 주장을 하고 있다. "도착적 효과"[9]라는 주장, —개선을 위한 모든 시도는 개선하길 원하는 상황을 악화시키는 하나의 요인이다— 또 "쓸데없음", —어쨌든 그런 모든 시도는 헛된 것이다— 그리고 "위태롭게 하기" —개혁을 위한 추정 비용이 너무 막대해서 이미 획득된 것을 위험에 빠뜨릴 수 있다 — 등의 주장이 그것이다. 아롱의 경우에는 다음 사실을 지적해야 한다. 즉, 아롱은 보수적이거나 반동적인 위대한 사고 체계의 논조를 고려한다고 여겨지는 이 세 가지 주장 중에서 그 어느 것 안에도 쉽게 갇히지 않는다는 사실이 그것이다. 한편으로 아롱의 사색은 도착적 효과들에 대한 경계警戒에 종종 호소하고 있다. 하지만 아롱에게서 '역사'의 변화에 대해 영향을 주려고 시도하는 것이 반드시 도착적인 결과만을 낳은 것은 아니다. 예컨대 앞에서 본 것처럼 알제리전쟁에 대한 입장 표명의 순간에 그렇다. 다른 한편으로 그런 시도에 대한 어려움이라는 감정이 그에게서 반드시 행동의 무용함으로 이어지는 것만은 아니다. 그와는 정반대이다. 마지막으로 사회들의 복잡성과 허약함을 앞세우는 것은 아롱을 다음과 같은 강박관념적인 우려로 유도하지 않는다. 즉, 행동은 자동적으로 일시적인 균형의 붕괴를 야기할지도 모른다는 우려가 그것이다.

그렇지만 변화에 대한 걱정과 거부가 단지 사유 체계와 이데올로기

---

8   앨버트 오토 허시만(Albert Otto Hirschman, 1915-2012): 독일에서 출생하고 미국으로 귀화한 사회경제학자로, 경제학, 사회학, 정치학 등의 학제간 연구로 유명하다.

9   Albert Otto Hirschman, *Deux siècles de rhétorique réactionnaire*, trad., fr., Fayard, 1991.

형성의 자양분이 되는 것만은 아니다. 왜냐하면 그런 체계와 형성에서 쟁점이 되는 것은 세계와의 관계와 그 관계의 앞으로의 변화일 뿐만 아니라, 또한 그로 인해 암암리에 읽히는 것은 바로 '역사'에 대한 생각이기도 하기 때문이다. 그리고 이런 생각은 또한 더 광범위하게 정치 문화와 정치적 감수성에 영향을 준다. 이데올로기의 형성은 이런 정치 문화와 정치적 감수성의 하나의 구성 요소일 뿐이다. 어떤 경우에는 과거와 이 과거가 구현하고 있는 획득물의 옹호를 앞세우고, 또 다른 경우에는 미래와 이 미래가 품고 있는 잠재성들을 고려하게 된다. 그렇게 되면 '역사'와의 관계와, 원했든 아니면 우려했든 간에, '역사'의 흐름 앞에서 장차 이루어질 행동과의 관계는, 좌파와 우파에서 각기 다를 뿐만 아니라, 또한 정치 문화와 정치적 감수성은 바로 이런 관계를 통해 자양분을 얻게 된다. 이와 같은 분석의 관점에서 보면, 사르트르는 좌파와 동일선상에 있는 것처럼 보인다. 그의 전쟁의 말馬들은 미래를 향하고 있으며, 또 모두 '역사'의 의미의 완성을 겨냥하고 있다. 게다가 사르트르는 단 하나의 역사적 비전 안에 좌파들의 다양한 비전에서 실제로 계속 이어졌던 집단적 실체들을 포함시킨다. 전제정에 맞선 싸움에서의 민중, 미래의 사회적 혁명의 효모인 프롤레타리아트, 그리고 전 세계적인 차원으로 확대된 정치, 사회경제적 투쟁의 담지자인 제3세계 등등. 따라서 사르트르는 그만의 방식으로 프랑스의 정치적 삶의 "비관주의sinitrisme"의 곡선을 따르고 있다. 하지만 그 곡선을 매번 직선으로 바꾸면서 말이다. 물론 19세기의 대전투에 이어 '민중'은 공화국 안에서 완성되었다. 하지만 공화국은 "사회주의적"이 되기를 거부했기 때문에, 부르주아적 일탈에 대한 비난으로 빠르게 더럽혀졌다. 그사이에 '프롤레타리아트'가 좌파의 투쟁에서 활약한 수호신들의 전당에서 '민중'을 대체하게 되었다. 사회주의는 사회주의적 민주주의의 자극제라는 역사적 역할에 의해, 그리고 권력으로의 이동에 의해 사회 정복의 진정하고도 심오한 병기였었다. 하지만 사회주의는 배신이라는 비난을 받게 된다. 그리고 1956년의 사회주의 정부에 의한 알제리전쟁의 강화는 그때까지 해 왔던 나머지 행동을 혼란스럽게 만들어 버렸다. 예컨대 3주의 유급휴가 제도의 도입이 그것이다. 게다가 이런 정체성의 충격은 제3세계의 신장을 가져오게 된다. 그런데 이 제3세계의 해방 투쟁은 그때 '역사'의 원동력처럼 보였고, 또 미래의 혁명의 효모인 것처럼 보였다.

만일 사르트르가 이와 같은 정치적 감수성과 정치 문화의 영역에서 완전히 좌파적인 감수성의 스펙트럼 ―그가 가속도를 붙여 거쳐 왔고 또 그의 방식대로 동화시킨― 에 포함된다면, 아롱은 우파 쪽으로 내쳐져야만 할까? 이 점에 대해서도 이데올로기적 지평선에서와 마찬가지로 대답은 복잡하다. 우파와 과거의 관계에서 우선 어원적으로 반동적인 사유 체계, 무너진 과거와 상실한 세계를 향한 일종의 영원회귀의 열망이라는 모습이 있다. 다른 모습의 경우, 즉 반동에서 보수로 넘어가는 경우도 있다. 그때는 과거 시간으로의 회귀보다는 오히려 지나가는 시간을 붙잡으려는 열망이 더 중요한 과제가 된다. '역사'를 붙들거나, 아니면 최소한 불길하거나 위험하다고 판단된 변화에 제동을 걸어야만 한다. 따라서 얼핏 보면 아롱은 '역사'의 너무 강한 흐름과 소용돌이를 경계하고자 하는 그 자신의 의지에 의해 그런 범주로 들어간 것으로 보인다. 하지만 더 자세히 보면 사태가 꼭 그와 같지는 않다. 우리는 기조[10]의 다음과 같은 지적을 알고 있다. "사회는 그 자체를 믿기 위해 어제 태어나지 않을 필요가 있다." 실제로 우파들은 역사적으로 깊이 뿌리내리고 있으며, 어제보다 과거인 그제가 그들에게 부식토로 이용되어야만 한다. 그런데 아롱은 결코 그런 계속성의 시각 속에 자리 잡지 않았다. 우파에서는 그런 계속성이 땅과 조상에 의해 좌파 ―좌파에서는 당연히 종종 역사적 비전을 단절과 파괴 위에 기초 세운다― 에 비해 우선한다. 아롱이 우파의 감수성의 노선에 자리 잡는 것은 오히려이와 같은 단절이나 파괴 ―비록 그런 것들에 반대하기 위함이기는 하지만 말이다― 와의 관련 속에서이다. 아마도 바로 거기에 참여 지식인아롱을 이해하는 열쇠 중 하나가 놓여 있다. 그는 반대하면서 스스로를정립한다. 그는 우파의 정치 문화에의 가입보다는 오히려 좌파의 지배적인 위대한 체계 ―이 체계의 세계화하는 차원과 그것의 메시아적인열망 때문에― 에 대한 거부의 용어로 스스로를 규정한다.

그때부터 이런 사고 체계의 보급자이자 상징이 된 사르트르와 아롱사이의 갈등은 불가피하게 된다. 우리는 쥘리앵 그라크가 로마에 대해한 멋있는 표현을 알고 있다. 그에게는 로마가 "폐허의 재사용"[11]에 특별한 재능을 가진 도시였다. 전후의 몇십 년 동안에 사르트르는 일부극좌파의 계속되는 참여에 적합한 논지를 제공하기 위해 노력했다. 그런데 그는 이런 참여를 하면서 매번 이데올로기적으로 폐허가 된 것으로 여겨진 장소들을 포기했다. 예컨대 2차 세계대전 후에 사회민주주의의 거부, 1956년부터 소련 모델에 대한 비난, 제3세계주의자들의 노

---

10 프랑수아 기조(François Guizot, 1787-1874): 프랑스의 역사가, 정치인으로, 프랑스대혁명에 의해 전복되기 전의 왕정, 군주정에서 외무부 장관, 교육부 장관 등을 역임했다.

11 Julien Gracq, *Autour des sept collines*, José Corti, 1988, p.57.

선에 대한 점차적인 실망, 점차 모래밭으로 사라지는 서부 유럽의 좌파주의 등등. 그리고 각각의 새로운 이데올로기적 건물은 이전의 것과 단절하면서 마르크스-레닌주의가 배어든 골조를 보존하고 있었다. 따라서 이와 같은 연속되는 건물의 개축이라는 면에서 보면 사르트르는 비올레르뒤크[12]이다.

그때부터는 사르트르와 아롱의 대립을 이해하기 위해 다음과 같은 환원적인 이항 대립에 호소할 필요가 없다. 이성과 정열, 냉정함과 분노, 얼음과 불, 꿈의 세계와 현실 세계 등이 그것이다. 이런 클리셰들이 진실의 일부를 드러내지 않아서가 아니다. 또한 저주하는 사람과 정확한 분석가를 대립시킬 필요도 없고, 사르트르를 일종의 도벽 환자, 즉 아롱이 거부한 모든 진보적 이데올로기들에 차례차례로 붙잡힌 사람으로 만들 필요도 없다. 그 점에 있어서도 모든 것은 허위이다. 하지만 보다 더 심층적으로 '역사'에 대한 다른 관계가 있다. 이 관계는 근본적으로 현실과 맺은 아주 다른 관계를 가리킨다. 정치에서, 다시 말해 현실에 대한 개인적인 평가와 세속 세계와의 토론에서 아롱은 '진실된 것le vrai'을 추구했다. 하지만 이와 같은 '진실된 것'은 본질적으로 도달하기에는 너무 복잡하다. 그로부터 회의적으로 보일 수 있지만, 복잡한 현실과 싸우고자 하는 균형 잡힌 아롱의 사유가 도출된다. 같은 정치 분야에서 사르트르는 초창기에는 아무것도 추구하지 않았다. 그다음에

---

12   외젠 비올레르뒤크(Eugène Viollet-le-Duc, 1814-1879): 스위스에서 태어난 프랑스 건축가로, 19세기에 중세 건축물, 종교 건축물 및 성 등을 복원한 건축가로 유명하다. 프랑스에서 1830년대에 건물 복원 운동이 대대적으로 일어났는데, 비올레르뒤크는 아미앵 노트르담 성당, 파리의 노트르담 성당, 카르카손성 등을 복원했다.

이 분야에서의 중층 결정이 그를 '옳은 것le bien'을 추구하도록 이끌었다. 그로부터 사르트르의 열정적인 사고가 도출된다. 메시아적으로 보일 수도 있고, 또 현실을 언어의 마법과 거기에서 파생되는 행동으로 무릎 꿇리고 싶어 했던 사유이다.

이와 같은 두 가지 태도에서 철학적 기제, 달리 말해 두 사람의 사고 체계를 구별해야 할 필요가 있다. 하지만 분명히 모든 것이 거기에서 도출되는 것은 아니다. 비록 가정의 영역에 속하기는 하지만, 심지어는 이 두 경우에서 삶과 '역사'를 앞에 두고 각자의 사고 체계의 형성 이전에 존재하는 태도가 있는지를 살펴보아야 할 것이다. 아마도 사르트르와 아롱 전문가들은 이 문제를 오랫동안 논의하게 될 것이다. 이 책의 범위에서 더 평범하게 보자면, 아롱은 '역사'의 유혹을 빨리 경험했다고 단언할 수 있다. 아롱은 이 '역사'의 유혹에 대해 곧 철학적으로 사색하게 되었지만, 또한 거기에 시민의 자격으로 휩쓸리게 되었다. 그와는 반대로 사르트르는 1930년대까지는 형성되고 있던 중에 있는 '역사'에 대해 이중적이자 둔감했던 태도를 취했다. 그 이후로 이런 결점이 그를 일종의 통합주의 형태의 보상으로 이끌었을까? 그 점에 대해서도 논의가 되었다. 사르트르는 그의 삶의 후반부에 '역사'에 대한 '비유혹'에서 그것에 대한 존경과 그것을 위한 봉사로 넘어간 것이다. '역사'는 존재할 뿐만 아니라, 또한 '역사'는 하나의 의미를 가지며, 따라서 지식인의 역할은 어쨌든 완성될 역사적 과정을 돕는 것이었다. 이 점에서 보면 사르트르에게는 결국 일종의 콰이어강의 다리 신드롬[13]이 있었던 것

---

13   '죽음의 철도'라고 불리는 콰이어강의 철교 건설을 두고 일본군 장교와 영국군 장교
      사이에 벌어진 자존심과 원칙을 위한 싸움과 관계된 표현이다. 일본군 장교는 이 철

이다.

어떤 가정을 선택하든 간에, 회의적으로 보일 수 있는 아롱의 사상과 메시아주의적으로 보일 수 있는 사르트르의 사상 사이에는 전쟁 이후 수십 년간의 역사적 폭풍우 속에서 서로 화해할 수 있는 기회가 거의 없었다. 사르트르와 아롱 두 사람은 —비록 선택이 다른 시기에 이루어지긴 했지만— 그들 세기의 '역사'를 껴안기로 선택했다. 이 '역사'는 기복이 심했고, 그들의 '역사'와의 관계 역시 기복이 심했다. 물론 그들의 지적 결투는 이 반세기 동안의 유일한 결투는 아니었다. 전혀 그렇지 않다. 하지만 결국 그들의 결투에는 프랑스 지식인 사회를 동요시킨 커다란 폭풍우가 반영되어 있었다. 더군다나 시대에 따라 변하게 되는 두 사람의 영광의 차이에도 역시 이 지식인 사회 내부에서 계속 이어졌던 이데올로기의 지배의 주요 국면들이 반영되어 있다.

또한 그 나름의 고귀함을 지니고 있는 두 사람의 대결을 해방 이후에 도래한 지식인들의 "영광의 30년"의 시기라는 정확한 시기에 다시 자리매김해야 했다. 그리고 이어서 "고아의 시기"가 도래했다. 하지만 이 "고아의 시기"는 단지 그와 같은 영광의 국면 이후에 오는 반성의 시기인 일종의 소강 국면만은 아니었다. 그 당시에 프랑스 지식인 사회를 강타한 이데올로기의 동요로 인해 이 시기는 드레퓌스 사건에서 시작

교의 공사가 전쟁 수행에 도움이 되기 때문에 영국군 장교까지도 공사에 동원하려 했지만, 포로가 된 영국군 장교는 제네바협정을 구실로 육체노동을 거부했다. 하지만 일본군보다 더 나은 철교를 건설해야 한다는 강박관념으로 인해 병동에 있는 영국군 환자들까지 동원해 기간 내에 튼튼한 다리를 건설하려 했다. 필자가 여기에서 콰이어강의 다리 신드롬을 거론한 것은, 사르트르가 아롱보다 뒤늦게 '역사'와 관계를 맺었기 때문에 오히려 더 그 관계를 튼튼하게 하려고 했다는 것을 강조하기 위한 것으로 보인다.

되어 그 이후로 지식인들에게 왕관을 씌워 주었던 거의 한 세기의 '흐름trend'을 막아 버렸다. 어떤 의미에서는 1980년 4월에 있었던 사르트르의 장례식이 이와 같은 한 세기의 흐름의 종말을 상징적으로 보여 주었다. 게다가 1980년대에는 지식인들의 정체성의 위기가 충격의 파장이 아주 길었던 이데올로기의 위기의 뒤를 이었다. 프랑스 지식인들은, 한편으로는 알랭 핑켈크로트[14]가 1987년에 『사유의 패배La Défaite de la pensée』에서 제시했던 "문화 속의 질병"에 봉착했다. 그에 따르면 문화라는 개념 자체의 희석화는 문화적 상대주의에 빠지게 되는데, 그로 인해 점차 새로운 오피니언 리더들이 등장하게 된다. 다른 한편으로 같은 10년 동안에 프랑스 지식인들은 또한 이데올로기적 토의에서 이루어지는 일종의 느슨한 합의로 인해 고통을 겪기도 했다. 어쨌든 이런 분석은 1987년에 출간된 『지식인 예찬Eloge des intellectuels』에서 베르나르앙리 레비[15]가 하고 있는 분석이다. 그 자신의 주장을 이미지화하기 위해 그는 "사르트르레아롱Sartréaron"이라는 결합어의 뒤를 "사르트롱Sartron"이 이었다고 단언하고 하고 있다. 그러니까 앞 단어에 드러나 있는 불편함을 지우고 일치를 앞세운 뒤 단어가 사용되고 있다고 말이다.[16] 프랑스 지식인들은 이데올로기적 색채를 잃어버리고 그들의 토론을 통해 과거와 마찬가지로 국가적인 대규모의 논쟁의 쟁점을 끌어내지 못하고 있는

---

14   알랭 핑켈크로트(Alain Finkielkraut, 1949-): 프랑스의 철학자이자 사회학자이다.

15   베르나르앙리 레비(Bernard-Henri Lévy, 1948-): 프랑스의 철학자이자 작가로, BHL이라는 애칭으로 불린다.

16   '사르트르'와 '아롱'을 함께 부르면서, 앞 단어는 두 이름을 연결하는 데 불편함이 있는 대신, 뒤 단어는 '사르트르'와 '아롱'을 동시적으로, 평등하게 지칭하고 있다는 의미, 다시 말해 사르트르와 아롱의 위상이 같아졌다는 의미이다.

것으로 보이며, 따라서 지식인 사회의 풍경 속에서 튼튼하게 자리를 잡지 못하고 있다.

물론 이런 진단에 대해서는 논의가 가능할 것이다. 하지만 지식인들 사이의 대결투의 시대가 지나갔다는 것은 엄연한 사실이다. 지식인 사회가 단지 동시대의 색깔들로 자동적으로 변하는 카멜레온이 되었기 때문은 아니다. 하지만 이제 지식인들은 그들을 에워싸고 있는 사회에 그들만의 색깔을 입히는 데 덜 기여하고 있다. 지식인들에 대한 향수 어린 과거의 노래를 찬양하거나, 또는 사라진 지식인들의 서클을 환기시킬 필요성도 없이 한 시대가 종말을 고했다. 하지만 그 시기는 프랑스의 열정의 역사에서 아주 긴밀했던 시기였다. 아롱은 1957년에 『세기의 희망과 공포*Espoir et peur du siècle*』에서 그 역사에 대해 간접적으로 이렇게 말하고 있다. "프랑스인들끼리의 싸움은 용서할 수 없다. 왜냐하면 이 싸움에서는 정신의 가족들이 대립하기 때문이고, 이 싸움은 상호적인 불만으로 자양분을 채우기 때문이며, 이데올로기적인 열기가 타협을 방해하기 때문이다."[17] 이 문장을 쓰면서 아롱은 분명히 벌써 10년 전부터 그를 옛 "절친"과 강하게 부딪히게 했던 토론을 생각했을 것이다.

---

17   Raymond Aron, "De la droite. Le conservatisme dans les sociétés industrielles", dans *Espoir et peur du siècle. Essais non partisans*, Calmann-Lévy, 1957, p.117.

이 책은 1995년 프랑스의 파야르Fayard 출판사의 "20세기 역사를 위하여Pour une histoire du XXᵉ siècle" 총서에서 출간된 장 프랑수아 시리넬리Jean-François Sirinelli의 *Deux intellectuels dans le siècle, Sartre et Aron*을 우리말로 옮긴 것이다. 시리넬리는 1949년 파리에서 태어나 역사 교수자격시험에 합격하고, 릴대학 교수를 거쳐 파리정치대학Institut d'études politiques de Paris 교수를 역임했다. 그는 특히 20세기 프랑스 지성사, 정치사상사, 대중문화사에 큰 관심을 가지고 있다. 주요 저서로는 『지식인 세대. 양차 대전 사이의 카뉴와 고등사범학교 졸업생들*Génération intellectuelle. Khâgneux et normaliens dans l'entre-deux-guerres*』(1988), 『프랑스 지식인들 및 열정: 20세기의 선언과 청원*Intellectuels et passions françaises: manifestes et pétitions au XXᵉ siècle*』(1990) 등이 있으며, 『프랑스 우파의 역사*Histoire des droites en France*』(1992) 등의 편찬을 책임 감수했다. 2012년에는 그동안의 학문적 공로로 레지옹 도뇌르 훈장을 받기도 했다. 우리나라에는 파스칼 오리Pascal Ory와 함께 출간한 *Les Intellectuels en France: De l'affaire Dreyfus à nos jours*가 『지식인의 탄생』이라는 제목으로 번역된 적이 있다.

이 책의 내용과 의의를 살펴보기 전에 옮긴이가 시리넬리 교수와 맺었던 인연을 잠시 소개하고자 한다. 옮긴이는 2000년에 2명의 불문학자와 함께 한국전쟁 50주년을 맞이해 그동안 불문학계를 포함해 프랑스학계의 오랜 숙제 중의 하나였던 '한국전쟁과 프랑스 지식인들'의 관계를 면밀히 살펴보고자 하는 국제 연구를 기획하고 수행한 적이 있다. 그때 프랑스 쪽에서 합류한 연구원이 바로 시리넬리였다.

연구 주제는 한국전쟁이 과연 20세기 중반에 활동했던 사르트르, 메를로퐁티, 카뮈, 아롱 등의 이념 논쟁에 어느 정도까지 영향을 주었는가였다. 시리넬리는 이 주제에 큰 관심을 표명하면서 흔쾌히 연구 참여에 동의해 주었다. 그가 담당한 부분은 한국전쟁을 전후한 프랑스 지식인들의 지형도 작성이었다. 이 연구 결과를 포함해 다른 연구원들의 연구 결과들이 『프랑스 지식인들과 한국전쟁』(민음사, 2004)이라는 제목으로 출간되었다. 이 연구를 수행하는 과정에서 옮긴이는 시리넬리를 만나 많은 얘기를 나누고 많은 도움을 받았던 기억이 있다. 특히 파리정치대학 도서관에 소장된 한국전쟁에 관련된 수많은 희귀 자료들을 구하는 데 결정적인 도움을 받았다. 그때의 기억을 되살리며 이 자리를 빌려 다시 한번 감사의 말을 전한다.

그때의 인연이 이 책을 우리말로 옮기게 된 주된 동인이었을 것이다. 옮긴이는 이 연구를 수행하기 전인 1995년에 막 출간된 이 책을 알게 되어 읽은 적이 있었다. 실제로 옮긴이는 1995년에 "사르트르의 철학과 문학 작품에 나타난 폭력"이라는 주제로 학위 논문을 쓰는 과정에 있었다. 하지만 그 당시에는 시리넬리 교수를 알지 못했고, 또 책의 내용이 아롱 편에 서서 사르트르를 깎아내리는 것이어서 거의 거들떠보지 않았던 기억이 있다. 그리고 시간이 흘러 2007년에 국내의 한 출판사에 이 책의 번역을 문의한 적이 있었다. 그때 계약을 맺고 번역을 시작했으나 문장이 까다롭고 현학적인 문체에 상당한 분량이어서 번역을 중도에 포기했던 기억이 있다.

그런데 이 책의 번역을 다시 시도한 것은 부분적으로 새로운 밀레니엄으로 접어들면서 20세기 중후반에 활동했던 프랑스 지식인들에 대한 평가가 급변하고 있는 상황과 무관하지 않다. 옮긴이는 그동안 사르트르와 카뮈의 사상과 문학을 비교하는 작업을 주로 해 왔다. 그러면서 20세기 후반부터 카뮈의 복권과 그로 인한 사르트르의 권위의 실추를 직, 간접적으로 보고, 듣고, 또 저술에 반영해야 하는 상황이었다.

그런데 이와 같은 현상이 아롱에게로까지 확대되는 상황이 벌어졌다. 프랑스에서 사르트르가 창간에 직접 관여했고 주도했던 일간지 『리베라시옹*Libération*』지에서조차 사르트르의 과거 잘못을 지적하면서 이른바 '사르트르 파문'이 운위된 적이 있다. 이 신문은 2017년 7월 2일자에 「슬프다! 레몽 아롱이 옳았다Raymond Aron avait raison. Hélas!」라는 제목의 기사를 실었다. '참여engagement'의 기수였던 사르트르의 정치적 판단 실수에 대한 지적과 비판이 그 주된 내용이었다. 사르트르의 '추락'과 '파문'의 서곡이 울려 퍼진 것이다. 이런 상황을 접하면서 옮긴이는 이 책을 다시 주목하게 되었다. 그리고 이 책이 어쩌면 20세기 후반부터 지금까지 프랑스에서 계속되고 있는 지식인들의 재평가의 계기를 알리는 책이었을 수도 있겠다는 생각을 하게 되었다.

이 책의 내용은 다음과 같이 요약될 수 있다. 사르트르의 '천국에서 지옥으로의 하강', 아롱의 '지옥에서 천국으로의 상승'이 그것이다. 또한 이것은 다음과 같은 일화를 뒤엎는 것이기도 하다. 흔히 사르트르와 아롱과의 관계에서 이렇게들 얘기해 왔다. "아롱과 더불어 옳은 얘기를 하는 것보다 사르트르와 틀린 얘기를 하는 것이 더 낫다"고 말이다. 하지만 이 책에서는 이런 말을 완전히 뒤엎고 있다. 저자인 시리넬리가 인용하고 있듯이 베르나르앙리 레비의 표현, 즉 '사르트레아롱Sartréaron'에서 '사르트롱Sartron'으로의 이행이 그것이다. 레비의 경우에는 그래도 사르트르와 아롱을 평등하게 등치시키고 있으나, 시리넬리는 거기에서 한 발자국 더 나아가 사르트르와 아롱의 위상을 완전히 뒤엎고 있는 것이다.

하지만 사르트르와 아롱의 지적 여정에서 흥미로운 것은, 특히 두 사람의 참여에서 아롱이 사르트르보다 '역사'와의 관계 정립은 물론, 좌파 이데올로기에 입각한 사회주의에 훨씬 더 적극적이었다는 사실이다. 그에 반해 사르트르는 해방 전에는 거의 역사와 정치, 사회적 사건 등에 대해 무관심으로 일관했다. 사르트르는 '역사의 수레바퀴'를 돌리는 것을 등한시했으며, 오직 문학과 예술을 통한 '반대의 미학'과 '부정의 미학'만을 강조했다. 하지만 2차 세계대전과 더불어 이런 관계는 역전되고 만다. 시리넬리는 사르트르가 아롱보다 역사와 참여에 대해 뒤늦은 관계를 맺었기 때문에, 오히려 그 뒤늦음을 만회하기 위해 더욱더 열렬한 참여의 기수가 되었다고 주장한다.

게다가 시리넬리의 다음과 같은 지적은 아주 흥미롭다. 사르트르에서 중요한 것은 '옳은 것le bein'이고, 아롱에게 중요한 것은 '진실된 것le vrai'이라는 주장이 그것이다. 사르트르에게서는 '옳은 것'을 향해 나가려고 하는 추진력으로 인해 오히려 과격한 입장도 마다하지 않는 참여의 태도가 기인한 반면, 아롱에게서는 '진실된 것'을 가려내고 파악하기 위한 신중한 태도, 분석적이고 객관적인 참여의 태도가 기인했다는 것이다. 요컨대 사르트르는 참여에 모든 것을 건 '참여 지식인'이었다면, 아롱은 그 자신의 표현대로 '참여적 방관자'로서의 길을 갈 수밖에 없었다는 것이다.

흔히 사르트르와 아롱은 '절친petits camarades'으로 불린다. 그만큼 가까웠고, 특히 고등사범학교 시절에 그들이 서로의 지적 훈련의 경쟁자이자 파트너였다는 것은 잘 알려진 사실이다. 하지만 두 사람의 참여의 과정, 태도, 결과는 결국, 두 사람을 돌이킬 수 없는 '적대' 관계에 빠뜨렸다. 마르크스주의와 이를 바탕으로 하는 공산주의, 그리고 공산주의 이념을 내세운 소련에 대한 태도가 그 주된 이유였다. 물론 베트남전쟁이 끝나갈 무렵 '보트 피플Boat People'의 문제로 엘리제궁으로 지스카르 데스탱 대통령을 면담하러 간 기회에 두 사람은 일시적으로 같은 행보를 하게 된다. 하지만 이미 그때는 두 사람 모두 황혼기에 접어들었으며, 특히 사르트르는 실명으로 인해 거동조차 불편한 상태였다. 어쨌든 그런 상황에서도 두 사람이 과거의 행동을 서로 이해, 용서하면서 화해를 하지 못했다는 사실은 참으로 유감이 아닐 수 없다.

어쨌든 사르트르와 아롱 사이의 관계, 거의 전설이 되어 버린 우정, 그 결렬의 과정을 회고적으로 되돌아보고 있는 이 책의 의의는, 지난 세기 프랑스는 물론 전 세계적으로 큰 반향을 일으켰던 지식인들 사이의 치열함을 넘어 각자의 학문과 신념에 대한 강박관념적인 집착과 그로 인한 애석한 한 예를 제공해 준다고 하겠다.

또한 이 책을 통해 아롱보다는 사르트르 쪽에 더 비중을 두고 이루어진 국내의 수용에서도 어느 정도 균형이 잡히는 기회가 되길 소망해 본다. 물론 옮긴이는 사르트르를 전공했기 때문에, 이런 상황의 변화, 사르트르에 대해 가해지는 도가 넘칠 정도의 비난 등이 불만스러운 것은 사실이다. 하지만 객관적인 검토, 중립적인 검토의 결과라면 받아들여야 하지 않을까 한다.

코로나 19라는 팬데믹 상황, 그로 인한 경제적 환경의 악화로 인한 인문학의 위기가 점점 더 강하게 느껴지는 시기에 이 책의 번역을 결정해 주신 세창출판사 이방원 대표님께 감사의 말씀을 드린다. 특히 이 책의 번역 과정 일체를 처리해 주신 김명희 선생님, 편집과 교열, 교정에 힘써 주시고 반듯한 책을 만들어 주신 정조연 선생님께도 감사의 말씀을 드린다. 윤지와 익수에게도 항상 고맙다는 말을 전한다.

번역 과정에서 구글, 야후 등과 같은 인터넷 사이트의 도움을 받아 가능한 범위 내에서 이 책에 등장하는 모든 인물을 간단하게라도 소개하고 싶었다. 하지만 어떤 경우에는 1시간 이상씩 검색해도 찾을 수 없는 경우도 있었다. 그런 경우엔 원문을 병기하고 그대로 두었음을 밝힌다. 번역은 반역이라는 오랜 말이 있지만, 이 말은 위안이기도 하면서 부담이기도 하다. 독자 여러분의 따뜻한 질정을 부탁드린다.

2022년 2월, 시지프 연구실에서
변 광 배

ㄱ

가로디, 로제 418, 535
가르, 로제 마르탱 뒤 66, 497
가이야르, 폴 422
갈로, 막스 189
갈루아, 에바리스트 299
갈리마르, 가스통 328
갈스터, 잉그리트 286
강디야크, 모리스 파트로니에 드 128
게노, 장 168, 281, 497
고르츠, 앙드레 523
공화국민주연맹(UDR) 527
괴벨스, 파울 요제프 218
구아레스키, 지오반니노 397
국민연합(Rassemblement national) 577
국민전선(Front national) 577
국제노동자연맹 프랑스지부(SFIO) 59, 94
귀유, 피에르 124
그라크, 쥘리앵 106, 591
그라팽, 피에르 164
그랑종, 마리 크리스틴 436
그레미옹, 피에르 403
그뢰튀셍, 베르나르 107
그르니에, 장 78, 453
그린, 메리 진 225
글뤽스만, 앙드레 94, 555
기조, 프랑수아 590
기트리, 사샤 354

ㄴ

나도, 모리스 262, 263, 519, 523
나케, 피에르 비달 519, 535
니미에, 로제 371
니장, 앙리에트 125
니장, 폴 18
닉슨, 리처드 538

ㄷ

다니엘, 장 365
다스토르그, 베르트랑 409
달라디에, 에두아르 226
당댕, 조르주 577
대중공화운동(MRP) 325, 389
대처, 마거릿 574
더스패서스, 존 426
덜레스, 존 포스터 457
데, 피에르 434
데디제르, 블라디미르 538
데스노스, 로베르 270
데아, 마르셀 87
데익손, 모리스 95
데자르댕, 폴 169
델레아주, 앙드레 294
델마스, 앙드레 195
도넌, 스탠리 347
도메나크, 장 마리 458, 487
뒤라스, 마르그리트 423
뒤마, 롤랑 505

뒤메질, 조르주 84

뒤베르제, 모리스 460

뒤비뇨, 장 447, 487

뒤클로, 자크 402, 438

뒬랭, 샤를 336

드골, 샤를 532

드기, 자크 229

드레쉬, 장 519

드레퓌스, 알프레드 118, 360

드리오, 자크 387

드리외라로셸, 피에르 251

드마르시알, 조르주 111

드브레, 레지 21

드브레, 미셸 499, 508

드장티, 장 투생 263

드쿠르, 자크 379

드플라, 레옹 마르티노 508

들라크루아, 앙리 77

들랑주, 르네 276

들레지, 프랑시스 100

딜런, 밥 532

ㄹ

라 로크, 프랑수아 드 208

라가슈, 다니엘 50

라뒤리, 에마뉘엘 르 루아 414

라루티스, 모리스 134

라마디에, 폴 364

라뮈, 샤를 페르디낭 587

라바르트, 앙드레 248

라바테, 뤼시앵 305

라부루스, 에르네스트 535

라캉, 자크 351, 523

라코스트, 로베르 509

라콩브, 올리비에 49

라크루아, 장 80, 81

랄랑드, 앙드레 81

랑송, 귀스타브 129

랑주뱅, 폴 190

랭아르, 마르셀 282

러셀 법정 535

러셀, 버트런드 484

레네, 알랭 535

레리스, 미셸 328

레비, 베르나르앙리 595

레비, 쉬잔 44

레비브륄, 뤼시앵 131

레비스트로스, 클로드 96

레스퀴르, 장 287, 381

레이건, 로널드 574

레제, 페르낭 427

로맹, 쥘 67

로베르, 자크 344

로비에, 장 113

로쉐, 발데크 491

로스탕, 장 497

로젠버그 부부 223, 447

로젠버그, 에설 223, 447

로젠버그, 줄리어스 223, 447

로트망, 알베르 95

롤랑, 로맹 66

롤랑, 자크 프랑시스 463

루, 프랑수아 드 269

루세, 다비드 399, 430, 484

루아, 클로드 519

루즈몽, 드니 드 371, 484

뤼셍, 테오도르 167

뤼시앵, 라콩브 445

르 바이, 장 95, 133
르나르, 델핀 515
르낭, 에르네스트 174
르루아, 앙드레 283
르마르샹, 쟈크 381, 425
르베리우, 마들렌 535
르베스크, 모르방 535
르아브르 181, 387, 481
르카름, 앙리 75
르쾨르, 샤를 71
르쾨르, 오귀스트 443
르페브르, 앙리 379
르펜, 장마리 506
르포르, 클로드 433, 452
르프랑, 조르주 55
리발카, 미셸 77
리베, 폴 175
리벤트로프, 요아힘 폰 223
리오타르, 장 프랑수아 350
리지웨이, 매슈 438
리쾨르, 폴 535

마다리아가, 살바도르 데 484
마돌, 쟈크 497, 519
마루, 앙리 이레네 215, 507
마르셀, 가브리엘 506
마르크스, 카를 351
마르탱, 앙리 446
마르탱쇼피에, 루이 382, 519
마르티네, 질 487
마리탱, 쟈크 484
마스콜로, 디오니스 447
마스페로, 프랑수아 537

마시스, 앙리 506
마외, 르네 75, 124
말로, 앙드레 225, 370
말로, 클라라 447
망, 앙리 드 154
망데스 프랑스, 피에르 58, 461
망두즈, 앙드레 498
매카시, 조지프 439, 440
매클루언, 허버트 마셜 533
메를로퐁티, 모리스 128
메이에르, 다니엘 519
모네로, 쥘 374
모노, 쟈크 303
모노, 테오도르 535
모누리, 모리스 부르제 507
모랭, 에드가 447, 487
모루아, 피에르 189
모르강, 클로드 275, 435
모리아크, 클로드 370
모리아크, 프랑수아 458, 497
모스, 마르셀 175
몰니에, 티에리 417, 424
몰라, 미셸 236
몰레, 기 507
몽탕, 이브 579
몽테를랑, 앙리 드 251
무니에, 에마뉘엘 81
무솔리니, 베니토 245
미시카, 장 루이 572
밀러, 헨리 421, 426

바네티, 돌로레스 294
바레스, 모리스 58, 334

바로, 장 루이 498

바르트, 롤랑 560

바쉬, 빅토르 110

바양, 로제 427

바유, 장 134

바티스타, 풀헨시오 437

발, 장 82, 497

발레리, 폴 218, 349

방다, 쥘리앵 116, 426

버넘, 제임스 417

베갱, 알베르 391

베누빌 장군 387

베디에, 조제프 132

베라르, 아르망 71

베랑제, 피에르장 드 360

베르낭, 장 피에르 535

베르네, 엘리 379

베르데스르루, 자닌 413

베르커, 아르노 265

베르코르 484

베르토, 피에르 161

베어, 디어드리 289

베유, 시몬 드 471

베케르, 자크 345

보나르, 아벨 281

보나페, 알랭 387

보르드리, 베르나르 277

보른, 에티엔 351

보몽, 모리스 83

보부아르, 시몬 드 48, 78

보셰르, 폴 252

보셰티, 안나 329

보스트, 자크 로랑 262, 263, 381

보스트, 피에르 381

보프레, 장 351

볼테르 360

볼통, 도미니크 572

뵐린, 마르셀 371

뵈브 메리, 위베르 449

부글레, 셀레스탱 160

부르데, 클로드 448, 458, 487, 519

부르디외, 피에르 329

부르슈, 장 49

부르제, 폴 67, 68

부리코, 프랑수아 576

부비에, 장 414

부아데프르, 피에르 드 371

부아뱅, 피에르 95

뷔랭, 필리프 289

브누아, 알랭 드 576

브라지야크, 로베르 18

브룅스비크, 레옹 77

브룅스비크, 앙리 163

브루소디에, 실뱅 133

브륀, 샤를 443

브르통, 앙드레 230, 381, 497

브리송, 피에르 376

브리앙, 아리스티드 36

브장송, 알랭 414, 452

블라맹크, 모리스 드 275

블랑쇼, 모리스 523

블로크, 마르크 26

블루아엘, 클로디 555

블룸, 레옹 101

비뇨, 폴 80

비도, 쉬잔 219

비올레르뒤크, 외젠 592

비주리, 에마뉘엘 다스티에 드 라 302, 519

빌리, 앙드레 381

ㅅ

사로트, 나탈리 264
사뱅, 모리스 105
살라예, 펠리시앵 166
살라자르, 안토니우 드올리베이라 437
상고르, 레오폴 세다르 371
생텍쥐페리 469
샤르돈, 자크 251
샤르보넬, 장 372
샤를레티, 세바스티앵 163
샤토, 르네 190
샤틀레, 프랑수아 523
세르뱅, 마르셀 491
셸, 조르주 91
셀린, 루이페르디낭 305
셈프룬, 호르헤 279
소바나르그, 장 164
솔제니친, 알렉산드르 432, 565
쇼뉘, 피에르 576
수비랑, 앙드레 467
수스텔, 자크 175, 371, 374, 500
수포, 필리프 381
쉬만, 모리스 254
쉬망, 로베르 389
쉬시니, 외젠 184
쉬페르, 조르주 487
쉴렘베르제, 장 381
슈바르츠, 로랑 519, 534, 535
슈보브, 필리프 49
스탈린, 이오시프 245, 480
스테른헬, 지브 157, 580
스테판, 로제 487

스토에첼, 장 199
스페르베르, 마네스 484
슬란스키, 루돌프 448
시라크, 자크 575
시몽, 마르셀 163, 164
시몽, 클로드 291
실로네, 이그나치오 430

ㅇ

아귈롱, 모리스 414
아당, 조르주 381
아라공, 루이 379, 519
아르트만, 폴 199
아베츠, 오토 251
아브랑, 장 422
아술린, 피에르 276
아이젠하워, 드와이트 데이비드 448
아인슈타인, 알베르트 346
아프탈리옹, 플로랭 576
악셀로스, 코스타스 529
악시옹 프랑세즈 91
알랭(에밀오귀스트 샤르티에) 43, 102
알레비, 엘리 174, 175
알렉상드르, 미셸 108
알렉상드르, 아르센 292
알렉상드르, 잔 108
알베르, 프랑수아 92, 93
알키에, 페르디낭 351
알튀세르, 루이 231, 560
알트망, 조르주 424
암루쉬, 장 371
앙글레스, 오귀스트 333
앙리오, 필리프 267
야나카키스, 일리오스 565

야스퍼스, 카를 484

에르, 뤼시앵 107

에르베, 피에르 391

에리오, 에두아르 68

에스나르, 오스발드 162

에크, 엘렌 267

에티엥블, 르네 168

엘뤼아르, 폴 426

엘리엇, 토머스 스턴스 426

오디베르티, 자크 24

오랑고, 샤를 499

오리, 도미니크 343, 418

오리우, 앙드레 519

오스타야, 폴 91

오클레르, 미셸 347

올리비에, 알베르 326

외르공, 자크 49

워홀, 앤디 533

웨더맨 비밀조직 544

위스망, 브뤼노 303

윌름가 94

유르스나르, 마르그리트 168

이승만 437

이폴리트, 장 351

자메, 클로드 190

장송, 앙리 381

장송, 프랑시스 510

장제스 437

장켈레비치, 블라디미르 170, 519, 535

제, 장 209

제라시, 존 259, 544

조레스, 루이 110

조제프, 질베르 258

졸라, 에밀 360

졸리베, 시몬 123

졸리오퀴리, 이렌 426

졸리오퀴리, 장 프레데리크 426, 497

주르당, 앙리 163

주브넬, 베르트랑 드 88, 158, 580

주트, 토니 411

젤리아르, 르네 497

즈다노프, 안드레이 369

지드, 앙드레 230

지로두, 장 86, 218

지스카르데스탱, 발레리 94, 555

질송, 에티엔 428

처칠, 윈스턴 409

체게바라 543

카나파, 장 406, 420

카르, 아드리앵 282

카르코피노, 제롬 284

카뮈, 알베르 26, 327

카바예스, 장 80, 270

카사노바, 로랑 379, 427

카산드라 395

카생, 르네 218, 219

카수, 장 458, 497

카스토리아디스, 코르넬리우스 523

카스트로, 피델 520

카스틀러, 알프레드 519

카엥, 레옹 50

카유아, 로제 381

카프카, 프란츠 230
카피탕, 르네 164
칸, 알베르 198
칸트, 이마누엘 351
칼만, 로베르 402
캉, 앙드레 297
캉, 피에르 297, 298
캉길렘, 조르주 72
케스틀러, 아서 402
켈로그, 프랭크 36
코, 피에르 519
코니오, 조르주 413
코사키에비치, 완다 262, 263
코스타, 장 424
코엔 솔랄, 아니 353
콕토, 장 75, 346, 497
콘벤디트, 다니엘 523
콜레트, 시도니 가브리엘 275
콩타, 미셸 77
콩트, 오귀스트 389
쿠르타드, 피에르 406
크라브첸코 사건 431
크라브첸코, 빅토르 안드레비치 431
크레송, 앙드레 50
크롬랭크, 페르낭 277
크루제, 모리스 283
크리젤, 아니(베스) 407, 414
클라벨, 모리스 350, 371, 567
클로델, 폴 334
클로스테르만, 피에르 468

ㅌ

테레누아르, 루이 502
텍시에, J. 381

텐, 이폴리트 132
토드, 올리비에 540
토레스, 앙리 387
토레즈, 모리스 207, 378
토인비, 아널드 조지프 165
투렌, 알랭 350, 523
투샤르, 장 157, 350, 360
트루먼, 해리 369
티에르재단 164

ㅍ

파농, 프란츠 512
파데예프, 알렉산드르 425
파딜라, 헤베르토 521
파랭, 브리스 328
파로디, 도미니크 82
파르즈, 이브 426
파리고, 이폴리트 50
파브르뤼스, 알프레드 89
팽고, 베르나르 518
페로, 모리스 440
페롱, 알프레드 133, 292
페루, 프랑수아 164
페르피우, 에메 129
페브르, 뤼시앵 236
페샤르, 가스통 212
페쥐, 마르셀 464
페초, 프랑수아 410
페탱, 앙리 필리프 354
포르쉐, 블라디미르 386
포벨스, 루이 386
폴랑, 장 328
폴랭, 레몽 200
폴리체르, 조르주 270, 380

폴봉쿠르, 조제프 109
퐁뵈르, 모리스 381
퐁세, 앙드레 프랑수아 184
퐁주, 프랑시스 371
퐁텐, 앙드레 480
푸르니올, 미셸 56
푸셰, 막스 폴 371
푸에이, 페르낭 389
푸이용, 장 405
푸자드, 로베르 372
푸자드, 피에르 509
푸코, 미셸 351
푸키에탱빌, 앙투안 28
불턴 효과 409
퓌레, 프랑수아 414, 517
퓌메, 스타니슬라스 371
프랑스민중당(PPF) 387
프랑코, 프란시스코 437
프레보, 장 88, 379
프레스, 폴 416
프렐로, 마르셀 371
프로스트, 앙투안 114
프르낭, 마르셀 427
프리드만, 조르주 168
프리장, 미셸 576
플로베르, 귀스타브 523

플리우슈치, 레오니드 25
피네, 앙투안 358
피노, 이방 561
피뇽, 에두아르 535
피로스 574
피아, 파스칼 326, 374
피에르 사제 497
피카르, 에밀 112
피카소, 파블로 426
피콩, 가에탕 371
필립, 앙드레 499
핑켈크로트, 알랭 595

ㅎ

하이네거, 마르틴 351
허시만, 앨버트 오토 588
헉슬리, 올더스 430
헤겔, 게오르크 빌헬름 프리드리히 351
헵번, 오드리 347
호프만, 스탠리 206, 528
후설, 에드문트 351
흐루쇼프, 니키타 480
히스, 앨저 439
히틀러, 아돌프 181, 245
힌덴부르크, 파울 폰 182

JEAN-PAUL
SARTRE

RAYMOND
ARON